水路运输核心课程系列教材

Gangkou Zhuangxie Gongyixue

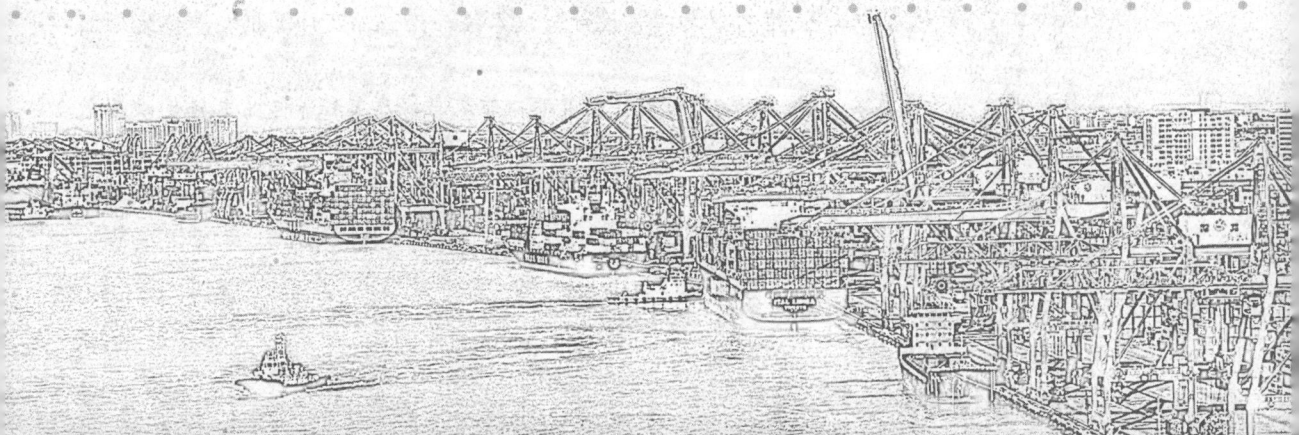

港口装卸工艺学

（第二版）

交通运输类专业教学指导委员会
水路运输与工程教学指导分委员会

组织编审

真　虹◎主编

张培林◎主审

人民交通出版社股份有限公司
China Communications Press Co.,Ltd.

内 容 提 要

《港口装卸工艺学》是由交通运输与工程学科教学指导委员会水路运输与工程教学指导分委员会组织编写的交通运输(水路运输)专业的核心教材。内容包括:港口生产活动的特点与构成,港口装卸工艺的性质、内容与作用,港口装卸工艺现场组织与管理,港口装卸工艺系统分析,件杂货装卸工艺,集装箱装卸工艺,干散货装卸工艺,液体货装卸工艺,木材装卸工艺,大件货物装卸工艺,散粮装卸工艺,港口装卸工艺设计与技术经济论证以及计算机在港口装卸工艺设计中的应用。

本教材可作为交通运输、航运管理、交通工程或者港口航道与海岸工程等专业本科生以及交通运输规划与管理等专业研究生的教材和参考书,也可以供与港口相关的工作人员学习参考。

图书在版编目(CIP)数据

港口装卸工艺学/真虹主编. —2 版. —北京:
人民交通出版社股份有限公司,2014.12
ISBN 978-7-114-11870-8

Ⅰ.①港… Ⅱ.①真… Ⅲ.①港口装卸—装卸工艺—
教材 Ⅳ.①U691

中国版本图书馆 CIP 数据核字(2014)第 275039 号

水路运输核心课程系列教材

书 名:	港口装卸工艺学(第二版)
著 作 者:	真 虹
责任编辑:	富砚博
出版发行:	人民交通出版社股份有限公司
地 址:	(100011)北京市朝阳区安定门外外馆斜街 3 号
网 址:	http://www.chinasybook.com
销售电话:	(010)64981400,59757915
总 经 销:	北京交实文化发展有限公司
印 刷:	北京印匠彩色印刷有限公司
开 本:	787×1092 1/16
印 张:	33
字 数:	760 千
版 次:	2003 年 1 月 第 1 版 2015 年 1 月 第 2 版
印 次:	2022 年 7 月 第 2 版 第 3 次印刷 总第 17 次印刷
书 号:	ISBN 978-7-114-11870-8
定 价:	78.00 元

(有印刷、装订质量问题的图书由本公司负责调换)

交通运输（水路运输）核心课程教材
编写委员会名单

序

交通运输(水路运输)专业有着悠久的历史,在60年的办学历程中,形成了优良的办学传统和专业特色,并为国家和社会培养了一大批水运管理行业的精英。交通运输与工程学科教学指导委员会水路运输与工程教学指导分委员会是由教育部和交通运输部共同聘请的专家组织,接受教育部的委托,开展高等学校交通运输(水路运输)类专业本科教学的研究、咨询、指导、评估、服务等工作,旨在推进高等学校水路运输专业教学改革和学科建设,推动水路运输类专业实现内涵式发展,提高专业人才培养质量。

21世纪以来,我国社会经济发展进入新的历史阶段,作为国民经济命脉的水路运输行业在内外环境的双重作用下也发生了翻天覆地的变化。运输装备及基础设施不断向大型化、专业化、智能化和绿色化方向发展,运输组织方式实现综合化、系统化、现代化,运输功能进一步拓展延伸,运输企业的经营观念和政府行政管理体制也发生了巨大变化。

在这样的变革之下,根据行业发展的新特征、新趋势更新教材内容,吸收新的发展成果,建设完善的具有水路运输学科特色的教材体系,进一步提升教材质量成为水路运输专业学科建设的当务之急。

教材建设工作是高等学校的一项基本建设工作,是提高教学质量、实现人才培养目标的重要保证。为此,水路运输与工程教学指导分委员会根据《交通运输(水路运输)专业规范》中确定的水路运输专业核心课程设置,集中各高等院校的优势资源,组织行业内知名教授,对《水运法规与政策》、《运输经济学》、《港口装卸工艺学》、《国际航运管理》、《物流学》、《国际航运经济学》和《集装箱运输与多式联运》七门核心课程开展教材编写工作,并形成交通运输(水路运输)核心课程教材丛书。

教育的意义在于引导和促进学生的发展和自我完善,在于引领行业发展的技术研发与革新,在于为社会的发展和需要输入源源不断的新鲜血液。教材建设是提高教育人才培养质量的关键环节,也是推进教育教学改革创新的重要抓手。希望通过此次交通运输(水路运输)核心课程教材丛书的编写工作,能够进一步加快教材内容改革,创新教材的表现形式,提升教材的内在质量,更好地满足交通运输(水路运输)专业教学的需要。

交通运输类专业教学指导委员会

水路运输与工程教学指导分委员会

主任委员　於世成

2014年3月

前　言

港口装卸工艺是一门关于港口生产作业方法的课程,对其所构成的知识体系的学习,能够帮助我们认知如何提升港口生产绩效,如何提升港口的竞争力,如何处理好港口与环境和谐发展等重大问题。随着运输方式的不断改变,以及港口作业技术的不断创新,港口的作业方式已经走过了从件杂货作业到大宗散货和集装箱等专业化作业的历程,港口装卸作业效率得到显著提升。当前面对船舶不断大型化的发展趋势,港口专业化的作业方式也正在受到高效化、自动化和信息化作业方式的影响,港口的生产作业效率正在以出乎人们预计的速度快速提升。由此可见,港口装卸工艺是一门知识不断更新的学科,掌握了这门知识对于从事港口工作或者航运、物流工作的学生来说是非常重要的。

《港口装卸工艺学》(第二版)的知识体系由以下内容构成:港口生产活动的特点与构成,港口装卸工艺的性质、内容与作用,港口装卸工艺现场组织与管理,港口装卸工艺系统分析,件杂货装卸工艺,集装箱装卸工艺,干散货装卸工艺,液体货装卸工艺,木材装卸工艺,大件货物装卸工艺,散粮装卸工艺,港口装卸工艺设计与技术经济论证以及计算机在港口装卸工艺设计中的应用。

本教材是在由宗蓓华教授及本人编写的《港口装卸工艺学》基础上,充分吸收了国内外港口装卸搬运技术和方法的最新成就编写而成的。本教材力图呈现给学生和读者一个比较完整的反映港口装卸搬运方法的知识体系。在编写过程中,我们参考了已有的相关教材和书籍,翻阅了众多的参考文献,并且收集了大量的反映港口装卸技术发展的最新图片和数据,力争使这本教材能够反映已有的相关最新知识。因此,从某种意义上说,这本教材是对已有相关知识的一次汇集。为此,特别感谢这些文献的作者(详见参考文献)。

本教材的编写分工是:上海海事大学真虹作为主编,负责整个教材的编写框架的确定,以及各章质量的审核与全书统稿,承担整个教材的编写组织工作,同时负责编写第一、二、四和十一章;上海海事大学张婕姝负责编写第七和十章;上海海事大学周德全负责编写第三、六章;上海海事大学赵楠负责编写第五、九章,并协助真虹统稿;交通运输部规划研究院张晓晴负责编写第八章。参与本教材编写工作的上海海事大学研究生有:王静改、张文斌、王汉、李薇、陈蔓、于水华,他们为本教材收集了大量的资料和素材,为教材的编写工作做出了贡献,在此代表参与编写的各位老师向他们表示谢意。

本教材由武汉理工大学张培林教授主审,张教授对书稿进行了认真的审核,并提出了诸多宝贵的意见,在此深表谢意。

在本版《港口装卸工艺学》教材的出版过程中,人民交通出版社股份有限公司水运出版中心付出了大量辛勤劳动,也借此深表谢意。

由于时间仓促,在教材的内容上还是留下不少的遗憾。编写组希望在教材的使用中继续听取学生和读者的意见,并在今后教材的再版中继续完善。

本教材适用于交通运输、航运管理以及港口航道与海岸工程等相关专业本科生和研究生相关课程的学习教材和参考书,也可适用于从事相关实际工作的读者作为参考书籍。

真虹
2015 年 1 月 18 日于上海

目　　录

2

第一章 绪 论

案例导入——上海港的发展

上海港地处长江三角洲沿海与长江交汇处。以上海港为中心,在江浙一带,形成的功能齐全、辐射面广的长江三角洲港口群,对我国东部经济发展具有重要的战略意义。优越的地理位置、便利的集疏运交通和广阔的经济腹地,推动着长江三角洲经济的发展。

2009年3月25日,国务院常务会议审议并原则通过《关于推进上海加快发展现代服务业和先进制造业、建设国际金融中心和国际航运中心的意见》,2013年中国(上海)自由贸易试验区正式挂牌,这一系列措施都促进了上海港口经济的新一轮的发展。近年来,为推进上海国际航运中心建设,上海开始调整临港产业结构,不断提升航运服务功能,促进长三角港口资源的优化整合,推动了上海港口经济的发展。

上海港经济模式正处于从生产型向服务型转变的过程中,高附加值服务业也开始起步,已经在国内产生了一定影响力。归纳起来,主要体现在以下几个方面:

1. 广阔的港口经济腹地

上海的经济腹地以长江三角洲港口群为主。从广义上看,上海港及其相邻港口的吸引范围涉及整个长江流域及陇海、浙赣铁路沿线地区,这是长江三角洲港口群共有的腹地,对上海港来说,可谓第一层次的腹地。从狭义上看,江苏、浙江、安徽和江西四省是上海港及其相邻港口交叉的腹地,对上海港来说,可谓第二层次的腹地。而上海市域则是上海港最为直接的腹地(可看作第三层次的腹地)。

2. 不断完善的集疏运系统

上海港交通发达便捷,集疏运条件良好。铁路干线有津沪线和沪杭线,公路通往烟台、乌鲁木齐、拉萨和昆明等方向,并与国内其他主要公路干线相通;内河航道共有225条,其中通往外省市的干线航道有8条;海上客、货运航线遍及沿海各主要港口。

3. 临港工业进一步发展

上海临港产业结构主要以石化、汽车、造船、物流四大行业为主,随着上海国际航运中心的建立和中国(上海)自由贸易试验区的挂牌,上海临港经济正在不断发展。以物流业为例,上海国际航运中心洋山深水港物流园区将建成世界上规模最大、现代化程度最高的物流园区,物流园区建成后,还将成为东北亚国际物流的枢纽中心。

4. 高端航运服务开始凸显

在高端航运服务业方面,特别是高附加值的航运经纪、航运金融、航运保险、航运信息、海事仲裁与法律服务等业务要素方面,尽管起步较晚,但随着上海国际航运中心建设以及中国(上海)自由贸易试验区建设,高端航运服务业正加速集聚,成效逐渐显现。

第一节　港口生产活动的特点与构成

一、港口及其作用

港口,是指具有船舶进出、停泊、靠泊,旅客上下,货物装卸、驳运、储存等功能,具有相应的码头设施,由一定范围的水域和陆域组成的区域。港口可以由一个或者多个港区组成。

港口在社会经济发展中的地位和作用是随着港口对社会经济发展所做的贡献以及港口功能不断地延伸而扩展的。1992 年联合国贸易与发展会议在《港口的发展和改善港口的现代化管理和组织原则》的研究报告中,把港口的发展划分成三代。

第一代港口主要是指 1950 年以前的港口,其功能为海运货物的转运、临时存储以及货物的收发等,港口是一个运输枢纽中心。

第二代港口主要是指 20 世纪 50 年代至 80 年代的港口,其功能除具有第一代港口的功能外,又增加了使货物增值的工业、商业活动,港口成为装卸和服务的中心。

第三代港口主要产生于 20 世纪 80 年代以后,其功能除了第一、二代港口的功能以外,更加强了与所在城市以及用户的联系,使港口的服务超出了原先港口的界限,增加了运输、贸易的数据收集和处理等综合服务,使港口成为贸易的物流中心。

第四代港口的提法出现在 1999 年的联合国贸易与发展会议上,定义第四代港口为"物理空间上分离但是通过公共经营者或管理部门链接"(physically separated but linked through common operators or through a common administration)的组织,即意味着新一代港口将超越原来运输枢纽中心、装卸服务中心及第三代所提的物流中心的概念,能够提供灵活、敏捷、准时的服务功能。因此,第四代港口可以理解为是在兼容第三代港口功能的基础上,作为港口供应链中的一个环节,强调港口之间互动以及港口与相关物流活动之间的互动,满足运输市场对港口差异化服务的需求,提供精细的作业和敏捷的柔性服务,促使与港口相关的供应链各环节之间的无缝连接。

四代港口的功能演化与其在空间上的作用范围相一致,从第一代港口功能局限于港区,到第二代港口功能拓展至港口周边的临港地区,到第三代港口就延伸到了港口所依托的城市,而进入第四代港口则实现了港口功能的跨地区联系,出现了全球港口的经营商。

从现代港口的发展来看,港口的作用主要体现在以下几个方面:

1. 港口是海运和陆运的交接点

港口既是水路运输也是陆运的终端,在港口,货物在船舶与车辆(或其他船舶)之间进行换装。由于码头营运活动包含货物装卸、分拣、储存、甚至交易,这些活动要求港口具有足够的活动空间。

货物运输在港口所发生的费用在总的运输费用中占有相当的比重(具体比重根据运输距离的长短而有所不同)。因此,高效率的港口货物装卸可以降低整个物流的成本,由此降低商品的价格,使消费者获利,也使出口商品的定价更具有竞争力。因此,港口作为海运和陆运的交接点,如果能充分发挥其应有的功能,可以为该国家(地区)的人民带来经济利益。

2.港口是工业活动基地

为了获得大规模的经济增长,必须发展工业,特别是高新技术产业。发展工业,使之吸收更多的劳动力、产生更高的附加值,以获得稳定的经济增长。临港地区借助于便利的物流条件成为从事工业活动的重要基地。工业,尤其是对原材料运输有较大依赖的制造业离不开高效率的港口。港口设施和工业用地的布局可以有机地结合起来,形成区港互动的布局,以便尽量提高运输、储存和加工的效率。临港工业生产所需要的原材料通过船舶运输可直接运抵企业,而无须中转。原材料经过加工,产品可再通过码头出口。因此,在中国以及其他许多国家都纷纷在临港地区建立起各种类型的工业园区、物流园区、保税区等,以充分发挥港口在引导地区经济发展中至关重要的作用。

3.港口是城市发展的增长点

如果工业在港区得到发展、经济活动在以港口为中心的地区得到加强,越来越多的人汇聚在那里,就形成了城区。如果这个城区的消费增加,那里的生产活动增加,港口的货物吞吐量也会随之增长。这就是港口和城市相辅相成共同发展的规律。港口城市之所以比内陆城市具有更强的经济发展动力,很大程度上得益于港口这一便利的口岸作用,实现贸易的流通,促进地区经济的发展。

4.港口是物流服务供应链的重要环节

港口作为物流服务供应链上的节点,具有货物集聚点、要素结合点和信息中心的作用,使之在物流服务供应链中发挥着重要的作用,形成了以港口为核心的港口服务供应链。港口服务供应链是指以港口为核心的各类物流服务供应商(包括内陆运输、货运代理、船公司、装卸、海关、检验检疫、仓储、航运金融服务等组织),通过接受发货人和收货人的需求,以系统集成化和协同化为指导思想,以信息技术为手段,将物流服务流程与客户生产流程之间形成无缝链接的网链结构。它是镶嵌在生产供应链各节点客户之间的一条服务供应链。

5.港口具有社会经济发展促进效应

港口以其各种功能影响地区,乃至国家的社会经济发展。港口发展的效应以各种互相依赖的形式出现,包括降低货物运输的成本、增加就业机会、增加收入、提高生活水平、促进地区和国家繁荣。例如,港口开发可以吸引工业、创造就业机会,从而推动区域性社会经济发展。港口发展的效应归结起来有以下几类:

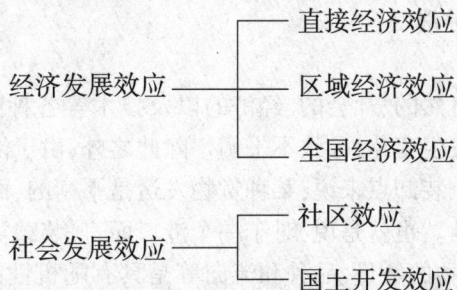

```
                      ┌── 直接经济效应
        经济发展效应 ──┼── 区域经济效应
                      └── 全国经济效应

        社会发展效应 ──┬── 社区效应
                      └── 国土开发效应
```

这一分类系统将发展效应分为两个基本范畴,第一个是可以用货币数额来测算的效应,即纯粹的经济效益;第二个是不能用货币数额来测算的效应,即对区域开发和国土开发的效应。这两大类分别称为经济发展效应和社会发展效应。

(1)经济发展效应。经济发展效应可以再划分为直接经济效应(它包括对运输成本的降

低）、区域性经济效应（包括由运输业、加工业及其他产业的设立和发展所产生的区域收入的增长以及这些产业的间接效益）、全国性经济效应（国家经济活动的发展和国家收入的增长）。

就商港而言，直接经济效应是显而易见的，获益者是港口设施的用户。区域性经济效应也是很清晰的。全国经济效应指外贸港口贸易量增长，最终有助于国家收入的增长。获益者不仅是当地居民，也是全国的人民。

对于新开发的工业港来说，区域经济效应和全国经济效应则更为明显。在工业港，随着工业的建立和发展，就业机会和收入得到增加，从而刺激其他产业、区域经济和国民经济的发展。

直接经济效应一般可以通过估算港口设施改善前后的运输成本、将这两个成本之差乘以目标年份的吞吐量，即可估算出来。有人提出了几种估算区域经济效应和全国性经济效应的计量经济学方法，但实际估算这些间接效应并不容易。

（2）社会发展效应。"社会发展"包括除经济发展效应之外的、对区域开发和国土开发政策的效应。这里，暂且将区域开发规划产生的社会发展效应称为"社区效应"，将对国土开发规划产生的社会发展效应称为"国土开发效应"。

要系统地描述"社区效应"和"国土开发效应"如何与港口相关，这相当困难；很难说明港口和人口或产业趋势之间确切的相互关系。但以定性的研究方法可以看出两者之间有着密切的关系。

上述这些效应并非直接通过港口发展所获得的，而是随着按照适当的区域规划进行开发、随着其他基础设施的完备而产生的。从这个意义上说，港口也刺激了其他领域的发展。

二、港口生产活动的特点

港口装卸系统是在港口使用装卸搬运机械系统，遵循一定的操作工艺，以货物装卸、搬运、储存为主要内容的生产系统。因此，为了组织好港口的生产活动，必须充分认识港口生产的特点。概括起来，港口生产活动的特点主要表现在以下几个方面：

1. 产品的特殊性

港口装卸作为交通运输业的一个组成部分，正如马克思所认为的属于物质生产部门，但是其产品有别于一般的工业企业，它并不提供实物形态的产品，而只提供完成货物空间位置的转移，使货物从一种运输工具转移到另一种运输工具或者在运输工具与库场之间转移，这种特殊"产品"在其生产过程中即被消费。

2. 生产的不平衡性

由于港口生产活动受自然的、社会的、经济的以及技术等各种因素的影响，因而在不同时期港口生产任务都有可能发生变化，导致不平衡。除此之外，由于港口一般总是和若干个装卸点联系的，因此，即使对某个装卸点来说，某种货物发运是平衡的，而几个装卸点合在一起会引起对方港口生产任务不平衡。也就是说，对于一个港口而言，装载货物的船舶和其他运输工具到港的密度和类型，到港货物的数量、品种和流向等是具有随机性的，这种随机性产生于在港口活动的各环节之间的相互独立性，而且各种活动本身的规律性受多种因素影响。因此，各种活动的随机性导致了港口装卸企业的生产任务具有不平衡性。

港口生产的不平衡性是经常的、绝对的。港口装卸工作中出现的这种不平衡性必然会涉及港口一系列重要问题的决定，如港口设备的数量、装卸工人的编制、港口基本建设的规模等。

对不平衡性估计不足、港口缺少必要的贮备是造成港口压船、压货,影响社会效益的主要原因之一,然而对港口生产不平衡性影响估计过高又会使港口设备、人力和财力造成严重浪费,提高装卸成本。港口生产管理者的任务之一就在于充分而正确地估计不平衡性,在经常的生产活动中,采取一切有效的措施,减少各种因素对港口生产活动不平衡性所引起的影响,充分利用港口的设备、人力和财力。

港口生产的不平衡性可以用不平衡系数 $K_{不}$ 来反映:

$$K_{不} = \frac{最大月吞吐量}{平均月吞吐量}$$

由该式可知,$K_{不} > 1$。

3. **生产活动的多样性和复杂性**

港口生产是一种多工种、多环节联合作业生产。港口的生产目的就是为了满足千家万户的运输需要。因此,经过港口换装、堆存的货物的种类、品种、包装、性质多种多样,各不相同,运输这些货物的车辆、船舶等运输工具从种类、构造、尺度等各方面也不尽一致。这就给港口的装卸工艺与生产组织造成了很大的困难。例如,除大宗货物专业化泊位外,港口装卸工艺的规范化和定额的准确性都因此而受到很大影响。又由于港口具有多工种、多环节联合作业,联系面广的特点,因此要完成港口的生产任务,不仅要把企业内部各个环节的生产活动有效地组织起来,而且要把生产活动外部,甚至港口外部的与车、船、货作业有关的活动,如引水、燃物料供应、联检、车船接运等很好地衔接起来。显然,环节越多,联系面越广,严密地组织活动也越困难。

4. **港口生产活动与经济发展的相关性**

港口生产活动对地区经济、国家经济,甚至是世界经济的影响与限制较大。由于国民经济各部门的生产数量和产品结构在经常地发展、调整,原料、燃料和产品的供需情况也在不断地变动,外贸市场更是瞬息万变,自然灾害又很难预测,因此港口生产任务,包括数量、结构、流向不可避免地要受客观的影响,随着外界的变化而经常变动。

5. **生产的连续性**

港口装卸生产通常采用昼夜24小时连续作业方式。一方面,要对车船及时装卸,减少车船在港停留时间,提高运输工具的运力利用率,以增加社会总运力;另一方面,通过港口的货物,其目的不是滞留港内,而是尽快地转运,进行货物的生产加工或投入市场,所以从社会的宏观效益出发,港口应对随时来港的船舶、车辆及时装卸且连续作业,以减少车、船、货在港口的停留时间。

6. **装卸组织的协作性**

由于港口是多种运输方式的汇聚点,有许多企业和管理机构在其中运作,从港口企业的外部来看,既要和集疏运部门、船东、货主密切联系,又要和海关、商检、检疫、引航、船舶供应、港监等部门相协调;从港口企业的内部来看,要协调装卸队、库场、理货等部门各工种的作业,使其形成一个有机的整体,所以港口生产是多部门、多环节、多工种内外协作的过程,具有明显的协作性(图1-1)。

7. **货物运输信息的集聚性**

港口作为运输的枢纽、货物位移的集散地,伴随着物流传递的信息流聚集于港口,并从港口扩散,通过信息引导,使货物有序地转移。因此,港口生产企业对运输过程中所产生的信息

流的管理提出了很高的要求,只有港口生产企业的信息流保持通畅,才能保证港口生产的顺利进行,保证对来港车、船做到及时装卸,减少车船的在港停留时间。

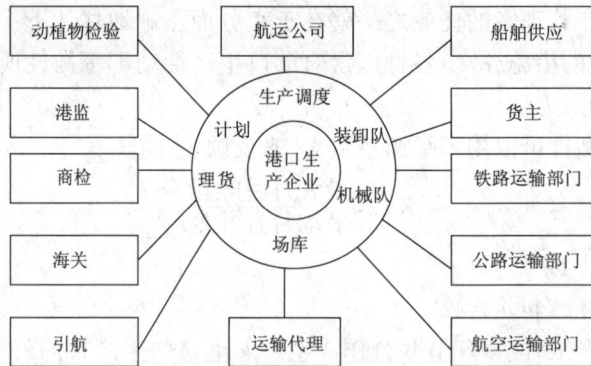

图 1-1　港口生产作业的协作关系

8. 生产调度的层次性

目前我国港口生产调度方式普遍采用两层管理模式,即"港务局—装卸公司",不同层次上的生产调度职能有较明确的分工。虽然这种模式有利于整个港口资源的合理调配,但也对不同层次之间的工作协调的有效性和及时性造成困难。

由于港口生产活动具有上述特点,使得港口生产组织变得错综复杂,这就要求有一个能灵活适应港口内外环境变化的生产工艺系统予以支撑,以保证港口生产工作的顺利进行。

三、换装作业及其构成

换装作业是港口最主要的生产作业形式,它是指货物从进港到离港在港口所进行的全部作业的综合,它是由一个或者一个以上的操作过程所组成的。而操作过程是指根据一定的装卸工艺完成一次完整的搬运作业的过程,它是港口基本的装卸搬运活动。

港口换装作业一般有两种形式。一种形式是货物先从船上卸入库场经过短期堆存,再由库场装上车辆(或船舶),或者程序相反,这种形式一般简称为间接换装方案。另一种形式是货物由船上卸下直接装上车辆(或船舶),不再进入库场,或者程序相反,这种形式简称为直接换装方案,或称直取作业。

在后一种情况下,货物在港口的换装作业是由一个操作过程组成的。而在前一种情况下,货物在港口的换装作业是由两个或两个以上的操作过程所组成。

采用直接换装,可以减少操作次数,简化作业环节,减少货物换装所耗费的人力和物力,缩短货物在港滞留时间,并且可以减少码头的陆域面积。从这些方面看,理应要减少入库场货物的数量,增加直取比重。但是,采用直取作业时,由于运载工具到港密度和时间的不平衡,往往造成车船因相互等待作业而延长了在港的停留时间,而且,由于受码头前沿场地的限制,即使车船作业能够顺利衔接,装卸效率往往也难以提高。

采用间接换装,由于有库场作为换装作业的缓冲,因此,可以弥补各装卸作业环节生产的不平衡,并便于组织装卸生产活动,使作业效率得到提高。

因此,究竟采取间接换装方案还是直接换装方案要根据具体情况确定。但从目前趋势看,大型专业化码头的生产均采用间接换装作业方式,以减少车船在港等待时间,提高作业效率。

此外,货物在港口堆存期间,根据需要也可能进行库场之间的搬运,这一类作业也应视为一个单独的操作过程。因此,港内货物操作过程可归结为以下几种:

(1)船—船;

(2)船—车、驳;

(3)船—库、场;

(4)车、驳—库、场;

(5)车、驳—车、驳;

(6)库、场—库、场。

同一库场内的倒垛、转堆属库场整理性质,与翻舱、散货的拆、倒、灌、绞包、摊晒货物等同属装卸辅助作业,均不计为操作过程。

为了能较正确地反映装卸作业实现机械化的情况,又可将一个操作过程划分为若干个工序。工序的划分主要是为了反映装卸作业的机械化程度,因此随着港口装卸作业机械化程度的变化,工序的划分也会有所变动。

港口生产作业中的主要工序有:

(1)舱底作业工序:包括装船和卸船时在舱内的摘挂钩、拆码货组、拆码垛及平舱、清舱等全部作业。

(2)起落舱作业工序:包括装船和卸船时船舱到岸、岸到船舱、船舱到车辆、车辆到船舱以及船舱到船舱的作业。

(3)搬运作业工序:包括码头、库场、车辆之间的搬运作业。

(4)车内作业工序:包括装卸车时的上、下搬动、拆码货组、车内的拆码垛作业。

(5)库内作业工序:包括库场内的拆码垛、拆码货组、供喂料作业。

在既定的工序中,完成1t货物的操作,即计算为一个工序吨,使用机械的为机械操作工序吨;使用人力的为人力操作工序吨。

第二节 港口装卸工艺的性质、内容与作用

一、港口装卸工艺的性质

社会生产的劳动对象可分为物质、能量、信息等若干种形态。劳动对象的变化则分为数量、质量、空间和时间等几种形式。当劳动对象在质量、数量和空间上发生变化时,时间上同时也在变化。但在某些情况下(如物质、信息的贮存)即使没有上述三个变化,时间变化仍可独立存在。

属于物质数量上变化的,如金属的机械加工。属于质量上变化的,如铁矿石的冶炼成钢。属于能的转化,如火力发电厂的发电。在煤或油燃烧时,使水加热成蒸汽,促使汽轮机带动发电机生产电的过程中,能相继在化学能、热能、机械能、电能等各种形态上发生质的变化。至于电能的传输,则属于空间上的变化。在信息方面同样有放大、滤波、传输、贮存等多种形式的变化。运输业所从事的则是物质在空间上的位移。

所谓工艺,指社会生产中改变劳动对象所采取的方法。在制造业中指的是加工方法。在

港口企业中,港口装卸工艺是指在港口实现货物从一种运载工具(或库场)转移到另一种运载工具(库场)的空间位移的方法和程序。

工艺是达到目标的一种手段,工艺的效用是在整个生产过程中发挥的。

由于运输生产的任务是物质在空间位置上的移动,并不产生新的产品,因此,在某种意义上说,港口装卸工艺在港口生产中所起的作用更为突出。港口装卸劳动生产率提高在很大程度上要取决于港口装卸工艺的现代化。

港口的主要功能是货物装卸和储存。对于港口来说,装卸工艺即是港口的生产方法。研究装卸工艺,就是分析和改进装卸方法,使通过港口的物流更经济,更合理,从而达到安全、优质、高效、低成本地完成装卸任务的目的。

装卸工艺是港口生产的基础,属于工业工程的范畴,工业工程学着重研究以生产流水线为中心的整个企业的现场管理,其追求的目标在于杜绝生产中的一切浪费,提高劳动生产率,降低成本。正因为如此,加强科学管理必须从工艺管理抓起。由于工艺对货物装卸、堆存提出了安全、质量、效率、经济的全方位的要求,因此实现工艺规范化既是现场管理的基本要求,又是文明生产的主要内容。

装卸工艺分析和劳动定额、激励制度等结合起来,又是劳动管理的重要内容。先进的装卸工艺,先进合理的劳动定额,能激发工人劳动热情的激励制度,这三者的有机结合是提高劳动生产率的重要手段。劳动定额必须在先进的装卸工艺基础上制定,而先进的装卸工艺只能通过合理的劳动定额和能激发工人劳动热情的工资制度才能巩固和提高。

装卸工艺现代化是港口现代化的关键,是提高劳动生产率的内涵和扩大再生产的主要手段。因此改进装卸工艺往往是港口挖潜、革新、改造的主要目标。

作为研究方法合理化的装卸工艺既是一门技术性的学科,又是一门艺术性知识,它与组织及经济密切相关,甚至在某些方面工艺本身就包含着组织和经济的因素。例如,工艺合理化的重要原则之一,是作业线各环节的生产率要相互协调,而要实现这个原则,必然要考虑各环节的配工和配机问题,这也就是包含了生产组织的因素。又如,工艺方案总是要和一定的经济指标相联系的,根据这些经济指标,才可以从许多方案中筛选出最优的。可见,经济又是与装卸工艺紧密联系在一起。

二、港口装卸工艺研究的主要内容

在港口,装卸工艺工作主要包括两个方面,即港口日常装卸工艺工作和港口装卸工艺设计工作。

1. 港口日常装卸工艺工作

这一工作是以港口现有的工艺系统与装卸设备为基础,通过挖潜、技术创新和有效的组织,合理运用现有的人力、物力,以达到安全、优质、高效、低消耗来完成港口装卸任务的目的。这是属于港口内涵式的扩大生产能力的工作,具体包括:

(1)工属具的改进和创新。包括对现有装卸工属具进行研究、分析、设计、试验、定型等工作,目的是充分利用装卸地的生产能力。

(2)装卸工艺流程的再设计。港口装卸的基本工艺流程往往在设计时已经确定,但在实际使用中会发现工艺流程在许多情况下是可以进一步优化和完善的;另外,港口装卸往往是小批量,甚至是单件生产。在装卸中会不断遇到新的货种。所以还要不断地为新的货种制订装卸工艺方案,以适应货物装卸的需要。

(3)作业线改进。港口生产组织人员必须深入现场,密切与装卸工组的联系,通过对同一装卸线在不同条件下(如不同工组、各环节不同的配合方式等)的效果进行分析与比较,总结先进经验,找出存在的问题,并组织先进经验的推广,提出改进建议。因此,港口生产组织人员不但要熟悉装卸工艺,而且还要有丰富的生产经验,敏锐的观察能力、分析与总结能力。

(4)工程心理学研究。运用工程心理学的观点研究工作环境对工人体力及心理的影响,并研究对策,以达到减少疲劳,提高工作效率的目的。大连港就曾经研究过机械外表色泽对人的影响,选择使人感到舒适的颜色,提高了机械司机工作效率。这是装卸工艺工作中较新的一个领域。

(5)装卸作业技术标准的制订与修改。装卸作业技术标准,有的港口叫"装卸工艺规程"或"工艺卡"。这是按不同货类与操作过程制订计划和生产调度部门组织生产的依据,制订与修改装卸作业技术标准应该是港口装卸工艺工作人员的经常性工作。

除此之外,港口日常工艺管理工作还包括货物在运输工作与库场内的堆码方式、各种辅助作业的完成方法等。

评价港口日常装卸工艺工作主要可从以下几个方面进行:

(1)安全质量;

(2)环境保护;

(3)作业线装卸效率;

(4)机械设备及劳动力的利用;

(5)各生产环节之间的协调;

(6)劳动强度;

(7)经济效益。

2.港口装卸工艺设计工作

港口装卸工艺设计属于外延的扩大再生产范畴,是港口工程设计的一个重要组成部分。装卸工艺设计往往对港口工程设计的其他环节提出设计要求,对整个设计起到总揽全局的约束作用。

装卸工艺设计是港口规划发展中的主要决策内容之一。在设计装卸工艺方案时,必须根据货物的种类、流向、流量、包装、理化性质等因素,以及车型、船型、码头形式、港口的自然条件、运输组织等方面的具体情况,拟订一系列可供比较的、有价值的方案,并经过详尽的分析和比较,找出一个较为合理而且可行的方案。

一般的工艺设计可用以下的程序框图(图1-2)来说明,一个港口装卸工艺方案的决策必须经过图1-2中所示的几个过程。

一个成熟的、合理的、可行的工艺方案的产生,必须经过反复修正与比较,使所选出的方案完善合理。如果工艺方案决策错误,即使港口具体工作做得再多再好,企业也是难以取得成效。计算机仿真技术的应用使装卸工艺方案的选择过程更为科学。

从上述两个方面内容可知,港口装卸工艺工作主要涉及下列几方面的内容:

(1)装卸机械设备类型的选择和吊货工属具的设计;

（2）工艺流程的合理化；

（3）货物在运输工具和库场上的合理配置和堆码；

（4）司机和工人的先进操作方法；

（5）工艺规程的制定和修改。

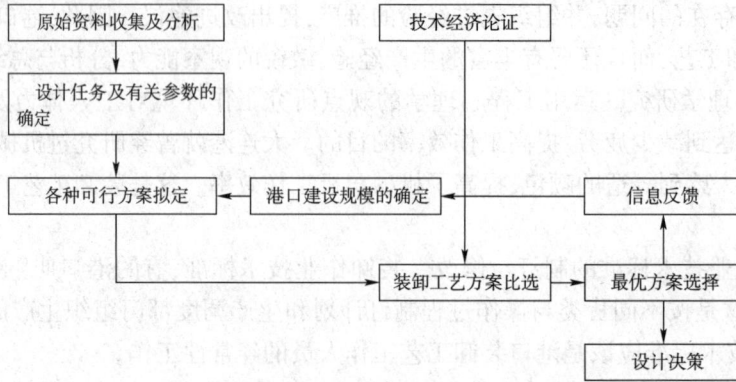

图1-2　港口装卸工艺设计流程图

三、装卸工艺在港口生产活动中的作用

一方面，众所周知，港口主要任务是进行货物在不同运输工具（其中至少有一种是水运工具）之间的换装，在装卸过程中并没有材料的消耗，只有机械的磨损及燃料的消耗。因此，装卸成本主要决定于机械的折旧修理费、燃料费、机械司机及装卸工人的工资等。所以，降低装卸成本就是要降低上述几种费用，这要通过合理使用装卸机械及装卸工艺来达到。另外，保证装卸过程中的安全与质量也必须寻找合理的装卸工艺。其他如装卸效率的高低、劳动强度的大小等，也与装卸工艺有密切关系。因此可以说，港口装卸工艺工作在港口技术管理工作中是头等重要的工作，是港口生产的基础。

另一方面，港口装卸总是按某种方式进行的，然而不同的方式会产生不同的效果。这就是说，港口装卸工艺是客观存在的，我们的任务应该是主动地研究它、改造它，使之更加合理。这也是必须大力开展研究装卸工艺的原因所在。

件杂货的装卸就是一个明显的例子。目前，件杂货的装卸还离不开"拖、叉、吊"。但"拖、叉、吊"的不同组合，会有不同的经济效果，这就是装卸工艺所要研究的问题。

例如，在件杂货码头进行货物装卸时，在船舶作业机械相同的条件下，在运距不同时，大体上有以下几种组合。

（1）当运距小于200m时：

①一台拖车实行循环拖带进行水平运输，吊车堆垛；

②两台拖车各自与平车固定进行水平运输，吊车堆垛；

③两台叉车（水平运输及堆垛）；

④一台拖车循环拖带，叉车堆垛。

（2）当运距大于200m时：

①两台拖车循环拖带，吊车码垛；

②三台叉车(水平运输及堆垛);

③两台拖车平车固定进行水平运输,叉车码垛。

根据计算,其相对成本如表1-1所示。

不同运距的相对成本 表1-1

运输距离	< 200m				>200m		
方案类别	(1)	(2)	(3)	(4)	(1)	(2)	(3)
相对成本	106%	139%	100%	92%	96%	100%	80%

注:以全叉车方案成本为100%计算。

从表1-1可看出,如果运距小于200m时,采用第二方案与第四方案相比,成本将高出51%;而运距大于200m时,如果采用第二方案,则成本比第三方案高16%。由此可见,装卸工艺合理化工作在港口具有重要的作用。

过去装卸工人把原木装卸称为"木老虎",但自从采用木材抓斗代替舱内人力作业,免除了工人上垛作业,装卸安全有了保证。例如,由包起帆等发明的单索木材抓斗可以使工伤事故率下降99%,每条作业线人数从8.7人下降为4.1人,卸船速度加快了56%,工人劳动生产率提高了2.48倍。这一技术改革的意义不仅在于木材装卸本身,而且还生动地说明,港口装卸工作中的许多难题都有可能通过研究和改进装卸工艺而得到解决。

港口装卸工艺在港口生产管理中占有重要的作用,概括起来有以下几个方面:

(1)港口装卸工艺是港口生产的基础。港口装卸工艺是通过装卸作业线具体实现的,而作业线实际上就是装卸工艺线,装卸工艺安排的是否合理直接影响到生产成本和作业时间。

(2)港口装卸工艺是劳动管理的重要内容。港口装卸作业的方式选择直接影响到作业的时间、定额以及奖惩制度。科学管理的鼻祖泰勒所研究的动作与时间的关系实际上就是工艺研究的范畴。

(3)港口装卸工艺现代化是港口技术进步的标志。过去有一种倾向,就是重码头建设,而轻视设备的有效应用,致使有些集装箱码头的单泊位通过能力较低,这不仅占用了宝贵的码头岸线资源,也影响了码头应有装卸能力的发挥。

(4)港口装卸工艺直接影响港口的生产绩效。港口装卸工艺选择是否合理,直接影响到港口的生产绩效。合理的装卸工艺选择并不是主张设备采用的越先进越好,而是要根据港口的生产情况和货种货流情况进行合理选择。例如,在一些小型码头上,如果采用大型设备显然是一种浪费。

第三节 港口装卸工艺现场组织与管理

一、港口企业装卸工艺的部门设置

在过去,在港口企业部门中都设置有专门的工艺部门,从事与装卸工艺设计和管理相关的工作。但是随着码头专业化程度的提高,装卸工艺方式在码头建成时就已经确定,而且很难有现场人员进一步改进的余地。因此,目前的港口企业中一般不再设置专门的工艺部门。但是,

工艺工作实际上在港口企业中仍然是存在的，主要是由其他一些相关部门（如生产调度部门）兼管着装卸工艺的工作。目前，我国各港口的装卸工艺工作的归口部门主要有以下一些部门：

（1）归入生产调度部门（现在许多改称操作部），如专设工艺编制人员等。这种设置有利于现场装卸工艺的安排，对现场工艺需求反应较快，主要强调装卸工艺的管理因素，但是工艺人员不易稳定。

（2）归入机电等技术部门，这是目前的主流做法。这种安排强调了装卸工艺与机械设备之间的关系，注重装卸工艺技术因素。

（3）归入规划建设部门，这种归并强调的是装卸工艺在港口规划和建设中的重要作用。

（4）仍然保留单独的装卸工艺部门，但目前较少。

二、工艺人员的主要职责

装卸工艺是港口的生产方法，是港口生产活动的基础，不论在经营还是管理的领域里，装卸工艺都占有很重要的地位。

在经营领域里，新工艺一般和港口规划和建设相结合，以确定港口企业未来的生产发展方向。在管理领域里，工艺的管理和完善是确保日常生产安全、改进装卸质量、提高效率、降低成本的根本途径，是生产管理的重要内容。

工艺是一门综合性的科学，一种有效的生产方法通常是工艺技术人员和其他工程技术人员集体共同研究和总结的结果。

港口从事与装卸工艺相关工作的除了调度等管理部门外，还有从事现场管理的装卸指导员。装卸指导员是在货物装卸过程中直接应用工艺的重要工艺队伍。

装卸指导员负责指导港口工人按工艺要求对车、船、货进行作业。

有的大港设有专门的装卸实验队、技术革新组，或甚至是装卸实验区。它们的主要任务是制造和试验新吊货工属具和其他工属具，试验新的起重运输设备和新的装卸工艺。装卸实验队通常由有经验的港口工人组成，按照新工艺从事作业，以检验、完善、示范新设计的装卸工艺，并借此取得完成装卸定额的第一手资料。

港口企业的装卸工艺工作的范围大体包括如下内容：

（1）分析和改进现有工艺，优化工艺流程，设计新的生产方法；

（2）制定装卸和堆存标准；

（3）指导难作业货物（如重、大件货物）的装卸；

（4）设计、制造、试验、改进吊货工属具；

（5）提出非标准港口装卸搬运机械的设计任务书；

（6）规划港口泊位的专业化；

（7）编制月度机械化作业方案；

（8）汇编装卸作业技术标准（工艺卡）和吊货工属具图集；

（9）按照相应的装卸作业技术标准制定单船作业计划；

（10）与劳动工资部门协作共同修订劳动定额；

（11）总结和推广工艺方面的先进经验；

（12）培训工人使用新的操作方法。

三、装卸作业技术标准

装卸作业技术标准,又称工艺卡,是港口推行先进工艺,实施工艺管理、监督工艺纪律、核定劳动定额的重要手段。装卸作业技术标准一般包括如下内容:选择和确定装卸机械的类型和数量;选择及确定吊货工属具和其他工属具的类型和数量;分配各作业环节的工人数;计算作业线生产率;规定作业标准和安全事项等。

经过港口的主要货物都要按进口和出口编制装卸作业技术标准。装卸作业技术标准按规定的格式编制,装订成册。港口的计划调度(操作)、安全监督、劳动工资等部门都应备有装卸作业技术标准。装卸作业技术标准有两种类型:一类是规范型的,它反映港口已经在实行的工艺流程;另一类是实验型的,适用于初次到港的货物,并用来在营运条件下检验新设计的工艺。

装卸作业技术标准一般应包含以下内容:

(1)港名和公司名;

(2)卡别(规范型或实验型);

(3)货名及包装;

(4)货物特性(如块度、容重、件重、规格等);

(5)运输工具类型;

(6)操作过程;

(7)货物装卸方案;

(8)装卸机械和吊货工属具及其他工属具的名称,负荷、数量;

(9)作业线各环节配备工人数;

(10)作业线主要技术经济指标(作业线生产率和每个工人的工班产量,机械化操作比重等);

(11)对舱内、码头上、车内、库场内作业组织的简单描述;

(12)用图、照片或文字对货组、货垛、车内堆装方法的要求予以说明;

(13)涉及货物特性的安全注意事项;

(14)装卸作业技术标准由港口企业分管工艺或安全技术的负责人签署颁布。

装卸作业技术标准汇编中还可以列入港车船类型和安全技术规程等资料。随着新机型、新吊货工属具的出现和运输工具、作业条件的变化,装卸作业技术标准要经常进行修订。

案例:某港编制的《装卸作业技术标准》中"木箱杂货"的作业标准

木箱杂货操作要点

卸火车:准备性能良好的足够数量的货板,并摆在离车厢不远的适当位置,打开车门,铺好车门铁板。8名工人:4人推手推车,2人在车厢内装手推车,库内2人卸手推车装货板(即打码)。货码要求整齐、靠紧,货箱不超出货板(四周各5cm),不超高(每码1m以下)不超重(小于2t),缚好小绳。叉车成组叠堆,堆高为3码高。

装船:出库、水平运输、叉车在库内成组拆堆,并搬至船边放适当的位置,以便接钩。如库

至船距离超过100m时,增配平板车6台,牵引车循环拖带。此时,叉式装卸机负责拆堆装平板车,由牵引车拖至船边。

码头:缚好船边网,检查吊货工具,摘接钩要迅速可靠,空货板要分别好坏,堆放整齐,以便叉式装卸机搬回仓库保管。

甲板:接好船边网、大梁,舱盖板妥善放好。如用船机,要检查吊货设备、弄清其性能,调整好船吊位置。指挥手、机控手精神集中,紧密配合,操作稳当,切勿碰撞舱口、摆杆、货码要轻放。

舱内:8名工人,摘钩、挂钩,拆码选舱,由里向外,分层装舱、每层约1.2m高,最后塞满。要轻拿轻放,件件靠紧、排列整齐。破箱不装船。货码进舱及的避开、严禁烟火。

火车—手推车、货板成组—叉车叠堆工艺流程图见图1-3。

工序机械、工具、人员配备表

操作工序	机械配备		工具配备		配工人数	
	名称规格	数量	名称规格	数量	装卸工人	司机
堆头						
仓库	叉车	1	货板		2	1
车厢			手推车	4	6	
装卸效率	小时产量(t)	25	工班产量(t)		合计	合计
			每人工班定额(t)		8	1
备注						

注:货名:箱货;件重:16～85kg;包装形式:木箱;规格:470mm×340mm×140mm～1200mm×400mm×240mm。

图1-3 木箱杂货卸火车工艺流程

叉车—门机(船吊)—船(人力)工艺流程图见图1-4。

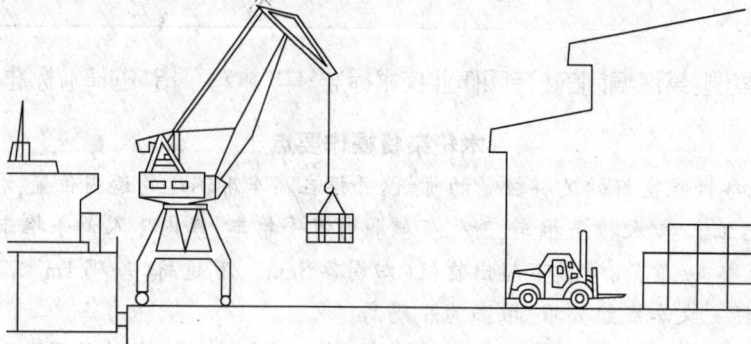

图 1-4

工序机械、工具、人员配备表

操作工序	机械配备		工具配备		配工人数	
	名称规格	数量	名称规格	数量	装卸工人	司机
舱内					8	
甲板	船吊	1			1(2)	
码头	门机	1	船边网,杂货络	各1	2	1
港内运输	叉车	1				1
堆头						
仓库					1	
防护						
装卸效率	舱时量(t)	18	班产量(t)	132	总人数	12(13)	2
			每人工班定额(t)	11(10)			
备注						

图 1-4　木箱杂货装船工艺流程

标准码见图 1-5。

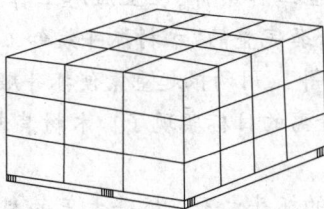

每码件数：　　　件重：　　每码重量(t) ≤ 2
图 1-5　标准码

思考与练习

1.港口的主要作用有哪些?

2.如何理解港口生产的不平衡性?

3.什么是港口的换装作业?它与其他运输场站的换装作业有何不同?

4.如何理解港口装卸工艺?它在港口生产管理中的作用是什么?

5.在港口生产的日常工作中,有哪些属于装卸工艺的工作?在日趋专业化的码头上,如何进一步优化装卸工艺方法?

6.港口装卸工艺人员的主要职责是什么?

7.针对案例《"木箱杂货"的作业标准》,你认为可以做出哪些进一步的改进?

第二章 港口装卸工艺系统分析

案例导入——码头木材装卸的方法创新

木材抓斗顾名思义就是专门用来装卸原木的抓斗。木材抓斗诞生与发明不仅提高了生产效率,最关键的是装卸木材时人机分离,大大提高了安全性。但在过去,码头装卸原木时船舱内用 4~6 名工人,他们先用钢丝绳在原木堆的断面缝隙里穿过去,形成一捆,再将钢丝绳的二端挂在起重机的钩子上,稍稍起吊 1~2m 距离,让原木的一端翘起来,然后工人再拿一根长的钢丝绳,钢丝绳前端有钩子,从被提起一头与木堆的空当里甩过去,另一边的工人快速接住,然后钩子挂在钢丝绳上将原木捆起来……。在这一过程中原木有可能会滚动,压伤工人的手脚,也有可能工人多捆了原木超载,钢丝绳在空中断裂,十几根或几十根原木从空中坠落,造成工人的伤亡。

为了从根本上改善工人的安全工作条件,在上海港工作,人称"抓斗大王"的包起帆经过近 3 年的艰难攻关,终于研究出一套完整的"木材抓斗装卸工艺新系统"。

"包起帆发明的'双索门机抓斗',用两根起重索使抓斗顺利地打开和闭合,抓原木似老鹰抓小鸡,轻轻一抓就起来。人木分离的目标实现了!木材装卸工的安全有保障了。"一篇报道包起帆事迹的通讯这样描写道。

包起帆也因此成为闻名遐迩的抓斗大王。抓斗大王的科技成果还实现了产业化,不仅在国内 20 多个行业 1000 多个企业得到广泛推广应用,还批量出口到 20 多个国家和地区,累计为国家创造 4 亿多元的经济效益。

第一节 方法研究原理

企业管理从管理学鼻祖泰勒开始就重视"工作研究"(work study)。"工作研究"包括两个主要构成部分:"方法研究"(method study)和"工作衡量"(work measurement)。"方法研究"是生产管理中重要的一环,而"工作衡量"则是编制计划、比较不同方法效率,以及制定工资及奖励制度的重要依据。

"方法研究"和"工作衡量"性质上有所不同。"方法研究"着眼于改进生产方法,"工作衡量"所研究的,是工作过程中"无效时间"的研究并使之减少,进而建立该作业的"标准操作时间"。

"方法研究"是将研究对象(如一个工艺流程、一个工序或一个操作)分成一些基本的组成部分,然后对每一部分作严格分析,在可能条件下将其取消,合并或改进,然后重新组成一个效率更高的过程。

"方法研究"的基本步骤是:

1. 确定研究项目

通常选择当前最感迫切需要研究的问题。例如人、财、物使用不合理,不恰当的生产布局及规划,薄弱环节的出现,产品质量的不稳定,职工过分疲劳等。当出现以上情况时,企业管理人员便需要做初步的估计,即预计"方法研究"所带来的经济效益是否明显。比如:提高生产或以较少的人力、物料及设备来进行原来规模的生产;提高质量而无须增加人力和设备;提高工作安全性;降低废品率等。在详细考虑这些因素后,研究项目及其优先程度便可决定下来。

2. 记录现行方法

确定了研究项目后(对象可以是一个工艺流程,一个工序或一个操作),接着将现行的方法、程序详细记录下来。不同的研究对象,要运用不同的方式和技巧来记录。外国"方法研究"中通常用的各类图表及模型有:

(1)工艺流程图:记录主要工序、操作、检查点;

(2)同时动作图表:操作员手、脚及其他身体部位在同一周期内的活动情况;

(3)立体模型:设备、设施布局模型等;

(4)计算机仿真模型:可以模拟设备设施的布局以及工艺流程示意,且可以实现动态效果。

记录的目的是将现行方法的每一组成部分及次序显露出来,以便对下一步进行分析。记录的精细程度与能否对该研究项目作精密有效的分析有着直接的关系。

3. 严格分析所记录下来的每一组成部分

对于记录下来的每一工序或操作,都要作严格的考查,要敢于怀疑、批判现行方法,才可能有所改进。基本上对每一工序或操作,都可提出下列问题:

(1)目的:这个工序或操作要达到什么目的? 是否必要? 为什么? 能否不这样做?

(2)方法:现在怎样做? 为什么要这样做? 不这样做行不行? 有无其他更有效方法?

(3)地点:在哪儿做? 为什么要在那儿做? 能否在别处做? 在何处做更好?

(4)步骤:何时做? 为什么这时做? 能否在另外时间做? 何时做更适合?

(5)人员:谁做? 为什么这个人做? 能否别人做? 谁去做更合适?

4. 研究新的方法

这是方法研究的中心部分。一个新方法的出现,通常所涉及的改变并非单方面的,而是会涉及多方面的综合改变。如:

(1)设备、设施及工位的设计与布局;

(2)工艺流程的次序;

(3)物料、设备、工具、人力的运用;

(4)工作环境;

(5)产品设计及规格。

发展新的方法。基本上是针对现行方法的不合理而进行,本身并无特别可供遵循的规则。但欧美的工业工程师在进行动作研究(motion study)时,通常运用"动作节约原则"(motion economic principal)。动作节约原则大体如下。

(1)双手的动作应该是同时的和对称的。

(2)如能同样完成工作,手的动作应限于最低级。手动作的分级如下:

①手指动作；

②手指和手腕动作；

③手指、手腕和前臂动作；

④手指、手腕、前臂和上臂动作；

⑤手指、手腕、前臂、上臂和肩动作。

（3）手的流畅而连续的动作要比含有急剧改变方向的曲折的或直线的动作好。

（4）节奏对于流畅地工作是重要的，只要有可能，工作应尽可能安排得有节奏。

（5）工具和树料应该放在近处并直接放在操作者的面前，以便使它处在双手容易够得到的位置。手移动距离应该越短越好，移动次数也是越少越好。

（6）所有的工具和材料必须有明确的固定的存放地点。

（7）为了把材料送到靠近使用地点，应该利用重力送料式盒子和容器。

（8）尽可能采用"下坠式传送"方式。

（9）所有的工作，只要是能用脚来做更为有利，就应该避免用手来做，只要经济合算，就应该采用驱动的工具和设备。只要可能，就应该采用虎钳、夹具来固定工作物，以便腾出双手来做生产工作。

（10）工作地和座椅的高度，最好能布置成在工作时，可以替换着坐和站。应该具备适宜的光线。同时应该使工作者尽可能地舒适。

港口装卸作业的条件虽然与工业企业不尽相同，但动作节约的基本原则对港口工作同样是适用的。例如装卸工人操作时按照小动作代替大动作的原则，利用齐肩的货台，降低载货工具的高度，货组送达点接近货跺等都可缩减动作幅度，减轻工人劳动强度。

制定新的方法后，跟着的一个必要程序便是撰写报告。报告的内容至少要包括下列各方面：

①提要及建议；

②研究对象及目的；

③现行情况；

④分析工具及结果；

⑤建议及理由；

⑥采用新方法所带来的具体收益、如成本、人力或其他非量化因素；

⑦对管理制度、奖励制度、员工培训等方面的可能影响。

5. 实施及维持新的方法

报告一经采纳后，便需制定执行新方法的具体措施。未全面采用前往往需要进行试验。一个新的工艺流程或操作方法的建立与维持并非易事。需要确立制度经常检查执行情况，以确保新方法的采用，更要采取适当措施防止退回到旧的方法。

国外的实践证明，"方法研究"对生产率的提高是有显著效果的，不少企业通过"方法研究"每年降低生产成本10%～30%。这是一个极其经济的提高生产的方法，基本上无须增加资金而能把生产率大大提高。

"方法研究"的一个基本假定，就是现行生产过程中的每一个工序及方法，只要加以严格的分析，一定不难发现许多可以改进的地方。

"方法研究"的基本原理表面看起来很简单,但如何将其应用在企业中并加以制度化,为不断提高生产率服务,却是一件不容易的事。

采用"方法研究"的一个基本条件,就是企业管理及操作人员思想观念上的转变。就是说要随时随地对每一工作方法采取积极怀疑的态度,进而用科学的方法去寻求改进。在西方企业中,这种怀疑态度,是通过成立专职的部门(通常是在工业工程部)来予以制度化,企业中由专职人员(工业工程师或方法研究员)负责。

第二节　装卸工艺流程的再造

在"工作研究"的方法基础上,近年来企业正在积极地研究和应用优化作业(工作)流程的新思维、新方法,这种方法就是业务流程再造(Business Process Reengineering, BPR)。BPR 正伴随着企业管理的计算机应用的深入以及企业节约运作成本的意识增强,正在被越来越多的企业采用。

下面就结合港口装卸工艺流程的优化来介绍流程再造的一般思想和方法。

一、流程再造的本质

管理专家迈克尔·哈默(Michael Hammer)是倡导再造运动的先驱。他把再造工程定义为"对企业流程的根本性的再思考和重新设计,从而使成本、质量、服务和反应速度等具有时代特征的关键指标获得巨大的改善"。

流程再造的思想产生已近 20 年了,也逐渐在企业中得到应用。制造企业最先采用了它,尽管并不知道这就是流程再造。在 20 世纪 80 年代,制造企业大大改善了内部运作。但是卓越的制造系统并不能稳固确保较大的市场份额。最近,流程再造的重点已从制造流程转到了多功能、多组织和面向顾客的流程,因此,在交通运输领域,特别是在港口对其业务流程实施再造已经出现。信息技术的高速发展和广泛应用成为在港口实施流程再造的主要驱动因素。

二、流程再造的基本原则

流程再造就是通过对流程的巨大改善,满足当今不同顾客对质量、速度、新颖、标准化和服务上的需要。哈默提出,实施流程再造必须符合七个原则。

这些原则涉及工作的时间、地点和执行者,以及信息采集与集成。

1. 原则 1:围绕最终结果而非具体任务来实施再造工作

在流程中,原来由不同专业人员或设备干的工作要合并为一个工作,由一个人员或工作组(设备或设备组)来完成。所产生的新工作应包括全部步骤,并有明确的产出。围绕最终结果来实施再造省去了传递流程,从而加快了速度,提高了效率,并能对顾客变化做出快速反应。

2. 原则 2:让后续流程的有关人员(或设备)参与前端流程

换句话说,采取就近原则来执行工作最有意义。这将导致某个流程由最熟悉它的人来完成或者由相关工序中的设备来完成,从而打破了传统的工序内和工序间的界线。

3. 原则 3:将信息处理融入产生该信息的实际工作中去

这意味着信息收集者应该负责信息处理工作,使得其他人处理、协调该信息的工作降到最

低。通过减少过程的外部接触点，从而大大减少了差错。

4. 原则 4：将空间上分散的资源集中化

信息技术使得分散运作和集中运作互融成为可能。采用对完成同一工作的不同环节分散的办法，来促进工作的并行化，同时，又使得系统的总体控制得以改善。

5. 原则 5：将平行工序连接起来而不是集成其结果

仅仅归总最终必将集合在一起的平行工序的结果不可避免地导致重复工作、高额成本以及拖延整个流程的进展。在再造流程中应该不断连接和协调这些平行工序。

6. 原则 6：决策点下移并将控制融入流程中

决策应成为工作的一部分。一个受过良好教育、知识丰富的员工，在决策支持技术的帮助下，从事决策活动并不是不可能的事。控制已成为流程的一部分，它所产生的垂直压缩形成了更加扁平化的和快速响应的公司。

7. 原则 7：在源头获取信息

利用企业的在线信息系统，在信息的源头对信息进行一次性收集和获取，这样做就避免了错误信息进入和高昂的信息重新获取的费用。

上面列举的流程再造的基本原则都是建立在信息技术创新应用的基础之上的，但是单靠创新信息技术并不能实现流程创新和改善。

三、流程再造的步骤

流程再造需要创新。一个严谨的方法对流程再造的实现是很重要的。流程再造需要一系列步骤和方法，下面是流程再造的六个步骤。

(1) 个案陈述；

(2) 识别将要再造的流程；

(3) 评价再造的驱动因素；

(4) 分析现有流程；

(5) 流程创新设计；

(6) 实施再造后的流程。

以下分别介绍这六个步骤的具体实施方法。

1. 个案陈述

改造现有运作流程的必要性应以教育和交流的方式让企业每一个员工都知道。必须清楚地说明以下两个关键问题：

(1) 变革的必要（企业目前状况怎样？为何不能按过去的做法继续下去？）；

(2) 未来的展望（要把公司变成什么样？）。

流程再造的目标是必须将目标以定性和定量方式表现出来。这些包括成本降低的目标、对质量和顾客满意度的目标以及财务指标。这些目标既可用于衡量进展情况，也可用来激励以后的行动。

企业经理有责任将这些重要的信息传达给高层管理人员，乃至整个企业。这是第一步交流，也是在整个再造流程中都必须时时刻刻进行的活动。重构和实施流程由多功能流程评价小组来负责。

2.工艺流程的识别

港口企业装卸工艺流程中所有主要的流程都应该重新认识。然而，并非所有的主要流程都要实施再造。下面几个问题是选择需要进行再造流程时要回答的。

(1)当前哪个工艺流程问题最严重？

(2)哪个流程严重危及企业战略的实现且对公司顾客的影响最大？

(3)哪个流程最可能成功重构？

(4)再造项目的范围包括什么？费用有多少？

(5)流程再造小组的权限有多大？实施再造的流程负责人的职责是什么？

对上述问题的回答应从企业的需求出发，被选中要进行再造的流程应当具有一个可操作的流程再造项目范围，该范围有定义完好的流程边界。尽管港口企业内的所有工艺流程都是相联系的，但也必须认识到每次只能是选取部分工艺流程来实施再造。

3.评价驱动因素

信息技术和人员/组织问题都是流程再造的驱动因素。港口企业应具备评价现有的和新兴的信息技术的能力，并创造性地加以应用来重构现有流程。

4.分析现有工艺流程

对当前工艺流程进行分析，了解其与其他流程的关系，可以使用流程图、鱼骨图、功能展开图等流程评价方法。再造的目的不是对原流程修修补补，而是重构一个更好的流程，因而没有必要进行细致的时间和动作研究。

对当前流程进行研究的目的是为了发现有必要去完成的活动。为帮助分析，需要引入一些术语来进行不同的活动。所有的活动可以分为三类：

(1)增值活动：指委托人愿意为其支付现金的活动。

(2)非增值活动：不能为顾客创造价值，却是增值活动实施中必需的。

(3)无效活动：既不增值，也不会驱动增值的活动。

工艺流程中的增值活动很容易识别，它包含从事委托人所需的服务的全部运作活动。当委托人提出装卸作业需求时，增值活动包括了货物的有效位移、库存分配，以及由主业派生的配送、分拣、包装等。增值活动能得到改善，但不能消除。

流程中的无用活动是指毫无意义的活动，从定义上讲，它的缺少不会引起委托人的注意。例如因做错而必须重做的工作，以及多余的检查活动都是无用活动，无用活动应该除掉。

非增值活动在传统工艺流程中是连接增值活动的黏结剂，它主要指装卸、搬运等活动中的报告、检测、监督、控制、回顾和协调等工作。它是传统流程运行所必需的，但同时也导致了差错、延误、缺乏柔性和僵化。哈默指出，有必要通过把增值活动重新组织成一个新的更有效的流程来将非增值活动找出来。

5.流程创新设计

流程再设计要求一切重来。流程重构的创新性使重构本身表现出非常规性和不规则性，流程再造要抛弃原有规则、程序和价值观念才能实现，当然也需要应用前面说明的再造工程的基本原则。

流程再造的第一个重点是排除无用活动。通过实施再造，无用活动一般都可排除。接着就是集中排除非增值活动。哈默在研究中发现，增值活动通常仅占全部活动的不到10%。

6. 实施再造后的工艺流程

企业领导的态度不仅对再造后的工艺流程实施很重要，而且对整个再造的成功也是如此。流程重构小组主要负责实施新的工艺流程，然而，现场调度人员的支持和参与对于重构成功相当重要。在实施过程中，对于一线人员的培训，使其具备新环境下的新技能和新的作业方式也是很重要的。

第三节　系统分析原理

系统是工艺设计立意的精髓所在，也是工艺现代化的方向。港口装卸工艺是水运工艺的重要组成部分，是整个运输系统的一个不可分割的环节，重大的装卸工艺的技术改造，必须和货物、运输工具等的改革结合起来进行。正是从"系统"这个现代化观念出发，在评估运输工程价值时，不宜孤立地看待一个工程的质量，而是应着眼于整个运输系统去进行深入的分析。

影响装卸工艺现代化最大的因素是运输劳动的对象——货物。合理地改变货物的运输状态和扩大货物的单元是实现装卸工艺现代化，提高劳动生产率的最根本的途径。

让我们回顾一个事实是很有趣的。就石油运输来说，石油用油船散装运输现在已是习以为常的运输方法。但在 19 世纪，石油曾经有过桶装运输的历史。正因为如此，石油的计量单位"桶"一直沿用至今。石油运输从桶装改为散装以后，才有可能发展用油船、泵、管道、油罐来输送、装卸和贮存的新工艺，劳动生产率由此而大大提高。这是水运工艺发生的第一次革命，这次重大的工艺变化孕育了现代超级油船的诞生。

水运工艺的第二次革命是在第一次世界大战将结束时发生的。这次革命是把谷物由袋装改为散装，谷物改为散装以后，才有可能采用连续性的输送装置和机械化粮食筒仓来装卸和贮存，并为大型散粮运输船舶的发展提供了条件。件货改为散装运输以后，劳动生产率可以大大提高。一般估计，散货的运输和装卸劳动生产率约为件货的 10～20 倍。此外，在节约包装费用，降低运输费用等方面均有良好的效果。

对于已经散装运输的货物，有时也可通过改变运输状态提高劳动生产率。例如，铁路经港口转运煤炭，以往品种分得较细，在百种以上。由于港口要为各品种保留货位，造成堆场面积利用下降，装船作业不便，特别在港口装卸作业机械化程度提高以后，矛盾尤为突出。

目前转运港已根据港口作业机械化的要求对有关的品种进行了归并，从而大大提高了单位面积堆存量和堆场面积利用率。装船效率由于皮带机能经常处于满载荷和减少了换品种间歇时间而得到了大幅度的提高。

又如，铁路经港口转运的煤炭和矿石，在严冬季节的运输途中会冻结，造成卸车困难。因此，在转运港除了可以采用各种破冻机械和加温设备外，还可以在运输的全流程采取一定的措施，以保证货物处于良好的运输状态。我国运输部门所采用的在货物和车辆上撒生石灰，组织木质车体车辆直达列车的运输方法取得了一定的效果，减轻了货物冻结程度。国外的经验是采用在矿山将货物脱水，在货物和车辆上加防冻剂（主要使用氯化钙，其作用原理和生石灰不同，生石灰是吸收货物中的水分，氯化钙则是和水分接触溶解成在低温度才能冻结的溶液），以及在一定条件下，组织夏季多运，冬季少运或不运的方法。其中矿山脱水是最根本的解决方法。

　　除了改变运输状态之外,从劳动对象着眼以提高劳动生产率的另一个重要内容是货物单元的扩大。由于货物单元的扩大,人工堆码货组的作业次数大大减少,作业过程中装卸搬运机械一次转运的货物重量显著增加,从而促进了劳动生产率的提高和船舶装卸时间的缩短。

　　扩大货物单元的第一步是各种形式(托盘、网络、绳索等)的成组运输,货物单元为 1～3t。在外贸运输方面成组的材料则作为商品包装的一个组成部分使用。例如进口的橡胶,袋装的化学原料,铝锭等均可采用托盘包装和钢带捆扎。我国出口的铸铁管、锌锭、鲜瓜、蔬菜等采用托盘运输和集装架运输后,不仅改善了装卸劳动,而且改进了货物包装的质量。

　　扩大货物装卸搬运单元促进了劳动生产率的提高和船舶装卸时间的缩短。例如,我国生铁块用网络成组运输,舱时量为未成组时的 140%,工时效率提高 3.5 倍。

　　扩大货物单元的进一步发展是集装箱运输,由此引起了水运工艺的第三次革命。集装箱运输已经历了半个多世纪的发展历程,目前集装箱运输几乎完全替代了传统的件杂货运输,集装箱运输的发展使传统的件杂货运输进一步萎缩。集装箱运输提高了码头的生产效率,平均装卸效率实际上约为一般件杂货码头的 10 多倍。寻求货物单元扩大的努力并没有到此为止,人们还在继续寻求货物装卸搬运单元扩大化的方法,例如一些更大尺寸的非标集装箱的使用。从某种程度上讲,载驳船和分节驳的使用也是由不断寻求货物单元扩大化而产生的。

　　船舶与港口是水运系统两个紧密联系的环节,而其中船舶又是主导环节;因此,港口装卸工艺的现代化总是和运输工具的特性和结构的变化相联系的。随着运输生产专业化的发展,水运方面出现了各种各样的专业化船舶。如成组运输船、集装箱船、铁路渡轮、滚装船、载驳船、浆化运输船、散货自卸船、液态石油气(LPG)、液化天然气(LNG)等。铁路方面则出现了大吨位的采用翻车机不摘钩卸车的散货车辆等各种专业化车型。特别是船舶的大型化对港口的发展产生重大的影响。例如,国际著名的班轮公司马士基于 2013 年推出的 18000TEU 的超大型集装箱船,就对装卸的港口提出了更高的要求,这包括更为高效的装卸效率,更深的码头前沿的吃水以及泊位岸线的长度要求等。大型船舶的出现使得码头作业向一些枢纽型大港集聚,由此促进了港口装卸工艺技术和水平的提升。

　　专业化运输工具的出现改变了货物装卸的传统观念,促进了港口装卸工艺与运输更紧密的结合。当我们把整个社会作为一个大系统来看待的时候,陆运、水运、港口就相应是各层次的子系统,装卸各作业环节则又是港口内部的子系统。现代港口装卸工艺的基本原则就是从系统的角度处理港口内外的关系,以求其合理化。因此,现代港口装卸工艺大体具有如下特征:

　　(1)与运输生产的专业化、运输工具和货物单元的大型化相适应,港口装卸机械设备在专业化基础上向大型化、高效化、集中化等方向发展,为便于装卸机械设备的使用和充分发挥其效能,仓库的类型和结构也发生了相应的变化,出现了大跨度和各种类型的机械化贮货仓库。

　　(2)设计与制造了多种多样的吊货工属具,特别是自动化工属具,以提高装卸机械的生产率,特别是满足多用途码头和件杂货码头生产能力的提高。

　　(3)从单个环节的作业机械化发展到整个工艺流程的综合机械化和自动化,从主要作业的机械化、自动化发展到辅助作业的机械化、自动化,实现了工艺流程的自动化控制,并发展到集成化的码头管理信息化。

　　(4)从港口内部工艺流程各环节的平衡,发展到强调集疏运能力应与港口通过能力相协

调,港口生产过程与运输过程紧密结合。

（5）港口建设与临港工业基地建设相结合,实现港口工艺流程与临港工业企业的生产流程之间的无缝衔接,以减少物流的流转费用。

（6）重视港口生产对社会和生态的影响,注意消除污染,保护环境。

第四节 影响港口装卸设备选型的主要因素

装卸工艺和装卸机械化系统是两个关系密切,但又互不相同的概念。装卸工艺是指货物装卸的方法。装卸机械化系统则是用来实现装卸工作机械化的各种装卸机械、辅助设备以及控制设备的集成。例如,在件货装卸时,门座起重机可以和叉式装卸车配合组成一个机械化系统,但同一个"门座起重机——叉式装卸车"系统可以有:成组运输、成组装卸及堆存、散件装卸等几个不同的工艺方案。必须指出,现代化的装卸工艺是以先进的装卸机械化系统和控制系统为基础的,而且机械化系统和控制系统一经采用,更换比较困难,因此必须根据港口的具体营运状况和自然条件合理地设计机械化系统和控制系统,其中,构成机械化系统主体的装卸设备类型的选择是关键。影响装卸机械设备类型选择的因素大体包括货物、运输工具、自然条件、港口建筑物、运输组织和装卸系统等几方面。

一、货物方面

货物方面要考虑的因素包括:货物特性、吞吐量和货物流向。

1.货物特性

货物种类、装卸运输形态以及货物性质的不同,使装卸这些货物的机械设备也有所不同。一般,根据货物在运输、装卸和搬运中的形态不同,将其分为件货、木材、大件货、集装箱、干散货、散粮、液体货等不同货类,不同的货类都有适合于各自性质的装卸机械设备,例如,表2-1中列出了一些在相应货类的装卸搬运中常用的设备,从中很容易看出在设备选择上的差异。这些设备在装卸工艺系统中的具体应用将在以后各章中详细介绍。

不同货类所使用的设备举例　　　　　　　　　　表2-1

货　类	在装卸工艺中可使用的典型设备	货　类	在装卸工艺中可使用的典型设备
杂货	门机、船舶吊杆	干散货	移动式卸船机、堆场斗轮式堆取料机
木材	门机、堆场龙门吊、木材抓斗	散粮	吸粮机、夹皮带机、斗式提升机
大件货	浮吊、拖绞设备	液体货	输送管道
集装箱	岸壁式装卸桥、堆场轮胎式龙门吊		

货类的不同在以下几个方面影响着机械设备的选择。

（1）货物的尺寸、重量、容重、形状和包装形态影响着起重量的选择。例如件货货组的大小往往受舱口尺寸、构成货组的方便性和货物在运输及保管时的稳定性等条件制约,因此对积载因数大的"轻泡货"来说,选择起重量过大的起重机就会因起重量得不到充分利用而影响经济效果。

（2）货物品种的多样性要求机械具有通用性和灵活性,要求能同时从船舶和车辆装卸多个品种的货物,要求库场内有众多的货堆。在分票多、货堆小时往往要影响货堆的高度,影响库场面积和机械堆高性能的充分利用。

(3)货堆的脆弱性和包皮的牢固性影响装卸方法和货堆高度,要求港口在装卸货物时选用最少转接的输送机系统,避免采用刮运或抛掷的原理来运移货物。受震易损的货物,如收音机等不能用滑板装卸,焦炭不宜用抛射式平舱机,怕压的件货在库内堆存时要用货架等。

(4)货物的冻结性和凝结性对设备的有效应用具有重大影响,如果设计时考虑不周,有时甚至使整个设备无法使用。例如盐、化肥散运时会因凝结而结壳,煤炭、矿石在冬季运输时会冻结,而且水分越大,越易冻结。由于冻结的货物不能自流,影响到底开门车和露天地下坑道的有效应用。为使货物不冻,或使已冻的货物松碎,需要根据不同情况对散货进行脱水、加防冻剂、加热、用机械松碎等方法。对于黏度大、易凝结的石油,设计装卸输送系统时要采取加热保温措施。

(5)货物的磨损性和腐蚀性会加速机件的损坏,因此需要特别的防护与维修。

(6)货物的易燃、易爆、扬尘性要求在设计装卸机械化系统时从安全、环保的角度采取有效措施。

此外,在设计机械化系统时,还需要考虑因货物特性引起的某些辅助作业设备的需要,如干燥、净化、精选、粉碎、分票、选材、称量、计数等设备。

2.吞吐量

吞吐量大小关系到是否需要设置专业化泊位和采用专业化机械。港口的专业化生产是社会化大生产的产物,也是现代化大工业发展的客观规律和基本特征。码头采用专业化生产方式,至少具有以下的优点:

(1)港口企业采用专门设备和特殊的工艺,有利于实现机械化、半自动化和全自动化;

(2)港口生产效率提高,从而增加了港口的通过能力;

(3)有利于提高港口生产技术水平和工人的劳动熟练程度,从而降低劳动强度,减少体力劳动者的人数;

(4)缩短船舶在港停留时间,提高了船舶运力的利用;

(5)既增加产量,也节省了包装费用,从而降低了运输和装卸成本,提高港口企业的经济效益;

(6)减少货损和货差,提高了货物的装卸和搬运的质量。

但是,专业化生产能否取得良好的经济效果,关键的因素是要具备一定的产量。如果产量不足,专业化生产反而会因设备利用不足而提高成本。同样的道理,吞吐量大小也关系到机械设备应具有的生产能力,从而影响到所需配备的机械设备的类型和数量。吞吐量大时,应设置生产能力较高的机械设备以获得较高的港口通过能力;当吞吐量较小时,最好采用构造简单、造价低廉,而又能保持相当生产能力的机械化系统。对生产任务显著不均衡的受季节性影响大的货物,则要考虑泊位在空闲季节的充分利用问题。

3.货物流向

货物流向是影响机械设备选择的又一重要因素,水运货物是经铁路、还是水路转运;是双向货流,还是单向货流;货物是全部需要经过库场,还是有很大比重直接换装,这些对机械设备选择都有很大影响。

双向货流要求机械在装船与卸船的两个方向(船—岸和岸—船)都能进行工作。在这方面起重机系统较输送机系统优越。

货物是否经过仓库对机械化系统也有重大影响。货物完全不经过仓库,当然可以使机械化系统简单、经济。但是决定货物是否经过仓库的原因很多。诸如:货物的特殊要求(木材的分类和加工,件货的分票,谷物的精选、干燥和熏蒸等),水陆同时装卸的货物品种不同,各种运输方式的工作期不相一致;水陆运输工具之间的衔接以及它们的载重量相差悬殊等。

而且船舶装卸效率越高,组织直接换装越困难。例如一条船的载重量为12000t,一列车的载重量为2000t,则一条船要6列车疏运。如发船间隔为72h,卸船时间为48h,装一列车的时间为8h,列车是均匀到达,则在48h卸船时间,车船对口4列,约占67%(图2-1a)。如卸船效率提高1倍,卸船时间缩短为24h,则装一列车的时间缩短为4h,卸船时间内能车船对口的仅两列车,约占33%(图2-1b)。由此可见,卸船效率越高,车船对口越困难,采取直接换装就越容易造成车船相互等待的情况发生。当然在运行组织上,铁路是可以根据船期组织密集发车的,但这要具备一定的条件,如是否有相应的车流可以进行调节和是否影响其他铁路车辆装卸点的作业等。正是由于存在着这些情况,港口在组织全部直取作业时会经常发生装装停停,以致停机窝工,船期延长等问题。更不要说由于自然条件影响,船期很难完全按照计划保证这样一些更复杂的因素了。正是从这种观点出发,一般来说港口必须安排一定容量的库场,作为车船不能完全衔接的缓冲,库场功能的健全是货物在港口顺利集疏的必不可少的条件。

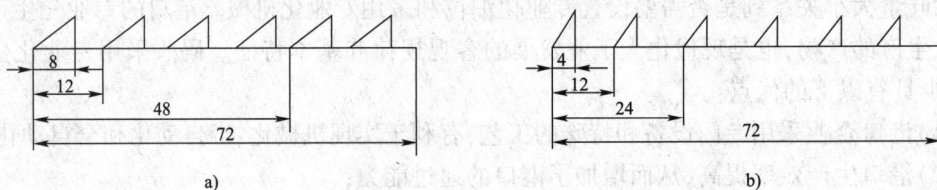

图2-1 船舶与火车在港作业周期比较(单位:h)

除此之外,货物方面还需考虑流量、流向的稳定程度,因为这关系到是否适宜采用专业化装卸设备。

以上是货物方面影响机械设备选择的主要因素。设计机械化系统时要注意重点掌握以下情况:

(1)散货的品种、数量、流向、块度、容重、自然堆积角;

(2)重、大件货物的数量、流向、最大件重量及尺寸;

(3)散装流体货的品种、数量、流向、黏度、相对密度、含蜡量、燃点、爆炸极限等;

(4)危险品货物的主要品种、数量、性质及安全要求;

(5)其他在运输中有特殊要求的货物的品种、数量、流向及其特性;

(6)海河联运货物的品种和数量;

(7)季节性运输货物的品种、数量及运输季节。

二、运载工具方面

到港的运载工具主要包括船舶和车辆两个方面。

1.船舶类型

泊位长度主要根据船长决定,船宽关系到岸上机械的臂幅。船舷及上层建筑高度决定起重机门架及输送机栈桥的高度和岸上机械具备升降式或伸缩式悬臂的必要性。舱口数影响岸上机械的数量,舱口尺寸影响作业方法和装卸效率,舱口面积与货舱面积之间比例的大小影响舱内作业效率,而舱内作业往往成为限制装卸效率的主要因素。船舱结构(舱内是否有支柱、隔板、轴隧,二层舱舱口围板是否平正,二层舱的高度等)影响舱内机械的采用。舱口位于上层建筑里面的容货船要求采用特殊的装卸方法。

在进行机械化系统技术经济指标计算时,传统上根据设计任务中所提供的设计代表船型,但工艺上往往不能满足于设计代表船型。一般来说,专业化的车型和船型有利于采用专用机械,有利于提高装卸效率。但由于实际到港的车船类型比较复杂,存在着各种车船类型到港作业的可能性,因此设计机械化系统时通常需要考虑一定的灵活性。

(1)港口设计船型既要考虑现在参与运输的船型,也要考虑远景发展船型。

(2)在有外贸任务的港口,设计船型既要考虑本国船型,也要考虑外国船型及国外发展趋势。

(3)对于装运散货的船型更要做比较仔细的调查,以便装卸船的机型和机械化系统布置能适应大多数船型,保证装卸机械充分发挥作用。

(4)在许多港口接纳的船舶中除了现代化的大型船舶外,往往还需要面对大量的吨位较小的船舶,它们在完成运输任务方面仍然起着不可忽视的作用。对一些运输任务主要由小船完成的中小型港口,可以用比较简易的小型的机械设备。对一些运输任务主要由现代化大型船舶完成,但仍有小船作为运输或接运工具的港口,则在为现代化船舶装卸考虑高效率的机械设备时,也要兼顾到机械化系统同时能为小船服务。

船型资料主要需要了解以下情况:

(1)船舶载货吨数,对于运输散货的船舶要了解各舱的载货吨数;

(2)船舶总长、型宽、型深、空船和满载时的吃水,如考虑采用专用或固定机型时需了解空船和满载时船舷高度;

(3)舱口数量,舱口尺寸、各舱口之间的距离;

(4)甲板层数,舱面甲板上集装箱堆存高度;

(5)上层建筑的位置和高度,机舱的位置;

(6)如考虑用船舶吊杆装卸,需了解船舶吊杆的负荷量;装运重件的船舶要了解重吊杆的负荷量。

2.车辆类型

对于火车车型,需要了解采用的是棚车、敞车还是自卸车,以及车厢连接方式等;对于一般公路货车需要了解是敞车还是厢式车,以及车型、载重的大小等。不同车型采用的港口装卸车的方式是不同的。这些会在本书的后面具体介绍。

三、自然条件方面

港口自然条件对于机械设备的影响主要在于水位和潮汐、地质和地形以及气象条件等。

1. 水位和潮汐

我国海港的潮差一般不大,而内河港口的水位差则很不相同,有的港口变化较小,有的则变化很大。水位变化过大会使直立式码头的造价昂贵,使水工建筑投资增加;在斜坡式码头条件下,船舶与岸线相对位置变化很大,要求机械化系统能够灵活适应,既要保证高水位,又要保证低水位时的车辆与船舶装卸作业。

如需要地下建筑物,则须了解地下水位高度。地下水位高的港口在建造地下坑道时会增加施工方面的困难,影响地下坑道的经济合理性。

水流方向决定着船舶靠码头的首尾的方向。在某些情况下,对工艺布置也会有影响。

2. 地质和地形

地质条件对码头形式、结构、造价及机械设备的选用都有重大影响。例如,在土质松软的条件下安装重型机械或建造高大的贮货仓和油罐会遇到技术上的困难。即使技术问题可以解决,但是地基处理的费用将大大增加,从而影响设计系统的经济性。在土质太坚硬(如钢渣填土)的情况下,挖掘工程量太大的机械化系统会给施工造成困难。

在设计工艺方案时应尽量利用原有地形条件,根据高站台、低货位、滑溜化等原则,充分利用位能进行货物的装卸。

3. 气象条件

在经常下雨的港口,为解决雨天装卸问题,应研制和安装防雨的设备。北方港口要防止货物在严寒季节冻结,为此应采取相应的措施。对冬季要封冻的港口,应考虑冰凌对码头形式和机械设备的影响。在南方,热带风暴较为频繁的港口对采用的大型设备以及建筑的仓库设备的安全性要充分考虑。

四、港口建筑物方面

港口建筑物对机械设备的影响主要在码头岸壁形式和码头结构,仓库类型及位置,铁路、公路与码头的相对位置。

1. 码头岸壁形式和码头结构

常见的码头岸壁形式有:直立式(图 2-2a)、混合式(图 2-2b)和斜坡式(图 2-2c)3 种。其中,混合式中又因其直立段的位置而分为半斜坡式和半直立式。

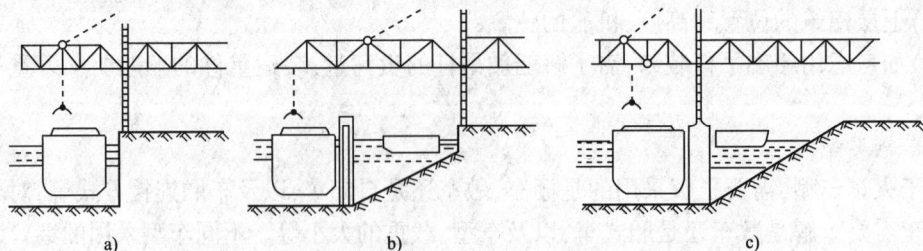

图 2-2 码头建筑物断面形式

直立式岸壁造价高于混合式,混合式岸壁造价则又高于斜坡式。直立式岸壁和斜坡式岸壁造价的差额随着高度的增加而显著增长。在地质条件不好时差额更大,因为地质条件对斜坡岸壁的影响远较直立式岸壁小。

海船泊位一般用直立式岸壁,(图2-3a)因为如用斜坡式或混合式岸壁,船舶吊杆和岸上起重机都会因海船吃水深,船岸间距离大而难以作业。但如图2-2b)、图2-2c)所示码头岸壁的设计则是将斜坡式和混合式岸壁引入了海船码头,这种形式往往用于散货的专业化码头。

在图2-2b)中,为了系船方便,专门安设了桩簇,在岸壁上安设起重机的轨道。在图2-2c)中,为了缩短起重机的悬臂幅度专门在水上设置了栈桥。栈桥上安装有起重机轨道和系船设备。这两幅图中海船与岸之间的水面可用于停泊吃水浅的船舶(一般为河船),从而可以用岸上机械进行海船与河船之间的直接换装。在内河,目前直立式码头有向上游发展的趋势,在我国,原先的斜坡式码头为主的武汉等港口现在也建有大量的直立式码头。

国外用起重机装备的现代河港岸壁的主要形式也是直立式。在 $5 \sim 6m$ 水位变化条件下,他们用半斜坡式岸壁。对于设置皮带装船机的泊位常采用斜坡式岸壁,固定式的装船机安装在墩柱上(图2-3f)。墩柱还可以用来系船,以保证在水位变化时,船岸之间的距离不变。

根据岸坡稳定性条件,岸坡的自然坡度一般不超过 $1:3$,因此在水位差大时不能使用移动式岸壁起重机。在构筑斜坡时,岸壁坡度可增加到 $1:1.5$,这可以使起重机变幅缩小 $1/2$,但这要求岸壁除石砌外,还应在斜坡的根部设置石块棱体(图2-3d)。

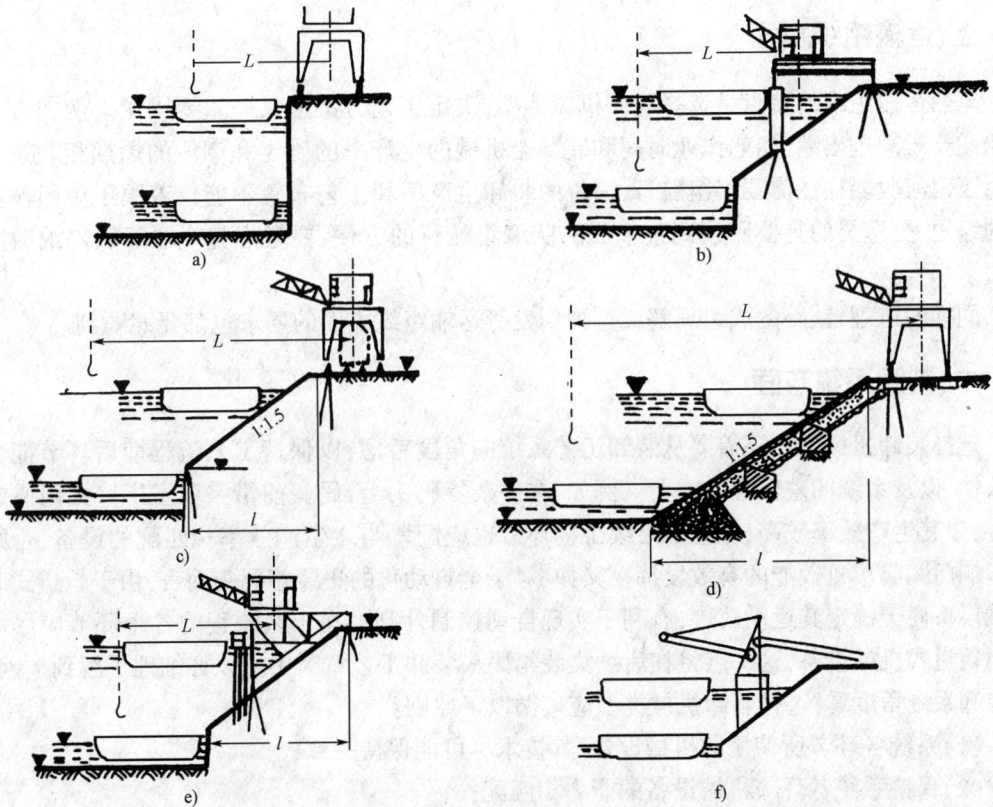

图2-3　各类码头装卸船舶工艺方式

在地基允许打桩的情况下,则可如图2-3c)所示采用打桩的方法,一般桩高达中水位。

图 2-3e)中起重机安设在三角框架上,只要移动机构的电动机设置在不被水淹没的位置,框架暂时被水淹没并不影响起重机工作。图 2-3b)中起重机的一条轨道是设在栈桥上的,但这样一来,造价要大大增加,只有在高水位期很长的港口才值得建造栈桥。

除岸壁形式外,码头本身结构的强固程度对机械的选择也有巨大影响。我国港口旧码头一般承载能力小,在这些码头上使用重型机械设备就非常困难。在分析和设计我国港口旧码头上的机械化系统时,对这方面的情况必须予以注意。

2. 库场类型及位置

库场地面的允许负荷和平坦程度、仓库内的净空高度、支柱的多少、库门的尺寸等都影响着流动机械类型的选择。库场的平面尺寸和形状影响到机械设备类型的选择。库场和码头的相对位置决定着货物的搬运距离,影响着各种流动机械的使用效果。

3. 铁路和公路与码头的相对位置

铁路线与地面的高度差影响着流动机械的应用。铁路线和公路与码头平面相对位置对机械设备的选择也有影响,例如在我国的许多内河港口,市内交通干线横贯装卸作业区,影响到地面输送机系统的采用。在设计机械化系统时,要尽可能避免陆上运输工具对装卸工作的干扰。

五、运输组织方面

车船运输组织的特点是选择装卸机械类型,决定工艺方案的又一重要因素。例如有的港口船舶要候潮进出港,船舶作业时间和装卸船机械的生产率的确定和潮汐的周期相联系。又如由于内河驳船往往需要编组航行,泊位的装卸生产率和工艺布置不能仅着眼于单船作业时间的缩短,更重要的是要照顾到整个驳船队编组航行的方便,要考虑整个驳船队停泊时间的缩短。

同样的道理,铁路的成组编解或整列到发等运输组织方面的要求也都要照顾到。

六、装卸系统方面

选择装卸机械类型还需要从装卸工艺系统的角度考虑,以保持工艺流程前后环节能力的一致性,以及系统的整体性的需要。例如,在件杂货码头上,码头前沿采取了岸壁式门座起重机,由于其生产效率较高,相应的后续工艺环节也应配置与之生产效率相匹配的设备,否则将会影响门座起重机效能的有效发挥。又如,对于全自动化的集装箱码头而言,由于轨道式装卸机械设备便于确定其运动轨迹,有利于实现自动控制,因此,在工艺流程的各个环节应尽可能采用轨道式机械设备,这一点将在后续集装箱码头装卸工艺章节中可以详细地了解到。因此,从装卸系统角度看,选择装卸机械类型应遵循以下原则:

(1)系统各环节所使用的机械设备,其技术尽可能保持一致;

(2)保持系统各环节机械设备的能力相匹配;

(3)后续工艺环节机械设备的能力应大于码头前沿装卸船舶的机械设备能力。

除以上所述的条件外,还要注意港口作业频繁、对生产率要求高等特点,同时机型选择还受到港口机械设备的生产和维修水平的制约。

第五节　港口装卸工艺合理化原则

国内外港口生产实践表明,合理的装卸工艺应该是符合一些基本的原则。揭示这些原则将有助于人们去理解为什么这样的工艺要比那样的工艺合理。原则的存在无疑将激励人们对现行生产方法进行不间断地深入分析和思考,其结果将促成设备和人力的更好利用。

港口装卸工艺的合理化原则可以分为五个方面,本节将重点讨论这些原则,并配以例子来反映这些原则在实际装卸工艺中的具体体现。需要注意的是,在具体应用这些原则时,要本着具体情况具体分析的精神,如果不是这样,将会发现其中一些原则可能在解决具体问题时会出现相互矛盾。因此,这些合理化原则要结合具体问题和对象,通过长期的实践经验的总结来灵活地应用。当然,这些原则在装卸工艺中的具体应用也将会在以后各章介绍各种装卸工艺时涉及。

一、社会和劳动保护方面

1. 安全质量原则

安全质量原则是指在港口生产过程中,防止货物损坏和差错,保护人员的生命,以及设备、设施的正常运行。

没有安全不可能有经济高效的生产;港口生产中的任何质量事故都意味着对港口企业、货主和国家、地区的经济造成损害,甚至影响国家对外信誉。

尽管人人都认为安全是必要的,但很多人并不始终能在生产中保持安全意识。港口货物装卸,特别是船舶作业,潜伏着很大的不安全因素。管理人员和工人必须坚决贯彻"安全质量第一"的方针,认真执行有关的安全质量操作规定。

要注意采用的设备、工具和操作方法是否符合安全质量的要求。例如,散货卸船,在清舱阶段用网络时,若在漏斗边用人工摘钩,就不够安全,应该用自动摘钩代替。圆形钢材用铁链捆扎容易滑落,不如用钢丝绳安全。易碎品用滑板,怕挤压的货物用软性的吊货工具会导致货损事故。流动机械在不平的道路上运行时,所载货物可能要震落损坏,因而需要捆绑。又如,在原木装卸中,原先采用钢丝绳的方法,装卸工直接在原木货堆上作业,经常因原木的滚动而伤害手脚,现在越来越多地使用木材抓斗,使作业的安全性大大增强等。

在质量方面,装卸工艺的设计和安排必须保证货物的搬运和储存质量。例如,如何保证散粮作业过程中不发生变质,采用现代化的散粮筒仓便能较好地保证散粮的质量。从全面质量管理的要求看,上道工序还应满足下道工序的需要,装货港要考虑卸货港的要求。质量是企业信誉所在,必须高度重视。当然在强调质量的同时也应指出,任何质量的保证都是和费用的支出联系在一起的。装卸和堆存质量标准的确定要实事求是,防止形式主义。避免过剩质量是工业上提高劳动生产率、降低生产成本的重要措施之一,港口装卸工作当然不能例外于这个原则。

例2-1　某港口企业在起吊卷钢时,原先采用钢丝绳从卷钢中间孔穿过起吊的办法,如图2-4a)所示。但是,这种方法既不安全,又不能确保装卸过程中货物的质量(起吊过程中由于钢丝绳对卷钢的挤压造成卷钢边缘损坏),而且,由于穿钢丝绳较费时,作业效率较低。现在,该企业改用大嘴钩(C形卡)直接吊装卷钢,这既能保证货物重心平稳,而且也操作方便,确保了货物的质量。

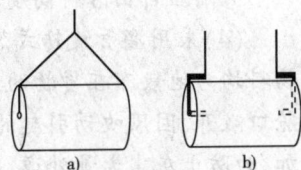

图2-4 吊运卷钢的两种方法

2.环境保护原则

环境保护原则是指在装卸工艺的设计和改造中,应采取有效措施,防止在作业过程中对周围环境产生的有害影响。

《中华人民共和国环境保护法》的第一条就规定,我国的环境保护工作是为保护和改善生活环境与生态环境,防治污染和其他公害,保障人体健康,促进社会主义现代化建设的发展。

装卸某些货物时会因货物的性质不同而产生各种不同的污染。如尘污染、油污染、毒性污染、噪声污染、气味污染等。为了消除污染,保护人民健康,要认真找出造成污染的原因,积极采取措施。例如散货用溜管装驳的过程中会发生严重的扬尘污染,但采用适当的处理则可以将污染控制在最小程度(如例2-2所描述的办法)。

在散货装卸过程中还可以根据不同情况采用吸尘、喷水等方法解决尘雾飞扬问题。油船装卸时周围要用围油栏挡住,以免油污扩散。水面上的油污要用集油器等设备将油污回收。有些装卸危险品的码头在港池底部设置压缩空气管道。在发生事故,危险品散落水面时,打开空气阀,压缩空气就从管道小孔中逸出,形成空气帐幕,将散落在水面上的危险品限制在一定范围内,然后采取相应措施消除污染。某些散货码头上要设置沉淀池澄清污水。油码头和危险品码头的污水更必须进行专门的处理,达到规定的标准方可排放。吸粮机上要安装消声器等设备以消除噪声的危害。

例2-2　在散货装船时,装船机通过溜管向船舱进货。如果按照图2-5a)所示的那样设置溜管,在溜管的进料口由于落料速度小而被物料充满,而在溜管的出口处由于落料速度大大增加,物料只占溜管截面积的5%~10%,超出的空气就会带出大量的灰尘;再有,当物料装到船舱内相应地就将船舱内的空气排出,排出的空气又会将灰尘带出,当物料落到货堆上时会因冲击而产生灰尘。冲击的能量由两部分组成,初始的能量取决于物料在溜管出料口的速度,增加的能量取决于溜管出料口与落料点的自由落料距离。再如当物料从溜管出料口落到料堆的过程会因受到风的吹动而扬起灰尘。又如当物料在货堆尖注下滚落时会因颗粒破碎发生灰尘。针对导致灰尘产生的原因可采取图2-5b)所示的措施:

(1)在溜管的出料口设置某些装置(如旋转式卸料器)以达到如下目的:

①防止带灰尘的空气飘逸到大气中去;

②减少物料在出料口的速度以消除冲击能量,并增大流柱,从而消除因风吹起的灰尘;

③取走物料排出的空气,在进入大气前过滤。

(2)出料口设置围裙以防风吹。

(3)使溜管的出料口尽可能接近货堆,从而可以:

①降低冲击速度,从而减少冲击能量和冲击灰尘;

②缩短自由落料高度以减少因风吹引起的灰尘。

(4)采用溜管旋转式落料或舱口密闭式落料。在舱口敞开时,可采用溜管旋转式落料,使物料均匀地散布在货物的周围,可减少物料从货堆尖往下滚动,颗粒破碎造成的灰尘,但由于舱口敞开,因风吹动引起的灰尘量增加。如溜管不作旋转式落料,则落料产生的灰尘会明显增加,为防止灰尘大量外逸,舱口应接近密闭。

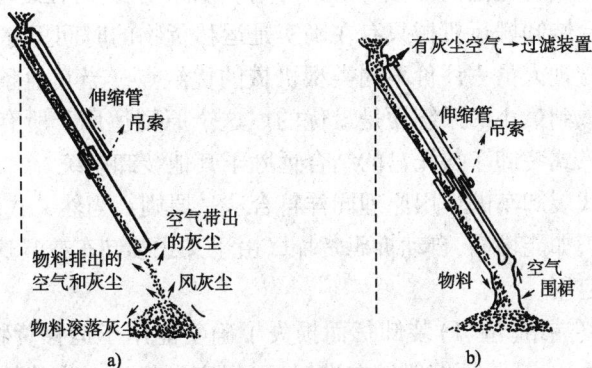

图2-5 装船机溜管防尘装置

二、设备方面

1. 充分利用机械设备原则

充分利用机械设备原则是指对于劳动强度大、工作条件差、搬运、装卸频繁、动作重复的环节,尽可能采用有效的机械化作业方式。

港口装卸作业劳动强度很大,因此用机械代替人力从事装卸作业具有特别重要的意义。装卸工作机械化不仅是减轻体力劳动繁重程度的根本途径,同时也是保证作业安全,提高劳动生产率的重要手段。随着教育的普及和文化水平的提高,年青一代的装卸工人越来越不能忍受落后的体力装卸方式,作为港口现代化的重要标志之一的装卸作业机械化将有力地推动港口生产走向文明,提高装卸工人的社会地位,稳定装卸工人队伍,促进港口繁荣。例如,目前在件杂货装卸搬运中,普遍采用的是在标准托盘上堆放货物,然后用叉车搬运货物的方式,代替原先货物堆码时用人力堆放的作业,大大减轻了工人的劳动强度。

例2-3 某港区在卸散化肥(氧化铝)时,原先工艺流程如下:

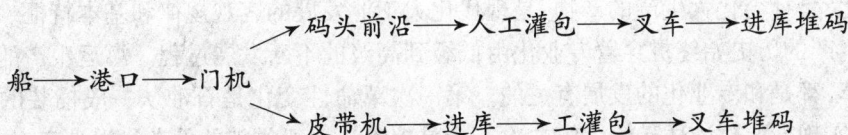

```
                      ┌──→码头前沿──→人工灌包──→叉车──→进库堆码
船──→港口──→门机
                      └──→皮带机──→进库──→工灌包──→叉车堆码
```

为减轻灌包过程中工人的劳动强度,对该流程进行改进,投入灌包机,并置于码头前沿,形成以下工艺流程:

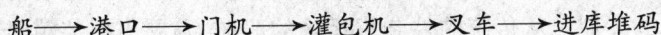

船──→港口──→门机──→灌包机──→叉车──→进库堆码

该流程的优点是减轻了工人的劳动强度,减少了作业线数,提高了作业效率。

2. 减少终端站停留时间原则

减少终端站停留时间原则是指在作业过程中,增加作业的流动时间所占比重,而减少作业两端的停留时间所占比重。

这里的终端站是指货物在港内位移时滞留时间。该原则表明,在终端站停留的时间越短,设备的效率越高。一台装卸搬运机械只有在确实是运移货物的时间里才真正地创造"价值"。这个原则可用来指引管理人员去评价不同类型机械的优缺点。当其他条件基本上相同时,能将终端站停留时间缩减到最小的系统便是最优的。这个原则适用于所有装卸设备,不论其大小。正是这一原则使叉式装卸车与托盘的结合远胜于其他装卸系统。

牵引车挂车和叉式装卸车的作用原理同样符合这一原则。当然叉式装卸车除符合这一原则外,还有另外的优点,如能堆高,自动拆码货垛。由于叉式装卸车兼具这许多长处,因此在港口装卸作业中被广泛应用。

船舶同样由于在终端站(港口)装卸货而损失了确实能用于运移货物的时间。提高船舶运输能力的重要措施之一,就是压缩船舶在港时间,提高航行率。集装箱船、载驳船、滚装船、车辆渡船、海上拖驳等各种新的运输方式正是终端站时间原则在船舶上的体现。

例 2-4 在叉式装卸车出现以前,港口的水平搬运使用的是拖头平车。拖头平车虽然是动力驱动的,但在装货和卸货点却要停留很长时间等待工人把货物装上平车,或从平车上把货物卸下。正因为如此。拖头平车真正用于运移货物的时间在整个作业周期中占的比重很小。

图 2-6 叉式装卸车与托盘的使用

也就是说,设备的效率是很低的。为了改善这种状况,出现了叉式装卸车(简称"叉车")。使用叉车时,工人不是将货物直接装在叉车上,而是装在托盘上。叉车到达装货点后,货叉插入托盘,升起货叉,托盘离地驮在货叉上,叉车将托盘连同货物运移到卸货点,降下货叉,托盘搁在地面上,货叉即与托盘脱离,从而使叉车用在终端站装卸的停留时间大大缩短,设备的效率因此提高(图 2-6)。

3. 专业化原则

专业化原则是指尽可能采用专门的工艺,专用的设备进行货物的装卸、搬运和储存。

专业化,是社会化大生产的产物,是现代化大工业发展的客观规律和基本特征。

海运生产的历史始终贯穿着专业化由低级到高级的不断发展过程。海运生产的几次重大的工艺变革,都是和专业化的发展有关的。第一次革命性变化是石油从一般桶装的件杂货中分离出来,实现专业化液体运输。第二次革命是粮谷从一般袋粮的件杂货中分离出来,实现散粮运输。第三次革命,在某种意义上讲是件杂货本身的专业化,即通过采用更大尺寸的标准容器实现了集装箱专业化运输。

从世界范围来看,由于海运生产规模的急剧扩大,为了寻求更大的经济效益,海运生产的专业化有了更深入的发展。从传统的件杂货运输的船舶,发展出集装箱船、载驳船和滚装船等。大宗货物运输船舶方面,则发展了超级油船、散货船、矿散油船、矿油船、液化天然气船、液化石油气船、浆化船、化学品专用船等。与船舶输的专业化相适应,港口装卸工艺也相应地大大提高了专业化程度。现代化码头的装卸设备是以专业、大型、高效为特征的。不过在一定时期内,专业化到什么程度合适,要看生产发展的需要与组织协作的可能而定。专业化要符合大批量、专业化、高效率的原则。经济效益和社会效益是决定专业化程度的衡量标准。

例2-5　件杂货由于货物的尺寸、形状、重量各不相同,会对提高货物的装卸效率,以及充分利用机械设备造成障碍。为此,人们采用扩大了单元的做法,第一步是采用成组技术,就是将件货堆放在某种成组器具上,如图2-7所示的堆放在托盘上。进一步的扩大单元的做法就是采用集装箱这一标准容器,将尺寸、形状和重量各不相同货物装入标准容器,使港口的货物装卸和搬运发生了革命性的变化。对于标准的集装箱,可以采用专业化的机械设备和装卸工艺流程,使作业效率大大提高,而劳动强度则大大减少。如今,由于港口的集装箱运输发展,已经使传统的件杂货码头的作业量急剧下降。

图2-7　从件杂货的货物包装到集装箱

4.适应性原则

适应性原则是指采用的工艺方案或者装卸设备应尽可能地能运用于不同的种类的货物的装卸作业要求。

当设备的适应性增加时,它的应用范围就可以相应扩大,使用比较方便。例如叉式装卸车就比升降式搬运车优越,因为升降式搬运车只能和货台配合使用,而叉式装卸车既可用于货台,也可用于托盘。此外,叉式装卸车还可配备各种各样的工属具来装卸捆、桶、管等各种货物。

适应性原则对港口装卸设备来说,具有重要意义。因为港口装卸的货种杂,变化多,采用适应性大的设备便于应付各种各样的变化情况,但这条原则又不能盲目滥用,因为这条原则是和专业化原则相对立的。

究竟以采用专业化设备有利,还是采用适应性大的设备有利,关键在于对货物和车船类型等作业条件,以及未来变化的可能进行调查和预测,对经济效益做出科学的评估。在这基础上由相关管理人员凭借其本身的经验和智慧做出决策。为了适应港口装卸作业复杂,多变的情况,在决定采用专业化系统时,要充分考虑在不影响专业化系统效率,不过高增加费用条件下扩大专业化系统适应性的补充措施,在决定采用适应性大的系统的情况下,则要着重于研讨提高装卸系统效率的措施,如针对不同的货物采用相应的专用工属具等。

例2-6　联合国贸易发展组织曾建议,当一个码头所承担的集装箱吞吐量尚不具备建造专用集装箱码头时,可以先建造多用途码头,这种所谓的多用途码头既可以装卸其他件杂货,又为发展集装箱专用码头留有充分的余地。这种处理方式正是遵照了适应性原则。

5.标准化原则

标准化原则是指在装卸工艺方案以及装卸设备的选择时,应尽可能采用标准化的成熟方案和设备系列,以及标准化的货物单元。

设备标准化是符合经济原则的,设备标准化可以大大减少备件的数量,提高维修人员的技术熟练程度和维修质量、降低维修费用。一般情况下,港口都会存在机型杂的问题,这就迫切需要根据标准化原则进行调整。

不仅大型装卸设备需要实行标准化,即使是小型的、简单的吊货工属具和成组工具也需要标准化,例如托盘标准化以后不仅可以降低制造成本,还可以减少维修费用。

便于维修固然是设备需要标准化的重要原因,而当把运输作为系统来看待的时候,标准化具有更重要、更深远的意义。标准化是专业化协作必不可少的条件,是现代化运输系统的基础。

标准化既指设备设计制造的标准化,也指装卸作业的标准化,前者,通过标准化可以减少备件,从而降低成本,后者则可以提高工人操作的熟练程度。

标准化不仅指港口装卸设备和工属具标准化,还包括货物包装、搬运单元的标准化,正是国际集装箱的标准化系列简化了整个运输系统。

例2-7 集装箱运输是标准化的典型范例。采用"门到门"这种先进的送货方式是以各个物流环节中装卸设备、运输设备和储存设备标准化为前提的,而这些设施、设备的标准化又依赖于集装容器的标准化,这种容器便是集装箱。从这个意义上讲,没有标准化也就没有集装箱运输,进而没有现代化的运输。

6.充分利用空间的原则

充分利用空间原则是指在不影响作业有效性的前提下,货物堆存应充分利用库场允许的空间高度。

随着经济的发展,土地价格会越来越昂贵,特别是城市土地显得更加珍贵。因此,仓储容量的扩充靠增加土地面积是不经济的,应该注意充分利用空间的堆存能力的发展。

在已定的库场面积条件下,当高度被充分利用时,可以堆存更多的货物。为了充分利用库场高度,要采用能堆高货垛的机械。采用叉式装卸车,仓库内的货垛可堆高到4~5m。对于不能重压的货物,则可以采用货架堆高。对于某些可以堆高的大批量的货物,我国港口采用流动起重机在露天货场堆垛,以提高单位面积堆存量。在某些件杂货码头,为了充分利用狭小的港区陆域,用多层仓库代替单层仓库。在有的集装箱码头,为了提高堆场的单位面积堆存量,用能堆5~6个集装箱高度的龙门吊替代堆货高度较小的跨运车和底盘车。本书在后续章节中将会介绍一种新加坡对未来集装箱码头的设想,就是采用了双层堆场的方式,以提高单位面积集装箱的堆存量。

然而,库场高度的充分利用往往是以营运上允许实现的客观条件为前提的,且又常常以作业上的不方便和装卸费用的增加为代价,因此合理的库场堆存高度应在科学论证后予以确定。

例2-8 传统的仓库由于不具备更有效的堆取货物的设备,不得不主要依赖于仓库平面面积的扩大来满足不断增加的货物堆存的需要。但现代化的自动化立体仓库的出现,使货物堆存向空间延伸。

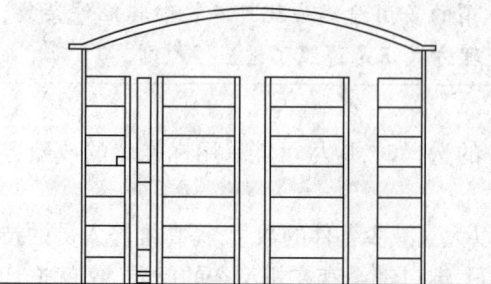

立体仓库又称高架仓库,实质上是一种特殊的单层仓库,它利用高层货架堆放货物。一般与之配套的是在库内采用自动化的搬运设备,形成自动化立体仓库,如图2-8所示。这类仓库目前发展较快,其主要特点是:

(1)由于能充分利用仓库的垂直空间,使其单位面积储存量远大于普通的单层仓库,一般是

图2-8 立体仓库示意图

单层仓库的4~7倍。目前,世界上最高的立体仓库可达40多米,容量超过数万甚至10多万个货位。

(2)立体仓库采用巷道堆垛机,它沿着廊道上的轨道运行,不会与货架碰撞,也无其他障碍物,因此,行驶速度较快,一般可达80~120m/min,升降速度为15~25m/min,货叉取货速度一般为15m/min。如果借助于计算机控制,可以准确无误地完成货物库内搬运工作。货物的搬运效率远比一般仓库高。

(3)立体仓库采用计算机进行仓储管理,可以方便地做到"先进先出",防止货物自然老化、变质、生锈,也能避免货物的丢失。在库存管理中采用计算机,随时可以迅速、准确地清点盘库,由此大大提高了货物的仓储质量。

(4)立体仓库采用能堆存较高货使的占用较窄巷道的堆垛机,使仓库面积和空间位置的利用率大大提高。据统计,比单层仓库可节约用地约1/5~1/3,节省劳力70%。因此,经济性也较好。

7.尽可能采用自动化原则

采用自动化原则是指在技术可行和经济可行的情况下,尽可能采用自动化设备,以减少工作人员的劳动强度,提高装卸作业效率,减少作业过程中的货损率。随着码头生产作业技术的发展,自动化、数字化和智能化装卸设备在码头上的应用成为现实。船舶的大型化要求码头作业的高效化,而自动化设备能够明显提高码头的作业效率,降低船舶在港停泊的时间。因此,对于比较成熟的自动化、数字化和智能化技术,在满足经济性的条件下,应该大力提倡,积极采用。在国际上,发达国家的大型散货码头和集装箱码头已有采用全自动化的作业技术,使得港口生产效率大大提高。我国在这方面也在积极探索第一代的全自动化集装箱码头将在厦门和上海诞生。

三、工艺布置与流程方面

1.减少作业数原则

减少作业数原则是指在实现同样作业需求的前提下,应采用工序数尽可能少的作业方案。

当按一定的操作过程完成货物的装卸搬运时,要完成许多作业。例如工人在船舱内组成货吊、挂摘钩、起重机将货物吊到岸上、岸上工人挂摘钩、叉式装卸车叉货、搬运、在货场码垛等。除了主要作业外,还有许多如捆绑、分票等辅助作业。一般来说,如作业少,则所消耗的人力就少,几个环节的配合也容易紧密。一般情况下,最少的装卸作业次数是最好的装卸。动作即费用,因此要力求用自动的成半自动的吊货工属具(如抓斗代替网络,自动摘钩代替一般的钩头等),以及进行成组装卸等方法减少作业数。河港牵引车直接拖带挂车上缆车也是减少作业数取得成功的一个例子。但减少作业数必须慎重进行,在有的情况下,增加作业数能提高货物质量,缩短车船停留时间,因此必须全面考虑。

例2-9 在某港口码头上,集装箱装卸桥上设置一个转运台,上面可以放置4个集装箱,堆场装卸桥可直接从台上将集装箱转运到堆场上,不必通过底盘车转运,这样可以减少作业数,据称效率可以提高10%。

例2-10 采用集装箱专用船运输后,由于装卸集装箱是借助于舱内的箱格进行,因此不需

要像件杂货船舶装卸那样进行舱内作业。因此,与件杂货相比,集装箱专用船舶的装卸减少了作业工序数(图2-9)。

图2-9　专用集装箱船的舱内箱格

2. 直线原则

直线原则是指港区物流路线设计应尽可能走直线,以缩短货物位移的空间和时间。

货物装卸的经济效果随着工艺流程中迂回和垂直运动的减少而提高。

这个原则反映了一个显见的事实:两点之间直线为最短。由于空间位移意味着费用,因此直线位移是最经济的物流方式。

货物没有按照装船需要在库场堆放,库场设置离码头过远,皮带机布置不合理等均会形成在装卸工作中发生交叉搬运,迂回搬运和过远搬运。

件杂货船舶装卸工作中有一个事实是很值得深入思考的。货物从车辆卸入库场,再搬运到码头前沿的整个过程中,由于货垛高度不大,货物基本上是水平移动。而码头前沿和船舱仅数米的距离,用现在的起重机装货方式,货物要沿着一个大弧形轨迹才能装入船舱,显然是违背直线原则的。就这点而论,滚装船、车辆渡船,以及开舷门的用叉式装卸车系统作业等成组运输船的构想要合理得多。

例2-11　在集装箱码头上,堆场的布置一般总是平行于码头布置的,为什么呢?我们可以从下面的分析中看出,直线原则是平行布置的主要依据。

两种布置的主要区别是水平搬运所需时间。故可采用水平搬运行走路线与路线改向次数计算,得

$$T = \frac{\sum\limits_{i=1}^{n} l_i}{v} + \sum\limits_{j=1}^{m} t_j$$

式中:T——水平搬运时间(s);

l_i——第i段直线行走距离(m);

v——直线行走速度(m/s);

t_j——第j次行走路线改向所花费时间(s)。

　　假设水平布置与垂直布置的每个箱区大小相同,则可绘制出以下两种堆场布置以及水平搬运的行走路线图(图2-10)。

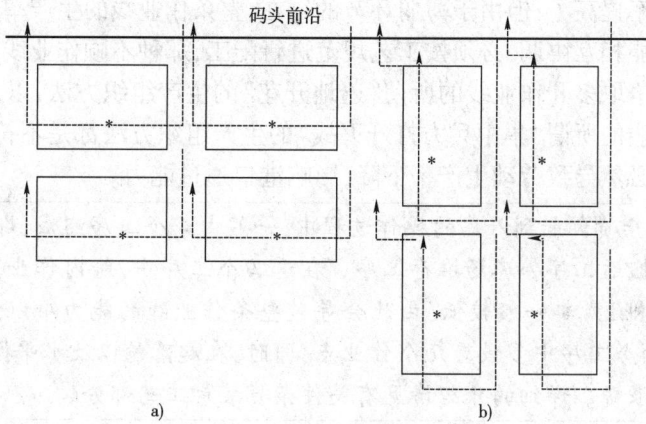

图 2-10 水平布置与垂直布置比较

a)水平布置;b)垂直布置

　　从图2-10计算和分析可知,对于任意堆场上的位置"*",水平布置行走路线距离与垂直布置行走路线距离相比,有

$$\sum l_{水平} < \sum l_{垂直}$$

水平布置行走改向次数与垂直布置行走改向次数相比,有

$$\sum t_{水平} < \sum t_{垂直}$$

即,水平布置为2次,垂直布置为4次。

　　因此,从水平搬运所走的路线以及所需时间比较,水平布置比垂直布置更符合直线原则。

3. 作业线各环节相互协调原则

作业线各环节相互协调原则是指组成装卸作业线的前后工序的作业能力应该平衡。

装卸作业线是各作业环节的有机组成,只有各环节相互协调,才能使整条作业线产生预期的效果。

装卸作业线各环节相互协调有三方面的含义:

(1)是指作业线上所配备的机械要力求系统化。如在"船—库"操作过程中,起落舱工序已经机械化,而船舱内工序和库内码拆垛工序尚未机械化,则对这两个工序应尽力寻求合适的机械或别的有效方法代替繁重的体力劳动,使整条作业线各工序达到能力尽可能协调。实践证明,作业线上只要有一个工序没有机械化,就往往会大大影响其他几个工序所配备的机械效率的发挥。对于已经完全机械化的作业线,则要进一步采用遥控、工业电视、计算机控制等达到半自动化、自动化水平。

(2)是指作业线所包含的各种辅助作业,如计量、过秤、测温、灌包、缝包等均应机械化、电子化。这些作业虽不属主要工序,但往往成为影响货物质量或作业线生产率充分发挥的薄弱环节。有些港口的装卸主体设备相当先进,但由于忽视了以上各种辅助作业的机械化和电子化,造成整个工艺系统的落后。在现有港口现代化改造过程中必须予以注意。

(3)是指各工序的生产率要协调一致,各工序机械的起重量要相互适应,因为如果各工序

的生产率不能协调一致,各工序机械的起重量不能相互适应,则整条作业线的生产率就会下降到最薄弱环节的生产率水平。应该把注意力集中在薄弱环节生产率的提高上。否则,即使将非薄弱环节的生产率提高了,但由于薄弱环节的存在,整条作业线的生产率仍无法提高。为了保证各工序生产率能相互协调,必须按工艺规范进行配工,那种不顾作业线实际配工需要而将劳动力任意分散以争取多开作业线的所谓"遍地开花"的生产组织方法,以及盲目集中劳动力于一个舱口或一条船的所谓"集中兵力打歼灭战"的生产组织方法都是不符合科学管理的,这样的生产组织方法必然导致劳动生产率下降,影响港口通过能力。

例 2-12 在件杂货卸船到入库的操作过程中,一般由 4 个工序组成,即:舱内作业工序→起落舱工序→水平搬运工序→库场堆存工序。在这四个工序中,舱内作业工序和堆码工序由于需要采用人力作业,效率一般较低,由此会导致整条作业线的能力难以发挥。根据协调原则,一方面应在这两个工序中多设置几个作业点,同时,在起落舱以及水平搬运环节,避免能力的过多剩余造成的浪费。详细的介绍请见有关件杂货装卸工艺部分。

4. 保证运载工具高效作业原则

保证运载工具高效作业原则是指装卸作业线的工艺设计应保证船舶和车辆的装卸能力能得到充分地发挥,以缩短车船在港停留时间。

港口装卸工艺的重要特点之一,是不仅要使货物在港口的换装最经济,而且要尽力缩短运输工具在港口的停留时间。因此加速车船装卸是港口作业的主要目标之一。但在货运量一定的情况下,过高生产率的库场装卸机械又会因机械利用率下降而导致装卸成本增加。合理的方法是以较低的库场机械生产率保证较高的车船装卸效率。散货装卸最常用的方法,是采用贮货存仓。如散货装车往往利用贮货存仓。在件杂货和集装箱装卸中,往往采用在装船前将货物集中在前方操作场以提高装船效率的方法。

例 2-13 美国某煤炭出口码头,配备了一台装船机,其生产效率为 10000t/h,而堆场皮带机生产效率仅为 5400t/h,为使堆场皮带机的生产效率和装船机的生产效率相互协调,在码头上设置了两个容量各为 6300t 的贮货存仓。堆场皮带机利用换舱口或换船的间隙时间为贮货存仓供料。装船时,堆场皮带机和贮货存仓同时为装船供料,保证 10000t/h 的装船效率。

5. 防止工艺中断原则

防止工艺中断原则是指装卸工艺设计应保证防止在作业过程中,出现物流的不合理中断和运载工具的不合理等待。

在装卸过程中,作业中断的原因很多,有的是组织工作不良造成的,如等车、等船、等货等,有的则是工艺安排上的问题造成的。在分析工艺时,要力求采取相应的措施以减少工艺中断。例如,在组织车船直接换装时,如果工艺安排上不能保证有车直接换装,无车库场进出的灵活性,就会因车船不能紧密衔接而发生装装停停的现象。从发展来看,要注意到,"船—车"换装虽减少一项操作,但在卸船效率很高专业化码头上,"船—车"直接换装的效率会大大低于"船—库"的效率。因此目前高效率的卸散货的专业码头为提高卸船效率,宁愿采用两次操作的工艺方案。

例 2-14 过去集装箱码头水平搬运采取作业线布置,需要配备较多的车辆以免发生前沿与装卸船作业之间的衔接中断问题,但这样安排会使水平搬运车辆的利用率降低,且容易产生水平运输间的相互干扰。现在许多码头则采用了全场调配的调度方式(图2-11),水平搬运车辆服务于全部(或部分)的码头前沿装卸船设备。如图中所示,车辆行驶至码头前沿时,根据装卸船设备的接运需求,根据总控室的指令,可以选择①、②或③路线分别为不同的桥吊提供接运。这样既减少了水平搬运车辆的数量,也更好地防止了水平搬运车辆与码头前沿设备之间的衔接中断问题。

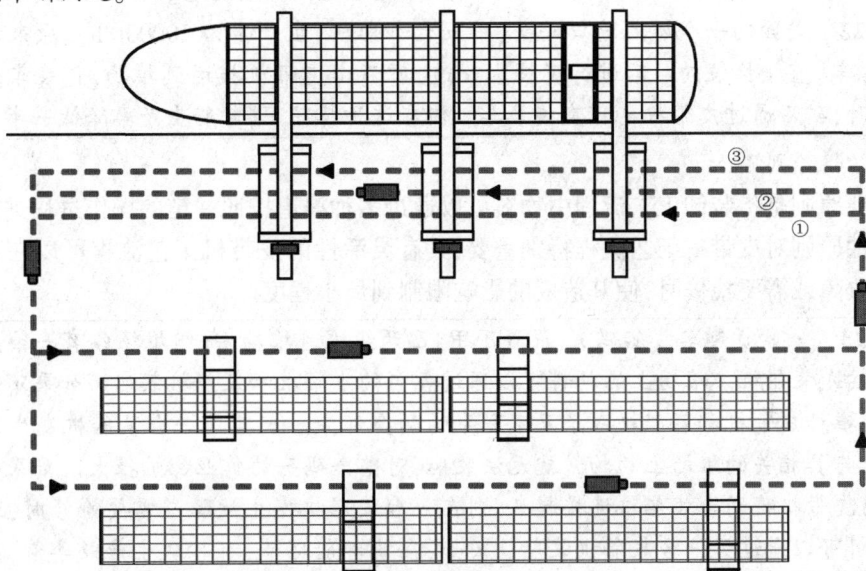

图2-11　集装箱码头水平搬运全场调度方案

例2-15　散货的装船效率一般都很高,因此如装船机因换舱口或驳船换挡而发生工艺中断,将对生产率产生严重影响,为解决因换舱口或换驳船停机的问题,一般采用贮货漏斗的方法。例如鹿特丹港的一个矿石装驳码头,为了达到换驳船时,堆场皮带机系统不停机,在前方设置贮货漏斗,漏斗容量约等于5 min(换驳时间)的输送量。装船机因换驳船停机时,物料进入贮货漏斗。该漏斗还能起到在装卸货结束后容纳后方皮带机上剩余物料的作用。

例2-16　我国港口在用移动式皮带机装小驳船时采用分叉漏斗,取得较好的效果。采用分叉漏斗时,主皮带机通过分叉漏斗将物料送到两台装船皮带机上。这两台装船皮带机轮换工作,为两个驳船泊位装船。当一台皮带机装驳船时,另一台停止工作,以便驳船换挡。当第一台皮带机将驳船装满停机,以便该泊位进行换挡时,分叉漏斗内的物料进入第二台皮带机。这样两个驳船泊位轮换工作,就可以避免因驳船换挡而使作业线中断工作。

例2-17　在散粮卸船码头,机械化粮食筒仓的斗式提升机与筒顶皮带机连接处设置了分料管。如不设置分料管,则当筒顶皮带机的卸料小车因物料需换装到另一筒仓而移动时,从卸船机到提升机所有机械必须停机,从而导致工艺中断,设置了分料管,卸料小车在换筒仓时只需将提升机运来的物料通过分料管送到缓冲筒仓去,卸船作业不会因换筒仓而停顿。

例2-18　对需要编队的驳船组,为便于空载和重载驳船停泊和减少驳船靠离码头的中断时间,应在装船泊位上游设置空驳泊位,在其下游设置重驳泊位。

例2-19　在铁路车辆调动频繁的港区,特别是使用铁路车辆作为港内搬运工具的港区,总平面布置时要注意避免一个码头上的车辆进出干扰另一个码头的作业进行。

例 2-20 在河港水位变化大的码头,皮带机机架采用带轮、铰接的皮带车,以便随着水位的变化随时调节,以防止因水位变化而中断作业。

例 2-21 我国某些港口利用原件杂货泊位从事散粮卸船装车作业时,将在码头前沿铁路线上进行"船—车"直接换装,改为用高架皮带机通过仓库,由仓库后面的铁路线装车,这样就可以做到有车直接换装,无车卸入仓库。如通过一定容量的贮货存仓,则可以提高装车速度。

例 2-22 美国的一个矿石进口码头,用五台卸船机,生产率为 10000t/h。原来的工艺方案是"船—车"直接换装的。后进行了技术改造,矿石由皮带机接运到堆场,再装车。在需要直接换装时,矿石通过皮带机也可直接装车。但在这种情况下,卸船生产率降低一半。

6. 灵活性原则

灵活性原则是指装卸工艺流程中物料可以通过多种渠道按照一定的操作过程进行装卸。

灵活性原则对皮带机工艺流程特别重要,具有灵活性的皮带机工艺流程可以在某一部分机械发生故障或需要检修时,使其造成的影响限制到最小程度。

例 2-23 一散货卸车装船码头,设置了甲、乙两组坑道堆场,每组堆场各有一条皮带机送到岸壁墩柱式装船机。堆场上的物料可以通过各自的皮带机和装船机装船。如果不注意灵活性,则两组堆场皮带机和装船机成了互不联系的两个部分。当其中一台装船机发生故障或需要检修时,与其相关的堆场上的物料就无法装船,对整个码头的作业影响很大。如果按照灵活性原则,用皮带机将两台装船机连接起来,则在一台装船机发生故障或需要检修时,这部分堆场上的物料可以通过另一台装船机装船。又如,在装卸船环节,有时从生产效率看,用一台设备就能满足要求,但是实际配置时还是安装两台设备,原因就是一旦设备故障,不至于使泊位的作业停滞。

四、作业方面

1. 扩大单元原则

扩大单元原则是指在装卸工艺选择时,应尽可能扩大货物一次装卸、搬运和储存的单元(重量和尺寸),以提高装卸作业的效率。

装卸效率随货物单元尺寸的扩大而提高。港口装卸作业和运输业的某些最根本的变化都是建立在这个原则基础上的。例如成组运输、集装箱运输、车辆轮渡、载驳船等先进运输方式均体现了这个原则。特别是集装箱运输,目前使用 40 英尺及更大非标箱的比例在增加,使得集装箱运输单元总体上进一步地扩大。

例 2-24 小的单件货物正朝着组合成大的货物单元的方向发展。原先的件杂货包装单元较小,设备起重能力不能达到充分利用,致使设备的效率利用较低,但是,当一些货物的搬运单元逐步扩大时,装卸效率也随之提高。例如,采用较大型的集装袋,可以装卸 2t 的货物,使装卸和搬运的单元扩大。

例 2-25 为了提高集装箱装卸船效率,人们正在不断探索更大的一次起重量。由此出现了能同时起吊双 20ft 集装箱的吊具,并进而设计出能够一次起吊两个 40ft 集装箱的装卸桥,而同时起吊 3 个 40ft 集装箱的装卸桥也通过了试验。这些变化使得集装箱码头的装卸效率大大提高,进而缩短了船舶在港的停留时间,满足了船舶大型化发展的需要。

2. 提高机动性能原则

提高机动性能原则是指在经济性合理的条件下,尽可能提高货物从静止状态转变为流动状态的容易程度。

移动货物时的机动性大小反映出物流合理化程度。评价物流机动性能可以采用 0 ~ 4 的"机动指数"的方法。指数所对应的机动性可见图 2-12。从物流的合理化角度看,应尽可能使货物处于机动指数高的状态。当然,当提高机动性所支付的成本达到不合理的程度时,盲目追求机动性是不恰当的。

货物的支撑状况	示　意　图	机动指数	货物移动的机动性
直接置地	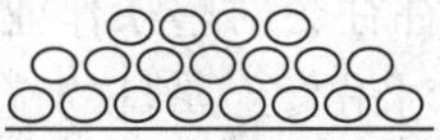	0	移动时需逐个用人力搬到运输工具中
置于容器	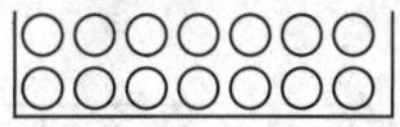	1	可用人工一次搬运,一般不便于机械使用
置于托盘	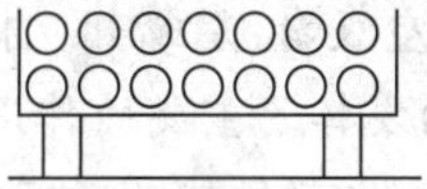	2	可以方便地使用机械搬运
置于车内	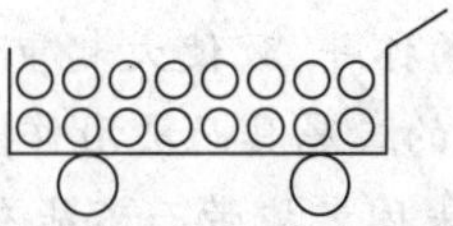	3	不需要借助其他机械便可搬动
置于传送带	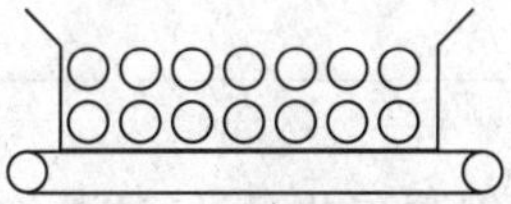	4	货物已处于移动状态

图 2-12　库场物流机动性能与指数关系

例 2-26　在欧洲的有些集装箱码头上,集装箱的堆存方式采用底盘车方式,就是将集装箱连同集卡的底盘车一起存放在码头的堆场上。采用这种方式尽管由于只能堆存一层集装箱且需要留出车辆的通道而使得堆场的利用率很低,但是集装箱搬运的机动性却非常高。一旦需要运离码头堆场(或者装船,或者驶离码头)时,只要牵引车拖带底盘车即可行驶。这种方式最适合于滚装船码头作业。

3. 利用重力原则

利用重力原则是指在装卸作业中,凡能利用重力运移货物的要尽可能利用。高站台、低货位、滑溜化的作业方法在我国船舶和铁路装卸作业中被广泛应用。散货、散粮、石油等货物均可利用重力装船和装车。在某些情况下件货也可借助滑板利用重力装船。为解决长距离滑溜损坏货物包皮和货物滑溜速度难以控制的问题,有些港口将货件放在无动力驱动机构的皮带机上,利用货件自身的重力使皮带转动,将货物从码头传到船边。由于货件是靠皮带转动往下移动的,货件与皮带之间不存在相对滑动,因此此不会使货件包皮受到损坏。此外只要操纵制动机构,就可以控制皮带的转动速度,从而控制货件的滑溜速度。利用重力原则的例子比较多,例如,散货堆场采用坑道皮带机方式取料,又如,用高架存仓方式装车等。

例 2-27　某煤炭出口码头，在码头前沿设置了高架缓冲仓，待装船的煤炭被预先输送到这里，以避免由于船舶和车辆同时在港作业对堆场进出货物作业带来的困难。存仓采用高架方式正是由于煤炭从堆场输送出来时已处于一定的高度，使煤炭从上方进入存仓，而在装船时则可利用其自流的方式将煤炭输送到装船机。

4.利用工属具原则

利用工属具原则是指尽可能使用既有利于操作安全、简便。又能充分利用装卸、搬运设备能力的工属具，以提高装卸、搬运的作业效率。

港口使用的大型机械难以经常更换，而吊货工属具可以随货种的不同而随时变换适应。实践表明，吊货工属具选用得当，以及它的有效改进，往往会对整条作业线效率的提高起到显著的效果。因此，应对吊货工属具的选择特别注意。对吊货工属具的选用和改进应以保证安全质量，充分利用机械的起重量，工人操作方便，利于成组装卸，延长吊货工属具使用寿命等要求全面考虑。

例 2-28　在吊货工属具方面，我国港口工人和技术人员有许多创造和发展，如船吊抓斗、八角斗、生铁网络、袋粮网络、茶叶盘、立式油桶夹、真空吸盘、鹰嘴钳、自动摘钩等。这些工属具在确保安全质量，改善劳动条件，提高装卸效率方面发挥了重要的作用。但也存在着落后的方面，如大多数港口钢板夹钳自重太大，工人操作不便；电磁铁较长时间使用容易发热；叉式装卸车的专用的工属具品种太少等。由于缺少大容量的抓斗，致使大起重量的起重机不能充分发挥作用，叉式装卸车由于缺乏成组装卸工具和专用的工属具而被用作搬运工具，堆拆垛性能得不到充分利用，由于缺少挂车(平车)，牵引车被用来固定拖带而不能充分发挥效用，像这一类的不合理使用情况都亟待改进。

5.充分发挥设备效能原则

充分发挥设备效能原则是指通过合理的生产组织和工艺设计，使装卸、搬运设备在既定的技术性能条件下发挥其潜在的效能。

机械设备的生产能力并不是在任何营运条件下都能充分发挥出来的。即便在相同的客观营运条件下，作业组织不同，操作方法不同，同一台机械的生产率也会有很大的不同。现场管理者的一项重要任务就在于精心进行作业组织，善于总结和推广司机和工人的先进操作经验。因此，任何装卸搬运机械都有充分发挥生产能力的问题。

例 2-29　在装卸件杂货时，船舶吊杆和起重机作为装卸船的主要机械，其生产率的充分发挥，对提高整个船舶作业效率，加速船舶装卸具有重要意义。提高船舶吊杆和起重机生产率的主要方法是：

(1)增加每一周期的吊货量：通常可采用减轻吊货工属具自重，扩大吊货工属具的载货容积，一吊双货组，以及其他能增加一次吊货量的先进操作方法。

(2)缩短起重机的工作周期：起重机的周期是由升降、旋转、变幅、挂摘钩(抓放货)、稳钩等时间组成。要缩短超重机的周期，首先应致力于缩短周期的组成部分时间。

升降时间可以用避免多余的起升高度，减少回空的吊货工属具的长度，对于较长的货物尽量吊正等方法减少起升高度，也可以从提高司机的技术熟练程度着手，使起重机的速度得到更好的利用以减少操作时间。

旋转时间的缩短可以用合理布置起重机的作业位置,使旋转角缩小,以及提高旋转速度的方法达到。

在一定条件下,可以用下述方法提高旋转速度:在旋转启动达到正常旋转速度后,缩小幅度,这样旋转速度就可以增大到超过正常的旋转速度,当接近放货点时,再伸展臂幅,从而可以达到平稳的制动效果。

缩短接摘钩时间的方法是,派熟练的工人从事挂摘钩工作,采用能自动挂摘的吊货工属具,用一次回吊若干个空的吊货工属具的方法减少接摘钩次数。

缩短稳钩时间的主要方法,是扩大放货点的面积,提高司机的熟练程度,以求平稳制动。

在缩短各部分时间的基础上,还要研究整个货吊的合理运行轨迹,在升降、变幅、旋转等各个动作的基础上,求得最短的周期。

例 2-30　某港埠企业在装卸桶装沥青时,原先采用专用吊具,吊具自重约 20kg,通过对吊具的改进,这种专用吊具自重减到了 7kg。从而使起重机的起货能力得到了提高。

6.人、机作业时间充分利用原则

人、机作业时间充分利用原则是指通过合理的作业安排,使作业线上的人力和设备都得到充分的利用,消除闲置和浪费。

人们往往会误认为按照工时利用率和机械利用率的指标要求将工人分配到工作岗位,机械安排到生产现场以后,只要不发生待时记录,工人和机械的工作时间已是充分利用。其实不然,在人机联合作业时,如工人在舱内、车内或库场内装或拆开货组供起重机起吊,在工作周期中,工人和起重机都有可能出现空闲时间。减少或消除这些空闲时间就能提高装卸效率。

例 2-31　当吊货工属具的数量等于装拆货组的工人组数时,在起重机工作周期内必然会发生工人等待吊货工属具的空闲时间。要消除工人等待吊货工属具的空闲时间,必须增加吊货工属具数量。码头边摘挂钩的工人通常会有闲空时间,一般可利用空闲时间操纵电动绞车,将挂车拉到对正船吊下方的位置,也可以从事捆绑、点数等辅助作业。在因工作场地狭窄,难以增加工人以提高装拆货组的效率时,可以采用一台起重机作业两个舱口或两个车辆的方法,以减少起重机的空闲时间。对于重点舱,可以用派效率高的工组或增加工人的方法保证重点舱起重机效率的充分发挥。如因吊货钩钢丝绳缠绕而造成起重机和工人同样等待,则应改进吊货工属具以消除这类空闲时间。

五、成本方面

1.系统评估原则

系统评估原则是指对装卸工艺方案的评价应从与港口作业相关的整个大系统(由船舶运输成本、港口装卸成本以及货物在港费用等方面构成)的经济性来考虑。

先进的装卸工艺要能在生产中得到推广应用,发挥作用,那就不但要在技术上是先进的,而且要在经济上是合理的。没有成本指标,那就很难从经济的观点去评估哪个工艺方案合理。因为很可能出现生产率高的工艺方案,成本比别的方案高。对现有工艺成本方面弱点的揭露有助于未来设计的改进或指明改进的途径。

从港口企业角度对成本进行分析是需要的,但又不能局限于此。根据港口生产的特点,从

系统的观点考虑,评估港口装卸工艺的经济效果要顾及港口、船舶、车辆、货物等各方面。因为往往有这样的情况,生产率高的工艺方案,虽然港口装卸成本增加,但由于能加速车船装卸和货物周转,车船在港停留的费用和货物在途资金的积压都能相应地减少。因此从港口企业来看是不可取的方案,从全社会和大系统角度去评估,其经济效果却可能是好的。

当然,由于港口企业是独立的经济实体,追求的是企业的经济效率;因此要从全社会的系统评估经济效果的角度来分析问题就需要相关政府部门的努力以及企业之间的利益协调。为了能将企业的局部利益和全社会的利益统一起来,需要采取合同、税收等一系列经济措施进行经济补偿。

例 2-32 港口设备利用率是否合理的标准应该是使得全面考虑港口、船方以及货主等诸方面的综合经济效益最好。具体来说,就是要平衡好港口各项生产要素的储备数量与船舶排队待泊时间和货主货物在港滞留之间的关系,这就是一个系统评估的问题。一般情况下,当港口设施设备利用率提高,意味着港口设施设备投入较少,港口营运成本就会相应降低,但是,由于港口设施设备的不足以及船舶和货物到港的不均衡性,会使得船舶和货物在港口滞留的时间延长,由此增加了船舶和货物在港滞留所造成的经济损失。船舶在港滞留的直接经济损失可以用船舶固定成本部分计算,而货物在港口滞留的直接经济损失则可以通过计算其货物时间价值的损失(即银行利息的损失)来考虑。

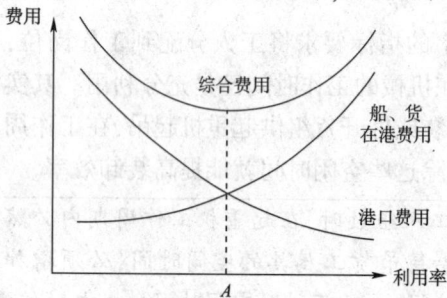

根据上述分析可以得出,港口、船舶以及货物三者在港口所发生的费用随港口设施设备利用率的不同而发生变化,其相关趋势曲线如图 2-13 所示。从该图中可以得到港、航、货三方综合费用的大致变化趋势,当该综合费用曲线处于最低点时,它所对应的港口设施设备利用率(A 点位置)便可以认为是从系统评估角度获得的港口设备合理利用率。

图 2-13 港口、船舶和货物在港费用随港口设施设备利用率变化的趋势

2. 规模效益原则

规模效益原则是指装卸工艺方案的选择应有利于形成一个合理规模的装卸作业能力,以利于获得规模经济上的效益。

对于同一个港口装卸工艺流程,当装卸量增加的时候,单位装卸成本就可能下降,增加装卸量以降低单位成本是港口企业经营扭亏为盈或获取更大利润的重要手段。

基于装卸成本的扩大生产规模以取得较好经济效果是普遍性的经济规律。即使不考虑港口企业规模扩大,资金集中后有利于港口企业采用先进的技术,高效的设备,从而具备比小规模的港口企业高得多的生产率,低得多的成本这样一个因素,也就是说,即使是同样的技术,同样的设备,只要生产规模扩大本身这个因素,大规模的装卸成本就可以比小规模低得多。由此可见,大港口的竞争能力一般比小港口的竞争能力要强。其所以如此,是因为生产成本中有一部分称为变动成本的,固然随着装卸量的增加而要相应增加;而另一部分,称为固定成本的,并不随装卸量的变化而变化。因此随着装卸量的增加,单位产品成本就会下降。这种情况从图 2-14 的盈亏分析法可以很清楚地显示出来。从图中可看出,装卸量在盈亏点以下,成本高于收入,企业出现亏损;装卸量达到盈亏点时,收支相抵,不盈不亏;装卸量超过盈亏点,收入超

过成本,出现盈余,装卸量超过盈亏点越多,则盈利越多。

扩大港口的生产规模,增加装卸量,往往会取得较好的经济效果。达到一定产量,甚至可以扭亏为盈。这规律虽然有普遍意义,但也并非绝对,其应用要根据具体条件。在实践中确实也有增加装卸量不一定经济效果好的情况,例如为了争取更多的装卸货源,装卸费率降低或超时工作等造成变动成本增加,则总收入与总成本两条线自直线变为曲线(图2-15),形成盈亏点有左右两点。交叉弧形之内收入超过成本,故有盈余。其中间点为最高盈余所在。交叉弧形之外成本多于收入,故有亏损。

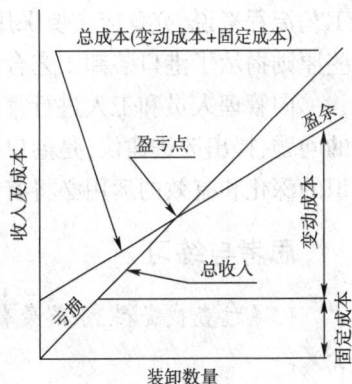

图2-14 盈亏分析法

又如当装卸费率很低而装卸成本很高时,总收入可能位于总成本线之下(图2-16),而且两者接近平行,这样即使增加装卸量也不会产生盈余。在这种情况下要研究的问题就不是增加多少装卸量才可以扭亏为盈,而是决策这个港口企业应否需要维持下去,坚持到市场好转,装卸费率上升,成本降低。因为只有在这种情况出现以后,这个企业才有可能出现盈余的局面。

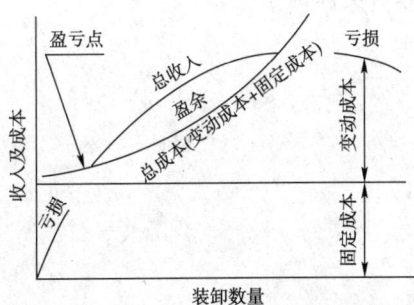

图2-15 两个盈亏点的情况

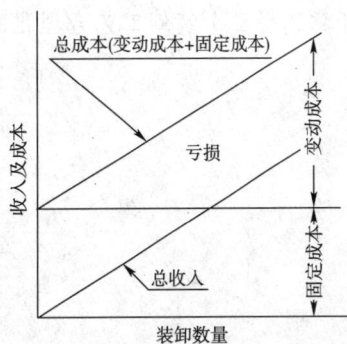

图2-16 保持亏损的情况

3. 节能降耗原则

节能降耗原则就是要求在港口生产过程中尽可能采用低能耗的设备,以及成本较低的能源,以降低港口装卸作业成本。在港口装卸成本中,能耗占有较大的比重,能量消耗过大不仅增加了作业成本,而且往往也会造成环境污染。因此,节能和减排是两个相关联的问题,如果处理得当便会起到一举两得的效果。节能降耗主要从两个方面着手一是采用低能耗的设备,二是在保证较低的碳排放的前提下采用成本较低的能源。目前,在这两个方面不少港口企业都有成功的经验。

例2-33 在港口最典型的例子就是集装箱码头堆场大型设备——轮胎式龙门起重机的"油改电"工程。过去在集装箱码头堆场上所使用的轮胎式龙门吊它的驱动方式是采用柴油,能耗大而且对环境造成的污染严重。为了环境保护各个集装箱码头纷纷进行技术改造探索采用电力驱动。实践证明"油改电"不仅减少了碳排放造成的环境污染问题,而且采用了电力驱动后,轮胎式龙门起重机使用的成本反而降低,为港口企业也带来了实惠。

在使用上述原则时并不是绝对的，他们之间存在着相互制约的关系，对一个具体港口装卸工艺流程来说，究竟应主要采用哪些原则，必须要根据实际情况进行研究。尽管如此，由于这些原则揭示了港口装卸工艺合理化规律的方向，其价值是不容置疑的。

向管理人员和工人进行宣传教育，引导他们对现行港口装卸工艺进行分析讨论，揭露存在的问题，提出改进建议，是港口生产管理部门的重要职责。广大管理人员和工人对这些原则认识的深化和有效的运用必将有力地推动港口装卸工艺合理化的进程。

思考与练习

1. 通过查找资料，了解泰勒创造管理学的故事，从中理解他所倡导的"工作研究"的具体含义。

2. 什么是"流程再造"？其应遵循的基本原则有哪些？

3. 如何理解"原则1：围绕最终结果而非具体任务来实施再造工作"？请举例分析。

4. 如何理解"系统是工艺设计立意的精髓所在"？

5. 影响港口装卸设备选型的主要因素有哪些？如何理解货物流向对设备选型的影响？

6. 试分析船舶大型化对港口设备使用的影响。

7. 任意选择三个装卸工艺合理化的原则，举出具体的实际例子。

第三章　件杂货装卸工艺

案例导入——新形势下件杂货装卸的新机遇

　　件杂货装卸工艺是一种起始最早的传统运输装卸工艺，虽然随着集装箱运输的出现与发展，传统的件杂货装卸与运输受到较大的冲击。但是，近年来，随着世界经济一体化和中国工业化进程的加快，密集型加工业和重工业开始向发展中国家快速转移，社会化分工逐步细化，使得进入件杂货码头装卸的货物不仅种类繁多，而且装卸工艺要求也越来越高，件杂货码头也出现了许多新的情况和变化，货物单件重量、长度、体积增大，有的货物货主明确提出在装卸过程中不允许出现划痕、碰擦等要求。

　　现有装卸工艺布局条件下，件杂货码头传统的装卸方法由于工艺相对落后，在装卸质量、作业效率、操作安全和装卸成本上，与当前件杂货发展的新要求不相称，需要通过技术革新和管理创新进一步改善和提高操作工艺。在此基础上，上海港罗泾二期(钢杂)码头等一批代表我国件杂货装卸服务水平的码头逐渐投产使用。上海港罗泾二期坐落于长江与黄浦江交汇处，与中国第三大岛崇明隔江相望，是上港集团内连接长三角腹地最近的港区之一，公路、水路、铁路、航空四通八达：距上海市中心 38km，郊环线 12km，外环线 17km，内环线 22km；距沪宁高速公路 20km，距沪杭高速公路 28km；码头周边河网密集，向东至黄浦江，向西沿"黄金水道"可达南京、武汉等长江各港口，西南经新川沙河——苏申内港线，联结京杭运河；距空港上海虹桥国际机场 37km，上海浦东国际机场 62km；铁路运输由北郊车站连接全国各地。曾经为上海地铁工程、京九铁路工程、上海宝钢工程、三峡水电站工程等国家及地方重点工程，装卸了一大批重要工程建设物资及重大件设备，出色完成了上海磁悬浮列车、轻轨车辆等重点项目的接卸任务，大大提升了我国件杂货码头的服务经济与社会发展的能力。

第一节　概　　述

　　件杂货运输和装卸是一种起始最早的传统运输装卸工艺，随着近代集装箱运输方式的发展，件杂货运输受到了较大的影响，传统的件杂货运输量也日渐减少，不少件杂货码头也已经改建成为集装箱码头，但这并不意味件杂货运输和港口装卸已经走到了历史的尽头，因为品种繁多的件杂货中还有一些批量不大的、需散件运输的货物及某些不适箱货，仍然采用件杂货运输。所以，现代件杂货装卸工艺是在不断革新中生存和发展的，20 世纪 80 年代以来出现的通用码头便是以件杂货装卸工艺为基础的一种适用较为广泛的码头设施。

一、件杂货的定义

　　件杂货，又称"杂货"(miscellaneous cargo)。普通货物中除散装货物、散装液体货物以外

的其他各种货物都属件杂货范围,其品种繁杂,性质各异,包装不一,批量较小,多按件托运和承运,如机械、设备、小生活用品一类的货物。

承运件杂货的船舶一般应具有多层舱,以便于不同种货物的分隔。承运件杂货应注意配载,不同性质的货物应区别对待。例如,不能将易爆物品与易燃物品混装同一舱内。承运人或其代理在接受承运件杂货前应详细审查货物的外包装。应按船舶积载,按运输安全的条件,要求货主用木箱、纸箱、铁箱包装,以避免货物的灭失、损坏。由于普通散件杂货运输长期以来存在着装卸及运输效率低、时间长、货损、货差严重,这些都影响着货运质量,并且件杂货运输手续繁杂,影响货物运输工作效率,因此对货物、船公司及港口的经济效益产生极为不利的负面影响。因而件杂货作为传统的货物运输方式,随着近年来集装箱运输在世界范围内的迅速兴起,其市场正在逐渐萎缩,这是不争的事实。但鉴于我国目前经济和技术的发展水平,仍有大量的货物(如钢材类货物和一些利润较低的货物)仍将采用件杂货的方式进行运输。件杂货码头仍将在我国的经济发展中担当重要的角色。目前,件杂货码头存在的主要问题就是生产管理水平落后,大多数件杂货码头目前仍采用传统的依靠经验进行生产调度的模式,缺乏一定的科学性。随着近几年能源短缺和环境恶化等问题的日益突出,件杂货生产管理水平落后所带来的弊端也日益凸显,特别是能源消耗严重,增加了装卸企业的运行成本。

二、件杂货的分类

1. 袋装货物

袋装类货物指粉末、颗粒状的货物(图3-1),使用纤维织物(或纸)袋包装成的物流单元,是港口常见包装类型货物之一。其包装形式和材料日益增多,货种性质也更为复杂。按货物自然性质分类,有粮食、糖、化肥、水泥、某些化工原料和矿石产品等。按包装材料分类,有麻袋、布袋、塑料编织袋、纸袋、塑料袋及草袋等。袋装类货物的形状、尺寸、质量根据袋内的货物而定。通常一件袋物的长度为60~100cm,宽度为40~70cm,高度为15~40cm,纸袋包装的袋装类货物单件质量40~50kg,织装类货物单件质量为40~150kg。袋装类货物单件质量小至几十千克,大至数吨。1t货物及以上的大型袋装货物常被称为集装袋(或吨装袋)货物,大型包装装备有吊带供装卸使用。

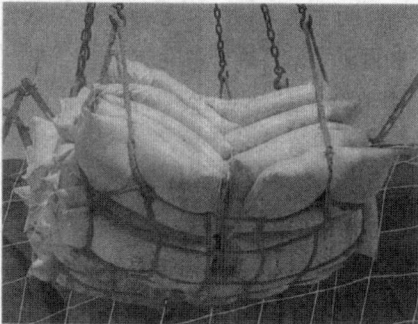

图3-1 袋装货物装卸图

2. 捆装货物

捆扎类货物,指将一件或一件以上的货物用捆扎包装材料捆扎在一起,组成一个货物单元的件杂货。捆扎类货物按材料种类分,主要有金属制品、木制品、轻工产品及农制品等。按形状分,有长条形、板形、卷形和方形等。按捆扎方式分有包捆和裸捆等。所谓包捆就是先在包装件表面上用包装材料封闭地包装起来,然后再用捆扎材料捆扎起来。包捆可以起到保护货物免受污染的作用。裸捆顾名思义就是在原包装件上,这就用捆扎材料捆扎起来(图3-2)。

捆扎类货物常用的捆扎材料有金属带、钢丝及绳索等,包装材料有铁皮、纸皮、锡纸、纤维布料等。捆扎包装材料可随经济与科技发展而改变。

捆扎类货物品种杂、规格多、件重不一。捆扎类货物的件重随包装的方式而改变,轻的几百斤重,重的有几顿甚至几十吨。

3. 桶装货物和圆筒状货物

如桶装汽油、食油、桐油,及圆筒状的电缆等(图3-3)。桶的种类很多,有的桶两端有突缘,可以用油桶夹装卸;有的桶面无突缘,有的桶是木制的。金属桶的容积通常为50L、100L、200L、500L,木制桶的容积为15～250L,装运酒的大桶容积可达600L。某些半流体货物和散装货用三夹板和纤维板的桶包装,这种桶的直径为30～45cm,高25～70cm,单件质量15～175kg。

图3-2　捆装货物

电缆、钢丝绳、输送机的胶带等是绕在两端面为圆形木板的卷筒上运输的,卷筒中央有孔,可由此插入吊货工夹具进行装卸。纸张等则是卷在筒芯上成圆筒状运输的。

a)

b)

图3-3　桶装货物

4. 箱装货物

箱装类货物,是指将一件或一件以上的物品放置于由木材、塑料、纸皮或铁皮等包装材料

图3-4　箱装货物

制成的箱体内,或者用上述包装材料将货物包装成箱体状而组成的一个货物单元(图3-4)。箱类货物一般用钢带捆扎,以增加牢固度。箱装是最常用的一种包装形式,密实的箱型能抵抗外界潮气及杂物的污染,各种木箱及金属箱因有足够的强度,能防止货物因碰撞挤压、摔跌而遭受损坏。常见的箱装类货物有日用百货、小五金、医疗设备、零配件、啤酒、食品、工艺品、瓷砖、玻璃等等。小五金等货物通常用木箱装运,香烟等则常用纸箱装运。用纸箱包装的货物在装卸和堆存时要注意避免压坏。

5. 框架箱类货物

框架箱类货物(图3-5),是指通过铁质框架或木质框架包裹起来,进行装卸、运输的货物。一般情况下,为装卸、运输提供便利,对小件货物进行的包装,相较于集装箱而言,成本较低,外包装的尺寸比较灵活。

6. 筐、篓、坛装货物

这类货物是用筐、篓、坛作为外包装的(图 3-6),如蔬菜、水果、榨菜、硫酸等。

图 3-5　框架箱货物

图 3-6　坛装货物

7. 裸装货物

生铁块、钢锭、钢材、废钢、砖等无外包装货物称为裸装货物。

三、件杂货装卸工作特点

1. 批量少、货票多

件杂货的品种多,但每批货的运量较少,这样,进出口的件杂货都需要在港日聚集和积载,积累到一定的货运量时,才能装船装车,因此,大多数经过港口装卸的件杂货均要在库、场内堆放。件杂货的货票多,就容易在装卸运输和保管的过程中发生货损货差。为了防止差错,堆放在库、场内的件杂货必须分票保管,这样就导致了件杂货库、场面积利用率降低,换言之,件杂货需要面积较大的库场。

2. 货物的双向性

件杂货进出港同时并存的现象,这就是货流的双向性。这个特性要求装卸机械具有装船作业和卸船作业的双向性功能和适应货种变化的通用性。

3. 贵重物品、危险货物和军用货物

在装卸和保管贵重物品和危险品时,特别需要注意防止失窃和发生危险,并常常设置专门仓库保管,贵重物品可存放在隔室内。

总之,由于件杂货是散件装卸运输的,所以在装卸时一定要保证其完整无损,因此,在港口装卸作业时必须要注意以下几点:

(1)工作地点要整洁,特别对于食品更要注意保持吊货工夹具、机械的工作机构和工作人员的清洁;

(2)由于件杂货批量小,往往在一个泊位上要装卸不同的货物,这些货物包装材料和大小不一,这就要求装卸机械设备具有一定的通用性,并采用合适、牢固的吊货工属具;

(3)正确地将货物安放在吊货工夹具上;

(4)平稳地升降货吊;

(5)将件货整齐地安放在水平运输机械上,必要时对货组进行捆扎,以免在运输过程中振落受损;

（6）在装卸工艺设计中，各作业环节的生产率应服从主导机械的生产率，即各个作业环节的配机，配工，要以主导机械的生产效率为依据；

（7）件杂货零批较多，有些不能堆高，要考虑仓库的装载能力。

第二节　件杂货主要吊货工夹具

一、选用吊货工夹具的一般原则

1. 保证货物的完整无损

港口装卸作业必须要确保货物的质量，不合理地选用吊货工夹具就会产生货损货差。如装卸袋粮时，应使用网络，因为在起吊网络时，网络与袋粮的接触面大，网中袋粮的受力分散，不易发生破包；如使用绳索扣套，绳索与袋粮的接触面小，接触面的受力大，容易损坏袋粮的包装，影响装卸质量。又如装卸纸箱香烟和纸袋装水泥所选用的货板要与纸箱和纸袋的货组相匹配，避免货板四角的起吊绳索破损包装箱袋。

2. 牢固安全

这是选择件杂货吊货工夹具最基本、最重要的原则，也是港口安全生产的重要保证。港口装卸作业的事故隐患常常是由于在选择吊货工夹具时忽略了它的牢固安全性产生的。如装卸12.5m以上的长钢轨若使用单根绳索套，起吊时长钢轨就会竖起来，成为事故隐患。所以，在选择件杂货吊货工夹具时要充分考虑装卸工作的安全性。

3. 使起重机的起重量得到充分利用

在保证装卸生产安全、可靠的前提下，选用自重轻的吊具可以充分利用机械的起重量并提高装卸效率。对于轻泡货，可以用增加组关数和每关的货组数来达到这个目的，如选用特大号的货板装卸纸箱香烟，或用一吊双关充分利用机械的起重量。

4. 操作简便，避免重复操作

应选择操作相对简便，可避免重复操作的工夹具，从而减少工人的劳动强度，提升工人的装卸效率。例如，使用货板，配合货架，成组装卸和堆放可减少货物装卸、堆存的操作次数，也可以避免单件货堆垛的堆叠层数和翻垛造成的货物重复操作，可提高装卸作业效率。

5. 注意选择工属具的适应性

港口使用的机械难以经常变化，而吊货工属具可以随货种的改变而随时变换适应。实践证明吊货工属具选用得当以及它的有效改进往往会对整条作业线的效率提高起到显著的效果。因此，应该特别注意吊货工属具的选择。

适应性原则对港口装卸设备来说，具有重要意义。因为港口装卸的货种杂，变化多，采用适应性大的设备便于应付各种各样的变化情况，但这条原则又不能滥用，因为这条原则是和专业化原则相对立的。

装卸生产的实际情况是复杂多变的，在上述五项原则不能全部满足时，首先要确保达到第一、第二两项原则。

二、件杂货主要吊货工夹具

种类繁多的吊货工夹具大致可分为两类：通用工夹具和专用工夹具。

1. 通用工夹具

通用工夹具是指适用于装卸多种货物的吊夹具,这种吊夹具较专用工夹具的工作效率低,所耗费的人工劳动量也较大。件杂货码头常用的通用工夹具主要有吊钩、吊索与网络、货板。

(1)吊钩。吊钩是指挂在起重机吊钩上作业的带钩状的吊具工具,也是在海港里最为普遍使用的工夹具。吊钩通常可分为马钩和成组网络钩两大类。马钩是一种双分支吊钩,它属于间接吊货工夹具,因为它不直接用来承载货物,而是配合起重机或船舶吊杆起吊件、捆或网络装载的各类货物。马钩有两根分支索,支索的长度根据其用途而定,用于船舶吊杆上的马钩的分支索的长度受船舶吊杆高度的限制,一般都比较短,门座起重机上使用的马钩则较长。

马钩按其质材分有链条马钩(图3-7a)、钢丝绳马钩(图3-7b)、钢丝绳链条马钩(图3-7c)等。链条马钩有绕性好、操作方便、维护费用低等优点;但链条马钩具有自重较大和冷脆性的特点,适用于所需支索长度较短的船舶吊杆。钢丝绳马钩具有自重较轻、安全性好的优点;但钢丝绳易起毛刺,不易挂钩,为工人操作带来不便,所以有的港口在使用的钢丝绳的下端套上套管或用别的方法包扎防护,这样可避免工人操作时伤手;钢丝绳马钩还克服了链条马钩的冷脆性,特别适用于北方冬季作业。钢丝绳链条马钩集中了以上两种马钩的优点,即增加了分支吊索的长度,减轻了吊具的自重,又便于工人操作,特别适用于门座起重机。

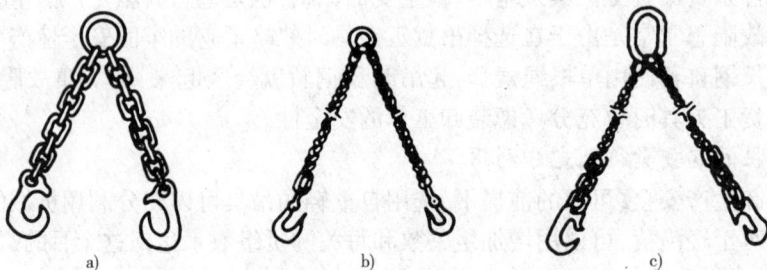

图3-7 马钩

实际使用的马钩上的吊钩都做成有突缘的形状,以防止在起吊中马钩挂住舱口围板而造成事故。

属于吊钩的另一类常用吊货工夹具是成组网络钩(图3-8)。成组网络钩是由四条分支索组成。按具体材料性质分,有棕绳成组网络钩、链条成组网络钩扁担钩等。棕绳网络钩(图3-8a)适用于起吊较轻的成组网络货物。这种工夹具的吊索是由白棕绳制成的,它有重量轻、柔软、耐腐蚀,富有弹性和操作方便等优点。链条成组网络钩(图3-8b)适用于起吊重量较大的成组网络货物。这种吊具由于分支吊索采用的链条的负荷能力大,作业牢靠、安全。

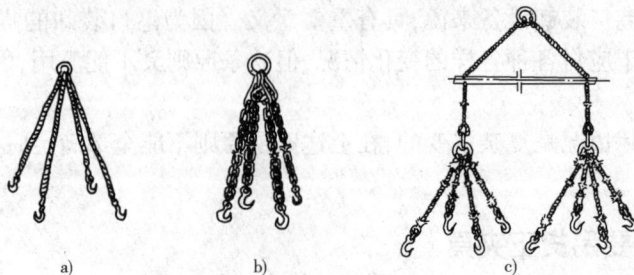

图3-8 成组网络钩

　　扁担钩(图3-8c)适用于起重量大、货组重量小的情况,为了充分利用起重机的起重量,这种吊具能同时起吊双网络或双货盘的货物,以提高装卸效率。

　　(2)吊索和网络。吊索通常有棕绳或钢丝绳索两种,使用时利用绳索上的钩或环将物件扣成一关,所以也称绳扣。这类吊货工夹具的特点是:结构简单、轻巧、使用方便。按用途分,绳扣可分为棕绳扣、活络绳扣、钢丝绳扣和带钩钢丝绳扣等。

　　棕绳扣(图3-9a)是用白棕绳制成的环形吊货绳,主要用来装卸重量较小的箱装、捆装和袋装货物,也可用于成组运输。要注意的是,棕绳扣不得用于装卸钢材。在露天堆放时,要下垫、上盖,防止棕绳扣受潮霉烂。

　　活络绳扣(图3-9b)由一个吊环连接两根带钢环的白棕绳(或锦纶、钢丝绳)互相对穿而成。适用于箱装、捆装货物的装卸。作业时只要将绳扣放开,套在货物上,抽紧后即可起吊。

　　钢丝绳扣在成组运输中普遍使用。主要有木材钢丝绳扣和钢材钢丝绳扣两种。港口常用的钢丝绳扣有一头带环,另一头有带钩、带环、带琵琶头的三种形式。

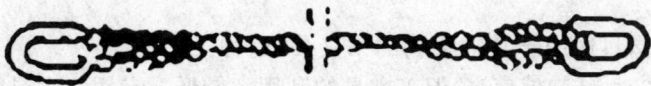

图3-9　绳扣

　　带钩钢丝绳扣,又称单钩绳扣,有两种形式:一种是钩头和吊环分别固定在钢丝绳的两端(图3-10a),另一种是钢丝绳的两头都是琵琶头,或一头是吊环,钢丝绳上穿有能自由活动的钩头(图3-10b)。比较起来,后者抽钩方便,但琵琶头容易被钢材轧扁变形。不论上述的哪种形式的单钩钢丝绳扣,都在起吊的货组着地后,因钩头不能再紧扣而使货组松散,影响成组的质量。带琵琶头钢丝绳扣(图3-11)因琵琶头容易被钢材轧扁变形造成挂钩困难,不宜用于钢材装卸。

图3-10　单钩绳扣

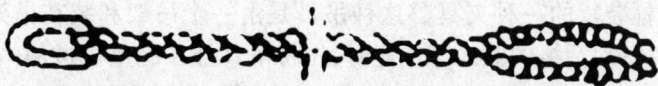

图3-11　带琵琶头钢丝绳扣

　　两头环钢丝绳扣(图3-12)的优点是,钢丝绳扣的两头都便于挂钩,操作方便,磨损也不集中一处,可以延长钢丝绳扣的使用年限;其缺点是抽取钢丝绳扣时不方便。

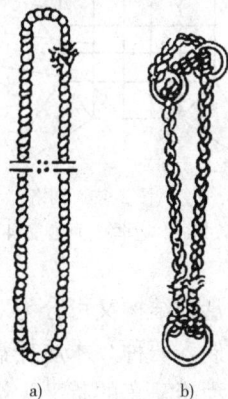

图3-12　两头环钢丝绳扣

　　在使用绳扣装卸长钢材或原木时,都要成对使用,组成货吊时要注意两根钢丝绳扣的放置位置及长短要相当,木材绳扣不能用于钢材装卸。

网络(图3-13)是港口装卸时常用的承载工具。按其用途分,件杂货成组装卸和成组运输中使用的成组网络主要是袋货网络和装卸生铁用的生铁网络。袋货网络用白棕绳、锦纶绳和维纶绳等材料,生铁网络用钢丝绳材料编制而成,某些腐蚀性强的货物有时用橡胶带编制网络装载。

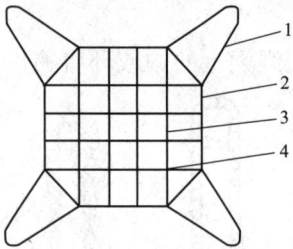

图3-13 网络

1- 吊系;2-边框;3-网心筋;4-边筋

(3)托盘。托盘又称通用货板或万能货板,是我国港口最早的成组工具,起初用于港区内部库场货物的成组堆码,后来逐步发展到港口之间的成组运输。许多件杂货(如砖块、纸等)均可用成组运输。

托盘按其制造材料可分为木材、钢材、塑料、纸质托盘等;按托盘的结构又可分为双面托盘和单面托盘;按叉车插入托盘的方向及数目分为双面插入和四面插入两种。木质托盘的结构土要是由边板、板条和纵向桁木等组成。边板的强度要求较高,因为当叉车的货叉尖端穿过托盘伸出外边板起货时,货叉要向内倾斜,边板被叉车装卸车货叉触碰的机会较多,边板要用较好的、完整的木料制成。边板要截角,以免碰坏。板条的作用是承载,板条和板条之间要留出 50～60mm 的间隔,以减轻托盘的重量,节约木材。纵向桁木也称横档。在托盘的上下两面板之间设有 3 根纵向桁木,横档的高度设计应确保叉式装卸车货叉能方便地插入和取出(图3-14)。

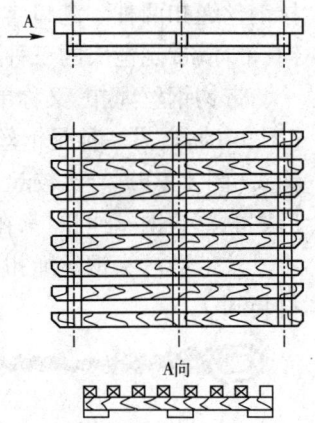

钢制托盘在结构上和木柱托盘相似。钢制托盘比较牢固。塑料托盘的结构和木托盘类似,它的特点是货物与托盘之间的黏着力不足,但具有重量轻、高度小的优点。

托盘的使用可以将许多单件货物组成一个简易的货物集装单元。可充分发挥起重机的装卸效率;在货物入库储存时,能充分利用仓库的堆存空间;并可减少单件货物重复搬运的次数,使装卸工作省力省时和减少货损。但由于托盘本身要占有一定的空间,所以在托盘随货同行时,会造成船舶亏舱。

图3-14 托盘

2.专用工夹具

专用工夹具是指只适用于某种货物的吊夹具,这种工夹具使用安装方便、省力省时、装卸效率高,但工夹具的利用率较低。专用工夹具的使用与装卸运输专业化的发展分不开的。常见的专用工夹具有油桶夹、钢板夹、成捆铝锭夹、卷筒纸夹具、卷钢板夹具和起重吸盘吊具等。

油桶夹是起吊油桶的专用夹具,分卧桶夹(图3-15)和立桶夹(图3-16)两种。卧桶夹是用来装卸起吊卧放桶装货的一种夹具。这种吊具是由一个吊架和装在吊架下的 8 条铁链组成,每条铁链上穿着一对活络的铁钩。作业时,先将吊具挂在起重机械的吊钩上,然后使每对铁钩钩住桶两端的突起的边缘即可起吊。起吊后,在桶装货的重力作业下,链条紧紧地夹住油桶。吊架的作用是使铁链之间的货桶保持一定的距离,避免吊链互相缠绕和货桶相互碰撞而发生事故。立桶夹是用来装卸立放桶装货的工具。这种夹具是在一个圆形钢环的对称位置上,用销轴连接 4 个桶钩,桶钩的柄端在圆环内并与钢丝绳相连。作业时,将圆环外的 4 个钩子钩在货桶凸出的边缘上,起升吊索,钩柄一端向上,另一端通过支点向下往里卡紧货桶,完成起吊作业。

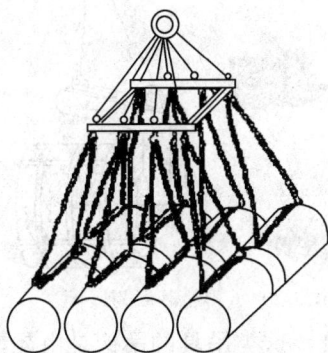

图 3-15 卧桶夹

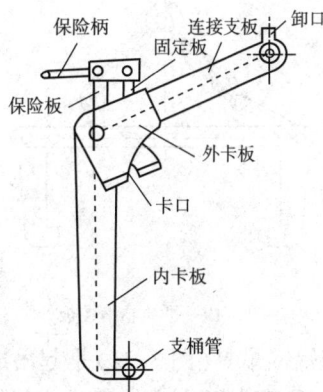

图 3-16 立桶夹

钢板夹钳(图 3-17)是装卸钢板的专用夹具,主要由钳体、钳舌及横销等组成使用钢板夹作业时,钢板起吊时钳舌压住钢板,避免钢板滑动,保证操作安全。钳舌的设计要在起吊受力时能压紧钢板不使脱落,但又要求不损坏钢板,保证钢板不卷边。

卷钢板夹是一种专门起吊平放或立放卷钢板的夹具。图 3-18 立放卷钢板夹具。图 3-19 为平放卷钢板夹具。立放卷钢板夹具主要有夹具体和夹具杠杆组成,使用立放卷钢板夹具作业时,先吊住外卡板上的两只吊环,使夹具的外卡板落在卷钢板的外圈壁板上,内卡板落在卷钢板的内圈壁板上,然后摘钩,将起重机吊钩钩住内卡板上的卸扣,便可起吊。

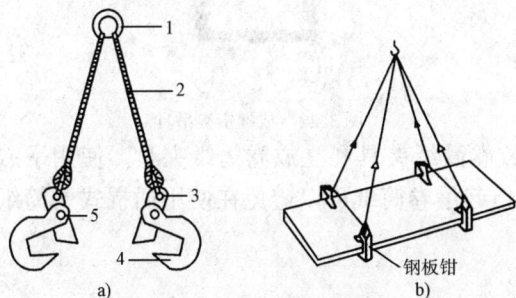

图 3-17 钢板夹钳及其吊装钢板作业
1-吊环;2-钢丝绳;3-活动钳舌;4-夹钳体;5-横销

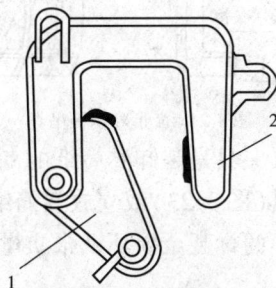

图 3-18 立放卷钢板夹
1-内卡板;2-外卡板

平放卷钢板夹板(图 3-19)主要由夹钩、钢丝绳、吊环、卸扣、横梁构成。使用平放卷钢板夹板作业时,吊环挂在起重机的吊钩上,夹钩两端放入卷钢板两侧的中孔部分,起吊时,夹钩上端受拉,由于夹钩杠杆作用,夹钩下端夹紧钩住卷钢板两侧的中孔,便可起吊。平放卷钢板夹具还包括 C 形卷钢板夹具与 L 形卷钢板夹具。C 形卷钢板夹具(图 3-20)有单 C 形夹具与双 C 形夹具两种,结构简单,操纵方便,起重量大的特点,适用于钢卷装卸,也可以装卸线圈等货物。L 形钢板夹具(图 3-21),在吊装卷钢板时要成对使用,挂好保险链条钩,适用于热轧卷钢板的吊装。

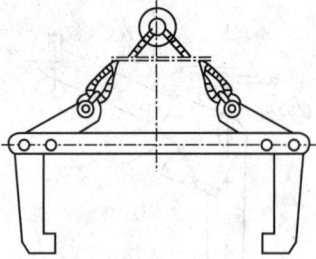

图 3-19　平放卷钢夹板

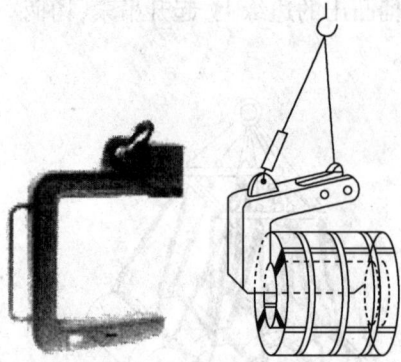

图 3-20　C形卷钢板吊具

成捆铝锭吊具(图 3-22)是起吊成捆铝锭的专用吊具。这类吊具的吊钩是由琵琶头钢丝绳连接链条,穿过两个夹钩组成。作业时用夹钩钩住成捆铝锭,链条在货物重力的作用下,自行勒紧双钩,保证安全,吊具结构简单、使用方便。

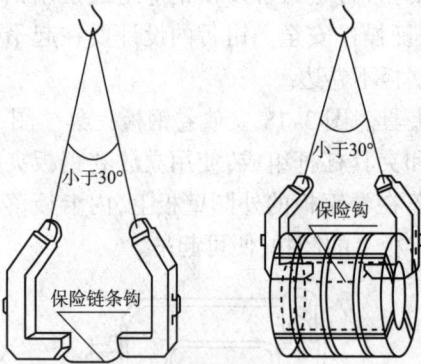

图 3-21　L形卷钢板吊具

图 3-22　成捆铝锭吊具

卷筒纸夹具是装卸卷筒纸的专用吊具,分平放卷筒纸夹具和立放卷筒纸夹具。使用平放卷筒纸夹具(图 3-23)或立放卷筒纸夹具(图 3-24)起吊卷筒纸可以避免在使用插棍式卷筒纸吊具时撕坏商标甚至损坏纸张质量的弊病。

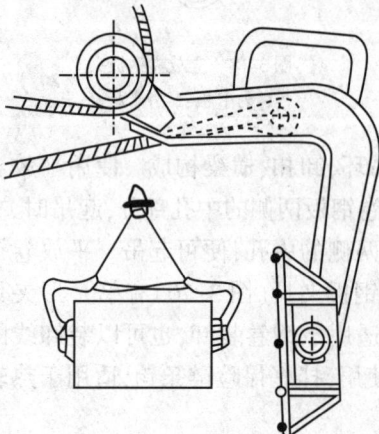

图 3-23　平放卷筒纸夹具

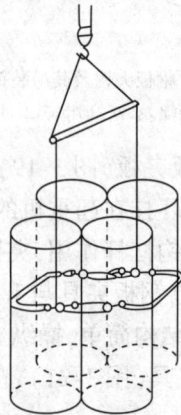

图 3-24　立放卷筒纸夹具

起重吸盘是利用磁力或空气压力差吸取重物的吊具。分为真空吸盘与电磁吸盘两种。真空吸盘吊具是一种使吸盘与货物表面形成密闭空间,利用真空原理吸住货物的装置。真空吸盘一般由真空装置、吊架、软管和碗状橡胶吸盘头等组成,其类型分为无动力真空吸盘与有动力真空吸盘。

无动力真空吸盘又称自吸式真空吸盘,如图 3-25 所示。它主要由吸盘、吊架、软管和真空装置等组成。真空装置由气缸、活塞、活塞杆等构成,无动力真空吸盘在提起吸盘时由吊钩带动活塞杆、活塞上移,气缸容积变大,气缸内获得真空,气缸通过软管与吸盘连通,这样吸盘内部的空气被抽走,形成一定的真空状态。此时,吸盘内部的空气压力低于吸盘外部的大气压力,工件在外部压力的作用下被吸起。吸盘内部的真空度较高,吸盘与工件之间贴的越紧。不需要动力源,具有结构简单、无噪声等优点,但通常只能吸起 500kg 以下的物料。

动力真空吸盘吊具(图 3-26)主要由电动机、真空泵、吸盘、释放阀等部件用空气管道连接组成。它的管状吊梁也就是管道。24 个带链条的吸盘用卸扣等挂在吊梁下边,在空气管道的中心交叉处有 4 个吊环,用以钩挂起重吊索,提升吊架。吸盘周围压制了一圈橡胶群边。吸盘上装有触发开关,并用软管与主气管道连通。当吸盘放在立放桶顶上时,触发开关被桶面顶上,使空气管道沟通。这时,真空泵在电动机的带动下工作,并将吸盘内腔的空气排出,使之成为真空,吸盘便附在桶面,把桶紧紧吸住。起升吊索,便能将 24 个桶子吊起。当拉开释放阀,使整个管道与外界大气沟通,吸盘内的真空消除,桶即被释放,在装卸时,如果有的桶面高低不平,吸盘下方突出的顶针就不能很好地与桶面接触。这时,触发开关因没被顶上而保持常闭,避免了这条管道的漏气,保证了其他吸盘的工作。

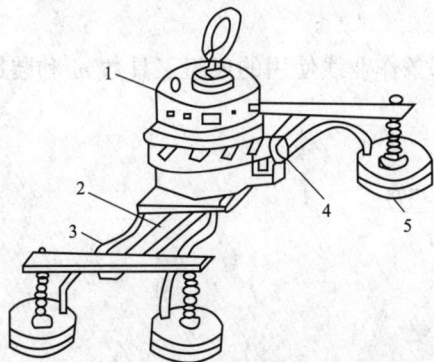

图 3-25　无动力真空吸盘

1- 真空装置;2- 架体;3- 气管;4- 压力真空表;5- 吸盘

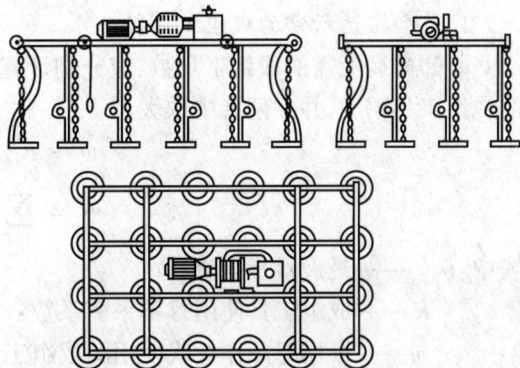

图 3-26　真空吸盘吊具

真空吸盘通常用来吸起平面平整、光洁的货物,被吸的物料不受有无导磁性的限制,钢板、玻璃、塑料、木材、油桶、水泥制品等货物都可吸运,并可从一叠板材上逐一取料。它的主要优点是:吸运安全可靠,装卸实现自动化,效率高,货损少,能耗少以及使用寿命高等。

电磁吸盘吊具(图 3-27)主要用来吊运具有导磁性的黑色金属材料及其制品的吊具。电磁吸盘由铸钢壳体和置于其中的线圈构成。用电缆将直流电送入线圈绕组。当起重电磁吸盘降落在被吊运的黑色金属制品上时,电磁铁的磁通由电磁铁的外壳通过物品而闭合,产生电磁吸引力,并一直保持到断电为止。为保证安全,电磁吸盘的线路都有延时性能。圆形电磁吸盘

用来起吊钢锭、钢铁铸件及废钢屑等。矩形电磁盘用来起吊钢板、钢管以及各种型钢。

电磁吸盘的优点是自动装卸,效率高,场地清理效率高,可以完全清理干净。缺点是自重大,消耗功率大,断电时物品会坠落,在夏季高温季节,电磁吸盘因自身原因会产生大量热量,造成吸盘温度过高,废钢吸力、吸取效果下降;且电磁吸盘的吸取效果与废钢的种类有很大关系,越是规则、密度大的废钢,吸盘的吸取效果越好,越是不规则、密度较低的破碎废钢,吸取效果越差;在特殊工况场合,如对于废不锈钢以及其他废旧有色金属等,电磁吸盘的应用有一定的局限。电磁吸盘吸废钢见图3-28。

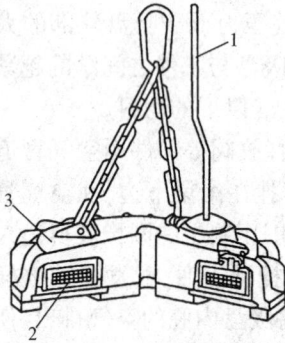

图3-27 电磁吸盘

1-电缆;2-励磁线圈;3-盘形钢壳

图3-28 电磁吸盘吸废钢

三、成组工具需要量计算

1. 装卸搬运所需的成组工具数

装卸搬运所需的成组工具数,应分别计算平均每条作业线使用的成组工具数 m 和装卸用的成组工具书 N,并在两者中取大者

$$m = n_1 + n_i n_j$$

$$N = \sum_{i=1}^{n} \frac{Q_{i\max} K_j m \varphi}{TP_i}$$

式中:$Q_{i\max}$——最大月货运量(t);

K_j——成组工具使用月不平衡系数;

m——平均每条作业线使用的成组工具书;

n_1——一条作业线平均每台搬运机械使用工具数;

n_i——一条作业线平均每台搬运机械使用工具数;

n_j——一条作业线配搬运机械台数;

φ——成组工具的维修系数;

T——月工作天(d);

P——作业线平均日装卸效率(装卸量)(t/(d·线));

i——货种$(i,\cdots,n)$。

例3-1 某港货板成组装卸水泥和袋粮的最大月装卸量分别为(水泥)10000t 和袋粮15000t,其作业线平均日装卸量分别为(水泥)280t/(d·线)和252t/(d·线),$\varphi = 1.2$,$K_j = 2$,

平均每条作业线使用的货板数13,求装卸所需用的货板数。

解：水泥 $Q_{1\max} = 10000t$　$P_1 = 280t/(d \cdot 线)$

袋粮 $Q_{2\max} = 15000t$　$P_2 = 252t/(d \cdot 线)$

$$N = \sum_{i=1}^{n} \frac{Q_{i\max}K_i m\varphi}{TP_i} = \frac{10000 \times 2 \times 13 \times 1.2}{30 \times 280} + \frac{15000 \times 2 \times 13 \times 1.2}{30 \times 252} = 99(块)$$

2. 港内堆存用的成组工具数

$$N = \sum_{i=1}^{n} \frac{Q_{i\max}t_i(i - C_i)\varphi}{Tq_i}$$

式中：t_i——（某种）货物的平均堆存期（d）；

　　　C_i——（某种）货物的直取比重；

　　　q_i——（某种）货物的平均载重量（t）。

例3-2　接上例,水泥和袋粮的平均堆存期为 $t_1 = 15d, t_2 = 20d$,货物的质量为2t,$C = 0$（即货物全部入库）,求港内堆存用成组工具数。

$$N = \sum_{i=1}^{n} \frac{Q_{i\max}t_i(i - C_i)\varphi}{Tq_i} = \frac{10000 \times 15 \times 1 \times 1.2}{30 \times 2} + \frac{15000 \times 20 \times 1 \times 1.2}{30 \times 2} = 9000(块)$$

3. 港际运输所需要的成组工具（货板）数

$$N = \sum_{i=1}^{n} \frac{Q_i t'\varphi}{Tq_i}$$

式中：t'——一个成组运输工具（货板）的周转时间（d）,为货板发出港堆存时间、货板在途时间和货板在目的港堆存时间之和。

例3-3　接上例,假设某船从上海—大连以货板成组运水泥,从大连—上海以货板成组运大米,往返航次时间为3.5d,其他条件同上例不变,求两港间运输所需要的货板数。

解：水泥货板运输及堆存时间

$$t'_1 = 15 + 3.5 = 18.5$$

大米货板运输及堆存时间

$$t'_2 20 + 3.5 = 23.5$$

$$N = \frac{10000 \times 18.5 \times 1.2}{30 \times 2} + \frac{15000 \times 23.5 \times 1.2}{30 \times 2} = 10750(块)$$

第三节　件杂货装卸、搬运机械化

港口装卸机械是在港口用于完成船舶与车辆的装卸,库场货物的堆码、拆垛与转运,以及舱内、车内、库内装卸作业的机械设备,主要可分为垂直起重运输机械和水平搬运机械两类。港口装卸机械通常用于垂直提升货物或在较短距离内沿着一定的路线水平搬运货物,因而和汽车、火车、轮船等运输工具有所区别。根据件杂货的装卸特点,件杂货装卸机械化系统是由装卸船舶的机械、水平运输机械和库（场）内机械组成。

一、装卸船舶机械

1. 门座起重机

门座起重机(图3-29)又称门机,是具有沿地面轨道运行、下方可通过铁路车辆或其他地面车辆的门形座架的可回转臂架型起重机,是臂架类回转起重机的一种典型机型。这类起重机由固定部分和回转部分构成,固定部分通过台架支承在运行轨道上,回转部分通过回转支承装置安装在门架上。门座起重机应用很广泛,在港口码头和车站库场,门座起重机主要用于散货、件杂货、集装箱、机电设备的装卸作业,是件杂货码头最常用的主要岸机之一。

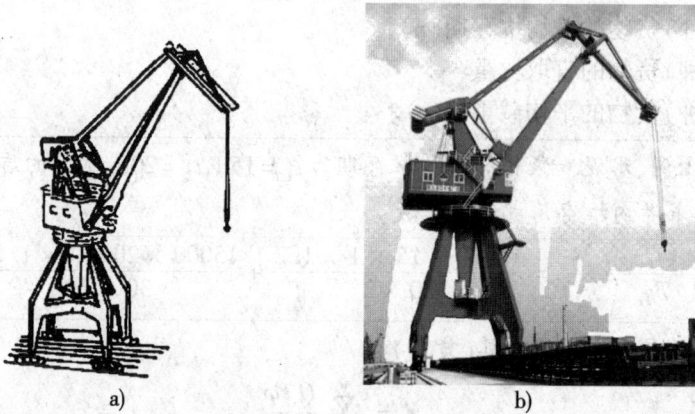

图3-29 门座式起重机

1)门座式起重机的工作特点

(1)起升高度大。门座起重机的起升高度高,对水位的适应性好,在海港的固定式码头上安装的门座起重机可适应在泊位前沿水位变化的情况下装卸作业。装卸作业时门座起重机臂架运行的轨迹与码头上车辆运行的路线成立体交叉,减少了码头前沿车辆和起重机的拥挤程度,有利于装卸作业现场的生产组织管理。由于门座起重机的起升高度大,所以便于装卸长大件货,一吊双关货组作业也较船吊方便。

(2)臂幅大、工作区域大。门座起重机的定位上作的区域是由最小臂幅和最大臂幅为半径的圆环形,其最大起重量与其中陆域的区域大于 $700m^2$,因而便于件杂货在港口的直接换装作业,需要时,还可以同时装卸几辆车辆,使装卸过程中的工艺中断时间大大减少。对于长大五金钢材、机械设备等货物装卸,门座起重机可将它们直接吊放在其后轨幅度范围内的一线堆场上,并将这些货物再装船或装车,减少了流动机械的搬运作业。

(3)使用灵活、定位性好。门座起重机可以带货变幅、旋转、运行,所以可将货组吊放到任一指定装卸货位。在装卸车辆时,门座起重机的定位性好,车辆在受载时可以不经常移动,提高了货物装卸效率。门座起重机还便于多台机联合作业,从而减少重点舱装卸时间。

(4)起重量大。件杂货码头的门座起重机的起重量通常为 5~10t 以上,便于进行重大件货物的联机装卸作业,也有利于开展成组运输,提高装卸效率。

(5)通用性好。门座起重机配合各种吊具,可对各种不同货物进行装卸作业,同时还可用来装卸无船用装卸机械设备的船舶。

但与其他诸如船舶吊杆等件杂货装卸船舶机械相比,门座起重机的价格高,使用的成本、维修费用和能耗都较大。此外，由于门座起重机的自重大，装卸作业时的轮压大，同时还可以沿轨道移动，因而对码头结构强度的要求高，致使码头的造价高。

2)门座起重机主要参数的确定

门座起重机主要技术性能参数包括额定起重量或额定生产率、起升高度、起升速度、变幅速度、运行速度、轨距、基距、最大幅度、最小幅度、门架净空高度、车轮直径和车轮数量、腿压、轮压。除此以外，根据不同使用条件和场合的机型，还有配套系统的技术参数。

(1)起重量。机械起重量主要要考虑装卸货种和装卸工具的能力等因素进行选择。一般情况下，可选5t或10t起重量，随着近些年件杂货的重量的有加大的趋势，港口配置的门座起重机的起重量有加大的趋势，新配置的机械的起重量都取10t或以上，原来的3t的起重量的门座起重机以及逐渐被取代了。

(2)幅度。门座式起重机的臂幅是根据到港船型和货物装卸方式而定。当船舶不装甲板货时，门座式起重机最大的臂幅要求达到舱口外侧；经常装甲板货而且船吊不便时，最大幅度应达到船舷外侧，以便船舶外档作业。计算门座式起重机的臂幅的经验公式是：

$$R = B + 1.0 + (2.0 \sim 2.5) + b$$

式中： B——船宽(m)；

b——门座式起重机的中心线到门座式起重机前轨中心线的间距(m)；

2.0~2.5——门座式起重机前轨中心线到码头前沿的间距(m)；

1.0——码头前沿到船舶码头边船舷的间距(m)。

对于某一型号的门座起重机的主要技术性能参数，可以从使用维护说明书、起重机产品目录以及手册和专业图书中查找。多数情况下，起重机性能参数都用表格列出，也有用 $Q - R$ 起重量曲线图表示。这种起重量曲线图的主要优点是直观性好，对相应幅度下的起重量从图中一目了然。大多数厂家的门座起重机产品，将此曲线图绘制在金属板上，装置在司机室显眼的围壁上，便于操作时与力矩限制器显示数据比较，掌握载荷情况。

2. 流动起重机

流动起重机的主要类型有轮胎起重机、履带起重机、汽车起重机等。其中轮胎式起重机是港口装卸驳船最为常用的流动式起重机。轮胎式起重机具有机动性好、适用性强的特点，使用时不受轨道的限制，灵活机动，服务区域相对较大，既可用于码头前沿，又可作堆场机械使用，一机多用，机械利用率得到充分发挥。

轮胎起重机是装在专用的轮胎底盘上的全旋转臂架起重机。它有起升、旋转、变幅和运行4个工作机构，分别完成提升和水平运移货物、调整臂架伸距及变换工作地点的动作。轮胎起重机(图3-30)的起重臂、司机室、动力装置、对重及起升、变幅、旋转机构等都布置在

图3-30 轮胎起重机

转台上。运行底盘设有四个可收放的支腿，以便增大轮胎起重机的起重能力和稳定性。

港口轮胎起重机的起升机构一般具有吊钩、抓斗两用的两个卷筒，货物以自由落体形式下降。旋转支承一般采用滚动轴承式的转盘结构，旋转驱动装置采用带极限力矩联轴器的蜗轮传动或伞齿轮传动，变幅机构采用钢丝绳卷筒的简单变幅机构，主要用来调整臂架的工作

位置。

轮胎起重机的起重特点是:不同长度的起重臂的起升高度和起重特性不同,同一长度的起重臂在幅度越小时,起重量越大。

轮胎起重机的起重量分为使用支腿和不使用支腿两种,在使用支腿的起重量中又分为最大起重量和常用起重量。最大起重量系指在使用最短臂且吊钩在最小有效幅度时的起重能力,常用起重量系指吊钩在常用有效幅度时的起重能力。按照交通部港口轮胎起重机基本参数系列标准.港口轮胎起重机的起重量(使用支腿的最大起重量)系列为8t、16t、25t、40t,发展吨级为63t、100t。

轮胎起重机的起重特性一般用起重特性曲线表示(图3-31)。

为了保证起重机不发生翻车事故,每种型号的轮胎起重机都设有"起重量一般度"指示器,指示起重臂在某一位置时所能起吊的重量。装卸作业时,应严格遵守,不得超负荷起吊。对于轮胎起重机一类起重量随幅度变化的臂架式起重机,为了避免由于载重力矩超过复原力矩而引起倾翻事故,流动起重机大多装设起重力矩限制器有了这种安全装置,当力矩超载时,限制器能自动切断动力源,从而保证操作安全。在选用轮胎起重机时,首先要根据港口装卸货物的重量、所需提升的高度和所需的幅度,通过轮胎起重机的起重特性表或曲线选用符合要求的机型。其次还要根据装卸现场条件,如道路宽度、码头结构等来考虑轮胎起重机的外形尺寸、最小旋转半径、轮压等参数。

轮胎起重机的造价比门座起重机低廉,维修保养的费用较门座起重机少。轮胎式起重机操作方便,由于驾驶员视线好以及吊货索长度小等原因,轮胎式起重机更适宜装卸小驳船。但由于轮胎式起重机的起重量要随着臂幅的增大而变小,在装卸作业时,由于使用的臂幅较大,所以实际使用的起重量比标明的最大起重量小。一般来说,轮胎起重机的装卸效率较门座起重机低,当同时使用多台轮胎起重机装卸船作业时。码头前沿就显得很拥挤。

3. 浮式起重机

浮式起重机(图3-32)是装在专用平底船上的臂架起重机,又称起重船。它广泛用于海河港口,可单独完成船—岸间或船—船间的装卸作业,也可配合岸上的起重设备加速船舶装卸。此外,还常用于建港、建桥、水利工程以及船舶修造、水上打捞、救险等的起重作业。

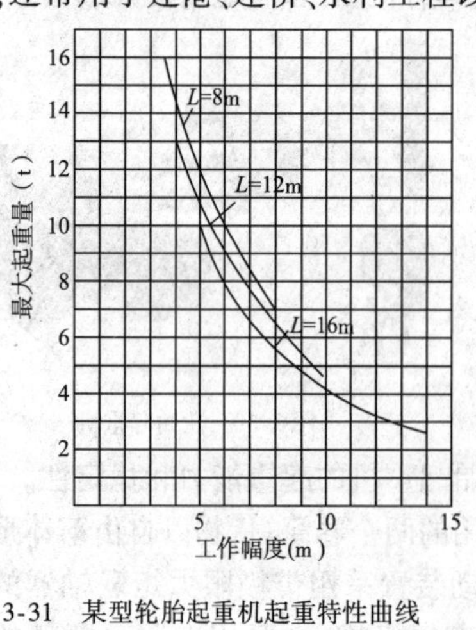

图3-31 某型轮胎起重机起重特性曲线

图3-32 浮式起重机

浮式起重机的优点是:能在水上(锚地)进行装卸,自重不受码头地面承载能力的限制,可从一个码头移到另一个码头,使利用率提高,配合浮码头工作可不受水位差影响,因而它适用于码头布置比较分散,货物吞吐量不大以及重大件设备的装卸工作,对水位变化大的内河港口则更适宜。浮式起重机的缺点是造价较高,需要的管理人员较多。

一般来说,陆地上各种臂架起重机均可装在浮船上构成不同形式的浮式起重机,但要考虑水上作业的特点。首先,在决定浮式起重机主要参数时,应考虑浮船倾斜的影响。例如,设计臂架尺寸要考虑浮船倾斜对于起升高度、工作幅度和变幅时吊钩高度差值变化的影响,臂架系统、变幅形式和结构尺寸要尽可能适应对船舶进行装卸的要求,如起重机旋转时尾部尺寸不应超出浮船船舷,臂架下支座铰接点高度和起重机有效幅度应使起重机舷边以上的净空高度能满足既定的作业要求,以便尽可能地靠近船舶和跨船作业等。其次,为了在不过分增大浮船外形尺寸的条件下获得较好的稳性,应尽可能降低起重机的自重及重心高度,减少起重机上部结构的迎风面积并使旋转部分重量尽可能地平衡。此外,为了出海时能稳定地航行,以及在内河航行时能通过桥梁,起重机臂架系统在航行时应能放倒,或降至最低位置。

4.船上起重设备

船上起重设备是指装在船舶甲板上、为本船装卸货物所用的船上专用设备。件杂货船舶较多配备起重设备,用船上自带装卸设备装卸货物,有利于减少港口设备投资,降低港口装卸前沿装卸成本,有的情况下,还可能加快船舶装卸速度,减轻工人劳动强度。

1)件杂货船舶装卸设备的主要形式

件杂货船舶装卸设备包括件杂货船舶装卸设备包括起重双杆、起重单杆和甲板起重机三种类型。

(1)起重双杆。船舶起重双杆(图3-33)是使用历史最久的船舶装卸设备,现在仍得到广泛应用。船舶起重双杆由两根装载于船舶甲板或桅杆的吊杆和两个船舶起货机组成双杆操作时,两根吊杆位置固定,一根在舱口上方(俗称大关),一根伸出舷外(俗称小关)。卸货时,大关从舱内提起货物至适当高度(这时小关吊索保持不紧不松),然后由小关把货物拉到船舷外(这时大关配合放松吊货锁),拉到卸货位置上方时,大小关同时放松吊货索,将货物放到码头上或外档驳船上。卸货后,大小关吊索配合调整松紧,使空钩回到舱内进行下一循环操作。

起重双杆作业时,通过两根吊索,使吊钩在一个平面中运动,结构非常简单其主要特点是装卸速度快,货物运动平稳。但因吊钩只能在一个平面内进行直线运用,工作面比较窄,所以会增加舱内工作人员的劳动强度,并在装卸过程中,需多次调整吊杆的位置,是吊杆作业的平面在船舱的纵向逐渐移动,逐步装完或卸完船舶内的全部货物。

(2)起重单杆。船舶起重单杆(图3-34)由一根生根于船舶桅杆的吊杆和两个船舶起货机

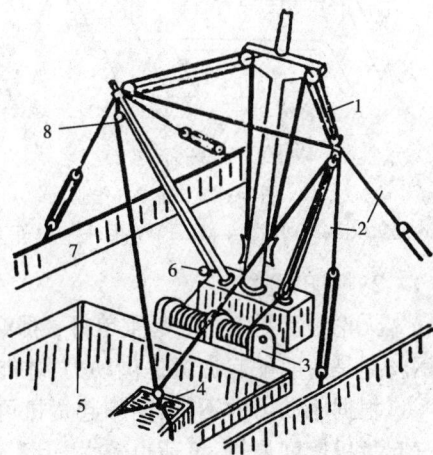

图3-33　起重双杆作业

1-千斤索;2-牵索;3-起货机;4-货物;5-舱口;6-导向滑车;7-舷墙;8-吊货索滑车

组成,起重单杆的负荷通常大于起重双杆。由于通过两个卷扬机作业,起重单杆具有类似甲板起重机的变幅、旋转功能,是一种较起重双杆更为灵活的船舶起重设备。起重单杆的工作面比起重双杆大得多,在船舶里、外档轮流作业时,工人不必停工调整吊杆位置及整理稳索,劳动强度较小,在舱内吊钩也能到达各个位置。但起重单杆吊货容易晃动,作业人员必须具有较高的操作熟练程度。

(3)甲板起重机。甲板起重机安装在船舶甲板上,外形类似普通起重机,是干货船配置的较先进的起货设备。甲板起重机有固定式与移动式两种形式。移动式起重机在甲板上有轨道,可从一个舱口移到另一舱口,作业覆盖面更大,其性能与陆用桥式起重机类似,但其重量较大,一旦出现故障,会影响整条船的船期,所以使用不多。

固定式甲板起重机(图3-35),俗称"克令吊",可以在360°范围内旋转,可以变幅,而且其起升、旋转、变幅作业可同时进行,操纵比较灵活,工作面大,但其速度相对较慢,操纵也比较复杂,对作业工人的要求较高。

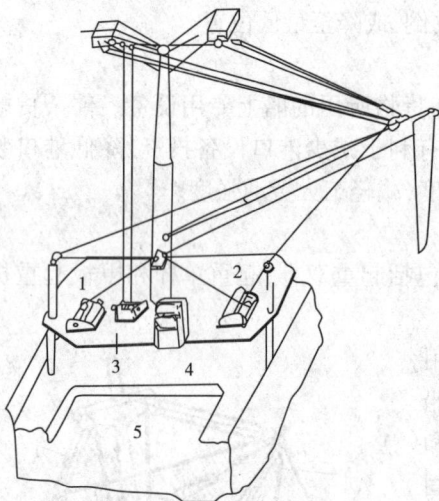

图3-34　起重单杆作业
1-起货绞车;2-回转绞车;3-变幅绞车;4-甲板;5-舱口

图3-35　固定式甲板起重机在作业

2)船舶起货机

无论是起重双杆、起重单杆,都必须与船舶起货机配合,才能进行装卸作业。吊杆上的钢丝绳是由船舶起货机提供动力,才能吊起货物。

根据原动力的不同,船舶起货机可分为蒸汽起货机、电动起货机和电动液压起货机等。蒸汽起货机速度最快,负荷也较大,但工作速度的稳定性较差,操作工人的劳动强度较大,操作噪声也较大。由于现在船舶已很少使用蒸汽主机,所以蒸汽起货机已逐渐被淘汰。现在使用较多的是电动起货机,电动起货机的优点有:构造简单、紧凑;操纵方便,容易掌握,操纵人员视野好;工作速度均匀;工作即时性好;清洁环保,噪声小。

3)使用船上起重设备注意事项

(1)船上起重设备各属具的布置。船舶起重单杆在操作时,吊杆的仰角应控制在不小于30°。船舶起重双杆在操作时,舱口吊杆(大关)应控制在舱口长度1/3～2/3的范围之间,仰角不少于30°,不大于75°。舷外吊杆(小关)仰角控制在约40°,若超过75°,可能产生吊杆后倾。舷外吊杆与船舶中央线的夹角以65°左右为宜。舷外跨度不宜过大,万吨船跨距一般以5.5m为限。

侧稳索布置的原则,应不使稳索本身、吊杆及变幅索受力增大。最好布置成:从船顶看,稳索与吊杆成90°投影角;从正面看,稳索最好成水平,仰角越小越好。因此,舷外吊杆侧稳索应尽量向后,船中吊杆的侧稳索应尽量向前,但不宜超过吊货垂直线过多,否则会增加变幅索的拉力。

(2)船上起重设备使用注意事项:

①调整吊杆及其属具应由船上人员执行,港口装卸人员不得擅动。

②使用前,应检查船舶起货设备刹车是否灵敏,起货机卷筒钢丝绳排列是否正常。

③船吊作业时,不得超过规定的负荷量。

④操纵应平稳,避免急刹车和突然换向。

⑤作业中不准"摔关"和"游关",不准"拖关"。

⑥起重双杆操作时,货关不能吊升太高,两根吊杆之间夹角不能大于120°。

⑦当船横倾达5°或大风达六级以上时,使用甲板起重机不可在最大幅度上旋转。

⑧操作中应严格遵守有关安全操作守则。

4)船上起重设备特点

使用船舶吊杆或甲板起重机进行船舶装卸作业的特点是:

(1)码头的造价低。当完全使用船舶吊杆或甲板起重机装卸作业时,码头可不设门座起重机,因而对码头建筑结构强度的要求比较低,降低了港口码头泊位的建设费用。

(2)件杂货码头的营运费用低、装卸成本低。使用船舶吊杆或甲板起重机是由船舶自行供电,不需要陆上专门为之设置供电、修理等设施,所以对港口来说,使用船舶吊杆或甲板起重机装卸作业的装卸成本较低。

但是相比于门座起重机,船舶吊杆或甲板起重机使用中存在的问题也更为突出,船舶吊杆或甲板起重机的起货高度较低,工作幅度小,对码头水位的适应性差,也不适宜进行直接换装作业。同时船舶吊杆或甲板起重机的起重量相对较小,不宜起吊成组的重量大的货组。

因而港口在采用船舶吊杆或甲板起重机进行船舶作业时,应注意以下事项:

(1)水位差变化比较大的港口,采用船吊作业或起重机时必须验算船舶满载低潮时,作业是否有困难。

(2)不宜在直接换装比重大的情况下使用。

(3)不宜使用于陆域狭窄,码头前沿设置多层仓库的条件。

(4)不宜用作重大货物的装卸作业。

5. 装卸船舶机械的选用

合理地运用港口装卸机械,对于搞好装卸工作有着巨大的作用:首先,使用合适的装卸机械可以提高劳动生产率,节省劳动力,可减轻劳动强度。其次,使用合适的装卸机械提高装卸作业效率,缩短船舶在港停泊时间,因而节约运力,加速货物运输,提高港口装卸通过能力。再次,使用合适的装卸机械可降低装卸成本,减少压船压货的损失,提高港口装卸企业的经济效益。另外,使用合适的装卸机械可采用先进的装卸工艺货差货损,提高货运质量,可为成组运输以及

为简历程序化、自动化的装卸作业线创造条件。装卸船舶机械选用比较如表 3-1 所示。

装卸船舶机械选用比较   表 3-1

装卸船舶机械类型	优 点	缺 点	适 用 范 围
门座起重机	起升高度高，对水位的适应性好，立体作业减少作业时码头拥挤程度，工作范围大，定位性好，起重量大，兼容性强，可针对不同货物，更换各种吊具	门座式起重机造价高，使用成本、维修成本较高，此外由于自重大，对于码头的水工建筑要求较高	露天条件下一般物料的装卸搬运，特别是长大件货物
流动起重机	具有机动性好、适用性强的特点，不受轨道的限制，灵活机动，服务区域范围广，从码头到堆场，一机多用，机械利用率得到充分发挥。造价成本较低，维修保养方便	起重量受到较多限制，装卸效率更低，多台流动起重机同时工作时，码头前沿拥挤	适用于港口、车站、货场、工地等场所的装卸安装工作
浮式起重机	自重轻，占地少，工作效率高，作业稳定性好，运转灵活，工作范围更广，能在水面作业，无须考虑码头地面承载能力，可在码头之间灵活移动，使利用率提高，配合浮码头工作可不受水位差影响	造价很高，需要管理人员更多，装卸工作专业性强	适用于码头布置比较分散，货物吞吐量不大以及重大件设备的装卸工作，对水位变化大的内河港口则更适宜，还可以用于建港、建桥、水利工程以及船舶修造、水上打捞、救险等的起重作业
船上起重设备	有利于减少港口设备投资，降低港口装卸前沿装卸成本，有的情况下，还可能加快船舶装卸速度，减轻工人劳动强度。船舶吊杆结构简单，管理、维修方便，且不需要有专门供电、修理等设施，使用时用岸电或不需岸上供电均可，营运费用低	起货高度较低，工作幅度小，对码头水位的适应性差，也不适宜进行直接换装作业起重量相对较小，不宜起吊成组的重量大的货组	对于某些装卸条件不佳的港口，以及港口吊货机械不足时提升装卸效率；船舶在开阔水面过驳及吊运物料、备件等

对装卸船舶机械的选用是由码头泊位条件、港口自然条件、装卸作业具体情况及使用习惯等因素决定的。如美国和日本原有的件杂货码头大都采用船舶吊杆作业，这是因为这些码头是窄突堤形式，船舶在窄突堤两边的码头泊位靠船，在窄突堤的中间设一排顺岸仓库，余下的装卸作业空地十分有限，所以，这些港口通常采用船舶吊杆进行装卸船舶作业。而苏联及西欧国家通常在件杂货码头上大量设置门座起重机，宽广的港区陆域使门座起重机充分发挥其装卸作业优点。

在件杂货货种结构多变的情况下，为了使码头对货种的适应性更好，近些年来新建的件杂货码头采用多用途码头形式，并配有大型的通用性强的机械，以便在货种变化时码头可作应变的处理。

我国大多数海港的件杂货码头装卸机械选型是根据货物吞吐量、货种、船型和码头形式等因素确定，并注意发挥船机的作用，即装卸作业采用船吊和门座起重机联合作业的方案。采用船机作业时,应满足船舶满载低水位装卸作业的要求;采用岸机作业时,宜考虑选用门座起重机,其吊臂的最大工作幅度至少应达到设计船型舱口的外侧。

二、水平运输机械

件杂货码头水平运输机械的选型,应根据货物港内的运距、组合形式、货件的重量等因素确定。由于件杂货码头的水平运输机械的工作受码头区域和作业场地的限制,所以件杂货码头的水平运输机械要符合一定的要求。

1. 水平运输机械的工作特性的要求

对所选用的件杂货码头水平运输机械的工作特性的要求是:机械的转弯半径要小,其载重量应与码头前沿装卸船舶机械的起重量相适应。水平运输机械的选择应根据货种、装卸工艺流程、路面情况、运输距离而定,目前,港口常用的水平运输机械主要有牵引车挂车(俗称拖头平车)、货车、蓄电池搬运车(也称电瓶车)(图3-36)和叉式装卸车(简称叉车)等。在相同的装卸工艺条件下,这些水平运输机械的选择与货物在港内运输的距离有关:

2. 各种常用水平运输机械的使用特点适用距离

1) 蓄电池搬运车

电瓶车的特点是小巧灵活,操纵方便,轮压小。适宜在运距小于100m柱距小、通道狭窄、地面承载能力小、路面平坦和坡度不大的仓库内使用。随着现代件杂货仓库发展,电瓶车已经不再是主要的水平运输和库内运输的机型了。

2) 叉式装卸车

叉式装卸车也称叉车,它是一种既可作水平运输,又可堆拆垛,和装卸卡车、铁路平板车的机械。叉车作业时,仅依靠驾驶员的操作就能够使货物额装卸、堆垛、拆垛、搬运等作业过程机械化,而无须装卸工人的辅助劳动。多年以来,由于成件货物的品种多、规格杂、外形不一、包装各异,所以对这些货种很难实现装卸作业的机械化。叉车的出现使这一难题得到了解决。

叉式装卸车的主要取物装置是货叉使用货叉作业要配备必要的工具,如垫木、货板等。在选择用于装卸长车或铁路平板车的叉式装卸车机型时要注意货叉的长度、叉架的宽度和起升高度。近年来我国港口为扩大叉式装卸车的使用,不仅制造了多种型号和不同类型的叉式装卸车(图3-37),并配置了各种不同的叉具和多种多样的工夹具(图3-38),以提高叉式装卸车对不同货种堆拆垛和水平运输的适用性。叉式装卸车用作水平运输时,其适用的运输距离一般在100~200m。

图3-36 蓄电池搬运车

图3-37 叉式装卸车

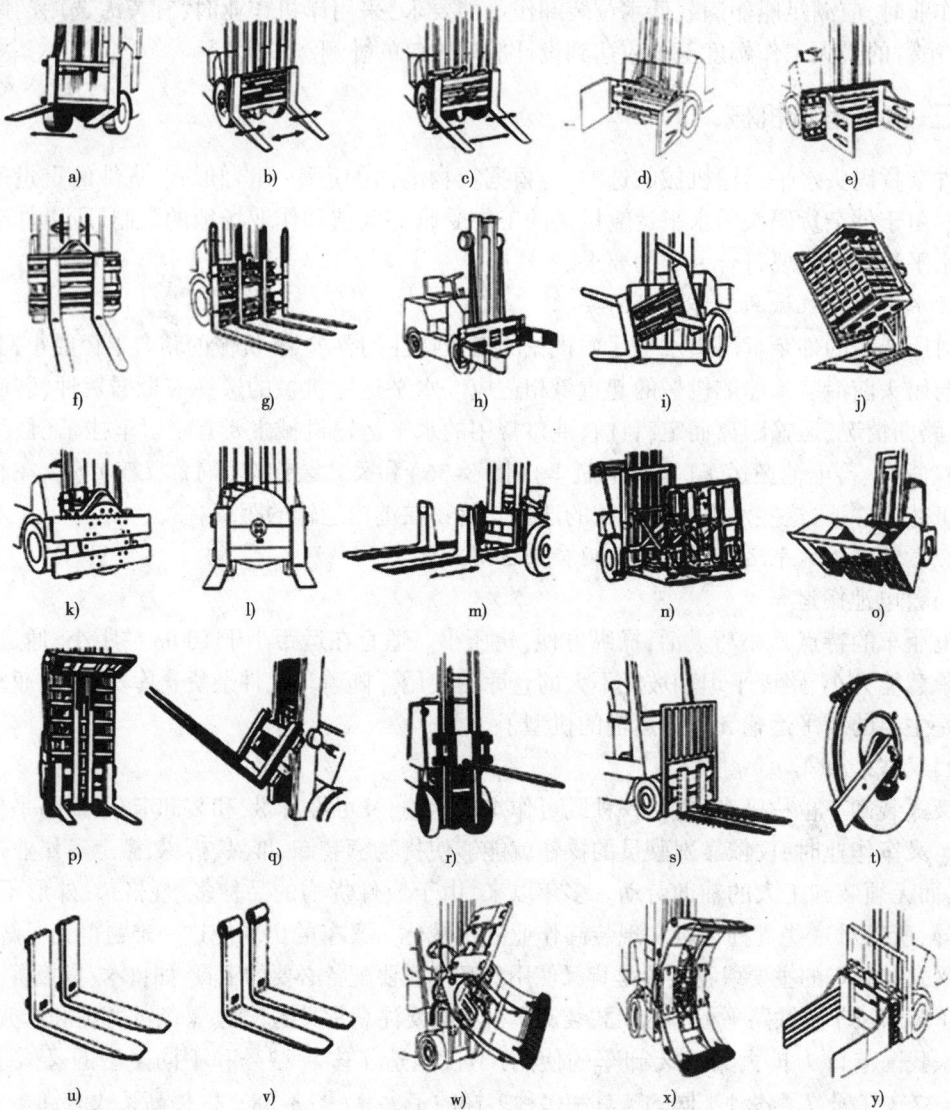

图 3-38 多种型号的叉车作业工属具

a)左右侧移;b)侧移调距叉;c)调距叉;d)一般用途包夹;e)软包夹;f)旋转栈板货叉夹;g)双栈板货叉;h)桶夹;i)旋转叉;j)板台变换器;k)360°旋转器;l)180°旋转器;m)前移叉;n)推拉器;o)铲斗;p)载荷稳定器;q)倾翻叉;r)串杆;s)货叉套;t)卷管器;u)挂式货叉;v)串式货叉;w)双臂可动纸卷夹;x)单臂可动纸卷夹;y)纸浆包夹

　　叉车在物流装卸作业中除了和港口的其他起重机械一样,能够减轻装卸工人的劳动强度,提高装卸效率,缩短船舶与车辆在港停留时间,降低装卸成本以外,还具有它本身的一些特点。

　　(1)机械化程度高。在使用各种自动的取物装置或在货叉与货板配合使用的情况下,可以实现装卸工作的完全机械化,不需要工人的辅助体力劳动。

　　(2)机动灵活性强。叉车外形尺寸小,重量轻,能在作业区域任意调动,适应货物数量及货流的改变,可机动的与其他起重运输机械配合作业,提高机械的使用率。

　　(3)可以"一机多用"在配备与使用各种工作属具如货叉、铲斗、臂架、串杠、货夹、抓取器、倾翻叉等以后,可以使用各种品种、形状和大小货物的装卸作业,扩大对特定物料的装卸范围,并提高其装卸效率。

(4)堆存面积利用率高。在单位堆存面积可堆存更多货物,能提高仓库容积利用率,堆码高度一般可达 4~5m。

(5)有利于作业标准化。叉车可直接与托盘配合作业,可以进行集装箱内的装卸作业,有利于开展托盘成组运输。

(6)经济效益好。与大型起重机械比较,它的成本低、投资少、用途广泛,能获得较好的经济效果。

按动力装置不同,叉车可分为内燃叉车和电瓶叉车;按结构和用途不同可分为平衡重式、插腿式、前移式、侧叉式、全自由提升叉车等。

①平衡重式叉车。平衡重式叉车(图 3-39)是叉车中应用最广泛的构造形式,约占叉车总数的 80% 以上。它的特点是货叉伸出在车身的正前方,货物重心落在车轮轮廓之外。为了平衡货物重量产生的倾覆力矩,保持叉车的纵向稳定性,在车体尾部配有"平衡重"。平衡重式叉车要依靠叉车前后移动才能叉卸货物。

②插腿式叉车。插腿式叉车(图 3-40)的特点是叉车前方带有小轮子的支腿能与货叉一起伸入货板叉货,然后由货叉提升货物。由于货物重心位于前后车轮所包围的底面积之内,叉车的稳定性好。一般采用蓄电池作能源,起重量在 2t 以下。

插腿式叉车比平衡重式叉车结构简单,自重和外形尺寸小,适合在狭窄的通道和室内堆垛、搬运。但速度低,行走轮直径小,对地面要求较高。

图 3-39　平衡重式叉车　　　　　　　　　　图 3-40　插腿式叉车

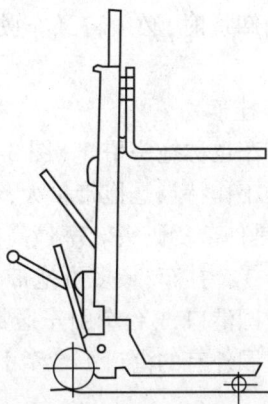

③前移式叉车。前移式叉车的货叉可沿叉车纵向前后移动。取货卸货时,货叉伸出,叉卸货物以后或带货移动时,货叉退回到接近车体的位置,因此叉车行驶时的稳定性好。

前移式叉车分门架前移式(图 3-41)和货叉前移式(图 3-42)。由于外界空间对门架前移式门架高度的限制,因此门架前移式叉车只能对货垛的前排货物进行作业。货叉前移式叉车的门架则不动,货叉借助于伸缩机构单独前伸。如果地面上具有一定的空间允许插腿插入,叉车能够超越前排货架,对后一排货物进行作业。

前移式叉车一般由蓄电池作动力,起重量在 3t 以下。它的优点是车身小,重量轻,转弯半径小,机动性好,不需在货堆间留出空处,前轮可做得较大。但行驶速度低,主要用于室内搬运

作业,但也能在室外工作。

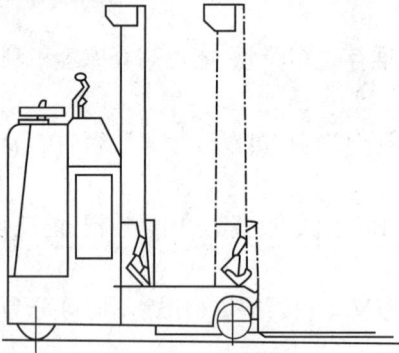

图 3-41　门架前移式

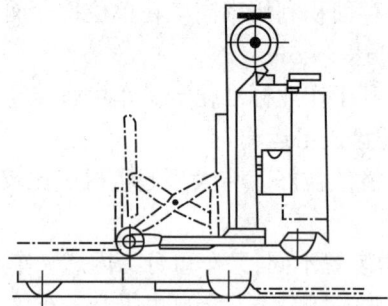

图 3-42　货叉前移式

④侧装式叉车。侧装式叉车(图 3-43)主要用于搬运长大件货物,门架和货叉位于车体中部的一侧,不仅可上下运动,还可前后伸缩。叉货时,先将千斤顶着地,门架向外推出,叉取货物后,货叉起升,门架退后,然后下降货叉,货物即自动放置在叉车一侧的前后车台上。将千斤顶收起后,叉车即可行驶。由于货物沿叉车的纵向放置,可减少长大件货物对通道宽度的要求,同时货物重心位于车轮支承底面之内,叉车行驶时稳定性好,速度高,司机视野比平衡重式叉车好。但由于门架和货叉只能向一侧伸出,当需要在对侧卸货时,必须将叉车驶出通道,掉头以后才能进行装卸。

图 3-43　侧装式叉车

3)牵引车挂车

牵引车挂车也称拖头平车(图 3-44、图 3-45、图 3-46)。牵引车挂车的工作特点是拖带量大,牵引车和挂车转弯运行的轨迹相同,节省了其水平运输的工作面积,也是件杂货码头效率最高的一种水平运输机械。通常牵引车挂车的重载配置是 1台牵引车拖带 3 个挂车,最多可拖带 4~5 个挂车,空载运行时 1 台牵引车最多可拖带 6 个以上的挂车。我国港口,1 台牵引车通常拖带 3 辆挂车,1 台牵引车配合 1 台码头前沿垂直装卸起重机作业。国外有的港口 1 台牵引车拖带 4~6 辆挂车,与 2~3 台码头前沿垂直装卸起重机配合作业。

图 3-44　牵引车挂车

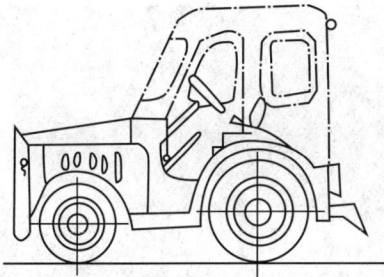

图 3-45　牵引车

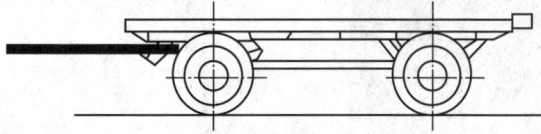

图 3-46　挂车

在件杂货码头装卸作业中,合理使用牵引车的方法,一是循环拖带,尽可能减少牵引车因装卸货而停止运行的时间,保证码头前沿垂直装卸机械的作业效率能得到充分发挥,充分利用牵引车的牵引能力。循环拖带的配机一般采用 1 台牵引车配备 3 组挂车,进行作业方式是一组在码头前沿;一组在库、场堆、拆垛;另一组在运行。在采用船舶吊杆进行装卸船舶作业时,码头边应设置电动绞车,因为船舶吊杆作业点是固定的,在作业过程中需要依次移动挂车。二是充分利用牵引车的牵引能力。在同样的生产率条件下,增加每次牵引货物数量,就可以相应减少运行次数,从而减少染料消耗,节约成本。

4)货车

有的港口用载重量为 2t 左右的轻吨位小型汽车作为搬运工具(图 3-47)。与牵引车挂车比较,轻吨位小型汽车的缺点是:一次载货量小,对货物的适应性较差,长钢材等货物不适合载运,且维修费用大。而其优点是:灵活,在狭窄的码头作业比较方便,在仓库内作业停车位置能紧靠货垛,爬坡性能较好,较能适应浮码头作业。

在库场远离码头时,通常使用载重量较大的汽车作为搬运工具。随着公路运输的发展,货主和运输公司的汽车往往直接行驶到件货码头前沿,进行船舶与汽车之间的直接换装,有效地提高了作业效率。

图 3-47　货车

3. 库、场内堆拆垛机械

库场内堆拆垛和装卸车辆除了使用叉车外,还可以用各种流动起重机,如轮胎吊、汽车吊、履带式起重机和电动吊车(简称)电吊(图 3-48)等,此外还有固定式设备如电动葫芦、桁车(图 3-49、图 3-50)等。流动机械的库场作业的特点是堆货高度高,使库场单位堆存面积的利用率高;进行库场装卸车作业时,可将货直接装上(卸下)车,装卸效率较其他库场内机械高;流动机械进行库场作业时,需要和其他水平运输机械配合使用,所以在短距离运输和库内作业时,采用叉车较合适;卡车则常用于配合堆场作业。电吊结构简单,制造,方便,造价且能适合库场使用,所以在不要求高效作业的情况下,选用电吊也是一种合适的选择。固定起重机电动葫芦是一种特种起重设备,安装于天车、龙门吊之上,电动葫芦具有体积小、自重轻、操作简单、使用方便等特点,用于工矿企业,仓储码头等场所。

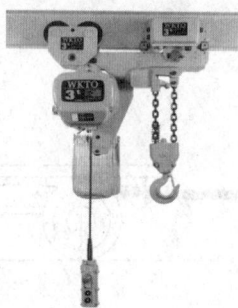

图 3-48　电动吊车　　　　　图 3-49　电动葫芦　　　　　　　图 3-50　桁车

第四节　件杂货装卸工艺流程与布置

一、件杂货装卸工艺流程

件杂货装卸工艺按货物的特征和包装形式又可细分为袋装货、捆装货、桶装货、箱装货、金属锭、篓装货、长钢材、钢板、卷筒纸、托盘货等多种。每种货物的装卸工艺都是由工艺流程、机械配置、操作方法和要求等组成。

我国港口从事件杂货装卸历史较长，已积累了丰富的经验，形成了符合各港自身条件的件杂货工艺流程。并且结合有关工艺流程，介绍典型的件杂货装卸工艺的要点。

1. 件杂货主要装卸作业环节

为了能较正确地反映货物装卸作业实现机械化的情况，又可将一个操作过程划分为若干工序，港口生产中的主要工序包括：舱底作业、起落舱作业、水平搬运作业、拆码垛作业、上下楼作业以及装卸车作业等，下面介绍几种装卸作业环节的具体内容：

(1) 舱底作业工序。件杂货舱底作业工序包括装船和卸船时，在舱内的摘挂钩、拆码货组、拆码垛及平舱、清舱等全部作业。这一作业环节是整条件杂货作业线中劳动强度最大、作业最困难、效率最低、最易造成"瓶颈"的工序。传统的件杂货水路运输，多采用货物在内单件堆装的方法"做关"，即将袋装货物等用人力搬到网络、货盘等成组工具中成组，而后吊运出舱；如为捆装货物，就必须在舱内用人力"提头"，套钢丝成组，再进行吊运。这些作业消耗大量人力，劳动强度大，作业效率低，改进比较困难。在组织船舶装卸作业时，应尽量使用简单的工具、机械等设备代替人工劳动，以提高作业线的效率。

近年来件杂货水路运输方式有所改进，如袋装货物包装改进，每单件件杂货的重量从原来的几十千克增加到了数百千克，甚至拼装成 1t 以上的集装货，这样就便于直接使用叉车等设备进行作业，工人的劳动强度大大降低，装卸效率大大提高。目前成组运输和托盘运输的出现，又大幅提高了装卸效率，因此成组和托盘运输是改革件杂货装卸工艺的有效途径，也是其运输、装卸的主要方向。

(2) 起落舱作业工序。起落舱作业工序包括装船和卸船时船舱到岸、岸到船舱、船舱到车辆、车辆到船舱以及船舱到船舱的作业。它是船舱装卸作业的主导环节。件杂货装卸中，货物的起落舱作业主要使用船舶装卸设备和岸边的起重机这两种机械，统称为装卸船作业。工人在这一工序中,只承担船边挂、拆钩和喊钩等辅助作业。

(3)水平搬运作业工序。水平搬运作业工序包括货物在码头、库场、车辆间的搬运作业。它是连接码头、库场与车辆之间的中间作业工序,主要由水平运输机械,如牵引车挂车承担。在组织船舶装卸作业时,水平搬运工序和效率应与起落舱作业工序的效率相互协调。

(4)车内作业工序。车内作业工序包括装卸车辆时的上下搬动,拆做货组及车内的拆码垛作业的总称。在火车的棚车进行装卸袋装货的作业时,基本只能用人力进行,劳动强度也比较大。车辆作业的机械一般要和库场作业的机械结合来考虑,因为库场机械能有效地对某些类型的车辆的货物进行装卸,例如装卸平板车上的货物可以使用铲车或各种起重机。而装卸棚车的机械就不能用铲车,因为棚车车门太小,车底板强度不够,铲车上不去。

(5)库场作业工序。库场作业工序是指库场内的拆码垛、拆做货组等作业。包括库场内的拆码垛、拆码货组、供喂料、盖油布等作业。库场作业工序对工人劳动的依赖性也比较大。

2.典型件杂货装卸工艺流程

(1)船—库(场)。船—库(场)工艺流程如图3-51所示。

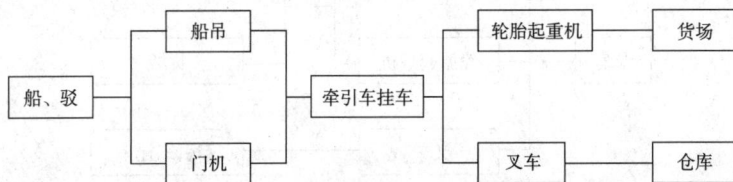

图3-51 船—库(场)工艺流程

(2)船—驳船。船—驳船工艺流程如图3-52所示。

图3-52 船—驳船工艺流程

(3)船—卡、火车。船—卡、火车工艺流程如图3-53所示。

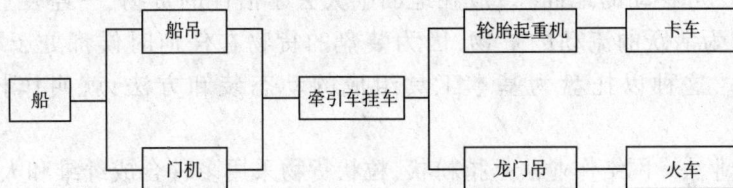

图3-53 船—卡、火车工艺流程

(4)驳船—驳船。驳船—驳船工艺流程如图3-54所示。

(5)驳船—卡车。驳船—卡车工艺流程如图3-55所示。

图3-54 驳船—驳船工艺流程　　　　图3-55 驳船—卡车工艺流程

(6)库(场)—卡、火车。库(场)—卡、火车工艺流程如图3-56所示。

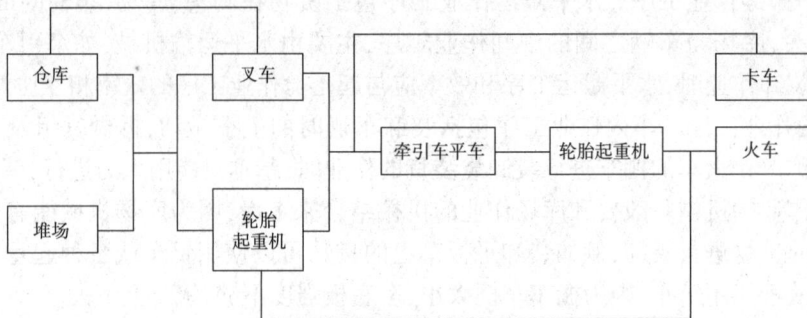

图 3-56　库(场)—卡、火车

(7)卡车—驳船(库、场)。卡车—驳船(库、场)工艺流程如图3-57所示。

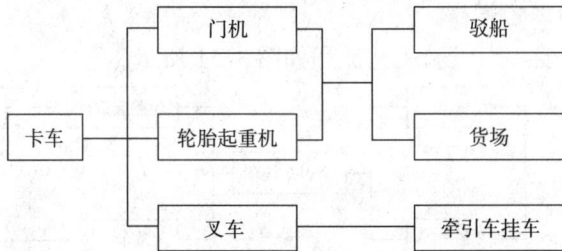

图 3-57　卡车—驳船(库、场)

3. 典型件杂货的成组形式装卸作业方法

在一定的装卸搬运机械化系统下,针对不同货种使件杂货装卸搬运方法合理,是装卸搬运作业人员的一项经常性任务。现在,根据件杂货成组进行分类装卸搬运作业基本方法有以下几种:

(1)托盘作业法。托盘作业法就是以托盘为基本工具,最大限度地应用集装单元的原则,使货物搬运具有灵活性、标准化、流水作业、作业次数最少、机械化、组织化等特点,以历来的静态搬运发展到动态搬运的新的搬运作业体制。

托盘就是使静态货物转变为动态货物的媒介物。托盘是一种载货台,并且是活动的货台,或者说是"可移动的地面"。放在地面上失去了活性的货物,一经装上了托盘,便立即取得活性,成为活跃的流动的货物,因为装盘的货物在任何时候都处于可以转入运动的准备状态中。这种以托盘为基本工具组成的动态装卸方法,就叫作托盘作业或托盘化。

(2)网络作业法。网络作业法是指粉状、粒状货物采用多种合成纤维和人造纤维纺织布制成的袋,各种块状货物(如废钢铁)采用钢丝绳编成的网络,先行集装再进行装卸搬运的方法,称为网络装卸搬运法。这种柔性集装工具体积小、自重轻、回送方便,可一次使用也可重复使用。

(3)货捆作业法。货捆作业法是利用捆装工具将散件货物捆成一个货物单元,使其在流通过程中保持不变。带有与各种货捆配套的专用吊具的门式起重机和岸边起重机是货捆作业法的主型装卸机械,叉车、侧叉车和跨车是配套的搬运机械。

（4）滑板作业法。滑板是由纸板、纤维板、塑料板或金属板制成的，与托盘尺寸一致的、带翼板的平板，用以承放货物组成单元。与其匹配的装卸搬运机械是带推拉器的叉车。叉货时推拉器的钳口夹住滑板的翼板（勾舌、卷边）将货物拉上货叉，卸货时先对好位，然后叉车后退，推拉器往前推，货物即就位。滑板搬运不仅具有托盘搬运的优点，而且解决了木材消耗大、流通周转繁杂、运载工具净增重、占用作业场地多等问题，但是与滑板匹配的带推拉器的叉车比较笨重（推拉器本身重 0.5～0.90t），机动性差，堆取货物时操作比较困难，装卸效率比托盘低，对货物包装与规格化的要求高，与工业发达国家已形成的成套搬运储存设备不配套。因此，到底使用托盘还是滑板尚在争议之中。

（5）挂车作业法。挂车作业法是先将货物集中装到挂车里，然后由拖车将挂车牵引到铁路平车上，或用大型门式起重机将挂车吊到铁路平车上的装卸搬运方法。

4.典型件杂货的包装形式及主要装卸运输机械配备

各货类典型包装形式及主要装卸机械和水平搬运机械配备见表3-2。

件杂货的包装形式及主要装卸运输机械配备　表3-2

货物名称	典型的包装形式	主要机械及工具配备		
		装卸机械	搬运机械	工具配备
袋装货	单件质量 25～100kg，以麻袋、布袋、纸袋和化纤编织袋包装	船吊、门座起重机、轮胎起重机、浮吊	牵引车挂车叉式装卸车	网络或货板、方框架吊具、马钩等
箱装货（可供捆装货参照）	单件总量小于3t，体积小于10m³的木箱、纸箱	同上	同上	木、铁质货板及其吊具、双扣钢丝绳套、马钩等
卷钢	卷钢、钢带、盘元	船吊、门座起重机	同上	L形卷钢吊具、撑架、钢丝绳组合；C形卷钢吊具、钢丝绳、起重环链组合；卷钢托辊、钢丝绳组合；长货叉、旋转吊具
生铁	生铁块	同上	牵引车挂车配八角斗	抓斗、电磁吸盘网络、生铁网络、马钩、自动摘钩
卷筒纸	牛皮纸、新闻纸等	船吊、门座起重机	叉车	曲臂式、伸缩式、调节式夹具、活络绳扣、网络、四脚钩

5.典型件杂货装卸工艺操作要点

典型件杂货装卸工艺操作要点见表3-3。

典型件杂货装卸工艺操作要点   表3-3

货 种	操 作 要 点
袋装货	船舶装卸使用独杆做关时,配用袋物夹具。纸袋包装的水泥,配用专用网络或货盘;布袋包装的面粉,配用面粉专用网络;其他袋装货,配用成组网络;当直取作业时,配用周转网络;小票袋装货进仓库堆存,配用货盘。 吊运作业应根据不同承载工具,配用相应的吊具,如水泥网络承载的货物,配用方框架吊具;用面粉网络承载的货物,配用马钩;用成组网络或周转网络承载的货物,配用四脚钩;用货盘承载的货物,配用货盘吊具
箱装货	集装箱舱内做关使用货盘,吊运使用货盘吊具。单件质量超过200kg的箱装货,可使用双扣钢丝绳兜套,吊运使用马钩。危险品箱装货做关时,一级易燃品使用有绳网的木质货盘,其他使用有绳网的铁货盘,吊运使用货盘吊具。装卸易燃、易爆、放射性等危险品箱装货配用的工具应按额定的安全负载降低25%
捆装货	货物承载工具配用货盘或成组网络。吊运作业应根据不同承载工具,配用相应的吊具,如用货盘承载的货物,配用货盘吊具;成组网络承载的货物,配用四脚钩
卷钢	吊运卷钢,按下列吊具组合形式:L形卷钢吊具、撑架、钢丝绳;C形卷钢吊具、钢丝绳、起重环链;卷钢托辊、钢丝绳等 铲运卷钢时,可按下列组合形式:卷钢加长货叉、旋转型卷钢吊具
生铁	船、驳散装生铁卸货时,使用抓斗。各种规格的抓斗的使用应根据吊运机械的能力,驳船技术条件,卡车吨位等合理选用。 清舱作业也可配电磁吸盘喂网络。船、驳装载,场地堆拆垛作业,舱内票数多且每票货物数量少及清舱时,配用生铁网络。货场散堆的拆垛,可用铲斗车和抓斗,也可配用电磁吸盘。挂车上配用八角斗。吊运生铁网络使用马钩或自动拆钩,挂车采用双关吊运时配用相应吊架
卷筒纸	卷筒纸装卸工夹具要根据卷筒纸的规格、重量、包装形式及吊运方式进行配置。如卧装牛皮卡纸、新闻纸(双联)的吊运可配用绳索—曲臂式、伸缩式和双调节式卷纸夹具;轴孔无缺口的卧装牛皮纸的吊运可配用锦纶带—托钩;立装牛皮卡纸的吊运可配用内涨式卷纸吊具、绳索—曲臂卷纸夹具和活络钢丝绳扣;立装新闻纸(单联)的吊运可配变距式和绳索—曲臂式卷纸夹具;直径大于0.9m的立装新闻纸(单联)的吊运可配用变距式和绳索—曲臂式卷筒纸夹具,对于用柏油纸等作外包装的全封闭的卷筒纸,可配用夹具做关、网络承载、四脚钩吊运工具

二、件杂货装卸工艺布置

根据件杂货装卸机械化系统的机械配置,典型的件杂货装卸机工艺布置形式主要有:船吊—流动运输机械系统的一线仓库形式;门座起重机—流动运输机械的一线堆场—线仓库形式;起重船—缆车—流动机械系统。

1.船舶吊杆——流动机械系统

1)布置形式

其布置形式为一线仓库。

2)布置要点

（1）前方作业地带宽度：

采用船舶吊杆装卸作业时，件杂货码头前方作业地带的宽度，要满足码头前沿机械转弯半径的要求，还要考虑前方道路和前方仓库檐墙之间留出的距离，通常可取 20～30m。如考虑前方装卸船舶的机械改为门座起重机，前方作业地带的宽度可适当留有余地，但不宜大于 50m。当今件杂货码头采用多用途码头类型，码头前方作业地带的宽度应满足多种流动机械作业的要求，不宜小于 40m，如图 3-58 所示。

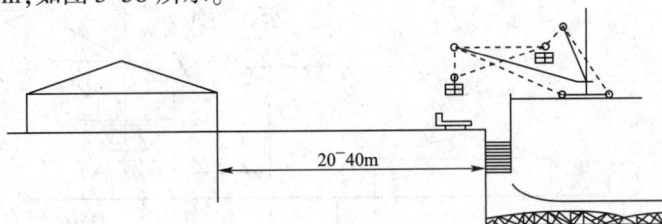

图 3-58　船舶吊杆卸货码头布置

（2）仓库的主要尺度：

①仓库的跨度和库门的尺度。仓库的跨度和库门的尺度按库内作业的机械类型以及仓库的容量确定，单层仓库的跨度不应小于 18m，仓库门的净宽不应小于 4.2m；净高不应小于 5m。

②仓库内净空高度。仓库的净高按库内作业的机械类型和货物堆高，及仓库类型确定。一般情况下，单层仓库和多层仓库的底层净高不应小于 6m，多层仓库的楼层净高不应小于 5m。如考虑库内机械的发展，仓库内净高还可适当提高。

多用途码头库场的布置应满足件杂货和集装箱装卸作业的需要，并考虑装卸货种的机动性，一般不设永久性仓库。

③多层仓库。当仓库面积不足时，可考虑使用多层仓库。多层仓库的层间机械化可用电梯提升或用装卸起重机械直接将货物吊上楼；国外也有采用汽车直接驶上二楼的方式，图 3-59 和图 3-60 是英国伦敦港的一座三层仓库的示意图。底层和第二楼层作为前方仓库，

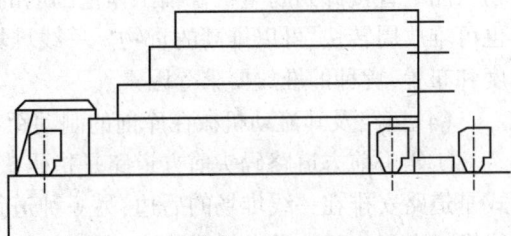

图 3-59　多层仓库

第三楼层作为堆栈。整个第二楼层的路侧方向有一条高架汽车道，这条汽车道同时是底层的廊檐。汽车道经仓库一侧的斜坡道与地面公路相接，汽车可以直驶到第二楼层进行装卸。在第一楼层和第三楼层的海侧方向设阳台，码头起重机可直接将货物吊放到台上。各楼层地面载荷允许叉式装卸车作业。库内设电梯，在第三楼层设 4 台库内电葫芦。电葫芦的钢梁从仓库陆侧墙伸出，跨越第二楼层的汽车道。提货时，4 台库内电葫芦可将第三楼层的货物装入停在汽车道上和地面上的汽车里。

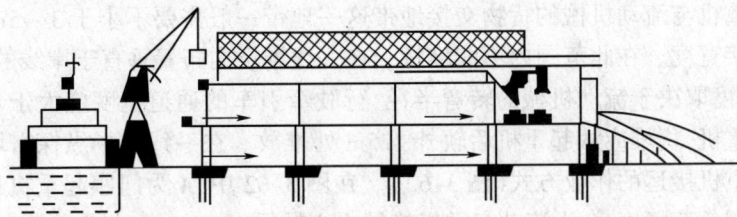

图 3-60　多层仓库

2. 门座起重机——流动运输机械系统

1）布置形式

其布置形式为一线堆场一线仓库。这是使用门座起重机的码头,码头前沿有一个堆场和一个仓库的布置形式如图3-61所示。图中A为门座起重机的最大幅度。这种形式较适合于件杂货。其中,无包装的件杂货可进堆场,需要入库的有包装的货物可入库。

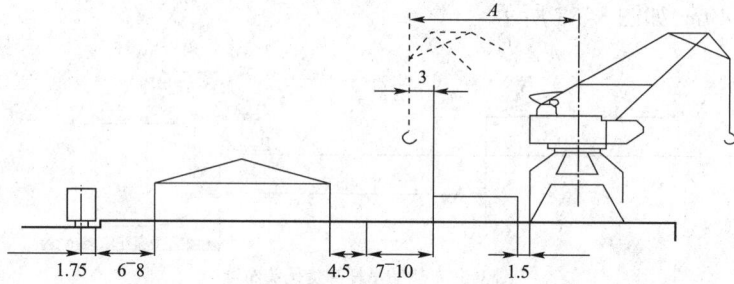

图3-61　门座起重机卸货码头布置(尺寸单位:m)

2）布置要点

(1)码头前沿和门座起重机海侧轨道中心线间距。此间距确定应保证起重机及其机上的附件不碰系船柱和船舶舷梯,起重机的旋转部分不碰船上的上层建筑物。一般可取2.0~2.5m。多用途码头考虑集装箱装卸作业,此间距不宜小于3m。

(2)起重机轨距。采用门座起重机装卸船舶时,门座起重机的轨距通常可取10.5m。

(3)一线堆场。一线堆场的布置主要是为了能充分发挥起重机臂幅大的优越性,可将货物从船上直接卸到起重机臂幅工作范围内的堆场上。一线堆场通常作为长大件货物的堆场,也可堆放周转快、可以堆高的货物。一线堆场的纵深主要取决于堆场的容量、门座起重机的幅度和布置、货种的堆放要求等因素。

(4)道路及其流动机械在库前的制动距离:

①码头前方道路码头前方道路是指码头前方平行于码头前沿线的道路,一种道路布置形式是道路安排在一线堆场的后边;另一种道路布置形式是将道路安排在门座起重机后轨与一线堆场之间。后一种布置形式中,码头前方道路与货物交接地带结合在一起,包括道路和货物交接地带的宽度,应根据车辆流通量等因素确定,一般为7~10m。

②仓库与道路之间的引道长度仓库与道路之间的引道长度,也称流动机械在库门前的制动距离,当有流动机械进出库时,可取4.5m;汽车进出库时,可取6.0m。

③堆场后沿于仓库檐墙间距在堆场后直接与仓库相邻,库门背向堆场的形式,此间距为1.5m,用作堆场露天的存放货堆的遮盖油布操作之用;还可预防屋檐水下流打湿货物和防止货堆靠墙,使仓库檐墙受力过大。

④门座起重机与流动机械的货物交接地带这一地带一般需要不小于3~5m的纵深,以保证有一定的交接宽度。在此范围内不能堆货。在一线堆场内布置垂直于岸线的通道作为交接地带,通道的宽度取决于流动机械的转弯半径,行驶牵引车的通道宽度应大于6m。如一线堆场紧邻门座起重机,货堆应从起重机后轨外1.5m处堆放。在一线堆场纵探需增加的情况下,可采用流动起重机接运的作业方式(图3-62)。在图3-62中,A为门座起重机最大幅度;B为流动起重机使用负荷幅度;C为流动起重机旋转中心轴线。

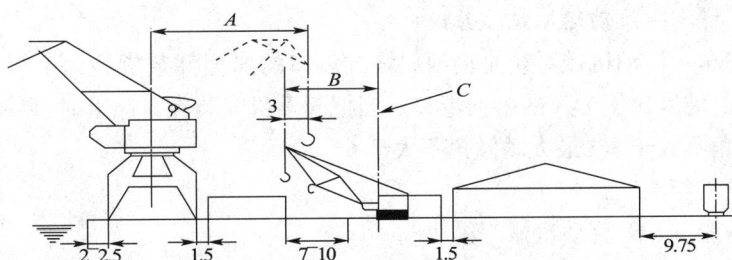

图 3-62 流动起重机接运作业图(尺寸单位:m)

⑤站台:

A. 站台的宽度:件杂货仓库的站台是指当仓库外有铁路时,仓库与铁路之间应有流动机械装卸车辆的作业地带。铁路中心线至库墙边的距离,根据作业方式及所选用的机械确定,采用叉车、前沿车时,宜取 7.75 ~ 9.75m;采用轮胎式起重机作业时,可增大至 11.75m。

B. 仓库站台需设置全遮式雨篷时,雨篷支柱内侧至铁轨中心线和篷内的净空高度应根据作业方式及所选用的机械确定并应符合铁路建筑限界的有关规定。站台宽度为 6 ~ 8m,此距离为 10.75 ~ 12.75m(图 3-63)。

C. 站台的高度的确定要考虑便于仓库与棚车接运的作业,一般可取 1.1m。

D. 站台边缘至相邻铁路中心线的距离为 1.75m。

E. 站台车辆斜坡的坡度不超过 10% ~ 20%。

3)一线堆场布置形式

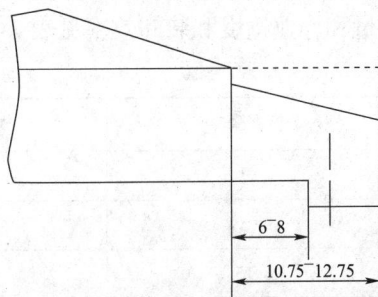

图 3-63 雨篷示意图(尺寸单位:m)

所装卸的货物基本上只需在堆场上存放的码头泊位,一线可不建仓库,仅设堆场。在堆场纵深增加情况下,堆场作业可采用起重机接运方式。图 3-64 为双线门座起重机接运方式。图 3-65 为门座起重机与流动起重机接运方式。堆场边缘至铁路中心线的距离一般取 3.5m。如货堆与铁路间需通行机械,则要增加机械通行所需的距离。

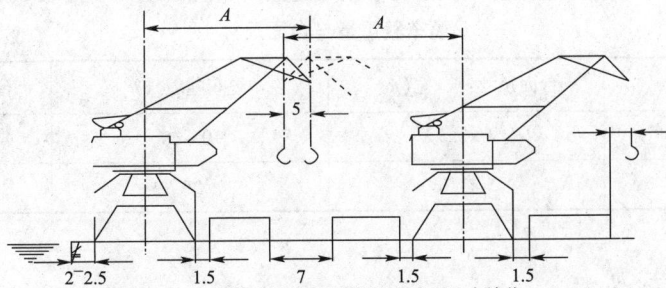

图 3-64 双线门座起重机接运方式(尺寸单位:m)

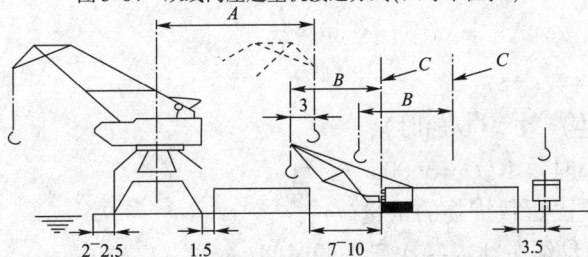

图 3-65 门座起重机与流动起重机接运方式(尺寸单位:m)

3.起重机—缆车—流动运输机械系统

起重船—缆车—流动机械系统是内河斜坡式港口的典型件杂货装卸工艺,特别适应于水位变化大、斜坡的坡度比例1:3的内河港口。当把起重机安装在趸船上时,要验算趸船的稳定性,最大静横倾角不大于3°,最大动倾角不大于6°。

1)工艺系统的组成

系统由起重船、缆车、流动机械等组成。

(1)起重船。起重机也称浮吊,曾是我国内河港口斜坡式码头广泛使用的主要装卸机械。由起重船、缆车和流动机械组成的内河港口件杂货装卸系统在实际使用中暴露出最大的弱点是装卸作业环节多、装卸效率低。因此一些内河港口已对此传统的系统进行了技术改造。如在长江中下游有的内河港已经按照海港的作业方式,采用直立式码头的件杂货装卸工艺。而在水位变化大的内河港口,仍然还使用起重船—缆车装卸工艺,在这种装卸工艺中,除装卸重件货的码头需要专门配备大起重量的起重船以外,一般内河斜坡式杂货码头的起重船的起重量和作业幅度和装卸效率见表3-4。

起重船装卸效率 表3-4

起重量(t)	幅度(m)	袋货装卸效率(t/台时)	百杂货装卸效率(t/台时)
3	13~18	30~40	25~30
5	12~22	45~55	35~40
15	32	45~55	35~40

(2)缆车。缆车系统中搬运货物上、下坡的机械。由电动卷扬机牵动,钢丝绳将缆车沿着铺设在斜坡上的轨道移动,通常是成对工作。

①缆车的载重量及其台面尺寸。主要根据通过码头的常见件杂货的件重与货组重量及其外形尺寸确定,还要与起重船及岸上水平搬运机械载重量相适应;如水平搬运机械随货同行,则还要考虑水平搬运机械的重量。常见缆车的载重量和台面的尺寸见表3-5。

缆车载重量与台面尺寸 表3-5

缆车吨级(t)	台面尺寸:长×宽(m)	缆车吨级(t)	台面尺寸:长×宽(m)
3	4×2.5	10~20	(7~8)×(3~4)
5	5×3.0	25	(6~8)×(3~4)

②缆车台数。

缆车的计算公式为

$$n = \frac{P}{Q}$$

式中:n——所需缆车台数(台);

P——设计船时生产效率(t/船时);

Q——1台缆车小时效率,$Q = 3600q/T$;

q——1台缆车1次所载货物的重量(t);

T——最低水位时,缆车往返一次所需的时间(s),$T = l/v + t_1 + t_2$;

l——最低水位时,缆车在斜坡上的长度(m);

v——缆车运行速度(m/s);

t_1——缆车装货时间(s);

t_2——缆车卸货时间(s)。

利用上式计算的缆车台数要与工艺布置相适应并做适当的调整,计算结果取双数,即缆车通常是成对工作的。

(3)流动机械水平。各种类型的流动机械用于搬运、库场内堆拆垛和装卸车作业。系统有两种作业方法:一种是水平搬运机械驶上缆车,随缆车运行;另一种是货物直接放在缆车上,流动机械在岸上接运。在水平搬运机械驶上缆车的情况下,卸货时,空载的汽车或牵引车的挂车停妥在缆车上后,开动电动卷扬机,牵动钢丝绳,将缆车沿着斜坡轨道拉到起重船边。起重机将货物吊放到停在缆车上的汽车或挂车里,再开动电动卷扬机,将重载的缆车拉到岸边,重载的汽车驶离或由牵引车将挂车拖离缆车;装车时按相反程序进行。在水平搬运机械不驶上缆车的情况下,起重船将货物直接装到缆车上。缆车到达岸边后,再用叉车装卸车或起重机将货物从缆车上取走。缆车是成对作业的,当一台缆车在岸边作业时,另一台缆车正在配合起重船作业。

2)缆车的工艺布置

(1)坡顶平面布置。坡顶平面布置有两种形式:直式和侧式。直式布置是指流动机械从缆车正面进出的形式。优点是工艺布置紧凑,占陆域面积小;缺点是操作较困难。为了缆车作业的安全,流动机械装船下行时,机械和货物要后退上缆车;上行时,机械和货物要前进上缆车。所以这种工艺布置适用于回转半径小的小型流动机械,如电瓶车和叉式装卸车等。

侧式布置的特点是:坡顶的缆车作业平台位于缆车的侧面,搬运机械可以从缆车的两侧进出,所以,搬运机械可始终以前进状态经两侧的平台进出缆车,作业操作方便、安全,但占地面积较直式布置大。这种布置适用于载运长大件货物和拖带挂车的牵引车需要驶上驶下的情况。

(2)一对缆车台面之间的距离。一对缆车台面之间的距离由货物包装规格、上下坡人行道布置的要求而定。一般情况下,台面间的最小间距为1.0~2.5m,缆车中心线距离约为5.5m。

(3)卷扬机房的布置。卷扬机房的布置有直式和侧式两种形式。侧式布置(图3-66)时,操纵室可和卷扬机房合建在同一建筑物内,一般设在卷扬机房的二楼。这种布置形式,驾驶员的视野好,布置紧凑。直式布置(图3-67)需在码头前沿另设操纵室,通常的布置是操纵房设在码头前沿,便于驾驶员操纵,卷扬机房在后,便于车辆和货物进出缆车。

(4)托辊的布置。为了减少缆车牵引钢丝绳的磨损,保证缆车作业的安全。在缆绳运行轨道间设置可拆卸的缆绳托辊,间距一般为10~20m(图3-68)。

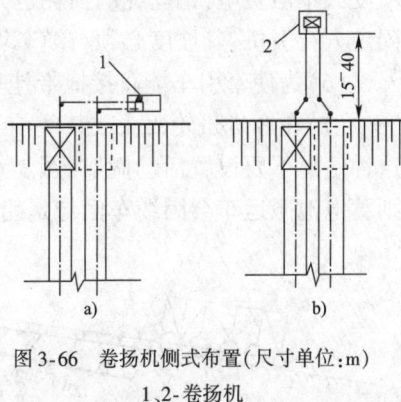

图3-66　卷扬机侧式布置(尺寸单位:m)
1、2-卷扬机

(5)缆车管沟布置。缆绳上坡后要埋在地下,以便上下缆车机械和货物的装卸作业。管沟的布置与卷扬机房布置形式有密切关系。卷扬机前滑轮(坡顶滑轮或经坡顶滑轮后的改向

滑轮）至缆车卷扬机卷筒中心的距离，一般为卷筒长度的 20 倍，以保证卷筒中心线于钢丝绳的最大夹角小于 1.5°。

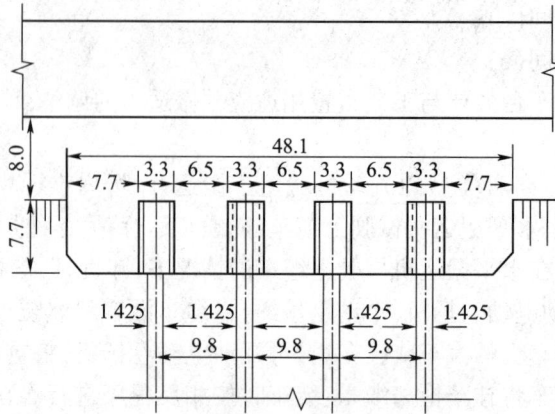

图 3-67　卷扬机直式布置(尺寸单位:m)

3）系统设计注意事项

（1）为了提高内河泊位的装卸效率，适应内河船舶大型化的需求，内河斜坡式件杂货泊位宜采用一个趸船上设置 2 台起重机，配备 2 对缆车的布置方案。

（2）缆车的载重量应与起重船的起重量相适应，在水平运输机械上缆车的情况下还要与水平搬运机械的总重（自重与载重之和）相适应。对个别重件和采用一对缆车同时抬一个重件的作业方法。

（3）缆车尺寸应和载运的货种相适应，并满足驶上缆车的水平搬运机械的尺寸要求，满足工人上下缆车从事挂摘钩作业的需要。

（4）1 对缆车之间的间距大小主要根据所装卸的货物而定，装卸长钢材，间距要大些，至于重件缆车，要考虑由 2 台缆车抬一件重件货的需要，1 对缆车之间的间距不宜过大。一般情况下，间距大，护坡费用高，缆车钢丝的弯曲较多。

（5）坡度要根据自然岸坡的情况确定，要避免形成挡水道，造成淤积。一般不大于 1:3。坡度大不但费电，钢丝绳的损耗也大，缆车也太高，不利于安全操作。在缆车泊位上建造任何固定人行引桥，其坡度必须与缆车坡度一致，以便引桥与缆车紧靠趸船。

（6）为使牵引车能直接拖带挂车上下缆车，在岸线处要设置平台。

（7）在客货班轮码头或某些前方未设置起重船的泊位，往往需要蓄电池搬运车作业。在这种情况下要设置活动搁架（图 3-69）因为如不设置活动搁架，则水位稍有涨落，就要绞船，否则蓄电池搬运车会因缆车面与趸船之间的高度差而不能上下趸船。

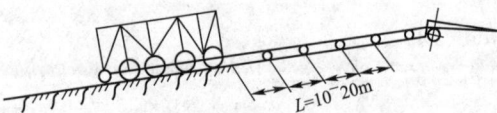

图 3-68　缆绳运行轨道

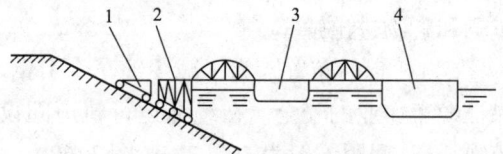

图 3-69　设置活动搁架
1-缆车;2-活动搁架;3-跳趸;4-趸船

这里需要说明的是另一类内河网地区的港口的装卸工艺。这类港口的水域水位变化不大，码头岸壁与航道整治后的岸壁形式相同，有直立式，也有坡度不大的斜坡式，但落差都不大，港口的规模也较小。这类港口的件杂货装卸工艺中，装卸船舶的机械大都采用岸边固定起重机械或诸如轮胎起重机之类的流动机械，直接将货物从船上卸下装上水平搬运机械，或从水平搬运机械上将货物卸下并装上船舶。

第五节 件杂货装卸工艺生产组织

一、件杂货装卸作业线配工人数和生产能力的确定

1. 装卸作业线配工人数的确定

件杂货装卸作业线合理配工人数的原则是在充分发挥前方装卸船舶环节的生产能力的前提下，合理平衡作业线各个工序的生产率，以此为基础，给各工序配备恰当的机械和工人数。举例如下。

货种：袋粮

操作过程：船→库

操作程序：舱底作业（人力做关）→出舱（船吊）→水平搬运（叉车）→库内作业（叉车、人力）。

假设每吊货重 2t，测得各工序每台机械和人力操作周期时间及小时生产率如下。

（1）船吊操作周期时间：60s，生产效率为

$$小时生产效率 = \frac{3600}{60} \times 2 = 120t/h$$

（2）叉车操作周期时间：120s，生产效率为

$$小时生产效率 = \frac{3600}{120} \times 2 = 60t/h$$

（3）舱内人力：每小时生产效率为 10t/h。

（4）库内辅助作业工人 4 人。

按照作业线合理配工人数的原则工人数如下：

船吊作业工人数 3 人生产率为 120t/h。

叉车配机 2 台平衡生产率为 120t/h。

舱内作业人员 12 人平衡生产率为 120t/h。

库内、岸边辅助工作人数 6 人。

作业生产线共计配工人数 21 人平衡生产率为 120t/h。

2. 装卸作业线生产能力的确定

一条作业线往往有几个作业环节（工序）组成，作业线生产能力应该是各个作业环节都能达到的。在上述的例子中作业线生产能力为 120t/h，也是通过配机和配工人后，每个作业环节（工序）都能达到的生产能力。在实际生产中，各个环节的生产能力是很难达到完全一致的平衡生产率，这种情况下，通常是以尽量保证发挥前方装卸船舶能力为前提，通过对其他

作业环节配机和配工人来达到一条作业线的生产能力。除非其他作业环节的生产能力因故不能达到前方装卸船舶能力，就只能以作业线中生产能力最低的那一个环节（工序）的能力来确定作业线的生产能力。如当船吊生产效率为120t/h，拖挂车2台的生产效率为100t/h，库内作业的生产效率为96t/h，舱内作业（10人）生产效率为100t/h，此种情况下，作业线生产能力为96t/h。

二、件杂货港口装卸劳动的特点

装卸劳动是指人利用装卸机械、装卸工属具，或单纯利用体力，完成货物空间位置的有效位移过程。

港口的行业特性决定了港口装卸劳动与其他行业劳动有着本质的区别。由于件杂货本身的特性，件杂货装卸劳动与散货、集装箱装卸劳动有着很大区别。从事件杂货装卸一般具有以下特点：

1. 装卸劳动的艰巨性

件杂货港口装卸企业装卸劳动的艰巨性表现在以下方面：

（1）装卸劳动是重体力劳动。尽管装卸劳动的机械化程度在不断提高，但在船舱内、火车内、库场内对袋装货物（单件通常在75kg及以下）成组做关和拆关作业仍需要依靠人力作业。散货灌包成组后，也需要依靠人力作业，有时需要一人搬动75kg袋装货物，这对劳动者的体力要求是很高的。

（2）装卸劳动的操作环境恶劣。由于大多数件杂货货种是露天存放的特殊性，决定装卸工人多数情况下是在露天作业。尤其在冬夏两季，严寒酷暑的恶劣天气下，露天工作更为艰巨。当装卸货物体积较大，船舱内、车厢内空间狭窄，装卸劳动工作地条件变差，增加了装卸难度和危险性，使原本体力消耗就的装卸工作，变得更加艰巨。

（3）装卸劳动的操作对象难以驾驭。件杂货装卸企业所装卸货物的性质各异，难以驾驭。装卸具有腐蚀性、刺激性、易燃爆、有毒性等货种时，对装卸工身体易形成损害。如装卸工搬运化肥、水泥会磨破手臂甚至身上皮肤。装卸纯碱、硫黄会刺激装卸工流泪。装卸炭黑、炭黑粉末会渗入装卸工的皮肤毛孔，运用常规方法无法清洗。装卸有毒物品时要穿戴防护用品，连呼吸都会受到影响，给装卸操作带来更多不便。装卸这些货物时，装卸工的作业变得更为艰巨。

（4）装卸劳动是三班作业。港口装卸要及时装卸，减少车船在港停留时间，提高运输工具的运力利用率，这种行业特性决定了港口装卸劳动要采用24h连续作业，尤其是在抢吃水、船期时，三班作业更为突出。从事三班作业，劳动者正常的生物钟被打乱，生理节律紊乱，在应睡觉时却在工作，在应工作时却在睡觉，而且几天要改变一次，不断地调整工作、休息节律，对人们的健康和心理有一定的影响。

（5）件杂货装卸作业的困难程度高于散货和集装箱等装卸作业。由于件杂货是单件装卸运输的，所以在装卸时一定要保证其完整无损，因此，在港口装卸作业时有许多要注意。这些注意事项使得件杂货装卸比散货装卸、集装箱装卸更为艰难。

2. 装卸劳动的群体性

件杂货的包装、运输特点，决定了其装卸作业必须以作业线形式，由多人协同作业完成。

与其他劳动不同,装卸工是在多人协调下,进行群体作业。如件杂货装卸船期作业,通常需要舱内、船边、库场多人、多环节形成作业线协同作业完成。其中,既涉及装卸工,还涉及机械司机、库场理货员等,这就决定了装卸劳动的群体性。装卸工除了本人要有一定的作业技巧和体能外,还需要有同别人配合进行作业的意识和技能,这也是装卸工必须具备的基本素质之一。

3. 装卸劳动的多过程性和复杂性

装卸劳动是多环节、多操作过程的作业。通过港口装卸企业出口的件杂货,都需要先以火车、卡车运入港区库场集货,然后装船运出。同样,通过港口装卸企业进口的件杂货,卸船后,也大都需要先在港区库场,然后以火车、卡车等运输工具出栈。因此,港口装卸企业就会有货物的船—船、船—车、车—场等不同的操作流程,和舱内、车内、库内等不同的作业工序,这就决定了港口装卸企业装卸劳动的多过程性和复杂性。

4. 装卸劳动的危险性

装卸劳动具有较大的危险性,装卸劳动的危险性表现在以下方面:

(1)装卸劳动是人—机配合作业。装卸劳动基本是人机配合作业,这就决定了危险客观存在。装卸劳动尤其是件杂货装卸劳动中"人—机"配合作业,人和机械同在一个三维空间中作业,难免发生互相碰撞。一旦碰撞,装卸工所受伤害肯定极大。

(2)装卸劳动可能发生人与货物的碰撞。装卸劳动中,装卸工容易被货物等碰擦,尤其是五金、原木等作业,都是工伤事故高发货种。装卸过程中,货物空间位移,由于捆扎不牢、钩头松动等原因,易发生空中坠物,也会伤及工人。

(3)人货接触过程中物理、化学伤害。件杂货的许多货种可能对人体导致物理、化学伤害,如搬运袋装化肥、纯碱、水泥等易对装卸工造成皮肤腐蚀,装卸硫黄会对装卸工的五官导致刺激,进行氧化铝等货物的灌包作业,容易形成粉尘污染,以及许多货物可能导致的其他化学性的伤害,都可能给装卸工带来各种伤害。

(4)作业中高处坠落等危险。由于件杂货的货垛较高,船舱较深,火车箱顶作业等因素,作业人员存在高处坠落的危险。有些在海上、水上过驳作业时存在落海(水)的危险。

思考与练习

1. 件杂货分为哪几类? 各类有何特点? 需要怎么样的工属具?

2. 件杂货选用吊货工夹具的一般原则是什么?

3. 件杂货装卸有何特点? 需要注意些什么?

4. 件杂货码头上,是采用船舶的起货设备(即船吊)好,还是采用门座起重机好? 各自有什么利弊和使用范围?

5. 水平运输机械有哪些? 各自的适用距离是多少?

6. 典型的件杂货装卸工艺布置有哪三类? 分别适用于什么样的港口条件?

7. 件杂货装卸作业线配工人数和生产能力如何确定及计算?

8. 件杂货装卸的存在哪些薄弱环节及解决方向? 未来件杂货装卸的发展趋势及新的方向是什么?

第四章　集装箱装卸工艺

案例导入——体现资源节约型的集装箱码头作业方式的变革

集装箱运输方式的应用是运输领域的一场革命,其最重要的优势体现在码头装卸作业效率的大幅度提升。这种高效的作业方式满足了船舶大型化发展的要求。但是,随着船舶一次在港作业所装卸搬运的集装箱数量的大幅增加以及不断提高的装卸效率,致使码头不得不占用更多的土地资源来满足集装箱的堆存和搬运作业的空间需要。随着这种趋势的进一步加剧,码头作业的空间需求与临港土地资源的稀缺的矛盾日益凸显,追求资源节约型的集装箱码头作业方式成为当今码头发展的一个值得关注的问题。

为了在有限的空间上提高单位岸线资源的吞吐能力,新加坡港务局在 2012 年提出了"下一代集装箱码头(The Next Generation Container Port,NGCP)"项目,使得在尽可能节约的土地使用条件下,港口吞吐能力和装卸效率实现跨越式的发展。

该项目要求在十分有限的给定区域范围内(岸线不超过 6km,陆域面积不超过 2.5km^2,陆域和水域面积总计不超过 7.5km^2)设计出新一代创新型集装箱港口,给定的港口区域不仅要包括码头前沿的装卸区域还要包括货物流转的空间,在该空间内每年至少可处理集装箱量超过 2000 万 TEU,以满足未来船舶的大型化趋势和技术发展趋势。同时,还需要在方案中体现装卸、仓储、堆场与码头前沿间的运输、清关、劳动生产率、土地利用率、环境保护等因素。

这些要求似乎非常苛刻,从现有的港口作业方式看似乎根本不可能完成。尽管这一方案的提出至今尚未有现实的码头予以实现,但这种创新型的设计理念体现出未来港口发展如何与环境和谐发展的要求。

在这一章中,不仅仅将介绍常规的集装箱码头的作业方式,也同时会对这类集装箱码头作业方式的变革进行讨论,使读者能够跟随着集装箱码头的发展脉络往前探索。

第一节　概　　述

一、集装箱运输的优越性

集装箱运输之所以能如此迅速的发展,正是由于这种运输方式比传统的运输方式具有许多的优点:

1. 提高装卸效率,减轻劳动强度

由于集装箱运输扩大了运输单元,规范了单元尺寸,为实现货物的装卸和搬运机械化和自动化提供了条件,机械化和自动化的发展明显提高了货物装卸和搬运的效率。例如,在港口传统的件杂货码头上装卸件杂货船舶,其装卸效率一般为 35t/h,并且需要配备装卸工人约 17

人,而在集装箱专用码头上装卸集装箱,其效率可达30move/h(move表示装卸船设备在单位时间里装卸集装箱的来回周转次数,也就是装卸的次数),按每次作业有可能是20ft箱也有可能是40ft箱,按平均载货15t计,生产效率已达450t/h,而配工人数至多只有4名,工效提高了几十倍。又如,据铁路部门测算,用人工装车,平均一个车皮需要2个小时,而采用铁路专用集装箱运输方式,用机械作业,一般只需20分钟。在提高装卸效率的同时,工人的体力劳动强度大幅度降低,而对作业人员的知识和技能要求则在不断地提高。机械化和自动化作业方式的采用使工人只需从事一些辅助性的体力劳动工作,肩扛人挑的装卸搬运方式成为了历史。

2. 减少货损货差,提高货物运输的安全与质量

采用件杂货运输方式时,由于采用的是简单包装甚至不加包装,在运输和保管过程中货物不易保护,尽管也采取了一些措施,但货损货差情况仍较严重,特别是在运输环节多、品种复杂的情况下,货物的中途转运搬捣,使商品互串以及被盗事故屡屡发生,尤其是零担百货商品发生的事故更多。例如据铁路部门统计,零担货物事故约占整个货物事故的80%。采用集装箱运输方式后,由于采用强度较高、水密性较好的箱体对货物进行保护,从发货人装箱、铅封到收货人收货,一票到底;因此,货物在搬运、装卸和保管过程中不易损坏,不怕受潮。同时,通过采用"门—门"的多式联运方式,货物途中丢失的可能性大大降低,货物完好率大大提高。例如,用火车装运玻璃器皿的一般破损率达30%左右,改用集装箱运输后,破损率下降到1%以下。

3. 缩短货物的在途时间,加快车船的周转

集装箱化给港口和场站的货物装卸、堆码实现全机械化和自动化创造了条件。标准化的货物单元使装卸搬运动作变得简单和有规律,因此,在作业过程中能充分发挥装卸搬运机械设备的能力,便于实现自动控制作业的过程。机械化和自动化可以大大缩短车船在港站停留时间,加快货物的送达速度。另一方面,由于集装箱运输方式减少了运输中转环节和收发货的交接手续,方便了货主,提高了运输服务质量。据航运部门统计,一般普通货船在港平均停留时间约占整个营运时间的56%,而采用集装箱运输,则在港平均停留时间可缩短为仅占整个营运时间的22%。

4. 节省货物运输的包装,简化理货手续

集装箱箱体作为一种能反复使用的包装物,虽然一次性投资较高,但与一次性使用的包装方式相比,其单位货物运输分摊的包装费用反而降低。例如,采用集装箱装运电视机可比原先杂货运输方式节省包装费用约50%。又如,中国广东省出口大理石,原先使用木箱包装,后改用集装箱,使得每吨货物节省包装费达65%~70%。在运输场站,由于集装箱对环境要求不高,只需要在露天堆放,节省了场站在仓库方面的投资。此外,件杂货由于包装单元较小,形状各异,理货核对较为困难。而采用标准集装箱,理货时按整箱清点,大大节省了检查时间,同时也节约了理货费用。

5. 减少货物的物流费用

除了前述的节省船舶运输费用外,由于采用统一的货物单元,使换装环节设施的效能大大提高,从而降低了装卸成本。同时,采用集装箱方式,货物运输的安全性明显提高,使保险费用有所下降。英国在大西洋航线上开展集装箱运输后,运输成本仅为普通杂货船的1/9。

6. 推动包装的标准化

随着集装箱作为一种大型标准化容器的使用,促使了商品包装的进一步集装化和标准化。

目前,中国的包装国家标准已接近400个,这些标准大多采用或参照国际标准,并且许多包装标准与集装箱标准箱相适应。

7. 有利于组织多种运输方式的联合运输

由于各种运输工具各自独立地发展,装载容积无统一考虑的依据,因此,传统的运输方式给货物的换装带来了困难。随着集装箱作为一种标准运输单元的出现,使各种运输工具的运载尺寸向统一的满足集装箱运输需要的方向发展,如果对于这种趋势熟视无睹的话,它将很难融入大的运输系统中去。因此,根据标准化的集装箱设计的各种运输工具将使运输工具之间的换装衔接变得更加便利。

二、集装箱运输发展趋势对码头提出的要求

1. 船舶大型化趋势要求集装箱码头的大型化

2013年,马士基推出了18000TEU的超大型集装箱船,使得集装箱船舶大型化发展进入了一个新的阶段。随着集装箱船舶的大型化,足够的泊位岸线长度以及满足作业要求的水深条件越来越成为班轮公司选择港口的重要因素。汉堡港正是这样的例子,船公司曾警告说,如果汉堡港的疏浚计划迟迟不能落实,它们将迁至鹿特丹或不来梅港停靠。汉堡港于1996年底获准开始疏浚航道,终于让该港的装卸公司松了口气。上海港也曾经面临这样的难题,过去的黄浦江和长江口岸线的水深条件已经难以满足集装箱船舶大型化发展的要求,寻找 - 15m 以上深水条件的岸线直接影响到上海港作为国际枢纽港的地位。于2005年12月10日正式开港兴建的洋山港区为上海满足大型船舶的作业创造了必要的条件,使上海港一跃成为世界上第一大的集装箱枢纽港。

船舶的大型化要求有自然条件良好的处于航运干线附近的深水港与之配套,因此全球运输中的枢纽港的作用日益重要,而这些起枢纽作用的港口的稳定货源必须有众多的支线港予以支撑。而枢纽港的非直接腹地的货源所占比重会不断增加。这种集装箱量向少数一些港口集聚的趋势已表现得越来越明显,香港和新加坡的集装箱吞吐量的急剧上升印证了这一点。因此,集装箱码头泊位岸线规模的扩大,码头的深水化、高效化已成为地区性枢纽港的必要条件。为此,集装箱码头正在向着全自动化作业方向发展,装卸工艺将有突破性改进,作业设备将进入新一轮的更新换代时期,例如集装箱专用装卸桥的效率将会要求达到100箱/h以上。例如,韩国釜山、纽约—新泽西、新加坡、香港等港口都建有 - 15m 以上的集装箱深水泊位(表4-1)。世界一些著名的港口在其新一轮的规划建设中也大都考虑能够接纳10000TEU以上集装箱船为标准,建设深水泊位开通深水航道,同时建设宽阔的港域和锚地。

2. 挂靠港减少,干线运输网络扩大趋势要求集装箱码头的一次作业量增加

航运公司运力优化配置带来的最大效果就是运输服务质量的提高。这表现为航线挂靠港减少,服务密度增加,交货期缩短。例如:原来香港—美西航线所需要的14d已下降到了11d。由此必然造成船舶中途在港口加/卸载的情况减少。航线重组后不仅将香港、新加坡等国际大港纳入干线作为中转枢纽,而且使那些喂给港的地位也得到上升,成为新兴的枢纽港。这将使传统干线枢纽港的地位受到冲击,从而改变目前只有少数几个枢纽港口的局面,使更多的港口开始考虑接纳大型集装箱船舶的可能。在重组的以枢纽港为核心的新的港口群中,港口密度将进一步提高,大中小港口、大中小泊位、专业与通用泊位将更强调相互协调发展,港口群体将

更注重港口间密切的相互协作和高度的互补性,从而导致各港口之间采用更为相似的港口技术和设施。

国际上一些重要的集装箱港口深水码头情况　　　　　　　　表4-1

港　　口	水深(m)	泊位数	港　　口	水深(m)	泊位数
韩国光阳港	−15	4	日本横滨港	−15	2
韩国釜山港	−15	4	纽约新泽西	−17	37
新加坡港	−15	4	PSA新加坡港	−16	52
釜山新港	−18	3	裕廊码头	−16	23
日本神户港	−15	5			

香港集装箱码头水深条件

香港集装箱码头	经营者	水深(m)	泊位
五号码头(CT5)	现代货箱码头	14	1
一号码头(CT1)	现代货箱码头	14	1
二号码头(CT2)	现代货箱码头	14	1
三号码头(CT3)	迪拜港货柜码头	14	1
四号码头(CT4)	香港国际货柜码头	12.5	3
六号码头(CT6)	香港国际货柜码头	12.5~15.5	3
七号码头(CT7)	香港国际货柜码头	15.5	4
八号码头(东)(CT8E)	中远—国际货柜码头	15.5	2
八号码头(西)(CT8W)	亚洲货柜码头	15.5	2
九号码头(北)(CT9N)	香港国际货柜码头	15.5	2
九号码头(南)(CT9S)	现代货箱码头	15.5	4

3. 船舶大型化以及集装箱箱体大型化的趋势要求集装箱码头面积的扩大,装卸设备进一步大型化和高效化,装卸工艺更为系统化

从2000~2006年,40ft集装箱所占比重也由62.2%上升到66.6%;2004年与2009年相比,40ft超高箱占比从35.24%增加到42.79%。集装箱箱体的大型化趋势体现了集装箱运输和装卸进一步高效化的要求。

集装箱码头从出现之日起,就伴随着集装箱船舶大型化的发展而进行相应的改进。表4-2反映出适应于不同集装箱船型的码头规模以及装卸工艺方式的变化情况。

从表中可以看出,集装箱码头装卸工艺系统趋于集成化和自动化,码头泊位以及装卸船舶的装卸桥趋于大型化。以装卸桥外伸距为例,根据安德鲁福克斯公司在2004年底对全球多家集装箱码头装卸桥所进行的调查,对比2003年底在役的集装箱装卸桥与2004年和2005年交付使用的新装卸桥的统计数据,装卸桥的外伸距延展趋势可见一斑(表4-3)。随着港口设备

技术的进步与发展,最大型集装箱装卸桥的外伸距可以超过70m。2009～2012年不同外伸距集装箱装卸桥建造数如表4-4所示。

装卸不同集装箱船舶的码头规模及装卸工艺配置情况　　　　　　　　　　　　表4-2

序号	主要技术参数								
	靠船能力		码头尺度			集装箱装卸桥配备		泊位通过能力(万TEU/年)	装卸工艺方案
	吨级DWT(万t)	载箱量(TEU)	泊位长度(m)	水深(m)	陆域纵深(m)	配备数量(台/泊位)	等级		
1	1	≤830	160～180	9	400	1～2	小型	20～25	正面吊,跨运车,RTG
2	2	1900	200～220	12	500	2	中型	25～30	跨运车,RTG
3	3	3100	270～300	13	600	2～3		30～35	跨运车,RTG
4	5	4600	320～350	14.5	800	3～4	巴拿马型	35～40	RTG,跨运车,RMG
5	7	6000	330～360	15.5	800	4	超巴拿马型	40～50	RTG,RMG,跨运车
6	10	8200	380～410	16	900	4～5		50～60	RTG,RMG,跨运车
7	15	12500	410～440	17～18	1000	5～6	苏伊士运河型	60～90	RMG,AVGS,RTG,自动控制
8	20	18000	430～460	2023	1000	6～7	马六甲海峡型	80～100	RMG,AVGS,RTG,自动控制

资料来源:罗勋杰,樊铁成.集装箱码头操作管理.大连:大连海事大学出版社,2010.

装卸桥外伸距变化对比表　　　　　　　　　　　　表4-3

	外伸距(m)	2003年底在役的装卸桥数量(台)	2004年和2005年交付使用的装卸桥数量(台)	总数(台)	增长率(%)
	>66	6	34	40	566.7
	64～66	46	78	124	169.6
	62～64	66	34	100	51.5
	60～62	99	52	151	52.5
超巴拿马型	56～60	60	31	91	51.7
	52～56	202	36	238	17.8
	48～52	391	51	442	13
	44～48	578	32	610	5.5
	小计	1448	348	1796	24
巴拿马型	<44	1855	70	1925	3.8
合计(台)		3303	418	3721	—

资料来源:李幼萌.集装箱装卸桥发展趋势分析.中国港口,2005(8).

2009—2012 年不同外伸距的集装箱装卸桥建造数(单位:台数)　　表 4-4

年份	范围	巴拿马型	16 ~ 18 rows	18 ~ 20 rows	20 ~ 22 rows	22 + rows	合计
2009 年	全球	1687	939	706	438	901	4671
	其中国际运营商	635	574	464	279	643	2595
2010 年	全球	1705	982	746	472	1011	4896
	其中国际运营商	648	586	482	298	729	2743
2011 年	全球	1725	977	815	504	1039	5060
	其中国际运营商	634	573	475	293	664	2639
2012 年	全球	1742	994	853	517	1101	5207

注:rows 表示集装箱船可堆放集装箱的排数。

大型集装箱船舶的经营人要求港口码头船时效率至少达到每小时装卸 300 个集装箱,由此更多地采用了多作业线同时作业的方式,多箱同时起吊的情况也越来越普遍。当然,装卸船作业效率很大程度上依赖于堆场作业系统的效率以及岸边装卸桥的作业效率,因此,码头内的工艺流程的合理性和科学性显得更为重要。

为了接纳大型集装箱船舶的需要,码头不仅在工艺和设备使用上有所改进,而且在码头布置上也追求扩大规模。例如有一种观点认为,大型集装箱码头的基本要求应该是:

(1)陆域面积至少 60 公顷;

(2)至少 3 个泊位;

(3)具有 8 台集装箱装卸桥;

(4)年装卸集装箱能力 45 万 TEU 以上。

从中国新建集装箱码头规模看,一般码头岸线长度为 1500m 左右,泊位数为 4 个,泊位长度一般能满足 5 万、7 万或 10 万吨级集装箱船舶停靠的需要,码头水深条件在 -16 ~ -14m 之间。

4. 集装箱运输系统的柔性化趋势要求集装箱码头应能适应更多箱型的集装箱装卸和搬运

运输系统为之服务的客户已越来越不满足于原先那种被动适应运输需要的方式,而正在寻求适应客户自己需要的运输。客户对于运输的多样化需求,预示着运输方式应具有更大的适应性,即不能再像过去那样无法对客户的需求做出敏捷反映,而应该是现代社会所要求的提供更为"柔性"的运输服务系统,目前正在大力推进的集装箱多式联运正是顺应了这种变化。多式联运将集装箱这种现代运输方式的触角一直伸到物流的始末端,伸向客户企业,伸向消费市场。这种需求势必产生"运输支线与运输干线相连接,支线港与枢纽港相配合,大箱与小箱相配套"的集装箱运输格局。同时,集装箱箱型也将呈现多样化的趋势,这种多样化体现在箱子外形尺寸的多样化(如美国使用较多的更大尺寸的非标箱)和箱子类型的多样化(如:冷藏箱、罐状箱、开顶箱等)。表 4-5 显示,特种箱已有相当的增长速度,这种增长的势头应予以充分注意。

5. 为提高运输服务质量要求港口生产实现信息化

作为交通运输枢纽的港口,伴随着大量物流在港口的集散使港口成为物流集散中心的同时,也成为一个信息中心。信息技术的应用提升了港口的服务质量,促进了港口的发展。

2004 年、2009 年特种箱保有量变化表　　　　　表 4-5

年份 类型		2004 年		2009 年	
		集装箱数	TEU	集装箱数	TEU
油罐箱（tanks）		13332	13332	52931	52931
冷藏箱（reefers）	20ft	48590	48590	31733	31733
	40ft	18930	37860	4249	8498
	40 高箱	145810	291620	210917	430834
带发电机冷藏箱（Gensets）	—	9939	9939	10254	10553
开顶箱（open tops）	20ft	5661	35661	25538	25538
	40ft	37732	75464	38890	77780
	其他	6157	11829	123	197
框架箱（flatracks）	20ft	10089	10089	14631	14631
	40ft	29128	58256	43670	87340
其他	20ft	1675	1675	1156	1156
	40ft	1818	3636	3829	7658
其他（10′、30′、45′、48′、62′）		32003	49996	52757	93097
交换、货盘宽度箱（Swap Bodies Pallet Wide）		40024	65951	1894	2520
合计		465180	758245	492572	844466

（1）信息技术可以提高港口生产效率。由于信息的畅通，港口为船舶服务的整个生产过程的相互协调性大大增强，由此促使船舶在港的非生产性停泊时间减少。因此，在港口生产设施（设备）条件一定的情况下，充分的信息支持能使港口在单位时间内所能服务的船舶数量明显增加。

（2）在信息充分的情况下，港口资源能得到最佳合理的配置。对于港口而言，通过信息系统实时掌控整个港口资源的利用情况，并对全部资源的利用进行系统地安排，以实现物尽其用的合理配置，使港口的资源发挥出最佳效能。

（3）信息的畅通保障了港口的生产安全。先进的信息技术替代人工安全控制系统，可以避免人工系统可能造成的疏忽。由此可以提高港口安全保障系统的可靠性。

（4）信息技术的应用提高了港口服务的质量。为了对综合物流的全过程进行有效的控制和业务处理，各大型港口已广泛采用电子数据交换技术——EDI。EDI 可以有效地对整个货物运输全过程进行监控并对运输业务实现全过程的无纸化管理。

（5）信息技术促进港口的专业化发展。集装箱专业化码头的生产节奏较快，已使得原先采用人工生产和业务管理的方法难以应对。借助于计算机高速的信息处理能力就显得尤为重要。

6. 船舶大型化的趋势对港口的集疏运设施现代化提出了更高的要求

现代化的港口应具有与港外腹地相连接的高标准公路、铁路和水路网络，使货物的内陆集散畅通无阻，形成四通八达的综合物流系统。

7. 船舶大型化趋势要求码头泊位作业的高效化

随着对港口能力需求的不断提升，码头生产从粗放型正在向集约型转变。即着重于提高港口内涵的扩大再生产能力。港口的发展将从追求增加泊位数的数量型向提高泊位效率的质量型过渡。因此，专业化泊位将进一步增加，泊位的科技进步贡献率将提高，从而使泊位的装卸效率和综合通过能力得以上升。一般而言，国际上的集装箱泊位设计能力在40万TEU左右。表4-6反映了中国几个港口的集装箱码头能力情况。港口泊位综合通过能力低，势必占用巨额投资去扩建泊位等基础设施，从而导致港口难以摆脱经济效益低下的状态。

一些港口的集装箱码头泊位能力情况表 表4-6

港口	上海港	宁波港	大连港	天津港
集装箱泊位总长度(m)	12938	8468	4849	8424
吞吐能力(万TEU)	2265	1100	555	1215
每百米的吞吐能力(万TEU/百m)	17.5	13.0	11.4	14.4

注：表中数据源自是2011年统计。

8. 运输周转速度的加快要求港口生产组织的合理化

在港口设施一定的情况下，合理使用港口已有资源，进行生产组织过程的创新，同样可以发挥港口的潜在能力，以实现内涵扩大再生产的目的。例如新加坡港使用先进的仿真系统模拟、分析集装箱装卸生产过程，使作业过程得到优化。在中国，采用计算机仿真技术来解决集装箱码头生产方案优化以及航运公司的集装箱班轮航线船舶配置优化等方面也已经做了大量的工作，本书的第十一章有专门介绍。

三、集装箱专用码头所应具备的条件

图4-1所示的是上海洋山港区集装箱码头的全景图，从中可以对集装箱码头有一个直观的了解。

图4-1　上海洋山港区集装箱码头鸟瞰

集装箱码头由于要承接大量的货物吞吐任务，并且要求货物在港口的周转速度快捷，因此，对于集装箱码头的建设与普通码头相比在规模上、技术手段上有明显不同。归纳起来，一个现代化的集装箱码头应该具备以下条件：

1. 具有一定规模的集装箱吞吐量

由于一个专用的集装箱码头造价较高,只有当集装箱吞吐量达到一定规模时,建造集装箱专用码头在经济上才是合理的。根据交通运输部 2011 年颁布的《海港集装箱码头设计规范》要求,对于万吨级及以上的专业化海港集装箱码头,其泊位年设计通过能力应在 15 万 TEU 以上。当集装箱吞吐量较小时,可先建造所谓的多用途码头(泊位)。根据联合国贸发会《港口发展》报告给出的定义,多用途码头具有以下特点:

(1)可适用于多种类型的船舶进行装卸;

(2)码头可迅速适应集装箱的发展;

(3)机械配备较多,但是比专用的集装箱码头上的专用设备便宜;

(4)码头建成后可以尽快发挥应有的能力;

(5)露天堆场靠近岸线,仓库在堆场后方;

(6)为快速适应货物装卸量的增加,码头应设置预留堆场;

(7)在码头道路两边应设置停车场,以便于集装箱公路集疏运的需要。

2. 应有满足大型集装箱船舶进出港的航道及港池水深条件

一方面,集装箱船舶比普通的件杂货船舶的船型和载重量大,例如载箱量为 1000 ~ 2000TEU 的第二代集装箱船舶总吨位达 20000t 以上,这样的船舶在集装箱专用船舶中已属于小型的船舶了,这种船型的吃水要求大于 10m,而第三代集装箱船舶的吃水则需 12m;目前,一些国际枢纽港口为满足集装箱船舶大型化发展的要求,一般都要求港口及航道水深达到 -15m 左右,例如,马士基的 18000TEU 的超大型集装箱船对码头和航道水深要求达 -15.5m。另一方面,集装箱运输一般采用班轮运输方式,为了保证集装箱运输快捷、准时的需要,港口应能保证船舶进出港口不受潮位涨落的影响。因此,一般只能接纳普通件杂货船的码头显然无法满足集装箱船的要求。

3. 具有宽阔的陆域面积和堆场

集装箱运输是一种高效率,快捷的运输方式,因此需要码头能在短时间内接纳大量集装箱的进出,同时港口生产又具有不平衡性,这会对集装箱及时装卸造成影响,因此,专用的集装箱码头都采用集装箱入场的间接换装作业方式,这就要求集装箱码头具有较大的陆域堆场面积。如果没有足够面积的堆场以容纳大量在港滞留的集装箱,将会造成港口的堵塞和混乱,进而延长船舶在港时间。为此,在码头设计时就应考虑货物的入库系数(即进入堆场的集装箱数与码头操作量之比)为 100%。这就要求集装箱专用码头的堆场比普通码头的堆场要更为宽阔。一般一个集装箱专用码头其陆域纵深可达 300 ~ 400m。

4. 便利的集装箱集疏运交通通道

为了适应集装箱在港口的快速集结和疏散,并且便于实现货物的多式联运,一个集铁路、公路、内河等集疏运方式为一体的便利的集疏运网络对于集装箱码头来说是非常重要的。例如,中国上海港的集装箱业务的发展正是得益于其便利的内河、公路和铁路所形成的港口集疏运网络的便利。

5. 配备大型、高效率的集装箱专用机械和设备

集装箱专用码头应配备足够数量和技术性能较高的专用机械设备,以确保车船在港能及时换装。由于集装箱是一种单体较大的货物搬运单元,集装箱运输又是一种快捷的货物运输

方式,因此在集装箱码头上必须采用起重量大、装卸搬运效率高的设备。目前,集装箱码头装卸效率已经成为码头竞争力的主要标志,为此,双箱吊、三箱吊等更大型的起重设备应运而生。

6. 拥有现代化的通讯和生产指挥系统

集装箱运输的高效化是以运输信息传递的便利和高速化为前提的,信息的滞后将影响集装箱运输和装卸的速度。为了满足集装箱运输高效和快捷的需要,采用先进的信息传递手段是非常必要的。这包括两个方面的信息传递:一个是码头与外部客户和相关部门之间信息联系,另一个是码头内部的现场指挥与生产调度中心之间的信息联系。在与外部的联系方面目前已逐渐发展为采用电子数据交换(EDI)技术。在码头内部通讯方面,目前主要采用可移动终端方式,以减少信息传递过程的出错率。

7. 具有现代化的管理手段

现代化集装箱码头的有效运作,要求员工具有较高的文化素质和较强的技术能力,同时还需要有先进的管理手段。例如作为集装箱码头生产指挥中心的生产操作部门,已不同于普通件杂货码头,传统的手工调度计划的编制方式已被现代化的计算机管理系统所代替。原先那种仅凭经验的生产管理方式已无法适应现代化码头工作的要求。在一些先进的集装箱码头,当你进入码头的生产操作部门时,犹如进入了计算机房,这就要求生产管理人员全部能够操作计算机来编制计划,查询生产进度信息,控制现场运作等。在一些现代化的集装箱码头上,智能化的计算机决策支持系统正在码头生产作业中发挥着重要的作用,以保证码头资源得到合理地使用。

第二节　集　装　箱

一、集装箱的箱型及规格

集装箱是一种用于货物搬运的标准容器,分为国际标准集装箱和非标准集装箱。国际标准集装箱的外形与结构通常如图4-2所示。集装箱由以下一些部件所构成。

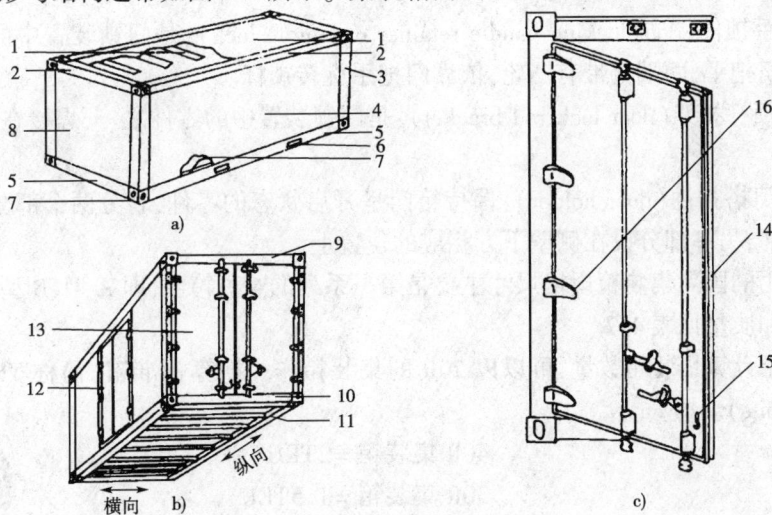

图4-2　集装箱结构图

1-顶梁;2-上端梁;3-角柱;4-侧垫;5-下侧梁;6-叉槽;7-底板;8-端壁;9-门楣;10-门槛;11-地梁;12-侧门;13-端门;14-箱门密封垫;15-箱门搭扣件;16-门铰链

（1）角配件（corner fitting）：位于集装箱8个角端部，用于支承、堆码、装卸和栓固集装箱。角配件在三个面上各有一个长孔，孔的长度为300～350mm，宽度为100mm，尺寸与集装箱装卸设备上的旋锁相匹配。其形状见图4-3。

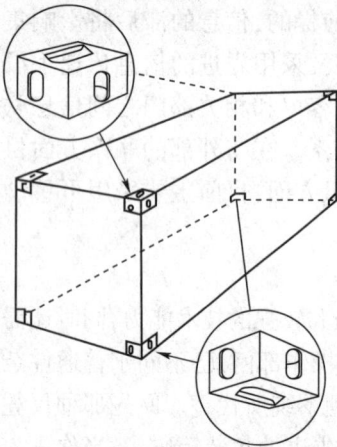

图4-3　集装箱角配件

（2）角柱（corner post）：位于集装箱四条垂直边，起连接顶部角配件和底部角配件的支柱作用。

（3）上（下）横梁（top/bottom end transverse member）：位于箱体端部连接顶部（或底部）角配件的横梁。

（4）上（下）侧梁（top/bottom side rail）：位于箱体侧壁连接顶部（或底部）角配件的纵梁。

（5）顶（底）板（roof sheet/floor）：箱体顶部（底部）的板。

（6）顶（底）梁（roof bows/floor bearers or cross member）：支撑顶板（底板）的横向构件。

（7）叉槽（fork pockets）：贯穿箱底结构，供叉举集装箱用的槽。

（8）侧（端）壁板（side/end panel）：与上下侧（端）梁和角结构相连的，形成封闭的板壁。

（9）侧（端）柱（side/end posts）：垂直支撑和加强侧（端）壁板的构件。

（10）门楣（槛）（door header/door sill）：箱门上（下）方的梁。

（11）端（侧）门（end/side door）：设在箱端（侧）的门。

（12）门铰链（door hinge）：连接箱门与角柱以支承箱门，使箱门能开闭的零件。

（13）门把手（door link handle）：开闭箱门用的零件，其一端焊接在锁杆上。抓住门把手使锁杆旋转，从而使锁杆凸轮与锁杆凸轮柱啮合，把箱门锁住。

（14）锁杆凸轮（locking bar cams）：是门锁装置中的零件之一，与门楣上的锁杆凸轮座相啮合，用以锁住箱门。

（15）把手锁件（door locking handle retainer or handle lock）：是门锁装置中的零件之一，锁杆中央带有门把手，两端部带有凸轮，依靠门把手旋转锁杆。

（16）门锁杆托架（door lock rod bracket）：是门锁装置中的零件之一，焊接在门上用以托住锁杆的装置。

（17）箱门搭扣件（door holder）：保持箱门呈开启状态的零件，它分两个部分：一部分设在箱门下侧端部，另一部分设在侧壁下方相应的位置上。

目前使用的国际集装箱规格尺寸主要是第一系列的4种箱型，即A型、B型、C型和D型。它们的尺寸和质量见表4-7。

为了便于计算集装箱数量，可以以20ft的集装箱作为换算标准箱（简称TEU，Twenty-foot Equivalent Units）。即

40ft 集装箱 = 2TEU

30ft 集装箱 = 1.5TEU

20ft 集装箱 = 1TEU

10ft 集装箱 = 0.5TEU

第一系列集装箱规格尺寸和总质量　　　　表4-7

规格 (ft)	箱型	长		宽		高		最大总质量	
		公制 (mm)	英制 (ft in)	公制 (mm)	英制 (ft in)	公制 (mm)	英制 (ft in)	(kg)	(LB)
40	1AAA 1AA 1A 1AX	12192	40′	2438	8′	2896 2591 2438 <2438	9′6″ 8′6″ 8′ <8′	30480	67200
30	1BBB 1BB 1B 1BX	9125	29′11.25″	2438	8′	2896 2591 2438 <2438	9′6″ 8′6″ 8′ <8′	25400	56000
20	1CC 1C 1CX	6058	19′10.5″	2438	8′	2591 2438 <2438	8′6″ 8′ <8′	24000	52900
10	1D 1DX	2991	9′9.75″	2438	8′	2438 <2438	8′ <8′	10160	22400

第一系列集装箱长度之间的比例关系见图4-4。

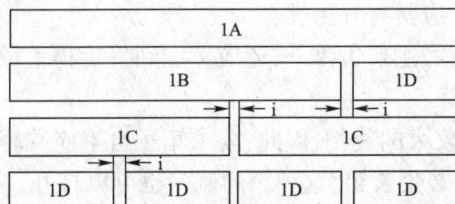

图4-4　第一系列各类型集装箱长度之间比例关系示意图

值得注意的是,为了提高货物运输和搬运的效率,降低成本,大型的集装箱使用比率在不断地增加,表4-8反映这一变化的趋势。

2000—2006年中国20ft与40ft集装箱数量及其占总箱量的比重　　　　表4-8

年份	20ft箱(万个)	占总箱量比重(%)	40ft箱(万个)	占总箱量比重(%)	箱型比例
2006	2603	26.7	3229	66.6	1:2.5
2005	2220	28.7	2537	66.5	1:2.33
2004	1879	31.2	1966	66.3	1:2.13
2003	1555	32.8	1529	64.5	1:1.97
2002	1305	36.1	1114	61.6	1:1.71
2001	971	36.4	820	61.4	1:1.69
2000	812	35.9	705	62.2	1:1.73

资料来源:刘银红,杨立强,邵春福.集装箱国际标准箱的发展趋势研究.运输标准化,2010(14).

99

除了标准箱以外,在铁路和航空运输中还使用一些小型的集装箱,如我国铁路运输中已使用较长时间的 1 吨箱、2 吨箱、3 吨箱以及 5 吨箱等。

随着欧美国家大型非标准箱使用范围的扩张,国际标准化组织 ISO/TC104 的成员国家已经考虑到集装箱国际标准在高度、长度和宽度方向的发展,一些发达国家近年来在国际标准化组织会议上多次提出修改集装箱有关标准的要求和建议,其主要内容是增大集装箱尺寸和总重量标准,鉴于 45ft 使用量大幅增长和使用范围的扩张,ISO/TC104 已经开始考虑将 45ft 箱列入国际标准。

二、集装箱的种类

1. 干货集装箱(dry cargo container)

如图 4-5 所示,干货集装箱是一种最常见的普通集装箱,这种集装箱除冷冻货、活的动物、植物外,在尺寸、重量等方面适合集装箱运输的货物几乎均可使用。干货集装箱样式较多,使用时应注意箱子内部容积和最大负荷;特别是在使用 20ft、40ft 集装箱时更应注意这一点。

2. 散装集装箱(bulk container)

散装集装箱是一种密闭式集装箱,有玻璃钢制和钢制两种,其顶部的装货口设有水密性良好的盖,以防雨水侵入箱内。散装集装箱主要用于运输啤酒、豆类、谷物、硼砂、树脂等货物。散装集装箱的使用有严格要求,如:

(1)每次掏箱后,要进行清扫,使箱底、两侧保持光洁;

(2)为防止汗湿,箱内金属部分应尽可能少外露;

(3)有时需要熏蒸,箱子应具有气密性;

(4)在积载时,除了由箱底主要负重外,还应考虑到将货物重量向两侧分散;

(5)箱子的结构易于洗涤;

(6)主要适用装运重量较大的货物,因此,要求箱子自重应减轻。

图 4-6 是一种硬开顶散装集装箱,这种箱的侧门也可以打开。

图 4-5　干货集装箱

图 4-6　散装集装箱

3. 冷藏集装箱(reefer container)

冷藏集装箱是指装载冷藏货并附设有冷冻机的集装箱,箱内温度可在 $-28 \sim +26℃$ 之间调整(图 4-7)。在运输过程中,启动冷冻机可以使货物保持在所要求的指定温度。箱内顶部装有挂肉类、水果的钩子和轨道,适用于装载冷藏食品、新鲜水果,或特种化工产品等。冷藏集装箱的经济效益并不一定好,其原因是:

（1）冷藏集装箱投资大,制造费用几倍于普通箱;

（2）在来回程冷藏货源不平衡的航线上,船公司常常为是否回运空箱而感到为难;

（3）船上用于装载冷藏集装箱的箱位有限;

（4）由于积载原因,每一只冷藏箱的运费收入并不一定都高;

（5）与普通箱相比,冷藏集装箱的营运费用较高,除因支付修理、洗涤费用外,每次装箱前应检验冷冻装置,并定期为这些装置大修而支付不少费用。

图4-7　冷藏集装箱

在实际营运过程中,冷藏集装箱的货运事故较多,原因之一是由于箱子本身或箱子在码头堆场存放或装卸时所致;另一原因是发货人在进行装箱工作时,对箱内货物所需要的温度,及冷冻装置的操作缺乏足够的谨慎所致。

尽管如此,世界冷藏货运量中,使用冷藏集装箱方式的比重不断上升,近年来已经超过使用冷藏船方式的比重,这也从一个侧面反映了集装箱运输方式取代常规货船运输方式的趋势。

4. 开顶集装箱(open – top container)

即没有刚性箱顶的集装箱,但有由可折叠式或可折式顶梁支撑的帆布、塑料布或涂塑布制成的顶篷(图4-8)。开顶集装箱在集装箱种类中属于需求增长较少的一种,主要原因是货物装卸量上不去,在没有月台、叉车等设备的仓库无法进行装箱,在装载较重的货物时还需使用起重机。这种箱子的特点是吊机可从箱子上面进行装卸货物,然后用防水布覆盖。目前,开顶集装箱仅限于装运较高货物或用于代替尚未得到有关公约批准的集装箱种类。

图4-8　开顶集装箱

5. 框架集装箱(plat form based container)

这是以装载超重货物为主的集装箱,省去箱顶和两侧,其特点是可从箱子侧面进行装卸(图4-9)。在目前使用的集装箱种类中,框架集装箱稍有独到之处,这是因为不仅干货集装箱,即使是散货集装箱、罐式集装箱等,其容积和重量均受到集装箱规格的限制;而框架集装箱则可用于那些形状不一的货物,如废钢铁、卡车、叉车等。除此之外,相当部分的集装箱在集装箱船边直接装运散装货,采用框架集装箱就较方便。框架集装箱的主要特点有:

（1）自身较重;普通集装箱是采用整体结构的,箱子所受应力可通过箱板扩散,而框架集装箱仅以箱底承受货物的重量,其强度很大;

（2）出于同样的原因，这种集装箱的底部较厚，所以相对来说，可供使用的高度较小；密封程度差。

由于上述原因，该种集装箱通过海上运输时，必需装载舱内运输，在堆场存放时也应用毡布覆盖。同时，货物本身的包装也应适应这种集装箱。

6.牲畜集装箱(pen container)

这是一种专门为装运动物而制造的特殊集装箱，箱子材料选用金属网使其通风良好，侧壁下方设有清扫口和排水口，并配有上下移动的拉门，可把垃圾清扫出去。还装有喂食口（图4-10）。

图4-9　框架集装箱

图4-10　牲畜集装箱

7.罐式集装箱(tank container)

这类集装箱专门装运各种液体货物，如食品、酒品、药品、化工品等。罐体四角由支柱、撑杆构成整体框架。货物由液罐顶部的装货孔进入，卸货时，货物由排出孔靠重力作用自行流出，或者由顶部装货孔吸出（图4-11）。

8.汽车集装箱(car container)

这是专门供运输汽车而制造的集装箱；结构简单，通常只设有框架与箱底，根据汽车的高度，可装载一层或两层（图4-12）。

图4-11　罐式集装箱

图4-12　汽车集装箱

三、集装箱标记

为了方便集装箱运输管理，国际标准化组织(ISO)拟订了集装箱标志方案。根据 ISO 790—73，集装箱应在规定的位置上标出以下内容：

1. 第一组标记:箱主代码、顺序号和核对数

(1)箱主代码:集装箱所有者的代码,它由 4 位拉丁字母表示;前 3 位由箱主自己规定,并向国际集装箱局登记;第 4 位字母为 u,表示海运集装箱代号。例如中国远洋运输(集团)公司的箱主代码为:cosu。

(2)顺序号:为集装箱编号,按照国家标准(GB 1836—85)的规定,用 6 为阿拉伯数字表示,不足 6 位,则以 0 补之。

(3)核对数:用于计算机核对箱主号与顺序号记录的正确性。核对号一般位于顺序号之后,用一位阿拉伯数字表示,并加方框以醒目。

核对号是由箱主号的四位字母与顺序号的六位数字通过以下方式换算而得。具体换算步骤如下:

①将表示箱主号的四位字母转化成相应的数字,字母和数字的对应关系见表4-9。

核对号计算中箱主号字母与数字转换表　　　　　　　　　　表4-9

字母	A	B	C	D	E	F	G	H	I	J	K	L	M
数字	10	12	13	14	15	16	17	18	19	20	21	23	24
字母	N	O	P	Q	R	S	T	U	V	W	X	Y	Z
数字	25	26	27	28	29	30	31	32	34	35	36	37	38

从表中可以看出,去掉了 11 及其倍数的数字,这是因为后面的计算将把 11 作为模数。

②将前四位字母对应的数字加上后面顺序号的数字,共计 10 位。例如,以中国远洋运输公司的某箱为例,箱主号与顺序号为:

$$COSU\ 800121$$

对应的数字是:13—26—30—32—8—0—0—1—2—1

③采用加权系数法进行计算,计算公式为:

$$S = \sum_{i=0}^{9} C_i \times 2^i$$

式中:C_i 为 10 个数字中第 i 个数字。

④将 S 除以模数 11,再取其余数,即得核对号。

仍以 COSU 800121 箱为例:

$$S = 13 \times 2^0 + 26 \times 2^1 + 30 \times 2^2 + 32 \times 2^3 + 8 \times 2^4 + 0 \times 2^5 + 0 \times 2^6 + 1 \times 2^7 + 2 \times 2^8 + 1 \times 2^9$$
$$= 1721$$

除以 11,取余数:

$$\frac{1721}{11} = 156\cdots,余数为:5$$

所以,核对号为:

$$\boxed{5}$$

2. 第二组标记:国籍代号、尺寸代号和类型代号

(1)国籍代号:用 3 位拉丁字母表示,说明集装箱的登记国,例如"RCX"为"中华人民共和国"的代号。国籍代号可以从表4-10 中查得。

部分国家和地区代号表 表 4-10

国家和地区	三字母	二字母	国家和地区	三字母	二字母
澳大利亚	AUS	AUP	印度	IND	IN
奥地利	AXX	AT	印度尼西亚	RIX	ID
比利时	BXX	BE	伊朗	IRX	IR
巴西	BBX	BR	意大利	IXX	IT
加拿大	CDN	CA	爱尔兰	IRL	IE
智利	RCH	CL	以色列	ILX	IL
中国	PRC	CN	日本	JXX	JP
塞浦路斯	CYX	CY	韩国	ROX	KR
丹麦	DKX	DK	黎巴嫩	RLX	LB
芬兰	SFX	FI	墨西哥	MEX	MX
法国	FXX	FR	荷兰	NLX	NL
加纳	GHX	GH	新西兰	NZX	NZ
联邦德国	DXX	DE	尼日利亚	WAN	NG
希腊	GRX	GR	挪威	NXX	NO
香港	HKX	HK	巴基斯坦	PAK	PK
匈牙利	HXX	HU	巴拉圭	PYX	PY
秘鲁	PEX	PE	瑞士	OHX	OH
菲律宾	PIX	PH	台湾省	PCX	TW
波兰	PLX	PL	土耳其	TRX	TR
葡萄牙	PXX	PT	越南	VNX	VN
新加坡	SGP	SG	赞比亚	RNR	ZM
国家和地区	三字母	二字母	国家和地区	三字母	二字母
西班牙	EXX	ES	英国	GBX	GB
南非共和国	ZAX	ZA	美国	USA	US
斯里兰卡	SLA	LK	苏联	SUK	SU
瑞典	SXX	SE	南斯拉夫	YUK	YU

(2)尺寸代号:由 2 位阿拉伯数字组成,用于表示集装箱的尺寸大小。例如,20 表示 20ft 长,8ft 高的集装箱。集装箱的尺寸代码可以从表 4-11 中查得。

(3)类型代号:由 2 位阿拉伯数字组成,说明集装箱的类型,例如 30 表示用扩散制冷剂方式的冷藏集装箱。集装箱类型代号可以从表 4-12 中查得。

3.第三组标记:最大总重和自重

(1)最大总重(max gross):又称额定重量,是集装箱的自重和最大允许载货量之和。最大总重单位用公斤(kg)和磅(lb)同时标出。各种类型集装箱的最大总重可以参见表 4-13。

(2)自重(tare):是集装箱的空箱重量。

集装箱标记标注的位置要便于查看,一般要求当集装箱吊离地面 1.2m 时,观察者站在离集装箱侧面或者端面中部 3m 处能看清标记。

集装箱尺寸代号表　　　　　　　　　　　　表 4-11

ISO系列 I 集装箱和同类型集装箱（注）	公称长度（mm）	尺寸代号	h=2438 无	h=2438 有	h=2591 无	h=2591 有	h>2591 无	h>2591 有	1219<h≤1295 无	1219<h≤1295 有	1295<h<2438 有或无	h≤1219 有或无
		鹅颈槽 / 尺寸代号	0	1	2	3	4	5	6	7	8	9
	3000	1	10	11	12	13	14	15	16	17	18	19
	6000	2	20	21	22	23	24	25	26	27	28	29
	9000	3	30	31	32	33	34	35	36	37	38	39
	12000	4	40	41	42	43	44	45	46	47	48	49
其他类型集装箱	3000<L<6000	6	60	61	62	63	64	65	66	67	68	69
	6000<L<9000	7	70	71	72	73	74	75	76	77	78	79
	9000<L<12000	8	80	81	82	83	84	85	86	87	88	89
	L>12000	9	90	91	92	93	94	95	96	97	98	99

		索引号	公称长度 <3000mm 的集装箱尺寸代号
ISO 集装箱	L<3000 集装箱类型	0	00　01　02　03　04　05　06　07　08　09 另行指定
其他类型集装箱	L<3000 集装箱内部容积	5	50　51　52　53　54　55　56　57　58　59 这些代号以后规定

注："同类集装箱"是指装有符合 ISO 1161 规定的角件尺寸和位置的集装箱，并能用 ISO 集装箱装卸设备起吊。

集装箱类型代号表　　　　　　　　　　　　表 4-12

类　型	特　征	代号	备用号	备　注
通用集装箱	一端或两端开门； 一端或两端开门，加一侧或两侧全开门； 一端或两端开门，加一侧或两侧部分开门； 一端或两端开门，加活顶； 一端或两端开门，一侧或两侧也开门，再加活顶	00 01 02 03 04	05 06 07 08 09	
带通气孔的密闭式集装箱	通气孔总截面 <25cm²/m（箱长）　通气孔总截面 ≥25cm²/m（箱长）	10 11	12	箱内上方设有通气孔的集装箱
密闭式通风集装箱	箱内上下方设有通风装置（通风道），但无机械通风设施 箱内设有机械通风装置 箱设有机械通风装置	13 15 17	14 16 18	设有通风装置的集装箱

续上表

类　　型	特　　征	代号	备用号	备　　注
保温集装箱	隔热式的 隔热式的 加热式的	20 21 22	23 24	20～21是各面都用隔热壁构成的,不同热源或冷源,以限制内外传热的集装箱 20 隔热 k 值 $k_{max} \leqslant 0.4W/(m^2 \cdot C)$ 21 隔热 k 值 $k_{max} \leqslant 0.7W/(m^2 \cdot C)$ 22 是各面都用隔热壁构成的,有加热设备的集装箱,内部温度能固定或能保持所规定范围的集装箱
按货物命名的集装箱	牲畜集装箱 小汽车集装箱	25 26	27 28 29	
冷藏集装箱	制冷式—用扩散制冷剂 制冷式—用机械制冷 制冷和加热式	30 31 32	33 34 35 36 37 38 39	30～31是各面都用隔热壁构成的,装有固定式独立制冷设备,能保持集装箱内部温度固定或保持在规定范围之内
冷藏集装箱	制冷或加热设备可拆除　外部设备可拆卸 内部设备可拆卸 外部设备可拆卸	40 41 42	43 44 45 46 47 48 49	40～42是各面都用隔热壁构成,装有拆卸式制冷或加热设备,能保持集装箱内温度固定或保持在所规定的范围内,40 和 41 隔热 k 值 41 隔热 k 值 $k_{max} \leqslant 0.4W/(m^2 \cdot C)$ 42 隔热 k 值 $k_{max} \leqslant 0.7W/(m^2 \cdot C)$
敞顶式集装箱	一端或两端开门 一端或两端开门,端框架顶部构件可拆卸 一端或两端和一侧或两侧开门 一端或两端开门,一侧或两侧开门,端框架顶部构件可拆除	50 51 52 53	54 55 56 57 58 59	50～53是有端壁和侧壁的集装箱

续上表

类　型	特　征	代号	备用号	备　注
平台和台架式集装箱	平板上,无上部结构,装有顶角件和底角件 台架式,上部结构不齐全,有完整固定的端壁 台架式,上部结构不齐全,有固定立柱 台架式,上部结构不齐全,有完整可折叠的端壁 框架式,上部结构不齐全,有可折叠的立柱 台架式,上部结构齐全,无侧壁,有箱顶 框架式,上部结构齐全,无侧壁,敞顶 框架式,上部结构齐全,无侧壁,敞顶,无端壁(全骨架)	60 61 62 63 64 65 66 67	68 69	60~67 的集装箱可使用同样的固定和起吊设备
罐式集装箱	试验压力 45kPa 试验压力 150kPa 试验压力 265kPa 试验压力 150kPa 试验压力 265kPa 试验压力 400kPa 试验压力 600kPa 试验压力 1.05kPa 试验压力 2.2kPa 试验压力大于 2.2kPa	70 71 72 73 74 75 76 77 78 79		70~72 是装运非危险液体货物的集装箱 73~76 是装运危险液体货物的集装箱 77~79 是装运危险气体货物的集装箱
干散货集装箱	有重力卸货装置的干散货集装箱 在压力卸货装置的干散货集装箱	80 81	82 83 84 85 86 87 88 89	80~89 是专用于运送特殊货物的集装箱
空运集装箱	代号特性由国际标准化组织 ISO 与国际空运协会 IATA 共同拟定		90 91 92 93 94 95 96 97 98 99	90~99 是用于固翼式飞机的集装箱

各种类型集装箱最大总重表　　　　　　　　　表 4-13

箱型	40ft IAA、IA、IAX	30ft IBB、IB、IBX	10ft ICC、IC、ICX	10ft ID、IDX
最大总重(kg)	30480	25400	24000	10160

第三节　集装箱吊具

一、集装箱简易起吊方法

当在非集装箱专用码头上装卸集装箱时,可以采用钢丝绳用吊钩起吊。钢丝绳起吊集装箱的方式由图 4-13 所示的 4 种,其中图 4-13a)、图 4-13b)、图 4-13c)所示的方法由于受力状态不好,一般只适用于轻箱、小箱。图 4-13d)所示的方法在起吊大箱时,对夹角 α_{min} 有如下的要求(表 4-14)。

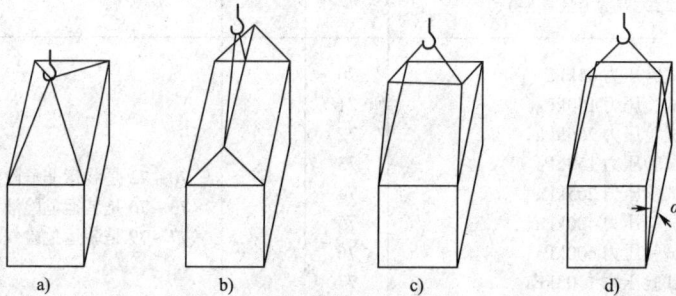

图 4-13　集装箱简易起吊方法

钢丝绳起吊集装箱时的最小夹角 α_{min} 要求　　　　　　表 4-14

箱型	1AA、1A	1BB、1B	1CC、1C	1DD、1D
α_{min}	30°	37°	45°	60°

但是,随着集装箱运输的发展,这种简易起吊方法已越来越少使用,甚至在非集装箱专用码头上也越来越多地采用专用集装箱吊具。

二、集装箱专用吊具

集装箱专用吊具(spreader)是用于起吊集装箱的属具,它通过连接装置与集装箱在吊运时连成一体,对于国际标准集装箱,都采用旋锁连接装置,即在吊具框架的四角相应于集装箱角件孔位置,装设一个可转动的旋锁,旋锁连接装置如图 4-14 所示。当吊具通过导向装置降落在箱体上时,吊具旋锁即准确地插入集装箱角件的椭圆形孔内,将旋锁转动90°,就可锁住集装箱而实现吊装。

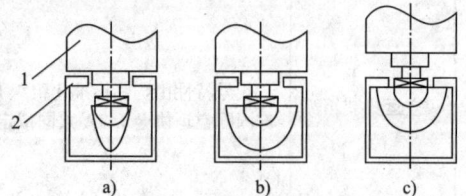

图 4-14　旋锁连接装置
1-吊具旋锁;2-集装箱角配件

1.专用吊具

集装箱专用吊具主要有:固定式、组合式和自动式三种类型。

（1）固定式吊具：是一种只能起吊一种集装箱的吊具（图4-15），其特点是结构简单、自重轻，价格便宜，但是对箱体类型的适应性较差。更换吊具往往要占用较多时间。

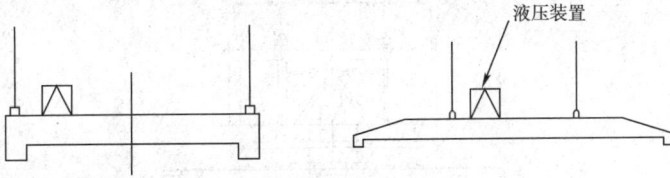

图4-15　集装箱固定式吊具

（2）组合式吊具：将起吊不同尺寸的集装箱的吊具组合使用的一种集装箱专用吊具（图4-16），当起吊40ft集装箱时，由20ft吊具先起吊40ft吊具再起吊40ft集装箱。其特点是结构简单，自重较自动式要小（一般为4～7t）这种吊具多用于跨运车和正面吊上。

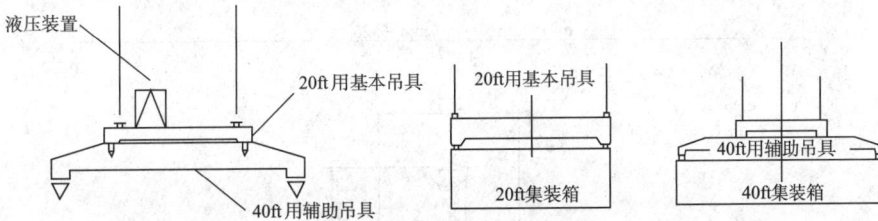

图4-16　集装箱组合式吊具

（3）自动式吊具：通过伸缩臂，可以改变吊具的臂长，以达到起吊不同尺寸集装箱的要求（图4-17～图4-19）。吊具的伸缩在驾驶室内操纵，伸缩变换吊具长度的时间约需要20s左右，动作迅速平稳。因此，变换起吊不同集装箱所需时间较少，使用灵活性较强，但是自重较大，一般可达9～10t。这是目前在集装箱装卸桥上使用最为普遍的一种集装箱专用吊具。

图4-17　集装箱自动吊外形图

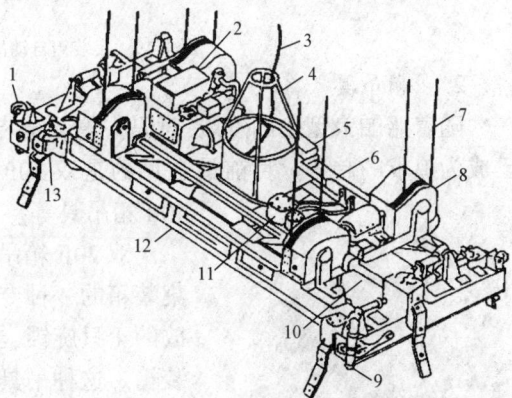

图4-18　集装箱自动吊具结构图

1-导辊;2-液压装置;3-电缆;4-电缆笼;5-灯座;6-指示灯;7-提升钢丝绳;8-提升滑轮组;9-扭锁;10-伸缩液压缸;11-插座箱;12-吊具框架;13-导向抓驱动装置

max=12210   min=6075

800   1800   800

5852±3

8918±3

11894±3

max=12660   min=6525

2455

4080

2258±1

≈2800

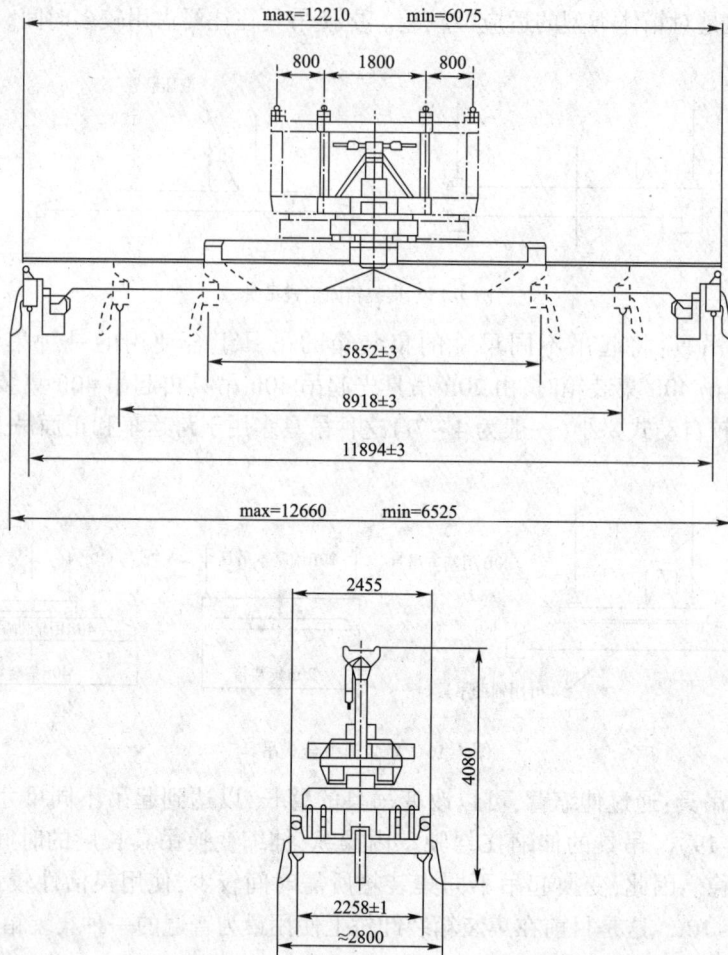

图 4-19   集装箱自动吊具尺寸图(尺寸单位:mm)

2. 多箱吊具

随着船舶大型化的发展,对码头集装箱装卸效率的要求越来越高,能同时起吊多个集装箱已成为追求的趋势。目前最常见的是双 20ft 箱吊具,正在大力发展的是双 40ft 箱吊具和三40ft 箱吊具等。

双 20ft 箱吊具是用一个集装箱吊具可同时起吊两个 20ft 的集装箱的一种专用吊具(图 4-20)。在双箱吊具的中部增加可收放的 4 只旋锁,当吊具伸到 40ft 位置时,可同时起吊 2 个 20ft 集装箱。这种吊具也可以起吊一个 40ft 的集装箱。采用这种起吊方法要求集装箱装卸桥的起重量要达到 60t 左右。但是,双箱起吊方法可以大大提高船舶的装卸效率。

图 4-21 是一种能够同时起吊 2 个 40ft 集装箱的吊具。图4-22是能够同时起吊三个 40ft 集装箱的吊具;目前,这种吊具还尚未用于码头实际作业。

图 4-20   双 20ft 集装箱吊具

图 4-21 双 40ft 集装箱吊具

图 4-22 三 40ft 集装箱吊具

第四节 集装箱装卸、搬运机械化

一、集装箱船装卸机械化

1. 船舶吊杆方式

在简易的集装箱码头上,也可以采用所谓的"光板式"码头,即码头装卸船舶采用船舶吊杆方式。这种码头往往处于内河的小码头,用于装卸自带吊杆的专用集装箱驳船。图 4-23 所示的是在中国南方珠江上简易集装箱码头所使用的船舶吊杆作业情况。

2. 门座起重机方式

采用普通门座起重机起吊集装箱在一些多用途码头使用较多,采用这种方式作业时往往使用集装箱固定吊具(图 4-24)。但由于吊具在集装箱顶部,采用这种方式时吊具摘钩比较困难;为此,往往在作业现场,会堆放一个用于作业的空集装箱,工人站在集装箱顶部,需要摘挂钩时跨上搬运的集装箱进行作业。采用这种装卸船方式时门座起重机的起重量要能满足起吊集装箱和吊具重量的要求。这种作业方式由于效率比较低,很少在专业化集装箱码头上使用。

图 4-23 自带吊杆的集装箱驳船的作业情况

图 4-24 门座起重机采用固定式吊具起吊集装箱

3. 装卸—堆存一体化方式

图4-25 所示的这种装卸船和堆场作业一体化的集装箱装卸工艺一般在吞吐量不大的码头使用较多。该方法工艺流程布置紧凑,一台设备即可完成从船舶装卸到堆场堆存以及后方的装卸车整个作业流程。当然,这种工艺方式不适用于需要大型堆场的集装箱码头,而且,当车船同时需要作业时会发生不同作业环节之间的相互干扰。

4. 岸壁式集装箱装卸桥方式

集装箱的标准化和集装箱船的专用化,为港口码头装卸机械高效化提供了良好条件。在现代化的集装箱码头上,目前从事码头前沿集装箱起落舱作业的设备普遍采用的是岸壁式集装箱装卸桥(ship-to-shore crane)来装卸集装箱船舶。岸壁集装箱装卸桥简称集装箱装卸桥或装卸桥(实际工作中又被称为"桥吊")。装卸桥是一种体积庞大(高度可达70多米),自重非常重(有700t以上),价格昂贵(约几千万元人民币)的集装箱码头专用设备(图4-26)。

图4-25 装卸—堆存一体化方式

图4-26 岸壁式集装箱装卸桥图片

集装箱装卸桥主要由带行走机构的门架,承担臂架重量的拉杆和臂架等几个部分组成。臂架可分为海侧臂架,陆侧臂架和门中臂架三个部分(图4-27)。门中臂架是专门用于连接海侧和陆侧臂架的。臂架的主要作用是用来承受带升降机构的小车重量,而升降机构又是用来承受集装箱吊具和集装箱重量的。海侧臂架一般设计成可以俯仰,以便集装箱装卸桥移动时与船舶的上层建筑不会发生碰撞。如图4-27 所示,根据门架外形,可分为 A 形(图4-27a)和H 形(图4-27b),在中国多数采用的是 H 形门架的装卸桥。

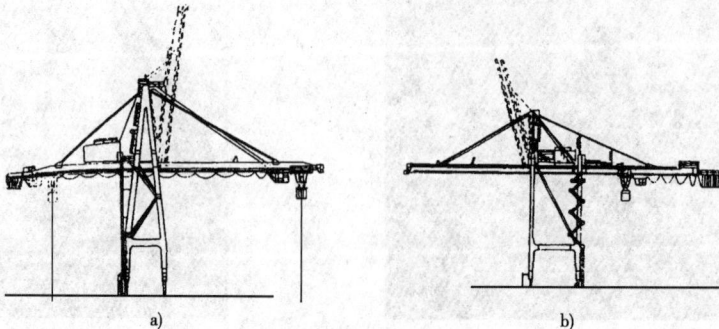

a)   b)

图4-27 岸壁式集装箱装卸桥外形结构图

装卸桥作业时,由于集装箱专用船舶的船舱内设有箱格,舱内的集装箱作业对位非常方便,无须人工协助,因此,在作业中没有了像件杂货那样的舱内作业工序。

根据集装箱码头营运经验,一般情况下一个集装箱泊位平均可配备装卸桥2～4台。集装箱装卸桥有关参数的确定可作如下考虑。

1）起重量

起重量是表示集装箱能力的指标,根据额定起重量和吊具重量确定。即

$$Q = Q_t + W$$

式中:Q——岸壁集装箱装卸桥的起重量(t);

Q_t——额定起重量(t);

W——吊具重量(t)。

所谓额定起重量是指所起吊的集装箱的最大总重量,例如 ISO 的 IA、IAX、IAA 型 40ft 集装箱最大总重量为 30.5t。集装箱装卸桥的起重量是指额定起重量加集装箱吊具的重量。由于集装箱装卸桥的吊具种类繁多,重量不一,并且受作业条件的影响,世界各国集装箱装卸桥的起重量并不一致。确定集装箱装卸桥起重量一般要考虑以下作业条件。

(1)起吊集装箱船舱盖板的需要;舱盖板的重量一般不超过 28t,但个别的舱盖板有重达 35.6t 的,其尺寸为 14m×14m。

(2)考虑装卸非国际标准箱的需要;非国际标准集装箱的最大总重量可达 38t,甚至更大。

(3)考虑有可能采用同时起吊两个 20ft 型集装箱的作业方式,两个 20ft 型的集装箱最大总重为 40.6t。随着港口作业技术的发展,还有可能要考虑双 40ft 甚至三 40ft 集装箱同时起吊的需要。

(4)兼顾装卸其他重大件货的需要。

2）尺寸参数

集装箱装卸桥的尺寸参数的确定与所装卸的集装箱船型和箱型、码头作业条件,以及堆场作业方式有关。

(1)起升高度。集装箱装卸桥的起升高度由两部分组成;轨顶面以上的高度(H_1)和轨顶面以下的高度(H_2)。它取决于集装箱船的型深、吃水、潮差、甲板面上装载集装箱层数、码头标高以及船体倾斜等因素。在确定装卸桥的起升高度时,应保证船舶轻载高水位时吊具携带集装箱能通过船舶最高堆存的集装箱高度,在满载低水位时,能吊到舱底最下一层集装箱。在最高和最低作业高度确定中应能满足装卸作业时船体摇摆所引起的横倾 3°所造成的高度差。集装箱船作业时对装卸桥的作业尺寸要求可以从图 4-28 看出。

运行轨道面以上的高度 H_1,是指装卸桥吊具上升到最高时,吊具抓取的集装箱面与运行轨道面之间的垂直距离。

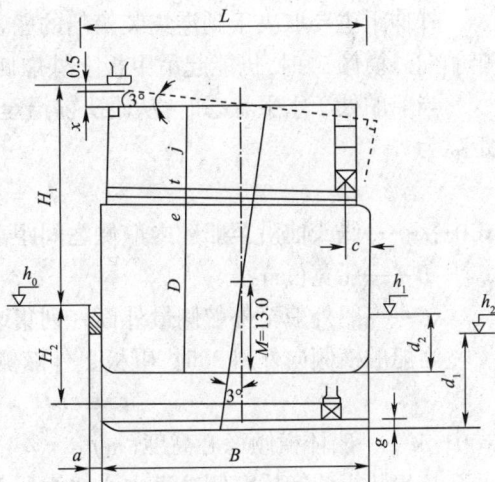

图 4-28　集装箱船对装卸桥作业的要求

运行轨道面以下的高度 H_2 是指装卸桥运行轨道面往下,至吊具能抓取舱底最下一层集装箱之间的垂直距离。当船舶处于水平位置时:

$$H_1 = D + e + t + j + 0.5 - d_2 - (h_0 - h_1)$$

式中:D——集装箱船型深(m);

e——舱口围板高度(m);

t——舱盖板高度(m);

j——甲板上堆放集装箱的高度(m);

0.5——装卸作业安全间隙;

d_2——轻载吃水(m);

h_0——码头面标高(m);

h_1——高潮位。

运行轨道面以下的高度 H_2 是指装卸桥运行轨道面往下,吊具能抓取舱底最下一层集装箱之间的垂直距离。所需最大距离是满载低水位时:

$$H_2 = (h_0 - h_2) + d_1 - g - h$$

式中:h_2——低水位,若潮差为2.5m,则 $h_0 - h_2 = 3.9$m;

d_1——满载吃水(m);

g——船底厚度,一般在 $0.5 \sim 1.5$m 之间,取 $g = 1.0$m;

h——集装箱高度,$h = 2.4138$m。

需要注意的是,当考虑船舶向外横倾3°时,无论是 H_1 还是 H_2,其高度都应增加 X

$$X = 0.5 \times F \times \tan 3°$$

式中:F——甲板上所堆放的集装箱的总宽(m)。

由此得出,集装箱装卸桥整个起升高度为

$$H = H_1 + H_2 \text{(m)}$$

(2)外伸距。所谓外伸距,是指集装箱装卸桥海侧轨道中心线向外至集装箱吊具铅垂中心线之间的最大水平距离。

外伸距主要取决于到港集装箱船的船宽,并考虑在甲板上允许堆放集装箱的最大高度,当船舶向外横倾3°时,仍能起吊甲板上外舷侧最上层的集装箱,如图4-28所示。

当船舶处于水平状态时,从码头前沿至船舶外舷侧最外面一列集装箱中心线之间的水平距离为

$$L_1 = a + B - C$$

式中:a——码头前沿至船舶内舷侧之间距离,一般 $a = 0.7 \sim 1.2$m;

B——船宽(m);

C——船外舷至外舷侧最外面一列集装箱中心线之间的距离,$C = 1.5$m;

当船舶横倾向外斜3°时,甲板上外舷侧最外一列第4层集装箱向外倾出的距离为

$$L_2 = (D + e + t + j - M) \tan 3°$$

式中:M——船体横倾稳心高度(m)。

从集装箱装卸桥海侧轨道中心线至码头前沿岸壁之间距离 b,与码头岸壁结构和供电方式有关,如码头前沿需铺设电缆地沟时,则距离应给予考虑。一般取2.5m。

故集装箱装卸桥的外伸距应为

$$L = L_1 + L_2 + b$$

（3）内伸距。内伸距是指集装箱装卸桥内侧轨道中心线向内至吊具铅垂中心线之间的最大水平距离。

确定内伸距主要考虑两个问题：

①放置集装箱，即当码头前沿搬运机械（如跨运车、底盘车等）不能及时搬运时内伸距可把箱子暂放在码头上，起缓冲作用。

②放置舱盖板。在确定内伸距距离时，还应注意以下不同的供电方式需要占用的距离：

A.电缆卷筒供电方式，可取 7.0 ~ 7.5m。

B.地沟滑线供电方式，可取 7.0 ~ 7.5m。

C.立柱滑线供电方式，可取 11m。

当考虑能安放长度为 14m 的集装箱船的最大舱盖板时，内伸距应为 11m（图 4-29a）。

放置集装箱时，如以跨运车搬运。若跨运车总宽为 4.7m，当需满足 2 个集装箱同时搬运时，其内伸距需取 11m（图 4-29b）。

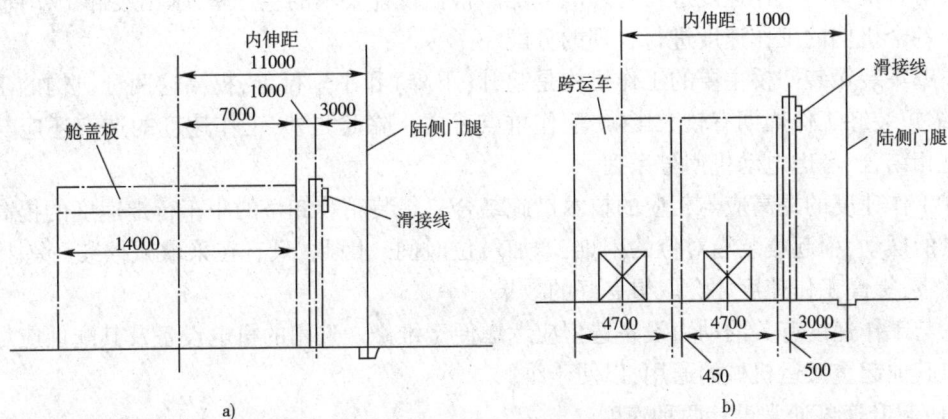

图 4-29 装卸桥内伸距布置（尺寸单位：mm）

（4）轨距。轨距（又名跨距）是指起重机两条行走轨道中心线之间的水平距离。轨距的大小应根据不同泊位吨级规模、工艺布置、水平运输作业方式（作业线数）并保证设备具有足够稳定性的要求确定。考虑到装卸桥的稳定性和为了更有效地疏运岸边的集装箱，轨距内最好能安排 3 条以上水平搬运作业线。将几种集装箱搬运机械进行比较，以用跨运车时一条接运线所占用的宽度最大，如考虑轨距内布置 3 条跨运车接运线，则其轨距应约为 16m。

所谓 3 条跨运车接运线并非是指 3 台跨运车在轨距内同时进行作业，而是指轨距内能放置 3 列集装箱，当跨运车装卸任意一列集装箱时不会干扰别的集装箱作业。

为了保证码头前沿装卸桥轨距内各条作业线各行其道，一般会在地上有明显的车道标志线，如图 4-30 所示。

（5）横梁下的净空高度。该净空高度是指横梁下面到轨顶面之间的垂直距离。该高度一般应保证能堆装 3 层的跨运车通行。

图 4-30　装卸桥轨距内车道标志线

（6）基距。基距是指同一轨道上两个主支承中心线之间的距离。基距的尺寸应保证装卸桥框架内的有效宽度能通过 40ft 的集装箱和舱盖板。如从能通过长度为 12.19m 的 40ft 集装箱，并在框架两边各留 0.8～0.9m 的安全间隙考虑，框架内的有效宽度应约为 14m。如从能通过长和宽各为 14m 的大型舱盖板，并在框架两边留有安全间隙考虑，框架内的有效宽度应约为 16m。

3）工作速度的选择

集装箱装卸桥工作速度的选择应根据下列原则，进行技术经济比较确定。

①应满足整个集装箱码头工艺流程的效率要求。集装箱装卸桥是集装箱码头装卸工艺系统的关键设备，它的生产效率的高低往往决定集装箱码头的能力。系统中搬运机械的能力应根据与集装箱装卸桥的能力相应的原则选定。

②对各机构的工作速度进行合理的分配。根据设计要求的生产率，求出装卸工作周期，然后再对各个机构的工作速度进行合理的分配。

岸壁集装箱装卸桥主要的工作机构是起升（下降）和小车行走，提高这两种机构的工作速度，对缩短装卸工作周期有较大影响，应作重点考虑。除此之外，工作速度的选定还应与电动机选型相结合，考虑电动机型号系列。

③工作速度的提高应与相应的技术措施结合。集装箱装卸桥的小车行走速度的提高会增加吊具的摆动，引起集装箱对位的困难，增加对位时间。因此，只有在采取减摇装置等技术措施条件下，提高工作速度才会取得良好的效果。

④与工作速度有关的动力设备选型应考虑便于维修。选用的机电设备及其配件应尽可能与港口其他起重搬运机械的通用，以便于维修。

（1）起升速度通常设计两种速度：

①起吊额定负荷量时的起升速度（下降速度）；

②空载起升速度。空载起升速度通常应高于满载起升速度 1 倍以上。

集装箱的载货量目前一般只达额定载货量的 50%～60%。此外，集装箱装卸桥的额定起重量是按 30.5t 的 40ft 集装箱设计的，当起吊 20ft 型集装箱时，即使按最大总重量计，也只达到装卸桥额定起重量的 67%。因此，如起升机构控制系统具有变扭矩特性，能提高轻载起升速度，对缩短工作周期，提高装卸效率很有作用。

初期集装箱装卸桥的起升速度一般为：满载 30m/min，空载 50～70m/min，相应的生产率为 20move/h 左右，目前已提高到：满载 70～80m/min，空载 160～180m/min，相应的生产率为 40～50move/h。

（2）小车行走速度现代大型集装箱装卸桥上的小车行走的距离一般为 60～80m，小车行走的时间约占整个工作循环时间的 25%～30%，因此，提高小车行走速度对缩短工作周期，提高装卸桥的生产率也有重要意义。

初期集装箱装卸桥小车的行走速度一般为120~125m/min,目前已提高到240~300m/min。小车行走速度在140m/min以上时,应在吊具上安装减摇装置。

(3)大车行走速度在装卸集装箱船时,当装卸完一个贝位(Bay,即一个20ft集装箱在船上的箱位有时翻译成倍位)的集装箱后,装卸桥整机(即所谓大车)需转移到另一贝位。装卸作业结束后,同样需要移动装卸桥到指定地点。装卸桥行走机构并不是频繁工作的机构,工作速度一般仅约25~45m/min。45m/min是按人的步行速度确定的,检修时修理工可以跟着装卸桥走进行检查。

(4)臂架俯仰时间臂架的俯仰属非工作性操作。船舶靠码头前,臂架仰起。进行装卸作业时,臂架俯下。装卸完毕船舶离码头前,再把臂架仰起。臂架仰起是为了使船舶能安全靠离码头,防止船舶与装卸桥臂架碰撞。臂架仰起和俯下一个工作周期约8min。

表4-15反映了不同规格的集装箱装卸桥主要技术参数情况,可以看出随着集装箱船舶的大型化,服务于船舶的装卸桥的尺度和速度也随之提升。

集装箱装卸桥主要技术参数 表4-15

| 序号 | 适应船型(集装箱船) | 主要技术参数 | | | | | 装卸效率(move/h) | 推荐设备参数(额定起重量—外伸距) |
		额定起重量(吊具下)(t)	外伸距(m)	轨距(m)	提升高度(轨面上)	小车速度(m/min)		
1	万吨级以下	30.5~41.0	32	10.5、16	22	120	20~25	30.5t－32m
2	2万吨级	30.5~41.0	35	16、24	25	120	20~25	30.5t－35m
3	巴拿马型	30.5~41.0	35~40	16、24、30	28~32	120~180	25~30	41t－38m
4	超巴拿马型	41.0~65.0	46~55	24、30	32~36	180~240	30~35	50t－50m
5	苏伊士运河型	50.0~65.0	61~66	30、35	40~42	240~300	35~40	61t－61m
6	马六甲海峡极限型	61.0~80.0	65~70	35、42	42~45	240~300	35~45	80t－66m

资料来源:中华人民共和国行业标准.海港集装箱码头设计规范(JTS 165-4-2011).北京:人民交通出版社,2011.

内河集装箱装卸桥的参数与海港有些不同,以下为芜湖(表4-16)和宜昌(表4-17)港口使用的岸边集装箱装卸桥主要参数,这些参数比海港的装卸桥要小以适应内河驳船的装卸。

35t—26m岸边集装箱装卸桥性能参数表 表4-16

吊具下起重量	35t(吊具下)	轨距	17.6m
设计效率	30TEU/h	最大轮压	28t
最大工作外伸距	26m	起升速度	45(满载)/80(空载)m/min
最大工作内伸距	7.5m	大车速度	30m/min
起升高度	轨上20m/轨下15m	小车速度	100(满载)/150(空载)m/min
轨距	16m	动力电源	380v/供电50Hz

资料来源:司跃,夏双全.长江中上游港口集装箱装卸桥的选型.港口经济,2013(4).

35t—24m 岸边集装箱装卸桥性能参数表 表4-17

吊具下起重量	35t(吊具下)	轨距	17.6m
设计效率	28TEU/h	最大轮压	32t
最大工作外伸距	24m	起升速度	35(满载)/70(空载)m/min
最大工作内伸距	10m	大车速度	25m/min
起升高度	轨上18m/轨下18m	小车速度	80(满载)/120(空载)m/min
轨距	16m	动力电源	100kv 供电

资料来源:司跃,夏双全.长江中上游港口集装箱装卸桥的选型.港口经济,2013(4).

5.双小车岸壁式集装箱装卸桥

为了提高装卸效率,缩短集装箱装卸桥小车运行距离和时间,一种新型的集装箱船舶装卸设备—双小车岸壁式集装箱装卸桥正在一些集装箱码头上运行。

双小车岸壁式集装箱装卸桥具有上下两台水平运行小车和一个中转平台(图4-31),位于上方的小车作业于前端船舶装卸,下方的小车作业于后方接运车辆,通过位于前腿下方的中转平台将前后两个作业联系起来。如图4-32所示,前端小车起吊位于船上的集装箱,经水平位移并下降至中转平台,然后由后端小车起吊并继续水平位移至后方接运的集卡。整个装卸作业被分成两段,两台小车可以同时并行运行,从而起到节省起吊搬运的时间。新型的双小车桥吊的装卸效率可以达到60箱/h,这种设备可以适用于全自动化码头的作业需求。

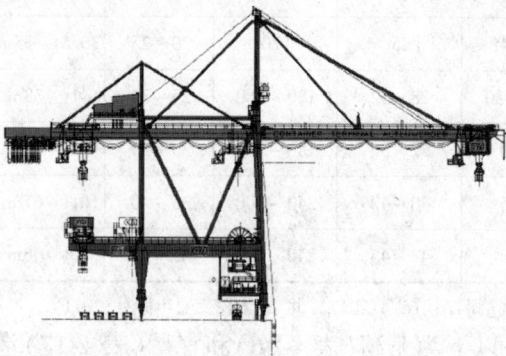

图4-31 双小车岸壁式集装箱装卸桥示意图

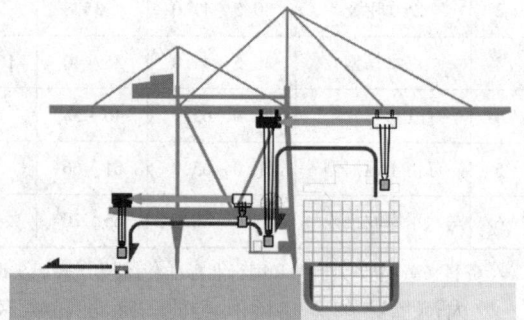

图4-32 双小车岸壁式集装箱装卸桥工作原理图

二、集装箱堆场作业机械

集装箱堆场作业的机械主要有底盘车、跨运车、叉车、轮胎式龙门起重机、轨道式龙门起重机以及正面吊等,其中一些机械类型可同时用于集装箱的水平搬运作业。

1.底盘车(chassis)

底盘车方式(chassis system)又称"海陆公司方式"(sea-land system),它是由陆上拖车运输发展起来的。集装箱堆场上采用的底盘车堆存方式是指将集装箱连同运输集装箱的底盘车一起存放在堆场上,图4-33是美国OAKLAND港的一个集装箱底盘车堆场。这种堆存方式的集装箱所处的机动性最大,随时可以有拖车将集装箱拖离堆场,而无须借助于其他机械设备。因此,底盘车方式比较适合于门—门的运输方式,特别是海运部门承担的是短途滚装运输(如海峡运输等),也是一种集疏运效率较高的码头堆场作业方式,在欧美这种方式使用较为普遍。但是,采用这种堆存方式,集装箱堆存高度只有一层,而且需要留有较宽的车辆通道,因此需要占用较大的堆场面积,使堆场面积利用率较低。图4-34为一个底盘车堆存方式的平面布置图,这是日本神户港一个集装箱码头底盘车的布置模式。

图4-33　美国 OAKLAND 港的一个集装箱底盘车堆场

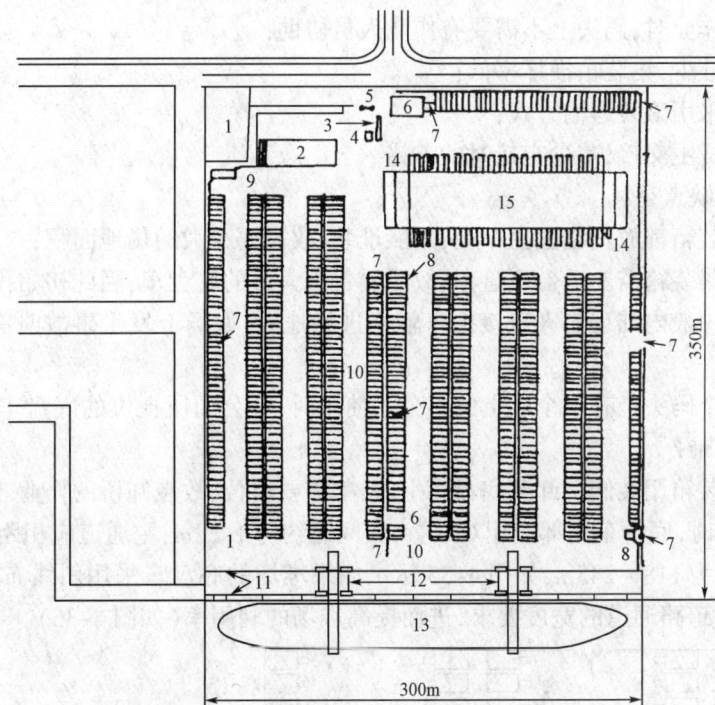

图4-34　底盘车堆存方式

1-综合配电所;2-维修车间;3-地秤;4-门卫室;5-大门;6-管理室;7-照明塔;8-变电所;9-配电所;10-冷藏集装箱堆场(插头80个);11-岸壁集装箱装卸桥轨道;12-岸壁集装箱装卸桥;13-全集装箱船;14-照明灯;15-集装箱货运站4800m²

采用底盘车工艺方式时其装卸工艺过程如下:

从船上卸下来的进口集装箱,用集装箱装卸桥从集装箱船上直接卸到码头前沿等待的底盘车上,集装箱一装上底盘车后,就用牵引车拖到堆场,在堆场上把底盘车连同集装箱一起横

向排列起来、当需要进行内陆运输时,牵引车与底盘车连接后。就可立即拖走。反之,出口集装箱拖到码头后,牵引车与底盘车脱离,装载了集装箱的底盘车暂时放置在堆场上,待集装箱船进港后,利用场地牵引车把底盘车拖到船侧,利用装卸桥装船。对于进出口集装箱需要作铁路换装时,一般用轮胎式龙门吊进行。当然,如果是采用滚装船方式,用底盘车堆存的优势更为明显,牵引车直接拖带着装载着集装箱的底盘车一同拖进船舱,牵引车离船,集装箱连同底盘车一起装载在滚装船上运抵目的港。

采用底盘车方式有如下优点:

(1)除铁路换装作业外,码头上所有作业只使用结构简单的底盘车,不需要其他辅助机械,因此装卸过程中发生机械故障而影响装卸作业的可能性很小;

(2)由于底盘车不能重叠堆装,集装箱处于能随时提取的状态中,实现"门到门"运输十分方便;

(3)便于装卸桥实现往复装载式的作业方法;

(4)在装卸船舶时,码头上只需要使用场地牵引车即可,不需要其他搬运设备,故对场地结构的要求低,一般考虑轮压时以 6t 计。对各种地面的适应性较强;

(5)即使集装箱堆场位置离码头前沿较远,也不会影响集装箱船的装卸效率;

(6)装卸船作业时,码头上不需要有作业人员协助;

(7)吊箱次数少,集装箱损坏率低;

(8)有利于采用滚装运输方式;

(9)便于与货主交接,减少交接时的差错。

这种方式的缺点是:

(1)全部集装箱都放置在底盘车上,不能堆装,故需要很大的场地面积;

(2)每一个集装箱需要一台底盘车,故需要备有大量的底盘车,因此初始投资费用极高;

(3)作业时一般内陆运输人直接把车辆拖进场地内,如场上发生事故时有时难于明确事故责任;

(4)如果一个码头上有两个以上的船公司使用时,各公司所提供的底盘车混杂在一起,在业务上将产生困难;

(5)每个集装箱用装卸桥卸到底盘车上时,都需要对位,故装卸桥的作业效率不高。

布置底盘车时,底盘车尾部应相对放置,其间距约为 1.22m;主通道应相距 19～20m;场地的纵深度可考虑为 118～245m,如图 4-35 示。如果堆场的底盘车采用斜线布置(如鱼鳞式布置),可以减少对道路通道的宽度要求,进而提高堆场的利用率(如图 4-36)。

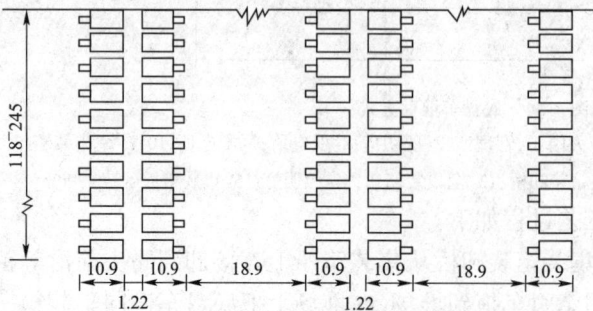

图 4-35 底盘车方式的平面布置(尺寸单位:m)

图 4-36 堆场底盘车采用
斜线鱼鳞式布置

2. 跨运车(straddle carrier)

跨运车方式(straddle carrier system)又称麦逊公司方式(Matson system),是一种具有搬运、堆垛、换装等多功能的集装箱专用机械。图4-37是一辆运行在美国纽约新泽西港的跨运车,其外形结构如图4-38所示。跨运车采用旋锁机构与集装箱接合或脱开;吊具能够升降,以适应装卸和堆码集装箱的需要。吊具也能侧移、倾斜和微动以满足对位的需要。

图4-37　一辆运行在码头上的跨运车

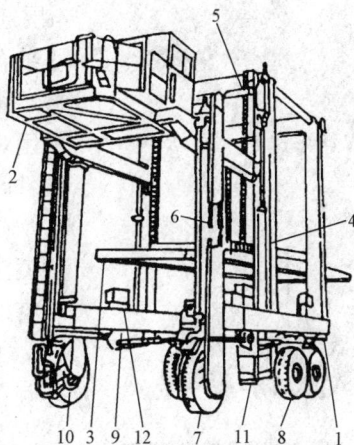

图4-38　跨运车外形结构示意图

1-底架;2-平台;3-集装箱吊具;4-升降油缸;5-起升链;
6-驱动链;7-驱动轮;8-从动轮;9-转向装置;10-制动器;
11-燃油柜;12-保持水平装置

跨运车工艺系统在欧美应用比较广泛,如法国的勒阿费尔港(port of Le Havre)是法国最大的集装箱码头,承担法国60%集装箱运量,是欧洲典型的集装箱跨运车系统;有美国的纽约新泽西港、德国的汉堡港、荷兰的鹿特丹港等都积累了一套成熟的跨运车装卸工艺系统的使用和管理经验。

在集装箱码头上,跨运车可以完成以下的作业。

(1)集装箱装卸桥与前方堆场之间的装卸和搬运。

(2)前方堆场与后方堆场之间的装卸和搬运。

(3)后方堆场与货运站之间的装卸和搬运。

(4)对底盘车进行换装

由此可见,采用跨运车工艺比其他工艺有以下优点:

(1)跨运车在码头前沿与装卸桥之间接运采用的是所谓"落地"方式,即卸船时装卸桥直接将集装箱放在码头前沿的地上,再由跨运车前去"捡起"运走,由此省去了采用底盘车与装卸桥接运集装箱时所产生的相互对位的过程(即"不落地"方式),从而提高了接运效率。

(2)跨运车从码头前沿载运集装箱后直接运到堆场进行堆垛,中间不需要其他机械的协助堆垛作业。

(3)由于不需要换装,可节省换装所占用的场地。

跨运车的技术性能选择需考虑以下使用要求:

(1)专用性和通用性。跨运车有专用和通用两种。所谓专用型就是指20ft型的跨运车只能装卸20ft型的集装箱,40ft型的跨运车只能装卸40ft型的集装箱;所谓通用型是指这种跨运

车既能适应 20ft 型的集装箱,同时也能适应 40ft 型集装箱的装卸。

一个集装箱码头所装卸的集装箱通常既有 20ft 型的、也有 40ft 型的,如采用专用型的机械,配机台数要比通用型的多一些,而通用型的机械造价比专用型的高。

(2)堆垛能力。跨运车种类很多,有的能堆 2 层通过 1 层,有的能堆 3 层通过 1 层(如图 4-39 所示)。国外甚至有堆 4 层通过 1 层的。选用时要与整个集装箱码头的堆存面积大小结合起来考虑。堆箱层数多,能提高单位面积堆存量,缩短搬运距离。但层数增多,会增加倒箱率,增加提箱时寻找箱子的困难。目前采用跨运车方式的集装箱码头堆场,通常只堆 2 层,即要求跨运车能吊着箱子跨越 2 层集装箱。

(3)视野要求。跨运车的视野问题是影响到跨运车发展的关键因素之一,它与跨运车的安全性、迅速性和机动灵活性有密切关系。跨运车视野要求包括三个方面:

①在搬运途中:要能看到前方和后方;要能看到前车轮的外侧;要能看到司机室对面的车体外侧(一般借助于反光镜)。

②通过箱列通道时:要能看到车体和集装箱之间的空隙;要能看到箱列通道的前方和后方。

图 4-39　可堆三层集装箱的跨运车

③场地作业时:要能看到集装箱上的箱号;要能看到所装卸的集装箱和集装箱吊具的位置线。

跨运车一般被认为是一种故障率较高的设备,在一些国家使用时,故障率高达 10%,由此造成维修费用上升,但是随着技术进步,以及操作管理得当,使跨运车在一些码头上使用得相当成功。在中国,采用跨运车方式的很少,在厦门港曾经使用的相当成功。

跨运车方式有如下优点:

(1)由于集装箱从船上卸下来时,采用"落地"方式接运,故不用像底盘车接运方式那样需要进行集装箱与底盘车之间的对位,以此提高集装箱装卸桥的工作效率;

(2)集装箱在场地上可重叠堆放,堆放层数根据机种而不同,最高可堆放三层,但从实际作业情况来看,一般出口集装箱堆 2 层,而进口集装箱因箱内货物不明通常只能堆一层,但与底盘车方式相比,还是节省了一定的场地面积;

(3)跨运车是一种多用途机械,它以时速为 24km 以上的高速在场地上进行各种作业,由于码头上机种单一,故向薄弱环节调配机械的灵活性较大;

(4)在码头每天作业量不平衡时,可根据作业量的大小随时自由地增减机数,而不会使装卸作业混乱。

跨运车方式的缺点是:

(1)跨运车本身的价格较贵,采用跨运车进行换装和搬运时可能会提高装卸成本;

(2)跨运车采用液压驱动,链条传运,容易损坏,故修理费用较高,完好率较低,这是跨运车方式中最突出的问题;

(3)跨运车的轮压比底盘车大,一般轮压以 10t 计,故要求较厚的场地垫层;

(4)在进行"门到门"的内陆运输时,需要用跨运车再一次把集装箱装上底盘车,比底盘车方式增加了一次操作。

图 4-40 所示为跨运车方式的平面布置。

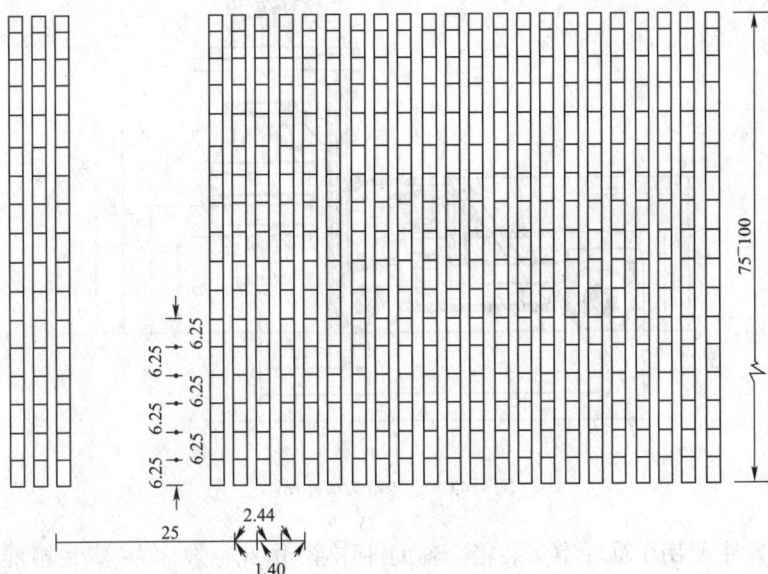

图 4-40　跨运车方式平面布置(尺寸单位:m)

3. 集装箱叉车(container forklift)

集装箱叉车是一种集装箱码头和堆场上常用的搬运、装卸集装箱的专用叉车。有两种车型:升降门架在车体前方的正面集装箱叉车和升降门架在车体侧面的侧面式集装箱叉车,一般常见的是门架在车体前方的集装箱叉车。

集装箱叉车吊运集装箱有两种方式,一种是吊运方式,可用门架顶部吊具起吊搬运集装箱,这种方式主要适用于重箱调运;另一种叉运方式,用货叉插入集装箱底部叉槽举升搬运集装箱,这种方式主要是搬运 20ft 的集装箱或空箱。顶部起吊方式又有两种:一种是通过吊具 4 个旋锁插入集装箱顶部 4 个角件孔起吊(图 4-41),另一种是吊具两个旋锁插入集装箱一侧的角件孔,同时吊具托住集装箱侧面底部起吊集装箱(图 4-42)。

图 4-41　四孔起吊

图 4-42　两孔起吊

图 4-43 为采用集装箱顶部四孔起吊叉车的外形尺寸。

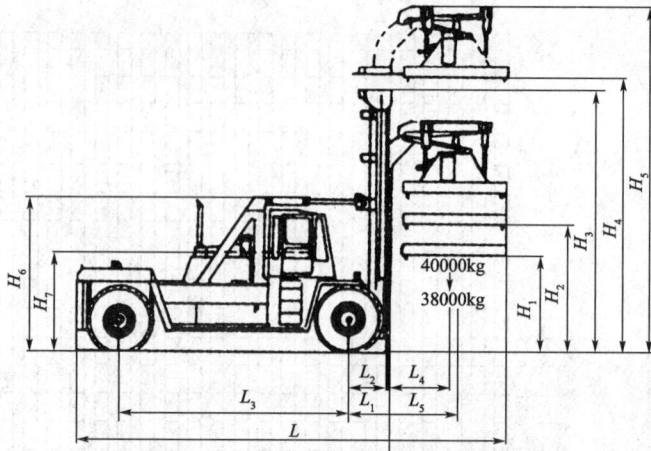

图 4-43　集装箱叉车外形图

集装箱叉车主要用于堆垛空集装箱等辅助性作业(由此也被称为"集装箱堆高机"),也可在集装箱吞吐量不大(低于 3 万 TEU/年)的综合性码头和堆场进行集装箱装卸,或短距离搬运。

集装箱叉车性能应符合下列作业需要:

(1)起重量应保证能装卸作业所需的各种箱型;

(2)起升高度应符合堆垛层数的需要,在用作空箱堆高作业时往往可以有较高的起升高度,足以堆存 7~9 层的集装箱;

(3)负荷中心(货叉前壁至货物重心之间的距离)取集装箱宽度的 1/2,即 1220mm;

(4)为适应装卸集装箱的需要,除采用标准货叉外,还应备有顶部起吊的专用吊具;

(5)为便于对准箱位,货架应能侧移和左右摆动。

4. 龙门起重机

龙门起重机(transfer crane)简称龙门吊,龙门吊系统(transfer crane system)工艺是荷兰阿姆斯特丹港建设码头时最先采用的,又称"集装箱海上运输公司方式"(Container Marine Lines System,CML)。它是一种在集装箱场地上进行集装箱堆垛和车辆装卸的机械。龙门起重机有轮胎式(又称无轨龙门吊)和轨道式(又称有轨龙门吊)两种形式。这种工艺方式是把从集装箱船上卸下来的集装箱一般用场地底盘车(或其他机械)从船边运到场地,在场上采用轮胎式龙门吊或轨道式龙门吊进行堆装或对内陆车辆(公路集产或铁路货车)进行换装。

(1)轮胎式龙门起重机。轮胎式龙门起重机(Rubber-tired Gantry Crane,RTG)是集装箱码头堆场进行装卸、搬运和堆垛作业的专用设备(图 4-44、图 4-45)主要特点是机动灵活,通用性强。它不仅能前进、后退,而且还能左右转向 90°,设有转向装置,可从一个堆场转向另一个堆场进行作业。

图4-44　轮胎式龙门起重机

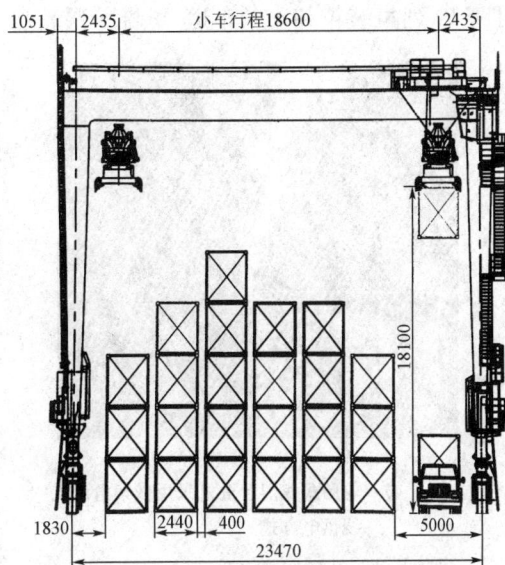

图4-45　轮胎式龙门起重机外形示意图(尺寸单位:mm)

　　轮胎式龙门起重机的跨距是指两侧行走轮中心线之间的距离。跨距大小取决于所需跨越的集装箱列数和底盘车的通道宽度。根据集装箱堆场的布置,通常标准的轮胎式龙门吊横向可跨6列集装箱和1条车道,可堆3~4层。这种规格的轮胎式龙门起重机跨距内的集装箱和车道的布置方式有两种(图4-46)。按图4-46a)方式,底盘车通道放在中间,两边各排3列集装箱。一般来说,通道安排在中间的布置方式与图4-446b)相比较有小车行走距离较短,操作视线较好,找箱较容易以及减少集装箱搬运距离等优点。但是这种方式的最大缺陷是集装箱集卡司机在堆场箱弄内行驶不便。因此,在实际的码头运行中通常通道安排在边上的,原因在于,中间通道由于行驶在箱弄里,集装箱牵引车司机操作不便,而安排在边上,通道与龙门吊轨道通道或者场区道路连在一起,司机驾驶车辆比较方便。

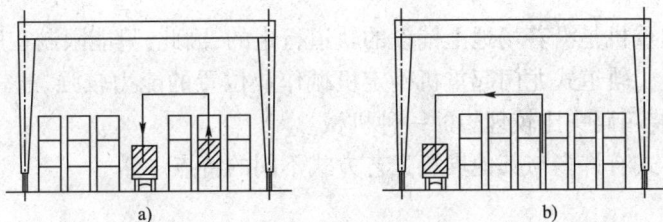

图4-46　采用轮胎式龙门起重机的两种堆存方式

　　传统的轮胎式龙门起重机采用柴油驱动,对环境会造成污染。目前码头上已经将柴油驱动改为电力驱动,即所谓的"油改电",既减少了污染,又节约了成本。轮胎式龙门起重机"油改电"技术主要有4种方案:电缆卷盘供电、低架滑触线供电、中架滑触线供电和高架滑触线供电。图4-47所示为轮胎式龙门起重机采用一种低架滑触线供电方式。

　　(2)轨道式龙门起重机。轨道式龙门起重机(Rail mounted Gantry Crane,RMG)(图4-48)是集装箱码头堆场上进行装卸、搬运和堆垛作业的一种专用机械。轨道式龙门起重机结构如图4-49所示。它一般比轮胎式龙门起重机跨度大,堆垛层数多。最大的轨道式龙门吊,横向

可跨19列集装箱和4条车道,可堆5层高。

图4-47　轮胎式龙门起重机采用低架滑触
　　　　线供电方式

图4-48　作业中的轨道式龙门起重机

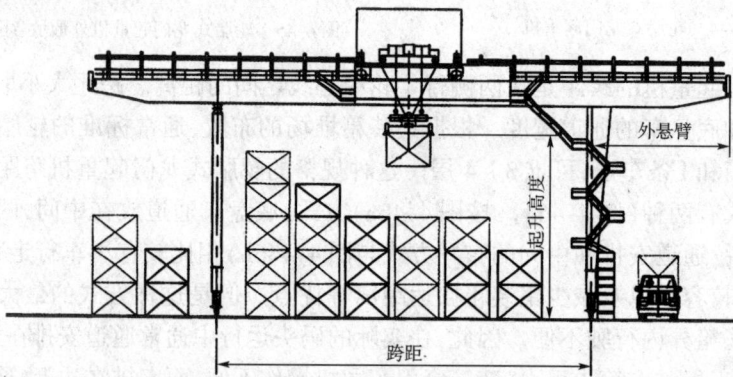

图4-49　轨道式龙门起重机结构示意图

　　轨道式龙门起重机是沿着场地上铺设的轨道行走的,因此,只能限制在所设轨道的某一场地范围内进行作业。轨道式龙门起重机确定机械作业位置的能力较强,故较易实现全自动化装卸,是自动化集装箱码头比较理想的一种机械。

　　龙门吊工艺方式有许多与其他堆场工艺方式不同的特点。

　　其优点是:

　　①运行时稳定性好,维修费用低,即使初始投资稍大,但装卸成本会降低。

　　②轨道式龙门起重机轨距间集装箱箱列密集堆放,不留通道;因此在有限的场地面积内可堆存大量的集装箱,场地面积利用率很高。

　　③在场上轨道式龙门起重机的运行方向一致、动作单一,故容易采用计算机控制,实现操作自动化。因此在现代化集装箱码头上是一种比较理想的机种。

　　其缺点是:

　　①由于堆装层数较高,如需取出下层的集装箱就要经过多次倒载,在操作上会带来许多麻烦。

②场上配机数量一般是固定的,故不能用机械数来调整场地作业量的不平衡,因此,当货主交接的车辆集中时,可能会发生较长的待机时间,如轨道式龙门起重机发生故障,就会迫使装卸桥停止作业。

③轨道式龙门起重机自重较大,轮胎式龙门起重机的轮压一般为20t,轨道式龙门起重机比轮胎式的轮压更大,而且堆装层数多,故场地需要重型铺装。

④大跨距的轨道式龙门起重机由于码头不均匀下沉,可能会产生轨道变形,有时会影响使用,故跨距太大不一定有利。

5. 正面吊

正面吊(front – handling mobile crane,或 reach stacker)是一种目前在集装箱码头堆场上得到越来越频繁使用的专用机械,图4-50所示的是这种设备的作业的状况。正面吊在对不同排集装箱作业时作业幅度和起重量见图4-51。正面吊的作业幅度是指吊具中心线与正面吊前轮外沿之间的距离,一般要求能够跨1排箱作业,在对第1排箱作业时,前轮外沿离集装箱的距离为700mm左右,作业幅度最小应距离前轮外沿2m;在对第2排箱作业时,前轮外沿离第1排集装箱的距离为500mm左右,作业幅度最小应距离前轮外沿4.1m;当要求对第3排箱作业时,作业幅度最小应距离前轮外沿6.5m。

图4-50　正面吊作业图

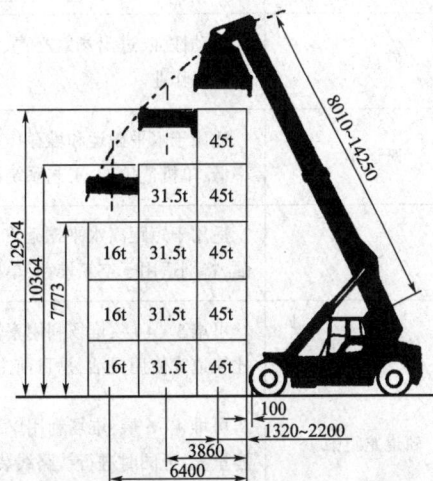

图4-51　集装箱正面吊作业原理图(尺寸单位:mm)

虽然这种集装箱堆存设备由于运行方向与作业方向垂直而需要占据较宽的通道,但是它的堆箱层数较高,并且可以为多排集装箱作业。设备的灵活性又较强,因此普遍较受欢迎。采用正面吊可以堆存3~4层重箱,或7~9层的空箱。因此,堆箱场地的利用率较高。目前,正面吊主要还是作为集装箱堆场的辅助作业机械,但是确实是一种应用较广的集装箱装卸用设备。

6. 各种堆场作业方式的比较

表4-18反映出几种堆场作业方式的堆场面积利用情况。表中数据是根据一块长200m,宽62.5m的堆场面积按照合理布置要求测定的,并以跨运车堆放一层箱的利用系数等于1为基准。

几种堆场作业方式的堆场面积利用情况　　　　　　　　　　　表 4-18

工　艺　方　案		堆存量(TEU)	利　用　系　数
一层	底盘车	396	0.79
	跨运车	500	1.00
	叉车	420	0.84
	龙门吊	704	1.40
二层	跨运车	1000	2.00
	叉车	840	1.68
	龙门吊	1408	2.80
三层	跨运车	1500	3.00
	叉车	1260	2.52
	龙门吊	2112	4.22

表 4-19 对集装箱堆场各种作业方式的特点进行了比较。

集装箱堆场各种作业方式比较　　　　　　　　　　　表 4-19

设　　备	优　　点	缺　　点
底盘车	机动性强,进出场效率高,无须装卸,适用于滚装船作业	单层堆放,堆场利用率低,占用大量底盘车
跨运车	适用于水平搬运和堆存作业,灵活性强,翻箱率低,单机造价低,工艺系统简单	故障率高,维修量大,堆层少,使堆场利用率低,对司机操作要求高
叉车	适用于短距离水平搬运和堆存作业,灵活性强,特别适用于空箱堆存,单机造价低	一般只适用于小型箱的搬运,并需留有较宽的通道
轮胎龙门吊	可堆 3~4 层,堆场利用率较高,可靠性较强,比轨道式使用灵活,是目前主流设备	翻箱率较高,只限于堆场使用,堆场建设投资较大,作业效率比跨运车低
轨道龙门吊	可堆 4~6 层,堆场利用率高,可靠性强,堆存容量大,可同时进行铁路线装卸	翻箱率高,只能沿轨道运行,灵活性差,堆场建设投资大
正面吊	堆存高度高,使用灵活,单机造价低,可进行水平搬运	需留有较宽的通道,使堆场用于堆箱的面积减少

表 4-20 也是一种集装箱码头堆场工艺方案特点的比较,可供选择工艺方案时参考。

各种堆场工艺方案特点比较　　　　　　　　　　　表 4-20

指标＼系统	底盘车系统	跨运车系统	轮胎吊系统	轨道式龙门起重机系统	叉车系统	正面吊系统	混合系统
储存能力	差	好	优	优	中	好	优
投资成本	差	好	好	好	优	好	优
装卸效率	优	好	好	好	差	中	优
机动性	优	好	差	差	好	优	中

续上表

指标＼系统	底盘车系统	跨运车系统	轮胎吊系统	轨道式龙门起重机系统	叉车系统	正面吊系统	混合系统
降低维修成本	好	差	好	优	好	好	中
自动化适应性	差	差	好	优	差	差	好
可扩张性	优	好	差	差	好	好	好
工艺简单性	优	好	差	差	优	优	中
减轻箱损坏	优	差	好	好	好	好	好
与铁路接运	差	差	好	优	中	好	好

资料来源:罗勋杰,樊铁成.集装箱码头操作管理.大连:大连海事大学出版社,2010.

图 4-52 所示为不同堆场作业方式情况下,随吞吐量的变化完成每箱作业的相对成本的变化情况。

7.混合系统

从以上分析可以看出,上述工艺系统各有利弊,目前世界上有些港口采用了上述工艺方案的混合系统。例如:

(1)轮胎龙门起重机—轨道龙门起重机混合系统;

(2)跨运车—轮胎龙门起重机混合系统;

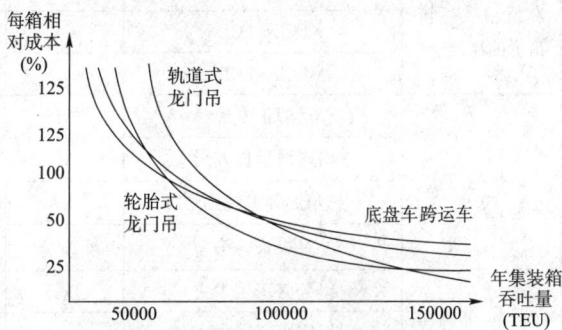

图 4-52　不同堆场作业方式在不同装卸量下的相对成本(%)

(3)跨运车—轨道龙门起重机混合系统。

跨运车—轮胎(或轨道)龙门起重机混合系统的主要特点是:码头前沿装卸船作业由岸边集装箱起重机承担;进口集装箱的水平运输、堆码和交货装车由跨运车完成;出口集装箱的堆场与码头之间的水平运输由牵引车平板车完成;堆场的装卸和堆码由轮胎(或轨道)龙门起重机完成。

由于混合系统能充分发挥各种机械的特点,扬长避短,使系统更加趋于合理完善。目前世界上已有不少码头采用这种方式。

根据国内外多年来使用的实践经验,对于不同的技术条件,堆场工艺方案选择有一些基本原则可以遵循,这些原则现归纳如表 4-21 所示。应该指出,这些原则虽不是绝对的,但在工作中仍可以作为参考。

选择堆场工艺方案的一般原则　　　　　　　　　　　　　表 4-21

条件＼工艺方式		底盘车方式	跨运车方式	轮胎龙门吊方式	轨道龙门吊	叉车方式
每年集装箱最大装卸量	60000TEU 以内	√				√
	60000 ~ 200000TEU		√			
	100000 ~ 300000TEU			√		
	200000TEU 以上				√	

129

续上表

条件	工艺方式	底盘车方式	跨运车方式	轮胎龙门吊方式	轨道龙门吊	叉车方式
船型特点和靠船频度	每周4~5次,每船装卸量少	√				√
	每周3~4次,每船装卸量少		√	√		
	每周2~3次,每船装卸量少			√	√	
	有滚装船装卸	√				√
集装箱进出口数量的比例	进出口箱量平衡	√	√			
	出口箱大于进口箱			√		
	进口箱大于出口箱		√			
整箱货与拼箱货的比例	FCL 很多	√				
	FCL > LCL		√			
	LCL > FCL			√	√	
码头的形状	近似正方形	√	√			√
	沿岸线呈长方形	√		√	√	
	三角形等不规则形		√			√
	突堤式码头			√	√	
内陆集疏运方式	以公路疏运为主	√	√	√		
	以铁路疏运为主			√	√	√
	以内河驳船疏运为主		√	√	√	√
码头经营方式	某船公司专用码头	√				
	公用码头		√	√	√	√
空箱数量	空箱多			√	√	√
自动化	自动化方便				√	

三、水平搬运

除了在堆场可使用的一些兼作水平搬运的设备以外,在集装箱码头最常用的水平搬运设备是牵引车挂车(图4-53)。集装箱牵引车用于牵引集装箱挂车行驶的部分;集装箱挂车可以分成半挂车(图4-54)和全挂车(图4-55)。

图 4-53 集装箱牵引车拖带半挂车

130

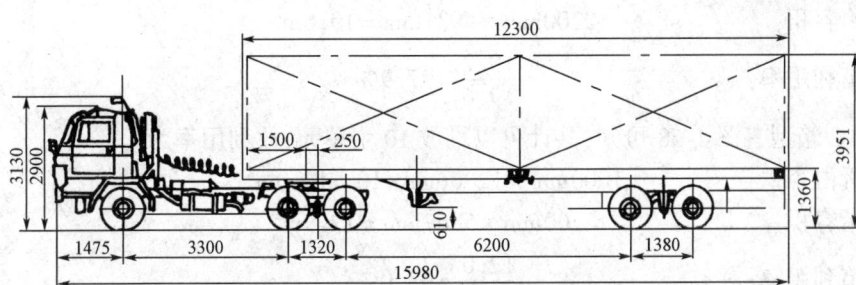

图 4-54 集装箱半挂车(尺寸单位:mm)

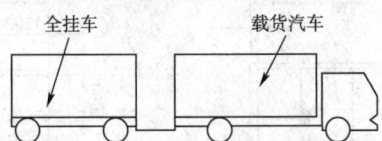

图 4-55 集装箱全挂车

第五节 集装箱装箱技术

一、装箱货物单元

在标准集装箱内堆放符合 ISO 标准的货物单元时,不同的货物包装单元堆放在集装箱内,其箱容积利用率是不同的。

符合 ISO 标准的货物包装单元主要有:400mm×600mm,800mm×1200mm,以及 1000mm×1200mm 三种,这里仅以 1000mm×1200mm 为例,来观察三种箱型(1A,1B,1C)的箱内容积利用率。

对于 1A 箱型有图 4-56 可知,共计可以堆放 21 个单元,故利用率为:

单元所占容积: $1000\text{mm} \times 1200\text{mm} \times 21 = 25.2\text{m}^2$

集装箱容积: $2200\text{mm} \times 11998\text{mm} = 26.4\text{m}^2$

集装箱利用率: $\dfrac{25.2}{26.4} = 95.4\%$

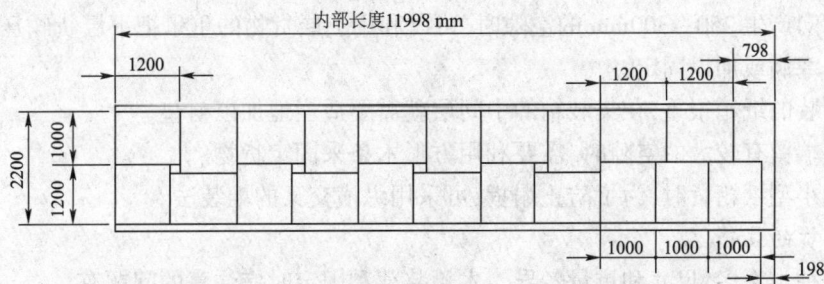

图 4-56 1A 箱型标准货物单元堆放方式(尺寸单位:mm)

对于 1B 箱型有图 4-57 可知,共计可以堆放 16 个单元,故利用率为:

单元所占容积: $1000\text{mm} \times 1200\text{mm} \times 16 = 19.2\text{m}^2$

集装箱容积： $2200mm \times 8931mm = 19.6m^2$

集装箱利用率： $\dfrac{19.2}{19.6} = 97.9\%$

对于 1C 箱型有图 4-58 可知,共计可以堆放 10 个单元,故利用率为：

单元所占容积： $1000mm \times 1200mm \times 10 = 12.0m^2$

集装箱容积： $2200mm \times 5867mm = 12.9m^2$

集装箱利用率： $\dfrac{12.0}{12.9} = 93.0\%$

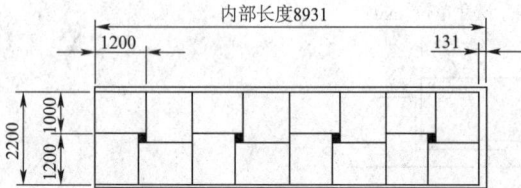

图 4-57　1B 箱型标准货物单元堆放方式(尺寸单位:mm)

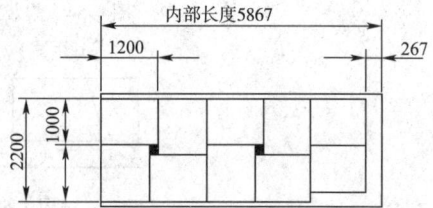

图 4-58　1C 箱型标准货物单元堆放方式(尺寸单位:mm)

二、几种常规货物种类的装箱工艺

1. 纸箱货的装箱

（1）一般注意事项。纸箱是集装箱货物中最常见的一种包装,一般用于包装比较精细的和质轻的货物。

①如集装箱内装的是同一尺寸的大型纸箱,会产生空隙。当空隙为 10cm 左右时,一般不需要对货物进行固定,但当空隙很大时,货物就需要根据具体情况加以固定。

②如果不同尺寸的纸箱混装,则应将大小纸箱合理搭配,做到紧密装。

③拼箱的纸箱货应进行隔票。隔票时可使用纸、网、胶合板、垫货板等材料,也可以用粉笔、带子等做记号。

④纸箱货不足以装满一个集装箱时,应注意纸箱的堆装高度,以满足使集装箱底面占满的要求。

（2）纸箱的装载和固定。

①装箱时要从箱里往外装,或从两侧往中间装。

②在横向产生 250～300mm 的空隙时,可以利用上层货物的重量把下层货物压住,最上层货物一定要塞满或加以固定。

③如所装的纸箱很重,在集装箱的中间层就需要适当地加以衬垫。

④箱门端留有较大的空隙时,需要利用方形木条来固定货物。

⑤装载小型纸箱货时,为了防止塌货,可采用纵横交叉的堆装法。

2. 木箱货的装箱

木箱的种类繁多,尺寸和重量各异。木箱装载和固定时应注意的问题有：

（1）装载比较重的小型木箱时,可采用骑缝装载法,使上层的木箱压在下层两木箱的接缝上,最上一层木箱必须加以固定或塞紧；

（2）装载小型木箱时,如箱门端留有较大的空隙,则必须利用木板和木条加以固定或撑紧；

（3）重心较低的重、大木箱只能装一层且不能充分利用箱底面积时，应装在集装箱的中央，底部横向必须用方形木条或木块加以固定；

（4）对于重心高的木箱，仅靠底部固定是不够的，还必须在上面用木条撑紧；

（5）装载特别重的大型木箱时，经常会形成集中负荷或偏心负荷，放必须有专用的固定设施，不让货物与集装箱前后端壁接触；

（6）装载框箱时，通常是使用钢带拉紧，或用具有弹性的尼龙带或布带来代替钢带。

3. 货板货的装箱

货板上通常装载纸箱货和袋装货，纸箱货在上下层之间可用粘贴法固定。袋装的货板货要求袋子的尺寸与货板的尺寸一致，对于比较滑的袋子也要用粘贴法固定。货板在装载和固定时应注意的问题有：

（1）货板的尺寸如在集装箱内横向只能装一块时，则货物必须放在集装箱的中央，并用纵向垫木等加以固定。

（2）装载两层以上的货板时，无论空隙在横向或纵向，底部都应用挡木固定，而上层货板货还需要用跨挡木条塞紧。

（3）如货板数为奇数时，则应把最后一块货板放在中央，并用绳索通过系环拉紧。

（4）货板货装载板架集装箱时，必须使集装箱前后、左右的重量平衡。装货后应用带子把货物拉紧，货板货装完后集装箱上应加罩帆布或塑料薄膜。

（5）袋装的货板货应根据袋包的尺寸，将不同尺寸的货板搭配起来，以充分利用集装箱的容积。

4. 捆包货的装箱

捆包货包括纸浆、板纸、羊毛、棉花、棉布、其他棉织品、纺织品、纤维制品以及废旧物料等。其平均每件重量和容积常比纸箱货和小型木箱货大。一般捆包货都用杂货集装箱装载。捆包在装载和固定时应注意的问题有：

（1）捆包货一般可横向装载或竖向装载，此时可充分利用集装箱箱容；

（2）捆包货装载时一般都要用厚木板等进行衬垫；

（3）用粗布包装的捆包货，一般比较稳定而不需要加以固定。

5. 袋装货的装箱

袋包装的种类有麻袋、布袋、塑料袋、纸袋等，主要装载的货物有粮食、咖啡、可可、肥料、水泥、粉状化学药品等。通常袋包装材料的抗潮、抗水湿能力较弱，故装箱完毕后，最好在货顶部铺设塑料等防水遮盖物。袋装货在装载和固定时应注意的问题有：

（1）袋装货一般容易倒塌和滑动，可用粘贴剂粘固，或在袋装货中间插入衬垫板和防滑粗纸；

（2）袋包一般在中间呈鼓凸形，常用的堆装方法有砌墙法和交叉法；

（3）为防止袋装货堆装过高而有塌货的危险，所以需要用系绑用具加以固定。

6. 滚动货的装箱

卷纸、卷钢、钢丝绳、电缆、盘元等卷盘货，塑料薄膜、柏油纸、钢瓶等滚筒货，以及轮胎、瓦管等均属于滚动类货物。滚动货装箱时一定要注意消除其滚动的特性，做到有效、合理地

装载。

（1）卷纸类货物的装载和固定。卷纸类货物原则上应竖装，并应保证卷纸两端的截面不受污损。只要把靠近箱门口的几个卷纸与内侧的几个卷纸用钢带捆在一起，并用填充物将箱门口处的空隙填满，即可将货物固定。

（2）盘元的装载和固定。盘元是一种只能用机械装载的重货，一般在箱底只能装一层。最好使用井字形的盘元架。大型盘元还可以用直角系板、夹件等在集装箱箱底进行固定。

（3）电缆的装载和固定。电缆是绕在电缆盘上进行运输的，装载电盘时也应注意箱底的局部强度问题。大型电缆盘在集装箱内只能装一层，一般使用支架以防其滚动。

（4）卷钢的装载和固定。卷钢虽然也属于集中负荷的货物，但是热扎卷钢一般都比电缆轻。装载卷钢时，一定要使货物之间互相贴紧，并装在集装箱的中央。对于重3t左右的卷钢，除用钢丝绳或钢带通过箱内系环将卷钢系紧外，还应在卷钢之间用钢丝绳或钢带连接起来；对于重5t左右的卷钢，还应再用方形木条加以固定。固定时通常要使用钢丝绳，而不使用钢带，因为钢带容易断裂。

（5）钢瓶的装载和固定。钢瓶原则上也要求竖装，但应注意不使其翻倒。如集装箱内全部装满，则不需要特别加以固定，只需把箱门附近的几个钢瓶用绳索捆紧。

（6）轮胎的装载和固定。普通卡车用的小型轮胎竖装横装都可以。横装时比较稳定，不需要特别加以固定。大型轮胎一般以竖装为多，应根据轮胎的直径、厚度来研究其装载方法，并加以固定。

7. 捅装货的装箱

桶装货一般包括各种油类、液体和粉末状的化学制品、酒精、糖浆等，其包装形式有铁桶、木桶、塑料桶、胶合板桶和纸板桶等五种。除桶口在腰部的传统鼓形木桶外，桶装货在集装箱内均以桶口向上的竖立方式堆装。由于桶体呈圆柱形，故在箱内堆装和加固均有一定困难，而且箱内容易产生较大的空隙。在桶装货装箱时，应充分注意桶的外形尺寸，并根据具体尺寸决定堆装方法，使其与箱型尺寸相协调。

（1）铁桶的装载和固定。集装箱运输中以 $0.25m^3$（55加仑）的铁桶最为常见。这种铁桶在集装箱内可堆装两层，每一个20ft型集装箱内一般可装80桶。装载时要求桶与桶之间要靠紧，对于桶上有凸缘的铁桶，为了使桶与桶之间的凸缘错开，每隔一行要垫一块垫高板，装载第二层时同样要垫上垫高板，而不垫垫高板的这一行也要垫上胶合板，使上层的桶装载稳定。

（2）木桶的装载和固定。木桶一般呈鼓形，两端有铁箍，由于竖装时容易脱盖，故原则上要求横向装载。横装时在木桶的两端要垫上木楔，木楔的高度要使桶中央能离开箱底，不让桶的腰部受力。

（3）纸板桶的装载和固定。纸板桶的装载方法与铁桶相似，但其强度较弱，故在装箱时应注意不能使其翻倒而产生破损。装载时必须竖装，装载层数要根据桶的强度而定，有时要有一定的限制。上下层之间一定要插入胶合板作衬垫，以便使负荷分散。

8. 各种车辆的装箱

集装箱内装载的车辆有小轿车、小型卡车、各种叉式装卸车、推土机、压路机和小型拖拉机等。用杂货集装箱装小轿车只能装一辆，因此箱内将产生很大的空隙。如果航线上有回空的冷冻集装箱或动物集装箱，则用来装小轿车比较理想，因为冷冻集装箱和动物集装箱的容积比较小,可以更有效地利用集装箱的箱容。而对于各种叉式装卸车、拖拉机、推土机及压路机等特种车辆的运输,通常采用板架集装箱来装载。

(1)小型轿车和卡车的装载和固定。小轿车和卡车一般都采用密闭集装箱装载。固定时利用集装箱上的系环把车辆拉紧,然后再用方形木条钉成井字形木框垫在车轮下面,防止车辆滚动,同时应在轮胎与箱底或木条接触的部分用纱头或破布加以衬垫。但也可按货主要求,不垫方形木条,只用绳索拉紧即可。利用冷冻箱装载时,可用箱底通风轨上的孔眼进行拉紧。

(2)各种叉式装卸车的装载和固定。装载叉式装卸车时通常都把货叉取下后装在箱内。装箱时,在箱底要铺设衬垫,固定时要用纱头或破布将橡胶轮胎保护起来,并在车轮下垫塞木楔或方形木条,最后要利用板架集装箱箱底的系环,用钢丝绳系紧。

(3)推土机和压路机的装载和固定。推土机、压路机每台重量很大,一般一个板架集装箱内只能装一台。通常都采用吊车从顶部装载,装载时必须注意车辆的履带是否装在集装箱下侧梁上,因为铁与铁相接触,很容易产生滑动,所以箱底一定要衬垫厚木板。

(4)拖拉机和其他车辆类货物的装载和固定。小型拖拉机横向装载时可使其装载量增加。但装载时也应注意集中负荷的问题,故箱底要进行衬垫,以分散其负荷,并要用方形木条、木楔以及钢丝绳等进行固定。

第六节　集装箱装卸工艺流程及布置

一、集装箱装卸工艺流程

在决定采用何种装卸工艺方式时,取决于下列因素:

(1)预定年集装箱吞吐量的大小;

(2)所需土地面积的可能性;

(3)集装箱船的装载量、船型和到港频率;

(4)投资的可能性;

(5)场地上作业效率的高低;

(6)集装箱内陆集疏运的方式;

(7)集装箱损坏率的高低;

(8)装卸机械的维修费用;

(9)码头作业的灵活性;

(10)实现自动化作业的要求。

集装箱码头的装卸工艺流程目前主要采取以下两种方案。

1. 装卸桥—跨运车工艺流程

图4-59所示是装卸桥—跨运车工艺流程。这一流程又称为麦逊公司方式。该流程中,"船—场"作业是由装卸桥将集装箱从船上卸到码头前沿地面上,然后用跨运车再把集装箱搬运到集装箱场地的指定箱位上。其中,"场—场"、"场—集卡"、"场—货运站"等作业,均可由跨运车承担。

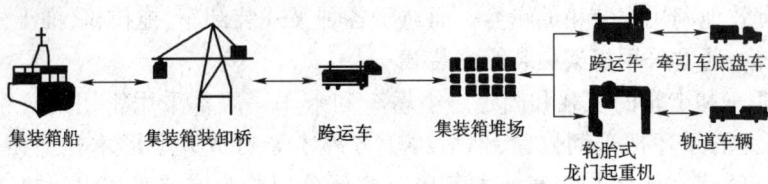

图 4-59　装卸桥—跨运车工艺流程示意图

该工艺流程的优点是：

(1)码头前沿装卸船的接运采用"落地"作业方式，装卸桥从船上卸下的集装箱不需要对准跨运车。因此，提高了装卸桥的装卸效率，节省了作业时间。

(2)机动灵活。跨运车是一种流动性较强的机械，当港口各种作业在时间上出现不平衡，在某一处作业量大时，可以相应多配几台跨运车。

(3)机种少，适应性强。跨运车具有自取、搬运、堆垛以及装卸车辆等多种功能，一种机械可完成多种作业。

(4)能在场地上将箱子重叠堆垛，一般可堆高 2～3 层，与底盘车相比，可节省堆场面积。

本系统的主要缺点正是跨运车的缺点所引起的。为了克服这些缺点，要求码头场地要平整，司机的操作技术要求更高，并且注意加强对跨运车的维护和保养。

2. 装卸桥—龙门起重机工艺流程

龙门起重机可以是轮胎式，也可以是轨道式的，目前在中国的集装箱码头上主要采用轮胎式龙门起重机。

由于龙门起重机不能直接与装卸桥配合交接集装箱，所以这个方案还需要配牵引车挂车。即在码头前沿与堆场之间，前方堆场与后方堆场之间，堆场与货运站之间需要牵引车挂车作水平搬运集装箱之用。

本流程的优点是：

(1)堆场的单位面积堆存量大。由于龙门起重机堆箱层数多，因此单位面积堆存量较大。这在陆域较小的码头上特别显得重要。

(2)堆场面积利用率高。由于集装箱在龙门起重机跨距内可紧密堆垛，不留通道，因此堆场面积利用率高。

(3)营运费用低。本系统虽初始投资大，但机械设备的维修管理费用低。

(4)易于实现自动化控制。特别是轨道式龙门起重机运行动作受限于轨道，所以易于程序化，便于电子计算机控制。

本工艺流程的缺点主要是龙门起重机作业的缺点，相对而言，轮胎式龙门起重机比轨道式龙门起重机具有更多的灵活性，系统的适应性强，因此在中国，这种工艺流程被广泛地采用。

图 4-60 所示是装卸桥—轮胎式龙门起重机工艺流程示意图，图 4-61 为装卸桥—轨道式龙门起重机工艺流程示意图。图 4-62 是上海港外高桥四期集装箱码头装卸工艺流程图。

图 4-60　装卸桥—轮胎式龙门起重机工艺流程示意图

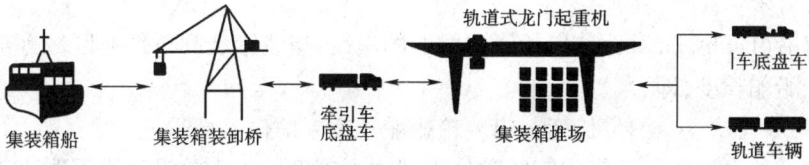

图 4-61　装卸桥—轨道式龙门起重机工艺流程示意图

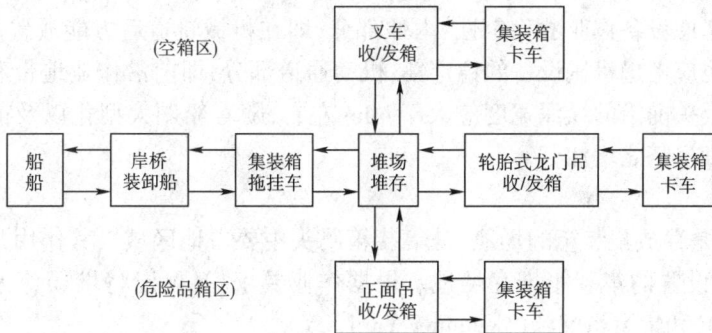

图 4-62　上海港外高桥四期集装箱码头装卸工艺流程图

二、集装箱装卸工艺布置

在中国,集装箱专用码头的布置如图 4-63 所示,码头前沿耸立着高大的岸壁装卸桥,宽阔的堆场上采用的是轮胎式龙门吊。

集装箱码头的平面布局根据作业功能的不同,一般可分为前后三个部分,即码头前沿、堆场和后方。图 4-64 所示是一个典型的集装箱码头平面布置情况,具体的集装箱码头平面布置形状将根据当地的地形等条件有所不同,但基本组成仍是图 4-64 所示的几个部分。

图 4-63　某集装箱码头全景图

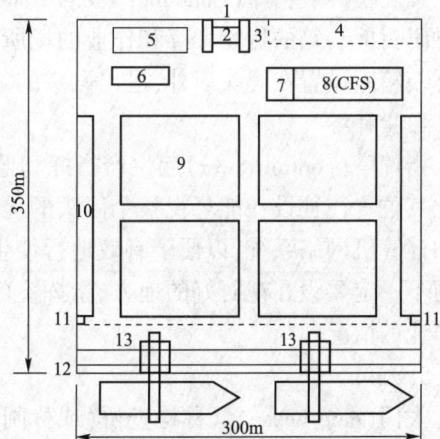

图 4-64　集装箱码头平面布置

1-大门;2-地磅;3-检查桥;4-停车场 5-维修车间;6-冲洗场;7-办公楼;8-拆装箱库（CFS）;9-堆场;10-冷藏电源;11-照明设备;12-码头前沿;13-集装箱装卸桥

137

1. 码头前沿

码头前沿(berth and apron)包括停泊船舶的岸线,集装箱装卸桥作业区域等部分。岸线的长度取决于船舶长度,即

$$泊位长度 = 集装箱船舶长度 + 泊位富裕长度$$

泊位前沿的水深取决于集装箱船舶的满载吃水深度。码头前沿的纵深取决于集装箱装卸桥的作业范围。这一作业范围可分成三个部分:轨距部分,一般应保证能同时通过三辆牵引车挂车,同时也应考虑设备作业的稳定性;内伸部分,即在机械轨道后方能放置舱盖板或停靠2辆拖挂车,同时也应考虑机械设备的稳定性;机动通道部分,即前沿作业地带和堆场之间的道路。一般来说,码头前沿的纵深宽度应大于40m左右,随着船舶大型化以及前沿作业线的增加,前沿纵深宽度也随之增加。

2. 堆场

堆场(yard)是存放集装箱的场地,是集装箱码头主要占地区域。其作用是为了保证装卸作业的连续性而设置的集装箱堆存场地。根据作业要求,又可以将堆场分为集装箱编组场(marshalling yard)和集装箱堆场(Container Yard,CY)。

编组场用于临时性堆放集装箱,场地邻靠码头前沿,用于存放待出口的箱子或从船上卸下待转运的箱子,故又可称为调度场或调配场。

集装箱堆场用于集装箱的交接,保管,它位于编组场的后方,集装箱如果进入该场地往往堆存时间较长。

集装箱堆场可以划分成几个箱区,每个箱区又有箱位组成,并编有号码(箱位号),集装箱堆场的大小取决于在堆场上所采用的设备。不同的设备所允许的集装箱堆存高度是不同的,因此,堆存同样数量的集装箱当采用不同的设备时,所需堆场面积不同。

3. 集装箱拆装箱库

集装箱拆装箱库(Container Freight Station,CFS)又可称集装箱货运站,用于货物散进或散出时码头拆装箱的货物堆存和作业的场所。拆装箱库一般位于码头的后方,但现在多数已经将拆装箱库设置在码头以外,进出码头的货物必须采用整箱方式。

4. 指挥塔

指挥塔(control tower)起生产指挥和监控作用,码头的作业计划和调度安排在这里完成,因此其位置往往设在能环视整个码头的地方,一般设在最高的楼层上。指挥塔内配有通信设施和计算机网络系统,以便于有效地行使生产指挥的职能。随着生产监控设施的现代化,指挥部门不一定要设在视野好的地方,指挥室内的现代化的监控系统完全可以代替人眼来掌握现场作业的情况。

5. 大门

大门(gate house)又称检查桥(或称闸口),一般都在大门处设有地磅,用于集装箱内货物的计量。大门又是集装箱和集装箱货物的交接点,港内外责任的分界线。在集装箱码头的大门处,需对进出港区的集装箱单证进行验查,并检查集装箱的箱号、封箱号以及集装箱的外表情况。图4-65所示是青岛港集装箱码头大门。

6. 维修车间

维修车间(maintenance shop)是对集装箱和集装箱的装卸搬运设备进行检查、维修和保养的场所,它是码头机械设备处于完好状态,提高码头装卸效率的重要保障。维修车间一般设在不影响码头作业的后方。

图4-65 青岛港集装箱码头大门

由于集装箱专用码头的建设是以较大的集装箱稳定货源为前提条件的,而且集装箱专业化码头的投资较高,因此,规划集装箱专用码头时必须对是否有稳定的集装箱货源有把握,在集装箱货源不足以达到建集装箱专用泊位时,或者吃不准货源发展的情况下,不应轻易规划建造集装箱专用码头,而可采取建造多用途码头的方式,以适应货源的变化。

第七节 集装箱码头新型装卸工艺方案

随着大型现代化集装箱码头的不断发展,对装卸工艺的高速化和自动化程度的要求越来越高,码头的装卸量也越来越大,因此,在集装箱码头装卸工艺以及码头布置方面目前正处于不断地创新和发展之中,其目的主要是为了提高集装箱码头船舶装卸作业的效率。其中主要的新颖工艺有如下几种:

一、底盘车列与轮胎式龙门吊的配合

在一般的龙门吊方式中,从码头前沿到堆场的集装箱搬运都是由场地牵引车拖带一节底盘车运行的。但是如场地面积很大,装卸的集装箱数量很多,或场地离岸壁前沿的距离较远时,就可采用一台牵引车同时牵引两台以上的底盘车(半挂车)组成的底盘车列运行,见图4-66。图4-67为底盘车列与轮胎式龙门吊配合作业的情况。

这种工艺方式由于同时可搬运2个以上的集装箱,所以可减少牵引车的周转次数,相应地节省了牵引车的燃料消耗量,从而降低了装卸成本,也减轻了

图4-66 底盘车列图

139

牵引车司机的疲劳强度。如果牵引车的拖运距离很长时,采用这种工艺还可以大大减少牵引车的使用台数,这些对于集装箱码头来说都是十分有利的条件。因此,在场地大、装卸量多、运行距离远的条件下,采用本工艺方式,不仅装卸效率高,而且装卸成本也低。

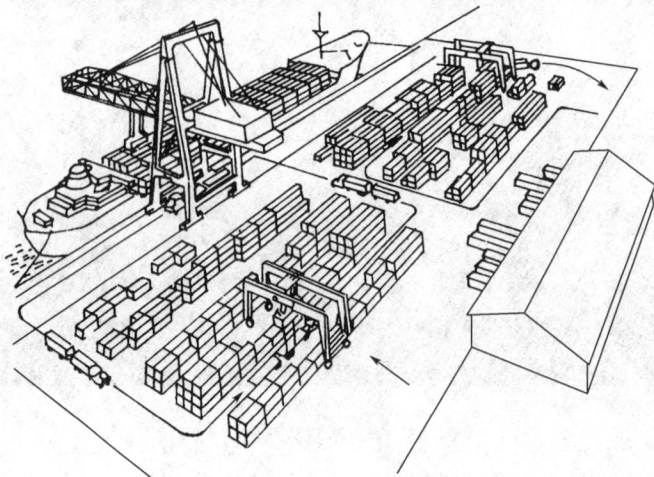

图 4-67　底盘车列与轮胎式龙门吊的配合

二、采用自动导向车(AGV)的全自动集装箱码头

采用自动导向车的集装箱码头全自动化系统是目前国际上最先进的集装箱装卸工艺系统。其中自动化程度很高的大型岸边集装箱起重机、自动导向车、无人驾驶轨道龙门起重机及进出大门的自动识别系统是组成此系统的关键。图 4-68 是汉堡港全自动化集装箱码头的平面图。如图 4-69 所示,汉堡港全自动集装箱码头前沿采用双小车吊桥,水平搬运采用自动导向车,集装箱堆场垂直于码头布置,每块堆场分别有大小两台轨道式龙门起重机。除双小车桥吊外,码头其他设备采用无人自动作业。图 4-70 为该全自动码头的作业原理和流程。

图 4-68　汉堡港全自动化集装箱码头鸟瞰图

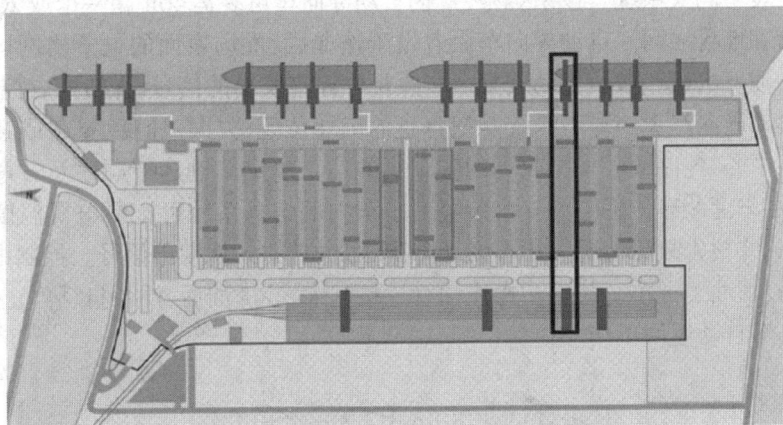

图 4-69　汉堡港全自动化集装箱码头平面示意图

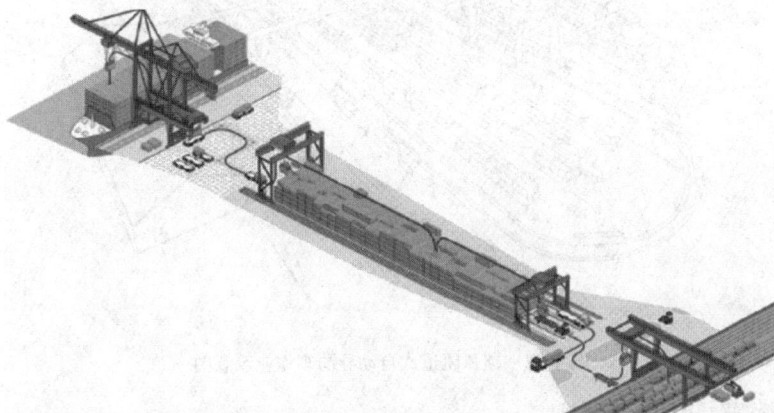

图 4-70　汉堡港全自动化集装箱码头作业原理图

1. 自动导向车原理及程序

自动导向车(AGV)分为轮胎式和轨道式两种,图 4-71 是一种用于汉堡港全自动集装箱码头水平搬运的轮胎式自动导向车。该车通过埋设在地上的感应装置由控制系统引导实现自动运行。轮胎式自动导向车具有运行范围灵活,运行速度较快,布置紧凑的特点,比轨道式更为新颖的车型。

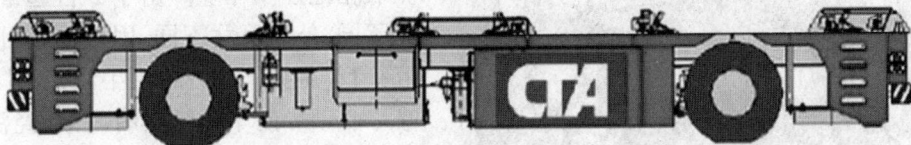

图 4-71　轮胎式自动导向车

轨道式自动导向车又分为单轨和双轨两种,轨道线通过装卸桥和轨道龙门起重机的机腿间呈环状敷设,自动导向车就沿着这一轨道绕场地回转运行。环行轨道有圆弧式和直线式两种圆弧式在技术上容易实现,直线式则可以节省轨道占用的堆场面积。图 4-72 是一种圆弧轨

道式自动化集装箱码头系统。该系统中,每辆自动导向车可装运40ft箱一个或20ft箱二个,运行于码头前沿和堆场之间。自动导向车沿着设于作业区、堆场表面的电子格网运行。驱动靠自身配备的柴油发电机和液压传动装置。接收从中控室发出的信号,并转换成控制运转程序,据此运行。自动导向车上的导航系统能把自身的确切位置、方向、速度、重载或轻载等信息发送给码头控制中心,控制中心根据收到的各车辆的信息决定车辆运行顺序及转弯方向。为防止意外碰撞,小车上装有传感器和安全装置。小车内部信息系统可记录电机温度、油耗、冷却水水位等数据,并报告故障情况。小车燃油降到预定位置时,就发出信号。控制中心就指令小车返回加油站,加油工把小车与电子操作油管连接起来,装满油后,油泵自动停止供油,油管与小车脱离。小车自动返回工作。

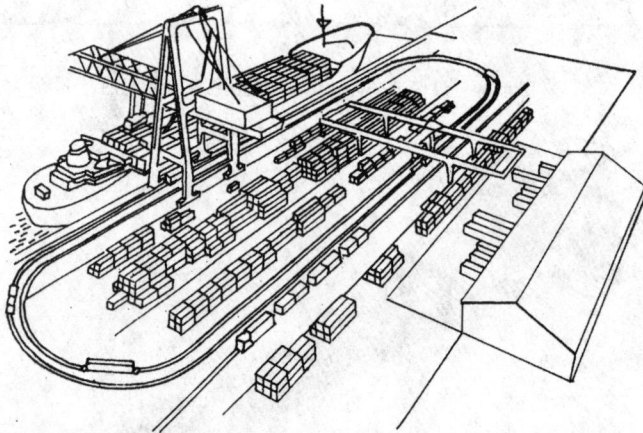

图 4-72　圆弧轨道式自动导向车作业示意图

2. 无人驾驶轨道龙门起重机

汉堡港全自动化集装箱码头堆场垂直于码头布置,每块堆场配备2台轨距和尺寸大小不同的轨道式龙门起重机,可接收控制中心的指令进行作业。在堆场沿码头一侧,一台轨道式龙门起重机接运由自动导向车运来的集装箱,堆放在堆场的指定箱位,或把堆场上的指定装船集装箱运送并装到自动导向车上。在堆场沿陆侧,即:堆场另一侧,由另一台轨道式龙门起重机全自动或通过中控室遥控完成装卸集装箱拖挂车作业。由于2台起重机的轨距不同,外形尺寸不同,因此作业时可以相互穿行,避免作业时的相互干扰(图4-73)。

自动导向车系统具有高效、经济、准确的优点,使用于集装箱货运量大,劳动力成本高,水转水集装箱比例高的大型专业化集装箱码头,是21世纪现代化集装箱中转系统,操作管理全部自动化的典型装卸工艺系统。

图 4-73　汉堡港全自动化集装箱码头堆场2台轨道式龙门起重机

三、移箱输送机与轨道式龙门吊的配合

移箱输送机是一架长条形的机械,其长度一般能放置20ft型集装箱4~6个。它设置在前沿与前方堆场交接处的轨道上。使集装箱装卸桥的后伸臂和轨道式龙门吊的悬臂都能达到。

在装卸过程中由于装卸桥的后伸臂不能与龙门吊的悬臂重叠交叉,因此在这两者之间的地面上设置了移箱输送机。当装卸出口集装箱时,由场上龙门吊搬来的集装箱,放置在悬臂下的移箱输送机上,通过输送机的运转将箱从输送机上的龙门吊侧移向装卸桥侧,装卸桥从后伸臂下的移箱输送机上吊起集装箱,装上集装箱船,如图4-74所示。

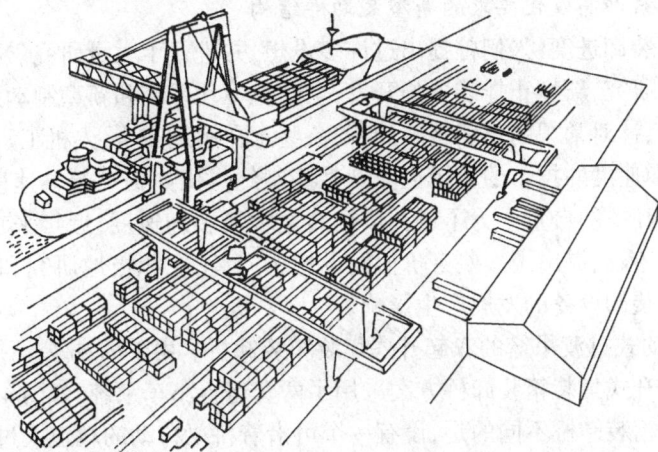

图4-74　移动输送机与轨道式龙门吊的配合

当装卸桥从一个舱口换到另一舱口装卸时,移箱输送机被装卸桥机腿牵引,与装卸桥一起沿轨道运行,因此装卸桥与移箱输送机经常保持着一定的距离。而场上龙门吊虽然可以沿轨道任意运行,但在船舶装卸过程中必须与移箱输送机连接,因此只能在移箱输送机的长度范围内移动,这样场地龙门吊的位置基本上也确定下来了,故在堆放出口集装箱时应注意,最好使堆放的位置与集装箱船的舱口位置相对应,避免装卸过程中迫使机械移动。

采用这种装卸工艺时全部作业都可以利用计算机控制进行操作。龙门吊的位置可以由控制室进行控制,其动作也可用计算机操纵,龙门吊的装卸作业可全部自动化。由于预先可以知道什么集装箱应堆放在什么位置上,并且可尽量使集装箱堆高,充分地利用场地面积,这些条件都有利于用计算机控制进行快速装卸。

四、岸边式集装箱装卸桥的技术发展

提高岸边装卸船设备对船舶大型化发展的适应性,以及提高设备的生产效率是集装箱码头装卸工艺发展的关键之一。目前虽然还没有可以取代装卸桥的更有效的装卸设备,但是对装卸桥本身却有着各种改进的方案,有些方案已在使用,在提高对船舶的适应性以及生产效率方面已获得了较好的效果。

1. 适应船舶大型化要求的大型集装箱装卸桥

随着集装箱船舶的大型化,作为接卸设备的岸边式集装箱装卸桥的大型化已成必然的趋

势。对于很多港口来说,购买高效、大型的岸边式集装箱装卸桥是从经济意义上考虑的,它能使港口在竞争激烈的市场上增强竞争能力,并获取较好的投资回报。另外,由于装卸桥制造业竞争异常激烈,超巴拿马型装卸桥生产规模较大,因而,其生产和安装成本就大为降低。

港口购置大型装卸桥除了想谋求枢纽港地位以外,还想通过技术创新来提高效率。在竞争日益激烈的运输市场上,高效率的码头作业对于港口争取更大运量来说,的确是一个至关重要的条件。《国际集装箱化杂志》(Containerization International)上刊登的市场分析报告显示,许多港口都在扩大规模和装备超巴拿马型装卸桥。报告还显示了一个重要的趋势,许多港口越来越倾向于订购大功率、高速度的集装箱装卸桥。

2. 适应集装箱装卸高效化要求的新型装卸桥结构

为提高集装箱装卸进度,人们曾提出过许多设想,并进行了大量研究。比如集装箱装卸桥自动化运转技术的研究,新型止摇装置的开发,全交流驱动系统和新型制动系统的应用等。然而,这些研究往往只针对常规的集装箱装卸桥,一些意在满足安全、人机工程、结构强度的要求下,提高集装箱装卸速度的技术的应用也受到某些制约。比如提高起升速度和小车运行速度的措施将会增加装卸桥的自重。为了进一步提高集装箱装卸速度,近年来在提高常规集装箱装卸桥性能的同时,人们提出了一些有价值的设想,并且正在积极地研究和应用,而这些技术将会对未来集装箱装卸设备的发展产生影响。

(1)设有可移动式过渡吊篮的双起升式集装箱装卸桥。由 Paceco 公司提出的设有可移动式过渡吊篮的双起升式集装箱装卸桥方案采用了两套运行小车系统,如图 4-75 所示。它与常规的双起升式集装箱装卸桥不同的是,设有一个可沿着桥梁移动的轨道式过渡吊篮,用以在两套运行小车系统间输送集装箱;使每个被装卸的集装箱经过一套运行小车系统起升(下降)、可移动式过渡吊篮的平移、另一套运行小车系统下降或起升的移动过程后,被装上(卸下)船舶;集装箱的平移由可移动式过渡吊篮来完成,运行小车系统只负责完成集装箱的起升(下降)的动作。可移动式过渡吊篮、每套运行小车系统在同一时间里各可操作或准备操作一个集装箱,使其分别处于或即将处于平移起升或下降状态,从而提高集装箱装卸速度。Paceco 公司的模拟试验结果表明,当可移动式过渡吊篮的运行速度为 4.572m/s,起重速度为2.794m/s,这种集装箱装卸桥在装卸甲板上积载 13 列集装箱的无舱盖集装箱船舶时,单机装卸效率可达93 箱/h。

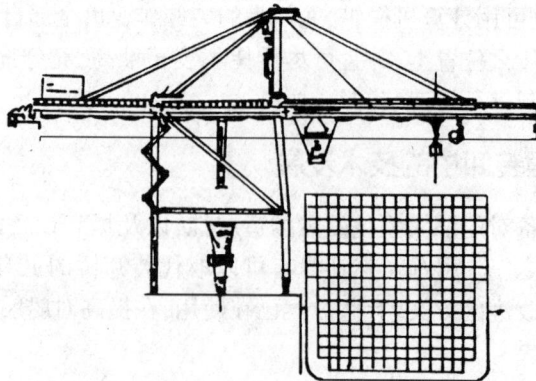

图 4-75　可移动式过渡吊篮双起升式装卸桥

　　这种集装箱装卸桥的优点是装卸效率高,在码头前沿可以用更少的集装箱装卸桥完成集装箱船舶的装卸作业,使得后方牵引车的作业工艺更有条理。由于被装卸集装箱在两套运行小车系统间的移动由平稳运行的过渡吊篮完成,它不会发生摇摆,因而在卸船时从集装箱进入过渡吊篮开始的操作均可以实现自动化。

　　(2)基础高架的多台集装箱装卸桥系统方案。Reggiane 公司于 1995 年 4 月提出了基础高架的多台集装箱装卸桥系统方案。这一方案要求沿着码头前沿构筑一座结构坚固的机架,其作用相当于将常规的集装箱装卸桥的支撑基础架高,在其上并列布置多台门架较低的集装箱装卸桥。在卸船作业时,这些集装箱装卸桥上的运行小车将从船中卸出的集装箱置于安装在机架前方的中间平台上,然后由其横向移动与这些集装箱装卸桥的横向移动不相关联的机架内部的运行小车将这些集装箱从中间平台上取走。

　　这种装卸系统有以下两个优点:一是装卸效率高,Reggiane 公司称因为基础架高的缘故,集装箱装卸桥门架的构件宽度可以缩减一半,因而行走机构部分的重量可以大为减轻,每台集装箱装卸桥的走行轮可从 16 轮减为 8 轮。这样在 320m 岸线内,可以布置 6 台外伸距为49.6m的集装箱装卸桥,每台集装箱装卸桥每小时可装卸 45 箱。这种装卸系统充分发挥作用后,每小时可卸 240 箱。二是采用这种装卸系统的码头工程造价要比用常规集装箱装卸桥低。

　　(3)桥架可升降式集装箱装卸桥。弗吉尼亚港务局在 1995 年的亚洲码头营运研讨会上首先提出桥架可升降式集装箱装卸桥设想。它要求用一套机构来升降整个装卸桥的桥架部分,且要适应甲板上积载 18 列集装箱的船舶。目的在于使其能适应包括集装箱驳船在内的各种集装箱船的装卸作业。按该设想设计制造的集装箱装卸桥将可根据靠泊船舶的类型调整桥架的高度,并按“矩形吊具运行路线”进行运作,避免不必要的过大提升,从而达到减少集装箱摇摆、缩短循环时间和节约能耗的目的。弗吉尼亚港务局提出的设计目标是单机效率达 50 箱/h,对提升桥架机构的形式未作限制。估计整机重量达 1000t,其中桥架重达 400t (图 4-76)。

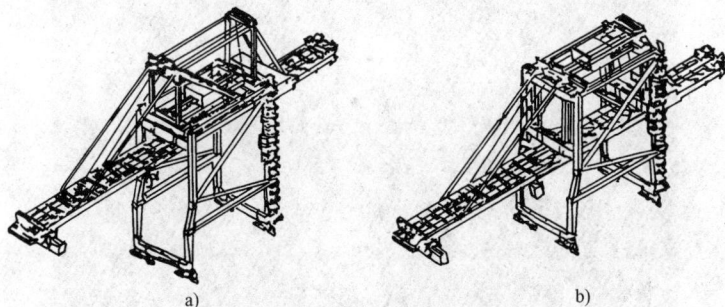

图 4-76　桥架可升降式集装箱装卸桥
a)桥架升起时的情形;b)桥架降下时的情形

　　(4)增设提升机式集装箱装卸桥。在 1996 年的集装箱码头营运研讨会上,Delft 理工大学的专家给出了增设提升机式集装箱装卸桥的设想。该设想是 Delft 理工大学等研究机构在给鹿特丹的 INCOMAAS 工程做有关研究工作时,为使单机装卸效率达到 50 箱/h 而提出的(图4-77)。集装箱在码头前沿上的垂直运输由一台一体化的车辆提升机来完成。该提升机位于陆侧的门腿外侧,卸船时,一辆空载自动化输送车从车辆提升机下方进入车辆提升机,由提升

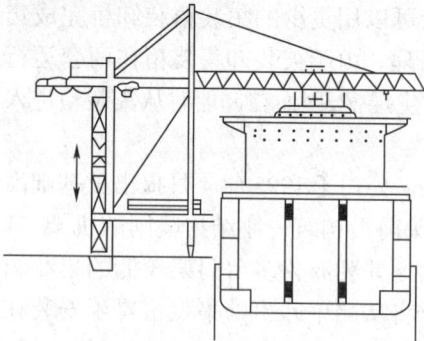

图4-77 增设提升机式集装箱装卸桥

机将其提升至高位,接受一只由运行小车卸下的集装箱后再返回地面,然后驶离装卸桥区,同时,另一辆空载自动化输送车进入车辆提升机接卸下一只集装箱;装船时,一辆载有集装箱的自动化输送车从车辆提升机下方进入车辆提升机,由提升机将其提升高位,待运行小车取走其所载集装箱后再返回地面,然后驶离装卸桥区,同时,另一辆载有集装箱的自动化输送车进入车辆提升机,输送下一只集装箱给运行小车。

这一设想能够明显提高作业效率,与常规集装箱装卸桥相比,明显减少了每个集装箱平均由运行小车的操作时间,且运动比较规则,容易用计算机控制和人工控制操纵,设计生产率可达51箱/h。

五、挖入式港池作业方式

挖入式港池两侧布置多台集装箱装卸桥装卸系统是试图通过重新设计码头,以达到利用更多的常规集装箱装卸桥同时装卸一条船舶,从而提高集装箱装卸速度的目的。该设计出自于对鹿特丹INCOMAAS工程进行研究的有关专家,其目的是为了适应未来集装箱运输发展的需要,使泊位的设备能力能适应在24小时内完成一艘8000TEU集装箱船舶的作业。为此,修建了一种挖入式港池,在其两侧各布置4台常规集装箱装卸桥,使得在这种港池内靠泊的船舶可以同时从两侧进行装卸作业。

采用挖入式港池,在港池两侧同时安排装卸桥进行作业,以增加同时投入作业的装卸桥机械台数。通过这种方法可以大大提高船时效率,缩短船舶在港停泊时间。船舶两边作业模式如图4-78所示。

图4-78 采用挖入式港池方式的船舶两边作业模式

六、新加坡"新一代集装箱码头(NGCP)"的设计理念

为了在有限的空间上提高单位岸线资源的吞吐能力,新加坡港务局在2012年提出了"下

一代集装箱码头(The Next Generation Container Port,NGCP)"项目。该项目旨在向全世界征集能够实现下一代集装箱港口在规划、设计和运营方面的变革,从而使得港口吞吐能力和装卸效率实现跨越式的发展,以满足航运业向更经济、环保和可持续方向发展的要求。

该项目要求在十分有限的给定区域范围内(岸线不超过6km,陆域面积不超过2.5km²,陆域和水域面积总计不超过7.5km²,如图4-79所示)设计出10年后的新一代创新型集装箱港口,给定的港口区域不仅要包括码头前沿的装卸区域还要包括货物流转的空间,在该空间内每年至少可处理集装箱量超过2000万TEU。

从目前全球港口的运作方式来看,这个要求似乎根本不可能完成。因此,新的设计要求对集装箱港口从装卸到后方的物流运作乃至到集疏运体系都提出了巨大的挑战。

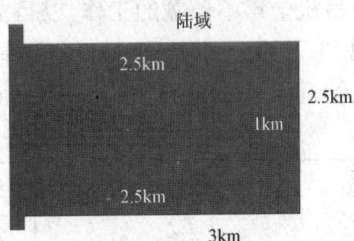

图4-79　新加坡下一代港口规划限制范围

该项目计划由新加坡海事研究所(SMI)和新加坡海事及港口管理局(MPA)共同发起挑战,鼓励全球对于现有的港口运作模式提出变革性的方案,从而使得港口能够同时兼顾经济、环保和可持续发展的要求。

1. 假设条件

(1)处理吞吐量大于等于2000万TEU/年,其中80%为中转货物;

(2)可全年365天全天候运营(24/7);

(3)船舶候泊情况不超过10%;

(4)集装箱在港平均滞留时间为4天。

2. 设计要求

(1)能满足所有具体的港口运营需求,并且再设计时需同时考虑构建整合供应链、港口的柔性运营以及安全等;

(2)需要提高生产率,包括通过自动化和相关的技术提高劳动生产率和高效的工作流程,同时提高土地的使用效率;

(3)同时需要考虑环境的可持续发展和经济的合理性。

NGCP设计方案的评价指标体系见图4-80。

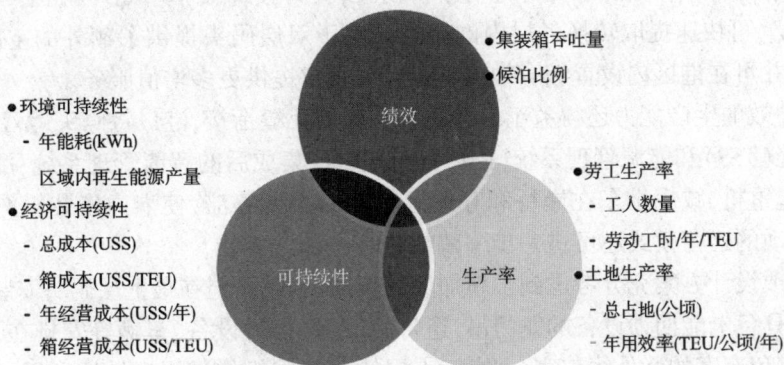

图4-80　NGCP方案评价指标

综上所述,在设计时需基于未来船舶的大型化趋势和技术发展趋势,需要在方案中体现装卸、仓储、堆场与码头前沿间的运输、清关、劳动生产率、土地利用率、环境保护等。

假设平均1000m岸线可设置3个集装箱泊位,每个泊位平均设置3台岸吊,并且假设每台吊机全年不停歇的工作,以目前的生产率对于转运港而言每台吊机每年平均的作业量可达到13万TEU,若给定6000m的岸线,每年可处理的集装箱大概为234万TEU,而这与NGCP给定的目标2000万TEU相差甚远(表4-22中数据反映了这种差异)。

传统港口装卸水平与NGCP目标装卸水平比较 　　　　　　　　表4-22

	传统模式	革新模式		传统模式	革新模式
岸线长度	6000	6000	平均每台吊机平均作业量(TEU/年)	13万	37万
泊位个数	18	18	平均每台吊机生产率(move/h)	15	42
每个泊位岸吊数量	3	3	码头年处理总量(TEU/年)	234万	2000万

新一代集装箱港口高度集约化的要求,使得港口的泊位数量和陆域纵深均受到很大程度的限制,因此唯有增加泊位生产能力才能完成每年2000万TEU的生产任务。假设单个泊位长度为450m(需满足新型"3E"级船舶的挂靠),6000m岸线仅能容纳13个泊位,每个泊位的年通过能力必须实现150万TEU,以每个泊位4座装卸桥计算,平均每台岸桥的生产率将达到42TEU/h。较之全球最繁忙上海港36TEU/h的生产率,每台桥吊每小时仍须多完成6TEU。

在25个国家和地区的56份参赛设计中,获胜方案打破传统"平面码头"的模式,提出了双层立体自动化码头方案(图4-81)。该项方案以高效的三小车岸桥进行港口装卸工艺的改革,并以双层设计和自动化运作实现码头前沿至堆场后方统一调配和集疏运系统的无缝衔接,极大地提升了土地利用率和劳动生产率,符合低成本、低能耗的港口发展大趋势。该方案的设计不仅是空间上的突破,而且是整套流程的再造,从装卸桥到库场运作,再到后方物流配送,处处体现出第四代港口的精细化特征。

该方案的双层码头的设计旨在允许码头与三小车岸桥有多个接卸点可同时运作,以增加码头吞吐量,而挖入式凹陷堆场可将部分集装箱堆于地面以下,一方面二层码头高度的降低可以节省建造成本,另一方面可以更好地与岸桥衔接,提升接卸效率。此外,在上下两层堆场间有许多"切口",可快速提取转换各层内的箱子。由于双层码头提供了额外的空间,有效缓解了港内拥堵,并可在港区内设置综合物流中心以向客户提供更多增值服务。

该方案高效的生产能力还得益于各运输环节间的无缝衔接,港口将码头运营系统(TOS)、码头仿真系统(TSS)和能源管理系统(PMS)进行整合,集成后的智能管理系统,配合自动升降小车和桥式起重机,减少小车在岸桥和存储区域的非必要停滞,使港内集装箱的运输井井有条,而且全自动的运营模式还可进一步缩减约60%的人力需求。

同时,该项设计方案充分考虑到了新加坡的炎热天气,不但在最上层码头安装了太阳能发电装置,采用具备电能回馈设备的龙门吊,还将冷藏箱、机械设备、车辆等安排在下层,以减少能源消耗并避免有害的紫外线伤害。此外,上层桥式起重机的运用巧妙地利用了库场结构柱的自然支撑,降低了建设成本。

尽管这一方案的提出至今尚未有现实的码头予以实现,但是这种创新型的设计理念体现出未来港口发展如何与环境和谐发展的要求。

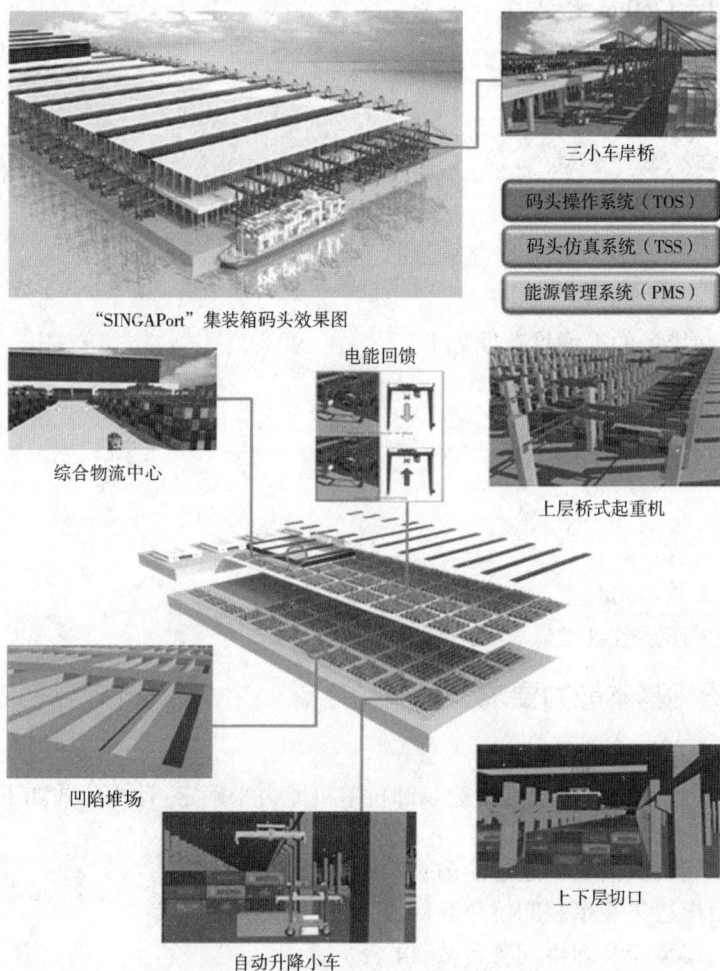

图 4-81　自动化双层集装箱码头设计方案

第八节　集装箱装卸工艺案例分析

这里,我们用一个新建集装箱码头的装卸工艺选择的案例,从中我们可以看出,在集装箱码头装卸工艺方案选择时的依据和基本思路。

一、码头基本概况

某港区的集装箱码头岸线长 1250m,拟建设 4 个可停靠第四代集装箱船舶的泊位,设计吞吐能力为 120 万 TEU/年。港区后方陆域宽约 1350m、纵深约 1220m,陆域面积为 163 万 m^2。码头顺岸布置,前沿水深 $-10m$,码头与后方靠引桥连接,港区陆域前方为生产作业区,布置集装箱堆场,后方为生产辅助区,布置集装箱调配中心,拆装箱库、停车场等。

二、主要设计参数

码头岸线总长:1250m

年吞吐集装箱量:175 万 TEU

各种集装箱比例如下。

普通重箱:75%

冷藏箱:3.5%

危险品箱:1.5%

空箱:20%

拆装箱:3%

各种集装箱在堆场的平均堆存期如下。

普通重箱:7d

冷藏箱:4d

危险品箱:3d

空箱:10d

拆装箱库内货物:3d

堆场年工作天数:350d

港口生产不平衡系数:1.25

三、设备、设施基本能力要求

1. 装卸桥能力及数量

码头泊位的通过能力可以根据岸边装卸桥单机能力来确定,计算公式如下:

$$P_t = nP_L$$

式中:P_t——集装箱码头泊位年通过能力;

P_L——每台岸边集装箱装卸桥年装卸能力;

n——岸边集装箱装卸桥配备台数,14 台。

如果取装卸桥单机年装卸能力为 12.5×10^4 TEU,完成 120 万 TEU 需要配置 14 台装卸桥(具体计算方式在后面设计部分专门介绍)。

2. 堆场所需容量

根据计算(这里不列出计算过程),我们可以确定该集装箱码头要达到 175 万 TEU 年吞吐能力,相应的堆场需要达到以下规模(表4-23)。

各种集装箱所需堆场容量表(单位:TEU)   表 4-23

类型＼指标	E_y	Q_h	t_{dc}	K_{BK}	T_{yk}
普通重箱	32813	1312500	7	1.25	350
空箱	12500	350000	10	1.25	350
冷藏箱	875	61250	4	1.25	350
危险品箱	281.25	26250	3	1.25	350

注:E_y-集装箱堆场容量(TEU);Q_h-集装箱码头年运量(TEU);t_{dc}-到港集装箱平均堆存期;K_{BK}-堆场集装箱不平衡系数;T_{yk}-集装箱堆场年工作天数。

四、装卸工艺方案拟定

装卸工艺系统是建成高效、节能、高自动化、环保型现代化集装箱港区的关键。对此结合该港的具体情况,拟定 3 个装卸工艺方案。

(1)轮胎龙门起重机方案;

(2)轨道龙门起重机方案;

(3)轮胎龙门起重机—轨道龙门起重机组合方案。

这三个装卸工艺方案优缺点的比较见表4-24。

三个装卸工艺方案优缺点比较表　　　　　　　　　　表4-24

序号	方 案 名 称	优 点	缺 点
1	轮胎龙门起重机方案	装卸效率较高,操作简单,机动灵活,作业面积大,故障率低,堆场利用率较高	不易实现自动控制,环保效果差
2	轨道龙门起重机方案	装卸效率高,机构简单,操作容易,故障率低,维修方便,堆场利用率高,易于实现自动控制,环保效果好,综合营运成本低	机动性能差,作业范围受限制
3	轮胎龙门起重机—轨道龙门起重机方案	综合了轮胎龙门起重机和轨道龙门起重机的优点	堆场机型多,对生产管理水平要求高

综合分析上述装卸工艺方案技术性能,结合该港已有的生产管理经验和码头工程工况具体条件,对以下三个方案进行比选:

方案一:轮胎龙门起重机方案;

方案二:轨道龙门起重机方案;

方案三:轮胎龙门起重机—轨道龙门起重机方案。

五、装卸工艺方案工艺流程

方案一:轮胎龙门起重机方案工艺流程(图4-82)

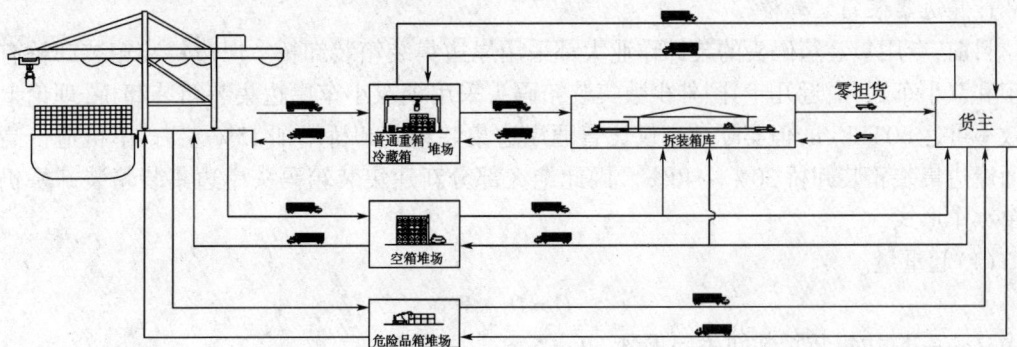

图4-82　轮胎龙门吊工艺方案

方案二:轨道龙门起重机方案工艺流程(图4-83)

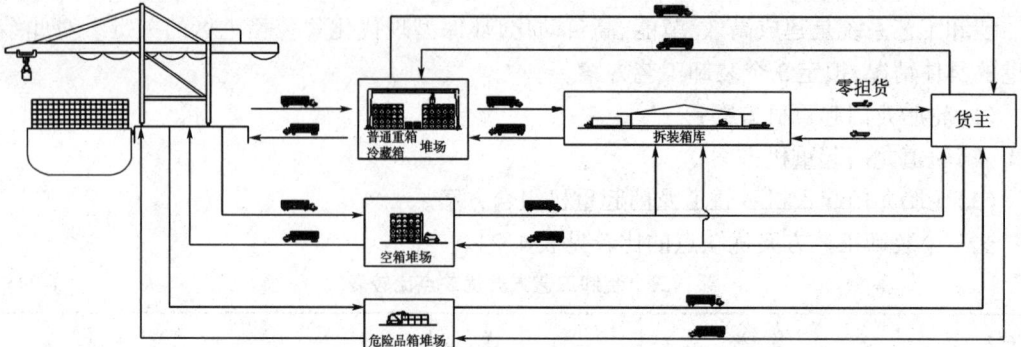

图4-83 轨道龙门吊工艺方案

方案三:轮胎龙门起重机—轨道龙门起重机方案工艺流程(图4-84)

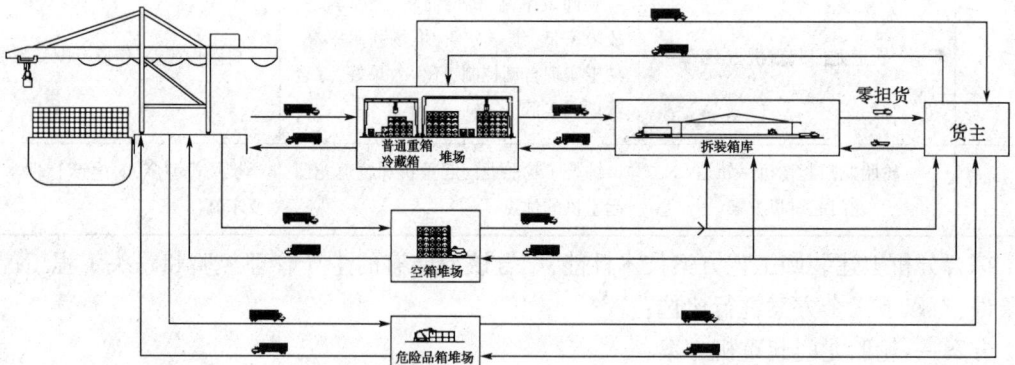

图4-84 轮胎、轨道龙门吊工艺方案

六、主要装卸设备选型

1.岸边集装箱装卸桥

目前,专用集装箱码头的装卸作业大都采用岸边集装箱装卸桥。岸边集装箱装卸桥有单小车和双小车之分,近几年,国外少数集装箱码头采用了双小车岸边集装箱装卸桥,理论上单机效率可达60TEU/h,但实际效率仅比普通岸边集装箱装卸桥增加15%左右,单机造价高于普通岸边集装箱装卸桥30%~40%。因此绝大部分新建集装箱码头岸边集装箱装卸桥仍采用单小车形式。

(1)起重量。

$$Q = Q_t + W$$

式中:Q——岸边集装箱装卸桥起重量(t);

Q_t——额定起重量(t);

W——吊具重量(t)。

额定起重量一般按照所起吊的最大总重量来决定。就集装箱而言,ISO1AA、1A 和 1AX (40ft)集装箱的最大重量取 30.5t,在实际装卸中也有重量达 35 ~ 36t 的超重箱;20ft 集装箱重量为 24t,如果双箱起吊,则最大重量取 48t。目前广泛采用的单箱吊具自重为 9t 左右,双箱吊具自重为 11t ~ 13t。由于桥吊还需起吊集装箱船上的舱盖板,一般集装箱船每块舱盖板的重量均不超过 30.5t,但也有超过此重量情况,如第四代集装箱船,其舱盖板的重量高达 36t。

综合考虑以上因素,岸边集装箱装卸桥的额定负荷选定为吊梁下 64t,单箱吊具下 50t,双箱吊具下 50t。

$$L = L_1 + L_2 + b$$

(2)外伸距。

$$L_1 = a + B + C$$
$$L_2 = (D + e + t + j - M)\tan 3°$$

式中各符号含义见本章前面论述,具体取值如下:

a——码头前沿至船舶内舷侧的距离,1.2m;

B——未来型船宽,45m;

C—— 船外舷至外舷侧最外面一列集装箱中心线之间的距离,1.7m;

D——船舶型深,26.8m;

M——船体衡倾稳心高度;

b——岸边集装箱装卸桥海侧轨中心至码头前沿距离,3.5m;

j——七层集装箱的高度,20.27m;

e——舱口栏板高度;

t——舱盖板厚度。

计算外伸距为:50.37m。考虑避开小车运行减速区的实际情况,选定外伸距为 55m。

以上数据是按营运中的最大集装箱船舶,载箱量 8736TEU、舱盖板上堆 17 列 7 层高集装箱计算所得。

(3)轨距和码头面宽。为保证码头上车流运行通畅,适应集装箱船舶大型化、装卸高效化的要求。《海港总平面设计规范》建议第三、四代集装箱船配备 3 ~ 4 台岸桥,第五代以上集装箱船配备 4 ~ 5 台岸桥。

本码头岸线长 1250m,可同时停靠 4 艘第四代集装箱船。为了适应船型的变化和单船装卸箱量的多少,确保大船多机、快装快卸,充分发挥岸边集装箱装卸桥的设备利用率,提高泊位吞吐能力。考虑不同船型组合的同时,通过组合确保在码头全长的每个 250m 范围内,均可集中 5 台岸桥作业。即确保每艘第三代以上集装箱船到港均可集中 5 台岸桥作业。

集装箱船舱盖板放在陆侧轨后方,最大的舱盖板尺寸为 14m × 14m。

岸边集装箱装卸桥轨距内为 5 + 1 集装箱牵引车拖挂车通道,同时为了保证单机稳定性和降低轮压,推荐布置轨距为 30m。岸边集装箱装卸桥轨距及码头面布置见图 4-85。

码头面宽由三个部分组成:码头前沿至岸边集装箱装卸桥海侧轨中心区的船舶系缆区;岸边集装箱装卸桥轨距范围内的集装箱拖挂车通道区;岸边集装箱装卸桥陆侧轨至码头后沿的舱盖板堆放区。综合分析并配合各种装卸工艺方案可选择的码头面宽见表 4-25。

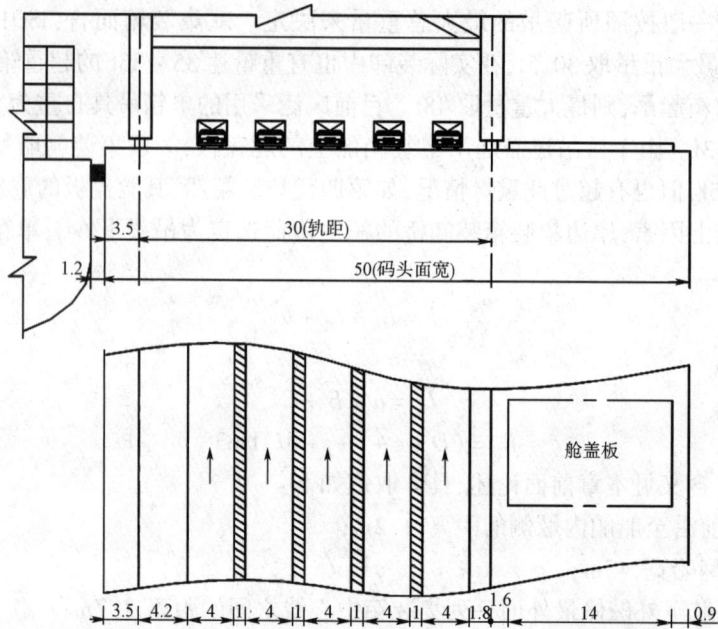

图 4-85 岸边集装箱装卸桥轨距及码头面布置(尺寸单位:m)

码头面宽度推荐表(单位:m)   表 4-25

前沿系缆区	拖挂车通道区	舱盖板堆放区	码头面宽
3.5	30	16.3	50
3.5	35	16.3	55
8	30	16.3	55

(4)机型及主要技术参数。综合上述分析,结合水工结构特点,建议比选机型及主要技术参数见表 4-26。

机型及主要技术参数表   表 4-26

机 型	吊具下起重量		型宽 (m)	外伸距 (m)	内伸距 (m)	轨距 (m)	系缆区 (m)
	正常(t)	慢速(t)					
机型(一)	50	55	≤27	55	15	30	3.5
机型(二)	50	55	≤27	55	36	30	3.5
机型(三)	50	55	≤27	55	15	35	3.5
机型(四)	50	55	≤27	60	15	30	8

2.轮胎龙门起重机

集装箱专用码头堆场轮胎龙门起重机一般按 6 列集装箱和 1 条集装箱卡车通道设计,跨距为 23.47m。

在堆高方面,多数集装箱轮胎龙门起重机是"堆三过四"和"堆四过五"机型。一些大型集装箱码头,如新加坡港,已采用"堆五过六"机型,堆层多虽然在很大程度上提高了堆场利用率,但倒箱率增大。同时由于轮压和箱角压力增大而使场地建设费用提高。结合该港所在地区软土地基承载力有限的实际情况,轮胎龙门起重机推荐选用"堆四过五"机型。

集装箱和拖挂车通道的布置有两种,一种是将拖挂车通道布置在中间,两边各排列3列集装箱;另一种是将拖挂车通道布置在一侧,另一侧排列6列集装箱。前一种布置方式与后一种比较,小车行走距离较为合理,操作视线较好,找箱容易。考虑堆场的综合利用该港使用和管理习惯。堆场选用后一种布置方式。

3. 轨道龙门起重机

集装箱专用轨道龙门起重机经过几十年的发展,由于具有跨距大、堆箱层数多、堆场利用率高、节能、环保条件好、易实现全自动控制作业的优点,近几年新建的一些大型集装箱码头堆场装卸设备均选用了高自动化性能的轨道龙门起重机。轨道龙门起重机根据集装箱堆放和拖挂车通道的不同布置,轨道式集装箱龙门起重机结构形式有如下三种:

(1)无悬臂梁式轨道龙门起重机;

(2)单悬臂梁式轨道龙门起重机;

(3)双悬臂梁式轨道龙门起重机。

单悬臂梁结构形式主要使用在跨度和起升高度不是很大的工况条件,一般大型集装箱堆场很少采用。

集装箱和拖挂车通道的布置,针对结构形式有、无悬臂的不同分拖挂车通道在跨距外和跨距内两种。拖挂车通道布置在跨距内,一般布置在堆场中间两边各堆放5~7列集装箱,其优点是:小车行走距离短,装卸效率高,操作视线好,找箱容易,结构简单。

轨道龙门起重机跨距在30～50m范围内比较合理,即10列集装箱加2条拖挂车通道或13列集装箱加3条拖挂车通道。综合考虑外四期工程实际情况,推荐选用轨道龙门起重机跨距为41m,堆高为堆五过六。机型断面形式如图4-86所示。

主要装卸设备技术性能参数见表4-27。

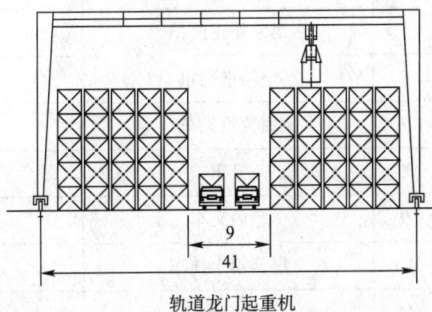

轨道龙门起重机

图4-86　轨道龙门吊起重机(尺寸单位:m)

主要装卸设备技术性能参数　　　　　　　　　　表4-27

序号	项目	岸边集装箱起重机	轮胎龙门起重机	轨道龙门起重机
1	吊具下起重量(t)	50	40	40
2	轨距(m)	30	23.47	41
3	内伸距(m)	15		
4	外伸距(m)	55		
5	基距(m)	17.2	6.4	15.5
6	起升高度(m):轨面以上/轨面以下	36/15	15.2	18.2

序号	项 目	岸边集装箱起重机	轮胎龙门起重机	轨道龙门起重机
7	工作状态最大轮压(t/轮)	58.6	32	28
8	非工作状态最大轮压(t/轮)	64.7	21	
9	轮数	4×8	4×2	4×4
10	堆高层数		堆四过五	堆五过六

七、主要装卸设备规格及数量

根据前面对工艺系统的要求和可行性分析,将各方案所需配置的主要装卸设备的规格和数量经计算,确定如下(表4-28)。

各方案主要装卸设备的规格和数量　　　　　　　　　　　　表4-28

序号	设备名称	规 格	数 量（台）		
			方案一	方案二	方案三
1	岸边集装箱起重机	吊具下50t,外伸距55m,轨距30m	14	14	14
2	轮胎龙门起重机	吊具下40t,跨距23.47m	42		30
3	轨道龙门起重机	吊具下40t,跨距41m		28	10
4	集装箱牵引车	40"	84	84	84
5	集装箱正面吊	吊具下42t	4	4	4
6	空箱堆高机	6层箱	6	6	6
7	集装箱叉车	42t	2	2	2
8	叉车	16t	2	2	2
9	箱内叉车	3t	18	18	18
10	集装箱半挂车	40"~45"	120	120	120
11	汽车衡	80t×20m	12	12	12

八、主要技术经济指标

各工艺方案的主要技术经济指标如表4-29所示。指标的计算过程省略,具体的计算方法见后面的港口装卸工艺设计部分。

工艺方案的主要技术经济指标　　　　　　　　　　　　表4-29

序号	项 目	单位	数 量		
			方案一	方案二	方案三
1	年吞吐量	万TEU	175		
2	泊位数	个	4		
3	码头年通过能力	万TEU			

续上表

序号	项　目			单位	数　量		
					方案一	方案二	方案三
4	堆场容量	普通重箱	设计需要容量	TEU	32813		
			实际布置容量		33653	36900	23616/10950*
			实际布置箱位数		14022	12300	9840/3650*
		空箱	设计需要容量	TEU	12500		
			实际布置容量		14448	14448	13440
			实际布置箱位数		4128	4128	3840
		冷藏箱	设计需要容量	TEU	875		
			实际布置容量		1224	1360	912
			实际布置箱位数		612	680	456
		危险品箱	设计需要容量	TEU	282		
			实际布置容量		320	320	320
			实际布置箱位数		160	160	160
		合计	堆场实际布置容量	TEU	49645	53028	49238
			堆场平均箱位数		18922	17268	17946
5	设计堆场通过能力			万TEU	186.6	200.6	185.3
6	拆装箱站、场面积	设计需要面积		m²	6200		
7	直接生产人员	司机		人	776	678	762
		装卸工人			328	328	328
8	堆场面积			m²	597807	518586	536120
9	装卸设备投资			万元	87376.4	85633.8	88870.8
10	单位直接装卸成本			元/TEU	138	126	136

注：标注＊号的数字，在"／"前的数字为轨道龙门起重机的数值，在"／"后的数字为轮胎龙门起重机的数值。

九、推荐方案

通过以上各方案的综合比较，结合该港多年来对轮胎龙门起重机的使用、管理经验和目前轨道龙门起重机的发展趋势，前方堆场应选用轮胎式龙门起重机进行重箱及冷藏箱的装卸作业，以确保完成120万TEU/年吞吐量的作业要求。后方堆场需布置一定数量的轨道龙门起重机，以完成未来增长部分的作业要求。通过对轮胎龙门起重机和轨道龙门起重机的对比使用，就可以积累自动化控制管理方面的经验。为此，推荐装卸工艺方案三，即轮胎龙门起重机—轨

道龙门起重机方案。

思考与练习

1. 集装箱码头与传统的件杂货码头相比，是如何实现生产效率提高的？

2. 集装箱船舶的大型化会对码头作业产生什么影响？

3. 为什么联合国贸发会《港口发展》报告建议发展中国家首先发展多用途码头？

4. 如果箱主号与顺序号为：COSU 700225，则核对号是多少？

5. 比较图4-13所示的4种集装箱简易起吊方式的特点。

6. 请查找关于多箱起吊演变的资料，分析其发展。

7. 请查找18000TEU大型集装箱船的尺寸，给出所需装卸桥的外伸距长度。

8. 结合教材的介绍，请描述双小车装卸桥的作业方式，并分析其特点。

9. 比较集装箱堆场的几种作业方式的特点，思考为什么我国集装箱码头几乎都采用轮胎式龙门起重机。

10. 底盘车方式因需要占用较大的场地，似乎应该难以被采用；但是欧美国家的集装箱码头较多地采用这种方式，为什么？

11. 通过查找资料，给出一种不同于教材介绍的集装箱码头工艺流程与布置方式。

12. 通过学习和查找资料，理解全自动化集装箱码头的作业方式。

13. 利用本教材以及其他参考文献，分析新加坡"新一代集装箱码头（NGCP）"的设计理念，从中领悟集装箱码头未来发展的趋势。

14. 认真学习"集装箱装卸工艺案例分析"，熟悉码头装卸工艺方案确定的具体方式。

第五章　干散货装卸工艺

案例导入——青岛港打造全国低碳示范港

"十一五"以来,青岛港吞吐量翻了一番,而综合能源单耗却下降了21.6%,青岛港走出了一条资源节约型、环境友好型、质量效益型的强港之路。2012年,青岛港被确定为4个"低碳港口建设"主题性管理试点单位之一,成为全国低碳的示范港口。

"十一五"期间,青岛港累计投入14.1亿元进行各方面技术改造。先后对煤炭、矿石作业系统实施重大技术改造,充分发掘原有流程化作业线设备和场地的潜力,充分利用码头资源,实现煤炭系统和矿石系统的互通连接,新建自动化装车楼扩大铁路直取疏运,缓解了车船冲突、堆场不足等矛盾,使码头的综合潜能得以充分发挥。年节约矿石搬运燃油460多万升,减少二氧化碳排放量1.3万t。

为建设绿色环保低碳港口,青岛港将原先在青岛老港区作业的铁矿石、煤炭全部转移到前湾新港区。煤炭、矿石等货物从卸船开始,到运输、堆码、出港等各个环节采取了一系列防尘措施,实施全方位立体大防护。主要从事矿煤散货作业的前港公司通过喷淋,使矿石粉尘凝结;对煤炭、矿石用篷布苫盖,保证不扬尘。每天安排专门机械和人员不间断冲洗港区道路和码头,保证码头道路24小时保洁;在港区出口处设置多个洗车池,对出港的车辆进行"洗澡",保证车辆干净上路。

信息技术方面,目前,青岛港已对集装箱、铁矿石、原油、煤炭、粮食五大货种全部实现了中央控制室调度指挥、机械化、系统化、流程化作业。青岛港自主研发的"集成可视化港口生产指挥系统"、"港口物流信息及电子商务系统"、"青岛港船舶动态监控及电子海图管理信息系统"等一系列信息化系统,为港口科学管理、提高效率、节能降耗发挥了重要作用。

第一节　概　述

一、干散货的定义及分类

干散货是指不加包装呈松散状态的块状、颗粒状、粉末状货物。干散货往往是原材料货物,一次装卸搬运的数量较大,属于大宗货物,典型的干散货主要包括铁矿石、煤炭、粮食、铝矾土和磷矿石等。

散装货物和裸装货物很容易混淆。散装货物和裸装货物是既不相同,又相互交叉的概念。裸装货物是指运输和装卸时不带包装的货物,从这个意义上来说,干散货都属于裸装货物。但裸装货物主要是钢材、铜锭、木材等货物,它们在交接时是按件计数,而散装货物在交接时不是按件技术,是以一批货物的重量或体积来计算,因此散装货物与裸装货物是不同的。

干散货中各货种由于物理特性不同,港口装卸工艺也有所区别。一般而言,由于散粮具有清洁的特性,因此,其装卸工艺与煤炭、铁矿石等干散货的装卸工艺有所不同,将放在第九章统一介绍。

二、主要干散货的流向特点

以煤炭和铁矿石为主的干散货是国民经济发展的重要原材料,这些干散货大都是工业生产的原材料,如铁矿石和煤炭是钢铁制造业的原材料。世界货物海运量中,干散货所占比例越来越高,大概在40%左右(表5-1)。在干散货运量中,煤炭和铁矿石所占比例超过一半以上。我国近几年来,随着经济的高速增长,对煤炭、矿石等资源性货物需求强劲,干散货贸易量持续放大。海关总署公布数据显示,2013年我国铁矿石进口量达到7.95亿t,煤炭进口量达到3.02亿t。2002～2013年,我国铁矿石和煤炭进口量年均增速分别达到了20.4%和68.7%(表5-2)。

2001～2013年国际干散货分货种海运量(单位:亿t)　　　　　表5-1

年份	铁矿石	煤炭	粮食谷物	干散货海运量	海运量总量	铁矿石及煤炭占干散货海运量比例	谷物占干散货海运比例	干散货占海运总量比例
2001	4.52	5.46	2.64	22.37	61.50	44.64%	11.78%	36.38%
2002	4.80	5.59	2.69	23.12	63.19	44.95%	11.65%	36.59%
2003	5.16	6.01	2.72	24.53	66.76	45.55%	11.08%	36.74%
2004	5.93	6.43	2.73	26.49	71.27	46.63%	10.30%	37.17%
2005	6.62	6.73	2.74	27.94	74.39	47.76%	9.82%	37.57%
2006	7.13	7.04	2.92	29.80	77.94	47.55%	9.81%	38.24%
2007	7.77	7.53	3.06	32.04	81.18	47.76%	9.55%	39.47%
2008	8.41	7.77	3.19	32.98	83.36	49.06%	9.67%	39.56%
2009	8.98	7.77	3.21	31.93	80.02	52.47%	10.05%	39.90%
2010	9.91	9.00	3.43	35.94	87.74	52.64%	9.55%	40.96%
2011	10.52	9.46	3.45	38.28	91.73	52.21%	9.02%	41.73%
2012	11.09	10.62	3.70	40.87	95.62	53.12%	9.05%	42.75%
2013	11.97	11.16	3.70	43.07	99.31	53.70%	8.59%	43.37%

数据来源:克拉克森。

我国主要干散货海运进口量(单位:亿t)　　　　　表5-2

年份	铁矿石	煤炭	谷物(含大豆)
2001	0.914	0.025	0.170
2002	1.107	0.110	0.138
2003	1.468	0.103	0.225
2004	2.047	0.169	0.291
2005	2.706	0.234	0.323
2006	3.189	0.358	0.311

续上表

年份	铁矿石	煤炭	谷物(含大豆)
2007	3.771	0.479	0.318
2008	4.359	0.392	0.386
2009	6.146	1.259	0.452
2010	6.026	1.677	0.600
2011	6.654	2.016	0.574
2012	7.239	2.627	0.696
2013	7.949	3.022	0.754

数据来源:克拉克森。

1.铁矿石流向特点

铁矿石是五类大宗散货中的第一大项,它的海运量在很大程度上是由钢铁厂的布局和原料产地的距离所决定的。20世纪70年代以前,钢铁厂家倾向于在靠近原料产地的地方建厂,70年代后船舶大型化导致的规模经济的实现和现代海运技术的快速发展,使得铁矿石无须就近供应。特别是20世纪80年代以后,由于缺乏原料,使基建、汽车和造船业相当发达的日本和欧洲成为世界重要的铁矿石进口国。80年代末期以来,中国也成为极其重要的进口国之一。目前铁矿石的流向主要是从澳大利亚、美洲流向远东和欧洲。

我国铁矿石需求量十分庞大,国内的铁矿石开采量远远不够使用,主要依靠进口。从澳大利亚、巴西等进口的铁矿石都是以水运方式运入沿海码头。所以我国铁矿石码头的功能相对单一,以卸船作业为主,一般都配有高效的卸船机和皮带机系统。即使卸下的铁矿石需要通过装船出栈,大多数也是装小船,只需配置小型的装船设备即可。

2.煤炭流向特点

煤炭是仅次于铁矿石的第二大干散货,由于其与钢铁工业的紧密关联性,煤炭的海运流向和发展趋势与铁矿石很类似,主要从澳大利亚、北美和南非流向日本、远东、欧洲和地中海等地区。

我国煤炭流向十分具有特点,即"北煤南运"。我国煤炭产区主要在北方,分布在东北、山西、内蒙古等,而我国工业分布以南方相对比较发达,所以煤炭物流的基本流向即"北煤南运"。由此形成的煤炭装卸港口的布局,就表现为北方为煤炭装船港,而南方沿海大多数是煤炭卸船港。因此,北方煤炭港口大多配置超大型的装船设备设施,而南方煤炭港口大多配置大型高效的卸船设施设备。南方煤炭港口虽然卸船后可能需要装船,但所装的"二程船"大多数是小船,大多是进行内河运输的自航驳或拖驳,所以大多数情况下无须配置大型的装船设备和深水的装船码头。

三、干散货的特性及对装卸保管的要求

煤炭、铁矿石等散货有很多特性,其中对装卸工艺有较大影响的有以下特性:

1.物料容重、自然坡度角、颗粒以及外摩擦系数

(1)容重。物料的容重即是物料的单位体积重量,单位为吨/立方米(t/m^3)。物料的容重

影响抓斗的选用,另外,对于皮带输送机来说,若输送带上的货物流量固定,物料的容重将与输送带的宽度选择有关。

不同物料的容重各不相同,表5-3列出了部分煤炭、矿石的容重。

煤炭、矿石容重(单位:t/m³)　　表5-3

货物	煤炭	无烟煤	烟煤	矿石	粒矿	澳矿
容重	0.8~0.9	0.9	0.8~0.85	2.5~3.5	2.5	3.0

数据来源:宗蓓华,真虹. 港口装卸工艺学[M]. 北京:人民交通出版社,2003.

(2)自然坡度角(自然堆积角)。自然坡度角是指物料从一个规定的高处自由均匀的落下时,所形成的能稳定保持的锥形料堆的最大坡脚,即自然坡度表面与水平面之间的夹角。自然坡度角反映了物料的流散性,物料的自然坡度角越小,流散性越好;自然坡度角越大的物料,流散性越差(表5-4)。对煤炭、铁矿石的装卸来说,物料的自然坡度角可影响储料漏斗壁的倾角的确定,即选择的漏斗壁倾角一定要大于货物的自然坡度角,否则物料就不易从漏斗漏出。

不同货种的自然坡度角　　表5-4

货物	原煤	焦炭(粉粒状)	铁矿石、石灰石	干砂	水泥	谷物
自然坡度角	50	30~45	35	30~35	30~40	24

数据来源:堆积角[G/OL]. [2012.12]. http://www.docin.com/p-545681985.html.

(3)颗粒(块度)。物料颗粒的粒度是指物料单个颗粒的尺寸大小,大多数散料物料均含有不同大小和形状的颗粒。对于粒状物料,粒度为组成颗粒的最大直径;对于块状物料,块度为组成料块的最大对角线长度。

物料的颗粒影响装卸输送机械和抓斗的选用。如在选用螺旋式卸车机,若遇到物料的颗粒直径大于螺旋的螺距时,大块度的物料就不能卸下。选用抓斗时,也要考虑物料的颗粒,因为抓斗的张开度对物料的颗粒也有限制。同样,卸料漏斗和料槽卸料孔尺寸也要考虑物料的颗粒。

(4)外摩擦系数。物料和与之接触的承受面之间的摩擦力同基础承受面上的法向压力之比,叫作该物料对该承受面的外摩擦系数。外摩擦系数有静态外摩擦系数和动态外摩擦系数之分。静态外摩擦系数是指物料和与之接触的承受面在相对静止状态下的系数,而动态外摩擦系数是指物料和与之接触的承受面以一定速度相对滑移时的摩擦系数。外摩擦系数的大小与物料的特性和与之解除的物体(如输送带)材质有关。动态外摩擦系数是与装卸机械设计选用有关的一个参数。

动态外摩擦系数决定了输送带的容许倾角,如输送带最大倾角应较动态外摩擦系数小7°~10°。动态外摩擦系数也影响物料的倾倒,如动态外摩擦系数大,物料就不易倾倒,因而要求料斗面光滑,料斗面的倾斜度也要增大,以减少物料下滑的阻力。

2.冻结性

通常,煤炭和铁矿石均含有一定量的水分,如煤炭未脱水时,含水率可达20%。而含水率大的物料在冬季易结冰,造成卸货困难。所以在煤炭、矿石装卸工艺中要考虑物料的解冻方法,如增加破冰机械或设置加温设备。我国运输部门还采用在物料上撒石灰,利用生石灰的吸水性,降低煤炭中的含水率,来减轻货物冻结的温度;另外也有采用红外线或蒸汽加入的方法,在煤炭卸车前解冻。

3. 发热和自燃性

在堆场上存放的煤炭,时间久了或在外界气温高时,煤堆内就会发热,当煤堆内温度上升到60℃时,煤温的上升速度加剧,此时如不降温散热,煤炭就会发生自燃,通常的解决方法是将物料及时转堆,翻垛,避免煤堆温度达到自燃点。因此,选用的堆场机械要便于频繁的堆取作业;在煤堆布置时要注意在煤炭的堆垛之间要留出2m以上的间隙,煤堆的堆垛的端面间距不小于6m,以作消防通道用。

4. 扬尘性、脆弱性

煤炭、矿石在装卸输送时会产生大量粉尘,容易对周围环境造成污染,并影响装卸工人的身体健康,因此一般来说干散货码头装卸系统中都会设置防尘装置,如在堆场场地上设置洒水防尘系统,采用加罩封闭式输送系统等。物料的脆弱性,如焦炭、就要求装卸时放低落料点,以保证物料的质量。

四、干散货主要运输工具

煤炭、铁矿石运输工具主要包括水上运输的船舶和陆路运输的铁路车型。

水上运输船舶有大型专用煤炭或矿石船、驳船等。大型专用煤炭或矿石船(图5-1)通常是大舱口而且甲板上不设起重机和桅杆等设备。内河驳船则有矿石驳、甲板驳(图5-2)和舱口驳之分。专用的煤炭和矿石驳船对港口装卸工艺设计十分有利。装载煤炭、矿石的铁路车型也分专用车型和通用车型,采用专用车型装运煤炭、矿石便于港口装卸车作业实现机械化和自动化。

图5-1　超大型铁矿石运输船

图5-2　内河甲板驳船

现代运输的发展表明,在煤炭、矿石运量大,货流稳定的情况下,在专用船舶大型化和高效化、铁路车辆的长大专列固定编组和直达循环的运行组织条件下,港口应选用专用、高效的港口工艺设备与之配套。所以在设计和选择港口装卸工艺时,必须深入分析车船的现状和发展趋势,既要考虑现实的情况,又要积极地探讨采用高效率的专用车船的可能性及其对港口装卸工艺的要求。

五、干散货运输装卸特点

1. 货物批量大

在整个物流系统中,干散货的流量占较大比重。干散货运输具有货主集中度高、航线集

中、本身价值低廉等特点,因此一般情况下,干散货到港量都非常集中,其装卸搬运量也相对较大。

2.运输载体大型化

由于干散货批量大、附加值不高等特性,为取得规模效益、加大运输工具周转速度和降低单位运输成本,散货运输载体正朝着不断大型化的方向发展。目前最大的矿砂船已经达到40万吨级;同时,干散货铁路列车也趋向于重载化运输。而船舶的大型化和列车的重载化对于港口装卸作业方式和作业设备也造成较大的影响,通过设备的高效化和尺寸的大型化来不断满足运输工具大型化发展的需求。

3.散货码头专业化、高效化

现代化的散货码头多采用连续作业、系列化作业、自动化作业的设备,码头装卸效率很高。带式输送机作为连续作业机械被广泛地应用于煤炭码头装船与卸船的连续作业。煤炭码头广泛采用系列化装卸作业机械,即将一系列机械连接起来,进行接力式连续、自动作业。例如,煤炭码头上,在岸壁用门机抓斗卸货,通过带式输送机将煤炭送上高架输送机,然后输送到堆煤机,堆放到煤炭堆场。

4.散货码头堆场存储量大

由于干散货进出港的流量非常大,堆场作为货物暂时堆存的场所也需要能够提供更大的储存空间,而且在堆场使用高效、大型的堆取料设备也非常必要。并且,由于存储量大,大部分的重散货可在露天堆场上对方,无须严密遮盖;而像散粮、散盐、散化肥、散水泥等轻散货一般需封闭保存。

5.码头直接换装少

货物在港口从一种运输工具转移到另一种运输工具的作业活动成为换装作业。在运输工具之间进行的直接转移是直接换装,而货物在运输工具之间通过库场后再进行转移成为间接换装。随着干散货专用港口物流量的增加,有效衔接各种运输工具之间的换装作业变得越来越困难,间接换装成为主要的作业方式。

六、干散货港口装卸工艺的系统组成

干散货港口装卸工艺主要是由装卸船舶作业、水平运输和堆场作业三个作业环节组成,如图5-3所示。

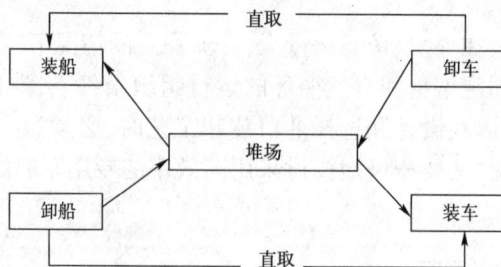

图5-3 干散货装卸工艺系统

第二节　干散货装卸、搬运机械化

一、干散货装卸、搬运机械发展趋势

1. 装卸、搬运机械大型化

随着船舶的大型化发展趋势，干散货码头装卸、搬运机械也逐渐向大型化发展，带式输送机、装船机、卸船机的能力不断提高。目前，我国生产的卸载铁矿石的抓斗卸船机，最大生产能力已从540t/h发展到3500t/h，其最大卸货能力可达到4000t/h。同一泊位配置2台卸船机，平均每小时可从船上卸载矿石3500~4500t。装船机方面，国外装船机的生产能力可以达到20000t/h，适用32万吨船型的外伸距；我国生产的装船机生产能力也可以达到12000t/h。我国自主设计的斗轮取料机取料能力已突破12000t/h。翻车机目前的生产能力也可以达到7200t/h，港口码头配置的火车定量装车系统，装载能力已经超过5000t/h。

此外，沿江的散货码头装卸、搬运设备也在向专业化和大型化发展。远洋运输的矿石等散装物料，经过沿海港口和码头的中转，通过各种江轮、驳船等沿江河而上，运往内地港口。这对内地码头的专业化和大型化发展提出了要求。例如，在镇江、南京等内河沿江码头的煤炭、矿石等专业设备的卸载能力已达1250t/h。

然而，由于大型化的港口装卸设备造价与运行费用高，对码头条件和调度管理水平要求严格，1500t/h煤炭抓斗卸船机和2500t/h矿石抓斗卸船机仍然是广大专业化散货码头卸船设备的首选。

2. 装卸、搬运机械自动化

目前，国内外港口散货装卸大部分采用人工操作的装卸设备，作业效率与作业安全性完全取决于操作者的熟练程度，也有部分码头采用了具有半自动控制功能的装卸设备，即主要控制参数由人工辅助设定完成，以达到比较高的工作效率和工作可靠性。而全自动作业方式将是未来的发展方向。2008年，上海罗泾港全自动化码头正式投入运行，该码头应用了全自动散货抓斗卸船机、装船机和斗轮堆取料机，在世界上首次实现了港口散货作业的自动化装船和自动化卸船。

其中，堆场设备全自动操作技术在国内外港口码头发展较快。一台堆取料设备，配置一条带式输送机，可以较方便地实现全自动化作业，这种模式在国内个别码头堆场中已经出现。在这种模式中，堆取料设备自身的全自动程度比较高，可以实现无人操作。通过感应设备系统、数据分析系统，在系统生成物料的堆放数据，并对操作中物料变化作实时的分析、整理，数据库内将保留物料堆放情况的实时数据，在接到命令时，系统能自动判断下一步应该采取的动作。2007年在鹿特丹码头出现了多台堆取料设备与运输系统配合工作的方式，对于码头管理人员，整个堆场可以被认为是一个类似"黑匣子"的系统，只需要输入系统物料的进出信息，所有工作将由计算机系统、执行系统顺利完成。

3. 装卸、搬运机械环保化

矿石、煤炭、硫黄、散装水泥等物料在港口、码头的转运过程中会产生粉尘，对环境造成一定程度的污染，环保化将是散货装卸设备发展的一个必要条件。目前，添加特殊化学添加剂的

新型喷雾除尘系统、静电除尘系统等新兴除尘方式不断得到推广应用,而且在装卸机械的选择上也更倾向于环保型机械。

二、干散货码头装卸船机械

干散货码头作业的大宗散货的流向大多数情况下是单向的,因此干散货的装船机械与卸船机械有所不同。

1. 装船机

装船机可以分为间歇式装船机和连续式装船机。间歇式装船机械可以采用起重机配抓斗装船,但目前干散货码头多数采用以带式输送机为主的连续式装船机。因此,本节以连续式装船机介绍为主。

连续式装船机主要是通过装船机的抛料弯头从开始作业到装舱完毕将物料连续地装入船舱。

1) 基本结构

连续型装船机的基本结构主要由装船机主体部分和带式输送机组成。

装船机主体部分主要由门架结构、大车行走结构、臂架俯仰伸缩机构、抛料装置组成。门架结构的主要作用是连接和支撑船机的各个作业部件。大车行走机构是使船机整体顺码头前沿高架带式输送机前后移动的装置,一般而言,移动式装船机才设置有大车行走机构。臂架俯仰、伸缩结构是使装船机的臂架能够做一定幅度的俯仰动作和伸缩动作。臂架的俯仰和伸缩,一是能在装船机不作业时收起来,便于船舶靠泊和离泊;二是配合装船机大车的行走动作,能使装船机的抛料头灵活地将物料抛到船舱的各个位置,并在舱口装货接近结束时,成功地进行平舱作业。抛料装置主要由臂架带式输送机、可回转的臂架头部溜筒、可摆动的抛料弯头等主要装置组成。

码头前沿的高架带式输送机通常横贯整个码头前沿,与贯穿堆场的高架带式输送机通过转接塔相连接。码头高架带式输送机包括输送带、托辊、滚筒、驱动装置、拉紧装置、胶带清扫器、溜槽、导料槽、密封装置、机架、钢结构栈桥等组成部分,以及必要的安全保护、防护设施。

通常情况下,后方堆场的散货物料经由带式输送机输送至转接塔(图5-4),然后再由转接塔送至码头前沿高架传送带,再经过悬臂传送带送至悬臂前端,经溜筒装入船舱内。通过臂架的伸缩、俯仰、回转和整机运行,改变装料点位置,以适应船舱尺寸的要求和水位的变化。

2) 分类及特点

按整机特点,装船机可分为固定式和移动式。

(1)固定式装船机。固定式装船机不能沿码头岸线移动。固定式装船机按整机支承装置不同可以分为转盘式装船机和摆动式装船机。

①转盘式装船机:

A. 基本结构及工作原理。转盘式装船机(图5-5)的悬臂带式输送机与转盘相铰接,另一端通过俯仰钢丝绳吊挂在固定立柱顶部,由中心漏斗接受尾车部分皮带机的供料。悬臂带式输送机可通过悬臂的伸缩,改变装船的幅度;通过悬臂的俯仰和回转,适应船型和水位的变化,以及在非工作状态下可以避让船舶和使悬臂能转回到码头岸线内。伸缩和俯仰及回转机构均由电动机分别驱动。

图 5-4 转接塔相互连接的两条带式输送机

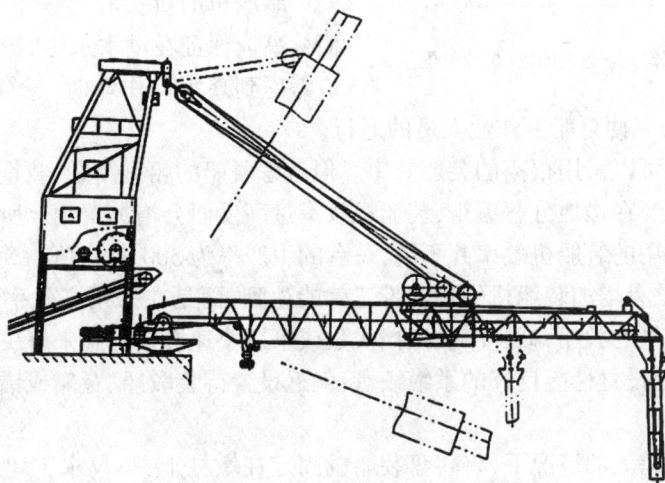

图 5-5 固定转盘式装船机

转盘式装船机的缺点是装船有效作业面有限,装船时需移船作业,对不同船型的适应性较差;优点包括结构简单,布置方便,自重较轻,工艺要求简单,可节省码头水工投资。因此,转盘式装船机在内河码头中应用较为普遍,它可以固定在码头前沿的墩座上,也可安装在趸船上使用。

B. 工艺布置。目前,国内外散货装船方式主要有两种:定机移船方式和定船移机方式。定机移船方式即装船机固定不动,而船舶移动,使物料投满全船,这种方式通常适用于沿江码头和内河船队的情况;定船移机方式即在整个装船过程中,船舶不需移动,而通过装船机的不断移动,使物料投满全船各舱,这种方式通常适用于大型散货码头。

固定转盘式装船机可固定在码头前沿的墩座上,也可安装在趸船上使用,装船作业面有限,因此一般情况下需要移船作业。

固定转盘式装船机的装船泊位配机方案主要有三种:双机、单机和多机配置。

a. 双机配置

这种形式下一个泊位上配置 2 台转盘式装船机（图 5-6），其原因主要是为了保持作业时船舶前后的平衡，同时减少装船机悬臂长度。

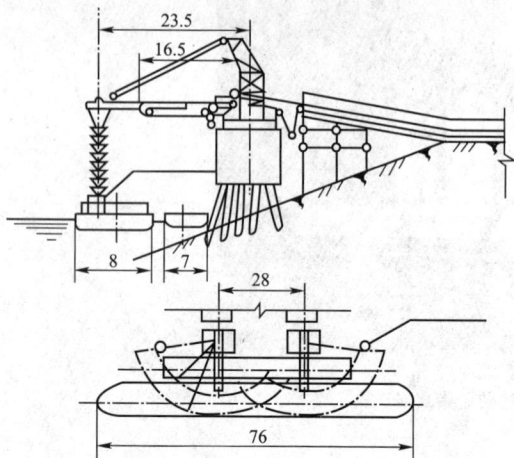

图 5-6 双机配置固定式转盘装船机（尺寸单位：m）

两台装船机的距离由其服务的几个船舱的中心而定。悬臂带式输送机只是伸缩部分向下投料，后一段悬臂是用于收容伸缩悬臂。从作业方便考虑，悬臂应当长一些，这样有利于增加服务面积和改善驾驶员的视线。但从结构重量考虑悬臂以短为好，这两方面应加以兼顾。

在水位差较大的内河散货码头上，采用趸船较好，因为在水位变化时，系缆比较方便；在水位差小的情况下，采用外伸的靠船台比较简便。

装船机的机头和驾驶室位于墩柱上，墩柱面标高应保证在洪水水位时不受水淹。同时还应考虑到高水位作业时，悬臂高度应高出靠驳或靠船台 2m 以上，以便趸船上作业人员的通行。

就皮带机来说可以采用很高的装船效率。但考虑驳船的船型复杂，载重量大小不一，驳船队在港口装船前还要在锚地分解编组，装船机效率过高反而会增加费用。所以，我国几个主要内河散货装船港采用的装船机效率并不高，每台的生产率为 500 ~ 1000t/h。由此可见，要提高装船机的效率，不是只增加装船机的带宽带速就能达到，而是在采用高效率装船机的同时，还要通过采用大载重量的驳船，减少停机换挡次数或采用快速换挡措施来解决，如配备足够的港作拖轮；靠驳趸船上设置性能良好的系缆绞盘；就近设置待装驳船、趸船或锚地等。

b. 单机配置

在码头的水位差大的情况下，将转盘装船机固定在墩柱上，不仅水工建筑投资大，而且作业也存在问题。例如，在枯水季节，物料投送高度大，驾驶室的视线不好。所以在大水位差的港口一般不采用固定墩柱，而是采用浮式装船机，即把装船带式输送机装在趸船上，斜坡码头上可设随水位升降而上下移动的供料带式输送机（图 5-7）。此时的装船机的悬臂上装有皮带机和卸料小车，这样就避免悬臂带式输送机的无效区域，因而不需要再设置靠泊趸船。装船机是绕尾部带式输送机的支点，沿浮趸上的弧形轨道移动的，由卸料小车沿带式输送机方向的水平移动和整机沿弧形轨道移动的两个动作，可以把物料投送到驳船上的所有舱口内。俯仰功能是用来调整投送物料高度。当水位变化时，所有斜坡上的带式输送机，沿斜坡轨道上下移动。

单机配置即一个装船泊位上只配有一台装船机。一般情况下，这种工艺布置方式需要采用定机移船的方式。

内河许多小港和装卸点多采用简易的定机移船布置形式。即在木栈桥上设一简易带式输送机，为小型驳船装煤炭，船舶抛锚靠好后，带式输送机向舱内投送物料，根据装载情况由移动驳船，直到装满。

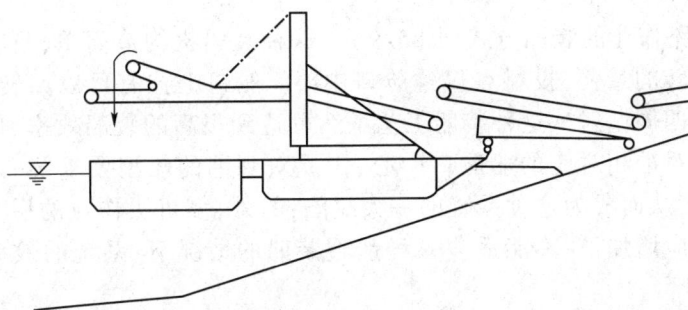

图 5-7 浮趸装船示意图

在大吞吐量的港口对大吨位驳船队,国外港口也有采用这种定机移船的装船方式。这个系统包括 13 个直径为 7.5~10.5m 的墩柱。在 5~9 号墩柱之间设有趸船作浮码头,墩柱上设有绞盘(图 5-8)。装驳带式输送机和溜筒与前述简易系统类似,稍有不同的是溜筒由绞车控制升降,溜筒下端有两个分叉,内有可以转动的挡板。当两个驳船连接处位于溜筒下方时,物料可以由活动挡板控制,从一个分叉切换到另一个分叉去,以免移动驳船时物料散落在两驳船之间。

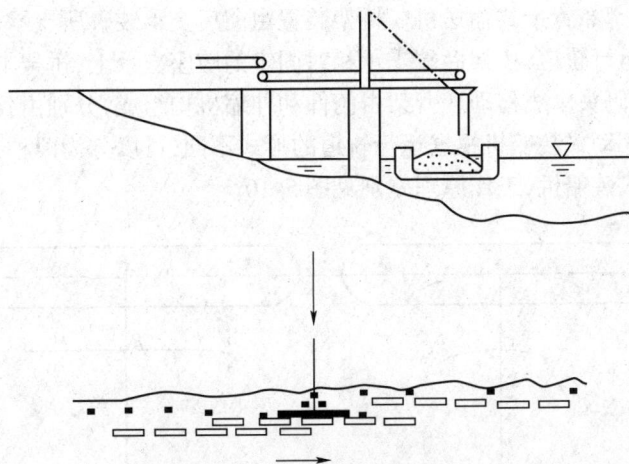

图 5-8 定机移船

在这个系统中,分 3 个靠驳区:重驳区、空驳区和装驳区。当有 15 艘驳船组成的驳船队到港时,先将驳船堆分解成 3 个组,每组 5 艘驳船,这 3 组空驳进入空驳区后,里档一组由绞车牵入装载区,边移动驳船,边经过溜筒分叉的切换,将物料装入移动中的 5 艘驳船。待 5 艘驳船全部装满后,这组重驳由绞盘牵入重驳区停靠,等待其他 2 组驳船全部装满后,进行编组,然后由拖轮拖走。在这个系统中采用了专用驳船,由于在整个驳船队装船过程中一直是移船不机,所以效率可高达 5500t/h;15 艘驳船只需 5~5.5h 就可以装完。

采用这种工艺应具备下列条件:第一,要有高强度的驳船;第二,驳船之间的连接方式也要求有足够的强度。此外在设置各靠驳区域时要注意利用水流的力量,如空驳区设置在水流的上游。

c. 多机配置

这是一种多路作业的装船方式（图5-9）。这种装船机构造简单，只在立柱之间设一个可以俯仰和回转的悬臂，投料点仅达舱口中心。舱口上挂有可以回转的带式平舱机，物料可以向船舱四周抛射。这种装船工艺虽然可达到很高的装船效率，但需要让所有的装船机的机头都对准相对应的船舱口中心，因此对到港的船型要求统一，这是在实际情况下难以做到的，从而成为这种系统的一大缺陷；另外，多机头作业的后方供料点和中间输送环节都要相应增加，在不能适应多种船型装船的情况下，系统的效率和效益都将受到影响。

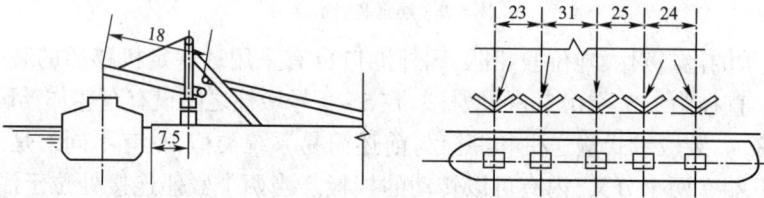

图5-9　多机装船（尺寸单位：m）

②摆动式装船机。摆动式装船机由前段臂架和可绕固定的回转中心转动的桥架装置等所组成，臂架和桥架内部布置带式输送机。桥架装置由前后支承装置所支承，桥架前端的通过台车下的滚轮支承于运行轨道，桥架后端支承相对固定的墩座支承上，桥架本身可绕墩座支承中心摆动，而整机不沿码头岸线移动。臂架由俯仰和伸缩机构组成，分别由各自的绞车和牵引钢丝绳驱动来实现。摆动式装船机根据运行轨道的形式不同，可以分为两种，分别是弧线摆动式装船机和直线摆动式装船机，工作原理差别见图5-10。

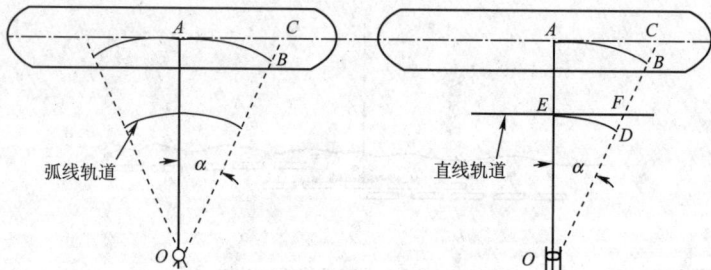

图5-10　弧线摆动式装船机和直线摆动式装船机

A. 弧线摆动式装船机。弧线摆动式装船机的前端栈桥轨道呈弧线形（图5-11），装船机的前端回转台车的中心与后端墩柱中心距离不变，物料靠来回摆动的装船悬臂内的带式输送机装船。弧线摆动式装船机（图5-12）的后支承为固定的回转中心，前支承通过行走机构在弧形轨道上行走，使整机绕后支承摆动。弧线摆动式装船机的结构相对简单，重量较轻，但需要占用较大的布置面积，且弧形轨道的建造也比较困难。然而，与转盘式装船机相比，弧线摆动式装船机对船型的适应性相对较好，装船效率高。弧线摆动式装船机适宜在水位差不大的直立码头上使用。

170

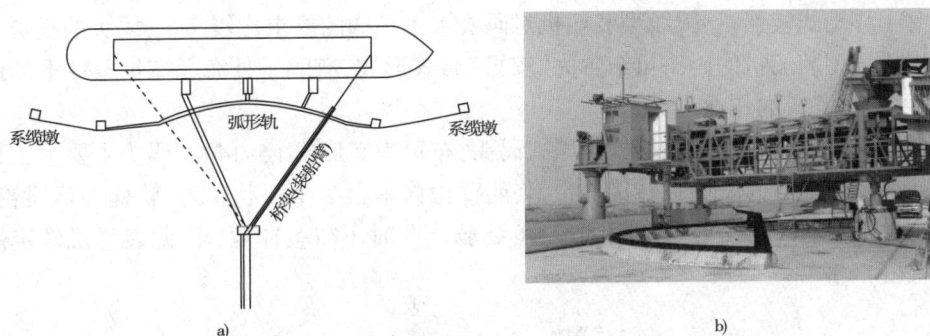

图 5-11 单弧线型摆动式装船机码头示意图

a)单弧线型摆动式装船机码头结构图;b)单弧线型摆动式装船机码头实物图

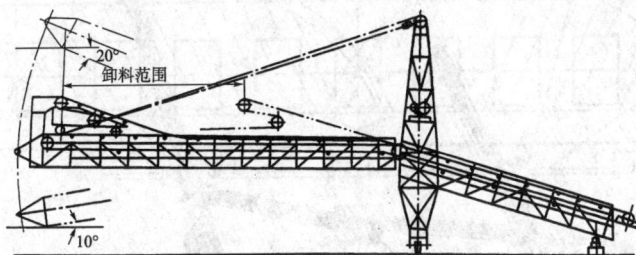

图 5-12 弧线摆动式装船机

近些年,随着干散货船舶的大型化,已经出现双弧线摆动式装船机(图 5-13),例如在委内瑞拉 EI Jose 的 1 座焦炭码头已经开始应用这种双弧线摆动式装船机。传统弧线型装船机的弧形轨平行于码头布置,弧形轨的长度与船舶的长度相关,而双弧线型装船机的 2 个弧形轨几乎垂直于码头布置,因此弧形轨的长度仅与船舶的宽度相关。这样可缩短弧形轨的长度,进一步节省投资。由于 2 个装船臂可交替负责不同的船舱,移舱作业时也无须停止取料机从堆场取料,因此可提高装船效率。

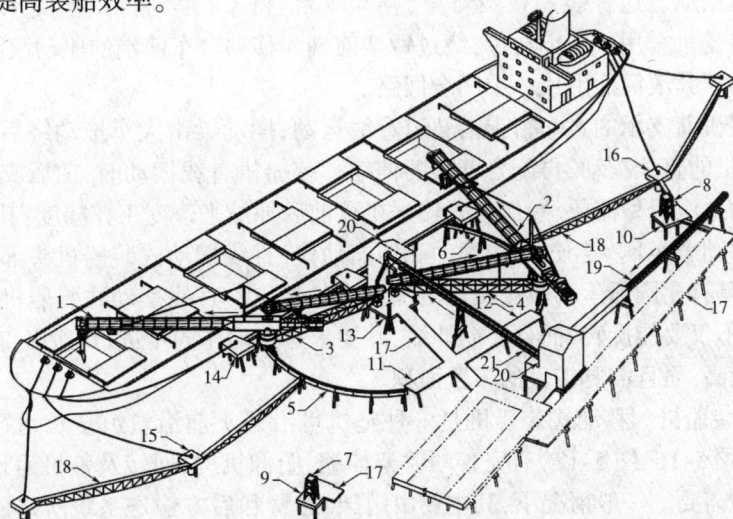

图 5-13 双弧线型摆动式装船机

1、2-摆动式装船臂;3、4-轨道桥架及其送料皮带;5、6-弧状轨道梁;7、8-放置装船臂的支架;9、10-装船臂的检修平台;11、12-轨道桥架的检修平台;13-主工作平台;14-靠船墩;15、16-系缆墩;17-检修车辆通道;18-带缆工走道;19-连接胶带;20-物料转接塔;21-供料皮带

171

相对于移动式装船机,弧线型装船机对码头水工结构的要求比较简单,码头的投资也比较小。采用弧线型装船机的码头可布置为"蝶形"墩式形式,有利于外海无掩护条件下的船舶系泊,从而可提高码头的作业天数。

双弧线型装船机方案码头结构为墩式码头,布置为蝶形(图5-14)。码头主要水工构筑物主要包括靠船墩、系缆绳,中央转接平台,装船臂检修平台2个弧状轨道,轨枕为钢质箱型梁。由于拥有2个装船臂可交替负责不同船舱,装舱作业时不需缓冲舱,因此装船机额定能力也为5000 t/h。

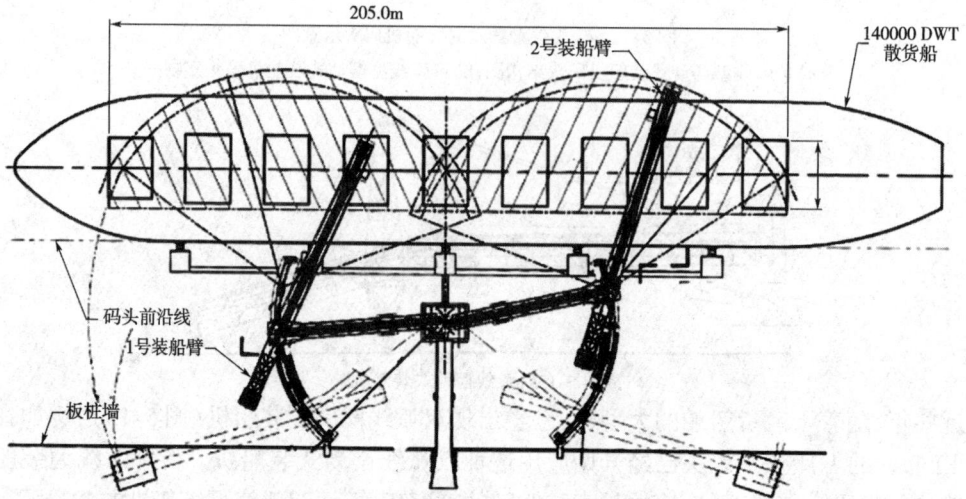

图5-14 双弧线型装船机方案的码头平面布置

B.直线摆动式装船机。直线式装船机(图5-15)的前端栈桥的轨道呈直线行驶,装船机的桥架沿直线轨道摆动。这种装船机由臂架、移动车台、桥架(摆动桥)、前支承和后支承等组成。装船带式传送机采用一条输送带,绕过臂架前端和移动台车前端的驱动滚筒、桥架前部的该滚筒和尾部的拉紧滚筒而形成一个闭合回路。

直线式装船机前支承的大车行走沿轨道直线运动,摆动梁由大车拖动绕后支承点摆动并滑移,形成装船机的直线摆动,再配合臂架的伸缩。装船机直线摆动时,前后支承中心的距离会发生变化。为适应船型需要,装船带式输送机可前后伸缩来改变工作幅度,其伸缩动作由臂架移动台车的移动来实现。经过直线摆动和伸缩动作,直线摆动式装船机头部溜筒的覆盖范围将形成扇面,具有比圆弧运动轨迹覆盖范围更广的特点。直线摆动式装船机的臂架支点的结构相对复杂,不仅要能旋转,而且要能伸缩,并要求这些动作同步进行,所以直线式的装船机技术要求相对较高,而且需要较大的布置面积。

(2)移动式装船机。移动式装船机是一种整机可沿码头前沿轨道全长运行的装船机械。移动式装船机(图5-16、图5-17)有完善的臂架伸缩、俯仰机构,回转及整机运行机构,以实现定船移机作业的需要。一般情况下,其主要由门架、悬臂和后方输送系统所组成,门架支承于轨道,可沿轨道运行。根据装载不同船舱的需要,悬臂根据不同的使用条件有:俯仰回转型、俯仰回转伸缩型和俯仰伸缩型等,因此具有较大的作业覆盖面和较高的装船效率。悬臂上布置有带式输送机、伸缩溜筒和平舱机,与后方输送系统相衔接。

a)

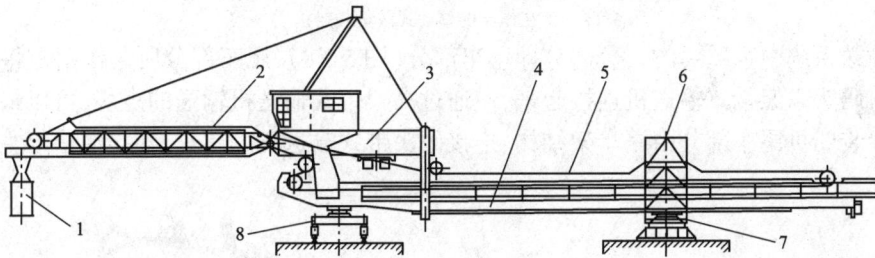

b)

图 5-15　直线型摆动式装船机

a) 直线型摆动式装船机实物图;b) 直线型摆动式装船机结构图

1-溜筒;2-臂架;3-移动台车;4-桥架(摆动桥);5-带式输送机;6-供料点;7-后支承;8-前支承

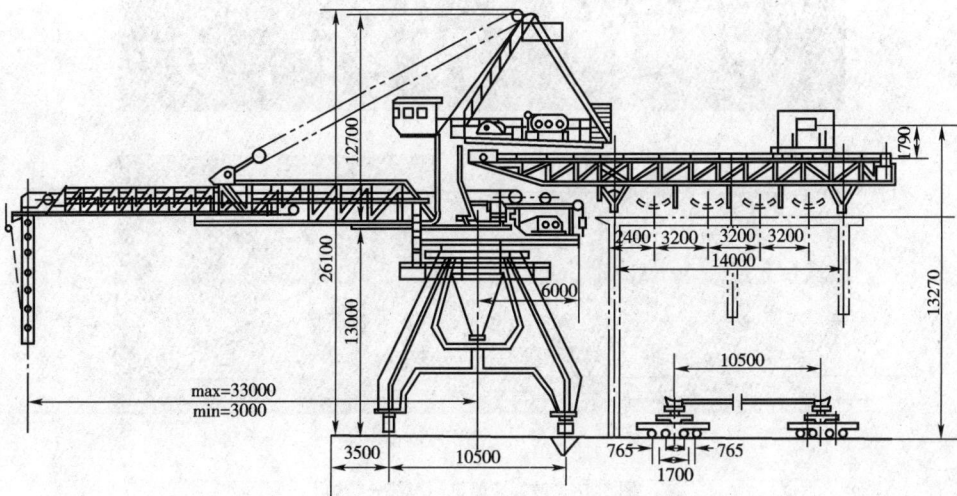

图 5-16　移动式装船机结构示意图(尺寸单位:mm)

图 5-17　正在作业的移动式散货装船机主

后方输送系统中很重要的一个部分即尾车部分(图 5-18),尾车部分所起作用是将装船机主体部分与码头高架带式输送机连接起来,使通过高架带式输送机输送的煤炭,可以最终输送到抛料头。装船机尾车部分由尾车架结构、连接码头带式输送机的尾车、转接溜槽等主要装置组成。

a)

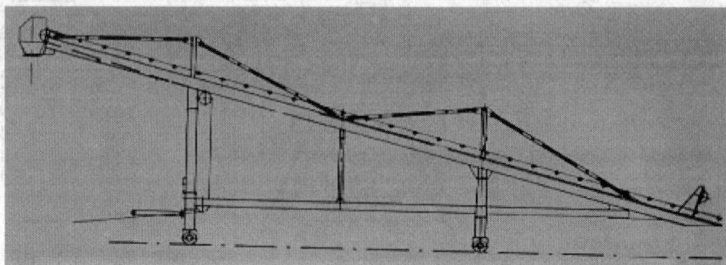

b)

图 5-18　散货装船机尾车部分结构

a)散货装船机尾车部分实物图;b)散货装船机尾车部分结构图

174

由于移动式装船机可沿码头前沿轨道运行,因此主要采用定船移机的方式(图 5-19)。

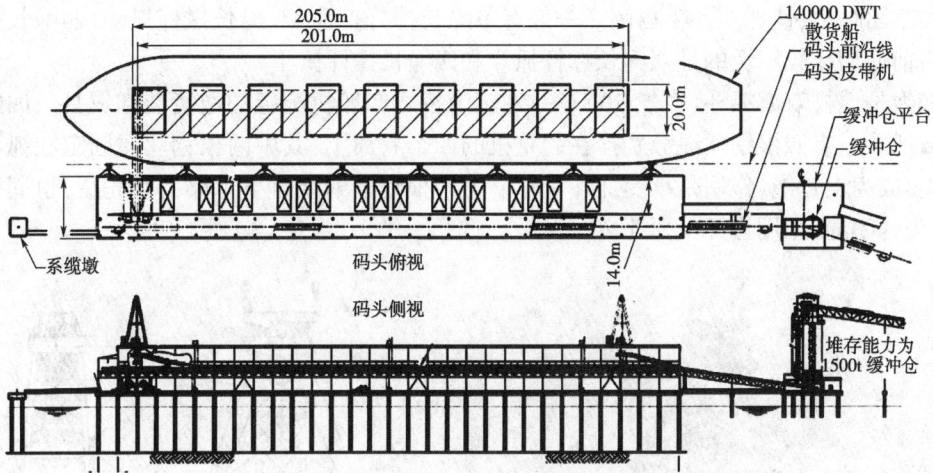

图 5-19 移动式装船机方案的码头布置

(3)固定式装船机和移动式装船机特点比较。固定式装船机是一种早期的机型,具有码头水工投资少的优点,但当装船幅度较大时,臂架重量增大会导致墩柱基础需承受很大的倾覆力矩,对船型的适应性较差。移动式装船机的构造相对复杂,且自重较大,对于码头结构要求较高,后方输送系统也比较复杂。但是,移动式装船机由于其可沿轨道运行,使用灵活机动,工作覆盖面较大,对船型变化适应性强,因此在海港直立式码头应用较广泛。

3)装船机选用

装船机选用时,应考虑以下问题:

(1)要求装船机具有俯仰、回转和伸缩的基本功能,特别是对大型、超大型的散货出口码头,需要具有装船机具有移动的功能;

(2)高效率、少机头是大型的煤炭、铁矿石出口码头的配机原则;

(3)装船机效率选择应与船型相匹配,如 5 万吨级的船型,可选用装船效率为 4000t/h 的装船机;15 万吨级的船型,可选用装船效率为 6000t/h 的装船机;35 万吨级的船型,可选用装船效率为 16000t/h 的装船机。

2. 卸船机

干散货卸船机的种类较多,其中按机械工作特点可以分为间歇式卸船机和连续卸船机,从卸船方式可以分为船舶自卸和非自卸两种。

1)间歇式卸船机

(1)工作原理。间歇式散货卸船机主要是利用抓斗进入船舱进行抓取物料后起升回转或小车行走将物料卸入漏斗内,同时漏斗两侧喷雾压尘完成卸船作业,通过控制抓斗的循环运动将散货物料从船舱内转移到输送带,再由输送带传送到指定的堆放地点。因为在抓斗卸船的工作循环周期中有一个空返回程,因此被称为间歇式卸船机。间歇式散货卸船机除可用于煤炭、铁矿石、散粮、散盐、沙等一系列干散货的卸船机械。

(2)抓斗类型及工作原理。抓斗是一种以抓放形式装卸散货的取物装置,也是间歇式卸船机的重要组成部分。因此,在这里单独介绍抓斗的类型及其工作原理。

①四绳长撑杆双瓣抓斗。绳式长撑杆抓斗种类很多,绳索式长撑杆抓斗主要依靠绳索滑轮组产生闭合力,使抓斗产生启闭。一般有单绳长撑杆抓斗、双绳长撑杆抓斗、四绳长撑杆抓斗。目前使用比较广泛的是双绳长撑杆抓斗和四绳长撑杆抓斗。

四绳长撑杆双瓣抓斗(图5-20)是一种转为桥式卸船机配置的散货装卸属具。四绳长撑杆双瓣抓斗上有四根钢丝绳分别拴在起重机的四个卷筒上,其中两根钢丝绳固定在抓斗的上承梁上,成为支持绳,作用是承受抓斗重量。另两根钢丝绳绕过下承梁的滑轮后,也固定在头部,称为开闭绳,作用为开关抓斗。

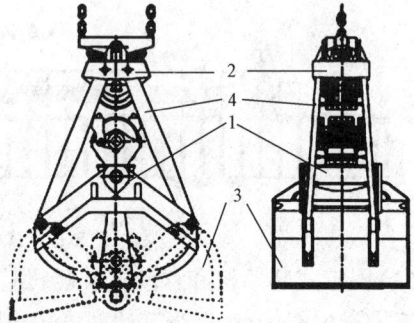

a)　　　　　　　　　　　　　　　b)

图5-20　四绳双瓣抓斗

a)实物图;b)结构图

1-下承梁;2-上承梁;3-颚板;4-长撑杆及同步机构

四绳双瓣抓斗的工作过程主要分为以下几个步骤(图5-21):

A. 下降:起升绳、开闭绳同步放出,空抓斗以张开状态下降至货堆上;

B. 抓取货物:起升绳、开闭绳均松弛,抓斗靠自重插入货堆,收紧开闭绳,抓斗逐渐闭合;

C. 提升:抓斗完全闭合后,两绳同步收紧,抓斗上升;

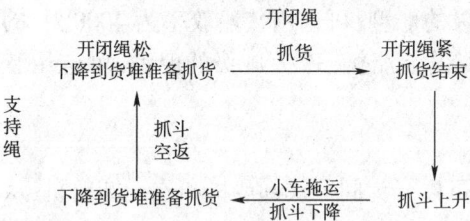

图5-21　四绳双瓣抓斗工作原理

D. 卸货:抓斗移至卸料点,放松开闭绳,在抓斗自重及料重作用下,抓斗自动打开卸料;卸料后,空抓斗以打开状态返回到取料点,准备进入下一环节。

四绳双瓣抓斗的工作特点:工作可靠,操作简便,生产率高,应用广泛,抓斗工作时不易打转,工作稳定。

其余绳式抓斗的工作原理和步骤基本与四绳双瓣相同。

②剪式抓斗。剪式抓斗(图5-22)是一种由主铰联结的剪刀状结构,抓斗完全依靠剪刀臂连接整个斗体,结构简单。剪式抓斗主要由两个剪刀式抓斗臂组成,连接两个剪刀式抓斗臂的为中心铰轴。剪刀式抓斗臂上安装有滑轮组、斗瓣、斗瓣加强梁及加强管。支撑链条固定在加强管上,与上部联系梁连接后起到提升整个抓斗的作用。钢丝绳将3组分别安装在两个抓斗臂上的滑轮组联系在一起,在钢丝绳缠绕系统作用下,剪刀臂通过中心铰轴做旋转运动。在剪刀臂合理的重量布置和钢丝绳缠绕系统的作用下实现抓斗打开和闭合。

剪式抓斗式针对大型散货卸船机设计的一种大型、高效抓斗。相对四绳双瓣抓斗，它具有重心低、挖掘力大、抓取比大、工作周期短、便于清舱；维护工作量低等优点

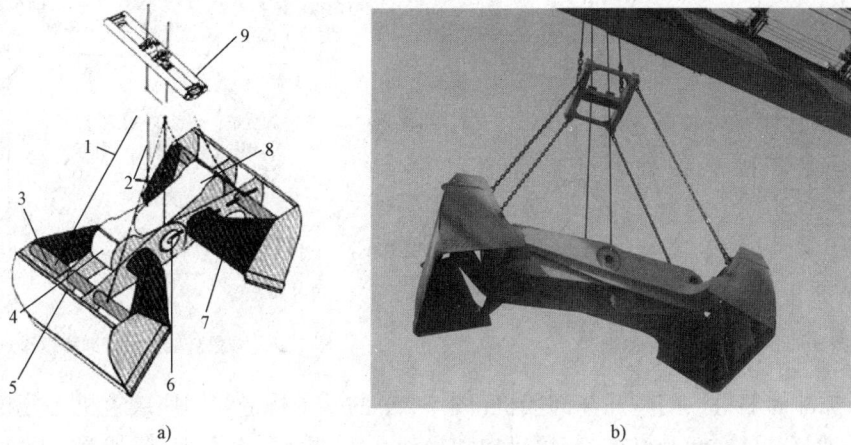

图 5-22　剪式抓斗

a)结构图;b)实物图

1-支撑链条;2-钢丝绳;3-加强管;4-滑轮组;5-斗瓣颚板;6-中心铰轴;7-斗瓣加强臂;8-滑轮组;9-上部联系梁

③船吊抓斗。船吊抓斗式一种专门与双杆船吊配套使用的双绳抓斗。船吊抓斗与岸机配置的长撑杆抓斗式有区别的。这是因为船舶吊杆在装卸作业过程中不能变幅旋转，所以船吊用的长撑杆抓斗的开闭绳除了完成抓斗开闭动作外，还要起抓斗在变换货位时的定位作用，但如将起重机用的长撑杆抓斗用于船吊时，其关闭绳（大关）在回空时，会将抓斗关闭，也没有定位功能，不能使抓斗迅速落入货堆上抓取货物，所以起重机用的长撑杆抓斗不能用于船吊。

解决方法是，在小关（支持绳）上加了一个带梳齿的方形环（图 5-23a）。带梳齿的方形环的作用是，小关松时，方形环落下，放平，空隙大；小关紧时，方形环翘起，空袭小。在大关（开闭绳）上加一个锥形球（图 5-23b）。大关的绳索连同锥形球要穿过小关（支持绳）上的方形环再回到卷筒。这样，小关松，方形环落下，放平，空隙大，锥形球可通过；小关紧，方形环翘起，空隙小，锥形球不能通过。

双吊杆船舶吊杆卸货过程如下（图 5-24）：抓斗以张开的形式落于货堆上，支持绳处于松弛状态，方形环自由平落在上横梁上，此时，提升开闭绳关闭抓斗，锥形球碰不到方形环上的梳齿。在卸货点因支持绳受力，方形环处于翘起状态，当开闭绳卸货时，锥形球的尖头可划过方形环的梳齿的下方，当回行拉紧开闭绳时，由于锥形球卡在梳齿内而不会把抓斗关闭。

双吊杆船舶吊杆在工作时，为了装卸作业的安全，抓斗起升高度不能太高。且由于船舶吊杆的起重量较小，船舶吊杆的卸货效率较低、清舱量较大，因此，目前大多数干散货码头在选用间歇式卸船机时多数采用桥式抓斗卸船机和门式抓斗卸船机。

（3）主要间歇式卸船机工作原理及特点。根据抓斗水平移动方式不同，间歇式散货卸船机可分为两种，一种是靠臂架变幅的门座抓斗卸船机，另一种是靠小车沿桥架运行的桥式抓斗卸船机。目前，此两种机型目前在国内外应用较为广泛。

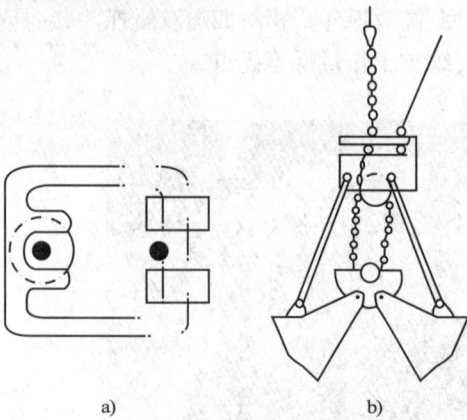

图 5-23　船吊抓斗工作原理

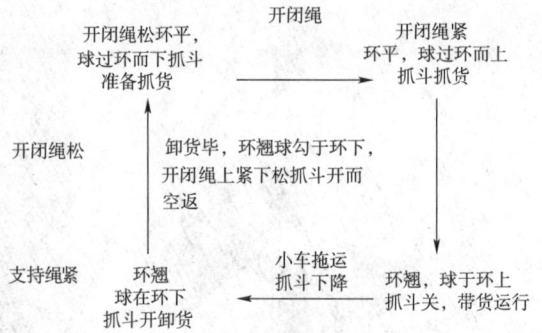

图 5-24　双吊杆船舶吊杆卸货过程

①门座抓斗卸船机。门座抓斗卸船机(图5-25)的基本构造与门座起重机十分相似,都具有运行机构、回转机构、起升机构、变幅机构和臂架系统、机房、人字架、门架等。除此之外,门座抓斗卸船机还具有物料落料系统、水平输送系统及防尘系统等。其落料系统由漏斗、破拱器、振动给料器和金属检出器等组成;而水平输送系统则由胶带输送机、伸缩装置和卸料装置等组成。

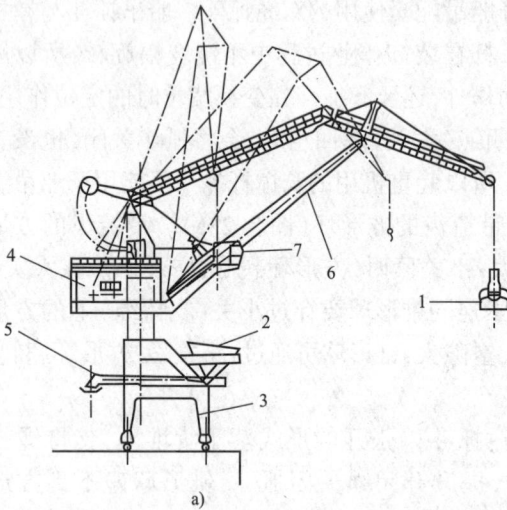

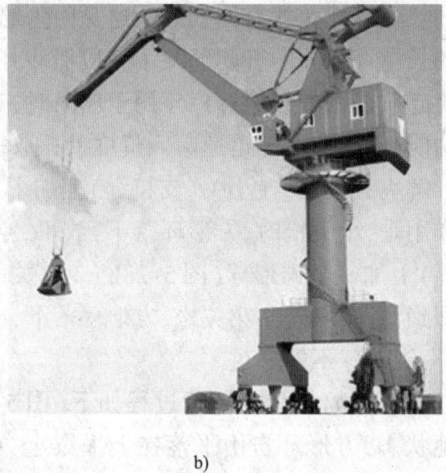

图 5-25　门座抓斗卸船机

a)结构图；b)实物图

1-抓斗;2-漏斗;3-门架;4-移动部分;5-带式输送机;6-组合臂架;7-司机室

门座抓斗卸船机在卸船时,抓斗在船舱内抓起散货,移动到漏斗上方,将散货卸入漏斗,再经带式输送机输送到货场。在整机的总体布置方面,门座抓斗卸船机为了在海侧门腿上方安置漏斗接料系统,其回转中心绝大多数不布置在门架的跨中,而是布置在靠近陆侧门腿一边,从而保证能够安置漏斗接料系统,同时在保证在抓斗卸船机在最小幅度时,抓斗能够处于漏斗卸料中心内侧。漏斗接料系统可以是伸缩式也可以是固定式。对于伸缩式漏斗接料系统一定要考虑到漏斗的伸缩底部下缘高度,应该超过最大船型在最高潮位空载时的高度,并要留一定的空间余量,主要考虑到船在有浪情况下的颠簸。因此,一般伸缩式漏斗的位置比较高。漏斗下方的输料系统,根据用户后方的输送机系统设置的不同,可以在带斗门座起重机的门架跨中卸料,也可以在门架的后方陆侧卸料。可以是单点卸料,也可以是两点或多点卸料。若是两点卸料,可以用分叉漏斗卸料亦可用移动小车卸料。在多点卸料的结构中一般均为伸缩带式输送机方式。

门座抓斗卸船机的起重量一般在5~40t之间,起升速度一般在40~80m/min之内,生产率一般不高于1000t/h,因为进一步提高生产率会使整机自重过大。门座抓斗卸船机于具有结构简单可靠、设备投资费用较省、设备维护保养成本较低等优点,目前国内很多港口采用此机型进行干散货的卸船,包括北起天津港、大连港、青岛港等,南至深圳港、广州港、厦门港等。

②桥式抓斗卸船机。桥式抓斗卸船机(图5-26)是一种桥架型起重机,具有一般桥架型起重机相似的机构,此外,其在高达的门架上装设了有轨桥架,抓斗小车沿桥架运行。主要机构包括:起升机构/开闭机构、小车牵引机构、俯仰机构、大车行走机构、落料回收装置、臂架挂钩与金属结构、电气与控制系统设备等构成。

图5-26 桥式抓斗卸船机
a)结构图;b)实物图
1-抓斗;2-落料漏斗;3-皮带输送机

桥式抓斗卸船机的行走大车可沿码头轨道做工作性运行或非工作性运行,即不论卸船机有没有在作业,行走大车都可沿码头前沿轨道,与码头岸线平行地行走,这样就能使卸船机的悬臂随时与待卸船舶的船舱对位。

作业时,抓斗自船舱内抓取散货并提升出舱,抓斗小车向岸边方向运行,当抓斗达到前门框内侧的漏斗上方时,将散货卸入漏斗,再经过带式输送机系统送到堆场。

一般情况下,桥式抓斗卸船机小车运行速度在150~180m/min,外伸距30~40m,卸船效率较高,该机目前在国内外煤炭、矿石码头卸船作业中得到广泛使用,其卸船单机时效一般在500~3000t/h,适应船型在3万~30万吨级。如荷兰马斯平原矿石中转码头(年吞吐量1800万t)使用的就是起重量为80t的、台时效率最高达3000t/h的桥式卸船机,适用船型为25万吨级的散货船。

此外,随着自动化的发展和码头的深入应用,自动化技术开始逐渐从集装箱领域向散货领域发展,自动化桥式抓斗卸船机就是其中一项。在抓斗斗容一定的前提下,实际抓取物料量往往取决于操作工选择的抓取点和闭合抓斗的时机,较为依赖工人的经验判断。为了提高运作效率,自动化桥式抓斗卸船机得到研发应用。自动化桥式抓斗卸船机(图5-27)主要由控制中心、地面皮带、运行小车、底部带3D激光扫描仪的驾驶舱、带无线通信连接陀螺导航系统的抓斗组成。

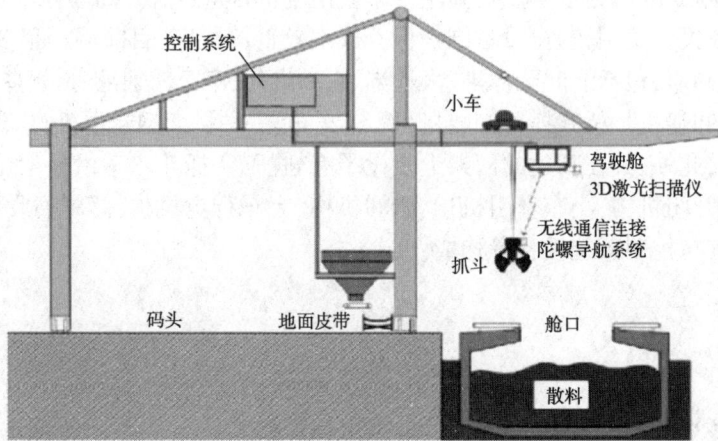

图5-27 自动化桥式抓斗卸船机示意图

桥式抓斗卸船机卸料操作为平行运行,其抓斗运行轨迹始终在其布置宽度范围内。以5万吨级的船为例,共5个船舱,桥式抓斗卸船机可以同时卸1、3、5舱。同时,由于桥式抓斗卸船机机体宽度一般小于两个船舱的宽度,当一台卸船机卸一个船舱的后排时,其他卸船机可以卸相邻前部船舱的前排。对于具有7个船舱的大型船舶来说,桥式抓斗卸船机更具优势。在同一泊位,3台卸船机可以同时连续作业,互不干涉。所以,在一个泊位上,桥式抓斗卸船机的最佳布置方案为3台,且功率相同(图5-28)。

③间歇式卸船机的特点。表5-5为门座抓斗卸船机和桥式抓斗卸船机的特点比较。

图5-28 (同一泊位)桥式抓斗卸船机布置图

门座抓斗卸船机与桥式抓斗卸船机的特点比较   表5-5

机型	门座抓斗卸船机	桥式抓斗卸船机	备　注
取料装置	抓斗	抓斗	
垂直提升	起升机构	起升机构	
适应船型	7万吨级以下	3万~30万吨级	

机型	门座抓斗卸船机	桥式抓斗卸船机	备 注
单机能力(t/h)	1000 以下	500～3000	
清舱量	较大	较大	与连续式卸船机相比
适应物料粒度范围	较大	较大	与连续式卸船机相比
适应物料堆密度(t/m³)	0～3.2	0～3.2	
码头通过能力(10⁴t)	600	500～1200	
能耗	较大	较大	与连续式卸船机相比
易损件及使用寿命	抓斗及漏斗的衬板和钢丝绳、滑轮	抓斗及漏斗的衬板和钢丝绳、滑轮	
对货物破损度	较大	较大	与连续式卸船机相比
整机自重	较轻	较重	
装机容量	较小	较大	
维修保养费用	较低	较高	
环保效果	存在粉尘外逸,环保效果差	存在粉尘外逸,环保效果差	与连续式卸船机相比
码头水工结构投资	轮压较小,水工结构投资相对较低	轮压较大,水工结构投资相对较高	

总体来看,间歇式抓斗卸船机都具有以下特点(表5-6)。

间歇式抓斗卸船机的特点 表5-6

优 点	缺 点
1.作业弹性佳,适应性广泛,更换抓斗可适应不同密度和颗粒的散装货。 2.机型成熟,广泛用于海港散货卸船,其构造简单,可靠性强。 3.取料抓斗构造简单,维护保养工作量小且简单。 4.卸有腐蚀性散货时有特殊的优越性。 5.对散货颗粒大小适应性强,大于300 ～ 800mm 也可以抓取。 6.造价较连续式卸船机低廉。 7.对散货船的各种舱口适应性好,不受潮位落差的影响	1.抓斗及牵引抓斗移动的钢丝绳较易磨损。 2.因为间歇式卸料,与连续式相比作业效率较低。 3.作业时抓斗内物料易产生粉尘(此为最主要缺点)。 4.对于小型船的船舱,由于抓斗重,操作须小心,而对于大中型海轮则无此问题。 5.相同生产率,自重大于连续式卸船机,对码头的承压有较高的要求

2)连续式卸船机

(1)工作原理。利用某种连续输送机械制成能提升散粒物料的机头,或兼有自行取料能力,或配以取料喂料装置,将散粒物料连续不断地提出船舱,然后卸载至臂架或门架的输送机系统并运至岸边输送机系统的专用卸船机械,称为连续式卸船机。

连续式卸船机主要是由行走机构、回转机构和俯仰机构和输送系统等组成。作业时一般是将机头取料部分插入船舱内挖取物料，再通过封闭槽中链式机构的高速运转，利用摩擦效应，带动物料垂直上升，实现散料的提升。最后经输送系统将散料输送到料仓。

（2）分类。根据取料结构的不同，连续式卸船机可以分为斗轮式卸船机、螺旋式卸船机、链斗式卸船机、悬链式链斗卸船机、双带式卸船机、波状挡边带式卸船机、埋刮板卸船机等。由于取料结构的设计不同，对于不同性能和状态的散货物料适用性不同，对于铁矿石、煤炭等自重较大、颗粒度较大的干散货主要适用斗轮式卸船机和链斗式卸船机两种，对于粮食、化肥等轻散货主要适用于螺旋式卸船机和悬链式链斗卸船机。本章重点介绍链斗式卸船机、斗轮式卸船机以及螺旋式卸船机。

①链斗式卸船机。链斗式卸船机是利用链斗从船舱内挖取物料并通过机上的输送系统将物料卸至码头的散货连续式卸船机。

链斗式卸船机（图5-29）主要由门架、水平臂架、垂直臂架等组成，门架可沿码头前沿轨道运行，水平臂架可变幅、回转，以改变取料位置。水平臂架布置带式输送机，并与码头上的输送机系统向衔接，垂直臂架装有链斗提升机。主要的物料输送机构包括链斗提升机、料槽、臂架带式输送机、输出带式输送机等。

链斗式卸船过程如下：链斗从船舱内将物料挖起，物料由斗式提升机连续提升，链斗反转将物料卸至水平臂架和垂直臂架连接处的料槽（或漏斗）内，由料槽转送到水平臂架带式输送机上，再送进门架回转中心料斗，物料由中心料斗落至下面的双料斗直接卸载到汽车或火车内，或者流到带式输送机上，经坑道带式输送机转堆场存放。

为增加卸船机的作业面，获得良好的取料效果，机头往往设计成若干种取料机头，其中一种机头设计成L形（图5-30、图5-31）。这种机头可上下摆动改变水平角度，也可在油缸作用下改变机头水平取料部分长度，这样链斗能抓取舱内各角落的物料（图5-32）。

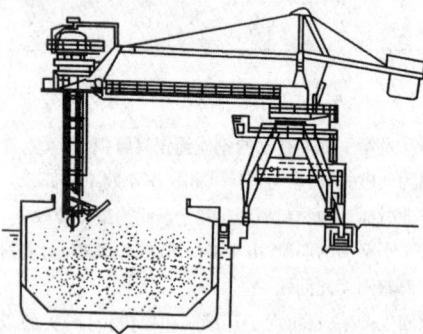

图5-29　链斗式卸船机

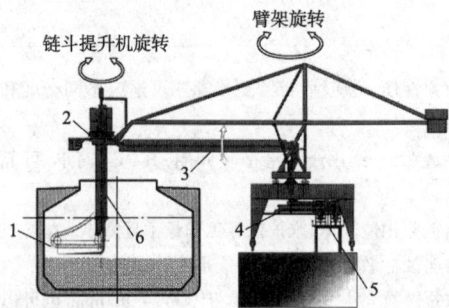

图5-30　L形链斗式卸船机结构图
1-取料装置；2-回转给料盘；3-臂架带式输送机；4-输出带式输送机；5-码头带式输送机；6-链斗提升机

链斗卸船机按结构不同分为张紧式和悬链式两种，悬链式链斗卸船机与张紧式链斗卸船机（图5-33）的主要区别在于链斗机构没有张紧装置，其取料区段呈自由悬垂状态，可在取料的同时完成清舱。

图 5-31 L形链斗式卸船机实物图

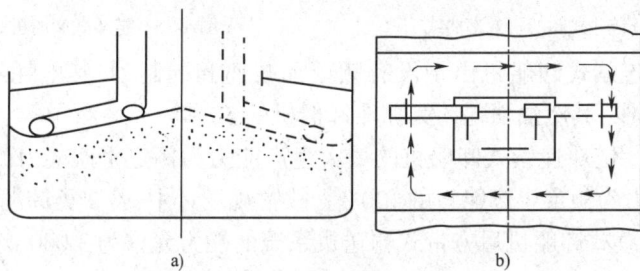

a)   b)

图 5-32 L形取料机头舱内作业

a)平视;b)俯视

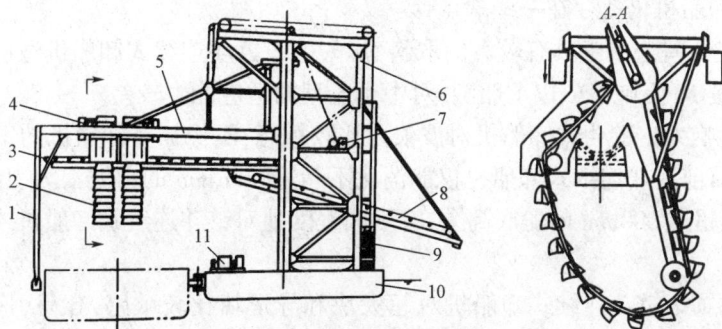

图 5-33 浮式悬链式链斗卸船机结构图

1-夹船臂;2-链斗机构;3-接料带式输送机;4-横移小车;5-悬臂梁;6-立柱;7-提升机构;8-倾斜带式输送机;9-平衡重;10-趸船;11-移船机构

与间歇式抓斗卸船机相比,链斗式卸船机具有以下优点:

A.卸船效率高。链斗式卸船机卸船效率通常可达65%以上(图5-34),而抓斗卸船机的卸船效率通常维持在50%~55%。链斗连续式卸船机的取料头能按不同的挖取要求改变其形状,最大限度地挖取船舶舱口下特别是两侧的物料,而且剩料厚度很薄,真正需要推耙机辅助卸料的量仅占舱口装载总量的10%以下,而抓斗卸船机需要推耙机辅助清仓的量约占50%,故在同样的额定卸船效率条件下,连续式卸船机的实际能力要比抓斗卸船机的约大20%。

B.适用范围广。就货物而言,链斗式卸船机可用于从磷酸盐、煤(粒度在100mm下)、矾土等轻

物料直至铁矿、石灰石等重物料的卸船作业，就船舶而言，可使用从河驳到大、中型海船的卸载。

C. 环保。物料在链斗连续式卸船机的卸船过程中，能实现密闭输送，不会造成物料的撒漏及扬尘，环境污染小；而抓斗卸船机容易在抓斗出仓、空中运行及抓斗卸料处造成粉尘飞扬（图5-35）。

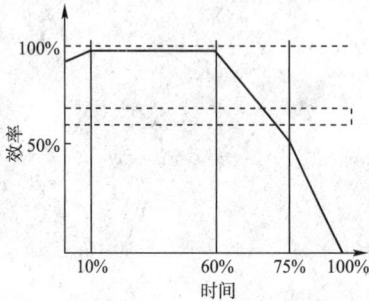

图5-34 链斗式卸船机效率曲线

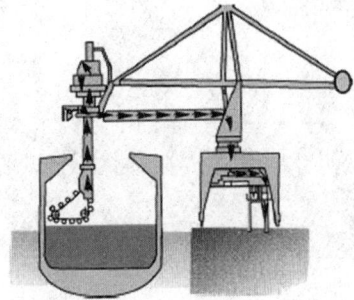

图5-35 链斗式卸船机密闭输送

D. 节能。链斗连续式卸船机由于没有频繁加减速和起制动，其电耗约为抓斗卸船机的70%，且清舱机使用少，其燃油消耗约为抓斗卸船机的50%。

E. 后续投资少。链斗连续式卸船机的最大生产能力为额定生产能力的100%，而抓斗卸船机的最大生产能力为额定生产能力的120%，故常规设计中，若2类卸船机的额定能力均为3 000 t/h，则链斗连续式卸船机后方带式输送机系统的能力允许为3 000 t/h，而抓斗卸船机的后方带式输送机系统的能力需要3 600 t/h，其后方带式输送机系统及相应的土建基础相对造价较高。

然而，链斗卸船机仍然存在一些缺点：

A. 小船适应性差。由于具有较大的取料头部，一般链斗连续式卸船机适应具有较大货舱的散货船，特别是10万吨级或以上船型，对中小船型的适应能力较差。

B. 波浪力影响大。链斗式卸船机对波浪力比较敏感，不像抓斗卸船机的钢丝绳可以消化波浪力的影响，目前链斗连续式卸船机仅能消化不超过600 mm的由波浪力引起的舱底高差。一旦波浪力产生超过600mm的舱底高差，将不同程度地对链斗连续式卸船机或散货船的舱底产生损伤。

C. 堵料和磨损。链斗连续式卸船机对超大块和异形块比较敏感，容易引起堵料，链条和链斗的工作条件也比抓斗恶劣，容易磨损，维护成本相对较高。

D. 链斗清洗池。铁矿石的物料黏性较大，链斗相对于抓斗来说斗容小、斗壁倾角小、斗体工作相对比较平稳，所以更容易粘料，必须配备链斗清洗池对链斗进行清理。链斗清洗池将占用码头一定的宽度，对于改造码头项目，尤其是原来按照抓斗卸船机设计的码头，增设链斗连续式卸船机后，必须在保证码头通车条件的前提下增设链斗清洗池，增加额外的改造成本。

目前国内外大部分的链斗卸船机主要用于煤炭作业，如上海朱家门煤码头、罗泾煤码头、南通华能电厂煤码头等。但随着链斗卸船机链条和斗体材料的改进及设计技术的进步，其可以克服矿石类货种磨耗大、黏性大的问题，目前在世界范围内成功地提供了超过13台以上的用于矿石卸船的大型连续式卸船机，适合的船型最大达30万t级，单机卸船效率最大达4000 t/h。

②斗轮式卸船机。斗轮卸船机是使用一个或一对较大的(一般直径在5m以上)斗轮挖去物料再通过斗式提升机或输送机将物料卸出船舱输送上岸的机械。

斗轮式卸船机(图5-36)取料装置采用低速旋转的斗轮,由于刚性斗轮具有巨大的挖掘能力,它几乎可用来卸任何散粒物料,如易结块的或磨削性大的散盐、煤炭和铁矿石等。

图5-36　斗轮式卸船机

斗轮卸船机按接卸船型可分为:内河型斗轮卸船机和海港型斗轮卸船机两大类。

内河型斗轮卸船机接卸各种散货驳船。由于驳船舱深较小,斗轮挖取的物料,一种方式是直接被卸到安装在斗轮中心的带式输送机上;另一种方式则是被卸到安装在斗轮一侧的带式输送机(通常是波状挡边带式输送机)上,再经带式输送机与后方输送系统相连接,将物料送达堆场。由于提升高度较小,物料的转载比较容易实现,卸船机构造比较简单。

内河型斗轮卸船机又可分为固定式和自行式。固定式斗轮卸船机整机不能沿码头前沿移动,斗轮取料装置通过滑轮组和起升绞车悬挂在钢架上,可上下移动。接料胶带机安装在斗轮中心。图5-37所示是法国双斗轮卸船机,它采用墩柱式结构,机架跨越驳船,支腿分别装载岸上和墩柱上,作业时靠岸上的绞车移动驳船,分两层把货卸完。自行式内河斗轮卸船机(图5-38)可沿码头前沿移动,机动灵活,作业范围相对较大。

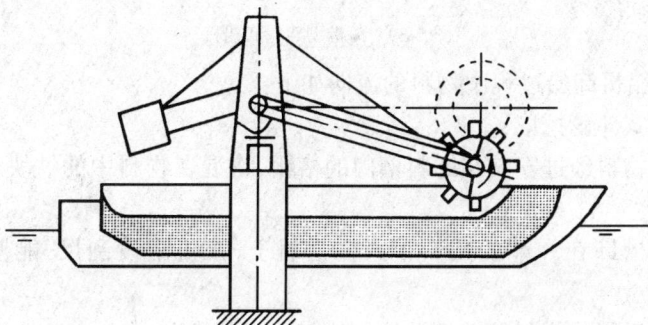

图5-37　双斗轮固定卸船机

185

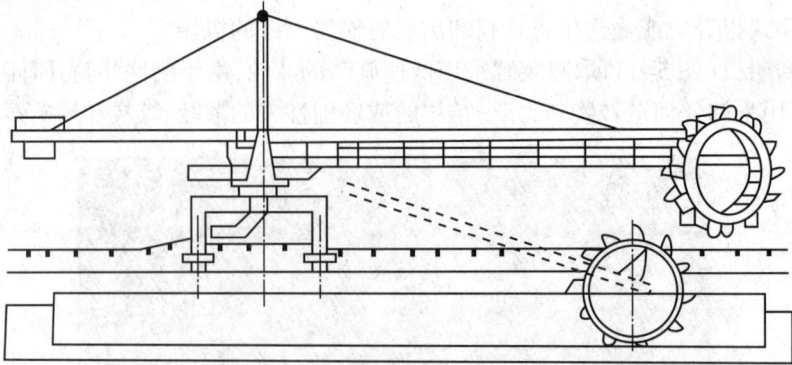

图5-38　自行式内河斗轮卸船机

　　海港型斗轮卸船机(图5-39)适用于各种散货海船的卸船,这种斗轮卸船机除挖取、输送物料所必需的机构外,还必须设有整机行走、臂架俯仰、臂架回转、机头回转等机构,以保证斗轮能到大船舱内的任何地点进行作业。另外,为确保在整个卸船过程中海船和卸船机的安全,海港型斗轮卸船机还装配有完善的电控、操作和安全保护系统,故其结构比较复杂。

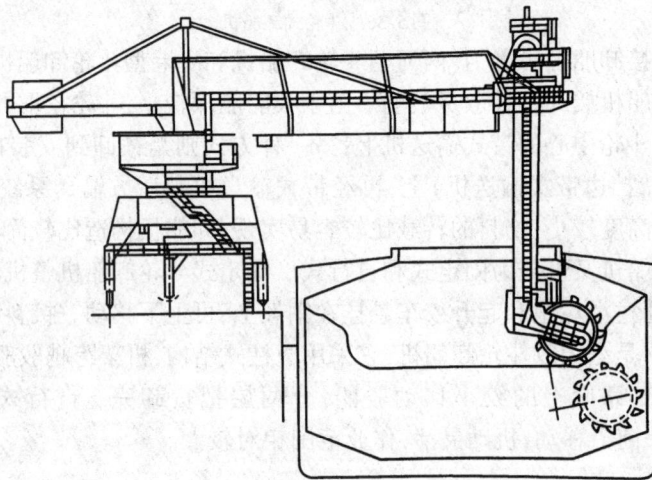

图5-39　海港型斗轮卸船机

海港型斗轮卸船机卸船过程中物料的流向如下:

　　A.物料由无格式斗轮挖取;

　　B.斗轮卸载的物料经过安装在卸料槽内的格栅,将混在物料中的铁块和特大的块料分离出来;

　　C.物料经卸料槽卸在一端的喂料带式输送机上,该机附设刮尺,能使过量的物料返回船舱;

　　D.喂料带式输送机将物料转载到波纹挡边带式提升机上;

　　E.提升机将物料提升到顶部经卸料管卸出;

　　F.物料经卸料管落入臂架端部的转载漏斗中;

G.转载漏斗将物料供给臂架带式输送机,后者沿臂架铺设,连接斗式提升机与卸船机中心;

H.从臂架带式输送机出来的物料经料槽落入缓冲仓内;

I.缓冲仓下安装一带式给料机,物料由给料机供给伸缩式带式输送机;

J.伸缩式带式输送机是可逆的,其作用犹如一个机械式开关,可供给码头铺设的多路带式输送机中的任何一路。

由于斗轮式卸船机的重心比较靠近旋转中心,而且不像桥式抓斗卸船机那样有较大的移动载荷,所有其最大腿压小于桥式抓斗卸船机。斗轮式卸船机作业时,从远处看似乎处于静止状态,这是由于悬挂于臂架端部的旋转柱进入船舱后,依靠斗轮的旋转和柱身的旋转,其取料范围很大,而两者的速度很低。

斗轮卸船机的工作特点主要包括以下几个方面:

A.适应物料面广。斗轮卸船机可以作业各种散粒物料,但主要用于卸各种重散粒物料。

B.适应船型广泛。斗轮卸船机不仅可以方便地卸载各种内河驳船,也可以将斗轮取料装置伸达海船甲板下方,方便地卸各种海船。

C.卸船效率高。斗轮卸船机可经常在额定生产率下工作,清舱阶段,利用清舱机械配合作业,也可达到较高的作业效率,因而其作业的平均生产率高。

D.环境污染小。斗轮机作业中,除斗轮取料部位外,其他物料的输送和转接环节均处在密闭的环境中,不会造成物料撒落和扬尘。各工作机构运动速度低,使整机振动小、噪声低。

E.能耗较低。斗轮卸船机的平均作业能耗在 0.30 kWh/t 左右。

F.较易适应待卸船舶随波浪的波动。斗轮取料装置可设计成在一定范围内上下摆动,以适应待卸船舶随波浪的波动产生的对斗轮的顶升作用,并在斗轮碰舱、挂舱、物料崩塌的情况下实现对卸船机的保护。

G.由于斗轮卸船机一般用于卸较难挖取的重散粒物料,整机刚度较大,因而整机质量以及制造成本比其他形式的连续卸船机稍高。

③螺旋式卸船机。螺旋卸船机是以无挠性牵引构件的水平螺旋输送机、垂直螺旋输送机以及特制的取料装置为主要工作机构的卸船机械,它是一种高效连续型散货卸船机。

螺旋式卸船机由以下部分所组成:沿顺岸轨道移动的门架及行走小车;支承在门架上并绕中心旋转的平台;由变幅油缸驱动可上下俯仰的水平伸臂及固定其上的水平螺旋输送机;由摆动油缸驱动可绕水平伸臂端部前后摆动的竖直臂及固接其上的垂直螺旋输送机;安装在垂直螺旋下端的松料螺旋及取料装置;位于门架上旋转塔架下方的水平螺旋输送机;码头后方带式输送机等。

其中,螺旋取料装置(图 5-40)由旋转方向相反的管外螺旋、管内螺旋和带有倾斜翼板的给料器组成。当螺旋卸船机工作时,取料机头(图 5-41)插入舱内料堆之中,管内反向旋转式取料装置一方面使物料进入垂直臂螺旋输送机中,另一方面又阻止物料因进入输送管后沿周向迅速加速所产生的离心力作用而被甩出。

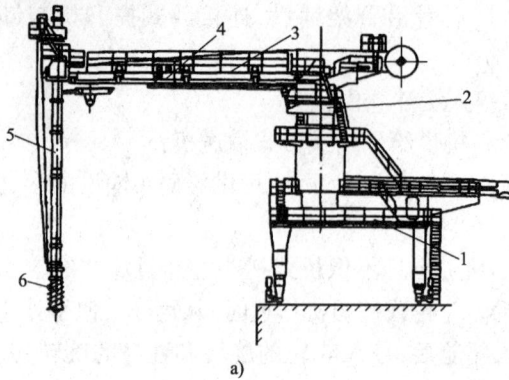

图 5-40　螺旋式卸船机
a)结构图；b)实物图
1-门架；2-转台；3-水平螺旋；4-控制室；5-垂直螺旋；6-喂料器

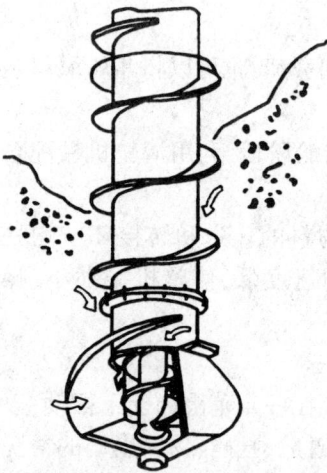

图 5-41　螺旋卸船机的取料装置

螺旋式卸船机卸船过程中，舱内物料经相对旋转式进料装置(对转机头)进入垂直螺旋输送机；物料不断进入垂直螺旋输送机管道而被提升至臂架端部，经卸料口而被转载到臂架螺旋输送机上；物料沿臂架进入位于旋转塔中心的转载漏斗内；最后物料经门架上的水平螺旋输送机而被转载到与码头平行的前沿带式输送机上。

螺旋卸船机具有以下特点：

A. 卸船效率高。螺旋卸船机的额定生产率可高达 2000t/h以上，该机效率高的另一个重要标志是平均工作能力较大。由于卸船机配置了反向旋转式取料装置，使物料较为紧密地在输送管内匀速流动，垂直螺旋输送机的充填率可高达 70% ~ 90%。螺旋卸船机门架的行走、机身的回转、水平臂的俯仰、垂直臂的摆动，使得取料装置可到达舱内任一位置，而取料装置又具有自动松料和掘进的功能，因此无论物料的流动性如何，在距舱底只剩 30 ~ 50cm 厚的物料层之前，卸船机都能不间断地接近满载工作，其平均生产率可达到额定生产率的 70% 以上。

B. 对货物与船型的适应性强。螺旋卸船机可以用来卸各种粉末状、颗粒状及块状物料，在卸某些经海上运输后被压实甚至形成硬壳的物料如化肥、水泥、钾盐等时，由于取料装置外部所装的反转取料螺旋或松料刀具有使物料松散的功能，能很好地满足卸船要求。螺旋卸船机的垂直部分断面尺寸小，且行走、回转、俯仰、摆动等辅助机构保证了该机灵活的动作，它可适合于各种类型的驳船与海船。

C. 环境污染小。螺旋卸船机的物料输送系统为全封闭式，在卸船作业过程中没有料尘飞扬，没有物料或物料气味的泄漏。对于诸如水泥、粉煤、白垩粉、钾盐、磷酸铵等易污染空气的物料的卸船，采用螺旋卸船机尤为有利。螺旋卸船机的噪声也较小，声级可控制在 60dB(A)以下。

D. 结构简单、质量小。螺旋卸船机的物料输送系统均由无挠性牵引构件的螺旋输送机组成，输送机没有返回分支，结构比较简单，垂直臂与水平臂的断面尺寸较小。在生产率与对象船相同的条件下,螺旋卸船机的质量比抓斗卸船机要小得多,也是各种机械式连续卸船机中质量最小的一种。因此,螺旋卸船机的造价较低,对码头承载能力的要求较低。

E.工作构件的磨损较为严重。螺旋卸船机的主要易磨损部件是输送螺旋与垂直螺旋输送机的中间支承轴承。由于螺旋与物料的相对滑动、中间轴承中支承螺旋边缘与轴瓦之间的相对滑动是难以避免的,因而提高工作构件寿命的方法主要是采用耐磨性能好的材料,这将增大螺旋卸船机的成本。

F.能耗较大。输送螺旋在工作时由于物料与螺旋面之间的摩擦,物料与料槽或输送管壁的摩擦以及物料之间的摩擦与搅拌,物料的单位长度运移阻力较大,使得螺旋卸船机的单位能耗比其他机械式连续卸船机高,与抓斗卸船机相当,但比气力卸船机则低很多。图5-42为螺旋卸船机在卸各种不同物料时的单位能耗。对于卸水泥、谷物、煤等重度较小、流动性较好、磨琢性较小的物料时单位能耗较低,而卸磷酸盐、铁矿粉等重度较大及磨琢性较大的物料时单位能耗将显著增加。此外,随着船型的增大,由于输送系统的垂直提升高度与水平输送距离的增大,螺旋卸船机的单位能耗也将显著增大。

螺旋卸船机日益广泛地应用于港口散货专用码头的卸船作业,也用于其他码头形式与卸船工艺系统中。根据对象船的吨位与所卸物料的种类的不同,垂直输送螺旋直径范围在260~790mm,卸船机生产率的范围在100~2000t/h。螺旋卸船机适用于在1000吨级驳船至120000吨

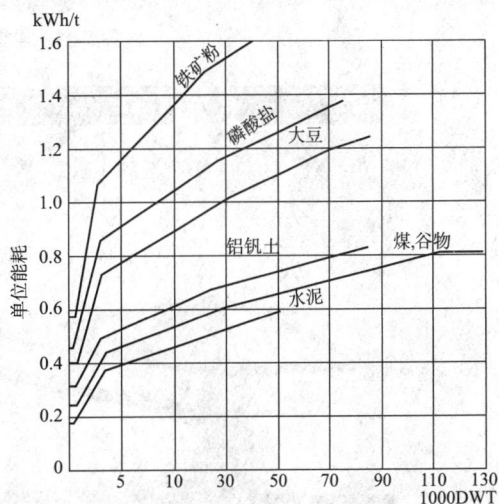

图5-42　螺旋卸船机在卸各种不同物料时的单位能耗

级远洋船的各种船型,可用于卸水泥、谷物、煤、各类化肥及化学原料、饲料、铝矾土、磷矿粉、糖等各种散粒物料。中小型螺旋卸船机一般要求物料粒度不超过50mm,大型螺旋卸船机的物料最大允许粒度可达300mm。

(3)连续卸船机的工艺布置。连续卸船机在不同舱位间作业时,必须具备一定的作业区间,这对码头卸船机设计布置非常重要。如图5-43所示,连续卸船机在船舱作业时,需通过大车、主回转、圆筒及足部机构协调配合才能完成卸料作业。例如,1个泊位上停靠1条5万吨级的船,共有5个船舱,卸船机在同一个船舱内作业(图5-44),两条竖线之间的距离是卸船机的作业区间,也就是说,一台卸船机作业时,其他卸船机的任何部位不得在该区域内,否则,可能引发机械碰撞事故。

由图5-44可知,当卸船机沿逆时针方向卸4号舱时,它的工作区域涵盖1、2、3、4号舱,此时该泊位其他卸船机只能卸5号舱。当卸船机卸3号舱时,其他卸船机只能卸4、5号舱。不难看出,如果在一个泊位上布置3台卸船机,卸货效率反而会降低。当然,在一个泊位上布置卸货功率不相同的卸船机也会影响卸货效率,并且还会给码头管理带来一定困难。所以对于一个泊位,不论设计出力是多少,连续卸船机的最佳布置方案为2台,并且应是功率相同的2台卸船机(图5-45)。在一个泊位上同时布置连续卸船机和桥式抓斗卸船机也会使卸船效率有所降低。

图 5-43　连续卸船机作业演示模拟图

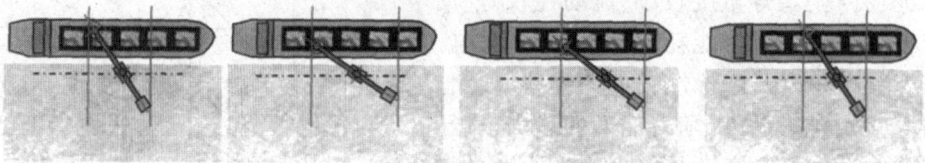

图 5-44　连续卸船机作业半径演示模拟俯视图

图 5-45　同一泊位连续卸船机布置图

(4)连续式卸船机的特点。根据以上分析,斗轮式、螺旋式、链斗式连续卸船机特点比较见表5-7。

斗轮式、螺旋式、链斗式连续卸船机特点比较　　　　　　　　　　表5-7

机型	斗轮式卸船机	螺旋式卸船机	链斗式卸船机
吸料装置	斗轮	螺旋	链斗
垂直提升	波纹挡边	螺旋	链斗
适应船型	5万~30万吨	15万吨以下	30万吨以下
单机能力(t/h)	600~4000	150~2000	300~4000
清舱量	较大	小	小
适应物料粒度范围	大	小	较大
能耗	0~3.2	0~1.2	0~3.2

机型	斗轮式卸船机	螺旋式卸船机	链斗式卸船机
易损件及使用寿命	较小	较大	小
对货物破损程度	主要由斗齿和波纹挡边，使用寿命约100h	主要由输送和喂料的螺旋，使用寿命垂直螺旋约2500h，水平约7500h	主要由链斗、链条，使用寿命约1500h
整机自重	较大	小	较小
装机容量	较高	高	低
维修保养费用	较高	低	高

连续式卸船机普遍具有作业效率高、自重轻、对环境污染小、货损少、大多可自动运行等特点（表5-8）。

连续式卸船机和间歇式卸船机比较　　　　表5-8

性能/方案	连续卸船机	抓斗卸船机
卸货效率	波动大，与物料有很大关系，适合颗粒细小的轻散货	稳定，与物料关系不大，对劣质煤和铁矿石的适应性好
环保	物料在封闭环境下输送，扬尘小	开放式卸料，扬尘大
能耗	较小	较大
物料适应性	对大型义务、水分及黏度等适应性差	对各种物料适应性强
船型适应性	存在一定的局限性	适应各种船型
清舱量	足部能伸到船舱各角落，能将物料卸到很少时才吊入推耙机，但最后剩余少量物料需用铲斗车铲出	抓斗不能伸到船舱角落，物料剩余较多时就需吊入推耙机，最后剩余少量物料时易卸出
自重与价格	整机重量轻，价格贵	整机重量重，价格便宜
船舶颠簸适应性	很差	好
布置方案	一个泊位只能布置2台	一个泊位可布置2~3台

一般情况而言，斗轮式连续卸船机适合于煤炭等容重不大且研磨性较弱的散货，不太适合铁矿砂等容重大且研磨性强的物料。卸铁矿砂时，廓斗磨损太快，更换频繁，提升皮带因张力过大也易损坏，螺旋供料口卸矿粉时易堵塞，此外，整机能耗太高，所以连续卸船机国内通常应用于煤炭的卸船。

3）自卸船工艺

自卸船（图5-46）即用船舶本身卸货设备，以连续输送方式将货物卸出的专用船。自卸船的工作过程是：物料由货舱或料斗经由可控制的斗门流入置于舱底的纵向输送带上，将物料输送至船首部或船尾部，由提升机构将物料提升送交投料输送机投送上岸。自卸船自身设有V形存舱漏斗和皮带机械或系统，因此装料船舱底部呈V形，存舱漏斗和控制闸门在V形船舱底，在V形船舱底和船底之间布置有带式输送机。

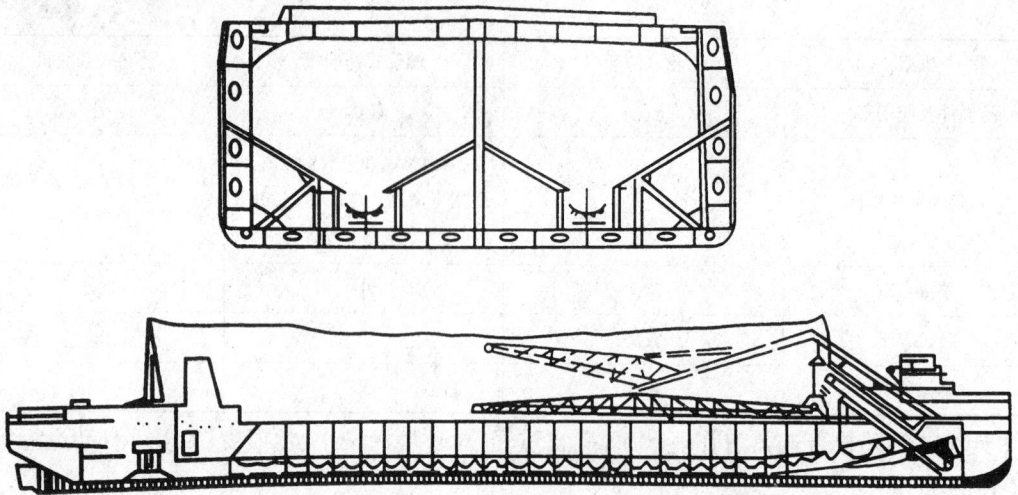

图 5-46　自卸船示意图

自卸船有效工作的关键是要保证物料能顺利地卸出。为此自卸船在结构和设备上要注意如下几个问题：

（1）V 形舱底的倾角要能保证物料的自流,当船型较大时,倾角越大,舱容损失越大,为此通常采用 2 线或 3 线带式输送机,但带式输送机增加,船舶造价相应提高。

（2）V 形舱底上的卸料口尺寸应能避免出现物料在卸料口成拱状堵塞。一般卸料口尺寸应大于拱角宽度。

（3）由于物料的湿度和存放时间的关系,物料成拱现象可能会在不同位置出现,因此必要时应采取能消除成拱现象或机械强制供料的补充措施。

（4）为均匀地向带式输送机供料,避免物料溢出或堵塞,应设置能控制出料口闸门开放大小的设备。

利用自卸船卸货的特点是,船舶可以完全机械化、高效率卸货,可完全消除船舶清舱作业,如最高卸货效率的自卸船,其卸矿效率可达 20400t/h；并可节约昂贵的码头是专用卸货设备的投资；有利于解决干散货卸船时的环境污染问题。其缺点是,成本相对较高,船舶结构复杂,维修困难；同时自卸船的回程空驶也使其运营的经济效益降低,所以通常自卸船只在短航线上使用。

三、干散货码头装卸车机械

一般情况下,干散货大多通过铁路由内陆运至或运离堆场,干散货吞吐量大的港口,散货装运列车多采用专列直达,一般由 30～50 节车组组成。

1. 卸车机械

干散货的铁路车辆类型主要有敞车和自卸车。敞车（图 5-47）是一种通用型的车辆。敞车运输干散货时,物料从车辆的上方敞开部分装入,卸料时既可以从上方敞开部分卸出,也可以打开侧门卸出,车辆的利用率较高,应用广泛。所以,铁矿石、煤炭等干散货的铁路车辆大多数是敞车。自卸车是装运煤炭、矿石的专用车辆,装运煤炭、矿石时,物料从车辆的上方敞开部分装入;卸料时打开底门,物料从底门自流卸出。虽然自卸车的卸车效率较高,但造价也相对较贵,且不适合装运其他货物,利用率不及敞车。由于自卸车的回程的载重量低,在煤炭、铁矿石等干散货的运输中,使用比例较少。

图 5-47　铁路运输敞车

根据干散货运输车型不同,干散货主要的卸车机械包括翻车机、螺旋卸车机、链斗卸车机和自卸车工艺。

1)翻车机械

翻车机是广泛应用于电力、港口、冶金、煤炭、化工等行业的大型自动卸车设备,用倾翻车厢的方式翻卸标准铁路敞车所装载的干散货物料,在翻车机的作用下,干散货物料从车厢顶部一次卸出。翻车机具有卸车效率高、生产能力大、机械化程度高等特点,适用于大型专业化干散货码头。

(1)翻车机的组成及结构。翻车机主要由回转机架、车辆支承轨道、车体压紧装置、回转机架回转驱动机构、翻车机支承装置、顶梁压车装置以及支承轮等结构组成。回转机架主要由翻车机底梁和数个 C 形或 O 形端环、侧梁靠车板装置、顶梁压车器装置以及支承轮等结构组成。顶梁上装有压车器,在翻车机翻转过程中将进入回转机架的车厢牢固地固定,并与回转机架一起回转。通常压紧装置采用液压方式压紧,回转机架的驱动装置有电动机、减速器、开式小齿轮和固定在回转机架环形支承结构上的大齿圈组成,开式小齿轮与大齿圈啮合。电动机通过减速器驱动开式小齿轮回转,开式小齿轮通过大齿圈带动回转机架环形转动,车厢实现翻转。

(2)翻车机的形式。翻车机主要有转子式和倾侧式两种。

①倾侧式翻车机。侧倾式翻车机(图 5-48)主要由一个偏心旋转的平台和压车机构所组成。当车辆被送到平台上以后,压车机构压住车辆、平台旋转,将散货卸到侧面的漏斗里。侧倾式翻车机设备由端盘、托车梁、平台、驱动装置、压车机构构成,结构简捷、刚性强,采用机械压车、机械锁紧,平台移动靠车,无液压系统,转动部件少,可靠性高,维护简单。适合配备重车调车机系统。平台与设备本体在零位时分离,与地面锥形定位装置啮合定位,对轨准确,适合恶劣环境下运行。翻车机结构庞大,特别是侧倾式翻车机。由于整机自重大,工作线速度较高,翻车轴线位于敞车的侧上方,对旋转系统重心的配置不利,因而功率消耗很大。此外,倾侧

式翻车机翻转角较小,一般不超过180°,货物不易卸干净,适用于卸车量不太大,所装货物黏性不大的情况。

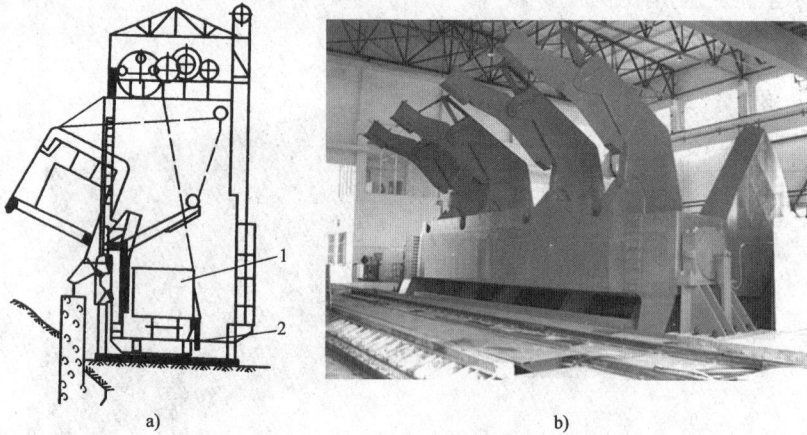

图 5-48 倾侧式翻车机
1-车辆;2-摇架

②转子式翻车机。转子式翻车机(图 5-49)由一个设置在若干组支承滚轮上的转子构成,还包括有支承平台、压紧装置、回转驱动装置和托辊装置等。当车辆被送入转子内的平台以后,通过压车机构压紧车辆,并和转子一同旋转,将散货卸出(图 5-50)。转子式翻车机的翻转轴线靠近其旋转轴线的重心,翻转角度可达 160~180°,虽然需要较大的压车力和较深的地下构筑物基础,但因重量较轻,耗电量小,生产率较高,故应用比较广泛。

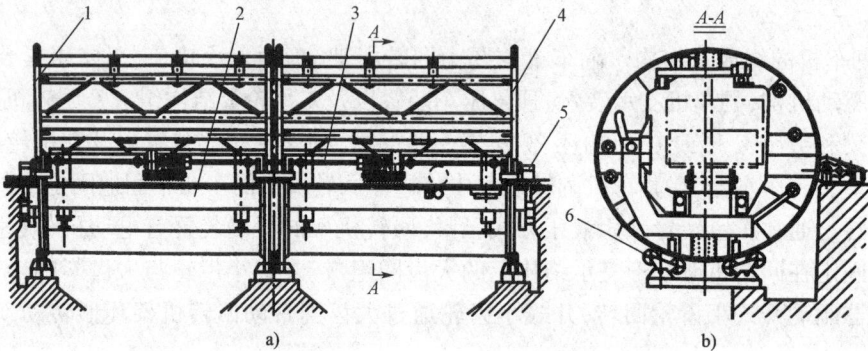

图 5-49 转子式翻车机
1-转子(左);2-平台及押车装置;3-传动装置;4-转子(右);5-电气设备;6-托辊装置

转子式翻车机按端环端面结构不同可分 C 形翻车机和 O 形翻车机。

O 形转子式翻车机如图 5-51 所示。O 形翻车机设备结构较复杂,整体刚性好,驱动功率较大,平台移动靠车、适合配备钢丝绳牵引的重车铁牛调车系统。

C 形转子式翻车机(图 5-52)采用 C 形端盘,结构轻巧,平台固定,液压靠板靠车,液压压车,消除了对车辆和设备的冲击,降低了压车力。根据液压系统特有的控制方式,使卸车过程车辆弹簧能量有效释放。驱动功率小。C 形端盘结构适合配备重车调车系统。

194

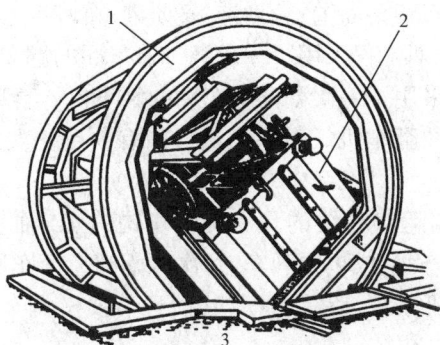

图 5-50　转子式翻车机翻车示意图
1-转子；2-敞车；3-地下料仓

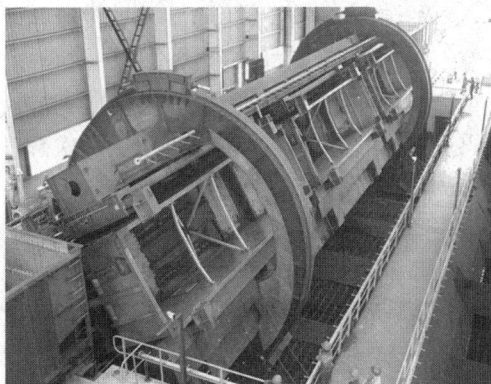

图 5-51　O 形翻车机

从结构形式的受力分析，O 形翻车机要优于 C 形翻车机。但由于其 O 形端环无法让调车机的侧臂通过。调车机的作业被分为推送重车进入翻车机和将空车牵出翻车机并送入迁车台两部分，分别由重车调车机和拉车机来完成。C 形翻车机的 C 形端环可以让调车机的侧臂通过，调车机的作业只配备 1 个拨车机即可。

（3）翻车机的作业过程。火车进入翻车机后，随着翻车机旋转 160°～180°，火车中的物料被翻卸到位于翻车机房下方的漏斗中，然后到达漏斗下方的板式给料机、皮带给料机和振动给料机中的一种，将卸下的物料均匀地送到翻车机下的输出皮带机，最后通过皮带输送系统，物料被送入堆场或直接装船。

（4）翻车形式。翻车机的卸车效率通常在 30～40 厢/h。翻车机本体一次可翻卸车辆的数量可分为单翻式和串翻式两种。

单翻式翻车时，每次只能翻一节车辆。串翻式翻车，每次可翻两节（图 5-53）或两节以上串联的车厢。目前，最高一次性可翻卸 8 节车厢。

对于不带旋转车钩的载物敞车来说，火车进入翻车机进行翻卸任务前，火车首先需解体，解体后的车厢被牵引车一节一节依次牵入翻车机房。在全部车厢翻卸完后重新合体，然后离港。带旋转车钩的载物敞车，火车不需被解体，直接进入翻车机房卸车，车厢全部卸空后，即可离港，不用重新编组，这种翻卸形式明显比前者的卸车效率高。

图 5-52　C 形翻车机

图 5-53　双车 C 形翻车机

目前国内沿海煤炭港口采用翻车机系统的主要有秦皇岛港、青岛港、日照港、黄骅港、天津港等，普遍采用的是转子式翻车机。秦皇岛港煤炭一期工程采用了一次翻一节车厢的翻车机；秦皇岛港二期工程、日照港、青岛港、黄骅港、天津港采用了一次翻两节车厢的翻车机。秦皇岛港煤炭三、四、五期煤炭工程采用了一次翻三节车厢的翻车机。秦皇岛港目前有 5 台一次翻 3 节车的翻车机(图 5-54)。

秦皇岛港煤炭三期工程的卸车系统，对大秦铁路运煤专线的具有旋转车钩的 4D 轴敞车采用列车不解体方式卸车，这种卸车新工艺由重载车辆组成单元列车，每次可翻卸 3 个车厢。

(5)翻车机系统的配套机械。形成有效的翻车机系统，除了翻车机外，还需要有调车机、翻车机下方漏斗、接运带式输送机和辅助机械等。

调车机(图 5-55)又可以分为重车调车机和空车调车机。重车调车机(定位车)用于牵引重车车辆，设备由车体、调车臂、行走结构、导向轮装置、驱动装置、液压系统、电缆悬挂装置、地面驱动齿条和导向块组成。齿轮齿条驱动。驱动装置配备摩擦离合器和液压制动器，以保证负载均衡，制动可靠。调车臂液压系统采用平衡油缸和摆动油缸双作用方式，起落平稳。空车调车机(拨车机)用于将迁车台上的空车车辆推出送到规定位置。同重车调车机采用相同的驱动和导向方式，充分保证了可靠性。车臂固定，单速运行，也可选用调速方式。

图 5-54　三车翻车机

图 5-55　调车机

漏斗是翻车机的盛料部分。系统设计不同，漏斗数量也不同，一般来说，单翻翻车机采用两个漏斗，双翻翻车机采用 4 个漏斗的较多，也有采用 5 个漏斗的，如青岛港煤系统。三翻翻车机采用 6 个漏斗。漏斗的侧面与水平面的斜角最小 60°，最大 65°，棱线角最小 55°，最大 60°。

(6)翻车机卸车特点。翻车机进行卸车任务具有以下特点：

①系统的机械化程度高，卸车效率高，卸车后车内物料的剩余量少；

②对货种和物料块度的适应性强；

③系统的机械设备多，投资费用高；

④对车辆的适应性差，对车辆的损害大，所以翻车机不适用于平车，低帮车或结构不好的车辆的卸车作业。

(7)翻车机工艺布置。翻车机工艺布置形式有两种，分别是折返式和贯通式。

①贯通式布置。贯通式布置(图 5-56)是指重载车厢从某个方向进入翻车机系统，开始翻卸作业，然后再以同一方向离开翻车机系统。此种布置形式要求重车线和空车线与车辆进出

翻车机房用以方向布置,重车线与空车线只设一条卸车线,常采用旋转车钩的不解体车辆配合使用。翻车机两端的铁轨长度至少应能容纳进厂列车。

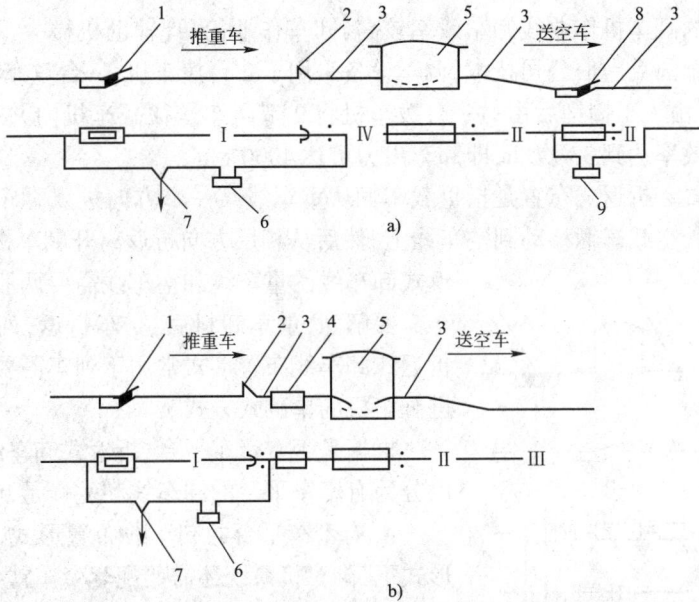

图 5-56　贯通式翻车机卸车线布置图

1-重车铁牛和牛槽;2-减压止挡器;3-计数装置;4-摘钩平台;5-翻车机;6-重车卷扬机房;7-拉紧装置;8-空车铁牛和牛槽;9-空车卷扬机房;Ⅰ-重车推送线;Ⅱ-空车溜放线;Ⅲ-空车集结线;Ⅳ-重车溜放线

贯通式翻车机系统的工作过程有以下 4 个方面:

A. 载煤重列由火车机头推送到卸车区域并定位,使第 1 节车皮的前钩头处于定位机的行程范围内。第 1 组夹轮器将列车固定,机车车头与重列解体离去。操作者启动定位机;使定位机的大臂伸向第 1 节车厢前车钩,此时该大臂上的车钩与第 1 节车厢前车钩联挂,列车的控制就转换给了卸车系统。

B. 定位机牵引重列前进,使得第 3 节车厢刚好停在第 1 组夹轮器处,与此同时,夹轮器夹住车轮。车轮夹紧后,人工摘开第 2 节与第 3 节车厢之间的车钩,摘钩手给出信号后,定位机牵引前 2 节车厢继续前行到第 2 组夹轮器处,第 2 组夹轮器夹紧车轮定位。定位机大臂前端的车钩自动打开,拨车机稍微前行离开车厢,然后停车、抬臂,返回到第 2 节与第 3 节车厢之间停车,准备下一个作业循环。

C. 处于零位的推车机落下大臂,臂前钩头与第 1 节车厢前钩联挂,第 2 组夹轮器松闸。推车机牵引这 2 节重车进入翻车机转子定位(正常周期时,同时将翻车机转子内的 2 节卸空的空车厢推出空车线逆止器外)。推车机大臂抬起,翻车机翻转卸车同时开始,推车机自动返回零位。

D. 当翻转周期开始时,靠车板靠向车厢侧柱,翻车机以低速开始转动,同时压车器向下压向车厢顶部。当转到 15°时,翻车机旋转达到全速,接着以高速旋转到 14°,此后的 15°内翻车机开始减速并停止。接着翻车机在返回的方向上将加速到最高速度。当翻车机达到离水平位

置 15°时,压车器开始上升,而当翻车机转至水平位置时,靠车板离开车厢回复到零位,压车器也同时到达零位。当翻车机到达水平位置且压车器上升到正常的上部位置时,动作程序从第二项开始重复地进行。

贯通式布置的翻车机作业线卸车效率较高,卸车作业简单,辅助机械少,目前黄骅煤码头的双车翻车机为德国克虏伯公司技术,调车设备采用了 2 台拨车机,一台重车拨车机牵引重载列车至摘钩位置,由人工摘钩后由另一台拨车机将 2 节重车送往翻车机内并推送空列。这套设备的实际卸车效率达到 33 次/h,即卸车出力可达 4000 t/h。

②折返式布置。折返式布置是指重载车辆从重车线某一个方向进入翻车机系统,开始翻车作业,翻卸之后,空载车辆移动到空车线上,然后从相反方向折返离开翻车机系统。因此,折返式卸车线的重车线和空车线需要两股轨道,卸车前列车需要解烈,重车卸料后,空车折返,列车再重新编组,折返式卸车线布置形式常用于列车需要解体,并注意送进翻车机的单翻式方式。

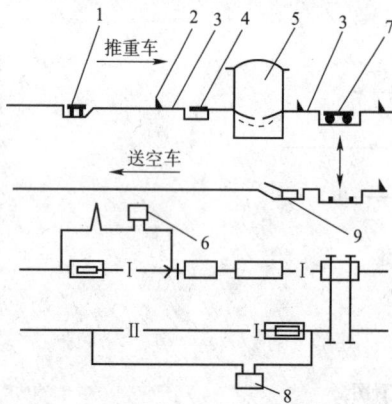

根据是否有牵车平台,折返式卸车线布置形式又可以分为有牵车平台的卸车线和驼峰是卸车线。

A. 有牵车平台的卸车线布置形式。该种工艺布置形式下,翻车机系统还需要配套牵车铁牛、摘钩平台、牵车台、空车铁牛等辅助机械和设施,翻车机机下设有漏斗、给料器、接运带式输送机(图 5-57)。

牵扯铁牛用于将机车牵引送来的载货列车停列在重车线上,由重车铁牛将车厢推或拉至摘钩平台上,或直接将车厢推进翻车机(已摘钩)。摘钩平台位于翻车机之前,起作用时将停在骑上的重载车厢自动摘钩后溜进翻车机。牵车台位于翻车机之后,承载从翻车机中流

图 5-57　有迁车平台卸车线布置图
1-重车铁牛和牛槽;2-减压止挡器;3-计数装置;4-摘钩平台;5-翻车机;6-重车卷扬机房;7-迁车台;8-空车卷扬机房;9-空车铁牛和牛槽;Ⅰ-重车推送线;Ⅱ-空车集结线

出的空车,并将空车平行移送至空车线上。空车铁牛的作用是推动空车厢移出迁车平台。

机车顶送整列车进厂,将待卸车推送至重车调车机作业范围内,夹轮器夹住,机车摘钩离去,开始翻车作业。有迁车平台卸车线其作业程序如下:

a. 重车调车机调车臂落下,后钩和车联挂,夹轮器松开;

b. 重调机牵引煤车前进,当第 1 辆、第 2 辆车进入翻车机,第 3 辆车行至接近翻车机端环处时制动,夹轮器夹住第 3 辆车车轮;

c. 将第 3 辆车和前面的第 2 辆车摘钩;

d. 重调机牵引第 1 辆、第 2 辆车继续前进,至翻车机内翻卸位置时制动,脱钩;

e. 重调机离开翻车机时,翻车机开始回转,翻卸车;

f. 调车臂抬起,重调机返回,重复上述作业。当牵引第 3 辆、第 4 辆车接近翻车机时减速,重调机前钩和翻车机内的空车挂钩后继续前进;

g. 第 3 辆、第 4 辆车到翻卸位置时制动,后钩摘钩;

h. 重调机推送空车离开后,翻车机回转,进行卸车;

i. 重调机推送空车到迁车台上定位后摘钩,调车臂抬起,重调机返回,进行下两辆车的调

车作业;

j.迁车台带着空车移至空车线,对位停稳后,空车调车机返回起始位置,迁车台返回翻车机出车端。

k.重复上述作业,直至整列车全部卸完。此时,空车集结在空车线上,等待机车牵引出厂。

B.驼峰式卸车线布置形式。驼峰式卸车线布置方案(图5-58)无迁车平台,主要凭借将重载车辆铁路线与空车铁路线做成高低倾斜状,使其具有各种坡度形式的工艺方案。它使车辆能在路轨上自动溜放滑行,类似铁路车站的驼峰调车场。它所形成的不同坡度驼峰,使无论是重载车辆,还是经翻车机卸空后的车辆,均能在驼峰线上自动溜放滑行。

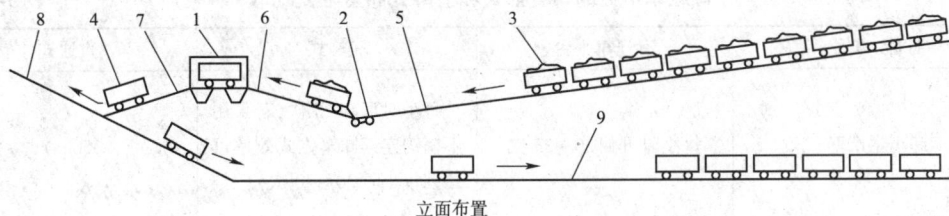

立面布置

图5-58　驼峰式卸车线立面布置示意图

1-翻车机;2-铁牛;3-重车;4-空车;5-15‰下坡重车线;6-110‰上坡推车线;7-55‰下坡线;8-35‰上坡线;9-空车集结线

驼峰式卸车线布置形式具有重车推送线、空车溜放线、空车集结线、驼峰溜放线,同时有配套的铁牛、驼峰等送车和驱车设施,翻车机下的配套机械同有牵车平台的卸车线布置形式一样(图5-59)。

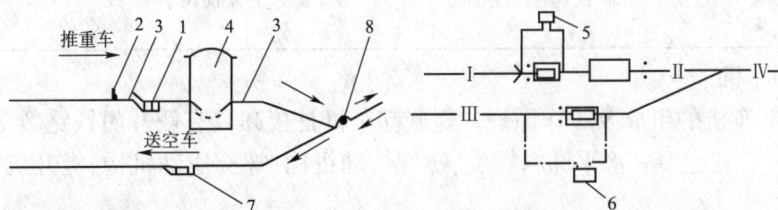

图5-59　驼峰式卸车线布置图

1-重车铁牛和牛槽;2-止挡器;3-计数装置;4-翻车机;5-重车卷扬机房;6-空车卷扬机房;7-空车铁牛和牛槽;8-弹簧道岔;Ⅰ-重车推送线;Ⅱ-空车溜放线;Ⅲ-空车集结线;Ⅳ-重车溜放线

该布置形势下的作业过程如下:

a.机车将车辆送入重车推送线后,将第一辆车钩销和制动闸松开;

b.然后由人力撬动车轮、沿坡度溜下;

c.当车辆冲入进入铁牛沟槽后,即用铁鞋制动,以免后退;

d.开动绞车,钢丝绳通过滑轮组牵引推车器,将车辆推入翻车机内;

e.车辆在翻车机内停妥后开动翻车机转 $160 \sim 175°$,将物料卸出;

f.翻车机回正后由翻车机内推车器将空车推出,沿驼峰溜下,冲入反驼峰回溜,经弹簧道岔进入空车停车线;

g. 每辆重车经过上述过程后,在空车集结线集结,经车检,由机车取回。

翻车机与坑道接运带式输送机之间设有存仓漏斗闸门,起缓冲作用,存仓漏斗的容量为车辆重量的 1.5 ～ 2 倍。为有效控制物料的流量,漏斗闸门采用板式闸门,通过控制器开度来控制其流量。但为获得供料均匀,减少对坑道接运带式输送机的冲击,防止撒料漏斗,漏斗闸门下出料口处应安装给料机,出料口螺旋的物料直接作用在给料机上,有给料机将物料卸送至坑道接运带式输送机。

③有迁车平台的布置形式和驼峰式布置形式比较。将主要的翻车机三种布置形式进行比较,可得到表5-9。各码头可根据实际的吞吐量情况以及陆域面积情况选择合适的布置形式。

有迁车平台的布置形式和驼峰式布置形式比较　　　　表 5-9

性能/方案	有迁车平台	驼峰式	贯通式
卸车生产率	每小时可翻 30 ～ 33 次	每小时可翻 25 次,若采用不摘钩连续卸车方式效率可达到每小时 30 ～ 40 次	3500t/h
卸车线上辅助机械	较多	较少	较多
劳动强度	小	较大	小
作业安全	安全	空车溜滑速度不易控制,相对不安全	安全
布置形式	布置紧凑,占地面积小	布置紧凑,占地面积小	布置线路长,占地面积达

2)螺旋卸车机

(1)螺旋卸车机的组成及工作原理。螺旋卸车机是接卸具有侧开门铁路敞车的专用卸车机械(图5-60)。它主要有水平卸料螺旋、螺旋传动机构、螺旋摆动机构、提升机构、行走机构和机架等组成。

图 5-60　螺旋卸车机卸侧开门铁路敞车

作业时,将螺旋卸车机运行到车厢端部,打开敞车侧门,逐步将放下卸料螺旋,让其插入物料堆中,开动卸料螺旋,利用螺旋的斜面将物料从敞车两侧推出。通过行走机构的移动和螺旋升降机构的升降,螺旋卸车机可将车厢中的散货物料逐层从车厢两侧卸下,直至将车厢内的散货物料全部卸完。当螺旋接近车厢底部时,可操纵螺旋摆动机构,使两个卸料螺旋处于不同的高度位置,以便将车厢底板上和端部的残留散货清卸干净。

(2)螺旋卸车机的分类。螺旋卸车机按支承结构形式的不同可以分为桥式螺旋卸车机、门式螺旋卸车机和悬臂式螺旋卸车机;按卸车卸煤的方向可分为单侧和双侧两种;按螺旋头数可分为单旋、双旋和三头螺旋等。

①桥式螺旋卸车机。桥式螺旋卸车机主要由(图5-61)大车行走机构、小车行走机构、桥架、螺旋传动机构、螺旋提升机构等组成。其大车行走机构沿着铺设在混凝土支柱上的轨道行走,主要用于库内或车间内卸车作业。

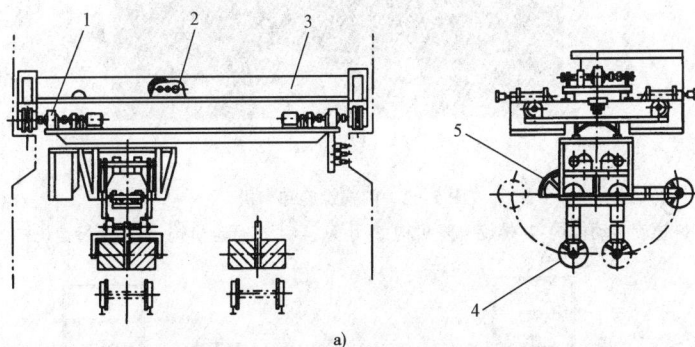

图5-61　桥式螺旋卸车机
1-大车行走机构;2-小车行走机构;3-桥架;4-螺旋传动机构;5-螺旋圆周提升机构

②门式螺旋卸车机。门式螺旋卸车机(图5-62)与桥式螺旋卸车机一样都有螺旋传动机构、螺旋提升机构和大车行走机构,并且拥有门架,门式螺旋卸车机主要利用门架沿轨道行走。有些门式螺旋卸车机两边设有倾斜带式输送机(图5-63),可在平地料场进行卸车和堆高作业。门式螺旋卸车机一般可跨越单列或多列车厢作业。

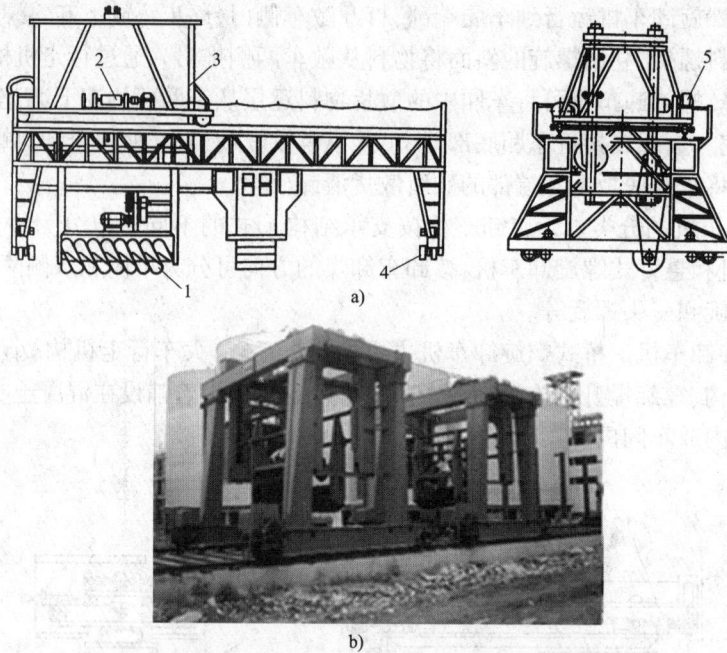

图 5-62　门式螺旋卸车机

1- 螺旋传动机构;2- 螺旋升降机构;3- 小车;4- 大车行走机构;5- 小车行走机构

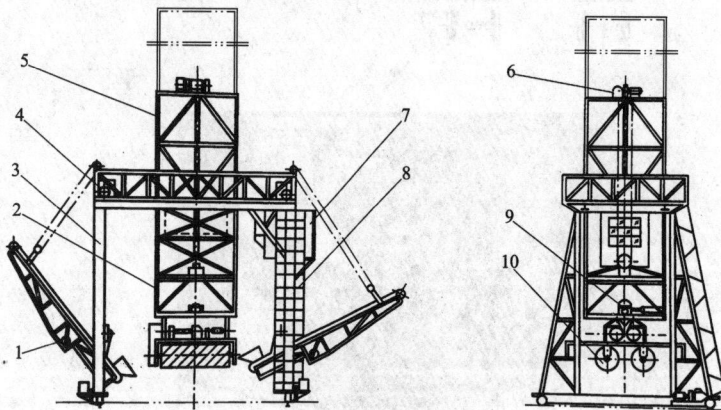

图 5-63　倾斜带式输送机的螺旋卸车机

1- 带式输送机;2- 滑动架;3- 门架;4- 输送机俯仰机构;5- 固定架;6- 螺旋提升机构;7- 操作室;8- 梯子;9- 螺旋摆动机构;10- 螺旋机构

③悬臂式螺旋卸车机。与门式螺旋卸车机和桥式螺旋卸车机有所区别的是,悬臂式螺旋卸车(图 5-64)机拥有回转机构,回转机构可使臂架回转360°,因此可分别在螺旋卸车机的两侧铁路轨道上进行卸车。

(3)螺旋卸车机的特点及应用。

①与翻车机相比,螺旋卸车机结构简单,投资少。

②螺旋卸车机对车辆的适应性较好,对车辆的损坏率较翻车机低。

③螺旋卸车机作业面较大,且需要清舱作业,所以扬尘性较大。

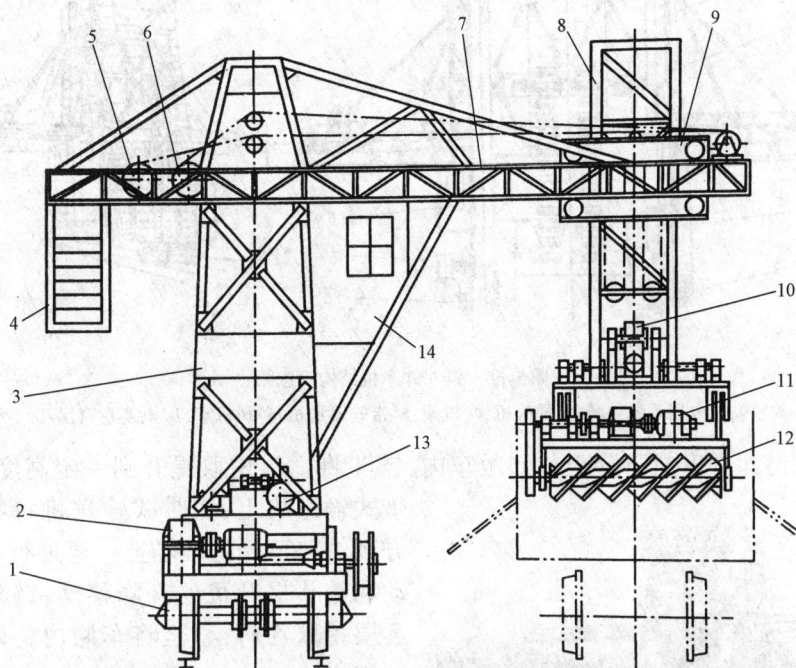

图 5-64 悬臂螺旋卸车机

1-铁路平车;2-行走传动机构;3-回转架;4-平衡重;5-螺旋提升绞车;6-螺旋移动绞车;7-臂架桁架;8-螺旋套架;9-螺旋移动小车;10-螺旋倾斜传动机构;11-螺旋传动机构;12-螺旋;13-回转传动机构;14-操作室

④螺旋卸车机的效率不及翻车机,尤其是在物料的湿度较大的时候,卸车效率更低。一般,螺旋卸车机的生产率为 300~400t/h。当年卸车量超过 400 万 t 时,翻车机卸车的经济性较螺旋卸车机好。

⑤螺旋卸车机对货种的适应性不及翻车机,不适用于块度大于螺距的物料,适合于作业松散和堆积密度不大的散货物料。

目前,螺旋卸车机在我国沿海散货卸车量不太高的港口应用较为广泛,主要可用于卸那些不能使用翻车机卸车的车辆货物。

(4)螺旋卸车机工艺布置。螺旋卸车机工艺布置具有以下特点:

①一台螺旋卸车机工作范围为 2~3 个车位;

②每次到港列车车辆数不同,卸车线的长度也有所不同。根据场地条件,可以设一线,二线或三线。一般情况下,每线可配两台螺旋卸车机;

③铁路线两侧要有收货槽和坑道皮带机;

④轨道高出地面 200~300mm,使物料不压轨。

3)链斗卸车机

(1)链斗卸车机的组成及工作原理。链斗卸车机主要由机体、链斗提升机、升降机构、带式输送机、走行机构和电器控制系统等组成(图 5-65)。链斗卸车机可横跨在车皮上(图 5-66),并且可以讲散货卸车并堆放的卸车机械。

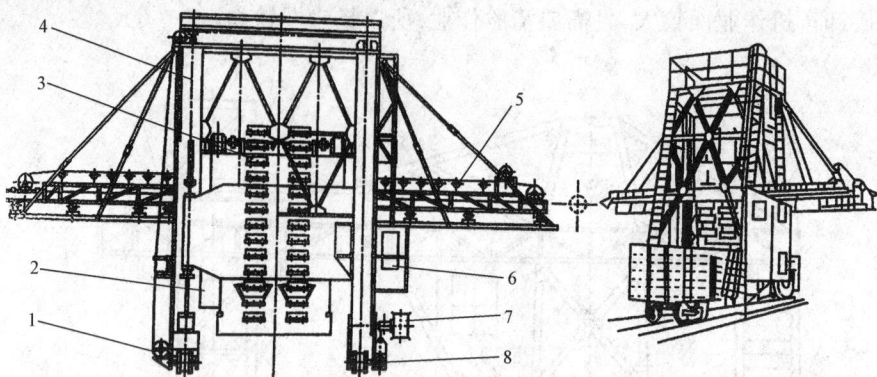

图5-65 链斗卸车机结构示意图

1-升降机构;2-电器系统;3-链斗提升机;4-机架;5-带式输送机;6-司机室;7-电缆卷筒;8-行走机构

图5-66 链斗卸车机横跨在车皮上作业

作业时,链斗提升机下降至待卸敞车内,链斗将物料挖取提升到一定高度后,转卸到带式输送机上,由带式输送机将物料输送对方到铁路两侧的堆场上。通过行走机构的移动和链斗提升机的升降移动,链斗卸车机可逐层挖取物料,直至将车厢内的散货物料全部卸完。

链斗卸车机按跨越车厢的数量可分为单轨和双轨,其跨度在5~22m之间。带式输送机可谓另一条固定的或可双向移动的双向带式输送机,也可配置左右各一条可俯仰、回转的堆料带式输送机(图5-67),以获得较大的堆存能力。

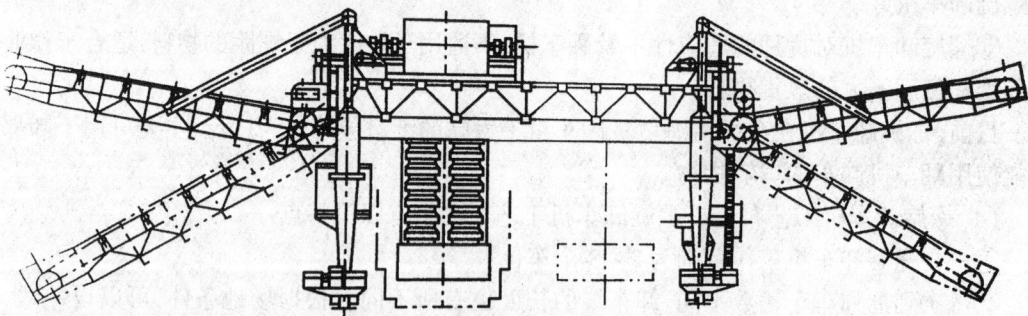

图5-67 配置可俯仰、回转堆料带式输送机的链斗卸车机

(2)链斗卸车机的特点。

①链斗卸车机要求地面没有坡度,以保持机架在工作时的稳定性。

②链斗卸车机效率不及翻车机,链斗卸车机的生产率一般在300~400t/h,每小时可接卸5~6节敞车。但其优点是不用打开车门、工效高,经济效益好。

③链斗卸车机货物适应性不及翻车机,链斗卸车机适宜作业粒状和小块状的干燥的、流动性好的散粒物料。

④链斗卸车机机械磨损较大,维修费用高,能耗较大。

⑤链斗卸车机需要清舱作业,所以扬尘性较大。

⑥链斗卸车机能将煤卸出轨道数米以外,有利于连续接卸。行走速度和输送量都比较稳定,便于与其他机械联合作业,一次完成归堆任务。

一般情况下,链斗卸车机在港口仅作辅助设备用,而较少作为主要卸车机械用。

(3)链斗卸车机工艺布置。

①链斗卸车机两侧不设坑道带式输送机。由于链斗卸车机采用高处卸货,所以可以不用坑道带式输送机配合,直接将物料投入堆场;

②链斗卸车机既可布置在地面上,也可布置在栈桥上。布置在栈桥上时,投料点高,堆场容量增大,但投资大;

③一条卸车线上可配两台或多台链斗卸车机,卸车时,机械既可以沿卸车线长距离走行卸货,也可以定点卸货,但此时需要移动车辆。当卸车线上配置多台卸车机时,多台卸车机可同时卸车,形成很高的卸车能力。

4)底开门自卸车工艺

底开门卸车工艺是通过地面设置的行程开关来控制底开门漏斗车底门的开闭,车辆边行走边自动卸料至铁道两旁的收货槽或货堆,货槽的底部设有漏斗和皮带机,可将货物运出卸货点至堆场。

每套底开门卸车工艺系统仅包括地面开关碰头、电控系统设备1套,卸车棚、维修起重设备及除尘设备、给排水设备等。其工艺系统设备数量少,调度生产管理简单,仅需要对地面开关碰头进行操作。

(1)自卸车形式。底开门自卸车有平底底开门自卸车和漏斗式底开门自卸车两大类。载重量多为60~70t,平底式车有7对门,漏斗式为2个门。

(2)布置形式。底开门自卸车系统的布置分卸车线高于地面和卸车线不高出地面两种形式。

①卸车线高于地面。这种卸车线布置的收货槽有两种形式(图5-68):一种是收货槽在地面下,输送机布置在坑道里(坑道皮带机输运);另一种,收货槽在地面上,通过取料机、带式输送机运送至堆场,在堆场上由堆料机进行堆料。

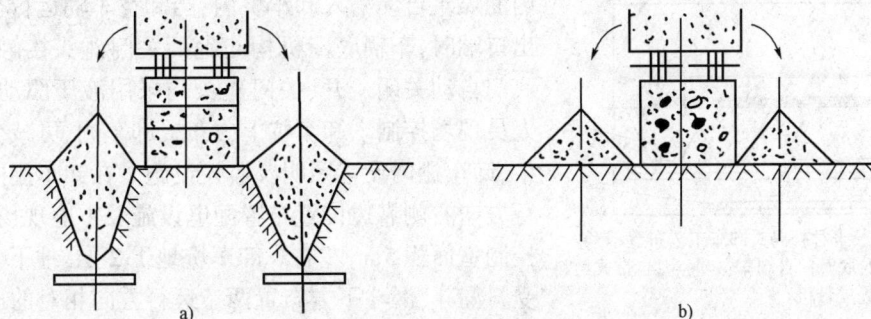

图5-68　卸车线高于地面布置形式
a)收货槽在地面下；b)收货槽在地面上

②卸车线不高出地面时。这种卸车线收货槽也有两种布置形式(图5-69):一种是卸车线双侧地下收货槽(双坑道皮带机);另一种是卸车线下一个收货槽,该收货槽下设有坑道皮带机。

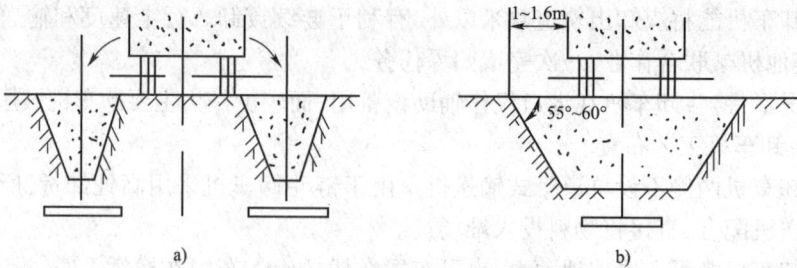

图5-69 卸车线不高出地面布置形式
a)双侧低下收货槽;b)一个收货槽

(3)卸车线长度。底开门自卸车作业的卸车线长度根据运量大小和卸车方式而定。一般情况下,运量小,采用定位卸车,车位较少;运量大,行进中卸车,车位较多。

(4)特点。

①不需其他卸车设备,卸车效率高,物料卸车较彻底。如媒介车厢载重量为70t的自卸车,平均卸车效率可达4200t/h。但当物料因潮湿而黏结在车箱边角时,还需要进行清扫,然后将车底门关上,而关车底门是一个比较费力的作业。

②车辆造价高,利用率低。

③需要铁路专线,须作矿、路、港综合论证。

④具有自卸功能,省去翻车机、定位车等大型卸车设备,节省电能消耗。

⑤底开门漏斗车卸车时煤炭落差小,起尘很小,可以不设置洒水除尘设施,从而大大节省除尘用水。

(5)应用。此种卸车系统在国外散货码头使用也多,效率也高。如美国明尼苏达州的塔科尼斯特矿石码头,一列140节载重量85t车辆的车,只需8~9min可全部卸完,卸车效率可达8000t/h(矿石)。又如美国俄亥俄州康涅斯特煤码头,一次卸三个车皮,效率为3000~4000 t/h。

澳大利亚纽卡斯尔港卡林顿码头卸车系统也采用自卸车工艺布置(图5-70)。其布置两条卸车线,卸车线处铁轨下设有卸料坑,卸车坑下布置4个漏斗,卸车坑长约35 m。当车辆运行到卸车坑入口端时,底开门漏斗车开门机构与地面开门碰头接触,使车辆底门自动打开,车内的煤炭自动漏入卸车坑内;当卸空车辆运行至卸车坑出口端时,车辆底门机构与地面关门碰头接触,使车辆底门自动关闭。开、关门碰头均采用液压驱动,由操作人员现场控制。卸车坑上方布置卸车棚,可减少粉尘污染,卸车棚内设置照明及监控设施。在卸车棚内列车运行方向右侧靠边位置布置配电设施及1座现场控制室,控制室面积5m²左右。卸车坑地下2层,地下1层布置受料漏斗,漏斗下方布置两条运行方向相对的皮带给料机,煤炭合流后,落到地下2层布置的出地面廊道带式输送机上。

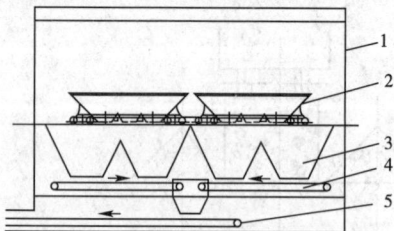

图5-70 卡林顿码头卸车工艺布置示意
1-卸车棚;2-底开门自卸车;3-漏斗;4-带式给料机;5-去堆场皮带机

5)卸车工艺组合布置实例

一般情况下,干散货码头卸车工艺可采取多种卸车工艺组合的布置形式。现以原石臼港区煤炭装卸系统作为介绍。

石臼码头煤炭装卸系统工艺布置以翻车机卸车为主,辅以螺旋卸车机(图5-71)。其包括三个卸车线,即两条主卸车线和一条辅助卸车线。主卸车线由2台串联式转子翻车机、3—3号及4—3号带式输送机、后方栈桥4条带式输送机、堆场3条带式输送机和3台堆料机组成,额定工作能力3600t/h。辅助卸车线为螺旋卸车线,由2台螺旋卸车机、3—4号及3—5号带式输送机组成。原设计主要用途是接卸不能进入翻车机的不规则车皮。设计能力(额定)为:螺旋卸车机400t/h×2台=800t/h;3—4号、3—5号带式输送机为1030t/h。装船线由4台斗轮取料机、2条堆场带式输送机、8条前方栈桥带式输送机、2条码头带式输送机和2台装船机组成,额定能力为6000t/h。

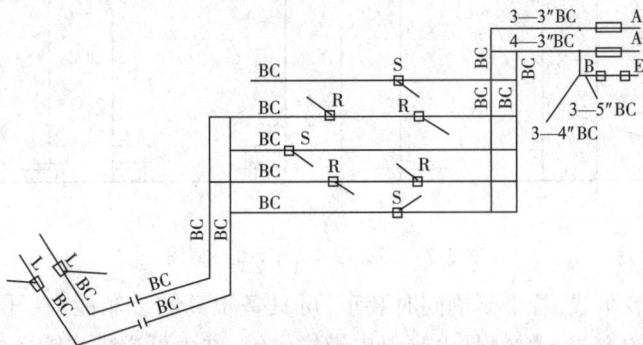

图5-71 石臼港区翻车机和螺旋卸车机卸车工艺布置示意
A-翻车机;B-螺旋卸车机;S-堆料机;R-取料机;L-装船机;BC-带式输送机

2.装车机械

散货定量装车机是一种装车效率很高的专门装火车的设备,用于装火车时,散货定量装车机可为单元列车批量装载货物,俗称装车楼。散货定量装车机集装车与计量为一体,采用静态斗称式计量形式。

1)结构

装车机为钢结构封闭建筑,设备主要包括缓冲仓、定量斗、传感器及其控制器、闸门、装车防尘溜槽、动力站、控制室、电气室、车号自动识别系统等(图5-72)。

2)性能

散货定量装车机装车能力可达4500t/h,每节车皮的装载量根据车皮型号的不同,为50~100t。装车机能在满足计量精度要求的前提下,在10~100t以内作任意装载量设定。装车楼能够在最大限度地装载车皮允许重量的同时,防止车皮超载或亏吨,可以用最有效的装载和运输操作方式,使每节车皮装到最大允许净吨,可以讲物料装入正在移动的列车上。

3)作业过程

通过取料机、输送机及皮带秤组成的上游给料系统为散货定量装车机供料,装车机通过机内设备将上游连续的供料过程转换成适当的工作循环,实现对列车车皮定点、定量装

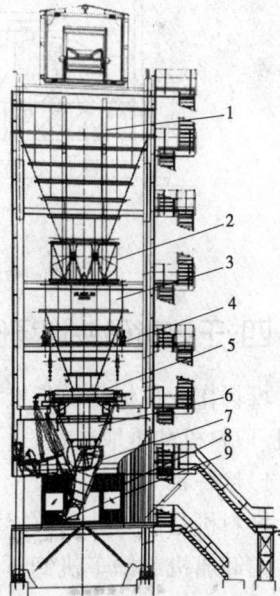

图5-72 散货定量装车机结构
1-缓冲仓;2-缓冲闸门;3-定量仓;4-称重传感器;5-定量仓闸门;6-小料斗;7-摆动溜槽;8-控制室;9-溜槽闸门

车。装车机的装车方式为贯通式,装载过程中列车低速从装车机下通过,低速运行的列车每一车皮从装车机下通过均对应于装车系统的一个工作循环。车皮通过装车机下放的一定范围内时,由定量斗通过装车溜管往车皮内装料,而车皮连接处通过装车机下放的一定范围时,则由定量斗上方缓冲仓网定量斗内快速加料。

4)工艺布置

对于采用高架存仓漏斗构成的装车系统,高架存仓漏斗下可设一线、二线或三线停车线(图5-73),每条线上有若干车位可以同时装货。

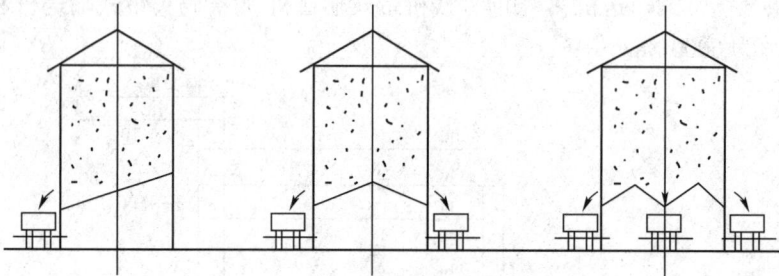

图5-73　高架存仓装车系统示意图

如果采用长的装车线,若干车辆同时装车,可具备很高的装车能力。图5-74是每3辆车组成一组进行装车的方式。物料是由倾斜皮带机供给,并由可逆带式输送机分配到各存仓中,由于存仓有一定的容量,所以向存仓中供料,以及装车作业都有相对的独立性。

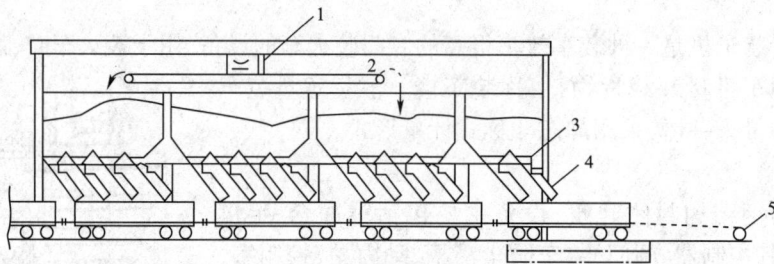

图5-74　平坑道和螺旋喂料机堆场作业系统
1-倾斜带式输送机;2-可逆带式输送机;3-闸门;4-溜槽;5-牵引绞车

四、干散货码头堆场作业机械

堆场作业机械是散货堆场进行散货堆料、取料的专用机械,根据功能的不同,可以分为堆料机、取料机和堆取料机。

1. 堆料机

堆料机是国内外干散货堆场常采用的专用设备,用来完成物料进、出场和堆料作业的机械。由卸船机或卸车机卸下的散货通常用带式输送机运送至堆场,在堆场上由堆料机进行堆料。

堆料机主要有悬臂带式和桥式带式两种类型,根据堆料方式的不同进行选用,不论在顺行或逆行时,堆料机的行走速度都要保持相同的平铺料层厚度,以保证散货匀化效果。堆料机应设除尘或洒水装置,以减少料堆粉尘污染;堆料机卸料头部装有料堆高度探测器,能按一定节距随料堆高度调节俯仰程度。

1)桥式带式堆料机

桥式带式堆料机(图5-75)即将进料带式输送机和可逆移动带式输送机装配在一个跨越料堆且可移动的桥架上,用可逆移动带式输送机进行堆料。桥架沿着料堆纵向移动,而移动带式输送机则是横向往复移动。移动的桥架和移动的卸料设备可以满足在整个料堆上的任一点进行堆料的工艺要求。桥式带式堆料机适用于采用梯形料堆的菱形堆料法。

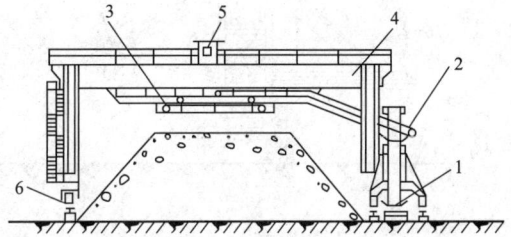

图5-75　桥式带式堆料机示意图
1-主带式输送机;2-进料带式输送机;3-移动带式输送机;4-桥架;5-台车;6-走轮

2)悬臂带式堆料机

悬臂带式堆料机是干散货码头堆场中使用最广泛的一种堆料机。

(1)结构及工作原理。悬臂带式堆料机主要由堆料机体和尾车两大部分组成,堆料机体上有悬臂带式输送机、俯仰机构、整机运行机构、回转机构(回转式堆料机具有)。尾车实际上是堆场水平固定式带式输送机的卸料车。堆料机一般具有整机行走、悬臂回转、悬臂俯仰三个动作,悬臂上布置有一条皮带机,地面皮带机通过尾车与堆料机相连,作业时物料从地面皮带机上被运送到尾车的料斗中并落到与该料斗相连的悬臂带式输送机上,再通过悬臂带式输送机落到堆场的地面上。

堆料机一般采用整车在轨道上移动的形式,堆料机机架跨在堆场水平固定式带式输送机上,沿着水平固定式带式输送机移动,以调整堆料地点,使堆料机能将物料堆满在整个堆场。

(2)种类。堆料机按结构特征可以分为不可回转式和回转式。按臂架形式可以分为单翼悬臂和双翼悬臂,臂架可做倾斜或俯仰动作。单翼悬臂式堆料机(图5-76)只能在堆料机的一侧堆料,双翼悬臂式堆料机可在堆料机的两侧堆料(图5-77)。单翼或双翼臂架一般多为可俯仰式的,卸料时可使物料落差降到最小。它适于人字形或圆形堆料。悬臂带式堆料机还因配重位置不同而分为高型(图5-78)和低型两种,前者所需空间较大,多用于露天堆场;后者所需空间较小,适用于厂房内的堆场。

a)

b)

图5-76　单翼固定悬臂带式堆料机
1-主带式输送机;2-堆料带式输送机;3-行走台车;4-配重

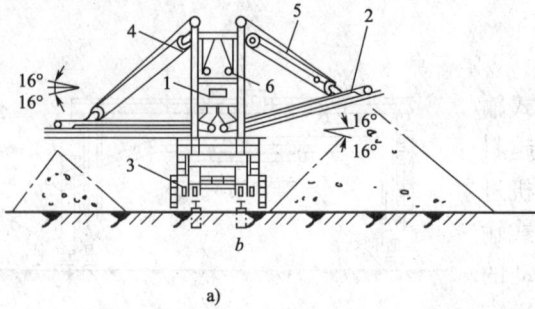

图 5-77 俯仰双翼悬臂带式堆料机
1- 主带式输送机;2- 堆料带式输送机;3- 台车;4- 门柱及支架;5- 升降用钢绳;6- 卷扬机构

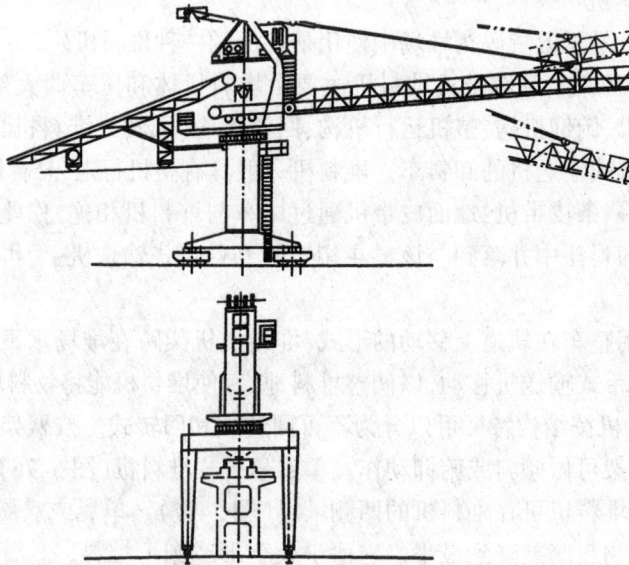

图 5-78 高架回转式悬臂带式堆料机

下面重点介绍回转式堆料机和不可回转式堆料机。

①不可回转式堆料机。不可回转式堆料机(图 5-79)用于特定的平面布置和工艺要求,只能在固定的带式输送机的一侧或两侧堆料,臂架不能回转,职能在垂直平面内俯仰,因而堆成的料堆呈较窄的尖顶状长条形,堆料的总长度小于与之配套的堆场水平固定带式输送机的长度。不可回转式堆料机适用于配合坑道输送机系统作业,或适用于对堆料范围要求不高的场合。

②回转式堆料机。回转式堆料机(图 5-80)的堆料臂通过回转机构驱动其回转,悬臂既可俯仰又可回转,能以料场进料带式输送机为中心,在左 100°到右 100°范围内自由回转。堆料灵活,可在堆料机一侧或两侧堆料,适于人字形和菱形堆料法堆料。堆料的总长度可超过与之配套的堆场水平固定式输送机的长度,适用于在面积较大的散货堆场上作业。回转式堆料机结构相对复杂。

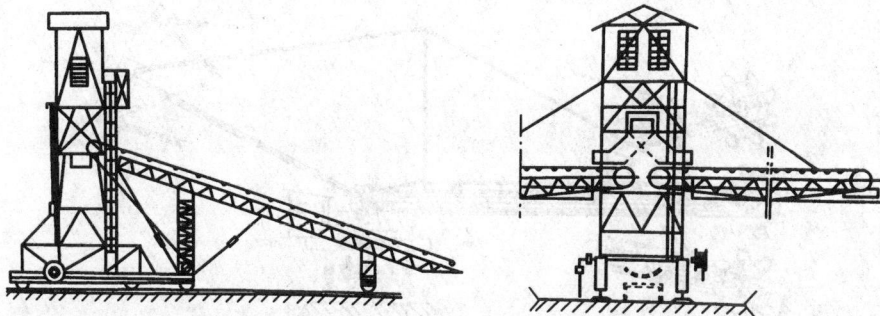

图 5-79　不可回转式堆料机

煤炭和矿石堆料机是国内外煤炭和矿石堆场常采用的专用机械。如美国亚拉巴马州柏得利转运码头,煤炭堆料机的效率为 5000t/台时;我国秦皇岛煤炭码头四期选用的煤炭堆料机的效率为 5400t/台时;美国康涅恩特矿石码头,矿石堆料机效率为 10000t/台时。

2. 取料机

取料机是用于挖取堆场上的散粒物料并将物料供给地面或坑道带式输送机,从而将散粒物料从堆场运出的专用机械。我国北方的秦皇

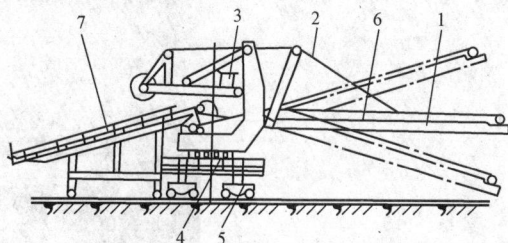

图 5-80　回转式悬臂带式堆料机

1-悬臂架;2-拉杆及支架;3-司机室;4-回转机构;5-行走台车;6-堆料带式输送机;7-主带式输送机

岛港、天津港和黄骅港作业主要的能源输出港拥有数量众多的取料机,这些取料机最早的是 20 世纪 70 年代生产的,最新的是 2000 年后生产的,最小的生产能力只有每小时几百吨,最大的生产能力已经达到 6000t/h。

1)取料机的结构及工作原理

取料机主要由取料部分、运料部分和行走、回转、俯仰等机构组成。工作时,取料装置连续不断地从料堆中取料,并有运料输送机输送到地面或坑道带式输送机。通过行走、回转、俯仰等机构协同动作保证取料装置能连续高效地从料堆上取料。

取料机作为堆场内进行取料作业的专用机械,常与水平固定式带式输送机配合使用,也有流动式取料机。取料机通常与堆料机、带式输送机、翻卸机等机械设备共同来完成货物进出堆场的生产作业任务,此种堆料与取料分开作业的方式具有营运费用较低的优点,但土建部分的投资却较大,所以一般情况下选用此作业方式的堆场的外形尺寸需长而宽。

2)取料机的种类

取料机按取料装置的结构特征可分为斗轮取料机、门座斗轮取料机和螺旋取料机等形式。

(1)斗轮取料机。斗轮取料机(图 5-81)主要由斗轮装置、悬臂带式输送机、机架和俯仰、回转、行走机构等组成。工作时斗轮从料堆取料,并通过悬臂带式输送机转载至地面带式输送机运出堆场。斗轮的工作位置可由斗轮臂的俯仰、回转和整机的行走来调整,以保证斗轮能连续地从料堆上取料。

a)

b)

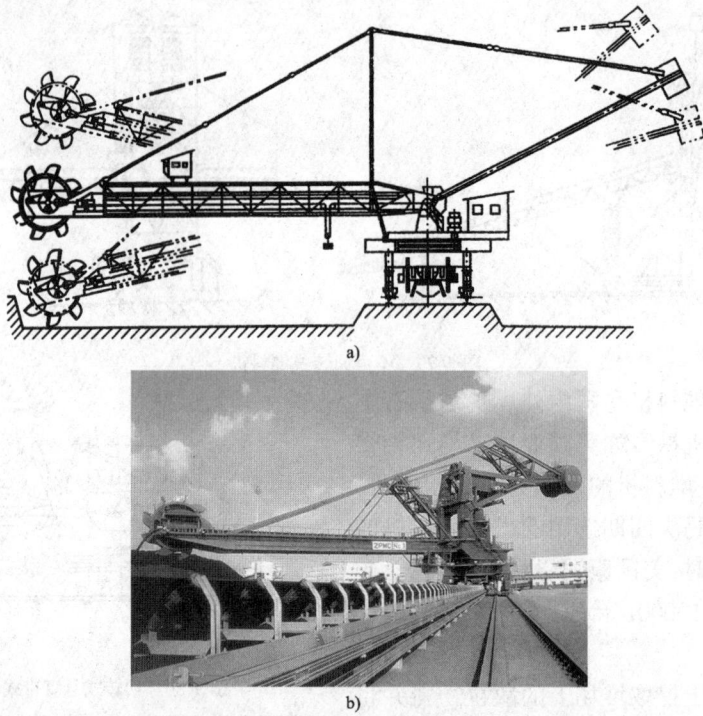

图 5-81　斗轮取料机

　　(2)门式斗轮取料机。门式斗轮取料机(图 5-82)的门架横向跨越料堆,并通过两端的车轮沿料堆两侧轨道纵向行走。取料斗轮(图 5-83)套装在活动梁上,活动梁内装有带式输送机,活动梁可在垂直方向上下移动。

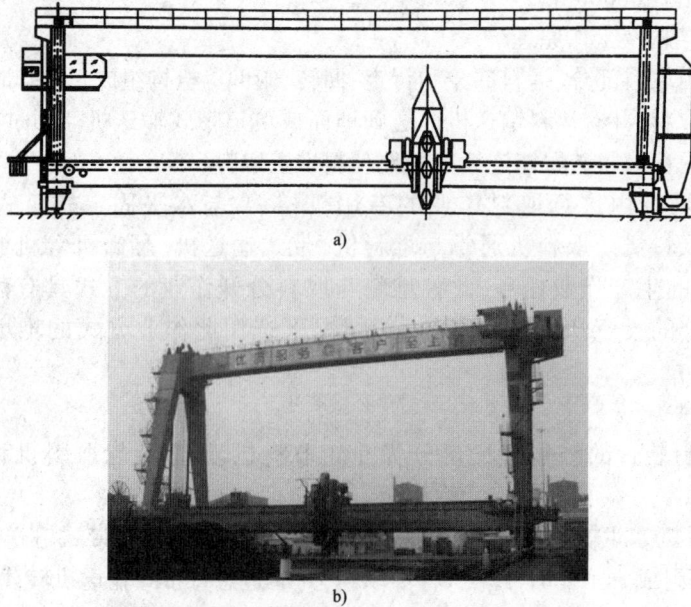

a)

b)

图 5-82　门式斗轮取料机

门式斗轮取料机尾车的堆取料变换主要有两种方式：一种是采用安装在活动梁一端的圆环变换尾车前部相对于活动梁的位置；另一种是采用尾车自行或电动推杆的方式变换尾车相对于活动梁的位置，当改变活动梁的高度位置时尾车前部随着活动梁一起运动。在取料时活动梁的高度可上下调整以适应挖掘时不同的料堆高度的要求。当采用安装在活动梁一端的圆环变换尾车前部相对于活动梁的高度时取料使用活动梁内部的皮带运输机。取料工作时斗轮转动，斗轮可沿活动梁移动并由整机行走来保证斗轮连续取料。

图5-83 套装在活动梁上的取料斗轮

门式滚轮取料机具有机械受力合理、自重轻、投资少等优点，但因为机械的门架跨度较大，要求其在堆场进行作业时的运行同步性好，此外这类机械还具有扬尘性较大的缺点，因此在码头堆场使用较少，大多数是在电厂使用。

（3）螺旋取料机。螺旋取料机主要利用旋转的螺旋直接把堆场上的散粒物料推进坑道带式输送机的取料机械。简易的螺旋取料机（图5-84）跨域料堆并贴近地面移动，职能从料堆的底部将物料推入带式输送机，因而多用于小型堆场。双臂螺旋取料机（图5-85）由取料螺旋、臂架、机架和行走、俯仰、伸缩等机构组成。工作时取料螺旋可作上下、左右及前后三个方向的移动。

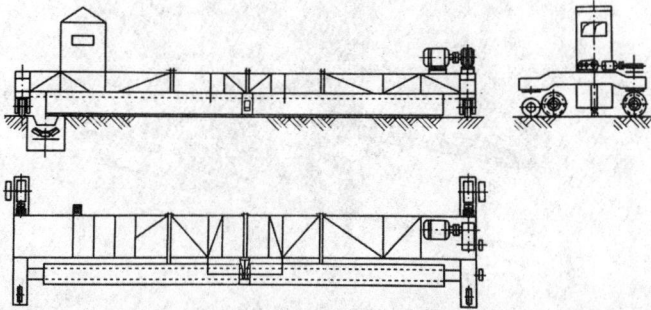

图5-84 简易螺旋取料机

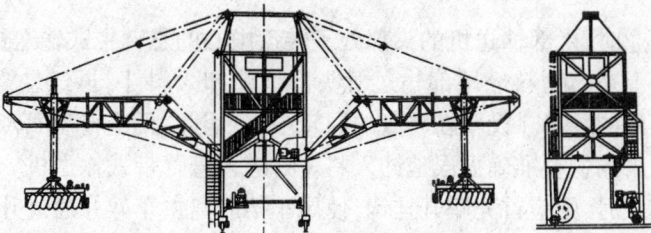

图5-85 双臂螺旋取料机

3. 斗轮堆取料机

斗轮堆取料机是一类在堆场内配合地面固定式带式输送机输送系统专用机械，具有堆料和取料两种作业形式。作为堆场内作业性能较全面的机械，堆取料机不仅使港口的工艺布置

简单,减少了整煤炭装卸系统的机械类型,还因其具有堆、取料效率高的特点,明显加快了港口的生产效率,被现代化散货港口作为首选的堆场地面机械。

1)组成

悬臂式斗轮堆取料机(图5-86)主要由斗轮机构、悬臂带式输送机、俯仰机构、回转机构、行走机构、尾部带式输送机、尾车架和门架等部分组成。斗轮机构、悬臂带式输送机、俯仰机构、回转机构等回转部分安装在门架上,门架通过由4套运行台车组成的运行机构沿轨道运行。悬臂输送机通过尾车架与沿主输送线布置的尾部带式输送机协同工作。尾车架通过挂钩于堆取料机主机架相连,尾部带式输送机的头部可通过设在尾车架的液压缸进行升降,其尾部则与主带式输送机连为一体。

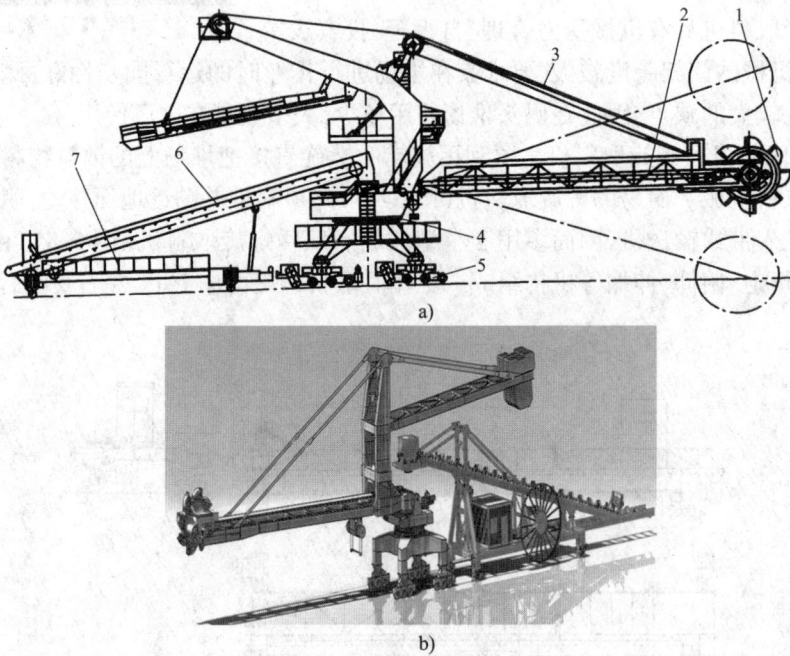

图5-86 悬臂式斗轮堆取料机

1-斗轮机构;2-悬臂带式输送机;3-俯仰机构;4-回转机构;5-运行机构;6-尾部带式输送机;7-尾车架

2)工作原理

当进行堆料作业时,尾部输送机的头部处于转盘中心的悬臂带式输送机装料斗的上方,从主带式输送机输送上来的物料经尾部输送机头部滚筒卸入料斗,再经悬臂输送机抛向堆场。由于悬臂带式输送机的装料斗设置在转盘的回转中心,因此,无论转盘回转到任意方位均能保证从尾部输送机上来的物料准确无误地卸入料斗并进入悬臂带式输送机。

当进行取料作业时,则应首先解开挂钩,使尾车架脱离主车架并通过升降液压缸将尾部带式输送机的头部下降至水平位置,再挂上挂钩然后开动装设在悬臂带式输送机头部的斗轮机构使斗轮转动,取料铲斗便切入料堆挖取物料,当装满物料的料斗运转至悬臂输送机头部的上方时料斗内物料在自身重力作用下卸落到固定料槽上,经溜板滑落至悬臂输送机上,此时悬臂输送机的运行方向与堆料作业时恰好相反,最后经悬臂输送机的尾部料斗送入尾部输送机直至主带式输送机上。

斗轮堆取料机的堆料和取料过程不能同时进行。但无论是堆料还是取料作业时,均可利用整机回转机构和运行机构的配合运动,调整和改变堆取料机位置,以尽量扩大堆取料机的作业范围。而俯仰机构则用于调节堆取料机的高度。

3)特点

(1)生产率高。由于悬臂斗轮取料机有专门的工作机构,堆料与输送物料是同时进行的,而且是无间断地连续作业,因此生产率较高。

(2)能耗较低。因为悬臂斗轮取料机主要采用带式输送机来完成物料输送,因此功率消耗较低。

(3)自重相对较轻。在生产率相同的情况下,悬臂斗轮取料机的比重比单斗装载机要轻$1/3 \sim 1/2$。

(4)投资少。使用悬臂斗轮取料机的堆场,其设备都布置在地面以上,工程的土石方量少,所以施工周期较短,总投资也较少。

(5)操作简单。悬臂斗轮取料机比较有规则,易于实现自动化,从而大大简化了操作程序。有效地改善了工人的劳动条件,降低了劳动强度。

(6)对所输送的物料的块度有限制,散粒物料的块度不能太大,对于中兴($630 \sim 2500 \mathrm{m}^3/\mathrm{h}$)斗轮堆取料机,通常只允许挖取力度$250 \sim 300 \mathrm{mm}$以下的物料。

4)应用

悬臂式斗轮堆取料机由于具有上述优势,因此在干散货码头堆场应用十分广泛。此外,悬臂斗轮取料机向大型化方向发展将是一种必然。由于船舶的装载能力不断扩大,甚至出现了40万t的特大型散货船,为提高装卸船效率,需要一些大能力的堆取料机。目前,国内的最大堆取料机的堆料能力达到8 500 t/h,取料能力达到6 700 t/h;国外设备的堆料能力达到10 000 t/h,取料能力达到12 500 t/h。国内特大型堆取料机设备主要应用在北方的煤炭装船港口,如秦皇岛港、天津港、黄骅港、京唐港、曹妃甸港。其中,2007年为首钢项目设计制造了堆料能力为8 500 t/h、回转半径为55m的目前国内自主设计制造的最大的堆取料机。国外的特大型设备主要应用在澳大利亚的煤炭码头和铁矿石码头以及巴西的矿山和码头。

4.堆场工艺布置

根据应用的机械设备和物料进、出场和堆存形式的不同,堆场装卸工艺布置形式可分为堆料机和坑道带式输送机组成的地下系统和地面露天堆场作业的地面系统。

1)地下系统

这是一种堆料机与坑道皮带机联合作业系统,煤炭和矿石散货堆场地下工艺系统是由V形坑道存仓、双臂堆料机和坑道带式输送机组成(图5-87)。

堆料机通过双臂上的两台态势输送机,接受纵向带式输送机的物料,通过分叉漏斗,把物料向左或向右分配。随着货位的堆满,堆料机沿轨道移动到另外一个货位。V形坑道存仓是使所有的物料在重力的作用下自流,避免物料出场时对其他机械供料的困难。存仓的底部由控制闸门控制,在需要时可方便地将存仓中物料流到下放的坑道带式输送机。坑道带式输送机的作用是将物料输送出堆场。

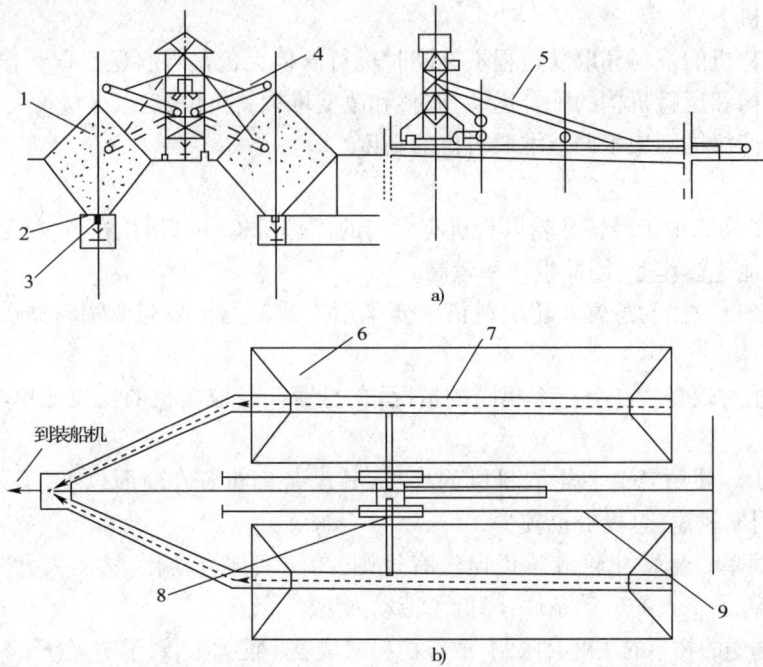

图 5-87　干散货堆场地下工艺系统

1-存仓;2-坑道;3-坑道接带式输送机;4-堆料机悬臂;5-尾车;6-料堆;7-坑道胶带;8-双臂堆料机;9-堆料机轨道

(1)堆料机布置要点。

①堆料机的尺寸主要决定于悬臂皮带机投料的位置。这位置取决于 V 形坑道存仓堆满物料之后的断面高度和距离轨道中心距离,以及物料抛出的距离;

②堆料机的轨道要高出地面 0.5 ~ 1m(防止货堆堵住轨道);

③堆料机的轨道两侧布置人行道,宽 1 ~ 2m,(便于管理人员工作);

④物料的落点要达到存仓中心,悬臂要长,而且要能随货堆高度升降以降低落料点,防止造成物料的破碎。

(2) V 形坑道存仓。储存坑道存仓分为储料存仓和给料存仓。V 形坑道存仓的容量与物料的堆存量、存仓用途、物料的进出仓的效率有关。储料存仓的容量与物料的一次堆存量有关,给料存仓的容量与接运工具的容量、进料效率有关。存仓的断面尺寸取决于堆存量、堆场长度和物料的摩擦角。

V 形坑道存仓的具体要求是:

①存仓的仓壁倾角要大于物料自然堆积角(自然坡度角),如煤的自然坡度角为 45°,仓壁倾角可取 50°,以保证物料畅流出存仓。

②存仓的出料口一般为正方形,其尺寸应保证物料易于流出,对块状物料,出料口的尺寸至少应为物料最大块径的 3 ~ 6 倍,由于物料受潮受压,易于结实,所以出料口尺寸以偏大为宜,但出料口的尺寸也要和下面接运带式输送机宽度相适应,以保证物料不抛撒在带式输送机外,并要和输运带式输送机保持一定的空隙。

③出料口的下方为存仓漏斗闸门,常用的有扇形、鹗式、板式闸门,为避免物料外溢和堵塞带式输送机,要求在作业过程中闸门开度大小能自由调节以控制流量。港口坑道中的闸门数

量很多,通常采用一种沿轨道自行移动的电动顶推闸门小车。小车上有一个三角形或弧形的推举架,开度大小,由小车与闸门的相对位置决定。

为了便于出料,或为了分存不同品种的物料,存仓通常用中间斜面台将存仓分隔开来,同时还要设置多个漏斗口以便加速出料,漏斗之间的间距通常在 3～6m。

④闸门下是坑道,沿坑道全长布置带式输送机。坑道的宽度,除应考虑带式输送机宽之外,在机架到坑道还应留有一定的间距,其中一边为人行道的宽度,另一边为便于检修需要的宽度。人行道宽一般为 1～1.5m,检修间距一般为 0.7～1m。坑道高度,应满足于人员通行和带式输送机、漏斗闸门等布置的需要。此外物料与漏斗闸门最低点应留有足够的余隙以保证物料通过。同时,还应考虑到大型机械的安装与维修的可能,以及通风、照明、排水、通信等设施的需要。一般坑道宽多在 3～4m,高多在 2.5～3.5m。

⑤大型 V 形坑道存仓的主要缺点是物料容易成拱而不能自流,在各种破拱的方法中,压缩空气破拱的效果较好。这个方法是在距离出料口上方 1m 处(通常在此处易于形成拱面),四角装上 4 个管口向上的管子,由一个阀门控制,当物料成拱时,打开阀门,气流以 $7kg/cm^2$ 的力冲击拱脚,煤即下落。

平坑道和螺旋喂料机堆场作业工艺系统(图 5-88)对于缓解成拱问题相对有效。这个系统采用链斗卸车机和堆料机相结合的物料进场堆垛方式,出场是利用物料自流和简易螺旋喂料机相结合的方式。物料堆存在地面,螺旋喂料机贴近地面堆场移动,由螺旋向中间坑道喂料。与推土机相比,螺旋喂料机投资相对较小,修造简单,费用低,人工劳动强度减低。

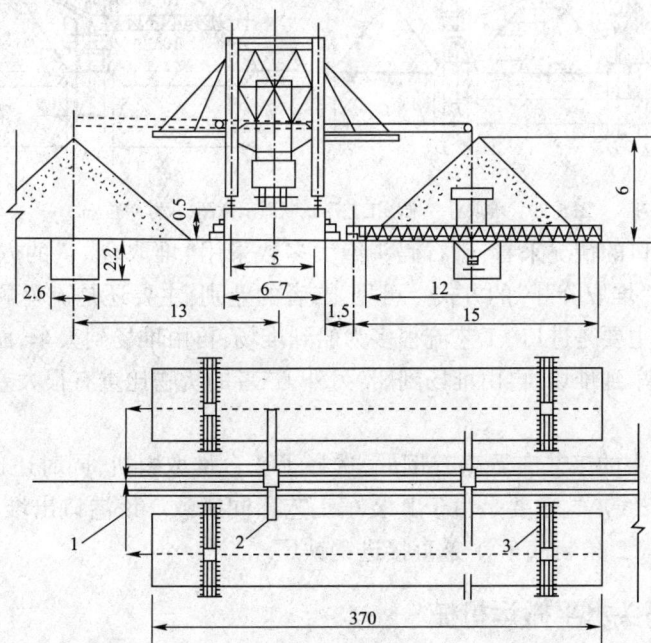

图 5-88 平坑道和螺旋喂料机堆场作业系统(尺寸单位:m)
1-带式输送机;2-链斗卸车机;3-螺旋喂料机

地下系统货场容量有限,适宜在港口存期短的大型煤炭码头使用。

2)地面系统

地面堆场工艺系统主要由堆料机、取料机和斗轮堆取料机与地面带式输送机输送系统构成。在散货堆场上应用最广泛的是堆料机、取料机和堆取料机。有两种工艺方案可供选择,分别是堆取分开方案和堆取合一方案。

(1)堆取分开方案。堆取分开方案即分别由堆料机堆料,取料机取料。采用这种工艺方式,在作业上比较灵活,物料的进出堆场可分开进行,但堆场面积的有效利用率差。在此种情况下,堆料机与取料机间隔布置,作业互不干扰,但若在堆取量比较大的时候,所需的设备台数较多。堆取分开方案适用于物料品种多,作业频繁和要求进出堆场同时作业的堆场,地面带式输送机可为单独专用的堆料或取料系统。

在堆取分开时,堆料机投送下来的物料按堆积角可以形成较宽的货堆,而斗轮取料机的斗轮必须要达到货堆的另一边才能将堆场物料全部取出,否则会形成取不到料的"死角",这是在采用堆取分开堆场形式时需要注意的。

(2)堆取合一方案。堆取合一方案(图5-89)即采用斗轮堆取料机,堆料和取料都由一台机械来完成,优点是堆垛利用比较好,布置简捷,机械的利用率高,缺点是进出料作业不能同时进行。此种方案可减少堆场设备台数,适用于物料货种少和不经常出现进出堆场同时作业的地方,地面带式输送机为可逆式带式输送机。

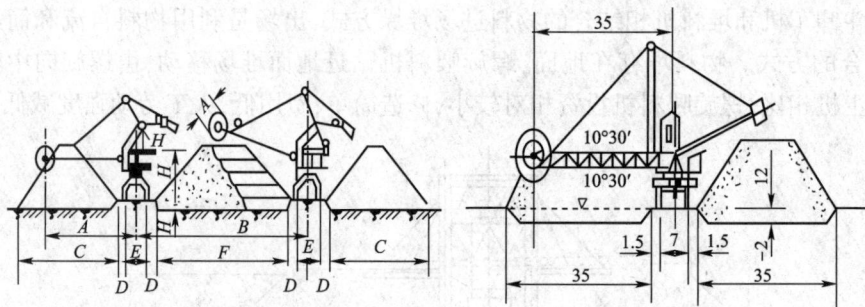

图5-89 堆取合一堆场工艺形式断面示意图(尺寸单位:m)

从我国沿海港口的情况来看,矿石码头绝大多数采用"堆取合一"的方式,北方煤炭出口码头则大多数采用"堆取分开"的方式。可见,二者的差别,主要还是流程顺序相反。例如,我国沿海港口的矿石主要是进口,工艺流程多为船到堆场,再由堆场到火车,而煤炭多为出口,因此工艺流程多为火车到堆场,再由堆场到船;另外,二者的货物比重有很大差别,也导致其设备的选型配置不一样。

曹妃甸矿石码头的工艺布置略有例外,选择了2台堆取料机,同时还选择了2台单取,1台单堆,堆场共5条线。这主要是由于其装车工艺不同所致。该港口出堆场的工艺共布置5条:其中2条装火车、2条装汽车、1条直接进钢铁厂。

五、干散货码头水平搬运机械

干散货的水平及倾斜输送机的机型主要有带式输送机、气垫带式输送机和刮板输送机等。

1. 带式输送机

带式输送机是一种利用没有端点且能够连续运动的输送带实现货物运输的机械设备。用胶带作输送带的称为胶带输送机,其简称为胶带机,俗称为皮带机。带式输送机在煤炭装卸作业线中是一种连接车船装卸机械、堆场机械以及各类储存、给料等作业环节的水平运输工具。伴随着港口装卸效率和装卸工艺的现代化要求,带式输送机朝着大容量、长距离、固定式以及高效率等方向发展。具有高效率等特点的带式输送机系统对胶带强度提出很高的要求,同时对其带宽和带速的要求更高。

1)工作原理

带式输送机(图5-90)是以无极挠性输送带载运物料的连续输送机械。输送带既是牵引机构又是承载机构,用旋转的托辊支撑,运行阻力较小。主动滚筒在电动机驱动下旋转,通过主动滚筒与输送带之间的摩擦力带动带及带上的货载一同连续运行,当货载运到端部后,由于输送带换向而卸载。利用专门的卸载装置也可以在中部任意卸载。

带式输送机应与各自装卸系统的额定能力相适应,组成带式输送机系统能力的各台输送机一般应按顺物流方向依次等于或大于上一节输送机的能力。

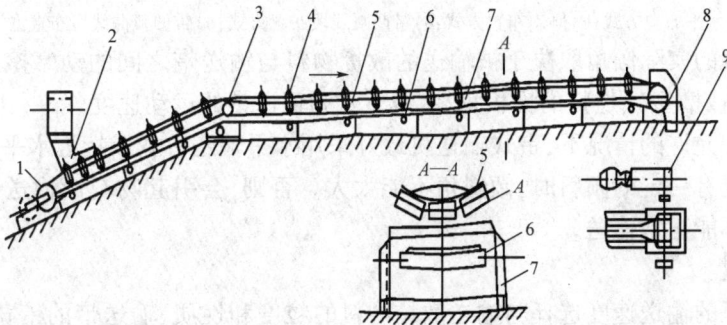

图5-90　带式输送机结构示意图

1-拉紧装置;2-装载装置;3-改向滚筒;4-上托辊;5-输送带;6-下托辊;7-机架;8-清扫装置;9-驱动装置

2)分类及特点

带式输送机可制成工作位置不变的固定式、装有轮子的移动式、输送方向可改变的可逆式、通过机架伸缩改变输送距离的伸缩式等各种形式。在各种连续输送机中,它的生产率最高、输送距离最长、工作平稳可靠、能量消耗少、自重轻、噪声小、操作管理容易,是最适于在水平或接近水平的倾斜方向上连续输送散货和小型件货的输送机。带式输送机在港口的应用极广,特别是在煤炭、矿石、散粮等散货泊位上,已成为不可缺少的输送设备。但它在运输粉末状物料的过程中易造成扬尘,尤其是在装卸物料的终点和两条带式输送机的连接处,这时,需采取在转接塔内转接等防尘措施。

3)布置形式

带式输送机可用于水平或倾斜方向输送物料。根据皮带输送安装地点及空间的不同,带式输送机的布置形式包括以下4种(图5-91)。

(1)水平布置方式:带式输送机的头尾部滚筒中心先处于同一水平面内,带式输送机倾角为0。

(2)倾斜布置方式:带式输送机的头尾部滚筒中心线处于同一倾角平面内,且所有上托辊或下托辊处于同一斜平面内。

（3）带凸弧曲线段布置方式：水平布置的后半段与倾斜布置的前半段进行组合的一种方式。

（4）带凹弧曲线段布置方式：倾斜布置的后半段与水平布置的前半段进行组合的一种布置方式。

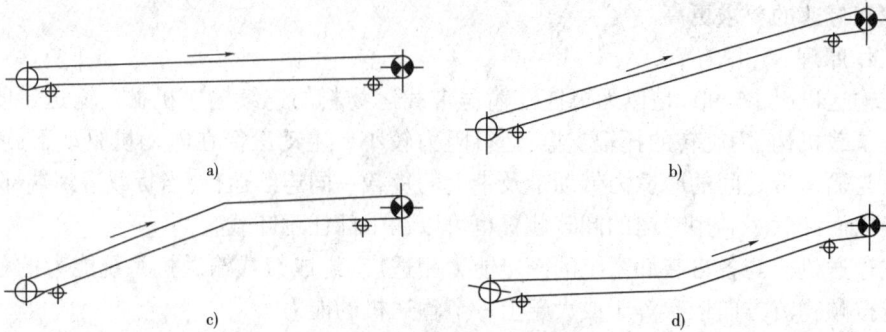

图 5-91　带式输送机的布置形式

a）水平布置方式；b）倾斜布置方式；c）带凸弧线段布置方式；d）带凹弧曲线段布置方式

带式输送机的实际倾角取决于被输送的散货物料与输送带之间的动摩擦系数、输送带的断面形状（水平或槽型）、物料的堆积角、装载方式和输送带的运动速度。

在自然条件允许的情况下，带式输送机最好采用水平输送方式或接近水平输送方式，当输送带的布置需要有一定的倾斜时，倾斜角不能太大。否则，会引起物料沿输送带下滑，造成生产率降低甚至不能正常输送。

4）输送速度

带式输送机的输送速度选择与输送散粒物料的粒度和性质、输送带的带宽以及输送带的布置倾角有关。不同带宽所适用的散货物料的最大粒度也有所不同（表 5-10）。

各种带宽适用的最大粒度（单位：mm）　　　　　　　　　表 5-10

带宽	500	650	800	1000	1200	1400	1600	1800	2000	2200	2400
最大粒度	100	150	200	300	350	350	350	350	350	350	350

来源：皮带基础设计. http://wenku. baidu. com/link? url = LCdHXPvS9H_foLq7Uo65IIW4UK5HgtXpP4YvGySqJI1HOtaSM – bI8GM0NCHpel – 48c0UJUO5DzoANdcNxOnRkPoXlTRVgMZ – vscULQbvr5_

表 5-11 所示为不同特性的散货物料在不同带宽下的推荐输送速度，其中粮食谷类在 500～650mm 带宽时推荐速度为 0.8～1.6m/s，1200～1400mm 带宽时的推荐速度为 2.0～3.15m/s。带式输送机输送速度的选择原则如下。

不同带宽、物料的推荐带速　　　　　　　　　表 5-11

物　料　特　性	物　料　种　类	带宽（mm）		
		500～650	800～1000	1200～1400
		带速（m/s）		
磨琢性较小、品质会因粉化而降低的物料	原煤、盐、砂等	0.8～2.5	1.0～3.15	2.5～5.0
磨琢性较大，中、小粒度的物料（160mm 以下）	剥离岩、矿石、碎石等	0.8～2.5	1.0～3.15	2.0～4.0
磨琢性较大，粒度较大的物料（160mm 以上）	剥离岩、矿石、碎石等	0.8～1.6	1.0～2.5	2.0～4.0
品质会因粉化而降低的物料	谷类等	0.8～1.6	1.0～2.5	2.0～3.15
筛分后的物料	焦炭、精煤等	0.8～1.6	1.0～2.5	2.0～4.0
粉状、容易起尘的物料	水泥等	0.8～1.0	1.0～1.25	1.0～1.6

（1）长距离、大输送量的输送机选取较高带速,短距离输送机选取较低带速;

（2）水平或上运输送机选取较高带速,下运输送机选取较低带速;

（3）输送磨琢性大、粒度大及容易起尘的物料时,选取较低带速。

在输送原煤时,设计向上最大输送倾角一般为17°～18°;向下最大输送倾角一般为15°～16°。当采用花纹输送带加之其他措施时,上运倾角可达28°～30°,下运倾角可达25°～28°。当采取某些特殊措施时,可实现更大的输送倾角,乃至垂直提升。

5）带式输送机的输送能力

带式输送机的输送能力可用下列公式计算:

$$Q = 60SA = 60SK(0.9b - 0.50)^2$$

式中:Q——输送能力(m^3/h);

S——输送带速度(m/min);

A——装载截面积(m^2);

K——系数,K 与槽角与堆角有关,一般在 0.0963～0.1689 之间;

b——输送带宽度(mm)。

6）带式输送机的特点

（1）输送距离长,输送能力大;

（2）结构简单,易于制造维修,基建投资少,营运费用低;

（3）能耗低;

（4）操作简单,安全可靠,方便管理,易实现自动控制;

（5）输送线路可以呈水平、倾斜布置,也可在水平方向、垂直方向弯曲布置,因而受地形条件限制较小;

（6）不能自动取料,需要辅助设备或其他机械进行喂料;

（7）运输线路固定,当货流方向变化时,往往要对带式输送机输送线路重新布置;

（8）倾斜角度受物料的流动性和动摩擦系数等特性限制,只能在对水平面成不大的倾角时进行工作,且中间卸料有难度。

7）应用

如巴西图巴劳奥矿石码头的带式输送机系统的矿石输送效率可以达到16000t/h,最大可达 20000 t/h;挪威的纳尔纳克矿石码头的矿石带式输送机系统的输送效率为11000 t/h;我国北仑港矿石码头带式输送机系统的输送效率可以达到 5250 t/h。

2.气垫带式输送机

1）基本结构及工作原理

气垫带式输送机是 20 世纪 70 年代由荷兰首先研制成功的一种新型连续输送机械,是从通用带式输送机(简称通用机)发展而来的。气垫带式输送机在传统托辊带式输送机的基础上将托辊换成气室,输送带置于盘槽上,通过气压进入封闭的气室后,通过盘槽的气孔排出,在输送带与盘槽之间形成气垫,物料靠输送带支承在气垫上进行输送。从原理上来看,气垫带式输送机由传统的固定滚动摩擦转变为气体摩擦,摩擦阻力会降低50%～70%。

气垫带式输送机与通用带式输送机结构基本相同,不同之处只是省掉部分托辊,增加气室。其主要部件包括:输送带、滚筒、驱动装置、气室、鼓风机、托辊等(图 5-92)。

（1）输送带。输送带在输送中起承载和曳引作用，气垫带式输送机的输送带用浸入绝缘剂，表面涂有合成橡胶的合成纤维，混合整体硫化而成。其层数决定于负荷，以避免超过要求的伸长率，从而保证良好的沟槽。

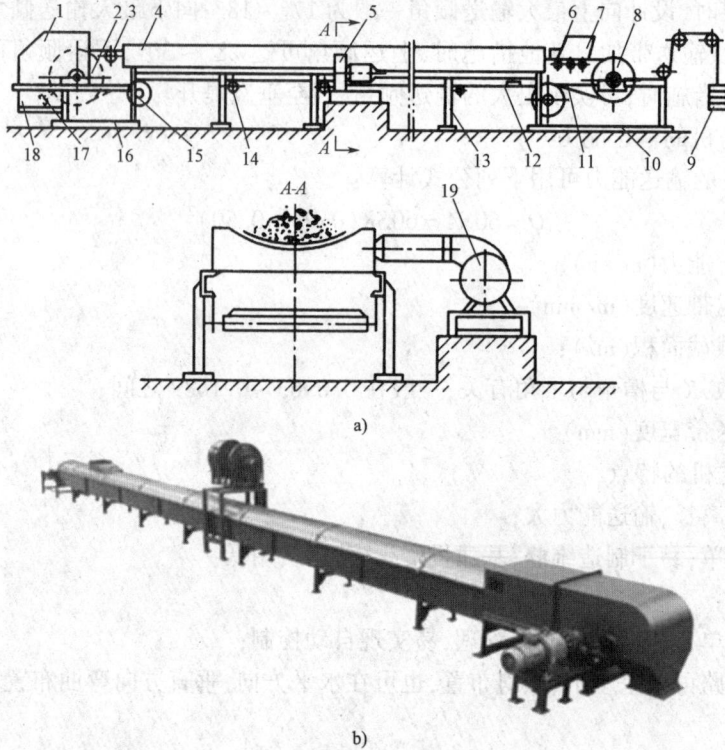

图 5-92 气垫带式输送机的总体结构

a)结构图；b)实物图

1-头罩；2-驱动滚筒；3-上托辊；4-气室；5-风机；6-缓冲托辊；7-导料板；8-改向滚筒；9-拉紧装置；10-尾架；11-输送带；12-空段清扫器；13-中间支腿；14-下托辊；15-改向滚筒；16-头架；17-头部清扫器；18-漏斗；19-消声器

（2）滚筒。滚筒有驱动滚筒、张紧滚筒和改向滚筒三种类型。驱动滚筒由驱动装置驱动，驱动滚筒装有橡胶外套以保证牵引力。张紧滚筒使输送带保持足够的张力，防止输送带打滑。改向滚筒改变输送带输送方向，有的为了增加输送带牵引力。

（3）驱动装置。驱动装置是气垫机的动力部分，用来驱动滚筒转动和输送带运行。驱动装置由安装在驱动架上的电动机、高速轴联轴器（液力耦合器）、减速器、低速轴联轴器、制动装置、逆止装置及驱动架组成。液力耦合器可以减少启东时的冲击，用于保护低速机；制动装置及逆止装置用于防止倾斜输送机停车时继续运行和发生倒转。

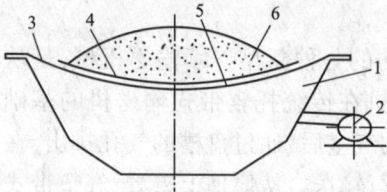

图 5-93 气垫带式输送机的气室

1-气室；2-风机；3-气室盘槽；4-承载带；5-气膜；6-物料

（4）气室（箱）、盘槽。气室（图 5-93）是一个完全封闭空间，气室的侧面和底部由碳钢薄板和机轧钢而制成，经焊接和铆接在一起成为箱体，气室的上部是弧形盘槽，弧形盘槽上有一系列的气孔。当风机将空气压入气室中，空气从弧形盘槽一系列气孔喷出，由于空气具有一定的黏性,在其流经胶带与盘槽之间的过程中,便形成一层薄而稳定的气模(俗称气垫),这层气模将胶带及其以上的物料浮托起,同时还起到润滑作用。由于气垫机是用气室代替传统的托辊组支撑胶带,将托辊组之间的间断接触支撑改为气室的弧形盘槽的连续非接触支承,变输送带与托辊间的滚动摩擦为气体之间的流动摩擦,极大地减小了胶带的运行摩擦阻力,传动滚筒只需极小的驱动功率即可牵引输送带在气垫上运行,而对胶带的强度要求却大为降低。

(5)鼓风机。鼓风机的作用是向气室内上压入一定压力的空气,产生一个气垫,用来支撑输送带。

(6)托辊。气垫带式输送机是在其头部和尾部仍需设置托辊过渡。托辊用于支承输送带和带上的物料,使输送带由槽形逐渐过渡到平形或由平形逐渐过渡到槽形,有利于减少输送带磨损,又可以防止物料撒落,使输送带稳定运行。

2)主要结构形式

气垫机的结构形式分为半气垫型(仅上分支输送带以气垫支承)和全气垫型(上、下分支输送带均采用气垫支承)两类(图5-94)。

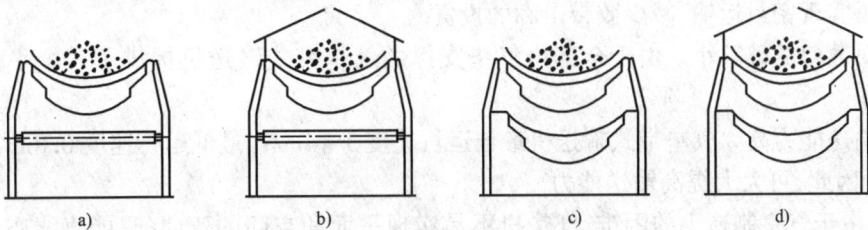

图5-94　气垫带式输送机的主要结构形式
a)半气垫型敞开式;b)半气垫型密封式;c)全气垫型敞开式;d)全气垫型密封式

(1)半气垫型(混合型)。

①敞开式。本结构的上部承载结构为气室,下部仍采用回程托辊。该结构为国内使用最广泛的结构,主要适用于室内和有输送机走廊的场合。

②密封式。本结构是在敞开式的基础上,在气室上加防雨罩并加上密封条密封起来,输送过程中物料不受环境及气候的影响,用于露天防雨及输送易飞扬的粉状物料如煤粉、水泥及粮食等场合。

(2)全气垫型。

①敞开式。本结构是在承载和回程分支全采用气垫支承它能充分体现气垫机的优点,但设备造价较高,重量较重。

②密封式。本结构是在敞开式的基础上,在气室上加密封罩

3)工作特点

(1)运行阻力小、能耗低。一般地,通用带式输送机的模拟摩擦阻力系数为 0.015 ~ 0.035,而设计制造良好的气垫带式输送机的模拟摩擦阻力系数为 0.006 ~ 0.012,阻力减少约 3 成。水平输送的气垫带式输送机驱动装置能耗加风源能耗比通用带式输送机减少 10% ~ 30%,节能效果比较显著。

(2)承载面积增大。在相同槽角下,气垫带式输送机与通用带式输送机的承载断面积基本相等,但由于气垫带式输送机可采用较大的槽角,故在相同带宽下可提高承载断面积。

（3）运行平稳,工作可靠,适用范围广。由于气垫带式输送机的胶带浮在气膜上,运行十分平稳,所以物料不会撒落,从而消除了因物料撒落引起的撕毁胶带事故。

（4）胶带不跑偏,寿命长。气垫带式输送机的气室找正后,不存在上分支的跑偏分力问题,因该机的气孔均垂直于盘槽表面,由气孔中流出的气体压力取决于物料的压力。当输送机跑偏时,输送机中心线两侧的气体向中心线方向的推力发生变化,其合力和跑偏方向相反,将输送带向回推移,从而避免了输送带跑偏。由于输送带浮在气膜上,而不与支承的装置接触,将原来与托辊间的滚动摩擦变成与以空气为介质的流体摩擦,从而减小了承载输送带的张力和运行阻力,也减小了相同情况下对输送带的强度要求和所需的驱动功率,同时也相应提高了胶带的使用寿命。

（5）维修费用低。由于采用气室代替托辊,易损件减少50%以上,又因杜绝撒料造成的撕带,所以明显地减少维修费。

（6）减少污染,改善了工作环境。由于气垫带式输送机的转动部件大大减少,所以振动噪声明显下降。加之运行平稳,不撒物料,减少了日常清理撒落物料的劳动,减少了污染。

（7）可实现密封运输,减少胶带走廊的投资。

（8）对散粮的破碎小。由于全部由气垫支撑的气垫带式输送机提供了一个平稳的运动状态。

（9）输送能力高。气垫带式输送机最佳运行速度3~4m/s,最低运行速度0.8m/s,最高可达12m/s,因此,可大大提高输送能力。

（10）由于气室制造上的困难,气垫机不易实现平面和空间的弯曲,只能直线布置。如果要曲线布置,应设置过渡段托辊。

3. 刮板输送机

刮板输送机是利用固接在牵引链上的刮板在敞开的料槽中刮运散状物料的输送机。刮板输送机分带式刮板输送机和链式刮板输送机,我国通常把带式刮板输送机做成开敞式,把链式刮板输送机做成封闭式刮板机,也就是通常所称的埋刮板输送机。

1）基本结构及工作原理

刮板输送机由敞开料槽、牵引链、刮板、头部驱动链轮和尾部张紧链轮等组成(图5-95)。

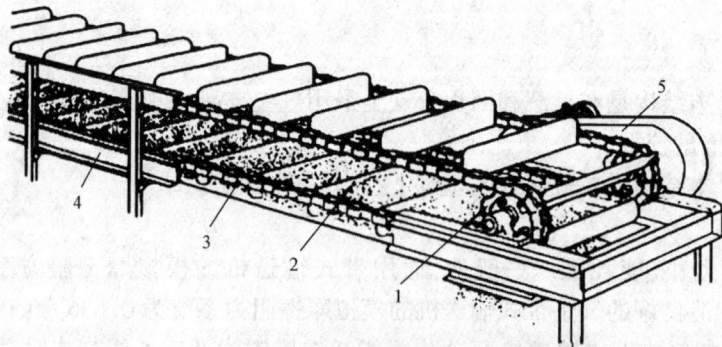

图 5-95　刮板输送机的结构图
1-驱动链轮;2-刮板;3-牵引链;4-料槽;5-驱动机构

刮板输送机是由刮板链条通过与链轮啮合实现在料槽中运动,从而带动物料的运输,因此其属于链传动原理。无端的刮板链条被驱动链轮驱动作闭合循环运动,刮板链条在上、下料槽中移动,将装在料槽中的散粒物料带走,完成输送物料的任务。尾部链轮可以是主动轮,也可以是导向轮,拉紧装置给链条一定的拉紧力,以保证链条与链轮的正常啮合和分离。

由于刮板链条作闭合循环运动,刮板链条可在上、下料槽中移动,因此物料可用上分支或下分支输送,也可用上、下两分支同时输送。此外,刮板输送机的刮板必须埋入物料中才能良好的完成输送任务,因此刮板输送机只能输送粉状、小块状和颗粒状的物料。刮板输送机的刮板与料槽并不是完全密合的,刮板的面积要小于料槽的断面面积,剩余的面积为物料。刮板输送机的刮板虽然并不能被埋入物料的底部,但是只要物料的料层的高度和料槽的槽宽比例适当,物料就会随刮板稳定流动。

2)工作特点

(1)同带式输送机相比,刮板输送机不需安装众多的滚珠轴承和昂贵的橡胶带,具有结构简单、重量轻、体积小等优点,其制造、安装、使用和维修都很方便。

(2)刮板输送机可设计为密闭的料槽结构,物料不会飞扬,因而物料损耗少,扬尘小。

(3)与输送量相同的其他类型输送机相比,机槽截面小,占地面积少,与带式输送机一样,既能多点加料,又能多点卸料,而且不需要诸如卸料小车那样庞大的卸料装置。

(4)水平和倾斜都可运输。刮板输送机除了作散装物料的水平运输外,还可作倾斜运输,在各种输送机中,刮板输送机可用于倾斜度较大的输送情况。

(5)物料在运送过程中容易被挤碎或压实成块,机槽和刮板磨损快以及功率消耗较大。因此刮板输送机的运送长度一般不宜超过50～60m,运输能力不大于150～200t/h。

4.三种输送机的比较

将带式输送机、气垫输送机和刮板输送机三者性能进行比较,比较结果见表5-12。

带式输送机、气垫输送机、埋刮板输送机性能比较　　　　　　表5-12

机　型		带式输送机	气垫输送机	埋刮板输送机
带宽	mm	1000	1000	500
速度	m/s	3.15	3	1.05
生产率	t/h	600	600	600
长度	m	100	100	60
每千吨米能耗	kW·h	0.48	0.18	1.5
千吨米/时连续功耗	kW	0.67	0.275	2.0
每米重量	kg	130	120	240
额定生产率每米重量	kg	183	175	400
最大使用长度	m	2600	不限	100
每千吨米运量维修费用	元	0.07	0.05	0.28
输送部件估计寿命	工作小时	11000	16000	16000
槽体估计寿命	工作小时	无限	无限	32000

资料来源:宗蓓华、真虹.港口装卸工艺学[M].北京:人民交通出版社,2010.

六、干散货码头辅助作业机械

除了在码头和堆场的装卸、运输机械外,干散货码头装卸工艺中还需配置相应的辅助作业机械,其中主要包括平舱作业机械、清舱作业机械、计量作业机械和破拱作业机械等。

1. 干散货平舱作业机械

在煤炭、矿石的装船作业中,对于专用的煤炭矿石船舶,由于其舱口大,用岸上的装船机即可把船装满,但对于舱口不大的船舶,装船机投料只能达到舱口垂直范围内,不能把船装满。为了保证船舶的航行安全,对于这类船舶的装船都要进行平舱作业。

1)组成机构和作业原理

平舱机械的主要机构有抛出机构和回转机构。抛出机构可加速物料的输送速度,使物料向前方抛射。回转机构可使平舱机回转,根据作业的进度不断地改变物料的抛射方向。

平舱作业是把垂直投送的物料,转为水平方向投向舱口四周的甲板下,所需投送物料的距离和船宽有关,一般不超过船宽的一半,舱口4个对角处的投料点最远。

2)分类

常用的平舱机械主要有三种:溜筒平舱机、曲带平舱机和直带平舱机。

(1)溜筒平舱机。溜筒平舱机是最简单的一种,它是利用弧形槽导向作用将物料抛入甲板下的,多用于散盐和散煤的平舱作业。

(2)曲带平舱机。曲带平舱机(图5-96)最主要的组成部分是曲带,物料通过溜筒落入曲带上,沿曲带弧线运动而得到加速,增加抛射距离。

曲带平舱机的安装有两种形式:一种是装在馏筒末端,它可以绕溜筒旋转,并且可以在绳索的控制下,可以改变投送点。这种安装方法要考虑物料分岔流动的需要,即当需要向甲板下抛射物料时才使用平舱机的带式输送机;物料在舱口垂直范围内投送时,物料不能经过平舱机的带式输送机。另一种安装方法是在使用时,直接吊放到船舱内,这是因为平舱机自重较大,不适宜安装在溜筒的末端。

(3)直带式平舱机。为取得较高的抛射速度和一定的抛射距离,直带式平舱机(图5-97)的尺寸要比曲带式平舱机大。因此直带式平舱机不能装在溜筒末端,而是悬挂在舱口上,或是放在货堆上。直带平舱机的带速不能太高。

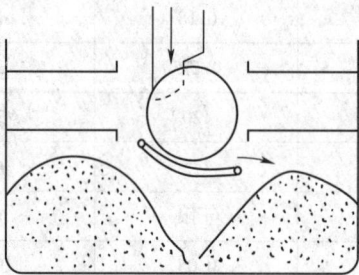

图5-96　曲带式平舱机　　　　　　　　　　图5-97　直带式平舱机

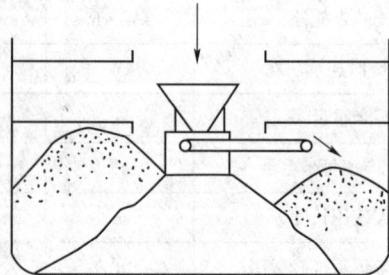

2. 干散货清舱作业机械

在利用抓斗卸船机、链斗卸船机和斗轮卸船机作业的过程中,不可能将舱内的物料全部卸清,抓斗只能抓取船舶舱口范围内的货物,船舶舱口围下的货物是抓斗作业的盲区。现代大型散货专用船舶舱口围都比较大,抓斗作业盲区相对较小,但仍然存在清舱作业的需要。清舱量的多少与船型、舱口大小、干散货的种类以及采用的卸船机械有着密切的关系。通常,采用抓斗作业,清舱量可以达到10%以上,而采用连续式卸船机作业,清舱量可减少为5%。

常用的清舱作业主要有三种,分别是刮抛机、电铲和推土机及推扒机。目前,使用较为广泛的是推土机和推扒机。

在舱内清舱条件较差的情况下,大多数使用履带式推土机(图5-98)清舱,但它不能在物料上运行,且爬坡能力大。而推扒机实际上是一种小型的推土机。通过推扒机的推和扒,将舱内物料从舱壁汇聚到中央,以便抓斗抓取。推扒机(图5-99)的动作主要有两个:一个是向前行驶,推板将煤炭推到舱口围中;另一个是向后行驶,推板将煤炭扒到舱口围中。推扒机清舱时比单一的推土机更有效。

图5-98　推土机

图5-99　推扒机

清舱机的生产率远低于卸船机。为保证卸船机的生产率,卸船作业和清舱作业要有序进行。如图5-100所示,当抓斗卸完1号部分物料后,把清舱机放入舱内,抓斗卸2号部分时,清舱机将抓斗不能直接抓取的4号部分物料推或扒至垂直舱口下,当抓斗抓取这部分物料和3号部分物料时,清舱机再将5号部分物料送至垂直舱口下。

3.其他干散货辅助作业机械

其他干散货辅助作业机械还包括干散货计量作业机械、干散货破拱作业机械等。

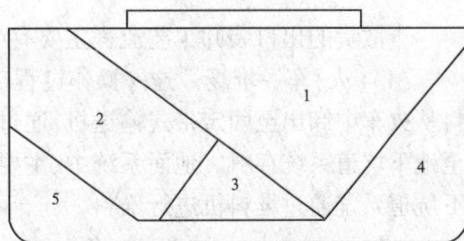

图5-100　抓斗卸船机的卸船程序

1)干散货计量作业机械

常用的干散货计量作业机械包括电子皮带秤、计量漏斗、过磅计量、水尺等。

2)干散货破拱作业机械

用人工或机械方法解决散状物料舱出口排料不流畅的问题,这一过程叫破拱作业。主要的破拱作业机械有气吹破拱和疏煤机破拱。

第三节　干散货装卸工艺流程及布置

一、干散货码头装卸工艺流程

由于煤炭、铁矿石等干散货运输具有流向单一的特点,因此,可以按照物料的进出口流向,将煤炭、矿石等干散货的装卸工艺系统分为:陆运进港、水运出港的出口装卸工艺以及水运进港、陆运出港的进口装卸工艺。

1. 干散货码头出口装卸工艺流程

干散货码头出口装卸工艺主要由卸火车作业、堆场作业和装船作业三个工艺环节组成,三个环节主要涉及的机械如图 5-101 所示。

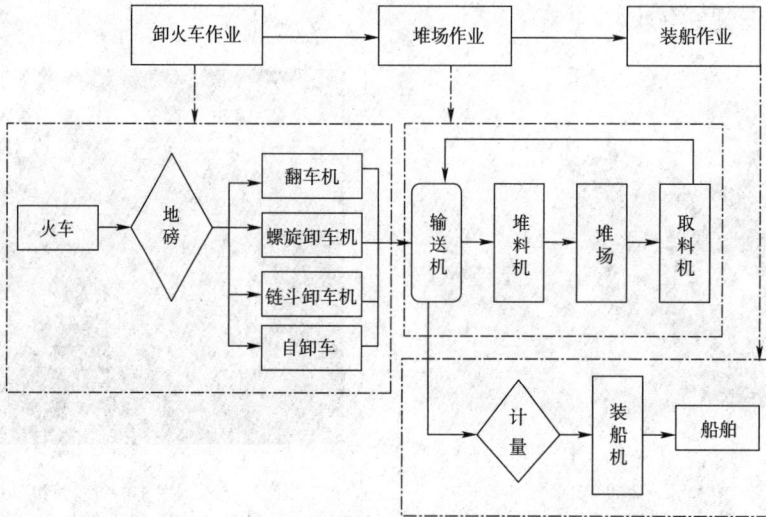

图 5-101　卸火车作业、堆场作业和装船作业主要涉及的机械

干散货的出口装卸工艺流程主要有(火)车—堆场,堆场—船、驳,(火)车—船、驳。

(1)(火)车—堆场。这一操作过程(图 5-102)主要是火车运抵后,由卸车机械将散货物料从火车中卸出至固定带式输送机,通过固定带式输送机系统输送至堆场的地面系统堆料或至地下坑道系统存料。地面系统中,主要通过堆取合一或者堆取分开的方式进行堆取料机,地下坑道系统通过堆料机进行堆料。

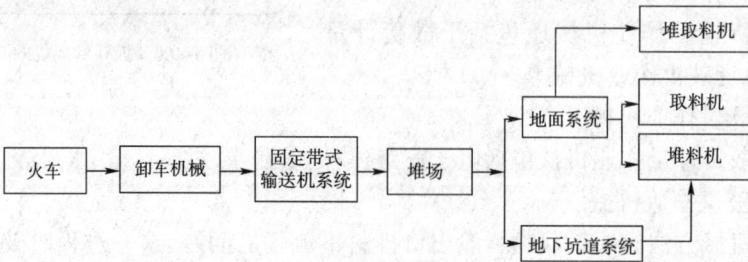

图 5-102　(火)车—堆场装卸工艺图

（2）堆场—船、驳。这一操作过程（图5-103）主要通过取料机或堆取料机从码头堆场取料，然后通过高架带式输送机和转接塔，到达装船机，再通过定机移船或定船移机装入船舱。

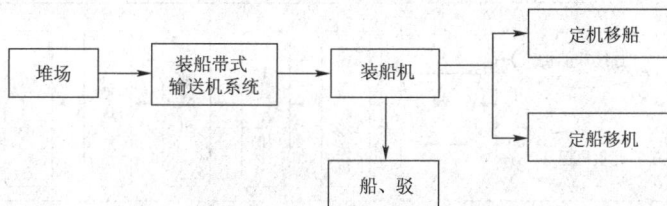

图5-103 堆场—船、驳装卸工艺图

（3）（火）车—船、驳。火车—船，即直取作业（图5-104），火车装载着散货物料进入码头卸车线，通过卸车机系统卸下散货物料，卸下的散货物料不进入码头堆场，直接通过高架带式输送机的水平运输和转接塔的转接，进入装船系统装船。这一作业过程省去了散货物料进入堆场和堆场取料这些操作环节，货物在码头的通过效率很高，但由于大型散货装船码头的卸车机和装船机的小时作业效率都很高，要实行这样的直取作业，就要求火车到达和船舶到达的时间配合非常准确，因为火车不可能等船，船也不可能等火车，而且火车必须由若干列，等待连续卸车，才能满足一条船的装船货物数量需求。要满足这样的船货衔接非常困难，所以一般情况下，经火车装运入港的散料货物，卸车首先要进入堆场，然后再从堆场取料装船，因此这种直取操作过程不经常使用。

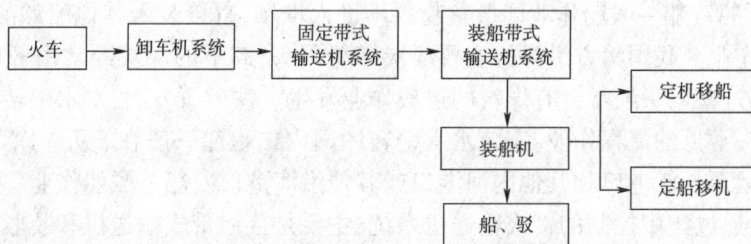

图5-104 （火）车—船、驳装卸工艺图

2. 干散货码头进口装卸工艺流程

干散货码头进口装卸工艺主要由卸船作业、堆场作业和装车作业三个工艺环节组成，三个环节主要涉及机械如图5-105所示。

干散货的进口工艺流程可分为船—堆场的进场作业、船—驳船的水—水中转作业和场—车的装车作业。

（1）船—场。进场作业主要通过卸船机机械系统对到港船舶进行卸船作业，将散货物料转至接运带式输送机，接运带式输送机与堆场带式输送机衔接，散货物料再经过堆场带式输送机运至堆场堆料（图5-106）。一般情况下，进场作业需要经多条带式输送机转接才可实现，货物进堆场后经过一段时间地堆存再进行出场作业，或经流程实施水路装船出运，再或者经流程实施铁路装车转运作业，或实施平面运输使用汽车进行公路运输。实施流程作业的带式输送

机运输系统多数处于封闭状态,是散货物料的扬尘减少。

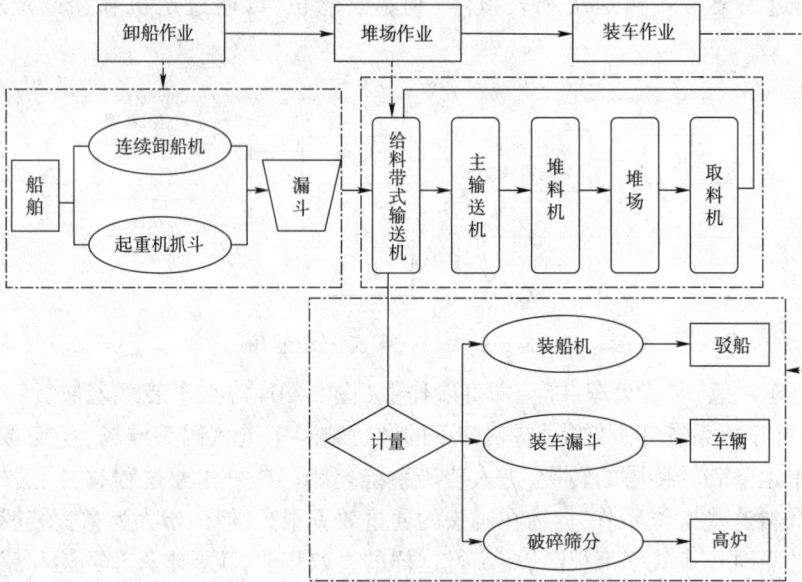

图 5-105　卸船作业、堆场作业和装车作业主要涉及的机械

图 5-106　船—场进场作业工艺流程

(2)船—驳船。船—驳船作业即散货物料不进入堆场,直接装入其他船舶的作业,也即水水中转或过驳作业。我国南方沿海的主要煤炭卸船码头,卸下的煤炭经常由驳船通过内河运往使用地,所以这些码头经常会有煤炭的过驳作业发生。铁矿石方面,水水中转作业也是大型铁矿石卸船码头常见的流程作业,实施水水中转的国内二程船一般在 5 万 t 以下 3000t 以上,从沿海港口转运至长江港口和其他内河港口或其他沿海港口。船—驳船作业一般使用码头卸船设备卸货后,通过集中控制的带式输送机系统,主要是接运带式输送机和装驳带式输送机装运至驳船(图 5-107)。

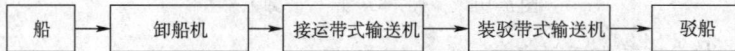

图 5-107　船—驳船水水中转作业工艺流程

(3)场—车。装车作业流程主要先通过堆场的取料机械从堆场取料,然后通过堆场高架带式输送机进入火车装车平台,通常为成列的装车漏斗,然后通过装车漏斗进行自流式装车(图 5-108)。

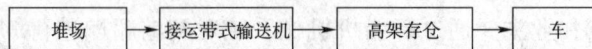

图 5-108　场—车作业工艺流程

二、干散货码头装卸工艺布置

由于干散货具有明显的流向性,因此,干散货码头的装卸工艺布置可以分别进口工艺布置

和出口工艺布置。

1.进口干散货码头工艺布置

进口干散货码头的工艺布置(图5-109)中,卸船机沿码头岸线平行布置,通过码头前沿带式输送机以及栈桥带式输送机,将物料输送向堆场。码头前沿带式输送机一般平行于码头岸线布置,而栈桥带式输送机和引桥上的带式输送机则与岸线垂直布置。

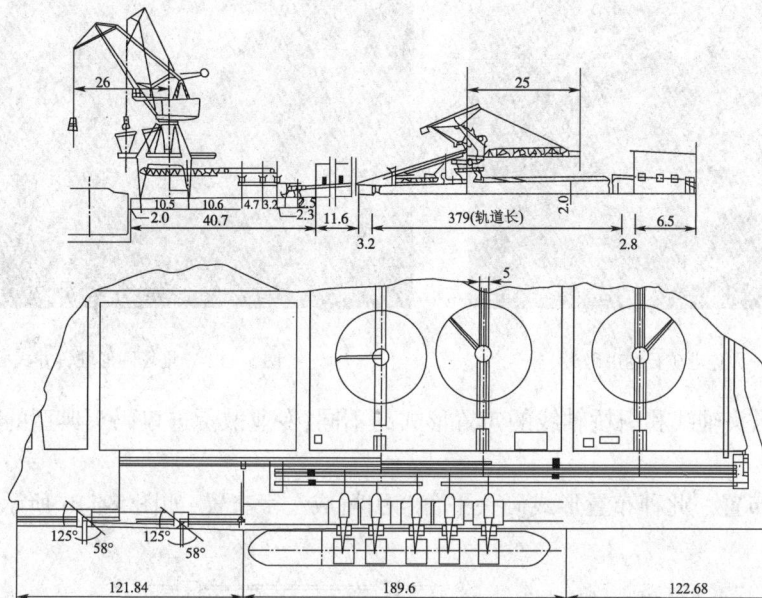

图5-109 进口干散货码头工艺布置(尺寸单位:m)

后方堆场的布置形式有两种,一种是堆场料堆布置方向与码头岸线方向一致,堆场堆料机或堆取料机的行走轨道与码头岸线平行;另外一种是堆场料堆布置方向与码头岸线方向垂直,即堆场堆料机或堆取料机的行走轨道与码头岸线垂直(图5-110)。图5-111中大连港专用铁矿石进口码头的堆场布置形式包括了纵向布置和横向布置两种。

图5-110 堆场料堆布置方向与码头岸线方向垂直

231

一般情况下,堆场布置形式为矩形,并且被堆场取料机或堆取料机的轨道划分为若干个小的矩形堆料场地。堆场上料堆的布置形式有两种,一种是圆形料堆(图5-112),一种是梯形料堆。一般情况下,码头前沿以及堆场中间都有道路贯通,供汽车行走。在带式输送机之间方向改变时一般通过设置转接塔进行转接。

图5-111 大连港矿石专用码头

图5-112 堆场圆形堆料方式

此外,根据码头轴线和引桥轴线的布置形式的不同,专业散货进口码头典型的布置形式可归纳为如下几种:

(1)一字形布置。此种布置形式码头平台与引桥成一字布置,如图5-113所示。

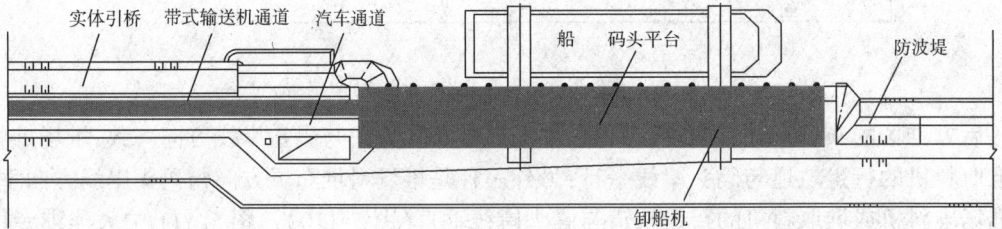

图5-113 一字形布置

平台上布置装卸船设备及其他附属设施;引桥轴线与平台轴线成一字形布置,引桥上一侧布置皮带机通道,另一侧布置汽车通道;车辆在码头平台上掉头。为了减少带式输送机的搭接,节约工程投资和减少运行成本,采用一字形布置,码头上一般不需要设置转运站,码头和引桥上可采用同一条皮带机进行水平运输;此类布置形式适用于码头轴线方向与岸线接近垂直的情况,且此种布置形式一般在海港中出现,在河港中较为少见。

(2)L形布置。此种布置形式码头平台轴线与引桥轴线成L形布置,如图5-114所示。

码头平台上布置装卸船设备及其他附属设施,引桥位于平台的一侧;引桥上一侧布置带式输送机通道,另一侧布置汽车通道;车辆在码头平台上掉头。当码头上泊位数多于1个时,平台上的卸船设备可相互共用,因此可大大提高卸船的装卸效率,缩短船舶的在港时间,从而提高泊位的通过能力和船舶的周转效率。

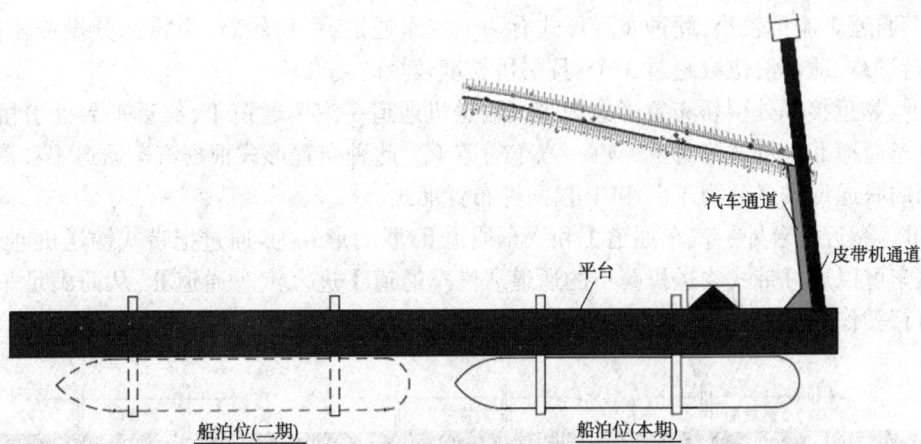

图 5-114　L 字形布置

此种布置形式较适合于单个或两个专业散货进口泊位,一般不超过三个专业散货进口泊位的情况;因为如果所需泊位数较多,整个平台上需布置的带式输送机条数较多,为满足装卸工艺设备布置的要求,所需平台宽度较宽,且所需带式输送机长度较长;这将大大提高整个工程水工结构、装卸设备和辅助设施的投资;并且在装卸过程中,带式输送机消耗的能耗也会提高,造成运行成本的增加;所以当专业散货进口泊位数大于等于三个时,L 布置形式应慎重采用,需与其他布置形式进行详尽的方案比选。在专业散货进口泊位布置形式中,L 布置形式相对较为简单,应用也较广,尤其在河港码头单泊位布置和双泊位布置中尤为多见。

(3)T 形布置。此种布置形式码头平台轴线与引桥轴线成 T 形布置。平台上布置装卸船设备及其他附属设施;引桥位于平台的中部,且平台的中间布置有带式输送机转运站;引桥上布置带式输送机通道和汽车通道。此布置形式引桥一侧的设备不能行走到另一侧进行卸船作业。

根据引桥上带式输送机通道和汽车通道的布置形式不同,形布置的引桥又分为 TⅠ 和 TⅡ 两种布置形式。

TⅠ:汽车通道Ⅰ—带式输送机通道—汽车通道Ⅱ,图 5-115 所示。

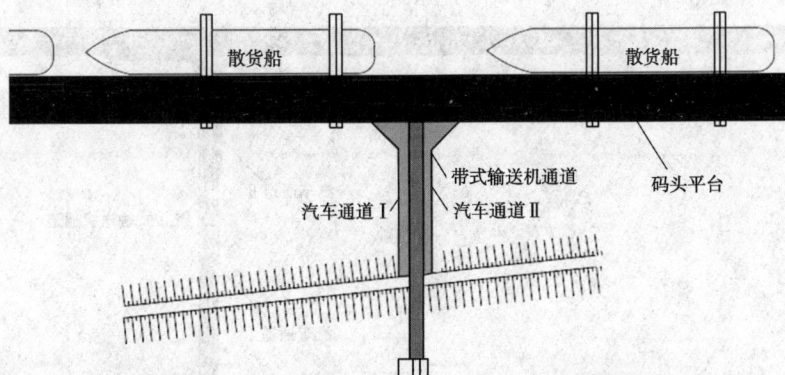

图 5-115　TⅠ字形布置

此种布置形式流程较为简单,汽车通过引桥两侧汽车引桥分别上下码头平台;由于专业散货进口泊位采用皮带机进行水平运输物料,故上下码头车辆一般为检修车辆和工人上下班车

辆,汽车通道车流量较小,此种布置形式有两个汽车通道,引桥较宽,引桥部分投资较高,因此此种布置形式适合泊位数超过 3 个,且引桥长度较短的场合。

TⅡ:靠近接岸处引桥布置形式为带式输送机通道—汽车通道Ⅰ,靠近平台处引桥布置形式为汽车通道Ⅱ—带式输送机通道—汽车通道Ⅰ。此种布置形式根据汽车通道Ⅰ和汽车通道Ⅱ之间的联通形式又分为 TⅡ₁ 和 TⅡ₂ 两种布置形式。

TⅡ₁:靠近平台处—汽车通道Ⅰ和汽车通道Ⅱ联通形式为:通过把带式输送机通道高架,以使汽车可以通过带式输送机跨下的通道从汽车通道Ⅰ进入汽车通道Ⅱ,从而满足车辆在整个平台行驶作业要求,如图 5-116 所示。

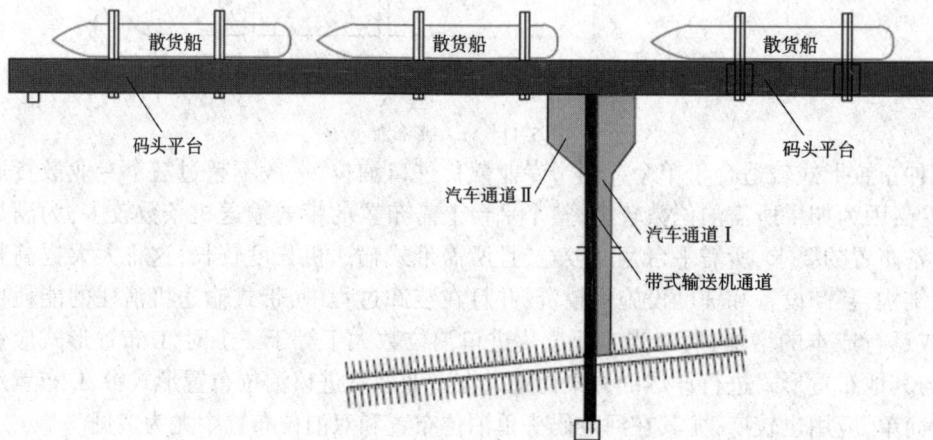

图 5-116 TⅡ₁ 布置形式

TⅡ₂:靠近平台处—汽车通道Ⅰ和汽车通道Ⅱ联通形式为:通过把汽车通道Ⅱ架空在带式输送机通道至上,以使汽车可以跨过带式输送机通道,从而满足车辆在整个平台行驶作业要求,如图 5-117 所示。

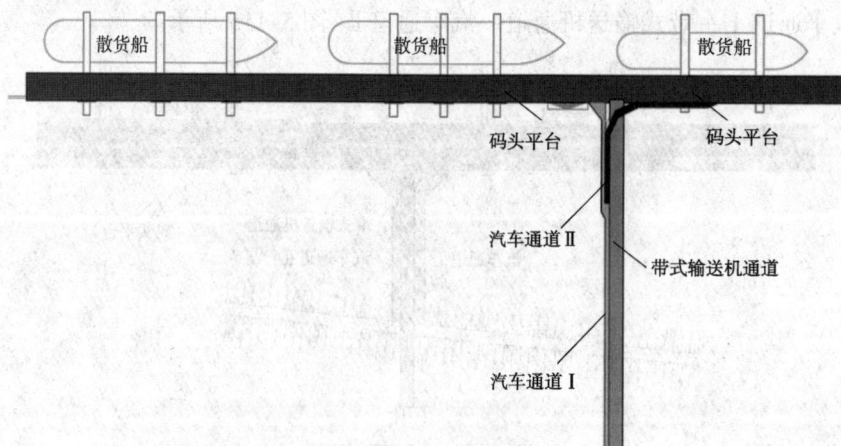

图 5-117 TⅡ₂ 布置形式

此两种布置形式的优缺点及适用范围比较见表 5- 13 TⅡ₁ 布置形式和 TⅡ₂ 布置形式比较表。

TⅡ₁布置形式和TⅡ₂布置形式比较表

序号	项目	TⅡ₁	TⅡ₂
1	引桥水平运输带式输送机	当引桥不是很长时:为减少带式输送机的弯折,带式输送机只需爬起并跨过汽车通道进入转运站,此时对带式输送机影响较小 当引桥很长时:为减少工程投资,带式输送机需爬起并跨过汽车通道,然后再下坡至引桥面,并沿着引桥布置;这就造成带式输送机凹凸弧段增加;并且由于带式输送机较长,带式输送各点张力较大,凸凹弧段带式输送张力也较大,更不利于带式输送机设计	带式输送机沿着引桥面布置,最后爬起至后方转运站,带式输送机弯折较少,对带式输送机影响较小
2	车辆通行	上码头车辆先沿单侧汽车通道行驶,靠近码头通过带式输送机栈桥下通道进入另一侧平台	上码头车辆先沿单侧汽车通道行驶,靠近码头通过跨带式输送机栈桥通道进入另一侧平台
3	工程投资	当带式输送机通道较窄时,投资略省	当带式输送机通道宽度较宽时,投资略省
4	适用范围	此种布置形式相对复杂,一般适用于泊位数超过3个且引桥长度较长但不是特别长的场合且带式输送条数不是很多的场合;尤其适用于一侧为专业散货泊位,另一侧为件杂泊位的场合	此种布置形式适用于泊位数超过3个,引桥长度较长,且带式输送机通道较宽的场合

(4)Ⅱ形布置。此种布置形式码头平台与引桥成Ⅱ形布置,如图5-118所示。

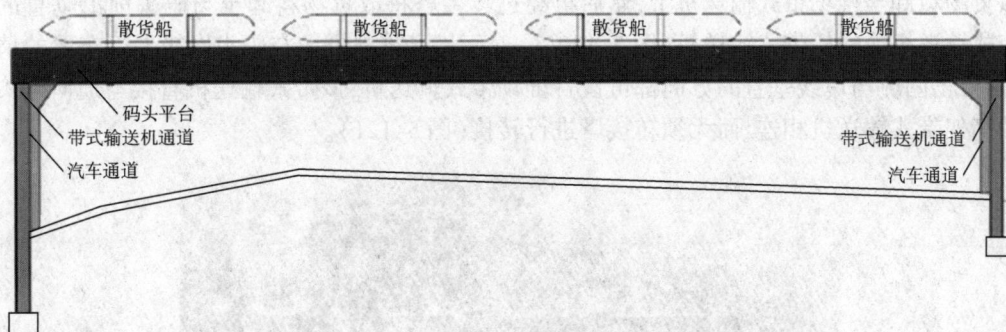

图5-118　Ⅱ形布置

此种布置形式平台上布置卸船设备及其他附属设施;引桥为两座引桥,分别位于平台的两侧,每个引桥上分别布置一个带式输送机通道和一座汽车通道;带式输送机通道位于两端,两个汽车通道形成一个环行通道,汽车及检修车辆不需要在码头上掉头。

此类布置形式适用于较小较多泊位,所需码头平台宽度较窄难以满足车辆掉头要求且引桥较短的场合。

2. 出口干散货码头工艺布置

出口干散货码头的工艺布置就码头和堆场之间的布置来看,基本与进口的工艺布置相似(图5-119)。堆场附近设有铁路线和翻车作业车间,经过卸车作业后的散货物料通过输送机将物料送入堆场存放。堆场内都设有防尘设施。

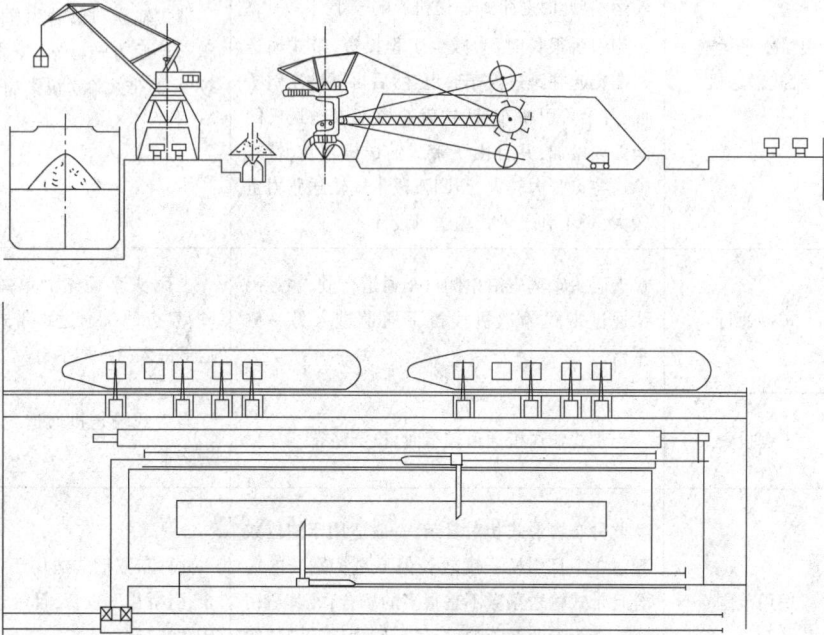

图5-119　出口干散货码头工艺布置(尺寸单位:m)

在将堆场的散货物料输送至码头前沿的过程中,在堆场堆料方向与码头岸线垂直布置的情况来看,一般在堆场靠近码头一侧设堆场带式输送机,取料机将散货物料取料后经过转接塔将散货物料卸至堆场带式输送机上,然后再经过转接塔将散货物料卸至与码头前沿垂直的引桥带式输送机或栈桥带式输送机(图5-120)。对于堆场堆料方向与码头岸线平行布置的情况来看,堆场两侧与岸线垂直的方向都可设置堆场带式输送机,该带式输送机直接与通向码头前沿的高架带式输送机相连,而无须转接塔进行转接(图5-121)。

图5-120　出口干散货码头堆场堆料方向与码头岸线方向垂直布置

图 5-121 出口干散货码头堆场堆料方向与码头岸线方向平行布置

图 5-122 为神华天津煤炭码头的工艺布置图。该码头建设有 15 万吨级煤炭泊位 1 个和 7 万吨级煤炭泊位 2 个,码头全长 890m,前沿泊位水深最大为 −19.6m;码头设 6000t/h 装船机 3 台;堆场面积 42.3 万 m²,堆场平行于码头布置,设 6000t/h 和 3000t/h 取料机各 3 台;4000t/h 堆料机 4 台,采用"四堆三取、堆取分开"工艺,共布置 6 条煤炭堆场,煤炭堆高 18m,堆场容量 144 万 t,建造煤炭输送带式输送机共计 17km、带式输送机转接机房 13 座。

图 5-122 神华天津煤炭码头工艺布置图

第四节 煤炭、铁矿石水力卸船工艺

20 世纪 70 年代以后,大吨位的散货船迅猛增加,船舶的大型化不仅需要港口装卸机械向大型化发展,同时需要港口装卸效率随之提升。传统的煤炭和矿石工艺采用大型抓斗卸船机和连续卸船机来提高港口的装卸效率,国外通过水力卸船的方式来探索提高散货装卸效率。然而,水力卸船对水资源的使用量较大,我国至今还尚未有港口采用水力卸船工艺,但是作为一种工艺方式,在此作简单介绍。

一、水力卸船的主要原理

水力卸船的设备主要是高压喷嘴、泵、管、贮浆池等组成。其中，高压喷嘴主要用于向船舱内的散货物料喷射淡水，在淡水和粉状物料混合后形成浆后，这些浆体在泵的压力作用下，由管道压送至岸上贮浆池。

在浆体贮藏在贮浆池后，水力卸船之后很重要一个问题便是脱水。脱水可以用机械脱水方式或自然脱水方式。自然脱水有较多优点。浆体从管道落入沉淀池以后，散料粒子逐渐沉降下来，上面澄清的水从溢水口流出，另外在沉淀池底部每个一定距离设有纵向排水沟，沟上盖有铸铁篦，从浆体中渗下的水从排水沟中流出。这样从上部和下部排出的水中，固体微粒含星不超过 10 ~ 12g/kg。这种沉淀池可设若干个供交替使用。沉淀时间最多一昼夜，一般经 8h 的疏水，煤炭中水分已可降到 12% ~ 15%。为加快干燥，可在池底通过 100℃ 的热风。港口装卸煤炭贮存时间长，流量大，利用自然脱水有许多有利条件。如何将自然脱水与机械脱水结合起来组成一个适于港口生产特点的脱水系统，是一个尚待研究的课题。

二、水力卸船的应用及实践

1. 鹿特丹港煤炭水力系统设计

当年，鹿特丹港在兴建一个年进口量 2000 万 t、转口 5000 万 t 的煤炭码头时，比较论证了煤炭水力卸船系统。该系统进口煤炭船的载重量为 25 万 t，转口船的载重量不超过 15 万 t，铁路仍用普通敞车，每列车载货为 2500t。为此鹿特丹港对煤炭水力卸船系统进行了研究。

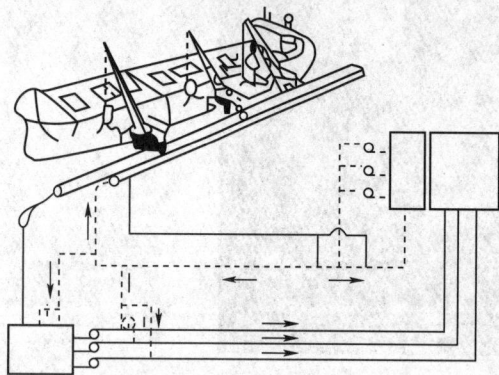

图 5-123 为干煤炭采用水力卸船系统的示意图。在这一系统中，舱内用一个特殊装置，叫马柯纳弗罗动力喷嘴，它是由喷嘴、煤浆泵、电器、油压控制等部件组成，并装在一个壳体内，与岸上的高压水管和上煤浆管相连，所以这一壳体内的设备起着喷切和浆化干煤，以及吸压的作用。所以从它的作用来说，可以成为喷吸机头。这个机头用一台简易起重机吊起，可以方便地进出船舱和舱内移动。

图 5-123 干煤炭采用水力卸船系统示意图

从舱内卸出的煤浆直接送到沿码头线设置的开式煤浆槽中，然后流入缓冲罐。煤浆从缓冲管道到贮浆池，从贮浆池到脱水设备处都是利用这种喷吸机头和管道输送的。贮浆池上部澄清的水，用低压泵送到沿码头设置的开式水槽中，然后由高压泵将水加压供动力喷嘴。

脱水以后的煤炭用带式输送机装驳或装车。

煤浆脱水的主要方法包括：固定筛、离心脱水机、过滤和沉淀等。这些方法在国内外煤矿水力开采和提升中都有广泛的应用。德国对这些方法进行过研究认为：1mm 以上的粗粒煤炭，可以用沉淀和筛分，1mm 以下的则比较困难，特别是 0.06mm 以下含水率 30% ~ 40%，成粥状就更难。粒度在 0.5mm 以上的，可以选用筛子而后用离心脱水机，能达到表面含水为 8% 的程度。0 ~ 0.5mm 的粒子，可以在真空过滤装置中把它干燥到含水率为 21%，即表面水分为 10% ~11% 。英国还开发一种"油处理方法",以处理极为细粉状煤的脱水,但费用极高。

2. 日本铁矿石水力卸船实践

日本新日铁广烟制铁所有三个日产万吨的熔铁炉,为了降低原料的运输成本,决定部分采用浆化专用船进行海上运输和水力卸船系统。采用浆化专用船运输队的原因主要包括以下几个方面:

①由于铁矿进口量大,采用大型浆化专用船可降低海上运输成本。此外,从矿山到港口采用管道运输,并呈浆状装入船舱,又可降低陆上运输和港口装船费用。

②采用水力装卸系统,即使不具备深水码头,港口可设外海泊位进行装卸,以节省投资。

③环保要求日益提高,水力卸船系统有利于环境保护,粉尘少。

该水力卸船系统主要由矿浆专用船、管道以及贮浆池组成。

(1)矿浆专用船。矿浆专用船各舱的下部设有 6 ~8 个回转喷嘴,以 $40kg/cm^2$ 时的压力向外喷射淡水,冲切下来的矿粉与水会一起流入舱底集浆槽内,然后由舱底的矿浆泵压送上岸。卸船能力,以平均浓度为 70% 计,效率可达 4000t/h,并以此为条件选定船上的泵和陆上的管线。

(2)码头上的配管。码头上的配管系统如图 5-124 所示。在配管时,应注意下列问题,并采取相应措施。

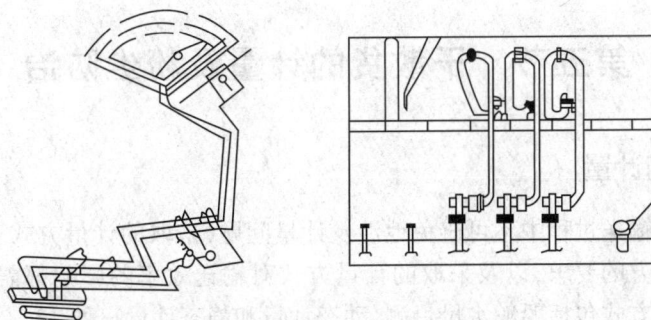

图 5-124 铁矿石水力卸船管配系统

①为减少弯管的压力损失和磨损,采取较大的曲率半径。

②为便于磨损后更换,弯管要采取便于拆装的连接形式。

③考虑到管子的膨胀,每 100m 设一段软管。

④管路压力损失按 2.4 ~2.9m/s 的流速计算,这样的流速可保证水平管不发生物料沉降现象。

⑤考虑到船岸之间连接的方便和工作的可靠,采用了类似油码头输油臂和凸缘法兰快速连接头的方式。

(3)贮浆池。本码头年进口 100 万 t 矿粉,贮浆池的容量为 22 万 t,尺寸为长 100m,宽 160m,深 9m,并用沙土围成。为防止漏水,池内衬以薄橡胶片,片与片之间用硫化黏结。池内下层 5m 深为沉积的矿浆,上面 4m 为澄清的水。贮浆池内有吸浆船。

(4)卸船情况。船到卸货港靠码头以后,与岸上的管子连接起来,然后用岸上的低压泵将贮浆池中的水送到船上,通过船上的增压泵给水加压,并从舱底回转喷嘴喷出。水浆流入舱底集浆槽,再由舱底的矿浆泵,将浓度大约为 60% ~70% 的矿浆压送上岸。

三、水力卸船的特点

与传统的卸船方式相比,水力卸船方式具有如下特点:

1. 对卸船散货物料的粒度有一定要求

一般情况下,水力卸船对散货物料的粒度有一定的要求,例如日本铁矿石水力卸船方案中要求矿石粒度要小于 0.25mm。对于粒度较大的煤炭,则需要对其破碎。

2. 使用人员少,基本无须清舱

水力卸船的自动化程度较高,对于人员的使用相对较少,而且卸船基本比较干净,无需清舱。

3. 连续卸船,卸船能力较强

与抓斗卸船机等不同,水力卸船机是一种连续型的卸船方式,卸船过程中并无中断,因此卸船效率较高。

4. 环保、安全、成本低

水力卸船过程中散货物料的流动基本都是在管道内,因此并无扬尘,比较环保,且与抓斗卸船机等相比,不存在卸船过程中洒落物料的情况,作业安全,且相对而言,水力卸船的总投资和成本都较传统卸船方式低。

第五节　干散货的计量及粉尘防治

一、干散货的计量

散货在进出口输送过程中不可避免地涉及计量问题,采取的计量方式和所能达到的精度是否能满足贸易双方的要求,以及采取的计量方式对输送效率的影响都需要进行研究分析。主要的干散货计量方式包括船舶水尺目测、动态计量和静态计量三种。

1. 船舶水尺目测

船舶水尺目测是一种利用船舶排水量估计物料装卸量的一种方法,这种计量方法简单,但计量误差大。

2. 动态计量

动态计量系指散货在装卸或输送过程中,对运动状态下的物料进行连续计量的计量方式。如电子皮带秤、动态电子轨道衡等,主要由称重桥架、称重传感器、测速传感器及称重仪表等组成,称重仪表接收来自称重传感器的重量信号及来自测速传感器的脉冲信号,对这两种信号进行放大、滤波、A/D 转换后送入 CPU,进行积分运算累积。由于这些动态计量装置具有结构简单、称重较准确、使用稳定、操作方便、维护量小等优点,因此广泛应用于价值较低的大宗散货的连续输送计量中。计量精度根据计量装置配置差异有不同的等级,理论上精度等级可达到 0.5%,因电子皮带秤的精度受多种因素的影响,实际上精度等级仅能达到 1% ~5%。动态计量是在散货连续输送的基础上进行计量的,因此不会对连续输送的效率产生影响。

3. 静态计量

静态计量系指散货在装卸或输送过程中,对静止状态下的物料进行计量的计量方式。例如,非连续累加自动料斗秤,即以静态计量原理为基础。非连续累加自动料斗秤主要由秤上斗部分、称量斗部分、秤下斗部分、自动校秤装置、秤体支架、称重控制系统以及计算机管理系统组成,如图5-125所示。

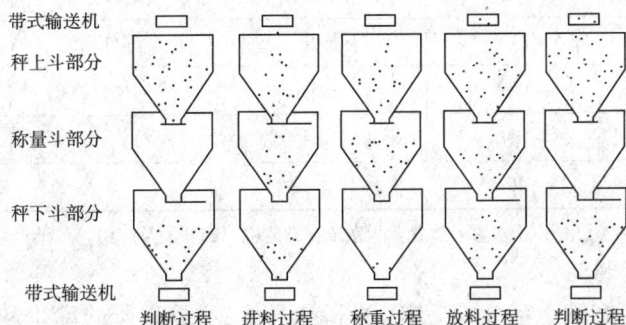

图5-125　非连续累加自动料斗秤工作流程

当称量斗为空时,关闭秤上斗处闸门,将称量斗自动清零,带式输送机输送的物料进入秤上斗;进料过程:关闭称量斗处闸门,打开秤上斗处闸门,物料由秤上斗进入称量斗,进入给料段;称量过程:当达到所需的每秤重量时,关闭秤上斗处闸门,进行称重计量,将该秤重量值自动存储并进行累加;放料过程:计量完毕后,称量斗处闸门打开,将物料排入秤下斗;判断过程:当称量斗放料完毕时,称量斗处闸门关闭,将称量斗自动清零,进入下一称量循环。整个计量过程中秤下斗处不设闸门,始终连续稳定地向带式输送机喂料,秤上斗的喂料带式输送机也是始终连续稳定地运行。根据秤上斗和称量斗的闸门关闭和开启及称量斗称重要求的稳定时间,实现按静态计量,同时满足连续输送的要求。

二、干散货的粉尘防治

1. 干散货粉尘污染问题

由于干散货具有杨晨醒,因此在干散货装卸过程中,都会伴随大量的粉尘扩散,尤其在刮风季节更为明显。这些粉尘不仅对周边环境造成污染,而且对人们的身体健康也带来危害,尤其10μm以下可吸入的粉尘颗粒,对人们的呼吸系统伤害更大,它是造成尘肺病等职业病的主要根源。因此,干散货码头的粉尘防治十分重要。

干散货粉尘污染具有特下特点:

(1)粉尘污染的程度与离货源的距离有关,这是因为无聊的损失率是距离货堆越远越少。

(2)粉尘污染的程度与物料的湿度有关,这是因为物料的损失率随物料的湿度增加而减少(表5-14)。

煤炭的损失率随其湿度变化的关系　　　　　　　　　　　　　　　　表5-14

湿度(%)	4	5	6	7	8	9	10	11
尘粉损失率(%)	20	10	6	3.5	2	1.5	1	0.5

资料来源:宗蓓华,真虹. 港口装卸工艺学[M]. 北京:人民交通出版社,2003.

(3)粉尘污染的程度与物料的粒度有关,物料的力度越小,粉尘越容易悬浮空中,飘行距离也越远,如表5-15所示。

粉尘颗粒大小及其特性 表5-15

粉尘颗粒大小	粉尘中所占比例/%	8km/h(2级)	16km/h(3级)	32km/h(5级)
20μm级	0.5~1	部分悬浮空中	悬浮空中	飘行百公里
150μm级	5~13	静止	部分跳滚	大部分跳滚
500μm级	7~16	静止	大部分静止	部分跳滚
1000μm级	3~10	静止或大部分静止		
粉尘总量	15~40			

资料来源:张少俊,曾铭杰,朱勇.干水雾一体化除尘系统在卸船机上的开发及应用[J].港口装卸,2013(3)63-64.

2. 防粉尘污染的措施

目前港口散货装卸输送系统广泛应用的除尘技术,主要以干式除尘和湿式除尘两大类为主。湿式抑尘主要以喷雾、喷淋方式为主,干式除尘基本以布袋除尘和静电除尘两种技术应用较广。

(1)湿雾防尘。喷雾防尘技术即将水雾化,喷在物料的表面和扬尘处,由于粉尘在水雾的包围下,粉尘被黏结成较大颗粒减少飞扬。这种方法适用于抓取和投送时产生的粉尘。如南京港翻车机就采用此方法,空气中粉尘浓度从 $17 \sim 38mg/m^3$ 下降到 $6 \sim 13.5 mg/m^3$。基本达到国家规定的粉尘浓度的标准 $10 mg/m^3$。

(2)干雾抑尘。20 世纪 80 年代,国外大型散货装卸,在运用高压气、水结合,获取极微小水雾方法的基础上,干雾化抑尘技术率先发展起来。其原理是应用压缩空气冲击共振腔产生超声波,超声波把水雾化成浓密的、直径为 $1 \sim 20μm$ 的微细雾滴,雾滴在局部密闭的产尘点内捕获、凝聚微细粉尘,使粉尘迅速沉降,实现就地抑尘。由于只要保证水雾颗粒粒径与粉尘粒径相近,就会发生干雾颗粒与粉尘颗粒相互吸附、凝结而沉降,所以只要提供的干雾总量大于粉尘颗粒量,就能有效控制粉尘的自由飞逸。由于干雾化抑尘技术雾滴微细,耗水量少,抑尘后物料增湿仅为 0.1% ~0.5%,不会给工艺流程带来影响。

(3)洒水抑尘。洒水防尘是比较传统的防尘方法,即利用活动喷水嘴或流动洒水车对散料货堆表面均匀喷洒水。由于该方法比较简单、方便,故许多国家直到目前还在使用。洒水的目的主要在于通过润湿颗粒细小的干燥粉尘来增加粉尘的含水量,从而增大其相对密度,进而黏结成较大的颗粒,使得其在风等外力作用下不能飞扬。

生产实践表明,洒水防尘的方法较适用于气温在零度以上条件下的混凝土路面,而对于港口内部土质路面,效果则不好。在炎热的夏季,土质路面的温度可达到60℃甚至更高,为了长期保持路面的湿润,需要频繁地使用洒水车洒水。但由于水的抗蒸发性较差,一般喷洒 1 次只能保持 10 min 左右。当路面洒水不及时或者洒水量不当使路面处于干湿交替状况时,则会使得路面微细粉尘含量增多,路况更恶化,这样不仅达不到良好的抑尘效果,还造成了大量水资源的浪费。此外,在冬季,由于结冰不能喷洒,或者喷洒后在路面结冰会导致行车危险。

(4)化学抑尘。化学抑尘技术的发明及应用始于 20 世纪 20 年代,化学抑尘剂分为润湿型、黏结型和凝聚型三大类。润湿型化学抑尘剂是由一种或多种表面活性剂和水组成,是亲水基团和疏水基团组成的混合物;黏结型化学抑尘剂是由包括油类产品、造纸及酒精工业的废液、废渣等有机黏性材料组成,其主要原理是利用覆盖、黏结、硅化和聚合等作用防止泥土和粉尘的飞扬;凝聚型化学抑尘剂是由能够吸收大量水分的吸水剂组成,它们通过使泥土或粉尘保持较高的含湿量来防止扬尘。

(5)布袋除尘器。布袋除尘器也称为过滤式除尘器,是一种干式高效除尘器,它是利用纤维编制物制作的袋式过滤元件来捕集含尘气体中固体颗粒物的除尘装置。其作用原理是尘粒在绕过滤布纤维时因惯性力作用与纤维碰撞而被拦截。然而,煤的湿度变化很大,春夏两季煤的含水量相当高,存在布袋除尘器糊袋和堵袋现象,影响净化效果。在北方港口冬季使用布袋除尘器还会出现布袋结冰等现象。

(6)高压静电收尘。高压静电收尘的工作原理是:除尘器内的放电极和收尘极间在静电电源供电时会形成一个电场,当电场强度较大时,其间的空气电离。含尘气体在通过较强的静电场时,正负空气离子和电子使尘粒荷电,在电场力的作用下尘粒定向迁移沉积在收尘板上。将尘粒从含尘气体中分离出来的分离力(主要为静电力)直接作用在尘粒上,分离粒子所需的能量较低;气体在设备中运动的阻力也较小,风机的能耗相对较少。尤其是静电力对亚微米级的粒子也能荷电,除尘的功效较好。

(7)除尘器除尘。在煤炭输送线上,物料在运动过程中会因冲击和振动而产生粉尘,例如漏斗向带式输送机投料时,会产生粉尘。这是局部产生的粉尘,可用板围成一个空间,通过除尘器管道,将这些地方的含尘空气吸到除尘器中,经过除尘处理再由风机将清洁的空气送回大气中。采用除尘器除尘的效率较高,一般可达到 95% ~ 99%,但体积较大,设备费用高,维护管理也比较复杂。

一般情况下,干式除尘通常用于特种化学物料,如硫黄、化肥等;湿式除尘技术应用较为广泛,常用于常规物料,如煤炭、矿石等。湿式除尘系统主要分为干雾除尘和水雾除尘,两种湿式除尘方式针对不同粉尘颗粒度,干雾除尘系统主要抑制 5 ~ 50μm 级的颗粒,水雾除尘系统主要抑制 50 ~ 500 μm 级的颗粒。湿式除尘系统在桥式抓斗卸船机上的应用,通常采用水雾除尘系统,随着环境指标要求的提高,干雾除尘系统也开始应用在卸船机上。但通过一段时间的应用发现,由于卸船机作业中产生粉尘颗粒度范围较广,仅采用干雾除尘系统对于颗粒度在 50 ~ 500μm 范围内的粉尘抑制效果不明显。

第六节　干散货码头控制系统

干散货码头计算机控制技术是将自动控制、数据采集、计算机实时操作及监视、计算机管理、多媒体技术(自动语音提示广播、电子邮件、图形技术)、网络通信技术等多项分散的高新技术,经过系统结构的优化,组成一个完整的、可对散货码头的货物装卸、存储、计量、环保、商检、计划、调度、生产管理、设备管理等进行全方位的综合控制、监视和管理的自动化系统技术。

一、干散货码头控制系统的组成

干散货码头计算机控制系统通常由控制系统、管理系统等主系统,及通信系统、语音提示广播系统、工业电视监视系统、火灾报警系统等子系统构成。

1．控制系统

控制系统是整个生产过程控制的核心，采用可编程序控制器（PLC）作为控制主机。PLC与控制设备、工艺设备检测、保护装置，以及系统用户软件相配套，组成了一套完整的控制系统。

目前，国际上港口散货码头的自动控制领域提出了集散控制的概念。由于港口散货码头采用的都是大型的装卸设备，如装船机、卸船机、堆料机、取料机等，有些传输胶带长达一千米以上，各装卸和输送设备之间距离很远。基于集散控制理论的设计思想，在每一台大型的装卸设备上都建立自己的控制站，在几个距离较近的小型生产设备附近建立一个控制站，对附近的几个设备进行控制。根据散货码头规模的大小和设备的远近，可以建立几个至十几个控制站。各个控制站的信号可以通过网络系统传输至中央控制室，中央控制室的监控管理计算机将各个控制室传输过来的信息汇聚在一起，经分析处理后实现对整个系统的监控管理。

（1）控制系统设备组成。包括可编程控制器（PLC）、PLC与计算机通信网络、控制设备MCC屏及常规继电器屏、工艺设备检测及保护装置等。

（2）控制系统对现场设备提供的三种控制方式。

①自动控制方式：自动控制是控制系统的主要控制方式，中控操作员通过控制系统实现流程的选择、启动、停止等操作。

②单机控制方式：操作员可通过监控系统的操作计算机单独完成现场设备起停，阀门的开闭。作为系统的辅助工作方式，为设备的调试及维修提供方便。

③手动控制方式：现场人员通过机侧操作箱上的起停按钮实现设备的启动、停止。

（3）控制系统具有的特点。

①高可靠性与易维护性；

②兼容性；

③开放性与可扩展性。

2．管理系统

（1）图形监控及作业实时管理：通过控制室的彩色图形工作站，完成工艺流程作业情况及设备状况的动态显示、流程、设备的操作及作业的实时管理。显示主要包括：流程选择状态显示；流程、设备运行状态显示；计量系统画面与计量值动态显示；关键部位动态曲线显示；各种检测数据动态显示；所有设备故障报警等。时实管理分为生产管理、库场管理、设备管理、报表管理等部分。

（2）公司信息管理：通过微机网络系统把分散式计算机系统互联起来，共同完成一个整体全面的管理，实现办公自动化。主要设备：计算机网络（网络软件、网卡和通讯电缆），网络工作站，网络服务器。

该项技术通过图形、报表、语音、图像等各种手段，对散货输送工艺的装卸、存储、计量、环保、商检、计划、调度、生产管理、设备管理等环节进行全方位的综合控制和管理，将原来各个独立的单元有机地联系在一起，从系统工程的角度实现对物流综合管理。

二、码头控制系统的控制流程

运输散货物料在通过火车运抵港口出口作业或通过船舶运抵港口进行进口作业时，将客户、矿石种类、等待装载火车、等待装载船舶和堆存时间等信息发送到计算机中控系统中。计算机中控系统收到信息后，根据码头的运营情况，为代为作业的散货物料分配合适的靠泊、堆场位置，并部署相应的工作流程。然后将作业指令发送给各工作单元和装卸设备，开始进行装卸作业。图5-126所示为铁矿石码头不同作业环节的中控系统控制流程。

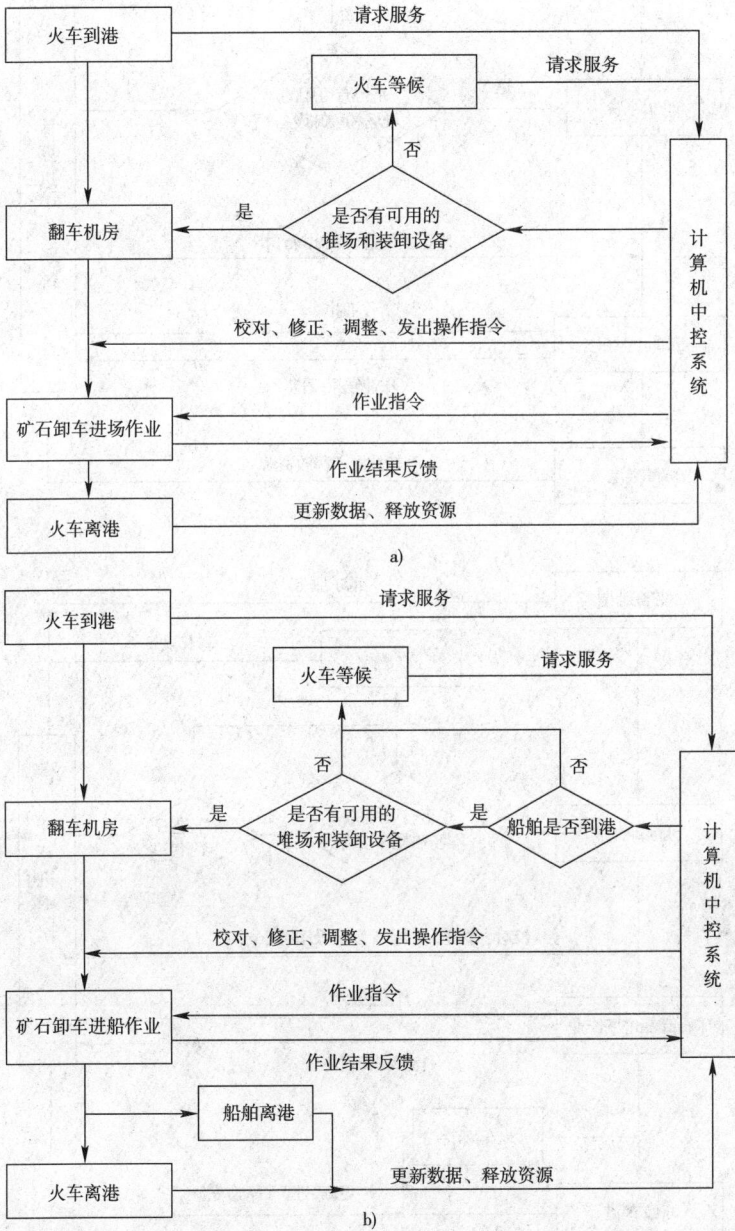

图　5-126

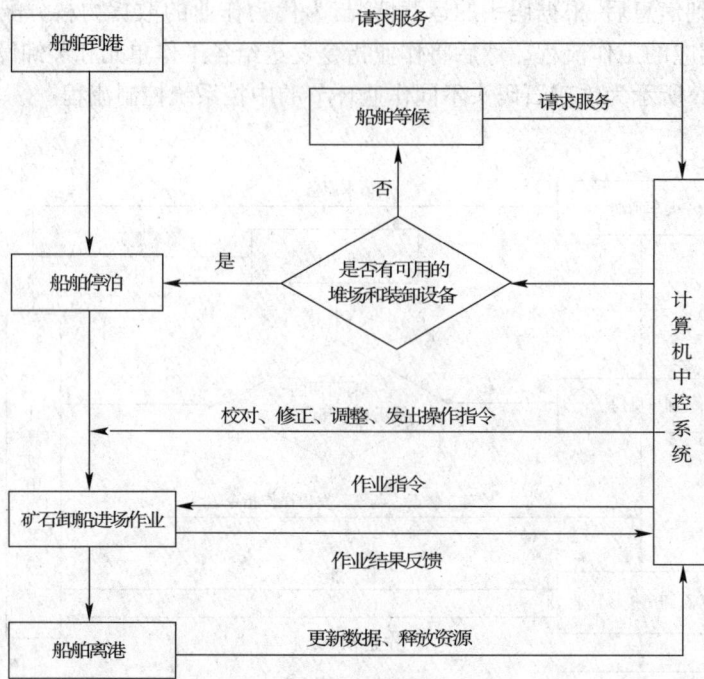

c)

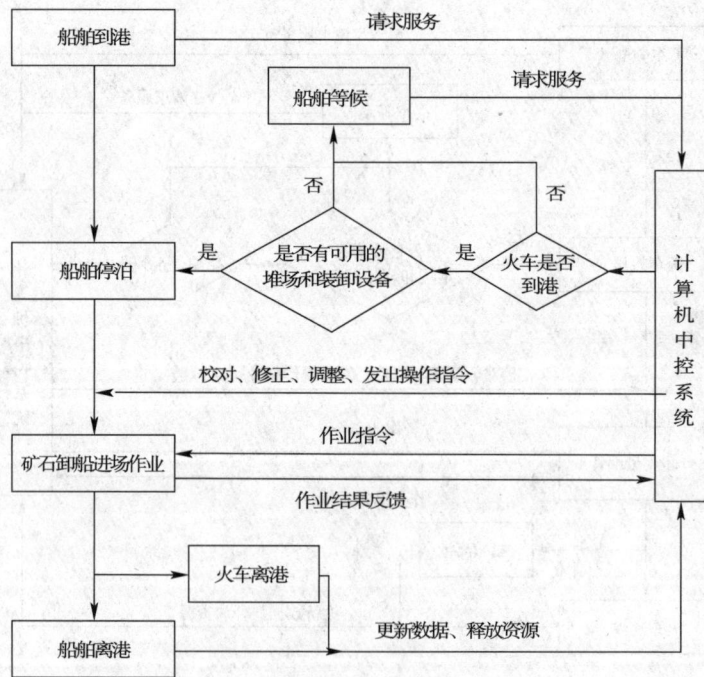

d)

图 5-126

246

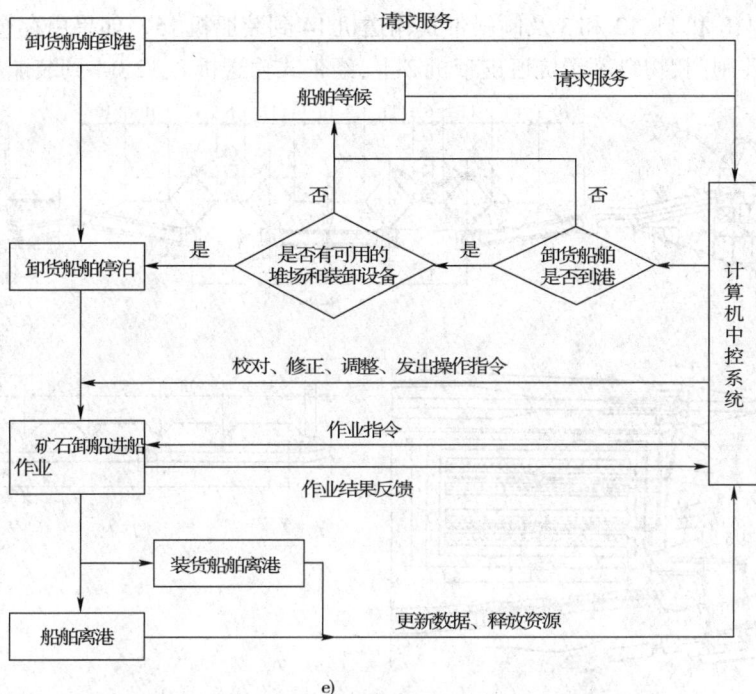

图 5-126　铁矿石码头不同作业环节码头控制系统流程图

a)卸车进场;b)卸车进船;c)卸船进场;d)卸船进车;e)卸船进船

第七节　干散货装卸工艺案例分析

干散货码头的装卸工艺方案根据装卸货物的种类、码头通过能力等内容不同,工艺方案也是多种多样的。这里选取三个案例进行分析。

一、河港煤炭出口码头装卸工艺系统

1. 工艺系统布置

工艺系统布置如图 5-127 所示。

2. 主要工艺设备性能

(1)M2 型转子式翻车机,效率 20~25 车/h,2 台;

(2)固定墩柱转盘式装船机,效率 900~1300t/h,2 台;

(3)堆料机,带宽 1m,带速 3.8m/s,效率 900~1300t/h,2 台;

(4)皮带机,带宽 1m,带速 3.8m/s,效率 900~1300t/h;

(5)推车器(铁牛),推力 10t,速度,1.5m/s;

(6)年通过能力以 600 万~700 万 t/年。

3. 工艺流程

如图 5-128 所示,列车到达重车线后,脱钩,由铁牛推入翻车机翻卸,可以 2 台同时工作。卸下的物料经翻车机下的带式输送机 3 和 4,堆场带式输送机 7 和 10 到堆料机 1,或直接经带

式输送机 3 和 4,8 和 11,12 和 3 及倾斜带式输送机 14 到装船机 15。如果由存仓出货装驳,打开存仓下的漏斗闸门,物料落于坑道皮带机 2 上,经带式输送机 8,12,14 到装船机 15。

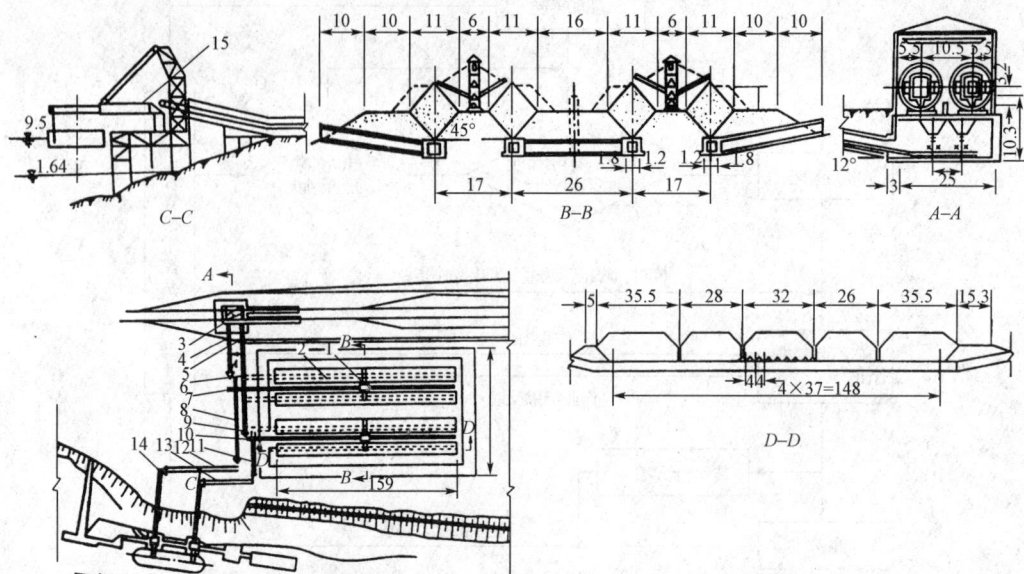

图 5-127　工艺系统布置(尺寸单位:m)

1- 堆料机;2、4、5、8、11、12、13- 坑道带式输送机;3- 翻车机;6、9- 转换阀门;7、10- 堆场带式输送机;14- 倾斜带式输送机;
15- 装船机

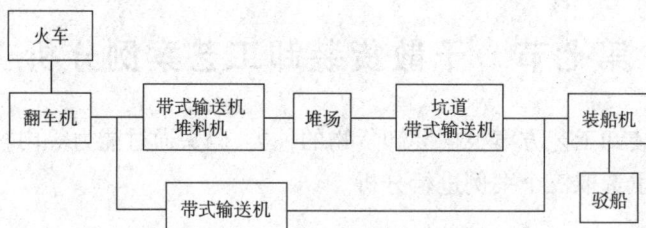

图 5-128　工艺流程图

各环节的台时生产能力,翻车机平均为 800 t/h,最高可达 1300 t/h。堆煤机和装船机最高效率可达 1300 t/h,装一艘 2000t 驳船需要 1.5h 左右,其中包括 15~20min 的非生产时间。

4. 使用经验

(1)为保证翻车机效率的发挥,铁牛的取送车效率,翻车机下带式输送机的生产率均应稍高于翻车机效率。

(2)空车线的数目应考虑空车列检的需要,原设计仅设一条空车线,不敷应用,因此又增设一线。

(3)到达的重载列车应列检后按货物品种重新编组,统一品种货物应编成一组,这样可避免堆料机作业时应换货位而往返走行,影响效率。此外,还应将不适于翻车机翻卸的车辆挑出,送其他货位用别的机械卸车。为此港口应自备机车。

(4)装驳码头的上下游各设靠驳趸船,并配备绞船设备。上游趸船停靠空驳,下游趸船停靠装了货的重驳。驳船装满前即可将上游空驳牵引到驳船码头正在装货的驳船外档停靠作好换档的准备。当里档驳船装满可用绞船设备牵出停靠于下游趸船,重驳离开空驳即可靠上装驳码头装货,不必由拖船从锚地取送和协助靠离码头,大大缩短了靠离、换档等间断时间,有效地提高了码头通过能力。

(5)原设计 V 形坑道存仓容量偏小,只能储存 3.4 万 t 煤炭,与码头通过能力不相适应,如果 2 天不装船,港口就处于堵塞状态。

二、舟山六横煤炭中转码头装卸工艺案例

舟山煤炭中转码头工程建设始于 2006 年 12 月,其第一期工程于 2008 年 7 月完成,拥有 5 个泊位,2009 年 6 月交付试生产,泊位的基本情况见表 5-16。

舟山六横煤炭中转码头一期泊位情况　　　　　　　　　　表 5-16

泊位号	卸船泊位			装船泊位	
	1 号	2 号	3 号	4 号	5 号
水深(m)	−20	−20	−14	−14	−14
吨位(t)	150000	50000	35000	20000	5000
长度(m)	总长度 639,兼顾 2 艘 10 万吨级散货船靠泊			总长度 639,可兼顾 2 万吨级 +1 万吨级 +2×5000 吨级散货船靠泊	

1. 码头工艺布置

卸船泊位与装船舶值以共用栈桥与陆域相连接平面布置显反 F 形。泊位和栈桥上配置装卸船机和带式输送机与堆场相连形成了码头工艺布置现状。具体工艺布置见图 5-129。

2. 主要工艺设备

(1)桥式抓斗卸船机(GSU1、GSU2、GSU3),效率起重量:52 t(其中抓斗自重 20.8 t),卸载能力:2 100 t/h;

(2)装船机(SL1、SL2、SL3),额定生产率 3 000 t/h;

(3)堆取料机(SR1、SR2、SR3、SR4),额定堆料效率 4 200 t/h,额定取料效率 3 000 t/h;

(4)取料机(R1、R2、R3),额定取料效率 3 000 t/h;

(5)带式输送机(C0A、C0B、C1A、C1B、C10A、C10B、C10C、C11A、C11B、C11C、C2A、C2B、C3A、C3B、C9、C7A、C7B、C4A、C4B、C5B、C7C、C6A、C6B、C6C、C6D、C8A、C8B、C8C),带速:4.4m/s,带宽 2 m,额定效率:3 000 t/h;

(6)年通过能力:1 500 万 t;

(7)堆场堆存能力:310 万 t。

3. 工艺流程

装卸工艺流程由装卸船舶作业,水平运输和堆场作业三个作业环节组成,由于一程船和二程船时间衔接不定,可分直取和间取二种情况,再接合配煤作业,可编排出以下四种工艺流程。

(1)船舱煤→堆场。

船舱煤→卸船机 GSU(123)→C0(AB)→C1(AB)→C2(AB)→堆料机 S(12)→堆场;

船舱煤→卸船机 GSU(123)→C0(AB)→C1(AB)→C3(AE)→堆料机 SR(12)→堆场。

(2)堆场→船舱。

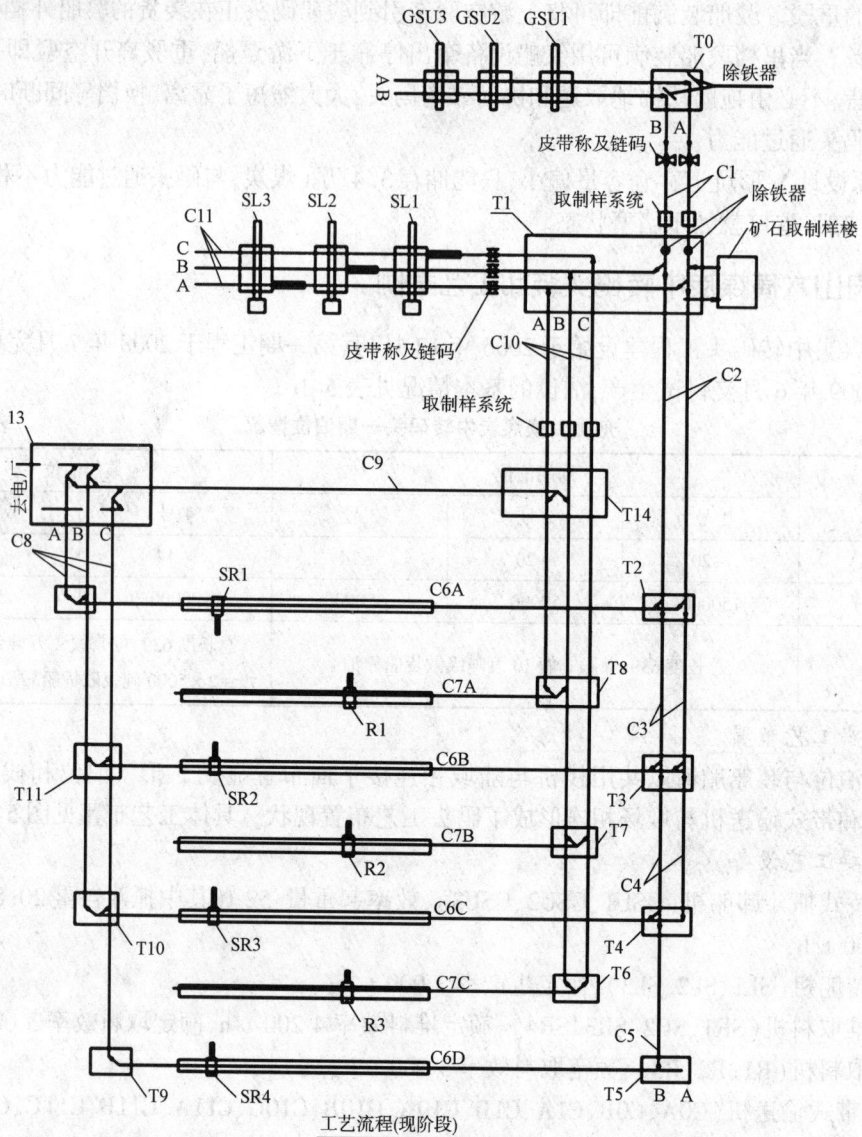

图5-129　工艺布置图

①单品种煤。

堆场→堆取料机SR(2)→C3(E)→配煤仓及振动给料机→C4(E)→C5(C)→C6(ABC)→C7(ABC)→装船机SL(123)→船舱。

②混配煤。

堆垛1→堆取料机SR(1)→C3(A)→配煤仓及振动给料机→C4(A)(与堆垛2煤种一起接入C5(AB));

堆垛2→取料机R(123)→C3(BCD)→配煤仓及振动给料机→C4(BCD)→C5(AB)→C6(ABC)→C7(ABC)→装船机SL(123)→船舱;其中:C4→C5为不同煤种混配为一新煤种。

(3)船→船(直取)。

船舱煤→卸船机 GSU（123）→C0（AB）→C1（Ⅰ）（AB）→C7（ABC）→装船机 SL（123）→船舱。

（4）混配煤返入堆场。

C5（ABC）→C8→C3（E）→堆取料机 SR（2）→堆场。

三、北仑港矿石码头装卸工艺案例

1. 泊位基本情况

北仑矿石码头分公司目前拥有有 5 个生产性泊位，其中矿石接卸泊位两座，1 号泊位为 10 万吨级矿石接卸泊位（可靠 15 万吨级散货船），2 号泊位为 20 万 t 级矿石接卸泊位，可兼靠 30 万 t 散货船。两个泊位总长为 711m，设计接卸能力为 2600 万 t。

2. 主要工艺设备

北仑矿石码头的设备配置情况见表5-17。

北仑矿石码头的设备配置

表 5-17

	抓斗卸船机额定能力（t/h）	数量	码头供料带式输送机额定能力（t/h）	数量	后续带式输送机、装船机、斗轮机额定能力（t/h）
10 万吨码头系统	2100	2	4200	1	4200
20 万吨码头系统	2500	3	4200	1	4200
20 万吨扩建工程	2500	2	5000	1	5000

3. 码头卸船作业流程

由于码头以接卸 11 万 ~ 20 万吨级的好望角型铁矿石散货船为主，因此本文以好望角型矿船为例，介绍北仑矿石码头卸船作业流程的设计。

（1）单泊位作业流程设计。当单个泊位需要卸矿作业时，考虑到单机卸船机大车行走方向最大宽度接近 35 ~ 40m，以及均匀卸货的安全角度，可以布置 5 台卸船机接卸一条好望角型矿船，卸矿过程中，5 台卸船机通过各自的移动式分叉料斗或翻板等供料切换装置，向 3 台不同的码头带式输送机 BC1\BC21\BC61 选择供料，实现直装或者进堆场作业，整个卸矿过程，装置切换灵活、方便，卸矿效率高。

（2）双泊位作业流程设计。当两个泊位同时需要作业且当所有卸船机都能正常工作时，根据两个泊位不同的作业状况（包括货种、进堆场或者直取、装二程船等）需要，可以安排 7 台卸船机和 3 台带式输送机作业的多种组合，如可以实现 3 + 4 或 2 + 5 两种卸船机数量的组合，如图 5-130 所示。一方面，可以平衡两个泊位的卸船进度，保证两个泊位的高效运行；另一方面，可以在保证两个泊位总体最高效率的情况下，为船舶根据潮位靠离时间做出机动安排。

当两个泊位的船舶均处于满载卸货的开始阶段（卸船机处于最大能力状态），如果二程装运船舶或者货品许可，可以同时开启 3 台码头带式输送机作业，利用每 2 台卸船机向一台带式输送机供料，这样还可以余留 1 台机用于机动安排或者修理保养，此时泊位处于最大接卸能力状态。当其中一个泊位处于清舱阶段，可以安排 4 ~ 5 台卸船机在一个泊位工作，实现每条码头带式输送机配置 3 台以上的机器供料。当两个泊位均处于清舱阶段时，可以按照 3 + 3 + 1 的作业方式作业。而当直装流程不具备作业条件只有两路作业时，卸船机可以按照 2 + 3 或者 3 + 3 数量投入，富裕的卸船机进行保养和修理。

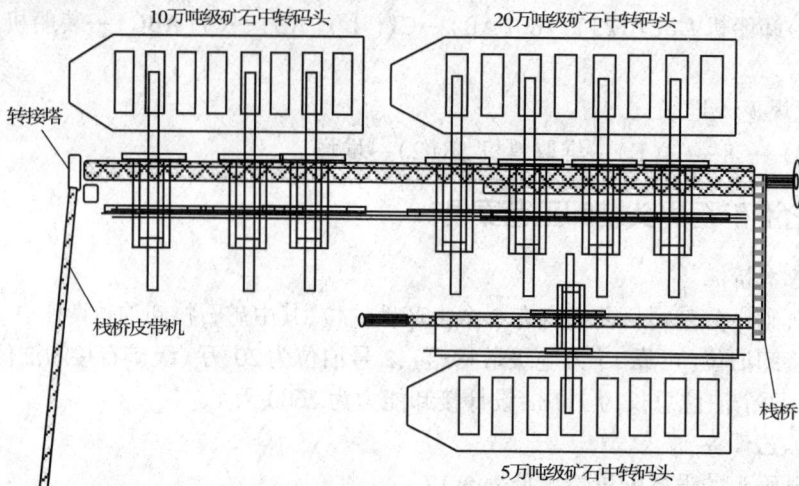

图5-130 双泊位3+4组合作业方式

正常情况下,1号、2号两个泊位各停靠一艘好望角型的铁矿石船,每个泊位可以布置2~3台卸船机,分别向2台带式输送机BC1、BC21进行供料,每个泊位投入两条供料带式输送机作业,而每台带式输送机可以配置2台卸船机工作。特殊情况时,单个泊位可以投入5台卸船机(2+2+1)3台带式输送机作业,可以实现最高的单船作业效率。

整个流程的设计既能保证两个泊位整体的最高作业效率,又能在必要时候保证单船的最大效率,并可以实现7台不同卸船机向3台不同码头带式输送机供料的灵活性。而且在卸船能力有富余的情况下,可以很容易地实现2~3台卸船机处于有条件的保养检修状态。正是利用上述的码头硬件条件,实现了北仑港矿石码头的平均船时作业效率在3000t/h以上,卸矿能力逐年提高。

思考与练习

1. 煤炭、铁矿石等干散货装卸工艺的特点有哪些?

2. 简述几种固定式干散货装船机的基本机构、工作原理及工艺布置特点。

3. 简述链斗卸船机、斗轮式卸船机、螺旋式卸船机的基本结构、工作原理和工作特点。

4. 比较干散货连续卸船机和间歇式卸船机的特点。

5. 简述折返式和贯通式翻车机工艺布置形式及作业过程。

6. 简述底开门自卸车的工艺布置形式及作业特点。

7. 干散货堆场地下工艺系统V形坑道存仓的设计要求有哪些?

8. 干散货堆场地面工艺系统堆取分开方案和堆取合一方案的工艺布置特点有哪些?

9. 简述干散货进口和出口的装卸工艺流程。

10. 简述进口和出口干散货码头的几种工艺布置形式。

11. 干散货码头防粉尘污染的措施有哪些?

第六章 液体货装卸工艺

案例导入——液体散货码头显现蓬勃生机,装卸效率不断提升

液体散货码头是指原油、成品油、液体化工品、LPG 和 LNG 介质等用管道装卸和输送的专业码头。由于这些货物品种多,需求量大,存在着产地与加工地、加工地与消费地的差异,从而会形成较大的货运量。海运是跨国石油运输中最为重要的方式,2013 年全球原油海运量为18.9 亿 t,成品油海运量为 9.9 亿 t,石油海运量合计增长 0.7%。从全球石油跨国运输来看,海运约占 60%。随着我国经济的持续发展,对油气及化工品需求不断增加,也促进了液体散货海运事业的发展和相应的港口码头的建设。

液体散货作业具有连续、密闭、运量大、效率高等特点,对液体散货码头建设与装卸提出了较高的要求。现代液体散货码头要求具备码头专业化、装卸货种多样化、装卸工艺流程自动化、装卸安全及环保等功能。

随着我国综合国力的提高,能源消费量的快速增长,沿海、沿江大型液体散货码头不断涌现。同时,由于液体散货码头工艺设备性能的提高,也进一步提高了码头的卸船效率。特别是大型油船配泵的扬程高、流量大,码头上的设备相应配套,卸船效率高,大大缩短了船舶在泊时间,提高了泊位通过能力。目前,30 万吨级油码头卸船流量一般可达到 10000~12000m³/h,净卸船时间在 40h 左右。大连、青岛等港口新建的 30 万吨级兼顾 45 万吨 ULCC 油船靠泊的码头设计卸船效率为 15000~18000m³/h,可实现船舶在港快速卸船,提高码头利用率。随着新工艺、新材料、新技术、新设备不断被采用,我国液体散货码头装卸效率正在不断提升,经济社会服务能力不断增强。

第一节 概　　述

散装液体货是指不使用包装,利用管道或泵进行装卸,直接装入仓库或者槽罐进行运输的各种液体货物。

一、石油的种类

石油是目前世界上最重要的一种能源。汽油、煤油和天然气等石油衍生物的使用及其非能源的产品,如沥青和许多石油化工产品,从 18 世纪起有了惊人的增长。石油工业是世界上最大的工业之一,有相当的工业部门以多种方式同石油和石油产品的生产、运输、市场贸易以及使用联系在一起。利用石油制造的各种产品繁多,约有二千余种,许多日常用品,如人们穿的一些衣服,都是用石油制造出来的。由于石油在现代社会中的广泛使用,其需求量大幅度增加,石油成为人类生活中的一种十分重要的物质。石油具体可分为石油原油和石油产品。

1.石油原油

石油原油是从直接出油井中开采出来的一种褐色或黑色的可燃性矿物油，是多种烃类（烷烃、环烷烃、芳香烃）的复杂混合物。它的碳含量为84%～87%，氢含量为11%～14%。此外，还含有少量的氮、氧、硫元素和各种微量元素。原油经过加工可以提炼出汽油、煤油、柴油、润滑油和其他化工产品。

2.石油产品

（1）汽油。有航空汽油、车用汽油和溶剂汽油等品种。汽油按马氏法辛烷值分为66、70、76、80号和85号汽油5个牌号。按研究辛烷值分为90号、93号、95号、97号和99号汽油等牌号。不同牌号的表示辛烷值的高低，牌号越高，汽油含辛烷值越高，抗爆性能越好。汽油内常掺有剧毒四乙铅，以提高其抗爆性能，为表示有毒，故染成红色或黄色，以引起注意。

（2）煤油。一般情况下，煤油分为民用煤油、动力煤油和重质煤油等。按其质量高低分为优质品、一级品和合格品三个等级，用于航空、照明、工业溶剂等。

（3）柴油。柴油只能作为柴油发动机的燃油，可分为：

①轻柴油。供柴油汽车、拖拉机和各种高速柴油发动机作燃料。按凝点分为10号、0号、-10号、-20号、-35号、-50号6个牌号。10号轻柴油表示其凝点不高于10℃，其余类推，牌号越高，凝点越低，成本和价格也越高。

②重柴油。按凝点高低分为10号、20号、30号3个牌号。分别表示凝点不高于10℃、20℃、30℃，可供中速和低速柴油机作燃料。

③燃料油，按其黏度大小分为20号、60号、100号、200号、250号等5个牌号。号数越大表示黏度越大。其中：20号、60号、100号、200号4个牌号的燃油又称重油，可作为船舶工业和取暖锅炉的燃料。250号燃油又称渣油，用于发电厂等大型锅炉。

（4）润滑油。润滑油主要用于机械设备的摩擦部位，起润滑作用，有的品种还具有冷却、密封、清洁和防锈等作用。按其黏度大小划分为不同的牌号，可作为气缸油、车船用润滑油等。

二、石油的特性

石油类货物的主要特性包括以下几个方面：

1.易燃性

石油和石油产品的易燃程度可以用闪点、燃点和自燃点来衡量。闪点即在常压下和一定温度时，油品蒸发出来的油蒸汽和空气混合后，与火焰接触闪出蓝色火花并立即熄灭时的最低温度；燃点即在常大气压力下和一定温度时，油品蒸发出来的油蒸气与空气混合后，与火焰接触而着火并继续燃烧不少于5s时的最低温度；自燃点即在常压下，将油品加热到某温度，不用引火也能自行燃烧时的最低温度。表6-1和表6-2给出了在常压下几种石油主要产品的闪点及火灾危险分类。

按石油产品的闪点高低将其划分为三级：闪点在28℃以下的油品属于一级易燃液体，闪点在28～60℃范围内的油品属于二级易燃液体，闪点在60℃以上的油品属于三级易燃液体。一级和二级油品都极易燃烧。

2.爆炸性

爆炸是一种极为迅速的物理或化学的能量释放过程。在此过程中，体系内的物质以极快的速度把其内部所含有的能量释放出来,转变为机械功、光和热等能量形式。爆炸具有极大的破坏性,它可能造成设施设备、建筑物的破坏、人员的伤害及火灾事故。

石油产品的闪点、燃点、自燃点　　　　　　　　　　　　表6-1

油　品	温　度（℃）	
	闪点	燃点
原油	27～45	一般较闪点高3～6℃,但个别油品则高的许多,例如航空润滑油
汽油	-58～10	
煤油	28～60	
柴油	50～90	
润滑油	120～200	

资料来源:潘海涛.液体散货码头装卸工艺综述[J].水运工程,2006(10).

油品火灾危险性分类　　　　　　　　　　　　表6-2

类　别	油品闪点(℃)	例
一级	28℃以下	原油、汽油
二级	28～60℃	喷气燃料、灯用煤油、-35号轻柴油
三级	60～120℃	轻柴油、重柴油、20号重油
	120℃以上	润滑油、100号重油

资料来源:中华人民共和国行业标准.装卸油品码头防火设计规范[S],1999.

油品储运中发生的爆炸,按其原理主要有两类:一类是油气混合气因遇火而爆炸,这是一种化学性爆炸;另一类是密闭容器内的介质,在外界因素作用下,由于物理作用,发生剧烈膨胀超压而爆炸,如空油桶等因高温或剧烈的碰撞使腔内气体剧烈膨胀而造成爆炸等。在油库中最易发生的是第一类爆炸。

油蒸气与空气的混合气达到适当浓度时,遇到足够能量的火源就能发生爆炸。某种油蒸气在空气中能发生爆炸的最低浓度和最高浓度,称为某种油蒸气的爆炸浓度下限和爆炸浓度上限,其所对应的饱和蒸气压对应的油料温度称为这种油料的爆炸温度极限。爆炸极限一般使用可燃气体在混合气体中的体积百分数来表示,如表6-3所示。

几种物资的爆炸极限　　　　　　　　　　　　表6-3

气体或液体名称	与空气混合时爆炸极限（体积百分比）		爆炸范围	气体或液体名称	与空气混合时爆炸极限（体积百分比）		爆炸范围
	爆炸下限	爆炸上限			爆炸下限	爆炸上限	
甲烷	5.3	14.0	8.7	苯	1.5	9.5	8.0
乙烷	3.2	12.5	9.3	汽油	1.0	6.0	5.0
丙烷	2.4	9.5	7.1	煤油	1.4	7.5	6.1
丁烷	106	8.5	6.9	乙炔	2.5	80.0	77.5

资料来源:潘海涛.液体散货码头装卸工艺综述[J].水运工程,2006(10).

由上表可见,汽油的爆炸极限下限为1%,上限为6%。当空气中含油蒸气的量处于爆炸上限和爆炸下限之间,才有爆炸的危险,而且爆炸极限的幅度越大,危险性就越大。如果低于爆炸下限,遇明火,既不会爆炸,也不会燃烧;当空气中含油蒸汽的量超过上限时,遇火只会燃烧而不会立刻爆炸,并在燃烧过程中可能突然转为爆炸。这是因为油品蒸汽在空气中所占的体积百分比在燃烧中逐渐降低而达到爆炸上限的缘故。在考虑石油码头的建设时,要注意以下几个方面:

(1)油码头要和其他码头分隔并设在下游或下风处;

(2)临近的建筑物要有300m以上的防护距离,并要和居民区分开;

(3)码头要设置合理的消防设施。

3. 挥发性

石油产品主要由烷烃和环烷烃组成,大致是碳原子数4个以下为气体,5~12个为汽油,9~16个为煤油,15~25个为柴油,20~27个为润滑油;碳原子16个以下为轻质馏分,很容易挥发成气体。不同的油料的挥发性是不同的,一般轻质成分越多,挥发性越大,汽油大于煤油,煤油大于柴油,润滑油挥发较慢,同时油料在不同温度和压力下,挥发性也不同,温度越高,挥发越快,压力越低,挥发越快。从油料中挥发出来的油蒸汽迅速与空气混合,形成可燃混合气,一旦遇到足够大的点火能量,就会引起燃烧和爆炸。挥发性越大的油料的火灾危险性越大。因此石油的挥发性对安全运输、装卸和贮存具有重大的意义。

另外,石油的挥发会引起油量的减少和油质的降低,因为挥发成气体的大部分是石油及其产品中的轻质有效成分,而且这些挥发的气体还会伤害人体健康,一般情况下,当空气中油蒸汽的含量达8.3g/L时,还会危及人的生命。所以这就是要求,油码头要加强通风,开放,配备必要的防毒面具以在检修管道或油罐时用。

4. 扩散性

油料的扩散性及其对火灾危险的影响主要表现在以下三个方面:

(1)油料的流动性。油料,特别是轻质油料,具有很强的流动性。油料的这种流动性使得油料的扩散能力大大增强。所以,油料的流动性使其在储存和运输过程中易发生溢油和漏油事故,同时也易沿着地面或设备流淌扩散,增大了火灾危险性,也易使火势范围扩大,增加了灭火难度和火灾损失。

(2)油料比水轻且不溶于水。这一特性决定了油料会沿水面漂浮扩散。一旦管道、储油设备或油船把油料漏入江、河、湖、海等水域,油料就会浮于水面,随波漂流,造成严重的污染,甚至造成火灾。这一特性还使得不能用水直接覆盖扑救油料火灾,因为这样做反而可能扩大火势和范围。

(3)油蒸汽的扩散性。油蒸汽的扩散性是由于油蒸汽的密度比空气略大,且很接近,有风时受风影响会随风飘散,即使无风时,它也能沿地面扩散出50m以外,并易积聚在坑洼地。

5. 纯洁性

不同品种的石油产品一旦混在一起就不易分离,这就要求石油产品在装卸运输贮存时要保持其纯洁性。因为混合品种的油会影响油的质量,而不同油种的用途也是各不相同的。如:变压器油要严格防水,润滑油要严格防尘等。为了保持各种油种品质的纯洁性,在装卸输送和贮存时,要设专线管道,如管道输送的油种发生变化时,先要进行严格彻底地冲洗,所以在石油装卸机械化系统中,应设置管道冲洗设备。冲洗方法可用蒸汽冲洗,还有水冲洗和人工清洗等几种。前者效果较好,但成本较高,通常用于对清洗要求较高的油品(如汽油)。

6. 易产生静电性

石油沿管线流动时,与管道壁产生摩擦,石油在金属容器中晃动与容器壁摩擦均会产生静电荷,产生的静电荷就聚集在管道的容器壁上,当静电荷积聚到一定电位时,会产生静电放电,这种放电的火花对有大量的石油蒸汽的作业场所来说,很容易引起燃烧和爆炸。

影响产生静电荷的因素是多方面的,如:油品带电与管壁(容器壁)的粗糙程度有关,管壁越粗糙,油品带电越多;也与油温有关,温度越高,产生静电荷越多,但如柴油则相反;油品在管道内流速越大,流动的时间越长,产生的静电荷越多,反之越少;空气的相对湿度越大,产生的静电荷越少等。当静电积聚到一定电位时,会产生静电放电。这种放电的火花对具有大量石油蒸汽的作业现场来说,很容易引起石油蒸汽着火或爆炸。静电放电导致石油火灾的危险性很大,所以在装卸时,要采取排除和减少静电荷积聚的措施,如容器壁要有一定的光滑度,控制油温和油的流速等,更重要的是,所有的输油管和贮油设备等都应设置可靠的接地装置,以将摩擦产生的静电导入地下。

7. 黏结性

一些不透明的油品在低温时会凝结成糊状或块状,给装卸造成困难。油品的黏结性可用凝点和黏度来表示。凝点是指油品受冷后停止流动的初始温度,黏度则表示油品流动时内部摩擦力的大小或流动性大小的指标。黏度越大则流动性越小。船舶装运高黏度油品时,需对油品进行加温以降低其黏度。因此,在不少油船舱底部常铺设加热的蛇形管系,用于对货油的加温,加温必须适当,使之既便于装卸又不使大量油气挥发。

8. 膨胀性

物质具有热胀冷缩的特性,称为膨胀性。膨胀性表现为物资的体积随着温度的升高或降低产生膨胀或缩小。石油及其产品受热时,体积会膨胀而增大,这就是石油的膨胀性,用膨胀系数表示:

$$\beta = \frac{V_2 - V}{V_1(t_2 - t_1)}$$

式中:β——膨胀系数(m);

V_1——初始体积(m^3);

V_2——变化后的体积(m^3);

t_1——初始油温(℃);

t_2——变化后的油温(℃)。

由上式可见:油品的膨胀性与体积、温度有关。一般来说,油品越轻,膨胀系数越大。石油及其产品的膨胀性要求在输油和贮油的油罐容器中留出一定的剩余空间,以适应这种特性的要求。

9. 腐蚀性

有些油品,如汽油中含有水溶性酸碱、有机酸、硫或硫化物时,可能引起对船体材料的腐蚀。因此,船舶装运这些油品后,应清洗油舱并进行通风以减少其受腐蚀。

10. 污染性

石油类货物是液体货物，绝大多数货物比水轻又易挥发出石油气，当散装石油类货物发生遗漏时，会污染环境、水域以及使其他货物被油污、窜味等。油船必须严格执行国际和国内有关防污染公约和法规。

11. 毒害性

石油蒸汽对人体健康很有害，因石油中毒或以吸入蒸汽而引起中毒的情况时有发生，越是大量吸入蒸汽就越能造成人体中毒甚至死亡。有的油品，如四乙基铅的汽油蒸汽毒害性更大，它可以通过皮肤接触使人中毒。石油的毒性与其蒸发性有密切关系，易蒸发的石油制品比难蒸发的石油制品毒性大。

总之，石油是一种危险品，如不注意，在运输和储存的过程中容易发生泄漏，带来严重的后果，所以必须要注意预防它的溢漏污染。

三、液体化学品的种类

1. 散装液体化学品的定义

IMO《国际散装运输危险化学品船舶结构和设备规则》（以下简称《IBC 规则》）给出的散装液体化学品定义是：温度在 37.8℃时，其蒸气绝对压力不超过 0.28MPa 的液体危险化学品。它主要包括石油化工产品、煤焦油产品、碳水化合物的衍生物、强化学剂等。其具体货名列在《IBC 规则》的第十七章，但不包括石油及上述所指的货物以外的物品。

2. 散装液体化学品的分类

由于散装液体化学品种类繁多，且性质各异，无法对其统一分类，但当强调某一特殊危险性时，国际上或某些国家给出了相应的分类系统。

（1）按污染性分类。散装液体化学品中有一大类具有污染性，新修改的 MARPOL73/78 附则Ⅱ根据其对海洋的污染性将其分为 4 类，分别为 X、Y、Z 及 OS 四类（分别对应修改之前的 A、B、C、D 四类）。

X 类：这类物质如从洗舱或排放压载水的作业中排放入海，将对海洋资源或人类健康产生重大危害，或对海上的休憩环境或其他合法利用造成严重损害，因此有必要对其采取严格的防污措施。

Y 类：这类物质如从洗舱或排放压载水的作业中排放入海，将对其海洋资源或人类健康产生危害，或对海上休憩环境或其他合法利用造成损害，因此有必要对其采取特殊的防污措施。

Z 类：这类物质如从洗舱或排放压载水的作业中排放入海，将对其海洋资源或人类健康产生较小的危害，或对海上休憩环境或其他合法利用造成轻微的损害，因此有必要对其采取特殊的操作条件。

OS 类：这类物质如从洗舱或排放压载水的作业中排放入海，将对其海洋资源或人类健康产生可察觉的危害，或对海上休憩环境或其他合法利用造成轻微的损害，因此要求对其操作条件给予适当的注意。

（2）按反应性分类。美国海岸警卫队（USCG）根据散装液体化学品的反应性不同，将其分为 5 类。

0 类：指几乎不发生反应的物质，但在某种条件下能与 4 类物质反应，如饱和烃。

1 类:仅与 4 类物质反应的液体化学品,如芳香烃、烯烃、醚和醋。

2 类:不能与 0 类和 1 类物质反应,或本类物质不能相互反应的液体化学品,但能与 3 类和 4 类物质反应,如醇、酮和聚合物。

3 类:能与 2 类和 4 类物质反应且本类能相互反应的液体化学品,如:有机酸、液氨和环氧衍生物。

4 类:能相互反应并能与其所有类的液体化学品反应的物质,如:浓无机酸、强碱、磷和硫。

这样粗略的分类不能满足安全运输中积载和隔离的要求,所以美国海岸警卫队又进一步制定了货物相容性表,将液体化学品分为 36 类,1～22 为反应类,30～43 为相容类。

按反应性分类的还有挪威船舶法规,根据反应性的程度将液体化学品分为 25 类(共 38 小类)。反应性程度分为不反应、强烈反应和例外情况 3 种。

四、液体化学品的特性

1. 液体化学品本身的危险特性

(1)易燃烧,爆炸范围大。许多液体化学品燃烧的危险性甚至比石油及其制品还要大,闪点低,爆炸范围宽;有的则自燃点低,如:乙醚的闪点为 -40℃,爆炸范围为 1.85%～36.5%;二硫化碳的自燃点为 100℃。

(2)反应性。某些液体化学品的性质很活泼,能与水、空气、其他货品发生反应,甚至是自身分解、结晶、自偶氧化还原和聚合反应。

(3)毒性大。液体化学品蒸汽一般都具有刺激性和毒性,有的还是剧毒品,半致死浓度较低,如:酚的 TLV 为 5ppm;苯的 TLV 为 10ppm。

(4)腐蚀性强。液体化学品的腐蚀性不仅表现在对有机体即人的腐蚀性,对货舱结构、船舶设备和机构材料也会造成腐蚀,如:硫酸、氢氧化钠。

(5)污染性。液体化学品本身对生物有毒性,再加上在环境中的扩散特性,进入水体后对海洋环境、海洋资源会产生很大的危害。对于这类货品还应满足 MARPOL73/78 提出的防止海洋污染的操作要求。

2. 其他与运输管理有关的特性

(1)相对密度范围大。液体化学品的种类繁多,各自的相对密度差别很大。有的比水轻,如苯的相对密度为 0.88;有的却比水重得多,如甲基铅为 1.99。

(2)黏度大。液体化学品中的许多种类黏度大、流动性差,而且容易凝固。如对二甲苯的凝固点为 13℃。

(3)蒸气压高、沸点低。液体化学品中的许多种类既有很强的挥发性,有的品种其沸点就在环境温度范围内,如乙醚的沸点是 34℃,在高温季节,乙醚就是"气体"物质。

(4)敏感性。某些液体化学品对像光照、热、杂质等因素十分敏感,结果除了会造成货损外,还能导致危险事故,如:苯乙烯在光照条件下会发生聚合反应,生成固体的聚苯乙烯并放出大量的热,从而导致货损和其他危险事故。

(5)聚合反应。对于液体化学品而言,聚合反应是指某些含有不饱和双键的乙烯类化合物和容易发生开链的环氧类化合物,它们可能发生自身结合在一起的反应,形成至少成双分子的化合物,通常可连接成千上万个分子,即聚合物。这种反应即聚合反应,形成聚合物的简单

分子称为单体。单体一般是可以自由流动的液体化学品。但发生聚合反应之后，黏度明显增大，甚至变成固体，完全失去流动性。这是很危险的。这些固体物质会黏附在舱壁上、阻塞在管路中，导致液货舱结构和设备的损坏，甚至发生重大事故。

聚合反应可能由于光照、受热、杂质或催化剂的影响而发生，也可能在没有外界影响的情况下自动发生。为防止在运输中发生聚合反应，应采取以下防范措施：

（1）密闭舱盖，避免日光照射；

（2）保持冷却状态，避免与能发热的货物或机舱相邻装载；

（3）控制温度，提前计划当温度超过标准时应采取的措施；

（4）加入阻聚剂以抑制聚合反应的发生。其作用机理是靠自身的不断消耗达到抑制货物发生聚合反应，而且温度越高消耗的越快。所以其作用是有一定期限的。托运人在证书上写明阻聚剂的名称、加入量（浓度）、加入时间、有效期以及温度限制等内容。

第二节　油品装卸设备

石油的装卸设备主要包括输油泵、管线及附加设备。

一、输油泵

输油泵的作用是产生压能，使油品在压差的作用下流动。输油泵一般要求排量大，扬程较低；扬程高时，采用多级离心泵；扬程低的采用单级离心泵。

输油泵主要有离心泵、往复泵、齿轮泵和螺杆泵等几种。油料黏度大、流动阻力大、流量较小（$30m^3/h$ 以下），只能用容积泵活塞泵，齿轮泵和螺杆泵输送；新建的大型油库，因黏油的收发量大，采用螺杆泵，流量通常为 $90m^3/h$ 左右。油港输油实际中通常采用的是离心泵（图6-1），我国几个油港以及石油部的部分长输管线泵站，大都采用这种泵型。前两种输油泵适用于精度较大的油品，如润滑油，也可用于冲洗管道。装卸黏度较大的油品时，也可用往复泵。

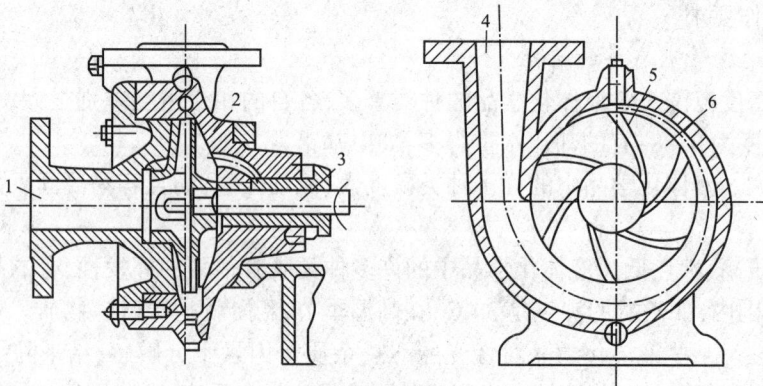

图6-1　离心泵结构

1-吸入接管；2-泵壳；3-泵轴；4-扩压管；5-叶瓣；6-叶轮

泵的主要工作部件是叶轮和泵壳。叶轮通常是由若干弧形叶瓣和两侧圆盘所构成。叶轮用键和螺母固定在泵的一端，轴的另一端则通过填料箱伸出于泵壳之外，由原动机驱动按箭头指向回转。泵壳呈螺线形,吸入管和排出管分别连接在泵壳的中心和螺壳的出口上。

泵工作时,预先充满在泵中的液体,受叶瓣的推压,被迫随叶轮一起回转,并因而产生一定的离心力,使液体自叶轮中心向四周抛出,然后,沿泵壳中的流道流向排出管。与此同时,在叶轮的中心形成一定的真空。因此,在吸入液面上的大气压力作用下,液体就会经吸入管进入叶轮的中心。

液体流经叶轮后的压力和速度都比进入叶轮里增加了许多。为了减少液体通过排出管时的阻力损失,故需降低流速,把动能部分地转变为压力能,为此就须采用通流截面逐渐扩大的能量转换装置;而上面所说的螺线形泵壳,就是其中常用的一种。此外,螺壳还兼有汇聚液体并将其平稳地导向排出管的作用。

1. 离心泵的主要特性参数

流量:指单位时间内从泵的排出口所排出的液体体积,用 L/s,m^3/h 表示。

压头(扬程):指单位重量的液体通过泵,所获得的能量增值(用 m 表示)。

$$H = h_1 + h_2 + h_3 + h_4$$

式中:H——扬程,压头;

h_1——管道的压头损失(包括沿程损失和局部损失),它与采用的输油臂的口径、台数、输油效率、油品性质有关,一般可取 10 ~ 32m;

h_2——输油管上附属设备(如:输油臂、流量计、加热器、热交换器等)的压头损失(m);

h_3——地形高差(m),指最低液面与标高最低最远的油罐进出油罐顶之差;

h_4——富裕压头,一般可取 15 ~ 20m,由于在使用过程中,除上述压头标高之差造成的损失外,还由于管道积蜡、积土后减少管道截面,管内壁绝对粗糙度和雷诺数的改变,所需压头的损失,故需有富裕压头。

功率和效率。泵在单位时间内对液体所做的功,称为有效功率,其值等于:

$$N_c = \frac{QH\gamma}{367}$$

式中:N_c——泵的有效功率(kW);

Q——泵的流量(m^3/h);

H——泵的扬程液柱(m);

γ——液体的密度(t/m^3)。

泵工作时,由原动机传给泵轴的功率,称为辅功率 N。泵的效率是指泵的有效功率与轴功率之比,即:

$$\eta = \frac{N_c}{N} \times 100\%$$

式中:N——泵的轴功率(kW);

η——泵的效率。

通常泵的铭牌上表明的功率不是有效功率,而是指与泵配合的原动机的功率,有些铭牌上表明轴功率,它是指泵需要的功率,在选配原动机时原动机功率应比轴功率稍大,一般取原动机功率为 1.1 ~ 1.2 的轴功率。

转数 n 指泵轴或叶轮每分钟旋转的次数,单位 r/min。一般产品样本上规定的转数是指泵

的最高转数许可值,实际工作中最高不能超过许可值的4%。

允许吸入真空高度,是指泵在正常运转的情况下,泵入口处许可的最大真空度,单位为m(液柱),它标志泵的吸入性能。

泵铭牌上给出的流量、扬轴功率、效率都是用水试验得出的。当液体不是清水时,应根据液体性能修正Q、H、N、η。具体的修正方法可查泵产品样本或有关油品储运工艺设计手册。

2.输油泵的选择

输油泵的型号,应根据原油性质和输油参数进行选择,一般宜选用离心泵,同一泵房内,泵型应尽量一致,配用电机应优先考虑防爆型,电压力求一致。

输油泵的流量,应根据装船、装车、管道输送等不同情况分别确定:

(1)装船:

$$Q = \frac{P}{n \times v}$$

式中:Q——每台泵的流量(t/m³);

  P——同时装油的油船装船效率之和,t/h。油船的装船,可取油船载重量的1/10或稍多;

  n——泵并联工作的台数(台);

  v——油品的密度(t/m³)。

应该注意,对于大小泊位共用泵的情况,在确定泵的流量和台数时,要兼顾小泊位的接收能力,便于调节流量。

(2)装车:

$$Q = \frac{NV}{t \times n}$$

式中:N——每次最大装车量数(数);

  V——每辆油罐车平均容量;

  n——泵并联工作台数;

  t——一次装油时间,指一列罐车的净装油时间。

(3)管道输送:

$$Q = \frac{Q_年}{T_年 \times 24 \times v \times n}$$

式中:$Q_年$——年原油进口量(t);

  $T_年$——输油管线年工作天数。

输油泵的压头(扬程),应能满足在设计流量下,原油从起点至终点所需要的压头,输油泵的压头一般为1.2倍输油管的计算压头。各类输油泵的工作性能比较见表6-4。

二、管线及附加设备

石油装卸码头的管线有油管线、气管线(如压缩空气管线、真空管线)、水管线(冷水、热水管线)、消防管线、惰性气体管线等几种,其中主要为油管线。

输油泵工作性能比较　　　　　　　　　　　　　　　　　　　　表6-4

项目比较	离心泵	往复泵	齿轮泵	螺杆泵
转速	转速高,通常为1500~3000r/min或更高	往复频率低,通常在140次/min以下	一般1500r/min以下	一般在1500r/min以下,小型泵可为3000r/min
流量	流量均匀,且流量随扬程变化而变化;流量范围大,通常在10~350m³/h之间	流量不均匀,流量只和泵的往复次数有关,而与工作压力无关;流量范围较小,一般在10~50m³/h之间	流量均匀,但比离心泵差些,而与工作压力无关,流量较小,通常在30m³/h以下	流量均匀,流量只与转速有关,而与工作压力无关,流量范围较大,通常在0.52~300m³/h之间
扬程	扬程与流量有关,在一定流程下,只能供给一定扬程;单级泵扬程可达300m以上	扬程由输送高度和管路阻力决定,只要泵和管路强度足够大,且电动机功率也大,扬程也可相应增高;使用工作压力一般在980kPa以下	扬程由输送高度和管路阻力决定,只要泵和管路强度足够大,且电动机功率也大,扬程也可相应增高;使用工作压力一般在392kPa以下	扬程特点同往复泵一样,使用工作压力在39.2MPa以下
功率	功率范围大,可达500kW	功率小,一般在20kW以内	功率小,一般在10kW以内	功率范围大,一般在500kW以内
效率	效率较高,一般在0.5~0.9之间,在额定流量下效率最高,随流量变化,效率也相应变化	效率大,一般在0.72~0.93之间;在不同工作压力下,效率仍保持较大值	效率一般在0.6~0.9之间,工作压力高时,效率会降低	效率一般在0.8~0.9之间
允许吸入真空	一般为4.5~7m,最大可达8m	一般可达8m	一般在6.5m	一般在4.5~6m

1.油管线的种类

油管线是联系泵房、油罐、油码头及铁路装卸车台的主要设备。油管线的种类有:钢管、耐油胶管、软质输油管等。固定输油管多用钢管;耐油胶管主要用于机动装、卸、输油设备,连接的活动部位;软质输油管是一种新产品,由于其收卷方便,在野外作业时得到广泛应用。

(1)钢管。钢管按其制造方法分为无缝钢管和焊接钢管。无缝钢管又分为热轧和冷拔两种,油库常用的是热轧普通无缝钢管。它的主要优点是:品种规格多,强度高,安全可靠。无缝钢管的规格用外径乘壁厚表示,如159mm×4.5mm,表示外径为159mm,壁厚为4.5mm。

焊接钢管是先将钢板卷成圆筒,然后焊接而成。根据钢板卷制的方式不同,可分为对缝焊管和螺旋焊接管两种,大直径管路采用螺旋形焊缝。按表面质量分镀锌和不镀锌两种,镀锌的俗称白铁管,不镀锌的俗称黑铁管。焊接钢管价格较便宜。管壁较均匀,能制成较大直径;缺点是焊缝强度往往不能完全得到保证,因而承受压力较低。

(2)胶管。油库常用的胶管主要有输油胶管、重型输油胶管、钢丝编织输油胶管等。

①输油胶管,即中间及外层都带螺旋金属丝的输油胶管,这种胶管由内胶层、内增强层、螺旋金属丝、中胶层、中间增强层、螺旋金属丝、外增强层以及外胶层组成。承压能力较强,可用于吸入和排出管。适合用于油船的装卸,也可用于军舰加油。

②钢丝编织输油胶管由内胶布缓冲层或棉线螺旋钢丝、中间胶层、钢丝编织层和外胶层组

成。承压能力较强,工作压力为 980kPa。这种胶管没有接头,可以截断使用。可以作为排出管,也可用于吸入管路。

(3)软质输油管。这种输油管主要由能承受内压和拉力的编织骨架层和防渗内外保护层组成。编织骨架层采用锦纶涤纶做主要材料,内外保护层采用橡胶做主要材料。它的优点是重量轻、存放体积小、使用方便等。

2. 油管管径的确定

管径的确定是先根据流体性质和允许压力选定流速,然后根据下式计算:

$$D = 18.8 \sqrt{\frac{Q}{v}}$$

式中:D——管内径(mm);

Q——管线中的最大流量;

v——管线中的允许流速(m/s)。

根据计算结果,最后应按国家标准取值。管径的选择应充分考虑操作要求,技术可能和经济合理,油管线推荐见表 6-5。

油管线推荐流速   表 6-5

运动黏度 (CSt)	吸入管线速度 (m/s)	排出管(扩压管)流速 (m/s)	运动黏度 (CSt)	吸入管线速度 (m/s)	排出管(扩压管)流速 (m/s)
10 ~ 11.4	1.5 ~ 2.0	2.5 ~ 3.0	74.0 ~ 148.2	1.1 ~ 1.2	1.2 ~ 1.5
11.4 ~ 28.4	1.3 ~ 1.8	2.0 ~ 2.5	148.2 ~ 444.6	1.0	1.1 ~ 1.2
28.4 ~ 74.0	1.2 ~ 1.5	1.5 ~ 2.0	444.6 ~ 889.2	0.8	1.0

资料来源:宗蓓华,真虹.港口装卸工艺学[M].北京:人民交通出版社,2003.

3. 油管的伴热措施

为了使油品在输送过程中不冷凝和温降不要过大,油管须采用伴热措施。伴热措施常有蒸气管伴热或电加热,目前国内采用蒸气管伴热较为广泛。

蒸气管伴热有内伴热、外伴热和外伴随三种:

(1)蒸气管内伴热。内伴热(图 6-2)是在油管内部同一蒸气管,其优点是热效率高,缺点是施工维修困难,蒸气管支撑在油管内部,油品管线摩阻增大,又由于两种管子内解质温度不同,热伸长量也不一样,故在蒸气管弯头处及引出油管的焊缝处常因裂纹而发生漏油现象。为克服上述缺点,可在蒸气管伸出处的油管上接一短管,使蒸气管的焊口全部露出外面,并便于蒸气管的伸缩。

(2)蒸气管外伴热。外伴热是油管外套有蒸气管。其优点是传热面大,热效率较高,多用于炉前管道。缺点是耗用钢材较多。

(3)蒸气管外伴随。外伴随(图 6-3)是在油管外部伴随一根或多根蒸气管,一起包扎在同一保温层内,其优点是便于施工检修,也不会发生油气混窜的问题,但传热效率与内伴热和外伴热相比则较低。

除了对油管线采用伴热措施外,为了减少热损失还必须对管线进行保温。油管线常用的保温材料有玻璃棉毡和蛭石等,由于重油管线常用蒸气外伴随管,保温形状不一,较难采用蛭石预制块进行保温。保温层外面应加保护壳。

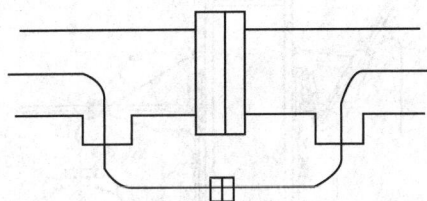

图6-2　内伴热

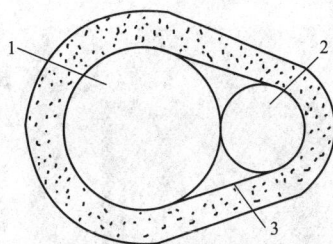

图6-3　外伴随
1-油管;2-蒸气管;3-铁丝网保温层保护

管线保温层的经济厚度,应使全年的热损失价值和全年投资的折旧费之和为最小。管线受温度变化的影响会发生胀缩现象,为了避免损坏管线,对地面敷设的热油、热水、蒸气管,应每隔一定距离加补偿器,并在管线"两端"增加固定支墩,补偿器的间距根据所用补偿器的补偿能力而定。补偿器的种类包括填函补偿器、波纹管补偿器Ⅱ形、Ω形以及Z形、弯管等(图6-4)。油码头常用的是Ⅱ形、Ω形以及Z形补偿器。

管线上还要附加必要的阀门、油筛、流量表等。

三、输油臂

输油臂是一种新型的油港装卸设备。输油臂装卸油品时,连接船舶和码头前沿输油管道,将油品卸入储油罐的装卸设备。输油臂具有俯仰和旋转的功能,臂上油管为有活动接头的钢管,如图6-5所示。输油臂的特点是生产安全可靠、省力、使用年限长、效率高、维修费用低,有利于油港装卸自动化。图6-6为输油臂实物图。

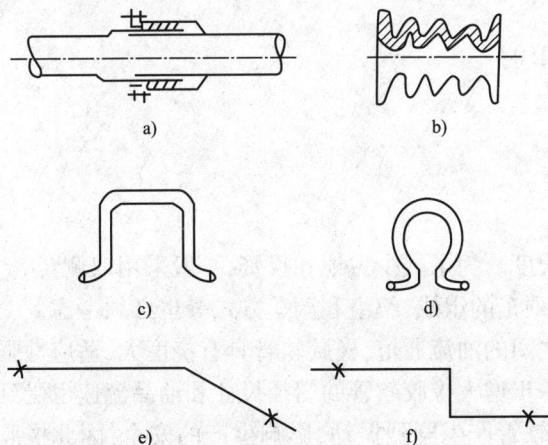

图6-4　补偿器
a)填函;b)波纹管;c)Ⅱ形;d)Ω形;e)、f)自然补偿

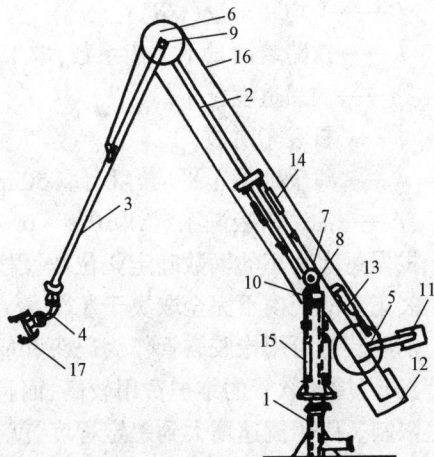

图6-5　输油臂
1-竖管;2-内伸臂;3-外伸臂;4-三向接头;5-尾部绳轮;6-头部绳轮;7-中部绳轮;8、9、10-回转接头;11-外伸臂平衡重;12-平衡重;13-外伸臂回转液压缸;14-内伸臂回转液压缸;15-水平回转液压缸;16-拉索;17-液压快速接合与脱开装置

四、车船装卸的连接设备

油罐车的装卸一般都设置装车台(栈桥)和鹤管(图6-7)。装车台根据油品性质和操作条件不同,而分台设置。

图6-6 输油臂实物图

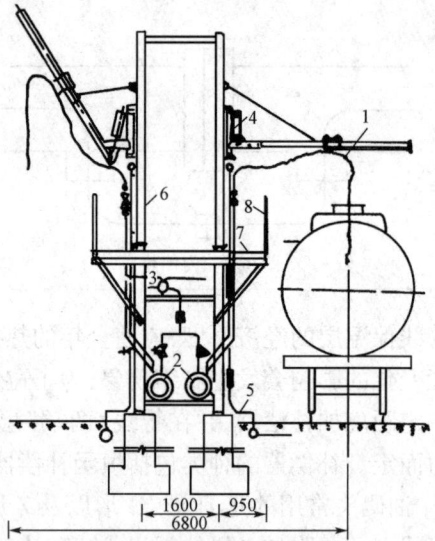

图6-7 鹤管(尺寸单位:mm)

1-小鹤管;2-汇油管;3-接线管;4-气动阀;5-回水管;6-栈桥架;7-平台;8-栏杆

装车台的规模可按下式确定:

$$N = \frac{G \times K}{p \times n \times V \times A}$$

式中:N——每次最大装车辆数(辆);

G——平均装车量(t/d);

K——铁路装油日不平衡系数,取 $1.2 \sim 2.0$;

p——油品重度(t/m³);

n——日装车次数;

V——每辆油罐车平均容积,取50m³;

A——油罐车装满系数,取 $0.9 \sim 0.95$。

根据每次装车的辆数确定鹤位数及栈台长度。为了减少占地和投资,一般采用双侧台。

装车台的规模不完全取决于装车量,油罐列车的组成、编组和调车方式等也必须考虑。

油船装卸可用橡胶软管作为码头和船舶之间的油流通道,橡胶软管具有挠度大、适应性强的特点,但橡胶软管的维护费用较高,而且进一步增大橡胶软管的门径尺寸和油品流速也受到一定限制。因为流速增大到一定程度,就会使软管产生剧烈振动,影响生产的安全,因此橡胶软管已不适宜作为大型油船的高速、高效的装卸输油管线。

第三节 油品存储设备

一、油库概述

1. 油库概念

油库是储存、转运和供应石油及石油产品的专业性仓库,是协调原油生产和加工、成品油运输及供应的纽带。

2.油库的作用

(1)基地作用:油库是国家石油储备和供应的基地。

(2)纽带作用:油库是协调原油生产、原油加工、成品油供应及运输的纽带。

除此之外,油库还是用于集聚或中转油料的生产基地,是用于平衡消费流通领域的供销部门,是企业部门用于保证生产,还是国家战略储备的一部分。

3.油库的种类

油库的类型很多,根据不同的分类方法,油库大体可以分为如下几类。

(1)按管理体制和业务性质划分。根据油库的管理体制和业务性质,油库可以分为独立油库和附属油库两大类型,如图6-8所示。

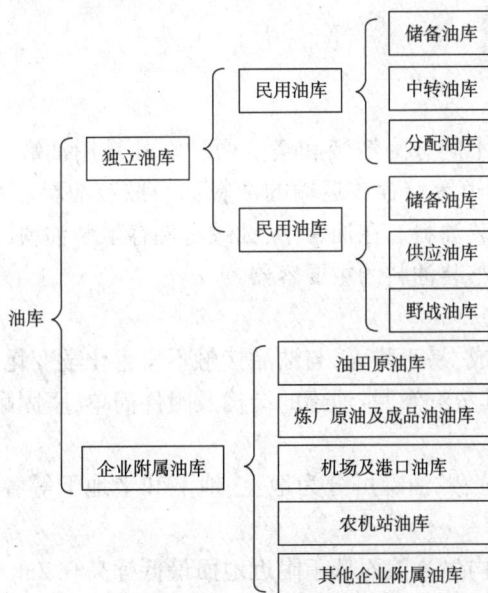

图6-8 油库按管理体制和业务性质分类

第一类是独立油库。独立油库是指专门接收、储存和发放油品的独立企业或单位,它包括民用油库和军用油库两种,其中民用油库又分成储备油库、中转油库和分配油库;军用油库分为储备油库、供应油库和转运油库。第二类是附属油库。附属油库是指企业或其他单位为了满足本部门需要而设置的油库。它也包括民用油库和军用油库两种。其中民用油库又分成油田原油库、炼油厂油库、机场及港口油库、农机站油库和其他企业油库;军用油库分为机场油库和地面部队油库。

上述各类油库中,储备油库平时主要担负战略后方和战役后方的油料、油料器材的储备,日常油料供应任务较少。储备油库的容量一般都较大,多为隐蔽性好、防护能力强的山洞库或地下库。供应油库在储存一定数量油料的前提下,主要任务是保障一定区域内各单位的用油,其库容量一般较储备油库小,油料品种比较齐全,收发作业频繁。转运油库承担油料的中转任务,一般设在口岸或交通枢纽地区,将经水路或铁路运来的油料卸下,再经由铁路、水路或公路转运给用油单位。

(2)按容量和年供应量收发量划分。油库按容量和年供应量的收发量的划分,详见表6-6。

石油库的等级 表6-6

等 级	总容量(m³)	等 级	总容量(m³)
一级	大于等于100000	四级	1000～10000
二级	30000～100000	五级	小于1000
三级	10000～30000		

注:表中总容量是指石油库的公称容量和桶装油料设计存放量之总和,不包括零位罐、高架罐、放空罐以及石油库自用油品储罐的容量。低于四级油库的是小型油库或加油站。

(3)按油罐的位置分。油库的划分还可根据油罐的位置定,这部分内容将在储油方式中阐述。

二、油罐储油方式

油料按照储运方式的不同分为散装和整装两种。凡是用油罐、车(铁路油罐车或汽车油罐车)、船(油船、油驳)、管道等储存或运输的油料称为散装油料。凡是用油桶及其他专用容器整储整运的油料称为整装油料。在油库中,油罐是储存散装油料的主要容器,也是油库的主要储油手段。油桶是储存整装油料的主要容器。

1. 油罐的基本要求

油罐应由不燃材料制成,易于防火,与油品接触不发生化学变化,不影响油品质量;油罐应严密性好,不发生油品及其蒸汽渗漏:油罐的结构及附件简单,坚固耐用,便于施工和管理。

2. 油罐的类型

(1)按照建筑形式划分,贮油罐可分为地上、地下和半地下等各不同形式,我国常用的是地上油罐形式。

①地下贮油罐是指罐内最高液面低于附近地面最低标高0.2m。

②地上贮油罐是指油罐底的地面,低于或高于附近地面最低标高的油罐,埋入的深度小于其深度。

③半地下贮油罐是指油罐地下的深度不小于罐高的一半,罐内液面不高于附近地面最低标高2m。

(2)按照油罐的结构形式划分:

①拱顶式。它是最常用的一种钢制油罐的形式。

②浮顶式(见图6-9)。油罐的顶是浮动的,即它可随罐内油及油蒸气的多少而上下浮动,因此,对于挥发性较强的油种是较适宜的。油罐顶的浮动可减少油气挥发的损失。这是因为固定式(拱顶式)罐,当挥发的油蒸气增加时,由于油罐的容积有限,就必定要排气以减少对罐壁的压力,浮顶油罐的体积可随浮式顶的上下浮动而变化,这样便可减少排气损失。所以浮顶式油罐具有密封性能好,油

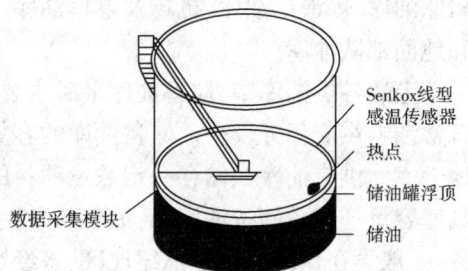

Senkox线型
感温传感器

热点

储油罐浮顶

储油

数据采集模块

图6-9 浮顶式油罐

268

品损耗小,安全性高,适用储存原油及轻质油品。

③呼吸顶式。这种油罐具有柔性的罐顶,它是由 2～3mm 的优质钢板制成,既有柔性又具有所需的强度,呼吸顶式油罐的体积可以改变,但变化的范围不如浮顶式油罐,所以较浮顶式油罐更适用于贮存低沸点油,这是因为浮顶式油罐体积变化范围大,所以当油罐内液面上存在大量的低沸点油蒸气时,就容易发生燃烧,造成事故。但呼吸顶式油罐的体积变化限度小,所以可容油气的量较有限,所以对低沸点油种来说,较为安全可靠。

(3)按油罐使用的不同材料划分可分为金属油罐和非金属油罐。

①金属油罐。金属油罐按形状的分类如图 6-10 所示。

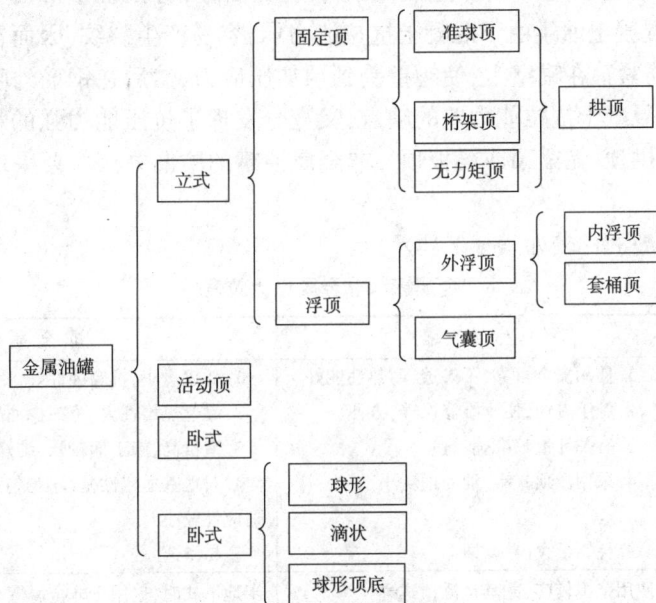

图 6-10　金属油罐分类

根据目前油罐实际及发展状况,应用较多的是立式圆柱形拱顶金属油罐(见图 6-11)、立式圆柱浮顶金属油罐(图 6-12)和卧式金属油罐。立式圆柱形拱顶金属油罐是被广泛采用于

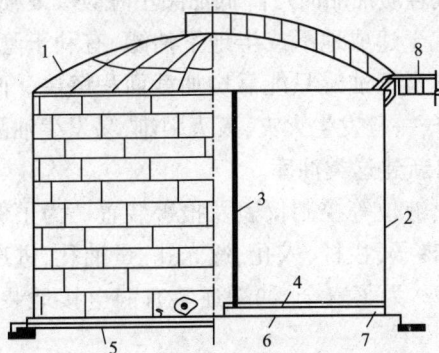

图 6-11　立柱圆柱形金属拱原油罐
1-拱顶板;2-侧板;3-液位计;4-加热管;5-地面管道;
6-底板;7-导形板;8-阶梯

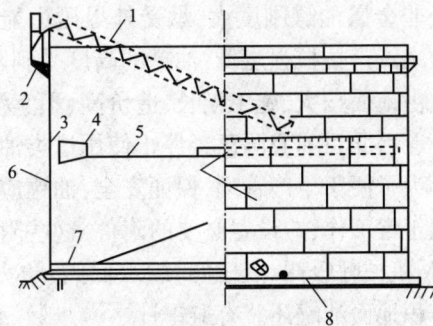

图 6-12　立式圆柱浮顶金属油罐
1-活动梯;2-旋转阶梯;3-密封装置;4-浮筒;5-浮动
灌顶;6-侧板;7-加热管;8-地面管道

储存各种原料油、成品油等的一种油罐。拱顶本身是承重结构，罐内没有桁架和立柱，结构比较简单，钢材用量较少，承压能力也较高。浮顶油罐的特点是顶盖直接放在油面上，随油品收发上下浮动，因此除了顶盖和罐壁之间的部分环形空间外，几乎全部消灭了气体空间，从而大大减少了油品的蒸发损耗。这种油罐被广泛应用于港区储存原油。它的建造容积一般都在5000m³ 以上。卧式圆柱形金属油罐在大型油库中常用来作为附属油罐使用，如用作放空罐、计量罐等。

②非金属油罐。非金属油罐主要有土油罐、砖油罐、石砌油罐和钢筋混凝土油罐等。

钢筋混凝土油罐是上述几种非金属油罐中主要油罐，有圆柱形和卧式拱顶长方形（油池）。圆柱形钢筋混凝土油罐由于混凝土抗拉能力弱，容易产生裂纹，因而常在油罐试水和装油之前，将环形钢筋紧箍在罐壁上，使罐壁受到预加压应力，然后在钢筋外喷水泥砂浆作为保护层。从而克服了混凝土抗拉能力差的缺点，又充分发挥了抗压能力强的特点。钢筋混凝土油罐的罐顶可做成拱顶、无梁顶或梁板顶。非金属油罐的防漏办法主要采取丁腈橡胶贴壁或薄钢板贴壁。

金属和非金属灌的比较如表6-7所示。

金属罐和非金属罐比较表　　　　　　表6-7

项目比较	金 属 罐	非 金 属 罐
使用特点	1. 使用安全可靠，不渗透，耐热性能好 2. 施工方便，便于维修保养，方便 3. 有关计量较准确 4. 采用浮顶式罐，油品损耗小 5. 耗钢量大，易腐蚀	1. 耗钢量小，抗腐蚀性好，使用寿命长 2. 罐壁热惰性大，可减少油品呼吸，损耗小 3. 造价高，施工期较长，维修较难 4. 对地基适应性差(不均匀沉降性地基)对温度的适应性较小 5. 易渗透
使用范围	使用范围较广，尤其是浮顶式罐	半地下式时，也用于非金属罐

由于非金属储油罐可大量节约钢材，20世纪50年代和60年代初曾在我国大力推广，主要用来储存原油和重油，最大的砖油罐的储油量达40000m³。对非金属油罐作防渗处理后也曾用来储存轻质油品。非金属油罐除节约钢材料外，其他优点还有：由于非金属材料的导热系数小、罐壁厚，因而储存热油时热损失小，储存原油或轻质油品时可降低油品小呼吸蒸发损耗；由于非金属油罐刚度大，承受外界压力能力强，适宜于建成地下或半地下油罐，有利于隐蔽。它的缺点是抗拉强度低，油罐的高度受到限制。对于大型油罐只能靠增加截面积解决。而且油罐占地面积大、施工期长、造价高；不宜清洗和检修，一旦发生火灾，灭火困难，易发生油品渗漏等。因此目前我国已经停止使用这类油罐，也不再新建这类油库。

为了便于生产管理，保证安全，油罐应设置温度、液位等控制仪表及报警装置。为了保证油罐正常工作，应设置必要的附件，这些附件主要有梯子、栏杆、入孔、透光孔、量油孔、进出油短管、机械呼吸阀、液压阀、放水低阀、防火泡沫箱等。为了安全，油罐还装有静电接地装置。大容积地面油罐还装有避雷针。

储罐发展趋势是系列化、安全、环保、大型化。储罐大型化具有占地少、耗钢量小、便于操作管理的优点，目前，国内最大的拱顶、内浮顶储罐单罐容积达到50000m³，最大的外浮顶储罐单罐容积达到15 0000m³。近年来，随着港口到港油船日趋大型化，港口油库采用的储罐也越

270

来越大。10 0000m³ 油罐在我国大连、青岛、宁波等港口油库中大量使用。

对于港口液体化工品储存,根据介质的不同储运要求,也相应出现了拱顶罐氮封、罐内喷涂等新技术。

三、其他储油方式

除了地面油库外,其他油库的主要储油方式还有覆土油库(图6-13)、山洞油库(图6-14)、水封石洞库、地下岩岩库、水下油库。

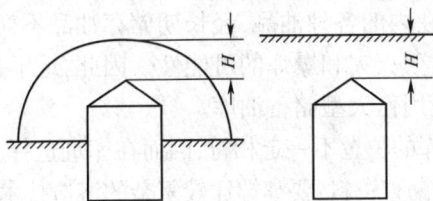

图6-13　覆土油罐

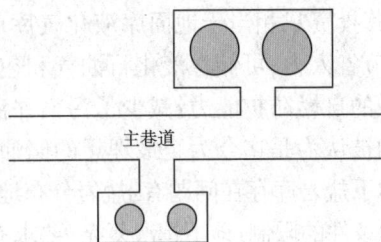

图6-14　山洞油罐

1. 水封储油

水封储油有水封油库、人工水封石洞油罐和软土水封油罐三种。

(1)地下水封油库,即利用地下水密封库壁的无衬砌石洞油库,它是在有稳定地下水的地区(在地下水水位以下至少5m)开挖石洞,用水冲洗洞穴后直接在洞内储油:洞壁不做混凝土被覆,也不贴衬里。这种方式储油的原理是利用水的密度比油大,同一高度上岩洞周围地下水的静压力比油的静压力大,且油水不相容的特性,靠周围岩体裂隙中稳定的地下水的压力把油封在石洞中。水封油库可用来储存原油、重油、柴油、汽油、航空油料等各类油料,我国目前已经建成用于储存原油和柴油的水封油库。

(2)人工水封石洞油罐(如图6-15所示)它是一种基于水封原理又不受建库地区、地下水位限制的油罐。它是在岩体中开挖好洞罐后,进行罐体混凝土离壁被覆,利用被覆层和岩体之间的预留空隙充水而成水套层,并在罐顶做水封层,罐底做水垫层,从而使混凝土罐处于水的包围之中,由于水面高于罐内油面,罐体上每一点的水压力都大于该点的储油静压力。从而实现了水封储油。我国已经建成的10000m³ 的水封石洞罐,经过试验情况良好。

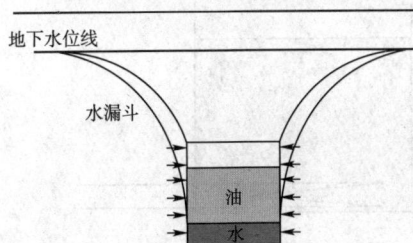

图6-15　水封石洞

(3)软土水封油罐:是在稳定地下水位以下的软土中建造混凝土油罐,利用地下水的压力来封存罐内油品。

2. 地下盐岩库储油

地下盐岩库储油,即利用在盐岩中打井并冲刷出来的洞穴储油的方法。

盐岩分布很广,常埋于地下 50 ~ 1700m 的深度,厚度从几十米到几百米不等,而且往往面积很大。有些地方盐丘露出地面高达数百米。盐岩是高强度材料,三向受压时强度可达700MPa,一般承压能力不低于200MPa。盐岩在高压或高温作用下,从脆性变成塑性。在潮湿状态下,盐晶体可以弯曲。在外力长期作用下,盐岩毛细孔会因塑性变形而封闭,所以,埋藏很

深的盐岩,孔隙率和渗透性几乎等于零,具有很好的气密性和液密性。盐岩与各种油品或液化气接触时,不发生化学变化,不溶解,不影响油品或液化气的质量。因此,在盐岩中构筑地下油库是一种理想的储油方法。

盐能溶于水,利用这一特性就可以采用简便的打井注水冲刷法在盐岩中构筑洞穴,避免了一般地下工程常遇到的需要大量施工机具、复杂的施工方法、繁重的劳动和不良的劳动环境等一系列问题。

地下盐岩库与地面库比较,有很多优点:储存油品时可节省投资 2/3 以上;储存液化石油气时,其投资只相当于地面库液化气库的 1/20;占用土地少,钢材和水泥的耗量少;施工方法简单,节省人力;可储存液化石油气和包括航空油料在内的各种油品,经长期储存油品不变质;有很强的自燃防护能力;减少了污染并消除了洞内发生火灾和爆炸的可能性。因此,地下盐岩库储油被认为是迄今为止最理想的储油方法,尤其适用作大型储备油库。

地下盐岩库存在问题有:盐岩分布地区与需要建库的位置不一定相符,因而在库址选择上受到自然条件的限制;地下情况复杂,要求有详细的地质勘查资料;要掌握比较复杂的溶造技术等。

四、油库容量及油罐数的确定

1. 对油库容量的要求

(1)集中来油时能及时地把油品卸到库内;

(2)在两次来油的间隙,油库应有足够储存油品供给客户。

2. 油库容量

(1)名义容量(计算容量、理论容量)含义如图 6-16 所示。

(2)储存容量的含义如图 6-17 所示。

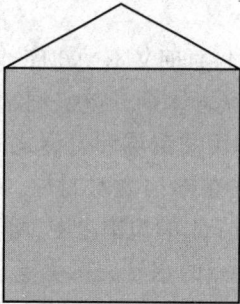

图 6-16　名义容量示意图

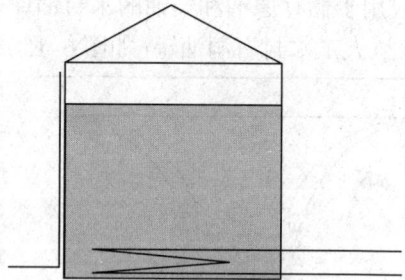

图 6-17　储存容量示意图

3. 油库容量的确定

(1)确定方法一:利用系数确定油库容量。

$$E = Vr \frac{QK_iK_j}{T\eta}t$$

式中:E——油库容量(t);

　　V——油库容积(m^3);

　　Q——年货运量(t);

　　K_i——月不平衡系数;

K_j——入库系数;

T——年工作天数;

t——平均储存期;

r——油品密度(t/m^3);

η——油罐容量利用系数,边油罐允许装油的程度,金属油罐 $\eta = 0.85$,非金属油罐 $\eta = 0.75$。

我国目前已有标准钢制浮顶式油罐系列:$1000 \sim 3000m^3$、$5000m^3$、1 万 m^3、2 万 m^3、3 万 m^3、5 万 m^3,国外罐内容积已达 $15 \sim 20$ 万 m^3 可供选用。

(2)确定方法二:周转系数法确定油库容量。

$$V = \frac{G}{K\rho\eta}$$

式中:V——某种油品的设计容量(m^3);

G——该种油品的年销量(t);

ρ——该种油品的密度(t/m^3);

K——该种油品的周转系数;

η——油罐利用系数。

其中,所谓周转系数,就是指某种油品的储油设备在一年内可被周转使用的次数。即:

$$周转系数 = \frac{某种油品的年销量}{该油品储存设备的容量}$$

4. 油罐选用的一般原则

通常,确定油罐数时应考虑的因素如下:

(1)工艺要求油罐数影响因素在工艺方面要考虑的是:计量的需要,船型和油种的需要。如油的计量有两种方法,一种是使用流量计,另一种是油罐检尺。当采用流量计时,油罐个数可设少些,但如采用油罐检尺,油罐需要静置,以减少计量的误差,我国大连鲇鱼港油港在用油罐检尺时要静置两小时以上(静置时,不能进、出油)。日本要静置24h,所以为了保证作业的需要要适当多设油罐。

又如,进港的船舶大,则油罐的容量就要大,个数可减少。

又如不同油种需保管在不同油罐里,所以油的品种越多,油罐的个数则越多。

(2)检修油罐和倒罐的需要,所以最少不应少于两个。

(3)经济性在工艺总投资中,油罐投资占的比例较大,所以要考虑油罐建造的经济性。

对同一类油罐而言,罐容越大越经济,如浮顶油罐罐容2 万 m^3 时,单位造价为 40 元/m^3,罐容5 万 m^3 时,单位造价为 31 元/m^3。

(4)占地面积和操作管理罐容大,油罐数少时,占地总面积越小,油罐个数越少,操作管理也越方便

(5)对于整个油库来说,选用储罐的规格应尽可能统一。

5. 储存天数法确定油库容量

$$V = \frac{GN}{\rho\eta t}$$

式中：V——油品的设计容量(m^3)；

  G——油品的年周转量；

  N——油品的储存天数；

  ρ——油品储存温度下的密度(t/m^3)；

  η——油罐的利用系数；

  t——油品的年操作天数。

第四节　油品装卸工艺流程及布置

一、石油装卸方式

港口的装卸作业,一般包括装船、卸船作业和装车、卸车作业两大类。

1. 石油(油品)码头油船装卸的方式

石油码头油船装卸方式可分为靠码头直接装卸、通过水下管道装卸、水上直接装卸等三种。

(1)靠码头直接装卸。靠码头直接装卸是指油船靠泊在码头泊位,通过输油臂的软管连接,直接进行装卸。目前我国大部分时候码头均采用这种方式装卸。

(2)通过水下管道装卸(海上泊地装卸)。近年来,油船吨位不断增加,船型尺寸和吃水也相应加大,由于这些因素,近岸式油品码头已不能适应巨型油船的需要,因此油品码头开始朝外海发展,随之出现了通过水下管道装卸。通过水下管道装卸是指油船不靠码头,系泊在海面浮筒上,通过海底铺设的输油管线,进行油品装卸。这一装卸方式又有单点系泊、多点系泊等作业方式。

①单点系泊方式。单点系泊方式(图6-18)是油船的船首系在一个浮筒上的方式。这种装卸方式随着风、潮流的变化,油船可绕浮筒作360°自由回转,该方式是用一根或数根水下软管将海底油管接至浮筒,浮筒与油船的集合管之间则用海上软管相接。

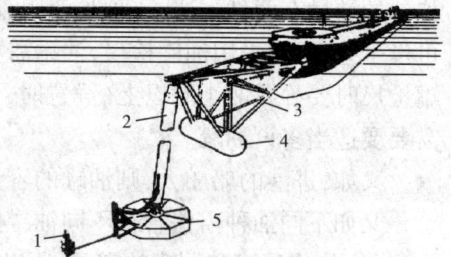

图6-18　单点系泊装置图

1-井口;2-立管;3-支架结构;4-浮筒;5-底盘

单点系泊码头的特点是将油船直接系在装有活动接头的浮筒上,系泊的油船可随潮流及风浪运动,并可沿活动接头围绕系泊点自由旋转。浮筒及锚链固定在锚系混凝土块或锚地上,浮筒下方的海底上设有分配装置,该分配器上的接头管,一方面与通往岸上的海底输油管道连接,一方面又与浮筒中心室内管道相连,直通浮筒顶部的输油管臂,装卸作业时,输油管臂通过浮在水面上的输油软管与油船上的集油管相连。

我国第1座25万吨级浮式单点系泊原油接卸系统1994年投入使用。该工程建于茂名水东湾外海域。该项目的建成,结束了我国没有大型原油单点系泊的历史。

除上述浮式单点系泊形式外,随着海洋石油技术的发展,还出现了如固定塔架方式等一系列适应不同海域条件的新型单点系泊。

随着浮式系泊技术和海底管线技术的发展,我国沿海一些规划中的大型原油接卸码头采用了浮式单点系泊方案。

②多点系泊方式。多点系泊方式（图6-19）是将油船的船首与船尾用数个浮筒保持在一定方向的系泊方式。海底输油管与油船的集合管由一根或数根软管相接。

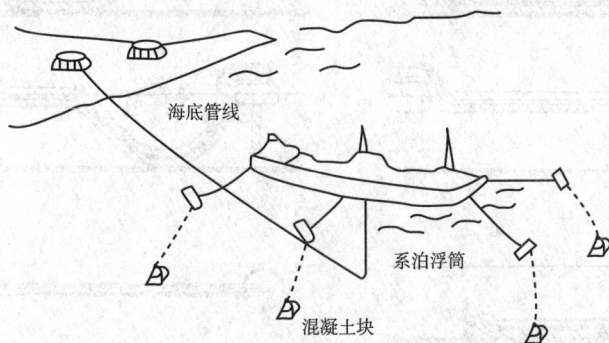

图6-19　多点系泊示意图

1994年珠海桂山岛建设了一座多点系泊设施，该工程为5万吨级燃料油卸船泊位，船肿及船舷设6个系泊浮筒，船舷抛八字锚。泊位与陆域通过345 m海底输油管线连接。

1998年，法国elf石油公司在山东海阳开展LPG多点系泊研究工作，系泊布置形式与珠海桂山岛项目类似。

在具体的操作中，按水下输油管道连接软管作业的处理方式，油船通过水下管道的装卸方式可分为浮沉方式、常设浮标方式和水下方式，不同软管的使用方式具有不同的特征（表6-8），也适应于不同的系船方式（表6-9）。

各种软管体系的特征　　　　　　　　　　　　　　　　　　　表6-8

软管体系	特　　征
常设浮标方式	装卸中，油船的摆动易引起软管在海面摆动，故不能拖在海底上。然而又由于经常浮在海面，故会暴露在恶劣的海况和气象条件下。在船舶往来频繁的地方易放生故障。 为使软管浮在水面上，要设有浮子，软管体系的造价较高
水下方式	水深、潮流等当地条件优越时，设计比较简单并且造价亦较低。 当软管不使用时，可以沉入海底，故对软管的损伤较小，对其他船舶的航行亦无影响。 装卸结束后，将软管沉入海底时，因被吊起的部分较长，如操作错误、易引起软管的弯折
沉浮方式	能弥补常设浮标式及水下方式的缺点，适合船舶航行频繁的海湾状况。 需要有沉浮装置，故软管体系的造价较高

按软管体系分类　　　　　　　　　　　　　　　　　　　表6-9

系船方式	软管体系	系船方式	软管体系
单点系泊	常设浮标方式 沉浮方式	多点系泊	常设浮标方式 水下方式 沉浮方式

A.浮沉方式。浮沉方式可用于单海底油管相连接的软管系泊，也可用于多点系泊（如图6-20）。在不装卸时将与浮筒或海底油管相连接的软管沉入海底；装卸时使之浮出水面，吊起前端与油船的集合管相连接。

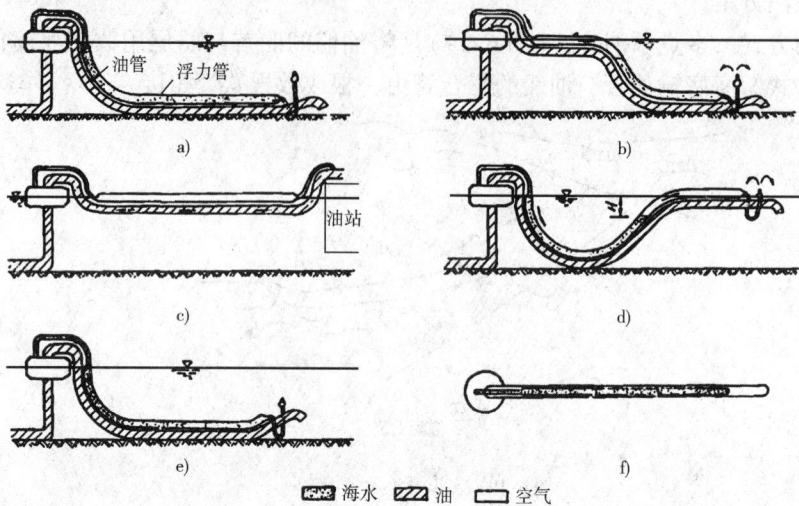

图6-20　浮沉式方式装卸

a)全部管道沉在海底,浮力管内部充满海水,油管内部存油;b)往浮力管内部供给空气,从前端放出海水得到浮力,管道逐渐开始浮上海面;c)全部管道浮上海面,与油船接通,开始输油;d)输油完毕后,往浮力管内部送进海水,从前端放出空气,管道开始下沉;e)沉到海底回复到图6-20a)状态;f)上俯视图。

　　B.常设浮标方式。常设浮标方式多用在单点系泊方式中,连接在浮筒上的软管经常是飘浮在海上的,当进行装卸时将软管的前端吊起,再与油船的集合管相接。如系泊位置距陆域较近时,也用于多点系泊方式中。

　　③水下方式。水下方式仅用于多点系泊方式中。连接在海底油管上的软管在不进行装卸时将其沉入海底,装卸时提起软管的前端与油船的集合管相连接。

　　(3)水上直接装卸。水上直接装卸是指油船不靠岸,在海上锚泊,通过船—船或船—驳船直接装卸,海上大量石油运输是用专用油船来进行的,油船都具有高效率的油泵。10万吨级油船的自卸油时间为12~22h,5万吨级油船为10~17h,所以可以很方便地通过船上的油泵,进行船—船过驳作业,水上直接装卸可以不占用码头泊位,是一种成本较低的作业方式。

　　2.石油(油品)码头油罐车装卸方式

　　(1)装车方式。目前我国大部分铁路轻油罐车均无下卸口,故采用鹤管上装为主。罐装方法有泵装和自流装车,自流装车是在有条件的地方,利用地形高度差自流罐装。

　　(2)卸车方式。油罐车卸车分原油及重油卸车和轻油卸车两种方式。原油及重油卸车时,采用密闭自流下卸方式、敞开自流下卸方式与泵抽下卸方式。轻油卸车均采用上卸方式,所以要设卸油台,卸油台与装油台基本相似。

　　上卸的方式又分为虹吸自流卸油和泵抽卸油两种。应用虹吸自流上卸方式,是当油罐位于比油罐车更低的标高时,可利用卸油竖管作为虹吸管将油罐车中的油品卸入油罐中,缸吸管中的负压由真空泵来达到。虹吸泵抽上卸方式,是当油罐车的标高及位置无法使油品自流入油罐时采用。需要注意的是加压采用非自吸式离心泵卸油,则必须装置真空泵,使吸入管造成真空,如采用自吸式的泵,则可不装真空泵。

276

二、石油(油品)码头装卸工艺流程

油品码头的工艺作业主要有:卸船进罐、装船、船一船直取、车一船直取作业等,另外还有泄空、置换及吹扫等附属工艺作业。

1.卸船进罐作业

该作业主要利用船泵的压力接卸,将所载油品直接送入港区储罐。这种流程要求平面与高程的设计,要以船泵按正常流量卸油时的扬程大于进罐的全管路系统水头损失为前提。一般将接卸罐区设置在距码头 3~5 km 范围内。对大型原油卸船码头,在地形条件有利的情况下,二者之间距离可扩大到 5~8 km;对于 LNG 码头,因介质气化、管线投资等原因,接卸罐区距码头一般不超过 1 km。

随着大型原油深水泊位的建设,新建码头要得到适宜的水深条件,往往要从岸线向外海延伸很远,如船泵扬程满足不了输送要求,需进行二次加压接力输送。卸船过程中的中间加压,因自控手段和机泵参数配合等原因,目前已建成的工程多采用"旁接油罐加压"方案,即在工艺流程上设中间罐和接力泵。这种方式需设置油罐,占地大、能耗高。国际上已有接力泵和船泵"串联顺序输油加压"的方式,如美国墨西哥湾的 LOOP 港,通过自动化控制手段实现单点平台加压泵与卸油泵之间的串联作业,取消了中间油罐,降低了能耗。这种卸船工艺对设备控制以及管理等方面都提出了很高的要求。

工艺设备性能的提高,为提高码头卸船效率提供了可能。特别是大型油船配泵的扬程较高、流量大,码头上的设备相应配套,卸船效率高,大大缩短了船舶在泊时间,提高了泊位通过能力。卸船效率主要依据船泵和陆上接收设施的能力决定。目前建成的大连、青岛、宁波等30 万吨级油码头卸船流量达到 10 000~12 000m³/h,净卸船时间在 40h 左右。青岛、大连在建30 万吨级油码头设计卸船效率为 15 000~18 000m³/h,可实现船舶在港快速卸船,提高码头利用率。

2.装船作业

装船作业按照地形条件,有两种装船方式:一种是港区设置高位储罐,利用有利的地形,重力流装船,这种方式节省能量,降低装船成本;另一种方式是设置装船泵,将储罐内油品泵送至船舱。

一般而言,陆域罐区与装船码头之间距离较远,二者之间的自动控制、通信联络和联动操作极为重要。在输油过程中,当罐区、码头和油船等环节中发生故障时必须迅速停泵、关阀,停止输油作业,避免发生事故。目前,国内大型石化码头均实现了以上控制功能。

近年来,随着环保和节能要求的提高,利用油气回收法来降低油品装卸过程中蒸发损耗的技术日趋成熟。美国、欧洲等港口和船东已全面推广油船装载过程中的油气回收技术。目前我国沿海的原油、成品油装船港尚无油气回收系统在工程中应用的实例。如码头装船作业采用全封闭装卸工艺(循环回路),船舶需要配置收集各货舱挥发气体的独立管路。而我国沿海运输的液体散货船舶,除运输蒸汽压力较高的 LPG,LNG 船,部分运输毒性强、货物价值高的化工产品的船具有返回码头上的回气管路外,绝大部分原油、成品油船货舱透气系统未形成封闭管路,无法实施回收作业,这是导致油气回收技术未能在港口应用的主要原因。油气回收技术需要结合新船舶建造技术规范的推广,在港口工程设计中加以研究解决。

3."船—船直取"作业

"船一船直取"作业将满载船舶的货物油通过合理的工艺流程,直接装运到预先靠泊的空载油船里。该作业流程不仅可以提高码头的泊位利用率,减少对港口设施的占用,降低能耗,缩短货物在港时间,减少费用,而且有利于港口生产安全。此工艺方式对栈桥式两侧靠船的情况,尤为优越。该作业在青岛油港、秦皇岛油港等得到采用。

4."车—船直取"作业

"车—船直取"工艺适用于铁路油槽车、油船联合作业的情况。通过合理调度,将到港铁路油槽车内油品直接装载到油船中或将油船中油品直接装载到油槽车中。该作业在鲇鱼圈港、秦皇岛油港等均有采用。但这种方式装卸效率受到限制,在大型油品码头上很少采用。

5.吹扫放空

码头工艺管线吹扫放空,目前较多采用的是自流排空加泵抽吸工艺,或按照油品的火灾危险等级采用惰性气体、压缩空气、水等介质进行吹扫置换。随着管线种类的增多,为满足多货种公用管线的要求,管道清管器吹扫新工艺逐步被采用。目前国内的一些港口,如营口、天津、宁波等石化港区在油品、液体化工品的装卸系统中应用此技术。清管器吹扫时利用背压作动力,推动清管器在管线内行进,从而将管道内残液排出管外。此种工艺操作简便,可保证管道输送介质的质量,实现设备和管道的有效利用。

三、原油和成品油装卸工艺流程

1.原油和成品油装卸工艺流程

原油和成品油装卸一般有下列几个主要工艺流程,设计时应根据具体条件予以考虑。设计时可先画出方框图,然后根据方框图画出流程图。

(1)装船流程。装船根据来油情况是卸罐车,还是长输管线来油,油品是进油罐,还是直接装船,是否要进加热炉加热等不同情况组成各种工艺流程图,如图 6-21 所示。

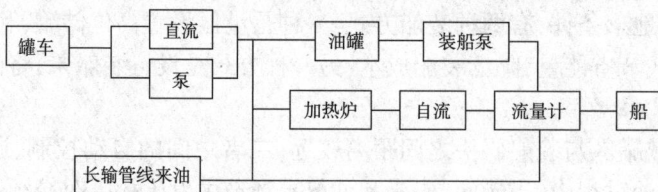

图 6-21　装船工艺流程图

(2)卸船流程。卸船一般用船上泵,根据油品是否进油罐,以及去向是装卸车,还是进炼油车间等情况组成不同的工艺流程,如图 6-22 所示。

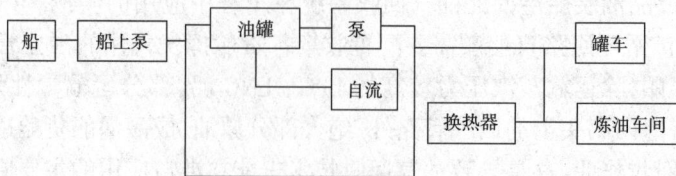

图 6-22　卸船工艺流程图

（3）循环流程。油区建成后,在正式投产前要进行试运转,将油品在油区进行循环,检查各环节是否运转良好。在投产后,为避免原油在油管内凝固,在不进行船舶装油作业时,也须保持码头油库及油管内原油不断循环流动,如图6-23所示。

图6-23　循环工艺流程图

（4）倒罐流程。在油区经营管理上,有时需要将某一油罐的剩油供到另一油罐中去,需要安排倒罐流程,如图6-24所示。

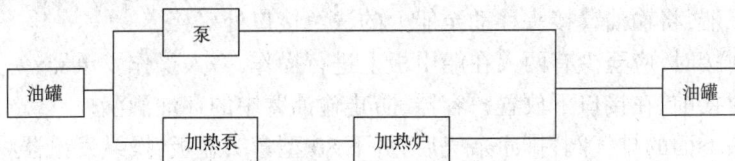

图6-24　倒灌工艺流程图

（5）反输流程。在长输管线来油情况下,为了在油罐和末站之间循环,以及通过末站计量罐为外输油品计量,需要反输流程,如图6-25所示。

图6-25　反输流程图

（6）罐车事故卸油流程。在罐车装油过程中,一旦发生事故,即应把油品抽回油罐二罐车事故卸油流程,如图6-26所示。

图6-26　罐车事故卸油流程图

（7）卸车流程。

①原油及重油卸车。有密闭自流下卸方式、敞开自流下卸方式与泵抽下卸方式。

密闭自流下卸方式的流程如下:油罐车→下卸鹤管→汇油管→导油管零位罐→转油泵→油罐。

敞开自流下卸方式的流程如下:油罐车→卸油槽→集油沟（或导油管）→零位罐→转油泵→油罐。

泵抽下卸方式的流程如下:油罐车→下卸鹤管→集油管→导油管→卸油泵→油罐。

②轻油卸车。轻油卸车均为上卸,设卸油台,卸油台与装油台基本相似。

2.原油装卸操作及操作方法

原油装卸所需的设备、人员、工具的配备如表6-10所示。

原油装卸(船—罐)设备、人员、工具配备 表6-10

设备配备		人员配备			工具配备		
名称规格	数量	装卸工	安全员	电话员	名称	发讯器	对讲机
输油臂250～400mm	4台	6人	1人	1人	数量	1台	2部

资料来源:杨茅甄等.港口企业装卸实务[M].北京:中国物资出版社,2009.

原油装卸油船操作方法及要求及装卸船作业前准备如下。

(1)卸装船作业前准备:

①船舶靠好后,港方有关人员与船方进行船、岸安全检查,符合安全规定方可进行装卸作业。

②连接静电接地线,并测量接地电阻不大于4Ω。

③按照《安全技术操作规程》中的"原油装卸作业规程"做好各项准备工作。

④操纵发讯器,将输油臂接头移动至船上的法兰接口处对接。

⑤输油臂对接时,应至少有两人在船甲板上进行操作,一人操作发讯器,一人协助并监护。

⑥输油臂对接前,在接口下放置一容器,防止输油臂中的存油洒漏。

⑦打开弯头下面的排气阀,排净余气后,拆下80型弯头盖板,操纵发讯器将快速接头与船上的接口法兰对准接好,然后将锁紧装置上紧。

⑧全部接好后,向输油臂内送气,进行气密性试验,在0.4MPa的压力下,持续5分钟,确保各接口不泄露。

⑨具备作业条件,通知船方和码头油罐区泵房开启有关阀门,做好卸油准备。

(2)卸(装)船作业过程:

①打开船前阀门。

②通知油库或船方开泵。

③作业开始,码头泵站开泵装船(或船上开泵卸油),控制初始流速在1m/s以内,正常作业最大流速不超过7m/s。

④作业流量,按照输油臂的设计要求,250mm输油臂单台不大于1560m³/h;长输油臂单台不大于2250m³/h;400mm输油臂单台不大于4000m³/h。

⑤作业过程中,应保持安全压力和安全流速。码头、船方、油库三方应保持密,掌握温度、压力、流量等参数的变化和作业进度。

⑥对管线、输油臂、压力表、温度表进行巡回检查,发现异常及时通知调度、船方或油库进行调整。并对船方缆绳进行适当照看。

⑦卸船过程中,当船方准备降量时,及时督促船方采取降低流量措施,防止抽空引起输油臂振动。

⑧当船方需要提高卸油量或码头泵房加泵时,必须经调度统一协调并同意,得到接受方码头泵房或船方的确认后,可以提量或加泵,达到要求后应及时通知船方、码头泵房,并报告调度室。

⑨完货前两小时应通知有关人员(货代或货主)上船,做好计量认可工作。

⑩装船作业中,当油船离满载差1000～500t时,应及时通知码头泵房做停泵准备;离满载前5min时,通知码头泵房准备停泵;满载前1min,通知泵房停泵。

（3）卸（装）船作业结束工作：

①作业结束，关上船前阀。

②向输油臂内送气，将臂内存油扫到船上。

③打开80型弯头下面的泄压排液阀，将扫线余气排净，放松锁紧装置。

④操纵发讯器，将输油臂收到收存位置，插上内臂，锁定插销，锁紧外臂。

⑤拆除接地线。

3.成品油装卸操作及操作方法

成品油装卸所需的设备、人员、工具的配备如表6-11所示。

成品油装卸（船—罐）设备、人员、工具配备　　　　表6-11

设 备 配 备		人 员 配 备			工 具 配 备			
名称规格	数量	装卸工	安全员	电话员	名称	扳手	撑杆	对讲机
软管150~200mm	1~8节	8人	1人	1人	数量	4把	1副	2部

资料来源:杨茅甄等.港口企业装卸实务[M].北京:中国物资出版社,2009.

（1）准备过程：

①船舶靠好后，岸方有关人员与船方进行船、岸安全检查，符合安全规定方可进行装卸作业。

②连接静电接地线并测量接地电阻不大于4Ω。

③将所有软管，以两节或三节为一组对接好。

④对接时，将密封垫片垫正，法兰盘上的螺栓对称上紧。

⑤用船方的吊机将每组软管吊起与船上法兰对接。

⑥在对接时，要轻搬轻放，避免与甲板碰撞。

⑦对接完毕，用船吊将撑杆和用专用垫子保护好的软管分两段吊起，防止软管与船体摩擦。

⑧打开送气阀，向软管内送气，进行气密性试压，压力在0.4MPa保持5min，不泄压为准。

（2）作业过程：

①船方与油库打开输油阀门。

②开启船前阀，通知船方和油库，开始输油作业。

③作业初始速度，控制在1m/s左右，汽油作业初始流速不准超过1m/s。

④作业中，最大流速不超过7m/s，最大工作压力不得超过0.8MPa，正常工作压力控制在0.6MPa以内，最高温度BU不得超过80℃。

⑤根据潮汐的变化，随时调整码头上的软管，防止拉坏软管。

⑥装船时，离满载差100t左右，通知油库作停泵准备，满载前5min时通知油库泵房停泵。

（3）结束过程：

①装卸结束，关上船前阀。

②向软管或输油臂内送风，将余油向船上扫净。

③汽油船作业结束后，必须用氮气扫净管线。

④船方关上进舱阀后，拆除输油臂或软管。

⑤拆卸软管，有专人指挥，使用工具要轻拿轻放，不准拖、拉、摔、碰。

⑥拆除静电接地线。

四、燃料油装卸工艺流程

为船舶供应燃料是港口的任务之一。在油港或港口的石油作业区常建有燃料油供应系统。船舶常用的燃料油上要有内燃机燃料油、轻柴油、重柴油、渣油等几种,每种油品又各有不同的牌号。

由于油品性质不同,轻柴油、渣油、内燃机燃料油和重柴油分三套单独的管线和泵,内燃机燃料油和重柴油的管线和泵可以混合使用。卸油时要用单独的管线和泵,分别进入各自的油罐;装船时,两种油品要调合成一定比例,因此在燃料油供应系统中除油罐外,还要设置调和罐,油品在罐内用压缩空气搅拌调和。内燃机燃料油、重柴油、渣油可以用钢筋混凝土油罐,轻柴油则必须用金属罐。

我国燃料油的主要装卸工艺流程如下:

1. 卸车装船流程

燃料油品自罐车卸入油罐,然后自流成泵为船舶供应。对于适量很少的某些燃料油品,可以考虑不采用管线装船,而自流装桶或自流装汽车罐车,然后为船舶供应的工艺。其流程如图6-27所示。

图6-27 卸车装船流程图

2. 卸船装驳船流程

从油船卸油可用船上的泵。若储油区离码头距离不远、高差不大,可用油船上的泵,直接将油输送至储油区。若储油区距码头高差较大或距离较远时,一般在岸上设置缓冲油罐,利用船上的泵,先将油料输入缓冲罐,然后再由中继泵,将缓冲罐中的油料输送至储油区。

向船装油一般采用自流方式。某些港口地面油库,因油罐与油船高差小,距离远,需用泵装油。

油船装卸工艺流程应满足下列基本要求:可同时装卸不同油料而不相互干扰;管线和泵可相互备用;发生故障时能迅速切断油路,并有有效的放空设施。

油船装卸油时,必须在码头上设置装卸油管路,每种油料单独设置一组装卸油管路,在集油管线上设置若干分支管路,支管间距一般为10m左右,分支管路的数量和直径、集油管、泵吸入管的直径等,应根据油船、油驳的尺寸、容量和装卸油品速度等具体条件确定。在具体配置时,一般将不同油料的几个分支管路(即装卸油短管)设置在一个操作井或操作间内,平时将操作井盖上盖板,使用时打开盖板,接上耐油软管。卸船装驳船的工艺流程如图6-28所示。

图6-28 卸船装驳船工艺流程图

3. 油品调和装船流程(图6-29)

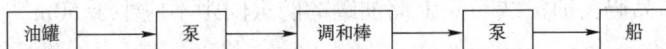

图6-29 油品调和装船流程图

4. 倒罐流程(图6-30)

不论是原油和成品油的装卸工艺流程,还是燃料油的装卸工艺流程,在装卸作业结束后,管线内的剩油,都需要扫回油罐,或将输油臂内残油扫入油船,即所谓扫线作业。之所以需要扫线,是有各种原因,有的是为了防止油品在管线内凝结,有的是为了避免和下次来油混淆,有的是为了检修安全。

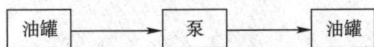

图6-30 倒灌流程图

扫线介质主要有如下几种:水蒸气、热水、海水、压缩空气。热水和海水置换有利于把位于四处的管线内的剩油清扫干净。但不论是热水、海水,还是蒸汽都会增加油品的含水率,影响炼油厂的作业。除汽油外,其他成品油,原油,燃料油品均可用压缩空气扫线。但对扫线布置纵断面上呈下垂凹形的地方,压缩空气不易将此部位剩油扫清,因此在扫线布置时要注意尽可能避免在纵断面上呈现下垂凹形的死角。

在我国某油港也有用打循环的方法使原油不断在管线内流动,以防止油凝结在管线内。采用这种方法可以不设置别的扫线装置,以减少投资、但油泵需要不间断的运转,从而增加了营运费用,因此从经济方面分析,采用打循环的方法是否合理,需要根据具体条件进行比较论证。

五、典型工艺流程图

现介绍我国沿海港口油区的工艺流程图。图6-31是某油港原油出口工艺流程图;图6-32是某油港原油进口工艺流程图。

六、油品装卸工艺布置

1. 油品码头前沿的整体布置

(1)油品码头相邻泊位的船舶间距应符合表6-12 的规定。

相邻油品泊位的船舶间距　　　　　　　　　　　　　　　　　表6-12

船长 $L(m)$	< 110	110 ~ 150	151 ~ 182	183 ~ 235	> 236
船舶间距 $d(m)$	25	35	40	50	55

注:1. 船舶间距系指相邻油品泊位设计船型的船舶净距;

2. 当相邻泊位设计船型不同时,其间距应按吨级较大者计算;

3. 当突堤或栈桥码头两侧靠船时,可不受上述船舶间距的限制,但对于装卸甲类油品泊位,船舶间距不应小于25m。

资料来源:中华人民共和国行业标准. 装卸油品码头防火设计规范[S], 1999.

(2)海港甲、乙类油品泊位的船舶与航道边线的净距不宜小于100m;河口港及河港,可根据实际情况适当缩小,但不宜小于50m。

(3)装卸甲、乙类油品的泊位与明火或散发火花场所的防火间距不应小于40m。

(4)码头上应设扫线、消防和通信等设备。大吨位码头应设登船梯。

2. 储油罐的布置

储油罐的布置不仅要考虑码头前沿布局及装卸工艺之外,还应注重相应的防火防爆安全

(具体见油库的防火防爆措施部分)。

(1)甲、乙类油品码头前沿线与陆上储油罐的防火间距不应小于50m。

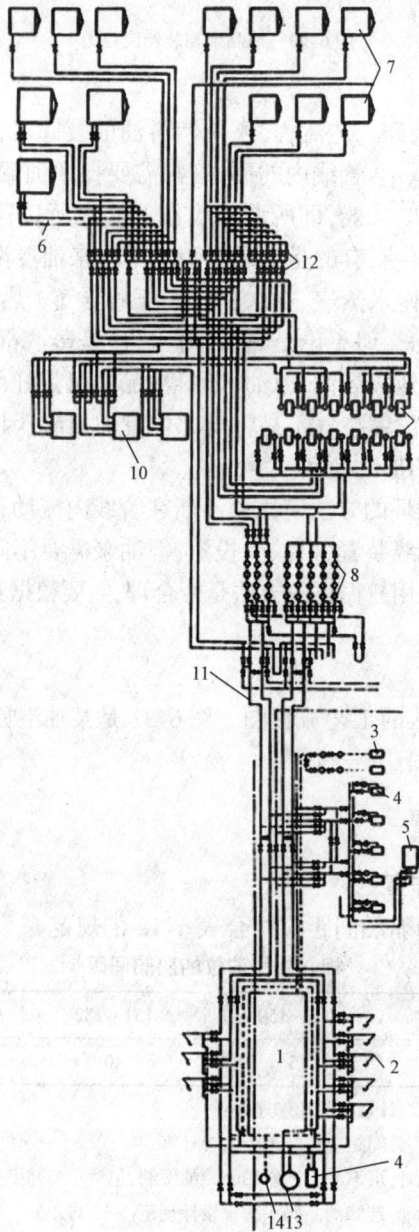

图6-31　原油出口工艺流程

1-码头装卸平台;2-输油臂;3-空气机;4-泵;5-扫线罐;6-原油管;7-罐;8-计量室;9-泵房;10-加热炉;11-泊位装油管;12-总闸室;13-残油罐;14-空气罐

(2)油品码头上应设置必要的人行通道和检修通道并应采用不燃性或阻燃性材料。

(3)有散发油气的建筑物之间的距离则分别为12m和10m。

284

（4）油罐的数量及罐容应根据码头等级、工艺要求、施工条件、材料来源和平面布置等因素综合确定。油罐选型宜选用金属浮顶罐。油罐应设置温度、液位等控制仪表、报警装置及其他必要的附件。

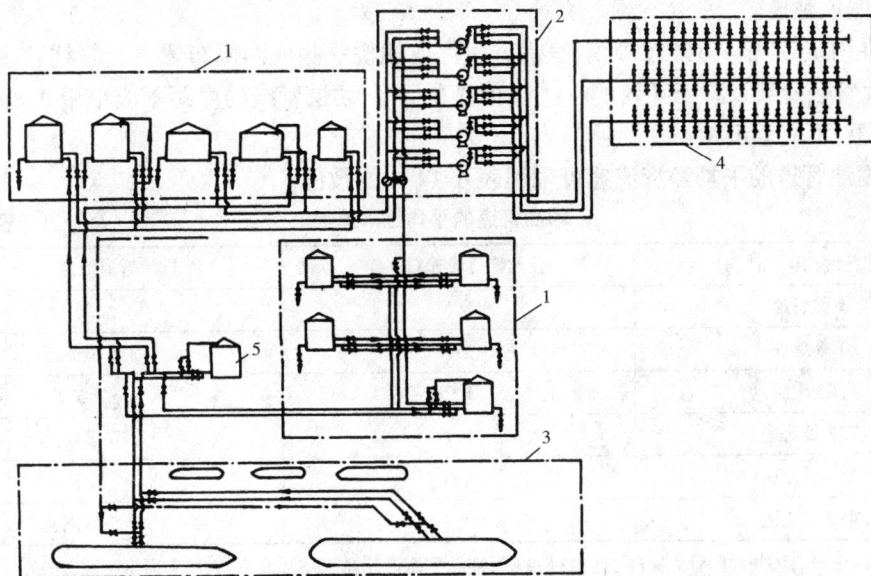

图 6-32　某油港原油进口工艺流程图
1-原油罐区;2-原油泵房;3-码头作业区;4-原油装车台;5-扫线罐

3. 输油臂的布置

（1）输油臂,宜布置在操作平台的中部。输油臂的口径、台数和布置等可按表 6-13 确定。

油船泊位输油臂及布置参数　　　　　　表 6-13

油船泊位吨级 DWT	输油臂口径	输油臂台数	输油臂中心与操作平台边缘距离	输油臂间距	输油臂驱动方式
（t）	（mm）	（台）	（m）	（m）	
10000	DN200	2~3	1.5	2.0~2.5	手动
20000	DN200—250	3	2.0	2.0~2.5	手动或液压驱动
30000	DN250	3	2.0	2.5~3.0	手动或液压驱动
50000	DN300	3~4	2.0~2.5	3.0~3.5	液压驱动
80000	DN300	4	2.0~2.5	3.0~3.5	液压驱动
100000	DN300 或 DN400	4	2.0~2.5	3.5	液压驱动
150000	DN400	4	2.5	3.5	液压驱动
200000	DN400	4	2.5	3.5	液压驱动
≥250000	DN400	4~5	2.5	3.5	液压驱动

注:对于卸油港,输油臂台数可按表列数字减少一台。

资料来源:中华人民共和国行业标准 JTJ 211—99 海港总平面设计规范[S].北京:人民交通出版社,1999.

（2）输油臂与阀室或其他建筑物之间应有足够距离。

（3）油罐设备、输油管线和输油臂等应按有关规定设置防雷和接地装置。输油臂,应设绝

缘法兰,码头上应设有供油船使用的接地装置。

4.输油管线的布置

(1)陆上输油管线应沿道路呈带状布置,并减少交叉。管道应采用低支墩明敷,特殊情况下可采用埋地敷设。

(2)在引堤或栈桥上敷设管线,宜沿着引堤或栈桥一侧或两侧布置。当管线较多,需分层布置时,大管径管线及检修频繁的管线应布置在下层,两层管线的净距不应小于0.8m,下层与地面的净距,不应小于0.4m。

(3)输油管道的平均经济流速可采用表6-14中的数值。

输油管道的平均经济流速
表6-14

运动粘度($10^{-6}m^2/s$)	吸入管道流速(m/s)	排除管道流速(m/s)
1 除管道	1.5	3.0
100 道流	1.3	2.5 道流速
305 道流	1.2	2.5
755 道流速	1.1	2.0 道流速
150 道流速	1.0	2.0
450 道流速	0.8	1.5 道流速

资料来源:中华人民共和国行业标准 JTJ 211—99 海港总平面设计规范[S].北京:人民交通出版社,1999.

(4)输油管线的穿越和跨越应符合下列规定:

①输油管线穿越铁路时,应加设套管或涵洞。套管顶距离轨顶的距离不得小于1.0m,两端伸出路基边坡不得小于2.0m。

②输油管线穿越主要道路宜加设套管。套管顶距路面不得小于0.8m,套管两端伸出路肩不得小于1.0m。

③套管内的输油管不应有连接焊口。

④输油管线宜与铁路、道路直交。

⑤输油管线跨越港区铁路、道路时,轨顶端或路面以上的净空高度应符合下列规定:

A.对港区铁路,蒸汽及内燃机车为5.5m,电气机车为6.5m,并符合铁路建筑限界要求;

B.对港区道路为5.0m,并符合道路建筑限界要求。

(5)港区输油管线的热伸长,当利用自然补偿不能满足要求时,应设置补偿器,补偿器应按有关规定设置固定支座,陆域管线应采用方形补偿器;引堤、栈桥上的管线宜采用波纹补偿器、套筒伸缩节或其他形式的补偿器。

(6)两侧靠船的码头,输油管线布置在码头中部。

第五节 油港污水处理

一、含油污水处理方法

1.必须处理的污水

空载油船外出装油时,为了保证航行时船舶的稳定性,必须在油舱内充水压载,多数压舱水重量约为所装油的重量的30%。到装油港后,必须用船泵,将压舱水排到岸上污水处理厂进行处理。从油船排出的压舱水,含油2~5g/L,还有泥沙等杂质。含油的压舱水如果在水域中任意排放,将造成严重污染。

另外,油港在生产过程中产生的含油污水,如油罐脱水、油罐加热器排出的冷凝水、泵房和阀室的积水、污水处理本身在生产过程中产生的含油污水,以及油罐区和铁路装卸区的雨水等,都应该排至污水处理厂,处理后再行排放。

2. 水体油污染治理方法分类

油污染治理方法可分以下4类:

(1)按油类污染物产生与排放过程分类,可分为末端治理技术、回收利用技术和污染源控制技术。

(2)按对水体中油类污染物实施的作用分类,可分为分离法、转化法和稀释法。

①分离法。通过各种外力作用,包括机械力、电力、磁力和物理化学作用,把油类从水体中分离出来回收利用。

②转化法。通过化学、光化学、电化学、辐射、超声波和生物作用使水体中油类污染物分解转化为无害物质。

③稀释分散法。包括船舶含油废水,在航行中控制排放、消油分散,使水油膜转变为水包油型乳状液,分散到水体中。

(3)按处理原理分类,可分为物理法、化学法、物理化学法和生物法。

①物理处理法种类很多,通常用的有利用相对密度差使油水分离。也有利用气泡吸附油珠上浮的布气法和利用离心作用使油水分离的方法。还有利用吸附过滤作用使油水分离的过滤法。除此之外,还有粗粒化法、膜分离法。

②化学处理法,是利用加凝聚剂(界面活性剂)生成絮状物吸附油珠,使油水通常采用的有浮选池和混凝沉淀池两种。化学法分为化学破乳,化学氧化法(空气氧化法、臭氧氧化法、氯氧化法、双氧水氧化法、Fenton试剂氧化法、$KMnO_4$氧化法、K_2FeO_4氧化法等),光化学氧化法;化学法(凝聚、酸化、盐析、电解等)。

③物理化学法有气浮浮选法、吸附法、磁吸附分离法、电化学法。

④生物处理法,主要是利用微生物的作用分解油,有活性去污染法(又称曝气法)等。生物化学法有好氧活性污泥法、接触氧化法、厌氧法、氧化塘法等。

(4)按处理深度分类,可分为一级处理、二级处理和深度处理。

表6-15为部分含油废水的处理方法的比较。

各种含油废水处理方法比较 表6-15

方法名称	使用范围	取出粒径(μm)	主要优点	主要缺点
重力分离	浮油、分散油、油—固体物	>60	处理量大,效果稳定,运行费用低	占地面积大
粗粒化	分散油、乳化油	>10	设备小型化,操作简单	滤料易堵,长期使用效果下降
过滤	分散油、乳化油		出水水质较好,投资少,无浮渣	需常进行冲洗,反冲洗操作要求高
膜分离	溶解油、乳化油	<60	出水水质较好,设备,简单	操作费用高,膜清洗困难

方法名称	使用范围	取出粒径（μm）	主要优点	主要缺点
吸附	溶解油	<10	出水水质较好，设备占地面积小	吸附剂再生困难，投资较高
浮选	乳化油	>10	效果较好，工艺成熟	占地面积大，药剂量大，浮渣难处理
凝聚	乳化油	>10	效果较好，工艺成熟	占地面积大，药剂量大，浮渣难处理
盐析	乳化油	>10	操作简单，费用较低	设备占地面积大，药剂量多
电解	乳化油	<10	除油效率高	耗电量大，装置复杂
活性污泥	溶解油	<10	出水水质好，基建费用较低	进水要求较高，操作费用较高
生物滤池	溶解油	<10	适应性强，运行费用低	基建费用较高

资料来源：王春梅，谷和平. 含油废水处理方法[J]. 化工纵横，2000（10）.

3. 压舱污水处理厂设计中应注意的问题

油品码头压舱污水处理厂设计中应注意以下问题：

（1）压舱水的处理方法，根据污水的水质和排放标准，首先采用物理处理。一般物理处理法简单易行、管理方便、运营费用低，且不产生二次污染。

（2）在设计压舱水处理工艺流程中，尽量采用重力流，避免压力流。因为使用泵会加剧油水的乳化，特别是含油量较大的污水。

（3）处理压舱水的关键一环是首先隔出大块油和粒径较大的油珠，以利于处理。

（4）压舱水处理厂应尽量靠近码头、管路短，不仅压舱水排得快，且能减轻乳化程度，降低投资和处理费用。

二、含油污水处理方法和工艺流程的选择

含油污水处理方法和工艺流程的选择主要取决于含油污水的性质和排放标准的规定。原油压载水的含油率虽然在千分之二至五左右，但其中绝大部分是浮上油和分散油，乳化油很少，在规定排放的标准下，一般采用物理方法就能够达到处理的要求。

污水场污水处理工艺流程主要有如下两种：

第一种：油船→隔油池→调节池→油水分离池→排放；

第二种：油船→隔油池→调节池→油水分离池→过滤池排放污泥。上列流程要求隔油池设计的规模能将 150μm 以上的油珠隔出，以利于以后的处理，隔出的油要及时检出。

调节池有两个作用一是储水，一是进一步隔油，所以调节池的规模的设计，应考虑在满足储水的基础上，把水在其中的行程量增长，使更小的油珠有充分时间上浮。

油水分离池的是指用波纹板构成的油水分离装置（图 6-33）。它由很多块用玻璃纤维增强聚酯树脂波纹板组装而成，并且相互平行装在玻璃纤维或不锈钢制成的框架内。板组以45°斜角安装在混凝土油水分离池中，它能分离粒径极小的油珠与淤泥，聚集的油珠沿着波纹板的底面上升，凝聚的淤泥沿着波纹板的上面下沉。和平板比较，波纹板能增加水和板的接触面积，抗挠曲的强度较高。油层达到一定厚度后，就经过槽口自动流入集油管。淤泥落到泥浆槽然后导入污泥池，再定期用泵抽出，送往晒泥地。处理过的水从出水堰流入出水管。在油水

分离池中处理过的水,含油量一般可降到 10mg/L。

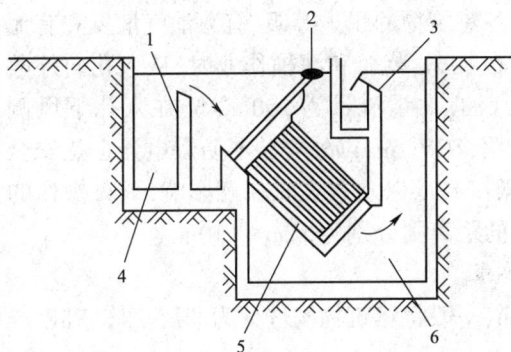

图6-33　污水处理示意图
1-进水堰;2-集油管;3-出水堰;4-沉砂槽;5-波纹板组;
6-污泥间

过滤池是除去污水中的小颗粒的分散油和部分乳化油,由于目前国产原油凝固点较高,黏度较大,滤池反冲洗要使用热水。所以过滤一般只用普通重力式滤池。滤料多采用砂和卵石垫层,采用焦炭过滤效果也较好,但不能采取反冲洗,而是采用过一定时间后,重新更换的方式。

含油污水处理厂设计时,应注意的几个问题:

(1)含油污水的处理方法,根据污水的水质和排放标准规定,首先采用物理处理法。一般物理处理法简单易行,管理方便,运营费用低,不产生二次污染。

(2)在设计污水处理工艺流程中,尽量采用重力流,避免压力流。因为使用泵会加剧油水的乳化,特别是含油率较大的污水。

(3)处理污水的关键的一环是首先隔出大块油和粒径较大的油珠,以利于以后的处理。

(4)污水处理厂应尽里靠近码头、管路短,不仅污水排得快,且能减轻乳化程度,降低投资。

(5)随着环境保护工作的加强和防治污染技术的不断发展,对于处理污水的排放标准的要求会越来越高。所以污水处理厂的设计必须留有余地,以适应发展的需要。

第六节　油库的防火防爆措施

油库防火和防爆应先要解决发生事故的根源。由于油库失火爆炸的基本条件是有浓度合适的油气混合气,已有足够能量的火源。因此,油库防火防爆的基本方法有:

(1)控制油气混合气体浓度;

(2)消除火源或把火源能量控制在油气混合气的最小着火能量之下;

(3)避免二者相遇。

此外,还要尽量减少火灾和爆炸的损失,主要方法是采用适当的耐火等级、防火间距、泄爆方式和消防措施等。

一、油库的选址与布置

油库选址与布置应符合《石油库设计规范》及《小型石油库及加油站设计规范》的规定的防火要求。

根据油蒸汽扩散所能达到的最大距离,火灾时火焰的辐射强弱,不同油品的火灾危险性大小,油罐形式,消防条件和灭火操作要求,建筑物的耐火等级以及经济节约等因素,在建设布局油码头时要做到如下几方面。

1. 油库中建筑物之间的防火间距

建筑物与建筑物之间的防火间距,主要是根据各建筑物的耐火等级、有无油气散发和有无明火而定,并要考虑油蒸汽污染环境的因素。一般在装车、装船和灌桶作业时,从入孔向外散发的油气扩散油气范围约 1.5～2.5m,向油船装汽油,在泵流量为 250m³/h,在入孔下风侧6.1m 处可测到油气;而装车时,据英国有关资料介绍,在 7.6m 以外安装非防爆电器也是安全的。另外,还考虑到建筑物之间车辆运行,各自的操作要求以及着火时相互影响,灭火操作的要求等。根据有关规定,有散发油气的建筑物之间的距离则分别为 12m 和 10m。

2. 油库区中的建筑物应达到规定的耐火等级要求

根据建筑材料在明火或高温作用下的变化特征,一般将建筑物构件分为非燃烧体、难燃烧体和燃烧体三类。

(1)非燃烧体是指用金属、砖、石、混凝土等非燃烧材料制成的构件。这种构件在空气中受到火烧或高温作用是不起火、不燃烧、不炭化。

(2)难燃烧体是用难燃材料制成的构件,或用燃烧材料为基层而用非燃烧材料作为保护层的构件。沥青混凝土、经防火处理的木材、板条抹灰墙等都属于难燃烧体。难燃烧材料是指在空气中受到火烧或高温作用时难起火、难炭化,当火源移走后燃烧或微燃立即停止的材料。

(3)燃烧体是用燃烧材料制成的构件,如木柱、木梁、胶合板等。这种构件在明火或高温作用下会立即起火或燃烧,且火源移走后仍能够继续燃烧或微燃。

建筑物的耐火等级是由组成建筑物的主要构件的燃烧性能和耐火极限决定的。所谓耐火极限,是指对建筑物构件进行耐火实验时,从受到火的作用起到失掉支持能力或发生穿透裂缝或背火面温度升高到220℃止的这段时间。

油库建筑物,应根据其所处场所的火灾危险性,火灾后产生的破坏和危害程度大小,其耐火等级要求而不同。为保障油库防火安全,油库建筑物在火灾高温作用下要求其基本构件能在一定时间内不破坏,不传播火灾,延缓和阻止火势蔓延,为疏散人员、物质和扑灭火灾赢得时间。因此,设计油库建筑物时。应根据生产和储存物品的火灾危险性,建筑物的业务用途,所处位置等因素正确选择相应的耐火等级,并结合建筑物构建来源,因地制宜地选用适合于耐火极限要求的建筑构件。具体建筑物的耐火等级要求可参照有关设计规范。

二、油气混合气浓度的控制

浓度合适的油气混合气是油库发生起火和爆炸的基本条件,因此,要严格控制油气混合气的浓度,使其达不到油气燃烧爆炸的浓度,具体措施是:

1. 减少油气排放

减少油气排放是油库防火的关键。油库中的油气排放源可分为两大类:一类是非事故性排放源,即油库在正常作业和油料在储存过程中的正常排放,如油库在进行油料收发、输传及加注作业过程中的大呼吸,油料在储存过程中的小呼吸,油罐、油桶及管道等设备清洗时的油料蒸发,泵房、洞库等的通风排气等。这类油气排放源往往是指场所比较固定或是可预见的,因而危险性较小。另一类是事故性的排放源,最常见的就是油料和油气的泄漏。事故性油气排放,由于其场所和油气浓度的不确定性,失火爆炸的危险性较大,控制的措施主要有如下方面：

（1）保持设备的良好、严密。储存和输送油料的设备应保持严密性和足够的承压能力，防止破损泄漏；阀门、油泵等有关密封的设备应保持密封良好；储输油设备应做好防腐工作，防止腐蚀穿孔及破损泄漏。

（2）严格作业规程。收发油料超出油罐、油桶、油罐车等容器，在当时油温下的安全装油高度，防止油料在储存、运输过程中因油温升高而溢出或作业过程中出现冒油事故。清洗油罐及检修设备时，应做好封堵工作，应封堵所有相连的管道，如输油管、呼吸管、通风管等，防止油料和油蒸气大量外溢。清洗作业用过的沾油的沙、布、垃圾等应放在带盖的不燃材料制成的桶内，及时清洗或处理。

（3）应正确设置防火堤、拦油堤等，防止泄露油料及火灾的蔓延和扩散。

2.通风

油库中要做到完全没有油气是不可能的，通风是防止油气积聚的主要辅助措施之一，也是防毒、防潮和改善劳动环境的重要措施。通风的方式有机械通风和自然通风两种，具体采用哪一种方式应根据场所的特点而定，应自然通风优先，以能满足换气次数要求和作业方式所允许的特殊要求为原则。一般情况下，油库各场所的通风设施应符合下列有关设计规范的要求：

（1）油库的生产性建筑物应采用自然通风进行全面换气。当自然通风不能满足要求时，可采用机械通风。

（2）易燃油料的泵房和油罐间，除采用自然通风外，尚应设置排风机组进行定期排风，其换气次数不应小于10次/h，计算换气量时房高按4m计算。定期排风耗热量可不予补偿。地上泵房，当外墙下部设有百叶窗、花格墙等常开孔口时，可不设置排风机组。

（3）洞库内，应设置固定式机械通风。在一般情况下宜采用机械排风、自然进风。机械通风的换气量，应按一个最大罐室的净空间、一个操作间以及油泵房、风机房同时进行通风确定。油泵房的机械排风系统，宜与罐室的机械排风系统联合设置。洞内通风系统，宜设置备用机组。

（4）人工洞石油库的洞内，应设置清洗油罐的机械排风系统。该系统宜与油罐室的机械排风系统联合设置。

（5）人工洞石油库内排风系统的出口和油罐的呼吸管出口必须引至洞外，距洞口的水平距离不应小于20m，且宜高于洞口。

（6）洞内的柴油发电机间，应采用机械通风。柴油机排烟管的出口，应引至洞外，并高于洞口。

（7）为爆炸危险场所服务的排风系统的机组和活动件应符合电气防爆要求和防雷、防静电要求。机组应采用直接传动或联轴器传动。

3.加强油蒸气浓度检测及自动报警

在储油洞库、罐间、罐区适当位置应随时检测油蒸气浓度，并能自动报警。在清洗油罐、油罐车作业前，或进入操作阀井、管沟等油蒸气容易积聚、通风不畅的场所前，在爆炸危险场所内进行明火或其他危险作业前，都应进行严格的油蒸气浓度检测，确认油蒸气浓度在作业方式所允许的范围内，方可进行作业。

三、引燃引爆源的控制

1. 产生火灾的原因

1）油品储存设施危险有害因素

油储罐一般储量都较大，一旦发生火灾、爆炸事故，危害特别大。储罐设施存在许多不安全因素。

(1)安全附件：储罐中若未设用于监测压力、液位等安全附件或相应控制系统发生故障，造成控制失灵，无法及时控制，从而引发安全事故。若油罐液位报警系统失灵，一旦发生油品泄漏，则可能引发安全事故。

(2)呼吸阀、阻火器失效：油罐的呼吸阀被冻结、阻火器被堵塞，或进出油量过大而超过呼吸阀的能力时，引起油罐内外压力不平衡，造成胀罐或瘪罐事故。

(3)腐蚀作用：储罐的罐体在使用过程中遭受到周围环境的大气腐蚀、土壤腐蚀及介质腐蚀等，导致罐体厚度减薄及安全性能降低。特别是罐体底板，由于受到介质沉淀物及土壤的腐蚀，加上检验检测困难及底板处介质泄漏后不能及时发现，使之成为安全的薄弱环节容易导致安全事故。

2）电气火灾原因

电气火灾事故的原因包括电气设备缺陷或导线过载、电气设备安装或使用不当等，从而造成温度升高至危险温度，引起设备本身或周围物体燃烧、爆炸。在输油站、储存库等易燃、爆炸危险环境中，设置有防爆电机、电控阀门、仪表电器、照明装置及连接电气设施的供电、控制线路等。这些设施、连线一旦发生火灾或故障，将引起安全事故。

3）静电产生原因

油品属于绝缘物质，导电性比较差，在装卸、罐装、泵送过程中，由于流动、喷射、过滤、冲击作业人员人体带电等原因易产生静电。静电危害是导致油库火灾爆炸事故的重要原因，尤其是在油品装车过程中。产生静电的主要原因有：

(1)油罐车在装车过程中，油料与罐车车壁冲击产生静电；

(2)油料在从油罐到加油泵流动的过程中，由于油管内壁粗糙，弯头多产生阻力等原因产生静电。

2. 预防措施

1）控制可燃物

(1)严禁将油污、油泥、废油等倒下入水道排放，应收集放于指定的地点，妥善处理。

(2)油罐、库房、泵房、发油间以及油品调和车间等建筑物附近，要清除一切易燃物，如树叶、干草和杂物等。

(3)用过的沾油棉纱、油抹布、油手套、油纸等物，应置于工作间外有盖的铁桶内，并及时清除。

2）断绝火源

(1)不准携带火柴、打火机或其他火种进入油库和油品储存区、油品收发作业区。严格控制火源流动和明火作业。

(2)油库内严禁烟火，修理作业必须使用明火时，一定要申报有关部门审查批准，并采取

292

安全防范措施后,方可动火。

3)防止电火花引起燃烧和爆炸

(1)油库及一切作业场所使用的各种电器设备,都必须是防爆型的,安装要合乎安全要求,不可有破皮、露线或短路现象。

(2)油库上空,严禁高压电线跨越。通入油库的铁轨,必须在入库口前安装绝缘隔板。

4)防止金属摩擦产生火花引起燃烧和爆炸

(1)严格执行出入库和作业区的有关规定。禁止穿钉子鞋或掌铁的鞋进入油库,更不能攀登油罐、油船、油槽车、油罐汽车和踏上油桶,并禁止骡马和铁轮进入库区。

(2)不准用铁质工具去敲打出容器的盖,开启大桶盖和槽车盖时,应使用铜扳手或碰撞时不会产生火花的合金扳手。

(3)油品在接卸作业中,要避免接卸鹤管在插入和拔出槽车口或油船舱口时碰撞。凡是有油气存在的地方,都不能碰击铁质金属。

5)防止油蒸气积聚引起燃烧和爆炸

(1)未经洗刷的油桶、油罐、油箱以及其他储存容器,严禁修焊。洗刷后的容器在备焊前要打开盖口通风,必要时先进行试爆。

(2)库房内储存的桶装轻质油品,要经常检查,发现渗漏及时换装。桶装轻质油的库房、货棚和收发间,应保持空气流动。

6)防止静电

(1)静电的产生。油品在收发、输转、灌装过程中,油品分子之间和油品与其他物质之间的摩擦,会产生静电,其电压随着摩擦的加剧而增大,如不及时导除,当电压增高到一定程度时,就会在两带电体之间调火(即静电放电)而引起油品爆炸着火。静电电压越高越容易放电。电压的高低或静电电荷量大小主要与下列因素有关:

①油品流速越快,摩擦越剧烈,产生静电电压越高。

②空气越干燥,静电越不容易从空气中消除,电压越容易升高。

(2)防止静电放电的方法。

①一切用于储存、输转油品的油罐、管线、装卸设备,都必须有良好的接地装置,及时把静电导入地下,并应经常检查静电接地装置技术状况和测试接地电阻。

②向油罐、油罐汽车、铁路槽车装油时,输油管必须插入油面以下或接近罐底。

(3)接地装置的设置。

①接地线:接地线必须有良好的导电性能、适当的截面积和足够的强度。

②接地极:接地极应使用直径长 2.5m、管壁厚度不小于 3mm 的钢管,清除管子表面的铁锈和污物(不要作防腐处理),挖一个深约 0.5m 的坑,将接地极垂直打入坑底土中。接地极应尽量埋在湿度大、地下水位高的地方。

7)消防设施的配备

在储存、收发和使用油品的作业场所,要按安全规定配备适用、有效和足够的消防器材,以便能在起火之初迅速扑灭。常用的消防器材有如下几种:

(1)灭火沙箱:灭火用沙子,一般采用细河沙,放置于油品作业场所适当的地点,配备必要的铁锹、钩杆、斧头、水桶等消防工具。

（2）泡沫灭火机：泡沫灭火机的灭火液由硫酸铝、碳酸氢钠和甘草精组成。灭火时，将泡沫灭火机机身倒置，泡沫即可喷出，覆盖着火物而达到灭火目的。

（3）干粉灭火机：干粉主要是由碳酸氢钠、滑石粉、云母粉和硬脂酸组成，钢瓶内装有干粉和二氧化碳。使用时将灭火机的提环提起，干粉剂在二氧化碳气体作用下喷出粉雾，覆盖在着火物上，使火焰熄灭。适用于扑灭油罐区、库房、油泵房、发油间等场所的火灾，不宜用于精密电器设备的火灾。

第七节　液化天然气装卸工艺

一、液化天然气码头的概况

液化天然气产业链是一个资金庞大、技术密集的完整链系，包括上游天然气的开采、液化、储存、运输和装卸、液化天然气再气化、销售等环节，产业链中任何一个环节的断裂都将导致其他主要环节的连锁反应。

1. 液化天然气的特点

液化天然气是一种危险货物。除热能高、清洁和无毒特点外，还有下列特性，这些特性在运输船舶和码头的设计时应予以重视。

（1）液化气的温度低、重量轻。液化气的温度极低，为 $-160℃$ 或 $-259℃$；虽然处于气化状态液化气的重量重于空气，但其重量仍然很轻，约为 $449kg/m^3$，其比重约为水的一半，因此，可以漂浮于水上。

（2）液化气具有蒸发性和膨胀性。液化气在正常介质温度条件下，迅速蒸发，蒸发后的体积，较液态时大约膨胀 600 倍。据悉，蒸发中的液化天然气的浓度并不均匀，气团边缘部分与周围空气的混合程度最大，所以，液化天然气的浓度也最小。而在气团核心部分，液化天然气的浓度最大。因而当液化天然气溢出后，对处于气团核心部分的人和物造成的危害性更大。

（3）液化气的危害性。液化天然气无色无味，与水相似；除了它的温度极低，需要特殊的装卸技术和设备材质以外，只要不发生泄漏，这种液体还是比较安全的。在散运状态下，不会燃烧或爆炸。瞬时接触液化天然气，不会损伤皮肤，不过，与液化气接触时间稍长，会引起人体冻伤；还可能由于缺氧，造成人的窒息。液化天然气如果与某些金属（如碳素钢）接触，可能会立即造成金属纹裂。

（4）液化气的危险性。当空气中液化天然气蒸汽的含量近 $5\% \sim 15\%$ 时，这种气体便具有可燃性。当液化天然气溢入水中，水面会继续向漂浮的液化天然气供给热量，使其继续蒸发，形成寒冷的扩散气团，随风漂移，搅动和分散增加了气体和空气混合物的体积，当浓度降低到可燃限度（$5\% \sim 15\%$）之间时，遇到火源气团就会起火，烧毁溢源。

人们普遍认为，一旦液化天然气大量溢出后形成的蒸汽燃烧起来，现有的任何消防技术都无能为力。因此，减少液化天然气火灾的关键，是要有一套有力的预防措施，尽力防止液化天然气的大规模溢出和扩散。

在相同的条件下，液化天然气运输的危险性与液化石油这两种液化气运输的危险性十分相似，但在类似的温度条件下液化石油气较液化天然气更浓一些。然而，不论哪种液化气溢于水上后,受重力作用,都会迅速扩散,直到形成大量蒸气气团为止。液化石油气蒸发持续时间可能更长,较液化天然气气团聚集性更强,液化石油气无论在露天或在限定范围内,都有较大的爆炸危险。储罐中的液化石油气,在持续受到周围的热源的烘烤之下,压力不断增高,最终会导致爆炸发生。

2. 液化气码头一般布局

(1)液化气码头基本要求。相对于其他货种,液化气的危险性和一旦出险的危害性都要更大,所以液化气码头安全和隔离方面的要求也高于其他货种的码头。液化气船一般都要通过和靠近设施与附近的工业设施,一旦船舶货舱偶然损坏,液化气的溢漏失控,便可能酿成严重后果,甚至危及生命和财产的安全。所以港口在装卸这类货物时存在巨大风险是液化气码头区别于其他一般油码头的主要特点。所以液化气码头的选址符合以下基本原则:

①码头位置应尽可能接近接收货物的陆地工厂,以减少液化天然气输送管道支线。

②码头和出入航道必须具有足够水深,应能提供船舶掉头、靠泊和锚地泊船的水深。

③码头位置应有完善的防风浪设施,以增加船舶的安全性。

④应尽可能防止对环境和自然资源的影响。

(2)液化气码头布局的基本要求。液化气码头的布局应能满足以下基本要求:

①液化气码头选址与防火设计要求应符合国家有关标准、规范的相关规定。

②液化气码头与人口密集区、商业区、客渡和客运码头应有足够的安全距离。液化气码头前沿水域、回旋水域、进出港航道及相关的连接水域应有足够的水深。

③液化气码头相邻泊位的船舶间应保持规定的安全距离,船舶间的最小距离应根据设计船型,按表6-16的规定确定。

液化气码头相邻泊位的船舶间的最小距离(单位:m)   表6-16

船长 L	10	110 – 15	151 – 18	193 – 23	>236
最小距离	25	35	40	50	55

注:两侧靠船的突堤式或栈桥码头,其宽度不受上述间距限制,但不得小于25m。

资料来源:杨茅甄,等.港口企业装卸实务[M].北京:中国物资出版社,2009.

④液化气码头应设置安全围障。

⑤液化气码头与船舶之间应设置作业人员的安全通道,并设置夜间通道应有足够的照明。

⑥液化气泊位与码头陆地储罐的最小防火距离,应不小于50m。

⑦液化气码头与陆地明火及散发火花的建筑物、构筑物或地点的防火距离不小于40m。

⑧液化气码头与锚地的距离,应不小于1000m。

图6-34为提供的参考浮码头布置图;图6-35为岸基液化天然气码头储罐工艺平面图范例。

3. 液化气码头装卸设备设施

(1)装卸臂。装卸臂是液化气码头前沿主要的装卸作业设备,用于液化石油气和液化的装卸作业,在装卸作业中,将液化气船舶的货物装卸管路与码头的输气管连接。装卸臂具有效率高、安全性好、自动化程度高等优点,因此在液化气码头得到广泛运用。由于液化天然气和液化石油气在装卸时,经常是液化状态和气态同时存在的,所以液化气码头使用的装卸臂,既

有专用于装卸液相货物的和装卸气相货物的,也有装卸液相货物和气相货物兼用的。其配备的特点如下:

①液化石油气运输中一般用加压液化,所以液化石油气码头一般采用源相合一的装卸臂,也有采用液相、气相分开的装卸臂。

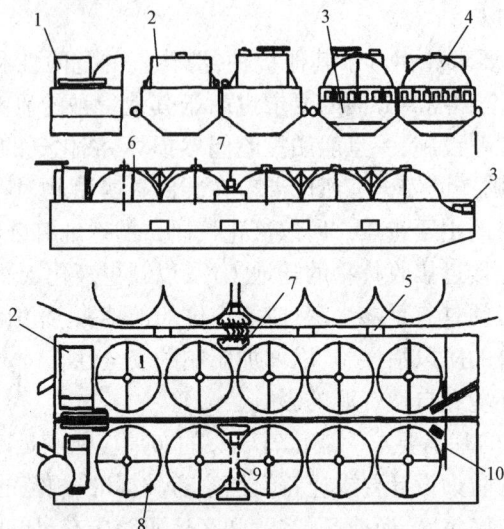

图 6-34　浮码头布置图

1-液氨罐;2-发电机;3-蒸发器;4-二级泵;5-防碰垫;6-货物控制站;7-装货站;8-消防站;9-中控室;10-蓄电池

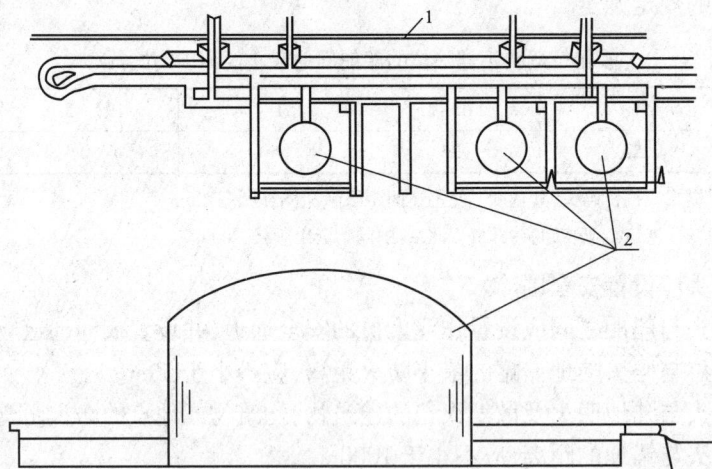

图 6-35　岸基液化天然气码头储罐工艺平面图

1-岸壁线;2-储罐

②液化天然气在运输中一般用加压液化,码头因卸船效率高,天然液相、气相装卸臂通常分开设置。由于液化天然气的温度很低,所以装卸臂的须采用耐低温的钢材。

(2)软管。软管用于装卸作业中连接液化气船舶的管道和码头的装卸臂,在码头液化气不乏采用。码头输送液化气使用的软管安全技术要求很高,应符合 GB 17422 标准的规格前,国外液化气码头已采用高架吊机操作软管,作业效率高,同时可节省码头空间。

（3）紧急脱离装置。紧急脱离装置（图6-36），是当液化气船舶装卸作业过程中，当船舶发生不可预见的紧急情况时，码头装卸臂可以安全地与液化气船舶迅速脱离。液化气码头的装卸臂，均配应急脱离装置（ERS），而且紧急脱离装置可与码头"快速脱缆装置"联合动作，为应急情况下与码头快速脱离提供了保证。

（4）惰性气体系统。惰性气体系统主要生产和提供惰性气体，大多为氮气。惰性气体在液化气码头作业中主要用于"扫线作业"，即在装卸作业完毕后，用惰性气体对连接管道扫线换、连接管道中原存在的石油气和天然气。

（5）装货管系的应急切断装置。为确保作业安全，液化气码头还应配置装货管系的应急切断装置，用于在不可应急情况发生时，迅速关闭作业系统。按规定，反应关闭时间不应超过30s。图6-37所示为外装式紧急切断阀。

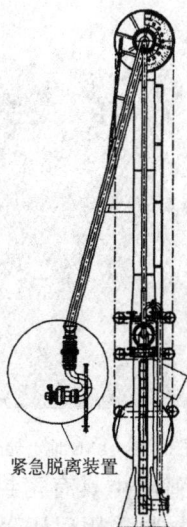

图6-36 装载臂配有紧急脱离装置
（ERS）示意图

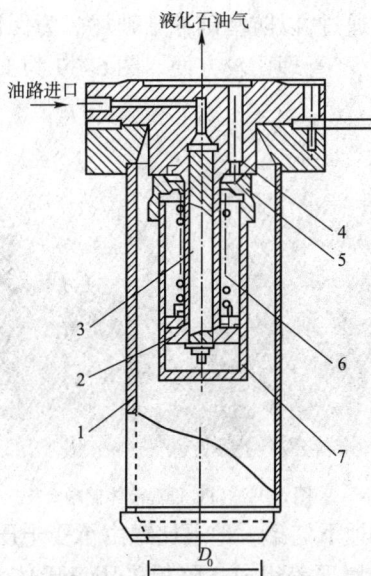

图6-37 外装式紧急切断阀
1-外壳；2-活塞；3-导油管；4-阀座；5-阀
瓣；6-弹簧；7-油缸

二、液化天然气码头的特点

1. 码头液化气储罐

码头液化气储罐有液化石油气（LPG）储罐和液化天然气（LNG）储罐两类。

（1）LPG储罐。目前，国内港口工程建成的LPG储罐主要有以下三种：

①地下岩洞常温高压储罐。如汕头海洋LPG码头及库区工程，建设丁烷、丙烷罐各1个，每个储罐容量均为10万 m^3。其中，丁烷罐建于地下55m处，丙烷罐建于地下105m处。储罐由竖井通向地面，井口设有自动消防报警装置和灭火设施，以及泄压火炬设施等。地下岩洞储罐具有投资省、储存安全可靠、营运费用少等优点。

②地面低温常压储罐。如深圳市液化石油气低温常压储存库区及码头工程，建成2个8万 m^3 低温储存罐。为圆柱形钢罐，储存温度 -45°C，储存压力15kPa。库区内设有可燃气体探测器、消防报警装置及高压水炮等灭火设施。低温常压储存罐，投资大，营运维护费较高。

图 6-38 为 LPG 低温液体储罐实物图。

③地面常温高压储罐。小型 LPG 码头及库区均采用这种储罐,常用球型储罐容量一般为 1 000 ~ 2000 m³。国内建成的最大常温高压储存库为温州洞头小门岛 LPG 中转站及码头工程,共设置 22 个球罐。

(2) LNG 储罐。LNG 储罐根据建设地区的土质情况,地震、建设方管理的要求等因素,而采用不同的储罐形式。储罐形式主要有地上、地下两种,各具优势。

①地上储罐。多采用双层圆筒结构,分为直接接触 LNG 的内层和含有冷却层、起到阻挡外气作用的外层。因 LNG 深冷作用,内层材质一般采用低温下防脆化的 9% 镍钢。内层厚度根据耐压强度的不同为 6 ~ 40mm,外层为普通碳钢材料(也有采用预制混凝土构件),隔热层采用珍珠岩颗粒,并在空隙内充入氮气,以加强隔热效果。罐底基础一般采用浮空式,可使大气自由通过,以防基础冻结破坏。为保证安全,地上灌周围设置挡液堤。地上罐板材厚,焊缝相对较少,管理比较方便。图 6-39 为 LNG 地上储罐实物图。

图 6-38　LPG 低温液体储罐

图 6-39　LNG 地上储罐

②地下储罐。地下储罐由承受土压和储液压力的混凝土罐体,由具有密封作用的内隔壁板及金属顶盖组成。隔板采用奥氏体不锈钢 2mm 薄板,隔热材料采用耐压强度高的 200mm 硬质聚氨醋泡沫板,外壁混凝土厚度根据耐压等级为 1500 ~ 3000mm。

相对而言,地下罐板材薄,焊缝多,但因储液高度在地面以下,抗震性较好。另外,地下储罐在地表面上只露出罐顶,与环境协调,也无须在周围砌筑挡液堤,有利于土地的有效利用。地下罐因向地下挖深,目前最大可达 $20 \times 10^4 m^3$。地下储罐一般施工周期较长,一次投资相对较大。

2. LPG 码头工艺流程

LPG 装卸工艺流程与运输船型、库区储存方式密切相关。码头与库区之间的装卸工艺流程有:

(1)全压式 LPG 船→装载臂→管系→常温压力球罐。

(2)低温 LPG 船→装载臂→管系→加压、加热→常温高压库(球罐或地下储罐)。

(3)低温 LPG 船→加压、加热→装载臂→管系→常温高压库(球罐或地下储罐)。

(4)低温常压 LPG 船→装载臂→管系→低温常压库。

(5)常温高压库→管系→装载臂→全压式 LPG 船。

(6)低温常压库→加压、加热→管系→装载臂→全压式 LPG 船。

LPG 装卸船过程中,通过气相平衡管线连通储罐与运输船船舱,以维持系统的压力平衡。接卸低温 LPG 船,还设置循环预冷管线以小流量来保持卸料总管处于预冷状态备用。

3. LNG 码头工艺流程

国内 LNG 接卸终端的码头均为卸船流程。LNG 船靠泊后,通过船上的输送泵,经过卸料臂、码头支管和卸料总管,输送到 LNG 储罐中。LNG 进入储罐后置换出的蒸发气,经增压机增压后,通过返回气管道,经气相返回臂送到运输船的 LNG 贮舱中,以维持系统的压力平衡。

在卸船操作初期,用较小的卸船流量来冷却卸料臂及辅助设施。当冷却完成后,再逐渐增加流量到设计值。卸船完成后,用氮气将残留在卸料臂中的 LNG 吹扫干净,并准备进行循环操作。在无卸船的正常操作期间,通过循环管线以小流量来保持 LNG 卸料总管处于预冷状态备用。

三、液化天然气码头的安全措施

液化天然气码头的设计、建造和营运过程的各个阶段内,都包含有专门的安全程序和安全技术。

1. 围堤

地上储罐四周应筑有围堤和溢物拦蓄系统。围堤是控制溢落地表的液化天然气流动的主要措施。有了围堤,便可采用下述方法控制天然气流动:

(1) 当液化天然溢出时,液体可以被拦蓄在围堤之内,并用快速扩散泡沫来减慢液化天然气溢物的蒸发速度。可以借助围堤隔离火源,这样,液化天然气便可以作为无害气体而逸散于大气之中。

(2) 当液化天然气溢出时,液体可被拦蓄在围堤之内对其蒸发加以控制;或者干脆点燃,使其在限定的范围内燃烧,在这个范围内,用通常的消防措施控制火势。

2. 留出储罐围堤与地界线之间的安全距离

这个距离应能保证从围堤内液化天然气火势辐射到地界处的热度,不会造成对人体的伤亡。该距离应是围堤面积平方根的 0.8 倍。

3. 设置液化天然气蒸汽的逸散区

其目的是使液化天然气溢出物形成的蒸气,在该范围内逸散于大气之中,液化天然气在空气中的含量在 2% 以下。逸散区的面积应在 400 万 ~ 4900 万 m^2 之内。

4. 避免船舶事故的发生

采用液化天然气专用船舶运输液化天然气,并把船舶作业安排在偏僻地点进行。

5. 制定完整的港口安全生产条例

包括船舶交通管理系统和海上应急系统。配置各种必要设备应急设备,并训练人员熟练地使用这些设备。船舶交通管理系统的目的是,在港口正常营运过程中,管理和协调海上交通,合理安排船舶运输,具体包括,安排船舶移动计划,控制船舶移动。

海上应急系统一般采用船舶交通管理系统所用的同样监测和通信设备,还需配备拖轮、消防艇、紧急情况下为减轻生命财产损失所必需的其他设备和应急人员。

6.液化天然气码头的选址要注意安全

液化天然气码头的选址要遵守如下基本准则：

（1）码头位置应尽可能接近陆地工厂，以减少液化天然气输送管道长度；

（2）码头和出入航道必须具有足够水深，应能提供船舶掉头、靠泊和锚地泊船的条件；

（3）码头位置应有防风浪设施，增加船舶安全；

（4）码头应专用于液化天然气的装卸；

（5）码头位置应避免船只往来和其他海上活动；

（6）码头位置应远离工业区和人口稠密区，并与这些地区之间有一定的隔离区；

（7）尽可能防止对自然资源的影响；

（8）注意码头附近有无可能导致码头发生事故的特殊外部因素，诸如气象条件、频繁地震区、机场等；

（9）从安全和土地利用方面考虑，最好建设离岸式海上液化天然气码头。对于这种码头的各项技术，特别是系泊系统、换装系统、低温管线和大型储罐，都要进行详细评价。

第八节　液体货装卸工艺案例分析

广西北部湾港钦州 30 万吨级石油码头工程位于广西钦州港三墩作业区以南约 8.5 km 海域，该案例中的工程是"钦州中石油国际储备库一期东区及库区管线配套工程"的一部分，是广西最大的原油进出口码头。目前西南地区还没有成规模的炼油厂。该地区的成品油大部分由外省供应，本案例中项目的建设，一方面可以满足当地经济发展对成品油的需求，另一方面也可以带动广西地区经济及相关产业的发展，符合国家的西部大开发战略。

广西北部湾港钦州 30 万吨级石油码头采用双侧靠泊方式，可满足单侧、双侧靠泊装卸原油，也可完成过驳作业。装卸工艺的合理布局是保障码头安全生产、高效有序充分发挥作用的关键。本案例工程装卸工艺设计主要根据码头功能及油品来确定所采用的设计参数与工艺流程，并通过对码头泊位的通过能力、管线配置、设备配备等进行计算和相关布置，安全高效地实现该码头装卸油品的功能。

一、工程概况

拟建的工程位于钦州港三墩作业区，南侧水域较深，岩层埋藏适中。本案例中工程拟建 1 个 30 万吨级原油码头，码头双侧靠泊，码头一侧可靠泊 10 万～30 万 DWT 原油船，另一侧可靠泊 10 万 DWT 原油船（水工结构按 30 万 DWT 预留）。由于码头施工与栈桥施工分开，栈桥建设完工前，码头前沿设置过驳管线作为临时作业措施。主要装卸工艺流程见下文。本码头设施完善，技术比较先进，是广西目前最大的原油进出口码头，合理地进行装卸工艺的布置是码头可以高效、安全、合理运营的关键。码头建成后可实现以下功能：

（1）满足单侧（1 个）原油泊位装、卸船作业要求；

（2）满足两侧（2 个）原油泊位同时作业；

（3）满足从一侧泊位向另外一侧泊位的原油过驳作业。

本文主要针对码头前沿区的装卸工艺设计进行介绍。

二、油品性质及主要设计参数

1. 油品性质

本案例中码头承担腹地石化企业和钦州中石油国际储备库项目进出口原油装卸,要求装卸工艺系统具备一定的适应性。

2. 主要设计参数

30万吨级石油码头在国内均属较大型化工品码头,在广西首次采用,故本工程码头根据其他港口到港油船载量情况进行统计分析。油船平均载量按各等级油船的额定载量考虑。结合钦州港码头运营统计情况及钦州中石油国际储备库一期东 I 区及库区运营需要。码头装卸工艺主要设计参数见表6-17。通过表6-17的主要设计参数进行泊位年通过能力、输油管线的相关计算。

主要设计参数表 表6-17

项 目 名 称		单 位	数 量
泊位数	30万吨级	个	2
计划年	卸船	万吨	1500
运量	装船	万吨	400
泊位	卸船	%	50
利用率	装船	%	50
港口作业天数		天	330
工作班制			四班三运转

3. 主要装卸工艺流程

本工程主要装卸工艺流程说明如下:

(1)原油卸船。原油船输油臂→前沿管线→DN1100 装卸船管道→(库区管线→原油储罐)。

(2)原油装船。(原油储罐→库区2管线)→DN1100 装卸船管道→前沿管线→输油臂→原油船。

(3)原油过驳。东侧泊位原油船→输油臂→东侧泊位前沿管线→过驳管线→西侧泊位前沿管线→输油臂→西侧泊位原油船。

(4)油品置换。(原油储罐→库区管线→外输泵)→DN1100 输油管道 A→码头前沿→DN1100 输油管道 B→(库区管线→原油储罐)。

(5)辅助流程。

①装卸臂卸空流程。

外臂:先打开臂顶真空阀,外臂内原油→(船舶货舱)。

内臂:启动双螺杆泵,内臂内原油→泵→相应阀后的装卸主管。

②干管扫线。

输油干管一般不扫线,必要时,采用清管器进行扫线。

③收发球筒卸空流程。

启用手摇泵,收发球筒→泵→相应阀后的装卸主管。

三、码头泊位设计通过能力的确定

通过能力的计算公式为

$$P_{si} = \frac{T_y t_d}{t_z + t_f + t_p} G\rho$$

$$P_t = \frac{1}{\sum \dfrac{a_i}{P_{si}}}$$

式中:P_{si}——与 α_i 相对应的泊位年设计通过能力(t);

P_t——泊位的年设计通过能力(t);

T_y——年运营天数(d);

G——设计船型船舶的实际装卸量(t);

t_d——昼夜小时数,取 24h;

t_z——装卸一艘船型船舶的实际装卸量所需的实际时间(h);

t_f——船舶的装卸辅助作业时间(h);

t_p——油船排压舱水的时间(h);

ρ——泊位利用率(%);

a_i——各种船型船舶装卸量占泊位年装卸量的百分比(%)。

影响泊位通过能力的因素比较多,包括船时效率、泊位利用率、辅助作业时间等。其中辅助作业时间主要包括靠泊、离泊、作业开始和结束、联检、商检离泊时间等项所耗用的时间。它与航道、港池情况、导航与助航设施、管理与作业方式等有关。部分主要参数的取值如下:

(1)影响因素中,船时效率起着决定性的作用。根据业主提供的要求,本工程确定以10万DWT,15 万 DWT,20 万 DWT 和 30 万 DWT 油船为拟定作业船型。其中 10 万 DW 下 15 万DWT 油船主要完成过驳减载功能,根据《石油化工码头装卸工艺设计规范》(JTS 165 - 8—2007)规定并参照国内各类似油码头的统计资料,20 万 DWT,净卸船时间取 30 h,25 万 DWT净卸船时间取 37 h,30 万 DWT 净卸船时间取 40 h,10 万 DWT 净装船时间取 15 h,15 万 DWT净装船时间取 16h。

(2)辅助作业时间是影响泊位通过能力的主要因素之一,它与航道、港池情况、导航与助航设施、管理与作业方式等有关。根据钦州港的实际情况及业主提供的数据参考,参照国内各油码头的统计资料,确定辅助作业时间为 10h。

(3)根据钦州港运营情况综合分析。码头泊位的年运营天数为 330d,采用四班二运转制,工作时数为 24h/d,泊位利用率为 0.50。

(4)根据拟定的船型和承运比例。计算结果得到该码头泊位年设计年通过能力约为1916万 t/a,可满足 1900 万 t/a 的码头计划年运量要求。

四、码头装卸工艺布置方案设计

1. 装卸工艺布置方案

根据码头库区的输油管线规划和操作要求,码头工程设计 30 万吨级原油泊位 2 个(最小可兼靠 10 万 DWT 原油船,10 万 DWT 油船仅作为过驳作业使用)。码头栈桥的设计及施工均滞后于码头前沿区,综合各方面因素,广西北部湾港钦州 30 万吨级石油码头前沿 I 最终采用工艺布置方案简图如图 6-40 所示。

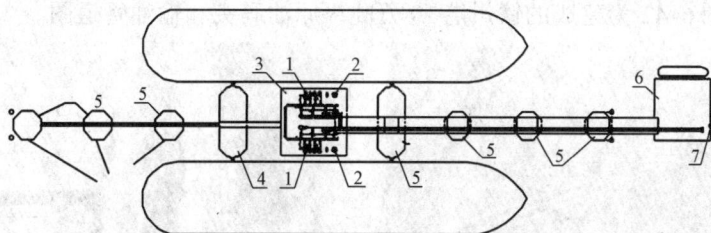

图 6-40 广西北部湾港钦州 30 万吨级石油码头工艺布置简图

1- 输油臂;2- 登船梯;3- 工作平台;4- 靠船墩;5- 系缆墩;6- 辅助作业平台;7- 码头前沿与栈桥连接点

码头的工艺布置主要包括:

(1)原油装卸船作业采用装卸臂,每泊位采用 4 台 16″(3 用 1 备)装卸臂进行作业,工作范围适应 10 万 ~30 万 DWT 油船在各种水位和载重状态下的变化,能够满足最大卸船要求,装卸臂装配绝缘法兰,并配有紧急脱离系统和声光报警系统。

(2)码头距离储备库一期库区距离约为 21 km,距离储备库二期库区约为 11 km。该案例中工程输送距离较长,水头损失较大,而码头面作业平台空间有限,无法布置加压泵站,需在后期库区设计时,在栈桥上岸点附近设置加压泵站,可以在原油输送过程中,实现一期库区的进库压力。

(3)根据《石油化工码头装卸工艺设计规范》(JTS 165 – 8—2007)的参数取值,30 万吨级原油船一般卸船时的最大流量为 15000 ~18000 m³/h。经计算,每个泊位采用 1 根 DN1200 主管汇,每个输油臂后 1 根 DN700 单支管至主管汇上,两个泊位间采用 1 根 DN1200 过驳管线连接,以完成码头过驳减载功能。每个泊位设置 2 根 DN1100 输油干管可以满足输送要求,每根输油管上共设置 2 道电动切断阀,事故时关断。

(4)泊位码头前沿工作平台上每个泊位设置 1 台双螺杆泵,用于输油臂卸空作业。码头前沿工作平台设置两个收发球筒,在需要时,对 2 根 DN1100 的输油干管用清管器进行扫线。在收发球筒残液口及主汇管排污口设置 2 台手摇泵,将收发球筒及主汇管内残油抽吸至输油干管,可将装卸原油或扫线后收发球筒及主汇管中的残油清除。

(5)为便于上下船舶,泊位工作平台前沿设置电、液驱动升降式登船梯,工作范围适应 10 万 ~30 万 DWT 油船在各种水位和载重状态下的变化,提供码头与船舶之间的安全通道。

2. 布置方案设计的重点和难点

本案例中是双侧靠泊装卸原油,并可实现过驳减载的功能. 装卸工艺设计的重点和难度主要有:

(1)由于码头作业区空间限制,需要通过管线的合理布置,以满足两个泊位同时进行装卸船作业,并完成相关的装卸工艺流程。

(2)由于栈桥的设计和施工均落后于码头前沿,为了能充分发挥码头的经济效益,通过设置 DN1200 过驳连接管线,选择可以适合的装卸设备,实现两个泊位的连接,完成过驳减载作业。

(3)本工程码头区在钦州港三墩作业区以南约8.5 km海域,原油输送距离较长,水头损失大,输送油品过程中,必须满足库区进库压力的要求。通过在栈桥上岸点附近增设加压泵房,选择合理的配管以及相关输油参数,可完成原油的远距离输送功能。

图6-41和图6-42为建成的钦州港10万吨级原油码头和输油管道图。

图6-41　钦州港10万吨级原油码头

图6-42　中国石油广西石化10万吨级原油码头输油管道

思考与练习

1. 石油的特性有哪些?

2. 根据新修改的MARPOL73/78附则II,散装液体化学品按污染性可分为哪几类?

3. 油管的伴热措施有哪几种?

4. 油罐的储油方式有哪些?

5. 石油(油品)码头油船装卸的方式的有哪些? 其中,通过水下管道装卸的方式又可细分为哪几种?

6. 油品码头的工艺作业主要有哪些?

7. 原油和成品油的装卸工艺流程主要有哪几步?

8. 水体油污染治理的方法有哪些?

9. 液化天然气的特点以及液化气码头装卸设备设施都有哪些?

第七章　木材装卸工艺

案例导入——蓬莱港的"原木装卸速度"

2011年3月6日,烟台港集团蓬莱港有限公司(以下简称蓬莱港)成功将巴基斯坦籍"奇特拉尔"轮上的4.5万多立方米的新西兰原木卸载,作业效率达到了10500m³/d,创造了国内木材装卸的新纪录。

为了提高木材装卸速度,蓬莱港改进木材装卸工艺。近年来,蓬莱港把木材进口装卸作为港口主要货源进行培育,取得较明显的效果,木材货源已逐步发展成为蓬莱港第二大货源。

为了降低木材破损率,该港改进了装卸工艺,使木材装卸破损率降低至原来的1/5。以作业一般3万方木材作业船舶为例,一船作业下来,按目前原木市场计算,通过降低木材装卸破损率,就可为货主带来近20万元的经济效益。

为了改进装卸工艺,该港利用滑轮装置减少钢丝绳的磨损,使装卸工人捆绑木材更省时、省力,也减轻了钢丝绳的磨损,给这种老装卸工艺注入了新的元素。

木材掏栈作业一直是木材卸船作业中最费时、费力的作业环节,为提高掏栈作业效率,他们首创了木材挖掘机下舱配合工人作业,有效解决了原来装载机下舱费时、安全系数低、能耗大等弊病,此项工艺创新属国内首创。同时,在挖掘机木材下舱作业中通过技术革新,对液压木材抓具进行了改造,使得木材装卸工艺更趋成熟。

第一节　概　　述

木材质轻、美观,加工容易,加工能耗小,是当今四大材料(钢材、水泥、木材、塑料)中唯一可再生和再循环利用的绿色材料和生物资源;并且木材作为一种生产资料,在国民经济中发挥着重要作用,是装卸运输生产的重要资源。我国是森林蓄积比较有限的国家,林木的蓄积量只占世界总蓄积量的五十分之一;而我国又是一个木材消耗大国,木材消耗量占世界第二。近年来,随着我国森林资源的过度开发,林业资源逐渐减少,为保持生态平衡,国家对森林资源已实施了保护政策,国内木材的产量因此逐渐减少,我国木材消耗量40%以上需要进口。并且,随着我国经济的发展,我国对木材的需求量持续增加,木材的外贸进口量也将持续增加。

一、木材的分类

木材主要可分为圆木、成材和木材制品

1. 圆木

圆木分为长圆木和短圆木两种。长度为4~9m及超过9m的圆木成为长圆木。这类圆木

主要用于建筑业,如梁、电杆木、木桩、木船的龙骨等。长度在4m以下的圆木为短圆木。这类圆木常用于做坑木,我国东北的桦木、榆木、杨木等都是短圆木的木材品种。短圆木还可用作造纸工业和民用的薪材。

2. 成材

成材是经过加工或初步加工的木材,成材分为方木和板材两种。厚宽比小于3的成材称为方木;厚宽比大于3的成材称为板材。

3. 木材制品

木材制品又称制材,是经过特别加工而成为有特种用途的木材。如胶合板、纤维板、复合板、软木砖等,如图7-1所示。

图7-1　木材制品

木材装卸原本属于件杂货装卸工艺,但由于木材运输保管要求的独特性,在木材运输量增加的情况下,港口木材装卸泊位和木材装卸工艺逐渐形成。近年来,随着人类对森林自然资源的保护和木材替代品的发展,原木的采伐量逐步减少,木材专用泊位新建速度放慢,木材的装卸作业已出现在通用码头上。尽管如此,木材在装卸运输和保管方面仍有独特要求,需要在港口装卸和保管中予以重视。

二、木材运输、装卸、堆放和保管的特点

1. 木材的积载因素大

积载因素即单位重量货物所占的体积。木材的积载因素大的是因为木材的密度较小的缘故。如湿木材的密度为0.75~0.96,积载因素却达到1.3~1.04 m³/t;干木材在含水率15%时的密度为0.44~0.76,但因积载因素达到1.3~2.3m³/t。为了使船舶舱容和载重量得到充分利用,通常采用轻重搭配的装载方式,所以在木材专用泊位上也要配置钢铁装卸设备及工夹具,以减少船舶装卸作业过程的移泊次数。

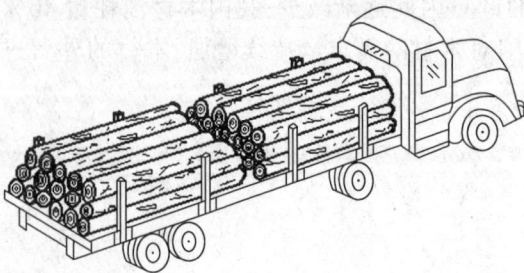

为了充分利用车的载重量,在木材装车作业时,往往会在车箱两边加上支柱(如图7-2),适当加载木材的装卸高度,因此,在选用装车机械时,要保证机械的起升高度能符合

图7-2　木材车

木材装载高度的要求。

2. 木材的含水率高而且含水率变化范围大。

干木材含水率则为 4% ~12%,新伐木材含水率可达 70% ~140%,因此木材的计量不是以重量计,而常用的木材的体积单位表示。体积单位与质量单位的换算可参考有关规定,一般情况下,每立方米大长圆木为 968kg,成材为 600kg,针叶树为 380kg,每根枕木为 50kg。

3. 木材的浮性较大

木材的浮性使木材可采用浮运。木材的浮运是把木材扎成木排在水中拖运。木材的浮性还可以改变木材的装卸工艺过程,如圆木可以先从木材自卸船上卸到水中,然后再将木材从水中拖上岸,虽然这种装卸工艺现在海港很少采用,但如需要,在木材装卸工艺中要解决水中起运木材的问题。

4. 木材是一种长、大、笨、重的货物

长大的木材质量可达 4 ~5t,与其他件杂货相比,操作更为困难,特别是舱内作业不仅费时、费力而且不安全。为了确保木材的装卸作业安全,要求运输木材的船舶舱口面积要大,而且只有单层甲板;为了提高装卸效率、减少作业事故的发生,装卸作业还可使用专用的木材抓货吊具。

5. 木材易腐、生青斑和木蕈,易龟裂及弯曲

由于木材含水率高,木材易发生腐烂、生青斑和木蕈致使木质下降。如当木材的含水率在 25% ~60% 时,最易遭到真菌侵害,木蕈生长最快,进而造成木材腐朽。防止的方法是采用适当的木材保管方法,同时要加强对进口木材的选材、加工和防疫的措施。

圆木的保管方法有两种:湿法保管和干燥保管。湿法保管适合未去皮的木材。采用湿法保管时,可将木材浸在水中或者密堆在货场,在天气干燥时适当洒些水保持一定的湿度,防止木蕈生长。已去皮的木材适合干燥保管法。采用干燥保管法时,应将木材稀疏堆放,并保持良好的通风,使木材保持干燥。

不同的木材保管方法需采用不同的木材堆垛方法。最基本的木材堆垛方法分为紧密堆垛(如图 7-3)和分层堆垛(如图 7-4)两种形式。干燥保管法适合分层堆垛形式,分层堆垛时,堆场可使用堆垛机,吊货工夹具采用钢丝绳扣;如采用紧密堆垛形式,要使用木材抓斗,紧密堆垛形式可充分利用堆场的堆存能力,特别对木材的成组运输更为适用。无论采用何种堆垛形式,货垛间要留出 1m 的通道,每隔 150m 要有 10m 宽的消防通道。

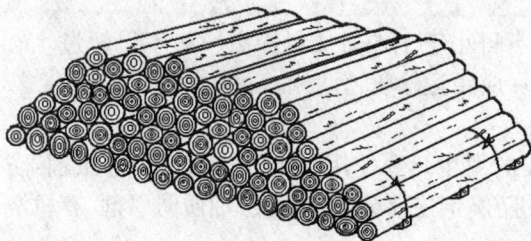

图 7-3　紧密堆垛方式

图 7-4　分层堆垛方式

另外,对于成材的保管比圆木要求更高。为了使成材不弯曲不变形要求堆场的地面平整,分层堆放的板材之间要加垫板,货垛的地面要易排水,堆垛的垛顶要用木材搭成斜面遮盖,防

止日光强烈地照射。

6. 木材的品种规格多

木材的品种规格多,对装卸机械的结构及生存率有特别的要求,以枕木为例,有宽轨枕木、窄轨枕木和准轨枕木。又如在横断面积相同时,一捆木材的重量虽木材的相对密度及长度而变,由此在选择装卸机械的起重量、吊货工夹具的尺寸及实际操作时,要十分小心,以免机械超载起重。在木材品种和票数多的情况下,需要分垛保管,货堆之间要留有堆、拆垛机作业的通道,同时还要考虑堆场的安全,木材的堆放不能过高,因此场地的利用率相对较低,所以,木材专用泊位要有足够的木材堆场面积。

三、木材运输、装卸、堆放和保管应注意的问题

1. 木材在运输时要注意的问题

(1)装载时,一般重困木装于货舱内,甲板上装载相对较轻的原木。甲板上的货物重量与货舱中的货物重量比约为1∶2,或稍多些。为控制船舶的重心,一般排空上边柜压载水,双层底压载舱的水留船。

(2)由于船舶在运输过程中受风浪影响,所以木材在水上运输过程中,要正确选择绑扎索具,按规则规定的方案进行绑扎,在航行中每日进行紧索,发现异常立即处理。

(3)要保证一定的 GM 值。作为货主和船东。在运输过程中总是希望运输的木材越多越好,而木材的密度难以估计,所以使船的初稳定性高度 GM(又称重稳矩)偏小而导致船舶稳定性不够,所以一定要对所运木材以及船舶的性质调查清楚,使 GM 在一个合理的范围内,并且利用静稳性力臂曲线,考虑自由液面的修正来进行稳性校核。

2. 木材在装卸时要注意的问题

(1)装货时,船方要安排有经验的船员看舱,监督装卸工人正确吊装,舱内要堆码平整,减少亏舱。舱内尽量装满装实,并且按照上轻下重的原则将最重的原木首先入舱。木材装货过程中如发现稳性不足或者船舶倾斜严重等情况,要立即停止装货,查明原因,消除隐患后再继续装货。

(2)在装载圆木的过程中,舱壁很容易受到木材的损伤,在风浪中,由于船舶的摇摆,木材的绑扎系统容易松动,导致船舶稳性不足而引起事故;船舶进水,货物的松动甚至可能导致船舶倾覆而不得已弃船。所以要分析船舶在装载以及航行中可能受到的损伤,来避免出现此类情况,保证船舶的安全航行。

3. 木材在堆放时要注意的问题

堆放圆木,圆木垛高一般不得超过3m,垛距不得小于1.5m;成材垛高一般不得超过4m,每0.5m加横木,垛距不得小于1m。所有材料堆垛应距运输轨道两侧1m,上方不得有高压线。

4. 木材在保管时要注意的问题

木材在保存过程中要防止虫害以及防止火灾的发生。要使用一定的防腐剂和防虫剂,防止菌、虫以及海生钻孔动物对木材的破坏,常用的防腐剂主要分为三大类,油质防腐剂、有机溶剂防腐剂和水溶性防腐剂。

四、我国港口木材装卸的发展概况

随着我国市场经济体制的逐步完善和对外贸易的不断深入,我国经济实力与日俱增,对木

材的需求也越来越大,目前我国形成以黑龙江为中心依靠俄罗斯为进口来源的北方集散地,以广西、云南为中心依靠东南亚国家为进口来源地的南方集散地和以江苏为中心依靠大洋洲、非洲为进口来源的中部集散地。目前,我国很多港口设有专门的木材装卸泊位,例如,山东的日照港和烟台港、江苏的连云港和苏州港、福建的厦门港等,拥有专业的木材装卸机械,并对木材进行分票理货,创新木材装卸工艺,编制简明木材积载图,实现了边卸货、边检尺、边销售,减少了货物堆存时间,加快了周转次数,以提高港口的吞吐量。

第二节　木材吊货工夹具

一、概述

木材装卸工属具一般分为吊货工具、货物承载工具、装卸机械工具、简易输送工具和装卸工具连接件等。

1. 吊货工具

吊货工具利用夹、钳、卡等原理制成,在实际装卸作业中,吊货工具通常配合起重机械一起使用完成货物的装卸。常见的木材吊货工具有绳索、绳扣等索具以及木材卡钳、捆钳等夹具。

2. 货物承载工具

货物承载工具是港口作业中用于承载成组散货、货物等属具的总称。常见的木材承载工具有木材装卸货板、成组货板、木材装卸网络等。

3. 装卸机械工具

装卸机械工具主要用于货物装卸作业以及库场堆存作业,常见的有木材抓斗等抓取装置以及门座起重机(简称门机)和轮胎起重机、船用起重机等起重装置。

4. 简易搬运输送工具

简易搬运输送工具主要指木材水平运输以及装卸搬运所使用的机械。常见的搬运输送工具有牵引车挂车(也称牵引平车或拖头平车)、圆木装载机和成材装载机、卡车。

5. 装卸工具连接件

装卸工具连接件是吊货工具、承载工具与货物之间的连接件。常见的装卸工具连接件有钩头、钢丝绳等。

木材装卸工属具与其他货种的主要区别体现在吊货工夹具上,本节将主要介绍木材吊货的工夹具。

二、圆木装卸吊货工夹具

木材抓斗是装卸圆木的专用吊货工夹具。用木材抓斗装卸圆木有利于保证作业安全,减轻工人的劳动强度,提高劳动生产率。应用较广泛的木材抓斗是三个抓指和四个抓指的抓斗(图7-5)。抓指的位置是两个在一面,其余一个在另一面。三个抓指的抓斗的抓货面积是可变的,可以紧紧地抓住木材。但三个抓指的抓斗起吊木材时,木材易发生倾斜,作业不便,因此港口通常使用的是抓货面积可变的、有四个抓指的抓斗。

木材抓斗不仅可以用于船舶装卸,也可用于装卸铁路车辆,装卸铁路车辆的木材抓斗的尺寸应与车辆的尺寸相适应。使用木材抓斗要注意抓斗上抓取木材的最大长度的标记,而且起

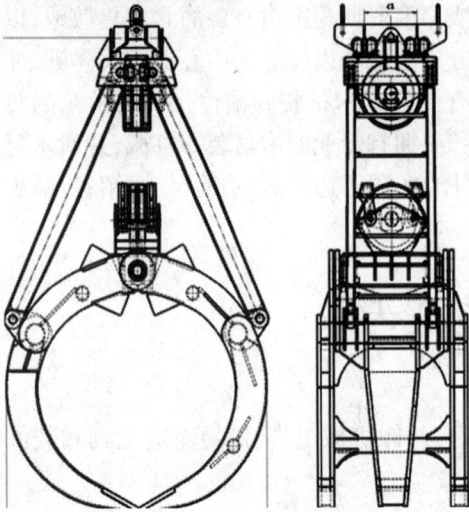

图 7-5　木材抓斗

重机不得超载作业。

　　木材抓斗使用的特点是操作方便、安全。但是木材抓斗的自重较大,为了增加抓斗的挖入深度,木材泊位配置的起重机的起重量通常在 10t 或以上。木材抓斗的抓取量与木材的长度、木材间的间隙(用空隙系数表示)及木材抓斗的形式有关。

　　圆木木材抓斗的抓取量可用以下计算:

$$V = F \times L \times \varphi \times K$$

式中:V——抓斗抓取量(m^3);

　　　　L——木材的长度(m);

　　　　F——抓斗抓取木材的闭合面积(m^2);

　　　　φ——木材间的空隙系数取 $0.75 \sim 0.9$;

　　　　K——抓斗抓取木材时截面充满系数取 $0.73 \sim 0.78$。

木材抓斗抓取量计算的近似公式:$V = (0.55 \sim 0.68) F \times L$

现有各类圆木抓斗的主要技术参数和适用条件如表 7-1 ~ 表 7-3 所示。

单、双索圆木抓斗主要技术参数表　　　　　　表 7-1

抓斗类型	5t 双索圆木抓斗	7.5t 双索圆木抓斗	10t 单索圆木抓斗	10t 双索圆木抓斗	15t 单索圆木抓斗	25t 双索圆木抓斗
额定起重量(t)	5	7.5	10	10	15	25
爪齿合拢全面积(m^2)	0.78	0.95	1.25	1.25	1.90	3.15
爪齿合拢最小夹抱直径(m)	$\phi0.2$	$\phi0.3$	$\phi0.3(0.25)$	$\phi0.3(0.25)$	$\phi0.35$	$\phi0.6$
爪齿开度(m)	2.3	2.6	3	3	3.5	6.5
爪齿宽度(m)	1.4	1.6	1.8	1.92	2	4
钢丝绳(或链条)倍率	3	3	3	5	3	6
钢丝绳(或链条)直径(mm)	$\phi22$ 起重链	$\phi26$ 起重链	$\phi24$ 起重链	$\phi28$ 起重链	$\phi28$ 起重链	$\phi4$ 起重链
抓斗总高(m)	2.33	2.64	4	3.45	4.8	5.1
闭合所需起升高度(m)	3.8	6.5	7.5	9	9	12
抓斗背角(°)	16	16	16	16	16	18
抓斗自重(t)	1.2	1.6	2.9	3.6	4.3(4.7)	4.2

四索圆木抓斗主要技术参数表 表7-2

抓斗类型	3t四索圆木抓斗	5t四索圆木抓斗	7.5t四索圆木抓斗	10t四索圆木抓斗	10t四索圆木抓斗
额定起重量(t)	3	5	7.5	10	
抓齿抱合面积(m²)	φ0.9	φ1.3	φ1.65	φ3.2	φ3.8
抓斗自重(t)	0.5	0.78	0.95	1.9	1.25
起重索类型	起重链			钢丝绳	
起重索倍率	3	3	3	3	3
起重索直径φ(mm)	φ22	φ26	φ24	φ24	φ24
进出舱高度(m)	6	7	8	10	12.5
适用起重机类型	适用于具有双起升机构的各种类型起重机				

抓斗适用条件 表7-3

抓斗类型	圆木长度(m)	起重机械
5t双索	2~4	8t轮胎起重机
	6~8	5t门机
7.5t双索	2~6	5t门机
	2~8	16t轮胎起重机
10t双索	4~12	10t门机
10t单索	2~8	7.5t单杆、克令船吊
	2~10	10t单杆、克令船吊
15t单索	3~6	10t单杆、克令船吊
	6~12	≥15t单杆、克令船

圆木的装卸还可以采用木材钢丝绳扣、圆木夹钳、带钩吊索和自动摘钩等。

木材钢丝绳扣(如图7-6)的结构和钢材钢丝绳扣的类似,而长度较钢材钢丝绳扣大,是由一只扁圆形钢环和一根5m左右的钢绳链接而成,钢丝绳的另一头结成琵琶头,木材钢丝绳扣必须成对使用。近年来,在装卸作业中越来越多使用起重纤维吊带,如图7-7所示。木材钢丝绳扣既可用作吊货工夹具,也可用作成组工具。

图 7-6　钢丝绳扣

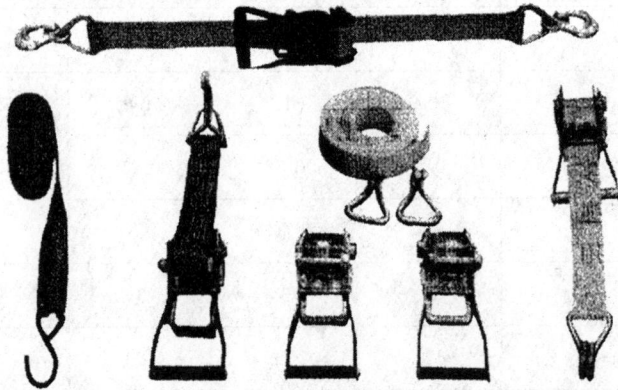

图 7-7　起重纤维吊带

圆木夹钳(图 7-8)和带钩吊索(图 7-9)可用来装卸没有货垫的大圆木。

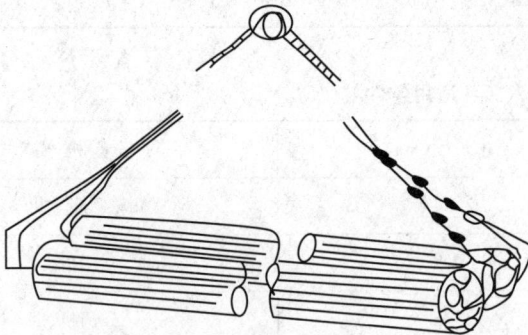

图 7-8　圆木夹钳

图 7-9　带钩吊索

自动摘钩的特点是当货组降落到卸货点后,自动摘钩在配重的作用下自动摘钩。摘钩后只要起重机的吊钩一起升,就能把木材卸放在卸货点,整个索具则随着起重机的吊钩回到装货点,卸货点不需要配备工人。

三、成材装卸吊货工夹具

装卸成材的吊货工夹具主要是吊带(图 7-10)和压紧式夹具(图 7-11)。

吊带是用细钢丝和细麻绳或纤维编成的。用吊带代替钢丝绳优点就是可以避免成材在装卸过程中被损坏。

压紧式夹具的下部能伸到货组下面的垫木孔隙内,上部的杠杆型夹具在起吊时将货组紧紧压住、利用压紧式夹具自做货组时不需要搬动板材,并可保证板材的质量。同时,压紧式夹具可配备在起重量不大的起重机上用于装卸铁路车辆或卡车。这种夹具可使货组紧密地堆放在一起,在装卸时货组可作 30 的倾斜。

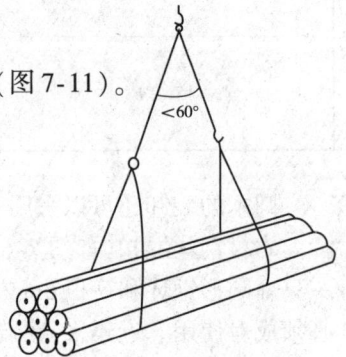

图 7-10　木材吊货吊带

312

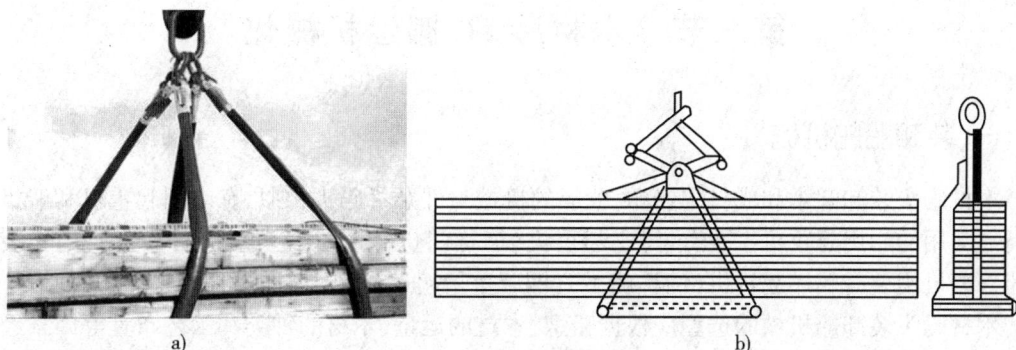

图 7-11　木材夹紧式夹具

四、木材成组运输工具

木材成组运输是木材借助于成组运输工具进行运输的保存的一种装卸工艺。木材成组运输不仅可以大大提高装卸效率,而且还可以防止散运木材装船时因抽钩而使钩头在空中游荡伤人和圆木在舱内滚动挤伤工人的事故,并且由于成组运输不能混票,所以成组运输有利于保证木材运输和保管的质量。

木材成组运输工具(图7-12)的种类很多,可分为刚性的、柔性的和半刚性三类。刚性的成组工具是木材、钢管或型钢等材料制成的框架,木材装入框架后用钢丝捆紧。柔性的成组工具主要是钢丝绳扣,半刚性的成组工具主要由钢条和链条制成。大型的成组重量通常为 10 ~ 15t,也有高达 30t 的。

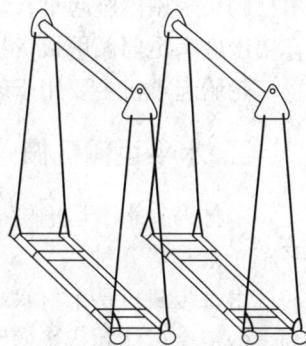

图 7-12　木材成组运输工具

五、其他木材吊货工夹具

其他木材吊货工夹具还包括:用于装卸短圆木和小型板材的网络(图7-13),及各式各样的木材索具(图7-14)。

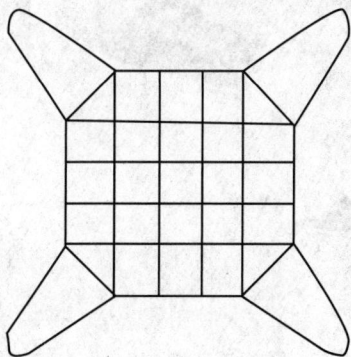

图 7-13　板材网络

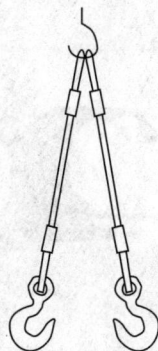

图 7-14　木材索具

313

第三节 木材装卸、搬运机械化

一、装卸船舶机械

木材码头装卸圆木和成材的船舶、驳船的机械与件杂货码头相似,有岸用起重机和船机两大类。常用的岸用起重机主要有:门座起重机(简称门机)和轮胎起重机,后者主要用于装卸驳船。船机主要有船舶起货机(简称船吊),即起重量超过 10t 的船舶吊杆。

木材码头装卸船机械的选型应根据船型、木材的运量、木材的种类和工艺布置等因素经比较后选定。采用船舶起货机的优点是,装卸工艺系统简单,码头可不必专门设置装卸船舶机械,因而可节省系统地投资;缺点是船舶起货机的装卸效率低,起货高度受码头的水位的限制,特别是在码头水位较低时,不利于木材的装卸作业。

木材码头使用门座起重机装卸船舶特点是,机械的通用性好,装卸效率高,既可用于木材的直取作业,又可作水中起运木材作业,对船舶的适应性好,特别适合装卸非木材专用船舶。木材码头采用门座起重机装卸船舶作业时,门座起重机的起重量要大于 10t,其吊臂的最大工作幅度应满足船舶甲板货物的装卸要求。

轮胎起重机主要用于装卸木材船舶。

二、水平运输机械

木材码头水平运输机械有:圆木装载机和成材装载机、牵引车挂车(也称牵引平车或拖头平车)、卡车等几种。

木材装载机是木材水平运输和堆垛的专用机械,圆木装载机(图 7-15)可适合多种规格的圆木的短途运输和货场的堆拆垛作业。适用成材的运输和堆拆垛作业的木材装卸机按其工作特点,可分为侧向装卸车、旋转叉架装卸车等,其工作特点是:工作灵活,操作占地面积小,适用于运输距离较短和堆场通道狭窄的情况下。

图 7-15 圆木装载机

木材码头最主要的水平运输机械一般由牵引车和挂车(平板车)组成。一台牵引车既可以拖带一台平板车,也可以拖带两台或两台以上的平板车,如图 7-16 所示。平板车在进行水平运输时,平板车装圆木一律纵向装载,紧靠圆木架栏桩顶部的圆木,直径2/3须在栏桩内,装载中心接近平板中心,两端参差不齐不超过0.5m。牵引车挂车的特点是机动灵活,但需要圆木装载机或起重机进行装卸,适用于运输距离较长的堆场。

图7-16 平板车

卡车水平运输木材装载方法有纵向装载(如图7-17)和横向装载两种(如图7-18)。纵向运输时,卡车车架一般分段配置插桩,紧靠圆木架栏桩顶部的圆木,直径2/3须在栏桩内。横向运输时,卡车车架可不配置插桩,在卡车无插桩时,需用绳索将每段圆木捆绑成整体。超出车箱部分两边对称,两端参差不齐不超过20cm。横向装载进行港区内水平运输,限于长度小于4m的圆木。同时卡车水平运输木材装载应合理摆排,直径大的和直的应装于下层及两侧,并紧靠侧板,直径小的和有弯曲的圆木应将弯头向下,装于中间成凹形,使每层圆木滚动力向内,相互挤紧。圆木的大小头要相互颠倒,紧密排摆,避免形成向前或向后的溜坡。车内前端圆木头部应顶靠端板,不得压端板。超出车箱搬后层层压缝起脊,满足驾驶员装车要求。只有当驾驶员用自备紧固器进行绑扎加固后,车辆方能运行。卡车水平运输木材一般适用堆场或公路运输。

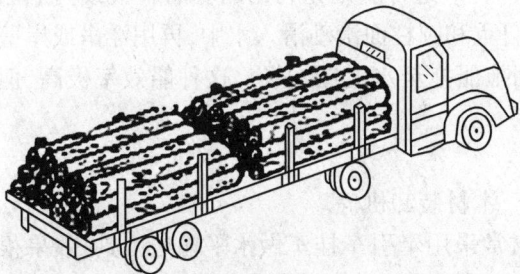

图7-17 纵向装载

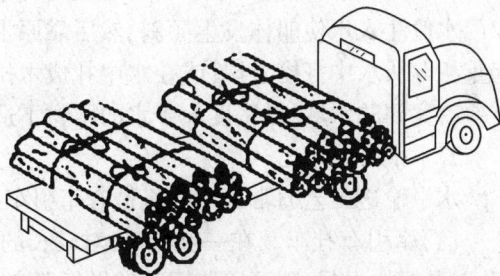

图7-18 横向装载

三、堆场机械

木材堆场机械主要包括流动起重机、门座起重机、桥式起重机和装载机等。流动起重机臂幅较大,可以用于堆拆垛作业,增加木材堆垛的高度,特别适用于装卸长度较大的木材。相比之下,木材堆场使用门座起重机或桥式起重机时,更可以增加货堆的高度,减少堆场面积的损失。

四、装车机械

圆木装车机械主要有木材抓斗、抓木材装车挖掘机、起重机抓斗、木材夹木机、装载机等。装车机械的选择往往决定着堆场作业的方式,故机械的选型和工艺布置一般要结合堆场作业

全面地综合考虑。木材夹抱机不仅可以水平搬运木材,还可以进行装卸车作业,但应有较大的空间供机械移动,所以适合空旷的场地。木片装车一般采用风力吹送法装入汽车车厢,而卸车则采用木片自身重力卸车。

第四节　木材装卸工艺流程及布置

一、木材主要装卸作业环节

木材装卸工艺过程主要由木材装卸船工艺、水平输送工艺、库场作业工艺三个作业环节组成。

1. 木材装卸船工艺

木材装卸船工艺常采用的方法有人工吊装、木材抓斗装卸船、木材专用船、木材自卸船。

(1)人工吊装法。该方法是由工人在舱内捆绑操作(或摘挂钩),再利用船吊或岸机吊至码头(或相反)。目前我国大多数港口还在使用这种方法。

(2)木材抓斗装卸船。使用木材抓斗装卸船是20世纪50年代兴起的,并很快发展成为一种新工艺,使用木材抓斗装卸船作业,需要与船吊或岸机配合进行。这种装卸方式的最大优点是,装卸中能做到人、木分离,可以保证作业人员的人身安全。

(3)木材专用船。许多国家木材的进出口量很大,因此,特建造木材专用船,他自身配置有装卸起重机,这种机械机动性好、效率高。

(4)木材自卸船。木材自卸船也是专用船的一种。这种船是先利用船底的斜坡或向船舶专门水舱注入水使船体发生倾斜,然后靠原木的自重和圆柱面滚动滑入水中,再用浮吊或岸壁起重机等从水中打捞上岸;或在水中扎成木排,用拖船拖至水上储木场。这种船效率极高,但需要有宽阔的水域,且密度大于水的木材不适用。

2. 水平输送工艺

水平输送工艺通常采用的机械有牵引车挂车、木材装卸机等。

(1)牵引车挂车。在一般港口,对较长的木材常采用牵引车挂车做水平输送工具,效果很好;对稍短的木材,则可以使用叉车做短距离搬运。这种水平输送工艺的缺点是需要宽敞的道路,原木容易滚落,故安全问题需十分注意。

(2)木材装卸机。机械化程度高的港口多采用木材装卸机,木材装卸机起重量大,一般为5t以上,起升的高度大,抓叉张开时离地面高度可达9～10m;各种工作机构均为液压驱动,操作方便,灵活省力,机械转弯半径小,动作灵活,不需要人员辅助作业。

3. 库场作业工艺

库场作业工艺是库场木材堆码或装卸车的作业,它可以采用木材装卸机,也可以采用液压曲臂吊机。

其中,库场上的木材装车工艺可以利用移动式木材装车机。装铁路车辆有两种方法:一种方法是利用木材装车机直接装车;另一种方法是用木材装车机先把木材装在装货平台上,然后用成组方法把预先在平台上堆成的木材装到平车上去。采用这种成组装车法可以有效地解决港口木材装车机数量不足与港口装车任务不均衡之间的矛盾。但这种工艺的缺点是只适用于一次到港车辆多,而且是平车的情况。

常见的木材装卸工艺主要有圆木装卸工艺、成材装卸工艺、起运水中木材工艺和木片装卸工艺。我国海港木材装卸中常见的是前两种,木材装卸运输有集装箱化的趋势,木片浆化运输技术未能在我国得到发展。下面就上述四种不同装卸工艺的流程与布置作一介绍。

二、圆木装卸工艺流程及布置

1.原木装卸工艺流程

圆木的集疏运方式多种多样:先利用铁路、河驳、木排、汽车运到港口,再由海船运出港;或相反。典型的圆木装卸工艺主要由机械配备、圆木装卸工艺流程及吊货工夹具等组成。

1)主要机械

(1)装卸船舶(驳)机械:船舶起货机、门座起重机。

(2)水平搬运机械:牵引车平车、装载机

(3)库场作业机械:轮胎起重机、门座起重机

(4)装卸卡车机械:轮胎起重机、门座起重机、装载机

2)工艺流程

(1)船—驳、排(图7-19)。

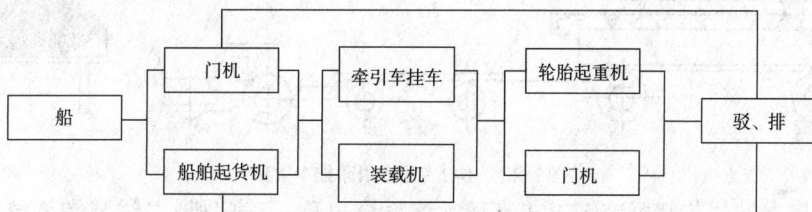

图7-19　船—驳、排工艺流程

(2)船、驳—场(图7-20)。

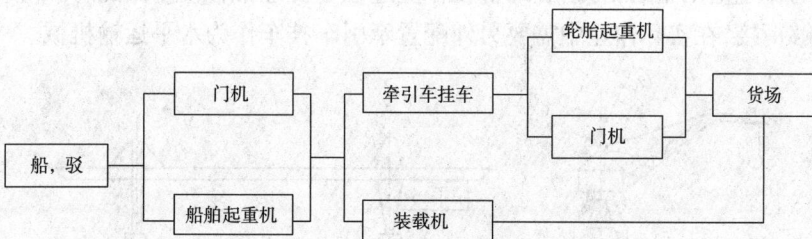

图7-20　船、驳—场工艺流程

(3)卡车—场(图7-21)。

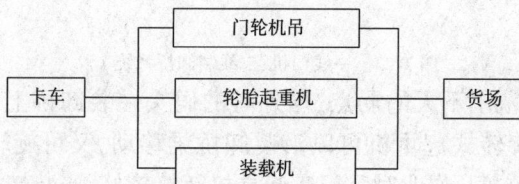

图7-21　卡车—场工艺流程

317

具体来说,根据装卸船和水平运输所使用的不同机械,圆木的装卸工艺流程主要可以分为以下三种方案:

①船舶起货机—流动机械装卸工艺流程。这种工艺流程方案的特点是:

A. 系统简单,如使用船舶起货机进行木材装卸作业时,可节约港口设备的投资。

B. 流动机械的工作操作所需的面积大,因而影响了货场堆存面积的有效利用。

C. 船舶起货机的起重量应大于10t,如船舶起货机的起重量不能满足木材的装卸要求,需另外设置大起重量的岸机。

船舶起货机—流动机械木材装卸工艺适用于木材专用船舶的装卸作业,常见于美洲和日本港口,我国也有港口采用这种木材装卸工艺。

②门座起重机—流动机械装卸工艺流程。在这种工艺流程方案中,通常选用牵引车挂车和木材装载机进行水平运输作业,采用门座起重机的工作特点如同件杂货装卸工艺中的门座起重机工作特点;木材装载机在作木材从码头前沿至堆场的水平运输过程中,可稳固地夹住木材,但它的缺点是作业效率不高,堆垛木材的高度也十分有限,因此只适用于运量和装卸量不大的堆场作业,或用作堆场的辅助作业。对专业化的木材泊位来说,木材的水平运输还以牵引车挂车为主。同时,为了防止木材在运输过程中滚下,通常会在木材专用的挂车上设置 U 形的货架(图 7-22)。

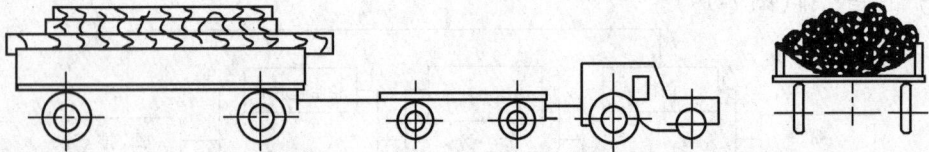

图 7-22　木材专用牵引车挂车货架

③门座起重机—装卸桥装卸工艺流程。该系统也称一线门机、二线装卸系统(图 7-23)。该系统最大的优点是布置简单,缺点是作业效率较低,这主要是由于码头上的门座起重机与第二线装卸桥的作业范围不易衔接,装卸桥在作业过程中要经常移动。因此,为了使起门机和装卸桥作业能够衔接,在实际作业中需要另外配置牵引车挂车作为水平运输机械。

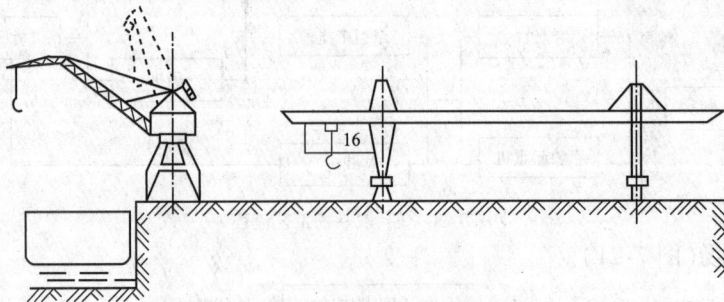

图 7-23　一线门机、二线装卸桥系统

为了克服装卸桥作业范围不大的弱点,国外有的码头在装卸桥上设置旋转式起重机(图 7-24)。该系统的优点是旋转式起重机可以沿装卸桥梁移动,又可旋转、变幅、升降。由于旋转式起重机有较大的作业空间,作业时和门座起重机衔接较好,当装卸桥起重机在装卸后方铁路的车辆时,码头前沿的起重机可进行船舶装卸;缺点是装卸桥整机重量大。

318

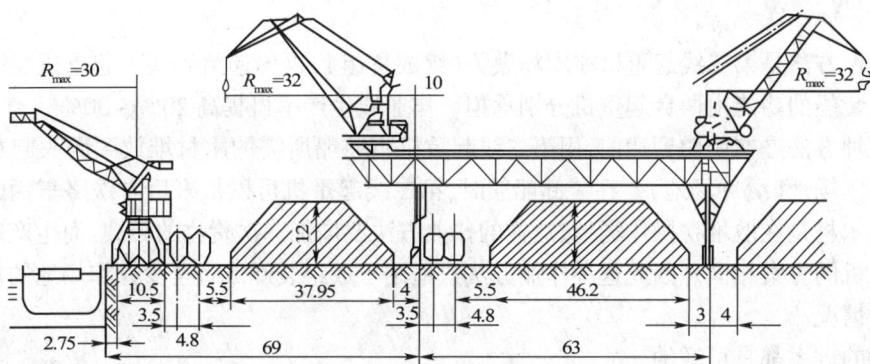

图7-24 装卸桥上设置旋转式起重机(尺寸单位:m)

对于圆木装卸机械及其工艺流程方案的选择,要根据码头、船舶、木材运输量等具体的情况决定。从卸船效率看,上述的工艺方案在相同的运输条件下,船舶起货机的装卸效率可与门座起重机的装卸效率相仿,但是由于木材码头的装卸操作过程较复杂,常常还要完成进口木材的捆扎和水中起运木材的作业,因此即使是以装卸木材专用船为主的、采用船舶起货机的木材泊位,也要配备门座起重机,采用船舶起货机与门座起货机联合作业的方式。

3)工夹具配备

船、驳装卸、堆垛作业及扎排作业,尽可能使用抓斗。装卸红木、花梨木等贵重圆木,圆木重量或直径超过抓斗技术性能的以及舱内圆木票数多、易混票时采用钩头钢丝绳做关。

2.圆木装卸工艺布置及操作要点

为了确保木材装卸作业的安全,在具体工艺布置及装卸操作过程中,要注意如下要点:

(1)木材车辆到港装卸时,起重机借助于钢丝绳从敞车中卸长圆木时,起重机先要做提头作业,即起重机先用一根较细的钢丝绳将圆木的两头分别吊起0.3~0.4m,然后将吊货钢丝绳穿过圆木,做成货组。长圆木要用两根钢丝绳扣起吊,而且两根钢丝绳扣的长度要相同,货组由起重机从车内到货堆、船舶或木排上,人工摘钩后,起重机将吊货钢丝绳从货组下抽出。起重机完成提头作业时间要占整个卸车周期时间的很大比重。如木材是以成组运输方式由铁路车辆运到港口,起重机卸车时就不需要从事提头工作。

(2)舱内作业是木材装卸工作的薄弱环节,作业十分繁重。成组木材通常是利用木材船舶吊杆的吊货卷物机配合开口滑车将木材拖到甲板下空间。为了充分利用船舱的容积,实际上在成组木材之间和成组木材与船舷及甲板之间的空隙内还要用单件木材来充填。这些单件木材的容积约占船舱容积的5%~10%。在我国港口利用圆木滚动的特性减轻装船时的舱内作业量取得一定的效果。这种操作方法的特点是先装舱口下的圆木,再装船舱深处的圆木,即先把长圆木以纵向放在舱口下,然后把短圆木顺着这些长圆木滚入船舱深处。为了减少仓容损失,可在船舱的四个角落里用人工装入小木板。

(3)用抓斗将木材从堆场装到船舶的过程中,为了完成"齐头"作业,抓斗将抓取的货组放在齐头台架上。木材齐头后再用起重机吊到船舱。每台起重机可配备两台齐头台架,以消除起重机等待齐头的时间。

(4)堆场很大时要设置二线起重机。第一线和第二线起重机的协同工作可以有两种

方法：

第一种方法是第二线起重机在库场做关（组成货组），再传递给码头上起重机装船。做关和将货组装船的功能由两台起重机分别承担。作业线生产率可提高20%～30%。

第二种方法是在船舶到达前，用第二线起重机将装船所需的木材堆放到码头起重机作业范围的操作场地（缓冲场地）。在装卸船舶时，第二线起重机可以从事后方铁路车辆的装卸工作。如果木材是在散堆在操作场地，这样的作业方法要增加一次货物的转载，而生产率和仅有一线起重机的方案相同。因此这种作业方法只适用于成组装卸或者至少操作场地的货组用绳扣捆扎的情况。

上述的方案都是可逆的。

（5）在堆场上不设置大型起重机的情况下，卸汽车码货堆，拆货堆码汽车，以及将木材从堆场运至船边或相反程序均可用配备液压夹具的圆木装卸机完成。

现代航运木材日趋专业化，专业化的木材运输船配备有起重量达15～30t的船舶吊杆。因此船舶吊杆—圆木转载机的装卸工艺应用很广泛。

（6）圆木可以成组或散件形式由木材船运输。如为散件运输，则可用船舶吊杆木材抓斗进行船舶装卸，圆木装卸机进行水平运输和码拆垛作业。用船吊木材抓斗代替舱内人力做关，不仅有利于保证作业安全，而且在同样条件下，舱时效率提高40%左右，人时效率提高160%左右。船吊抓斗在木材长度大、票数少时效果较好。

（7）木材码头前方作用地带的宽度，不宜少于30m。

（8）汽车拖挂车进行水平运输，液压曲臂起重机进行堆垛，通常适用于堆场距码头前沿较远的情况下。液压曲臂起重机配以圆木装载机还可以用于堆场上的木材装驳船；液压曲臂起重机还可用于水中取木材。

（9）液压曲臂起重机配以圆木装载机可用来装火车，装汽车既可用液压曲臂起重机，也可用圆木装载机。

三、成材装卸工艺流程及布置

我国进口的木材中有相当部分为圆木，成材和半成材所占比例小。随着木材出口国采取更严格的限制圆木出口的政策，成材和半成材所占比例将上升。

国外成材出口基本上已实现成组运输，正在向大成组化的集装箱运输发展，木材集装箱单元重量达30t，成组板材种约14.5t。

1. 成材装卸工艺流程

成材散件运输典型的装卸工艺是由主要装卸机械、装卸工艺流程和吊货工夹具等部分组成。

（1）主要机械。

①装卸船舶（驳）机械：船舶起重机、门座起重机。

②水平搬运机械：牵引车、卡车。

③库场作业机械：轮胎起重机、门座起重机、侧向装卸车、旋转叉架装卸车。

④装卸车机械：轮胎起重机、门座起重机。

⑤辅助机械：叉式装载车。

（2）工艺流程。

①船—驳船（图7-25）。

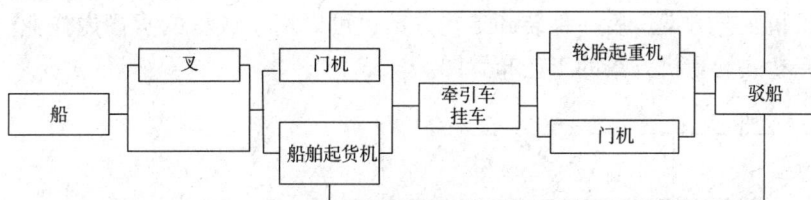

图7-25　船—驳船工艺流程

②船—货场（火车、卡车）（图7-26）。

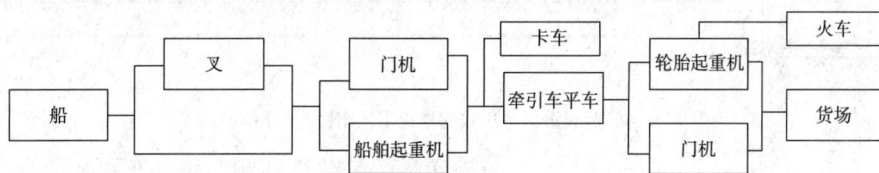

图7-26　船—货场（火车、卡车）工艺流程

③货场—货船（卡车）（图7-27）。

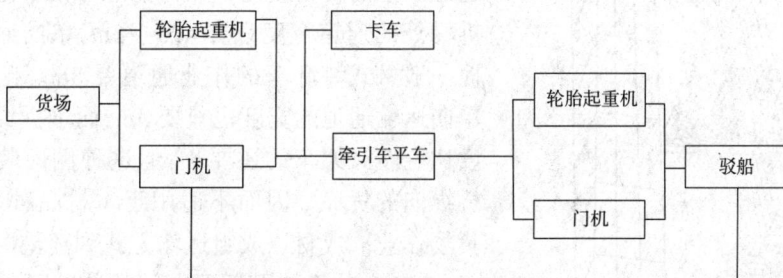

图7-27　货场—货船（卡车）工艺流程

④货场—火车（图7-28）。

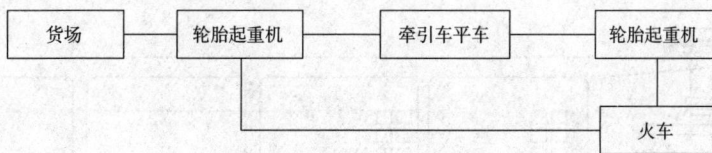

图7-28　货场—火车工艺流程

（3）工夹具配备。成材装卸工夹具的配备要根据吊运单元选用相应规格及负荷的吊具。散支的方木、木板和长度小于4m的成捆方木、木板使用钩头钢丝绳和马钩。夹板、纤维板以及长度大于或等于4m的成捆方木、木板等使用双扣钢丝绳和马钩；柚木夹板、装饰板等贵重的成材使用双扣锦纶带或双扣锦纶绳和马钩。长度小于1m的方木、板料等使用木材网络、平车上放置八角斗。稳关配用排勾或排篙，做关勾拉钢丝绳使用排勾。撬拨成材使用铁撬棒。

2.成材装卸工艺布置要点

装卸成材普遍使用门座起重机(或船舶起货机)—流动机械装卸工艺方案和门座起重机—桥式起重机工艺方案。后一种装卸工艺方案也可以用于成材的货棚内作业。图 7-29 为门座起重机—桥式起重机方案的工艺布置图。

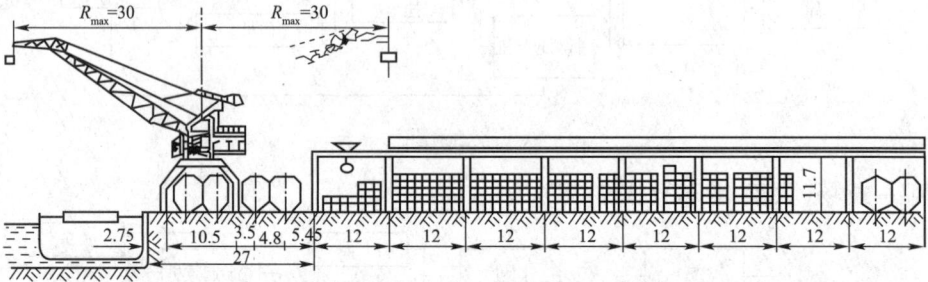

图 7-29　门座起重机—桥式起重机工艺布置(尺寸单位:m)

图 7-30　用于成材货场内堆拆垛作业的
旋转叉架装载车和侧向装卸车

旋转叉架装载车和侧向装卸车可用于成材货场内堆拆垛作业(图 7-30)。旋转叉架装载车是一种叉架能旋转 90°的装卸车,由于其叉架能旋转,所以能适应通道较窄的货场作业,一般情况下,在木材长 7m 时,堆拆垛处的通道宽度只要 4.5~5m,单向通道只需 3m,而一般叉式装卸车的作业通道要 8m。侧向装卸车的单向运输通道的宽度也只要 3m,而堆拆垛处的通道宽度比旋转叉架车的还要小,但这种侧向装卸车只能堆拆纵向的货垛。因而不适用于木材品种多,批量小的货场作业。成材以成组运输方式到离港时采用的装卸工艺方案中,船舶甲板下空间的装载可以选用叉式装卸车。如到港船型是驳船时,库场内的桥式起重机可直接进行船舶作业(图 7-31)。

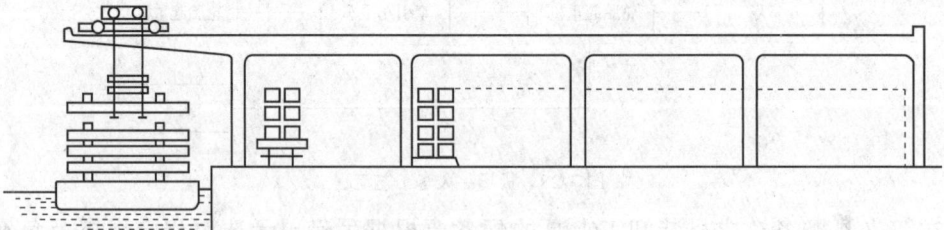

图 7-31　成组成材装卸工艺

四、木片装卸工艺流程及布置

随着我国经济的发展,国内市场对木浆的需求量越来越多,目前木浆厂所需木片原料大部分利用国外进口。木片码头是为木浆厂木片原料进口需要所建的专业化接卸码头。

322

1. 木片装卸工艺流程

码头主要工艺环节为卸船和水平输送。针对来船的不同，装卸工艺设计木片专用船卸船和普通散货船卸船两种卸船工艺流程。两工艺流程自接卸带式输送机到出港带式输送机这一段流程相同。两方案的工艺流程如图 7-32、图 7-33 所示。

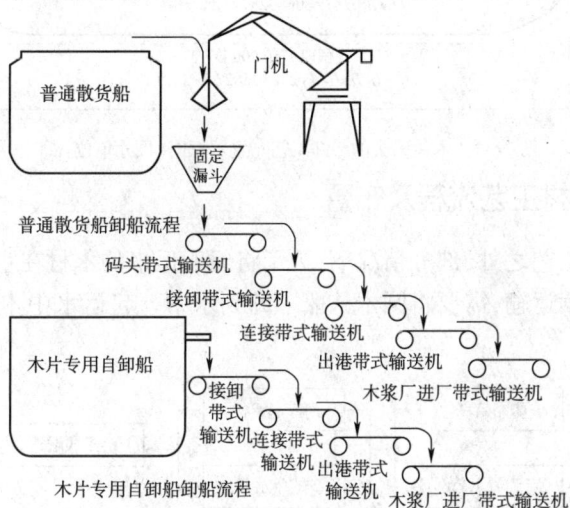

图 7-32　木片专用自卸船流程

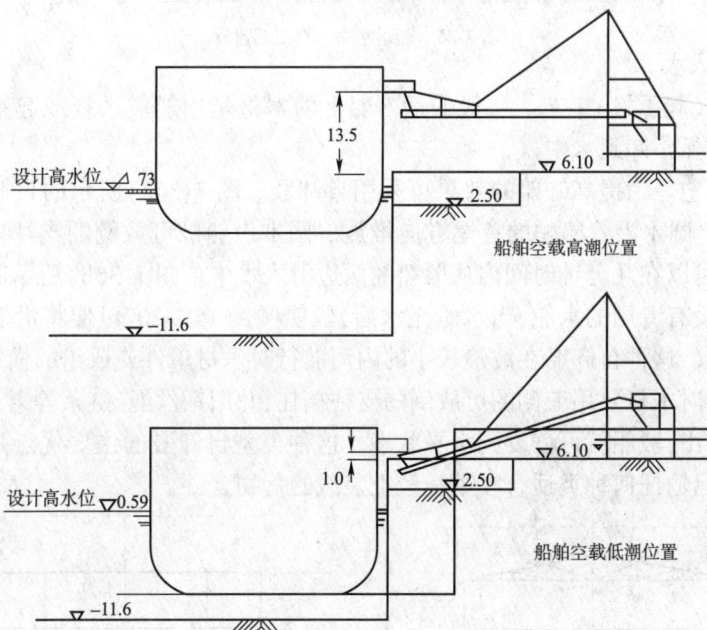

图 7-33　普通散货船卸船(尺寸单位:m)

2. 木片装卸工艺布置

目前木片专用船最长为 230 m。靠码头后，船艏艉部可利用为连接预留码头岸线而加长的二个沉箱(42 m) 系缆，这样完全可以兼顾所有木片专用自卸船的靠泊。木片码头的装卸工艺布置如图 7-34 所示。

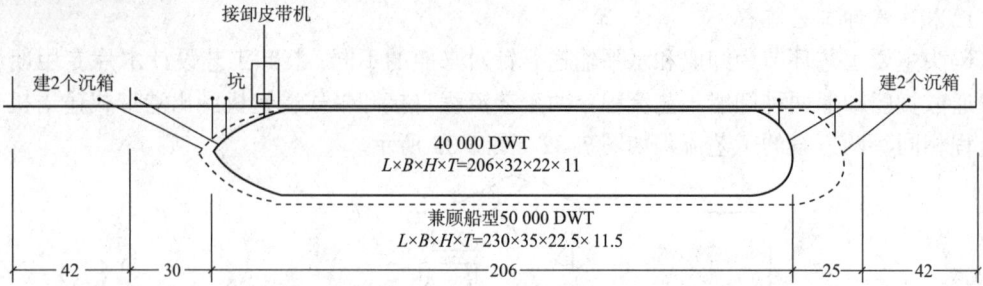

图 7-34　木片码头的装卸工艺布置示意图(尺寸单位:m)

五、起运水中木材工艺流程及布置

除上述的装卸船工艺之外,部分情况下,为了将船舶运来的木材在水中保管一段时间再运到岸上或扎成木排继续运输,需要将圆木从船上卸到水中。起运水中木材工艺的工艺流程如图 7-35 所示。

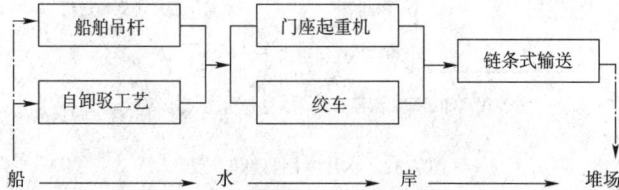

图 7-35　起运水中木材工艺流程

(1)由船卸入水。

①船舶吊杆(起重机)工艺。一般的运木船上的木材是用船舶吊杆或起重船配合自动摘钩的钢丝绳扣或抓斗卸到水中。

②自卸驳工艺。为提高卸船的效果可采用自卸驳。图 7-36a)所示的自卸驳的舱底板有 10~12°的斜坡。圆木沿着船舶的首尾方向堆放。圆木由船舷可放倒的支柱挡住。卸货时将支柱放倒,木材可以在几分钟时间内从驳船的两边滑入水中。图 7-36b)所示的是另一种类型的木材自卸驳,设有专用的水舱,当水舱充水后,驳船倾倒 15~20°以便将沿着首尾方向堆放的木材卸入水中。这种自卸船在波浪较小的内河航行时木材单件或成组的横放在甲板的垫木上。在海上航行时木材要用舷侧的可放倒的支柱挡住,并用钢丝绳、链条等索具固定。卸货后将水舱内的水排出,驳船就可恢复到水平状态。这种类型自卸驳的主要优点是除了可以运输木材外,还可以运输任何种类适合在甲板驳上装载的货物。

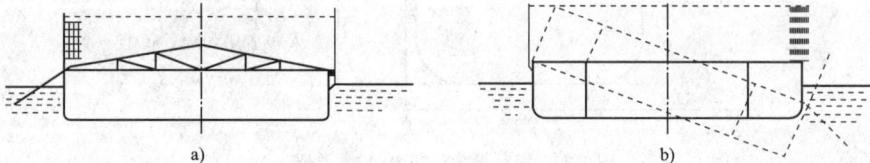

图 7-36　木材自卸驳

将船运木材卸入水中,然后再运到岸上的工艺要进行充分的技术经济合理性论证。因为,一般来说,船运木材卸入水中,在水域内保管和运输,再起运到岸装上陆运工具的总费用要比船上木材用岸上机械直接装卸高,工人劳动生产率则较低。

（2）从水中起运木材工艺。不论是船上木材卸入水中或是木材拖运到港，都需要从水中起运木材到岸上。从水中起运木材工艺方案主要有：门座起重机系统、绞车系统、横向木材运输机和纵向输送机。

①门座起重机系统，即是利用门座起重机从水中起运木材的工艺系统。当水中起运的木材是由成捆的木材扎成的木排，货场纵深又不大时，用门座起重机可直接将木材从水中起吊上岸。门座起重机系统还可以把岸上的木材运到水中捆扎成木排。该系统适用于直立式码头，效果特别好。

②绞车系统。在斜坡式岸壁条件下，可以根据不同的条件采用绞车系统或输送机系统。图7-37所示的是用绞车从水中起运木材的情况。当木材捆住以后就开动绞车。当重载的绳索在绞车作用下拉到货场时，空载的绳索就回到水面，因此在货场上将重货吊摘钩后就可以同时在水面上将另一捆木材挂上，利用这种绞车系统装车时，要使用移动导架，木材捆就通过移动导架被牵拉到车上。绞车系统的优点是生产率高，系统简单，便于拆装，并可起运水中的成捆木材，但是绞车系统不能在岸上分类，不便从一个货垛移到另一个货垛。

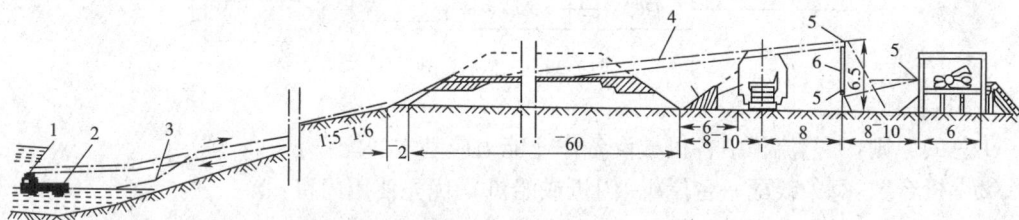

图7-37　采用绞车起运水中木材工艺的布置图（尺寸单位：m）
1-导架；2-木排；3-索环；4-绳索；5-滑车；6-主柱

（3）提升和水平输送。由水中起运后的木材经过水平输送系统至堆场主要是通过横向木材输送机和纵向木材输送机，其均为链条式输送机。横向木材输送机是由两根平行的链条组成，链条上有抓钩，也称受货器。纵向木材输送机是由桁架上带双轮小车和倒刺架链条组成，链条上每隔一定距离设有双轮小车倒刺架，双轮小车是使链条运行，倒刺架主要作用是固定起运的圆木。

在横向木材输送机和纵向木材输送机工艺系统中，水中的木材先由横向输送机的受货器抓住，然后沿横向输送机运送至纵向木材输送机的接头处，木材就沿滑槽滚到纵向输送机上，再由推木机把木材推到两边的堆场上。图7-38为木材由水下提升后运至堆场的岸上工艺布置图。

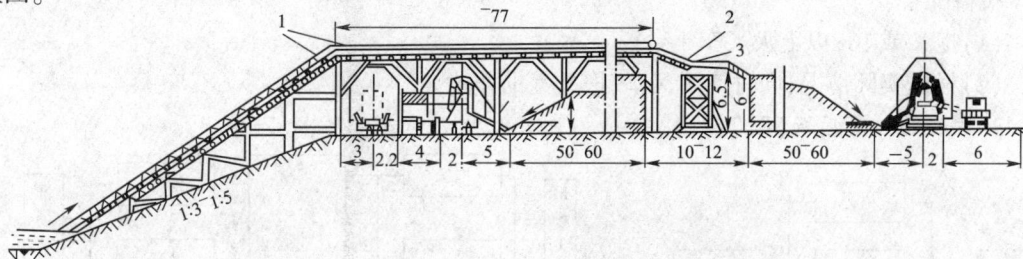

图7-38　横向木材输送机和纵向木材输送机工艺布置（尺寸单位：m）
1-横向木材输送机；2-推木器；3-纵向木材输送机

第五节　木材装卸工艺案例分析

一、基本情况

某港两个木材专用泊位岸线长 423m，码头前沿水深 9.2m，陆域纵深 110～192m，堆场总面积 45600m²，木材容量可达 20 万 m³，原木规格：长度在 10m 以上，单根体积在 3m³ 以上。

二、工艺流程

1. 船—港后场（图 7-39）

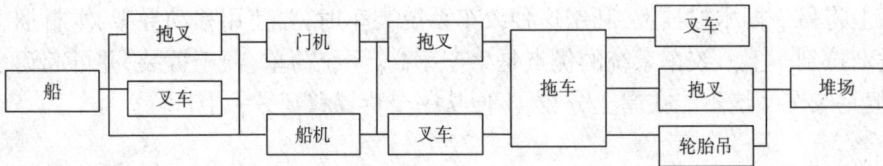

图 7-39　工艺示意图

（1）机械配备。

①总的原则：工艺流程中各机械设备作业能力应基本匹配；

②岸机台数：每条线配一台岸机（门机或船机），优先使用门机；

③前沿机械：每条线配一台抱叉或叉车装拖车；

④水平运输机械：每条作业线配 3～4 台拖车；

⑤后场机械：抱叉或叉车一台；

⑥根据实际情况，舱内配叉车或装载机辅助作业。

（2）工属具配备。

①卸船作业尽可能使用抓斗，当原木重量或直径超过抓斗技术性能或舱内抓斗够不着时应使用捆扎钩钢丝绳做关。

②应根据货种、吊运单元重量选用相应负荷的捆扎钩钢丝绳。

③稳关配用推拉勾，做关勾拉钢丝绳使用手勾。

④撬原木使用撬棍。

2. 港后场—车（图 7-40）

机械配备：

（1）抱叉或 10t 以上大叉车 1 台。

（2）根据实际情况，同时使用叉车、抱叉互助作业。

3. 港后场—港后场（图 7-41）

图 7-40　工艺示意图

图 7-41　工艺示意图

机械配备：

(1)每条线配 1 台抱叉或叉车；

(2)根据实际情况,同时使用叉车、抱叉协同作业；

(3)水平运输作业,根据运距长短每条线配 3~4 台拖车。

三、注意问题

(1)在抓取操作时,抓斗要慢速松放,并使宽爪的两齿插入同一根原木一侧的缝隙内,方可开始闭合抓取。抓取作业中遇到以下情况的,应重新抓取:被抓大原木被其他原木严重压住;爪齿未闭拢的;未抓牢、抓紧;起吊时原木纵向倾斜度超过 5°。

(2)船舶卸载抓取时,舱内大原木高低差不大于 1.5~2m,甲板上段内高低差不超过 1m;遇到绑索具而影响抓取时,应改为人力做关或用提头方法抽去索具;当抓取作业改为人力做关时,抓斗应放在与人力做关吊运不影响的位置。

(3)拖车装载时,按纵向装载方式装车;原则上一车只装载 1~4 根大原木且应装载在拖车 U 形架范围内,紧靠 U 形架顶端处的原木其直径的 1/2 须在 U 形架内,其余原木均不得整根超出 U 形架顶端的平面。

(4)在堆垛时,分票堆放,原则上做到一头齐;大原木堆垛高度按实际情况控制在 2~3m内;垛距控制在 1~1.5m 内。在柴垛时,使用抱叉拆垛,应从垛的一侧开始,逐一取货,不准使用钢丝绳拖拉压在底层的原木和用装载机夹抱器推扒垛上的任何一面原木的方法,使垛上原木滚塌。

思考与练习

1.木材运输、装卸、堆放和保管的特点有哪些?

2.木材运输、装卸、堆放和保管应注意的问题有哪些?

3.常用的木材吊货工夹具有哪些?

4.木材抓斗机的特点是什么?

5.木材成组运输工具主要有哪些?

6.木材装卸船舶机械主要有哪些? 各自特点是什么?

7.木材水平运输机械主要有哪些? 各自特点是什么?

8.木材装卸船工艺常采用的方法有哪些?

9.为了确保木材装卸作业的安全,在具体操作过程中,要注意哪些内容?

10.圆木装卸工艺主要有哪几类? 各自的特点是什么?

11.起运水中木材工艺主要有哪些?

12.木片装卸工艺的特点是什么?

第八章　大件货物装卸工艺

案例导入——我国大件货物装卸和运输

90万t乙烯装置丙烯精馏塔高97m、重1060t；彭州石化项目蜡油加氢反应器重940t；72万t乙烯技术改造工程火炬塔高125.4 m、重213.15 t……如今，大件货物已遍布我国工业生产的各个角落。这些货物运输难度大，往往经海运至港口，而后通过特殊的运输工具运至目的地或直接卸载在海面，在整个运输过程中，港口装卸是不可或缺的重要环节。

2008年5月，一艘停靠在江苏常熟兴华港的船舶起航将一只巨型钢制化工塔运往福建泉州。至此，中国道路大件运输单件长度之最的新纪录诞生，物流公司采用滚装作业方式，动用了两组自行式组合液压平板车，成功地将竖立高过上海国际饭店、长达106m、重达1200t的福建炼化一体化项目的丙烯精馏塔运抵码头并装卸上船，创造中国道路大件运输单件长度之最的新纪录。

2010年6月，中国石油四川石化炼化一体化工程、300万t/年渣油加氢装置和1000万t/年乙烯炼化一体化工程设备抵达乐山大件码头，通过吊装和运输至彭州石化基地。该货物单体重量最高达940t，单程运距260km，创造全国大件运输最重最远记录。运输过程中众多技术难题被一一攻破，例如乐山码头前沿的承载能力对吊卸方式的适应性分析、运输车辆的选择、装卸工艺流程的设计等。

第一节　概　　述

随着经济的全球化，许多制造业基地从发达国家向发展中国家转移，大型项目的投资日益增长，相应地带动了对大型工程设备、建设用设备如工程船舶等大件货物的运输需求。普通的集装箱船及散货船难以承担这类大型货物的运输任务，只有具备特殊载货能力的特种船舶才能完成，由此，专业化的大件运输应运而生。另一方面，近年来海洋大型工程的发展促进了大型深海勘探开发平台及配套设备的运输、安装等需求快速增长，使得当今国际大件运输装卸的发展达到了前所未有的高度。

近年来，大件运输问题特别是港口装卸工艺越来越受到关注。由于大件货物的超大、超重、形状不规则等特点，同时也由于港口吊装设备等条件的限制，传统的吊装吊卸变得困难，由此衍生了具有针对性的装卸机械和配套的工艺流程。

一、大件货物的定义

大件货物(awkward & lengthy cargo)是指单件体积过大或过长、重量超过一定界限的货物。在不同的运输方式中，各运输经营人所制定的超尺度标准并不一致，各国港站枢纽和运输公司所指定的大件货物标准时有不同。在同一种运输方式中,各国港口和各航线的规定也有所不同。

在交通运输部制定的《大件货物运输管理规则》中规定,大型物件指符合下列条件之一的货物:

(1)货物外形尺寸:长度在14m以上或宽度在3.5m以上或高度在3m以上的货物;

(2)重量在20t以上的单体货物或不可解体的成组(捆)货物。

国际航运中凡单件重量超过5t或者单件长度超过9m的货物,沿海运输中凡单件重量超过3t或者单件长度超过12m的货物,均属于大件货物。按国际标准规定,凡单件重量超过40t为超重件;单件长度超过12m为超长件货;单件高度或宽度超过3m为超高或超宽件货物。在国际贸易运输中,有时也可根据船舶码头的起吊能力作为划分大件货物的标准。

不同时期对海上大件货物的界定也不同。在20世纪60年代初,人们习惯定义的大件通常指的是大约40~60t重的设备,主要有发电机定子、转子、主轴、锅炉汽包、导水机构、变压器等;而到21世纪初,大件货物已经是指超过150t的设备和结构件;目前海上大件货物主要是指常见的大型及超大型钢结构,重量从上百吨到几万吨不等,体积庞大且无规则,大件货物重量和体积大型化的趋势越来越明显。

综合各方面的因素,一般认为在确定是否属于大件货物时,至少应考虑下述几方面要素:

1.货物自身方面

长度、宽度、高度、体积、重量、自身的装载和积载困难程度,给装卸、运输和管理带来额外负担,应给与特别关注的货件应作为大件货物对待。

2.船舶尺度方面

大船的可载货件较大,应作为大件对待的货件较大;小船可载货件较小,应作为大件对待的货件较小。

3.航线和港口设施方面

风、流、浪和其他气象现象,装卸设备等港口设施,对大件货物尺度的大小具有影响。恶劣天气状况下,应作为大件的货物尺度较小;若在某港口,装卸设备装卸某货物存在困难,则该货件在该港口应视为大件货物对待。

二、大件货物的分类

1.按运输途中有无包装分类

(1)包装大件货物。包装大件货物指加有包装、外形整齐的大件货物,如机床和大多数机械设备等。包装大件多采用木板围框型包装,这种包装底部有厚实的粗方木以保证有足够强度,在货物装卸搬运作业中,应确实使这些部位着力,否则会造成包装破损、货件摔落等事故。

(2)裸装大件货物。裸装大件货物指不加包装、形状不规则的大件货物,如机车、舟艇、重型机械、重炮、坦克、工厂装备组合构件等。由于外形不规则,装运时常需拆除部分外部构件,以避免这些构件受损和提高装载舱容或空间的利用程度。这些拆卸的构件应另加包装,妥善保管。

2.按货物本身的实际特点分类

(1)以塔、器为代表的大件设备。这类设备直径大、高度高、自重大,吊装时既要求足够的作业空间,又要求起重设备的起重能力,吊装难度大。例如减压塔、反应器、再生器和丙烯精馏塔等。例如90万t乙烯装置丙烯精馏塔,直径7m,高度97m,重量1060t。

(2)以大型火炬、排气筒等为代表的高柔结构大件设备。这类设备长细比大,刚度小,结构稳定性差。吊装时要求垂直作业空间,设备在吊装过程中易产生变形和失稳。例如72万t乙烯技术改造工程,新建火炬标高125.4m,重213.15t。

(3)以核电站用穹顶、化工用压力容器及储存油罐为代表的薄壳结构大件设备。这类设备直径大、壁薄,吊装时要求水平作业空间和起重能力,设备在吊装过程中容易变形失稳。例如北京燕化66万t乙烯改扩建工程中的油洗塔和水洗塔,直径9m和11m,高度43.1m和48.7m,壁厚仅有20mm和26mm,重量为510t和603t。

(4)以海洋平台、大型桥梁为代表的钢制及混凝土大件设备。这类设备结构尺寸、重量都很大,可以说完全取决于起重设。

3.几种常见的大件货物

(1)超大型海洋工程设备。超大型海洋工程设备也称Offshore设备。主要包括海上钻井平台、钻井平台上部模块、海上石油生产设备、浮式生产储存卸货装置(Floating Production Storage and Offloading,FPSO)和海上风电设备等。体积庞大且不规则,重量一般在千吨以上,甚至上万吨,一般性采用滚装上船和漂浮上船的方式。近年来随着全球性能源紧张,石油天然气勘探开发行业发展迅速,体积庞大和沉重的勘探开发成套大件运输量也随之激增。图8-1为超大型海洋工程设备的海上运输与港口装卸的情况。

图8-1 超大型海洋工程设备的运输与装卸
a)海上运输;b)港口装卸

(2)船只。主要包括大型船壳、船体分段、船体上层建筑以及驳船、高速快艇、渔船等。其特点是重量大(从几百吨至几千吨不等),体积庞大,外形不规则,对在承载船上的配载和绑扎系固的要求非常高,通常使用大型甲板驳或自航的重吊船运载。如图8-2、图8-3分别为甲板驳运输船壳和船尾分段。

(3)工程成套设备和构件。主要包括化工和炼油设备、热交换器、核反应堆、大型容器等能源设备,以及大型工程机械设备和工程车辆等。化工容器一般在厂商生产好后要经过公路运输至码头再经过滚装或吊装的方式装载上船,多采用大型甲板驳运输。如图8-4所示,重达1000t的化工容器由自航平板车运送至码头准备滚装上船。

图8-2　20条船壳集中运输

图8-3　船尾分段运输

图8-4　化工容器运输

(4)港口和海洋设施。主要包括港口生产需要的岸桥、龙门吊、门机等港口生产机械和海上用于指示或引导的浮标等。目前国内只有振华港机等极少数企业拥有整机的远距离跨海运输能力和资质,图8-5为其运输两台集装箱桥吊。在国内运输中比较常见也是被海事当局能够接受和批准的仍是散件运输,图8-6为自航货船运输码头岸吊的散件分段。

图8-5　集装箱桥吊整机运输

图8-6　码头岸吊散件运输

(5)公路车辆和铁路车辆。主要包括火车头、货车、车厢等铁路车辆和大型平板车、土建工程车等公路车辆。其特点是单件重量、体积大,长度一般在20m左右,一般可在舱内装载。下表列出了我国部分铁路车辆的重量及体积资料。

(6)集装箱。对于装载部分集装箱的杂货船,集装箱也属于大件货物。

(7)军事设备。主要包括新建造的军事装备和在海上发生故障需要修理或拖航运输的军

事设备,例如小型军用船舰等。

三、大件货物运输、装卸的特点

1. 大件货物的特点

(1)长大、笨重性。大件货物不仅重量大,而且体积庞大,运输装卸困难。稍有不慎就会危及船、货,甚至人身的安全。作业操作费时费力,必须使用一些大型的机械、专用的吊索具和采取特殊的方法才能进行。在安排大件货物装卸作业时,应采取直取作业方法,如条件不可能,也要设法尽量减少作业次数。大件货物还具有惯性大的特点,操作时要特别注意在起吊、加速和使用刹车过程中货物所产生的动负荷以及装卸过程中货物的颤抖、摆动所引起的巨大冲击负荷。

(2)不规则性。大件货物的中心位置往往都不在体积中心位置,起吊作业前,必须查明货件中心位置(按规定,货件上应有关于中心位置的指示标志),切忌盲目操作。

(3)局部的脆弱性。绝大多数大件货物由金属构成,机件根据使用要求都有不同的强度和精度,运输时,要特别严防机件遭受各种可能的腐蚀和撞击损伤。如重型汽车的车灯、驾驶室、设备中的电脑部件、仪表等部位或附件比较脆弱,极容易因装卸、积载不慎而造成破碎损坏事故。在大件货物装卸作业前,必须认真查看"大件货物清单"(list of heavy cargo),弄清实际货件的重量、尺寸和特性以便做好充分的准备工作。

(4)完整的成套性。相当多的大件货物属于成套设备的一部分一般有主构件和装配件之分,这些货件(包括裸装时拆下另加包装的部分与裸装主题)都具有成套性,在运输过程中要防止因某个部件短少或损坏而影响整套设备的安装和施工。成套设备一般必须采取抄号交接,防止混入其他件杂货中。在舱内分票验残时,发现原残严重,操作有可能扩大残损时,应立即通知船方到现场验残,必要时应取得有效的签证和落实措施后再起卸货物,并可拍照备查,以便分清港航双方责任界限。

2. 对大件货物运输、装卸的要求

(1)灵活性要求。运输、装卸大件货物的最大特点是没有常规或标准做法,必须针对对象的特性和货主的要求设计专门的运输、装卸方案。装卸工艺不仅要满足重件的顺利装卸,还要保证重件的流畅疏港及船舶的作业安全。

(2)可靠性要求。工程设备等海上大件货物作为工程项目的重要部分,其运输需求具有很强的时间性,必须保证在规定的时间内运抵目的地,否则会对工程造成严重影响。

(3)安全性要求。海上大件货物一般是工业产成品和生产设备等重要物资,货物价值和技术含量都很高,体积和重量较大,形状一般不规则,如海上钻井平台体积庞大、重量千吨以上甚至达万吨,价值上亿美元。因此要求运输、装卸过程必须安全可靠。

(4)技术性要求。一方面,货物在性质、大小、重量等方面不同,采用的运输、装卸设备也不同;另一方面,海上大件货物体积庞大,配积载、衬垫和绑扎系固等工作复杂繁琐,加之大型货物重心高,易对船舶的稳性和强度等造成影响,因此对货运技术要求很高,须事先制定详细的方案,同时也要借助先进的动态定位系统等技术保证运输过程的安全。

(5)设施要求。装卸、运输大件货物的港口须满足一定条件。对于重吊船运输来说,装卸港通常配有重型门机或重型浮吊,保证大件货物的正常装卸。对于半潜船运输来说,对港口水深、港口天气条件等有一定的要求。总体来说,装卸港应满足码头作业区的载额强度和航道水深条件。

四、大件货物的运输方式

大件货物的远距离运输通常采用铁路、公路及水运等三种运输方式。铁路运输规定极限高度为5150mm,宽度为4200mm,而且受铁路桥梁负荷、隧道尺寸和净空障碍等限制。公路运输由于车组轮密、轴多、轴负荷超常,大大超过一般公路桥梁的设计承载力,还受到途中收费站、隧洞、桥梁等诸多因素限制,同时大型平板车运行速度极慢(一般为3~5km/h),影响沿线交通的正常秩序,因此通常只有大件货物的短途运输才考虑采用公路运输。

大件货物的水路运输与陆上运输相比,不仅对大件货物的重量、尺寸限制最少,且安全经济。航道尺寸一般不需因承运重件而进行拓宽加深,水上运输秩序不受影响。目前,国际上大件货物的运输基本上采用水路运输。

1. 大件运输船舶

全球各个海运公司为了承载更加特殊的超重、超大件货物,产生了专业的大件货物运输船。其特点是甲板和货舱的布局更为简洁和实用,某些船舶甚至只有两个舱,其中一个舱专门用来装载大件货物,甲板吊车的布置和空船稳性的有关参数也和通用船舶大为不同。这种船舶由于其设计上的特殊性,建造船体采用的材料较为昂贵,建造的批量也较小,因此营运的费用相对较高,主要用于某些特殊用途。

(1)甲板驳船。甲板驳船(deck barge)是专门承载大件设备的运输船舶,载重吨从几百吨到几万吨不等,其无动力设备,但一般具有调载能力,有的还具有半潜功能。该类型船舶方形系数很大,运输过程配套的拖轮功率大小根据驳船大小以及承载货物吨位而定。

对于直接作为被拖物的浮船坞、海洋平台、FPSO等则需要根据其水下部分的体积以及受风面积来选择合适的拖轮,拖航过程中也同样要选择合适的季节及航线以规避风险。甲板驳船的船型结构如图8-7所示。

图8-7 甲板驳船

(2)重吊船。重吊船(heavy lift vessel or heavy lifter)也常被称为重货船或装备运输船,是专门设计和建造的用于运输常规船舶无法运输的或不可拆解的大件货物的船舶对于不可分解的大件货物,船舶也可能用于运输之后的安装作业。该类型船一般都配有1万匹马力以上的自航主机,可以保证12kn以上的满载航速;甲板上配置450~1100t的起重设备,通常设有2台重吊,有些船舶还会有一个较小的辅助装卸的吊,无须借助浮吊就可自行起重就位大件货物。具有容积大、舱口大、起吊能力强的特点,能够安排不规则货物的积载,适于装运成套设备和工程大型设备。重吊船的船型结构如图8-8所示。

(3)半潜船。半潜船(semi-submersible vessel)也称半潜式子母船,是专门从事无法分割的

超大型整体设备、特重特长大件运输的船舶。它的特点是经过调载可以将船舶甲板沉入水面以下，大件货物可以采用沉放的方式移至船舶的甲板上。对于一些超大型的石油平台、船体分段等大件货物这种运输方式比吊装安全性更高，而且可以减少船舶对货物体积外形等因素的限制。可装运超大型特殊设备、特重特长设备，如钻井平台、舰船、火车等设备。半潜船与重吊船配套用于装载桥吊、舰艇、挖泥船、钻井平台等重 500 吨以上的超大型货物和海上工程设备也可以用滚进滚出方法装载重大型构件。图 8-9 为世界最大的多用途海洋重型运输公司——荷兰道克维斯（DOCKWISE）的自航半潜船运载海洋勘探平台设备。半潜船的船型结构如图 8-10 所示。

图 8-8　多用途重吊船

图 8-9　自航半潜船运载海洋勘探平台设备

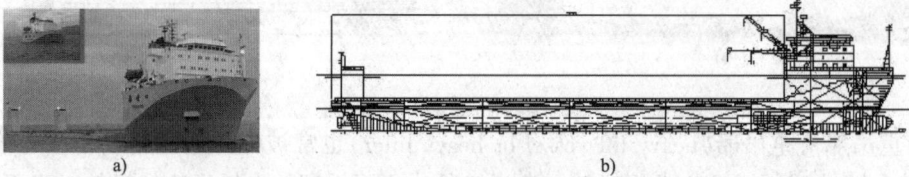

图 8-10　"泰安口"号 18000DWT 半潜运输船

目前我国具有国际一流水平的新型半潜船已投入运营，其中中远航运股份有限公司的"泰安口"号被誉为半潜船的世界"全能冠军"、"亚洲第一船"。该半潜船装备了多个国际领先水平的设备如两套 SSP-5 吊舱式全回转电力推进系统、DP class Ⅱ 动力定位系统、快速压排水系统和 IMAC55 集中控制系统等。全船共设有 36 个水舱和 2 个浮箱，压载水系统采用 4 台 AERZEN 低压大排量螺杆式空压机，每分钟可快速亚排水 4500m³。根据需要，这条半潜船既能滚装滚卸、吊装吊卸、浮装浮卸货物，又可进行装载—海上运输—安装一体化作业。图

8-10反映了"泰安口"号半潜船的船型结构。

2. 大件运输船舶的主要特点

为了适应大件货物重量大、体积大、尺寸不规则等特点,大件运输专用船舶在船型、起重设备的配置、舱室设置以及压载水系统等方面都有特别之处。

(1)船型。大件运输专用船舶的载重吨通常不是很大,一般在 7000~30000t,满载吃水一般不超过 9m,这是由于尽管大件货物单件具有重量大、体积大的特点,但对整个船舶而言通常不能充分利用其载重量,往往是满舱而不满载,而且,由于吃水相对不是很大,船舶可以自由出入一些水深较小的港口,不受港口条件的限制。

此外,大件运输专用船舶船型较为肥胖,其方形系数较其他船舶要大,而且大件船舶的舱口较大,这样是为了增加利用空间,空间的尺寸较为规则,装卸货时货物能够方便地进出舱内。

(2)起重设备。大件货物运输专用船舶为了不受港口起重设备的限制,其自身具有自装、自卸的能力,船上装备有起重量较大的重吊(100~600 t),现在较新的专用船通常配备起重负荷较大的克令吊,安装在一舷,而不是像传统船舶那样放在船中。在克令吊纵向位置安排上,可以同时双吊作业,使整个船舶的起重能力大大提高。

除了重吊外,大件货物专用船舶还备有吊装大件货物时使用的吊具,因为在装卸时,由于货物尺寸不规则,不可能直接将吊货索作用于货物上,而是通过专用吊具来进行的,如有杆型、框架型和底座型等,各个吊具也有其自身的安全负荷,其中设备的安全负荷应包括吊架自身的重量,所以实际所能吊起的负荷应比安全负荷小一些,这一点要引起注意。

(3)货舱的设置。为了更好地利用空间,大件运输专用船舶的货舱都比较整齐规矩,而且一般在纵向上不做分隔,这样在长度方向上就可以满足超大货物的要求。在垂向方面,一般分为上下两层,但是二层舱的舱盖可以移动,在垂向位置上可以变动。这样在实际应用中,二层舱及底舱的高度可以依据所装货物的高度而改变,在需要时,可以移去二层舱的舱盖,使其成为一个统舱。同时为了在装卸大件货物时满足局部强度的要求,二层舱舱盖的局部负荷都较大。

(4)压载水系统。大件货物的重量相对比较大,而且在装卸时又使用船吊,因而在装卸大件货物时会引起船舶产生横倾角,同时使船舶的稳性降低,同时,货物的重心在横向上产生横倾力矩,使船舶产生横倾角,对船舶的安全不利,严重时会导致船舶倾覆。在实际操作中应采取措施尽量减少船舶的横倾角及稳性的降低,可以采取打、排压载水的方法来调节。为了更方便地调节装卸货时的横倾角及稳性,在大件运输专用船舶中除了设置一般货船的双层底压载水舱外,还在船舶的两舷设置了边压载水舱,以便于调节;同时在垂向位置较高的地方设置了甲板压载水舱。该种船舶上通常都配备有专用计算机,即能够及时显示打、排压载水时对船舶横倾角和稳性的影响。

(5)大件货物的绑扎。船舶在航行中受风浪影响会引起横摇及纵摇,如绑扎不牢固,会引起大件货物的移动,后果轻则造成事故,重则导致船毁人亡。有资料显示,许多大件货物专用船舶发生事故的原因多是由于对货物的绑扎不牢引起的,因此绑扎问题对于大件货物运输是关键。现行的大件货物运输专用船舶都按世界海事组织(IMO)的要求配备了《系固手册》,该手册中明确规定了相对于本船及所装大件货物特性所应选用的绑扎方法及工具。

(6)局部强度。大件货物重量大,而且尺寸不规则,因此在装载时应注意局部强度,避免

超过强度的许可负荷,造成船体受损,装载时应从选用合适的积载位置及用适当的衬垫来尽量减少局部负荷,以确保船体安全。

五、我国港口大件货物装卸的发展概况

1. 我国大件货物运输需求

近年来,我国海上大件货物运输需求快速增长。一方面,随着我国现代化建设进程的不断加快,能源、水电、化工、机械等行业新建及扩建工程的设备日趋大型化,进口需求不断扩大;另一方面,在全球产业结构和产业布局调整之际,作为全球分工下的制造业大国,我国装备制造业出口迎来重要的战略机遇期,大件货物出口优势不断提升、规模日趋扩大。

2. 我国大件货物装卸标准

1992 年有交通部标准计量研究所和上海港张华滨集装箱公司负责起草的《港口重大件装卸作业技术要求》通过审查,定为推荐性行业标准。根据交通标准化计划,《港口重大件装卸作业技术要求》于 2008 年 6 月 5 日在上海通过审查,成为行业标准。

该标准规定了对港口大件货物装卸作业的工属具要求、装卸技术要求和操作方法。该标准适用于进出港口的各种机器、成套设备、车辆和精密仪器等货物的装卸作业;不适用于集装箱、金属板材和型材等货物的装卸作业。

3. 我国大件货物装卸发展情况

当前,大件货物的港口装卸在我国已得到了初步发展,掌握了部分国际先进技术,形成了规模化的软硬件设施,积累了一定的操作经验。

目前我国多个港口建设了专业化的大件货物装卸码头,在很大程度上展现了我国在大件货物装卸领域尖端的技术和过人的实力:

(1)四川乐山大件码头于 2000 年竣工,码头主要设备为 550t/50t/10t 桥式起重机,可起吊最大单件重量 550t 的物件,已先后吊装了水电、火电、核电、炼钢、建材等大型设备及散杂货物,2010 年成功吊装了单体重量达 940t 的彭州石化项目蜡油加氢反应器;

(2)哈尔滨重大件码头于 2009 年投入使用,采用 500t 固定式龙门起重机,主要服务于大件货物的江海联运,已成功吊装哈电站集团生产的 438t 定子;

(3)台州三门核电重件码头于 2010 年竣工验收,建设规模为 5000t 海运驳航泊位;

(4)武汉石化 80 万 t/年乙烯重大件码头于 2011 年竣工,主要承担武汉乙烯工程大件运输工作。采用桅杆式起重机,最大吊装重件可重达 1200t、长度达 75m。

表 8-1 为我国主要大件码头建设的基本情况,图 8-11 为各个大件码头的装卸作业现场。

我国主要大件码头建设情况及装卸机械比较　　　　　　表 8-1

码　头	工艺形式	起升能力(t)	工　期	投资规模(万元)
乐山重大件码头	固定桥墩式	550	1995.11～2000.05	4680.66
台州三门核电重件码头	固定桥墩式	450	2007.04～2009.03	
武汉乙烯重件码头	桅杆式起重机	800	2008.11～2011.4	15000
哈尔滨重大件码头	固定式门式起重机	500	2009.03～2009.08	900

a)   b)

c)   d)

图 8-11 装卸作业现场

a)乐山大件码头;b)哈尔滨重大件码头;c)台州三门核电重件码头;d)武汉乙烯重大件码头

第二节 大件货物装卸、搬运机械化

大件货物的装卸、搬运与件杂货存在相同之处,所使用的设备,如门座式起重机、流动起重机、浮式起重机等装卸机械,以及叉式装卸车、牵引车挂车等搬运设备性的性能均可参照第三章中相关的内容。此外,大件运输船舶往往配备相适应的装卸机械,在本章第一节中已有阐述,故本节着重介绍针对大件货物的装卸及搬运设备。

1. 大型浮吊(起重船)

浮吊是远洋大件运输的配套作业船只,从作业形式上分扒杆式和全回转式两种,从作业区

图 8-12 7500t"蓝鲸号"浮吊

域上又分近海和深海两类。目前世界上最大的浮吊(在建)起重量已达到12000t,已建成的浮吊中,唯一且最大的8000t固定双臂架浮吊是振华港机为韩国三星重工自主设计研发的。振华港机自主研发制造的7500t全回转自航浮吊已在我国部分港口投入使用,此外,上海港务局下属的复兴船务公司以及上海打捞局也在浮吊作业领域处于技术领先水平,其余国内的大型浮吊主要分布在长江沿线的各打捞公司以及北方大连、青岛等港口城市。目前我国各港已配有50~500t起重量的浮吊。图8-12和表8-2分别为7500t

全回转浮吊"蓝鲸"号的外形结构和性能参数。

7500t 全回转浮吊"蓝鲸"号性能参数 表 8-2

	最大安全工作载荷×幅度	最小幅度(最小作业半径)	35m 作业半径时水面以上起升高度	最大工作负荷时起升速度(平均)	空载负荷时起升速度(平均)	动载荷系数
固定舺吊,顶升+背绳模式	7500t×49m	35m	>110m	0-1.25m/min	0-2.5m/min(慢速挡) 0-10.0m/min(快速挡)	1.1
固定舺吊,仅顶升,无背绳模式	6000t×45m					
回转工况	400t×50m					

2. 固定式回转起重机

固定式回转起重机综合性能优越,是一种很好的装卸作业机械,利用起重机起升、回转、变幅机构的运动,可以很方便地将大件货物卸车装船;但大起重量固定式回转起重机造价很高,起重机机座对码头的负荷很大,码头基础要求较高。大件码头采用固定式回转起重机工艺方案时,除考虑装载作业大件货物外,还兼顾考虑其他货物的装卸作业要求,以充分发挥固定式回转起重机的优越性。

国内港口首座800t 码头固定式回转起重机在江苏省太仓港美锦码头投入运营。这台起重量为800t 的固定起重机是目前国内港口最大的岸基起重机,它能将单件重量在800t 以下的货物直接装卸到船宽40m 以内的超大船舶的货舱中心线位置,对于4 万 t 以下的件杂货,船舶可做到舱口位全范围覆盖,不仅操作简单、装卸效率和安全性高,而且抗风浪能力强,使得过去只能依赖大吨位浮吊装卸的大件货物可以全天候在码头实现中转作业。图 8-13 和表 8-3 分别为它的外形结构和性能参数。

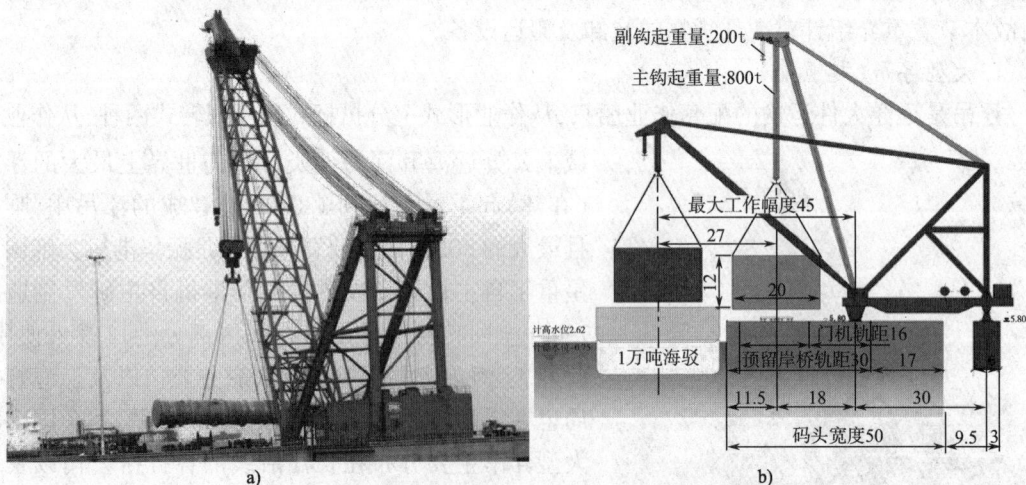

图 8-13　800t 码头固定式起重机(尺寸单位:m)
a)外形结构;b)作业示意

800t 码头固定式起重机性能参数　　　　　　　　表 8-3

起重量	主钩下		800t
	副钩下		200t
工作幅度	主钩		最大 50m
			最小 19m
	副钩		最大 57m
			最小 24m
起升高度 （码头面以上）	最大幅度时		主钩 26m
			副钩 26m
	最小幅度时		主钩 52m
			副钩 62m
	码面以下		主钩、副钩 10m
主要机构速度	主钩(起升)		满载 2 m/min
			空载 4 m/min
	副钩(起升)		满载 5 m/min
			空载 10 m/min
	变幅机构(空、满载)		2 m/min
装机容量			1264kW

3. 固定式桥门式起重机

桥门式起重机具有技术成熟、结构简单、工作可靠、维修方便、造价低廉等特点,使用非常广泛。重大装备陆—水中转作业的桥式起重机一般在墩柱支撑起的大梁上运行,大梁下面墩柱之间布置载重汽车通道和船舶航道,桥式起重机可方便地在载重汽车和船舶之间装卸大件货物。

黑龙江哈尔滨重大件码头配置的 500t 浮式起重机(图 8-14)属于非回转型结构,系统主要由起重机和船体两部分组成。起重机包括结构(臂架、人字架、平台)、吊钩及滑轮组、机构(变幅、主起升、副起升)、电气、液压等部件,设主吊钩 2 套、副吊钩 1 套,集机械、电气、液压、光电、计算机、信息、通信于一体,组成一套人机协调的复杂系统。图 8-14 和表 8-4 分别为它的外形结构和性能参数。

图 8-14　500t 固定式门式起重机

500t 固定式门式起重机主要技术性能参数 表 8-4

额定起重量(t)	500(2×300)	起升高度(码头面以上)(m)	13
基距(m)	10	下降深度(码头面以下)(m)	5
陆上跨距(m)	23	起升速度(m·min⁻¹)	~0.8
江中跨距(m)	17.3	小车运行速度(m·min⁻¹)	~0.8
起重机质量(t)	~340	供电电源	AC380V、50Hz

4. 桅杆式起重机

桅杆式起重机具有制作简单、装拆方便,起重量大,受施工场地限制小的特点。桅杆起重机具有起升和变幅等功能,起重机起升卷扬机构和变幅卷扬机构放置于码头面平台上,如图8-15 所示。该起重机需要将大件货物运输到桅杆起重机下部平台与岸边之间,利用变幅功能将大件货物从陆地搬运到船上。桅杆起重机是一种可方便拆卸的起重设备,一地使用完毕可方便地转移到异地,桅杆起重机卷扬机构等部件下置,其占地面积较大。武汉石化80 万 t/年乙烯重大件码头采用的桅杆式起重机最大吊装重件可重达 1200t、长度达 75m。图 8-15 为桅杆式起重机的装卸作业现场。

5. 大型平板车

平板车是公路运输的一种常见车辆,比较方便装卸大型、重型货物。在运输车辆中,平板车一般分为两种,一种是平板,一种是高低板。平板一般是 4 ~ 13m 长,13m 以上的车长多为高低板。对于大件货物运输,往往对平板车进行改造,成为大件货物运输专用车。中远物流用于大件滚装业务的自行平板车已经累计增加到 400 轴,按轴距 1.5m 计算,平板车的总长度已经超过 600m。

2005 年,中国石化集团 470t 加氢裂化反应器从广州港卸船,为防止运输超重物件过程中对路面造成严重损毁,当时采用了长达 27m 的 3 纵列平板运输,共安装有轮胎 18 组、每组 12 个共计 216 个轮子,能承重 810t,并可以自行升降,满足货物运输要求。图 8-16 为这辆大型平板车运输加氢裂化反应器的场景。

图 8-15 桅杆式起重机

图 8-16 大型平板车运输加氢裂化反应器

第三节 大件货物装卸工艺流程及操作注意事项

一、大件货物主要装卸作业环节

码头大件货物的装卸作业过程主要包括三个环节,分别是装卸船作业环节、水平运输环节和装卸车作业环节,其中,对于舱内货物的装卸与甲板上和舱口处货物的装卸工艺与装卸工艺略有不同,因此单独介绍。下面就各环节的工艺做一介绍。

1. 装卸船工艺

装卸船工艺方案的选择需考虑的影响因素有:

①船舶和船舶积载:船舶有否重吊,重吊的位置及负荷;货物配载哪个舱口及舱口尺寸大小;舱底及甲板单位面积负荷;船方要求等。

②大件货物:货物的自重、中心位置、外形、尺寸、吊装位置和吊装要求等。

③起重设备:如桥吊、浮吊、岸壁吊、辅助机械设备及技术性能情况。

④工属具:是否采用专用吊架,吊装用的钢丝绳和卡环的规格与负荷情况。

⑤码头的地形、地质及水文条件。

⑥运输的安全可靠。

⑦尽可能降低码头造价。

目前国内外大件货物装卸船工艺主要有:吊装、滚装、浮装、叉装、拖绞、顶推及相互结合等方式装卸。

1) 吊装工艺

重吊船最主要的作业方式是重吊吊装,主要通过岸吊、浮吊或船舶自身配备船吊进行装卸,适用于重量小的起重机和大件。吊杆的起吊能力决定了装运货物的吨位大小。装卸货物时还需要将船舶甲板与岸边进行协调,使货物能平稳、安全地装卸。

吊装工艺的流程大体为:卸船时,根据货物的特性以及码头设施情况,选取合适的吊装机械(主要包括浮吊、扒杆吊、桥吊、汽车吊、履带吊等)将大件货物卸下,而后采用大型平板车(适合长距离运输)或滚杠拖拉(适合短距离运输)的方式将大件货物运至装卸现场。装船流程与其相反,具体工艺流程如图 8-17 所示。

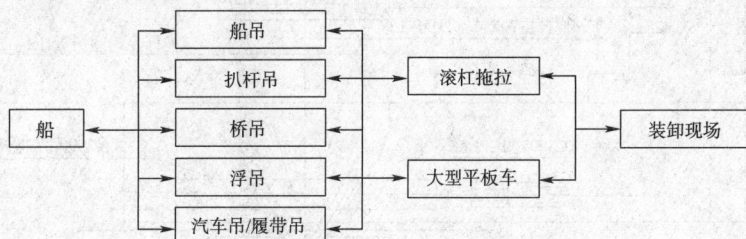

图 8-17 吊装(装卸船)工艺流程

下面介绍几种吊装机械。

(1)船吊。专用运输大件的船舶都配有重吊,起重量一般在几十吨到几百吨。有条件运输大件货物的船舶,一般也都配有起重量为 20 ~ 60t 的重吊。目前,我国各港在浮吊少、岸壁吊以及流动吊车起重量较小的情况下,应尽量采用船吊起重。

(2)扒杆吊。码头由扒杆、卸货平台和后方地锚及卷扬机组成。将大型平板车停在专用码头平台上,然后用人字扒杆将大件货物从船上吊至大型平板车上,装船与之相反,大型平板车将大件货运至专用码头平台上,再用人字扒杆将大件货吊上船,如图 8-18。安徽某电厂 325t 发电机定子就是采用 200t/45m + 200t/23m 扒杆吊卸船装车,景洪水电站大件运输在泰国清盛港及景洪港均采用此工艺。

a)

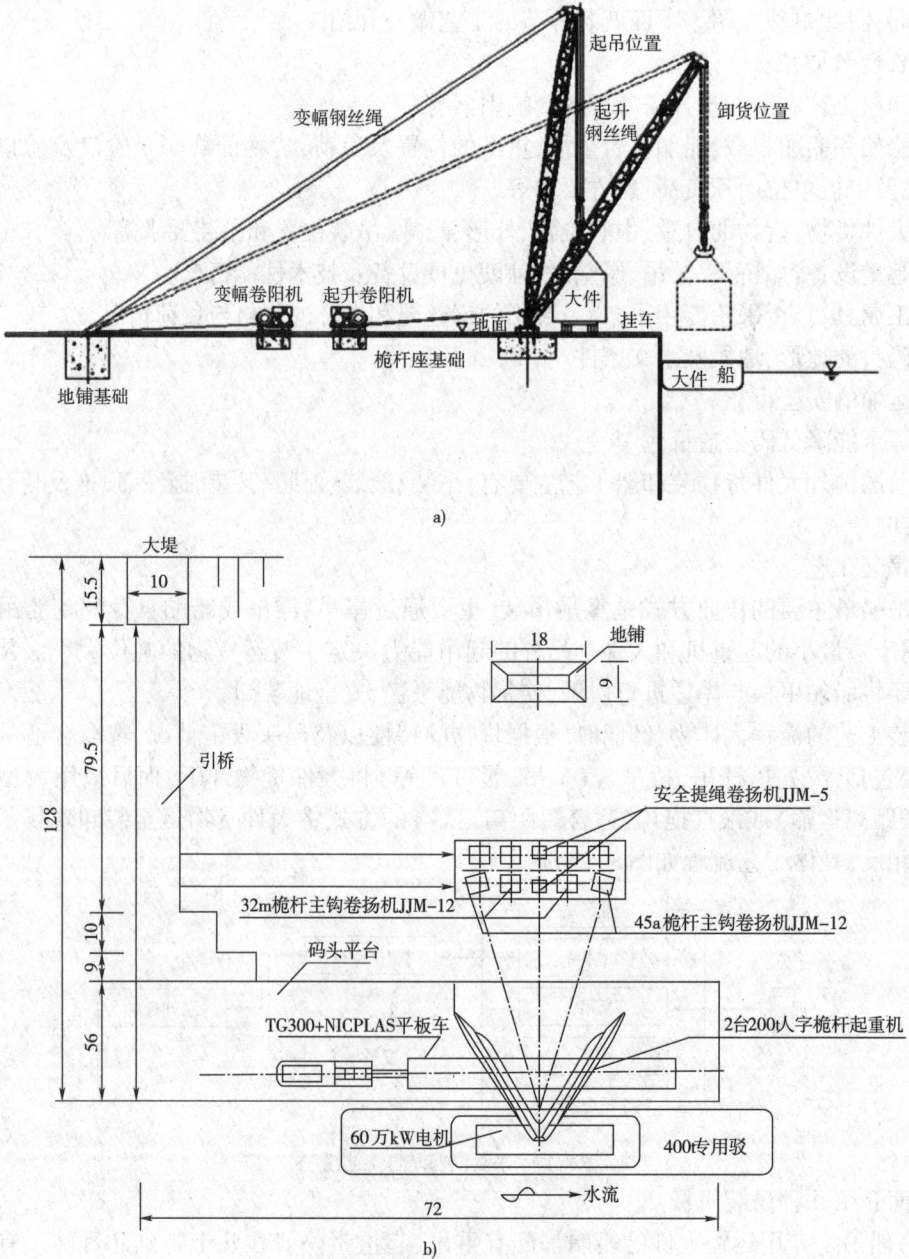

b)

图 8-18 扒杆吊工艺(尺寸单位:m)

工艺特点:扒杆是一种结构简单受力复杂的起重吊装设备,该工艺的优点是设备运行简单,安全可靠,投资较小,且不受水位影响。缺点在于设备倾斜及稳定靠收紧缆风绳维持,在卸船过程中扒杆的空间位置不断改变,其受力状态也不断变化。

(3)桥吊。桥吊种类较多,以固定式门式起重机为例,主梁横跨陆域和水域,4个支腿分别固定于江中和陆上。江中支腿与基础铰接,陆上支腿与基础螺栓固接,均不移动。起重机江面部分允许重件驳船通过,陆地部分允许重件拖车通过。部分起重机采用自行式小车,运行机构采用1/2驱动形式。司机室悬挂于小车架下方,靠近陆侧端;起升机构布置在小车架上,通过小车架上固定的定滑轮和吊钩组上的动滑轮形成起升钢丝绳缠绕,完成重物带载起升。图8-19为固定式门式起重机的装卸现场。

图8-19　固定式门式起重机装卸现场

工艺特点:该工艺适用于直立式码头,桥吊卸船安全可靠,快捷方便,使用效果好,但投资相对较大。

(4)浮吊。浮吊可进行直取作业,用于大件货物的水水中转操作,将货物卸载后直接装船;也可将货物直接放置到远离码头岸壁的场地及铁路线就近处,使用浮吊卸船后,将大件货用大型平板车或者滚杆拖拉的方式运至指定地点,装船则与之相反操作,图8-20为浮吊的装卸工艺布置和作业现场。对于重量较大的货物(有的件重量达到300~400t),一台浮吊起重量不足的情况下,可以采用两台浮吊联合起重的方法。

图8-20　浮吊
a)装卸工艺布置;b)中转作业现场

工艺特点:浮吊具有起重量大、跨度大、机动性好等优点,在成套设备和单机设备重量不断增大的情况下,浮吊将成为大件货物装卸的重要起重设备。但浮吊一般造价较高,且船体较大,特别是大起重量的浮式起重机吊载作业时吃水深,因此对作业水域的水深要求较高。

(5)汽车吊(履带吊)。汽车吊具有行走方便,移动灵活,自重小等优点,但起重量和作业幅度受限制,如200t汽车吊在12m半径内仅能起吊重量60t的大件货物,其装卸工艺布置如图8-21所示。

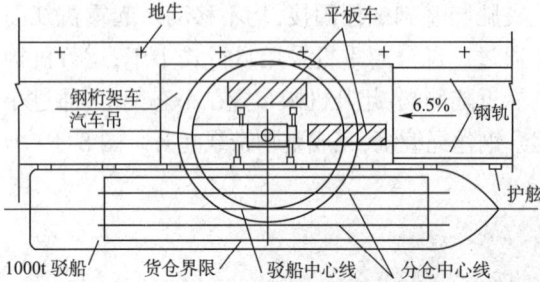

图8-21 汽车吊装卸工艺布置

履带式起重机可以达到很大的起重量,但自重大,移场非常麻烦,调运一般需平板车配合,对路面损坏较大,同时起吊大件设备时需要配重。300t的履带吊在12m的起吊半径内,能起吊155t大件设备。

工艺特点:汽车起重机和履带式起重机价格昂贵,不是港口码头常规设备。如果重大装备陆—水中转次数很少且流动式起重机租赁方便,可考虑临时租用此种设备。

2)拖绞工艺

拖绞作业通常用作卸船,采用卷扬机、滑轮组、钢丝绳在设备的前方进行牵引用力,在大件下方安放枕木、滑块等滑拖设施(如图8-22所示),克服滚动摩擦进行位移。拖绞设备必须布置于岸上,作业范围较大。分为拖绞纵向卸船与拖绞横向卸船,对于大件货物,宜采用纵向卸船运输。

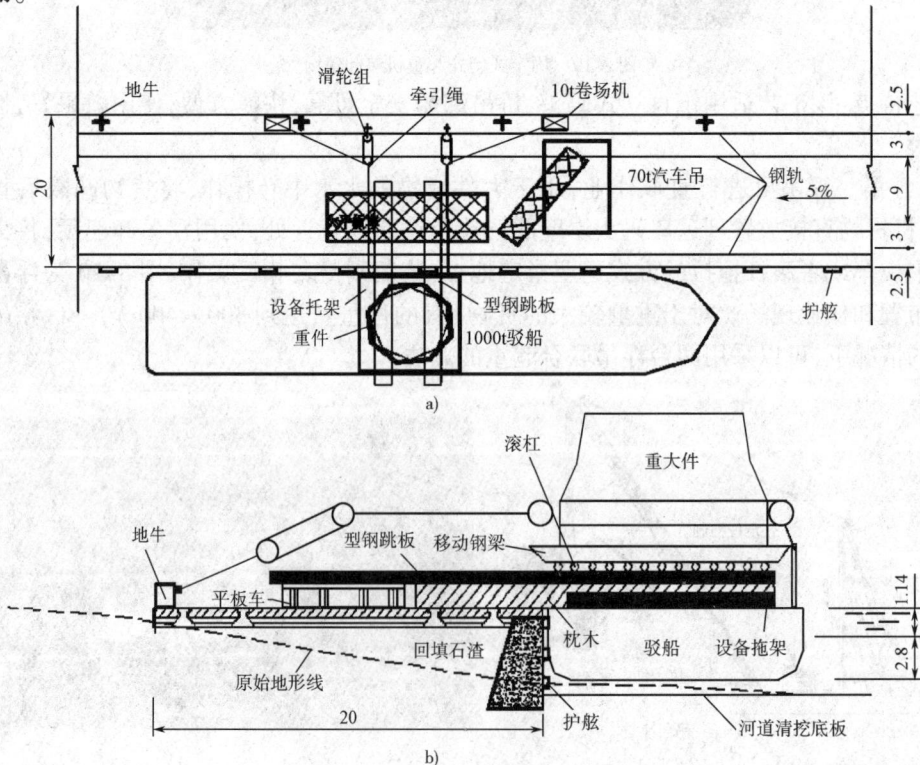

图8-22 拖绞工艺布置

该种工艺广泛应用于没有大型吊机作业的港口。中远国际物流公司于 2005 年曾成功完成中石化煤代油 580t 废热锅炉装卸,其作业现场如图 8-23 所示。

图 8-23　拖绞工艺作业现场

工艺流程:根据水平运输的方式不同,拖绞工艺流程可分为两种。一是在拖绞卸船后,继续采用滚杠拖拉的方式将大件货物牵引上岸,而后滚杠拖拉至安装现场;另一种是在卸船后直接转乘至大型平板车上岸并运至安装现场,如图 8-24 所示。

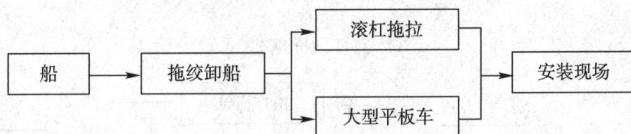

图 8-24　拖绞(卸船)工艺流程

第一种工艺流程因受气候影响,雨雪天几乎不能作业。运输时间较长,安全度较差,只适合于短途运输。

第二种工艺流程,由于平板车具有液压自动升降机构,空车和载货能自由升降,在坡道上行驶可保持所载货件水平、平稳。还可按货件尺寸及重量等不同情况接长,缩短和拓宽以进行运输。其运输速度快,安全度高。

工艺特点:拖绞卸船是长江内河沿岸大件设备卸船装车时常采用的工艺,这种装卸工艺的优点是安全可靠、适应性强、较为经济,且对码头条件的要求较低。缺点是工艺流程因受气候影响,且运输时间较长。

3)顶推工艺

顶推作业采用液压顶推器在设备的后下方施加顶推力,克服滑动摩擦进行位移,其工艺布置如图8-25所示。顶推设备通常布置在船上,作业范围相对较小。

工艺流程:与拖绞工艺流程相似,顶推卸船后,可以采用滚杠拖拉的方式将大件货物牵引上岸,而后滚杠拖拉至安装现场;也可以直接转乘至大型平板车上岸并运至安装现场,如图8-26所示。

工艺特点:顶推工艺的优点在于液压顶推器外形尺寸小,推力大,顶推过程平稳,直接在船上进行作业,不需设置较多的锚墩。但其存在和拖绞工艺相似的缺点。

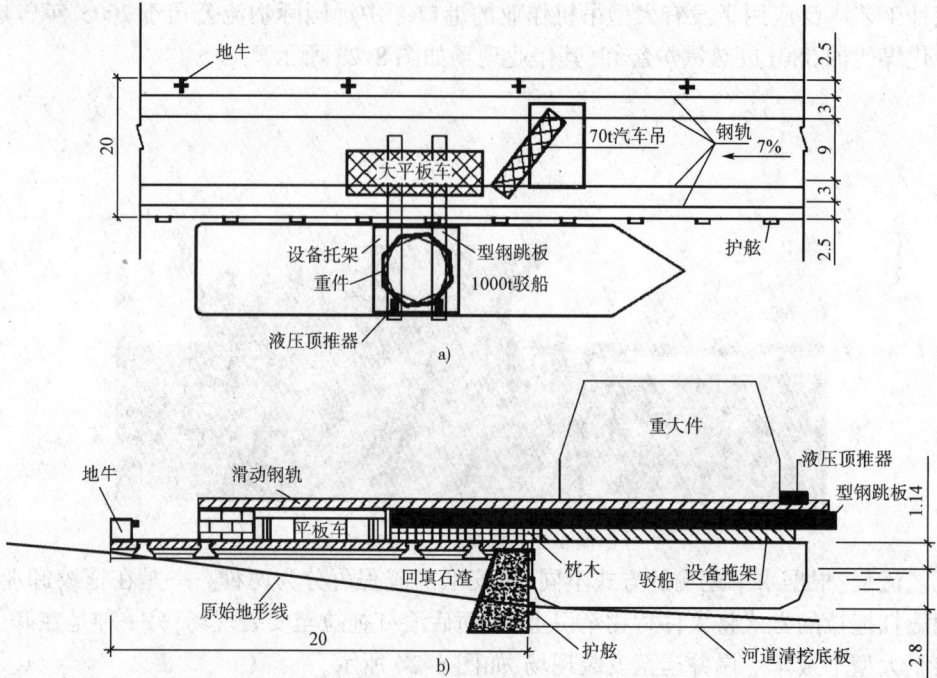

图 8-25 顶推工艺

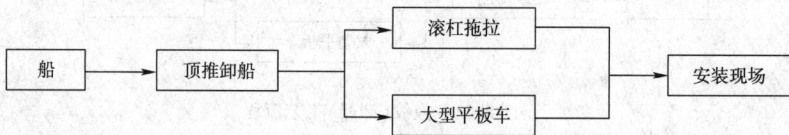

图 8-26 顶推(卸船)工艺流程

4) 叉装工艺

大件货物叉装工艺采用的是船尾带有固定长货叉的装运专用船,具有自动调节起落平衡的功能。以叉运岸边集装箱起重机为例,将船尾长货叉叉入码头前沿的起重机横梁下,通过排水使船体连同货叉升起,从而将起重机叉起。这种船能在船尾负荷突然大大增加的情况下调节好船体的平衡,起重机可以在货叉上沿着滑道牵引进入舱面,就位后再予以固定,其工艺布置如图 8-27 所示,卸船的过程与装船反向。我国深圳、南京等地有用这种叉装专用船从美国运来并卸船安装边集装箱起重机的实例。

工艺流程:叉装工艺适用于大件货物在码头直取,因此工艺流程较为精炼,如图 8-28 所示。

工艺特点:叉装工艺占用码头时间短,受潮汐影响小,不需厂家和用户提供任何辅助设备,全部过程由专用船完成。此外,无须拆(装)起重的所有部分,运装中机器本身不受外力影响,安全可靠。但设备造价较高,适用范围有限。

5) 滚装工艺

滚装工艺要求必须采用滚装专用船,这种船能保证在滚装过程中,通过压舱水的调节,适应负载条件的变化,始终保持船体平衡。图 8-29 为其装卸工艺布置和作业现场。

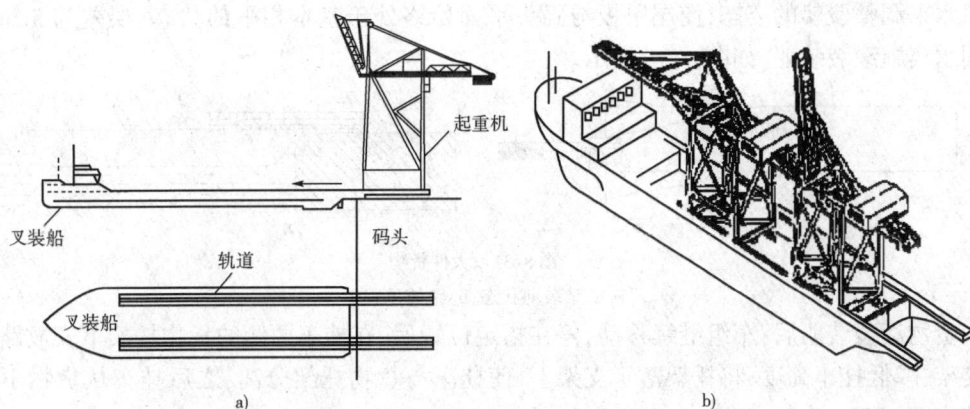

图 8-27　叉装
a) 工艺布置；b) 叉装船

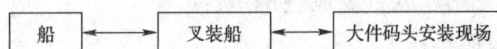

图 8-28　叉装工艺流程

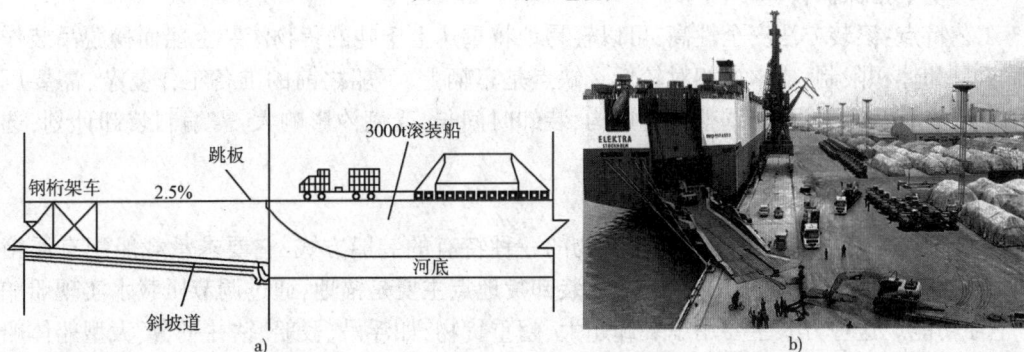

图 8-29　滚装装卸
a) 工艺布置；b) 作业现场

工艺流程：大件货物滚装卸船过程中，用大型平板车运输至码头后，通过滚装船，搭好跳板，然后将大件移至平板车上，固定后用牵引车(或拖曳系统)将平板车拖至码头顶部，其工艺流程如图 8-30 所示。滚装工艺的装船过程与卸船过程相反。

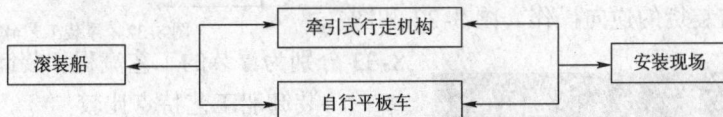

图 8-30　滚装工艺流程

滚装装船过程中，提前要将驳船与码头呈 T 字形摆好，并可靠固定，调整驳船型高及姿态，铺设滚装柔性跳板，车组与跳板对正，做好滚船装船准备，如图 8-31 所示。

当船甲板与码头平齐时，再次将系固缆绳绞紧，滚装车组开始上船。随着车组的移动，船甲板将下沉，当船甲板平面下沉与码头平面相差 7 ~ 10cm 时车辆停止，等潮水上涨将驳船抬高，甲板与码头平齐时，滚装车组再前进一段，不断重复上述过程，直到车组全部上船。在实际操作中，为确保滚装过程的安全，加快滚装节奏，通常在滚装车组上船的过程中同时通过调节

压载水来调整驳船的姿态，使尾甲板与码头平面始终处于基本相平的状态，误差为5cm，并配合潮水实施滚装装船，如图8-31所示。

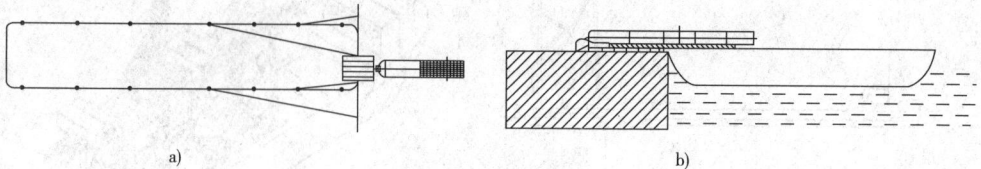

图8-31　大件货物

a)滚装前状态；b)滚装过程中

货物滚装装船后，车组继续移动，停在指定位置后，在挂车两侧的货物托架下安放路基板、钢支架、降低挂车高度，将托架落于支架上，使挂车与货物托架分离，之后挂车从货物下抽出。具体步骤如下：

①车组调整到指定的卸车部分，升高挂车平台；

②在卸车托架下码放专用承载台及调整钢垫；

③降低挂车平台，抽出挂车；

④货物下搭保护台；车组下船。

工艺特点：滚装方法安全性高，可以轻易地将重达上千吨的货物滚装上船而摆脱吊装作业对于重量和体积限制，成本也相对较低。缺点是车辆上、下船之前的准备工作复杂，需要厂家和用户码头有相应的设施，调整运行机构，装卸时间长，受潮汐影响大，需编制装卸计划，选择最佳时间。

6）浮装工艺

浮装工艺是针对大型的水上漂浮货物的一种特有的装船方式，它要求承载船配有浮箱具备半潜功能。半潜船一般采用浮装方式，装卸货地点主要是锚地，通过调节压载水实现船舶下潜/上浮功能。这种方式主要用于装卸超大、超重货物，如浮吊、驳船、钻井平台、大型船体船壳或分段等。

工艺流程：在船体下沉至甲板面低于水平面一定深度后，由拖轮牵引或由船舶自带的牵引设备将漂浮货物移至船舶甲板上方准确位置，待承载船排水上浮后甲板与货物接触然后在实施绑扎，下潜作业期间，拖轮在现场警戒并辅助作业。卸货方式与装货的逆向操作。图8-32和图8-33分别为浮装的工艺流程和装卸作业现场。

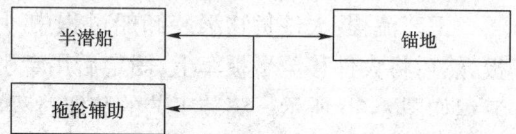

图8-32　浮装工艺流程

7）装卸船工艺特点比较

（1）吊装。吊装卸船工艺对驳船和码头的高低差要求不严，该工艺快捷、方便、安全，辅助设备少，能适应较大水位变化。占用码头时间短，对于小重量起重机几乎可完全不拆除任何杆件；对驳船无特殊要求，可用普通驳船装运，能适应需在海边组装的超限大型部件装船发运的需要。

吊装工艺的不足之处是：要求就近能租用到

图8-33　浮装装卸作业现场

有足够起吊能力的浮吊和码头前兼有驳船停靠、浮吊停靠及回转的位置,同时要求起重机具有可吊性能。

在大件设备最大单件重小于汽车吊或履带吊起吊能力时,宜采用车吊工艺。桥吊水工建筑投入较大,而浮吊船机部分投资较大,扒杆吊机械部分投入略小。

吊装作业应注意的几个问题:

①根据大件设备的各项参数,进行专用吊具设计制作,钢丝绳与设备长度方向的夹角必须满足设计方对吊装夹角要求;

②大件重心必须与吊钩起吊中心吻合,保证平稳性;

③当突遇大风、下雨及洪水或光线过暗时停止作业。

(2)顶推或拖绞。这两种卸船方案均采用人工,辅以简单的工具进行大件的卸船作业。码头布置相对比较简易。拖绞和顶推卸船工艺具有工程投资省、设备简单、使用及维护费用较低、能适应各种水位的卸船等优点。缺点是大件货物卸船时,搭架工艺环节相对较多,需要配合吊车作业,卸船作业时间长,全部完成大件装卸一般需 2~4 天。拖绞工艺在设备位移过程中稳定性较顶推工艺差。此外还要注意:

①在斜坡道上进行装卸作业时,启用平板车的液压装置调整平板车的水平度,要求斜坡道坡度不大于6%;

②选择在阴、晴天进行作业;装卸时间内要求水位变幅小于0.2m;

③设备在位移过程中,为了防止船体倾斜和克服水的浮力作用,可以采用在船舱内加水或配重解决船体减载上浮问题。

(3)滚装/叉装。这两种运输方式的大件货物只需装卸一次,减少了中转环节、效率高,装船码头和卸船码头均无须配备大型装卸设备。但须购置专用滚装船或叉装船,船舶设备费用高。缺点是车辆上、下船之前的准备工作复杂。

这两种运输方式的局限性为:需要厂家和用户码头有相应的设施,调整运行机构,装卸时间长,由于滚装作业需要码头面与承载船甲板面基本平齐(一般最大允许正负15cm的高度差),这要求船舶的型深和压载舱的调载能力要与装载货物的情况以及码头的标高、水域的潮汐情况等诸多因素相吻合,其中任何一个环节出现问题都会导致滚装过程失败。

各种装卸工艺的特点比较如表8-5所示。

各种装卸工艺比较　　　　　　　　　　　　　　　　　　　　表8-5

装卸工艺	优　缺　点	适用码头	适用船舶
拖绞	投资小,需拖曳设备,作业时间长,稳定性差,需求水位变幅小	斜坡式码头,无大型吊机的码头	要求船舶有较好的侧向稳定性,宜选用较大船型
顶推	投资小,顶推设备多,作业时间长,稳定性教好,要求水位变幅小	斜坡式码头,无大型吊机的码头	
滚装	作业时间短,效率高,须专业滚装船	斜坡式码头	滚装专用船
叉装	作业时间短,效率高,须专用差装船,起吊能力大	斜坡式码头	船尾带有固定长货叉的装运专用船

装卸工艺	优 缺 点	适 用 码 头	适 用 船 舶
扒杆吊	工艺快捷,安全,方便,适应较大水位变化,作业时间短,扒杆吊机械部分投资大	直立式码头,斜坡式码头	仅要求船舶结构能满足大件货物的负荷要求
桥吊	工艺快捷,安全,方便,适应较大水位变化,作业时间短,桥吊水工建筑投资大	岸壁直立式码头	
浮吊	工艺快捷,安全,方便,适应较大水位变化,作业时间短,浮吊机部分投资大	水位变幅大的码头	
汽车吊及履带吊	工艺快捷,安全,方便,适应较大水位变化,作业时间短,起吊能力小	直立式码头,斜坡式码头	

综上所述,现有装卸工艺各具特色。在节约投资的前提下,根据地形条件、码头结构形式及大件设备的特点,选择适当的装卸工艺:

①应能满足不同水位时的装卸作业,确保大件安全快速地上下船;

②工艺设计应合理、安全、可靠,装卸设备选型应技术成熟、性能先进、经济适用、维修方便,努力做到装卸便捷;

③充分考虑大件量少货重的特性和到货批次、结合水位变化特点,对航道条件充分调查,以免出现枯期船舶搁浅或汛期不能靠泊的情况;

④对设备重量较小时(一般在100t以内),宜优先考虑汽车吊、履带吊,卸船速度快,卸船工艺简单;

⑤码头设计时应结合总体规划布局,由于大件货物运输时间较短,在适宜时应考虑建成通用性强的多功能泊位,以充分发挥码头装卸能力。

2. 水平运输工艺

几十吨到几百吨的大件货物,一般都采取直取作业方法,如不可能,也要尽量把货物放置在靠近铁路两侧或码头岸壁,给再次装船、装车创造条件,减少和避免水平运输。但是,由于各港口具体条件不同、操作方法的差异和船车不衔接等因素,部分货物还是要进行水平运输。

(1)大型铲车运输。目前各港均配有5~10t铲车,还将陆续配备10~15t铲车。铲车进行水平运输安全可靠,经济合理,在短距离内输送大件货物最适宜。使用铲车时,有时因货叉短,对放宽货物不好使用,这时可做辅助货叉套在原货叉上,使货叉加长,以利起运。

(2)大型吊车运输。从目前看,吊车起重量普遍比铲车大,有的已达几十吨到几百吨。在运输距离短,道路平整的条件下,大件货物可用吊车进行水平运输。若吊车不能吊着货物行走时,则可采用倒载的方法将货物运输到指定地点。

(3)大型拖车运输。根据需要,有时要把货物从码头运输到较远的货场,或从一个泊位运输到另一个泊位或从一个码头到另一个码头,在水平运输距离较长的情况下,采用大型拖车进行水平运输是比较合理的。

(4)两台流动机械联合运输。当货物比较重,或因货物的外形尺寸比较大,用一台机械进行水平运输困难和无法进行时,可采用两台叉车或吊车联合作业。

3. 舱内作业工艺

装卸甲板上和舱口处的货物,可直接用起重机和船吊作业,装卸舱内的货物可采用下述三种方法,要根据货物、舱内条件和机械性能等具体情况进行选择。

(1)采用舱内装卸机械作业。大件货物装船,一般情况是较重和较难装卸的货物放置在舱口下面,而将一般货物放置在舱口内里边,有时也将一部分较重的货物放置在舱口的里边。装卸舱口里边的一般货物,可用 3～5t 起重量的舱内专用机械,因为这种机械具有机动灵活、效率高即安全可靠的特点,在船舱允许的条件下,也可用 10～25t 起重量的舱内专用机械和一般铲车。

(2)采用拖拉方法。在舱内装卸较重的货物,有无舱内机械作业时,可采用拖拉方法进行作业。拖拉方法是目前比较普遍采用的方法,主要做法是:无论货物从舱口里边拖出或从舱门下面外拖进里边,首先用钢丝绳捆绑好货物,然后通过导向滑轮和钢丝绳用船上绞车缓缓拖拉,将货物拖进或拖出。

(3)采用预报方法。根据货物积载和装舱要求,也可采用专用机械或一般装卸机械,把货物顶推到指定位置。

4.装卸(火)车工艺

大件货物在装卸火车时的工艺主要有以下几种:

(1)船—车直取作业时,主要采用船上重吊和浮吊作业,在条件允许的情况下,也可采用大型岸壁吊或流动吊车。

(2)对于场—车方式,有两种情况:一是当货物放置在装火车铁路线两侧时,可采用大型固定吊车、流动吊车或装卸桥直接作业;当铁路线在码头前沿时,可用浮吊作业。而是当货物远离铁路线,需要水平运输时,可根据货物自重、外形尺寸大小和当地远近,可用铲车或吊车作业。当一台机械负荷不足时,还可采用两台铲车或吊车联合作业。

(3)对于汽车—车方式,根据情况,可采用大型岸壁吊、流动吊车、桥式起重机或浮吊作业。在装卸火车作业中,除吊装和水平运输外,为了准确装车和摘挂钢丝绳及工属具,还需要配备辅助机械,如拖车、铲车、吊车等。实践证明,通过辅助机械拖拉货物前后栓的钢丝绳和其他绳索进行装卸火车,既安全又可靠,而且还节省时间。特别是用浮吊作业时,更需要辅助机械,因浮吊作业时,受风浪影响大,使浮吊摆动不稳。

二、大件货物装卸工艺流程

1.船—场(库)

船至库场的装卸流程,用装卸船舶机械将大件货物从船上卸载,而后用滚杠拖拉(短距离)或牵引车挂车(长距离)搭配起重机械的方式,将货物运至库场。从库场至装船的流程相反,工艺流程如图 8-34、图 8-35 所示。

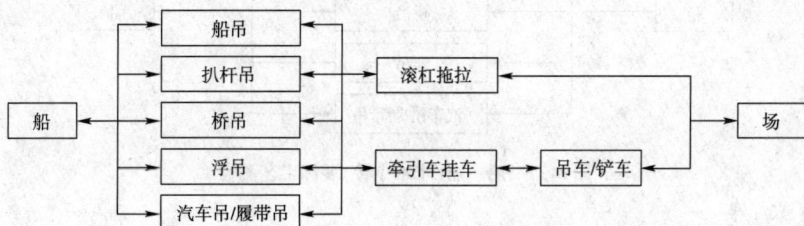

图 8-34　船—场(库)装卸工艺流程图

图 8-35　船—场(库)装卸示意图

由于大件货物往往有到岸安装的要求,因此可以利用装卸机械进行直取作业,放置在安装现场或码头岸边,其作业流程如图 8-36 所示。

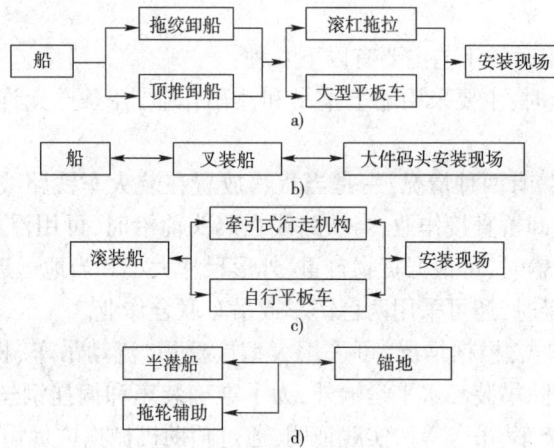

图 8-36　直取作业流程图

注:从上到下依次为利用人工装卸、叉装工艺、滚装工艺和浮装工艺的直取作业流程。

2.船—船(水水中转)

先从内河驳船上吊起大件货物,移开内河驳船,再驶入江海两用船舶,将大件货物放入江海两用船船舱,工艺流程如图 8-37 所示。

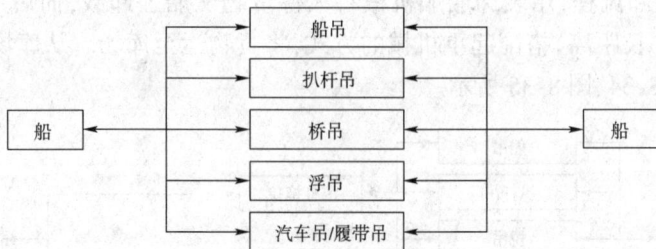

图 8-37　船—船(水水中转)装卸工艺流程

3.船—(火)车

船到(火)车的装卸流程,用装卸船舶机械将大件货物从船上卸载,再直接装在等候的

(或)车上。从(火)车至装船的流程相反,工艺流程如图8-38、图8-39所示。

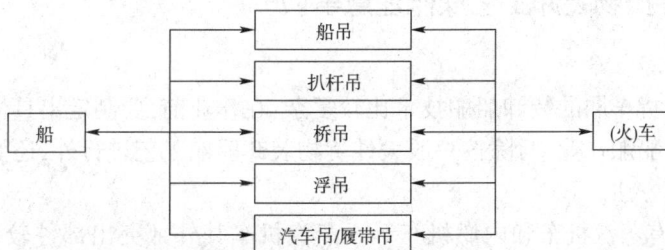

图8-38　船—(火)车装卸工艺流程图

图8-39　船—(火)车的装卸流程示意图

4.库—(火)车

库场到火车、大件拖车装卸方式,就是用吊车和拖车组合或用门机和叉车组合将大件货物运出库场,运至火车货物装卸线,再用吊车将大件货物装上火车,工艺流程如图8-40、图8-41所示。

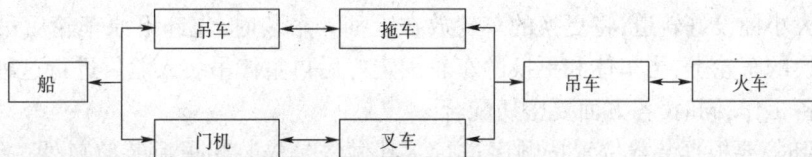

图8-40　库—(火)车装卸工艺流程图

图8-41　库—(火)车装卸流程示意图

三、几种大件货物装卸工艺操作注意事项

1. 机车车头和客货车厢

机车车头和客货车厢的装卸船舶技术比较复杂，在作业前，要制定出具体的装卸船舶工艺方案。在实际装卸船舶作业中，除按一般大件货物装卸船舶工艺进行外，还要注意和掌握一些特殊情况下的装卸方法。

(1)机车车头有蒸汽机车和内燃机车等。蒸汽机车其外部突出部件较多，而内燃机车外部怕磨损和挤压、在装卸过程中必须注意保护。客车车厢外部造型光滑美观，特别怕磨损和挤压。在装卸内燃机车和客车车厢时，不许用钢丝绳直接捆绑进行吊装，以免使其外部磨损和挤压，而要用专用吊架进行吊装。

机车车头和客车车厢都有捆绑钢丝绳用的凸起部分，并有明显的标记，吊装时，要在凸起处加衬垫，以防磨损。在装卸过程中，最好请制造部门有关人员到现场进行技术指导和共同研究处理出现的一些问题。

(2)装卸机车车头和客货车厢，最好使用专用船舶。专用船舶在船舱底和甲板上都铺有轨道，当使用一般货船来装卸大件货物时，最好也预先铺设轨道，将机车车头和客货车厢直接放置在轨道上，这样，既便于装卸又无须做其他辅助工作。

(3)无轨道时应备木鞋。当机车车头和客货车厢使用一般货船而无轨道装载时，车轮要备有木鞋，以便装载。即在装载之前，接轨距位置放好木鞋，将车轮放入木鞋内。

(4)保证船舶稳性和充分利用船舶载重量。一般在舱底上部分压舱货后，再装载机车车头或客货车厢。这种情况，必须对压舱货做特殊平舱。一般是使用平舱机推平。必要时，也可用压路机压平。在放置车轮和拖拉车头或车厢经过处都铺上木板，而木板上最好再铺上薄铁板，抹上黄油，以减少装载过程中的摩擦力。

(5)铺设轨道。因机车车头和客货车厢的轨距不同需要换车轮时，在装船处要预先根据更换轨距的大小铺设好轨道，将更换的车轮放在上面。吊装时，先卸下原车轮后吊车体上部，放置到需更换的车轮上，当车体和更换的车轮固定好后再整体吊装入舱。进行这种作业时，要做好充分准备工作，同时，各方面要密切配合。

(6)装船时，要根据装载位置按顺序进行。其做法是先装船里后装舱口处。装载舱里先是将机车车头或客货车厢吊至舱口处，然后来用拖拉方法再拖至舱里。

(7)捆绑钢丝绳时，一定要按标记进行捆绑和吊装。当需改变吊装位置时，必须与有关方面研究后进行。在捆绑钢丝绳时，要特别注意不要碰坏和挤压车底部的管路和拉杆等零部件。

(8)车头和车厢卸船顺序。机车车头和客货车厢卸船时，确定好卸船顺序后，先拆除捆绑加固物件，然后先舱口处后舱里卸船。把机车车头或客货车厢卸至码头岸壁轨道上，由机车车头拉出，以便继续卸船作业。

2. 重型汽车、装卸机械和推土机

重型汽车、装卸机械和推土机的种类繁多，自重由几吨到几十吨，外形各种各样，但吊装方法却大同小异，概括起来有如下几点：

(1)在吊装上述几种货种时，一般都采用专用吊具。因种类不同，要根据实际情况进行选择。采用专用吊具,效率高,同时又安全可靠。但有时也可不采用专用吊具,直接用钢丝线捆绑吊装,这要在根据实际情况和保证安全、质量的前提下进行。重型汽车、装卸机械和推土机的装卸船舶工艺,其方法主要有:①重型汽车;②履带式推土机(或拖拉机、掘土机);③悬臂式掘土机;④装卸接卸(铲车、轮胎吊、汽车吊和铲斗等)。

(2)做好保护工作。要特别注意和保护驾驶室、车灯、底盘下部的拉杆和管路,不要被挤压和磨坏。

(3)检查自由转动部位。在吊装前,要知道哪些轮子是自由转动的。在钢丝绳捆绑之前,必须刹住动轮,以免轮回转而发生事故。这一点要特别注意。

(4)舱内装载。往舱内装载时,最好被装机械能自己发动驶到装载处,或用拖拉方法进行装。卸舱时,也同样自己发动驶至舱口处,刹住动轮后再吊装,或先松开动轮拖拉至舱口处,再刹住动轮进行吊装。要注意的是,无论在舱内或甲板上进行拖拉,必须松开动轮。

(5)卸船。从船上卸下的重型汽车、装卸机械等,最好自己发动驶离,或用拖头拖到指定地点,但在拖动过程中,必须要有驾驶员驾驶。

3. 大型设备

大型设备种类繁多,有轧钢、矿山、采煤、化工、发电和钻探设备等,重量从几吨到几十吨,有的重达几百吨;现状复杂,有方形、圆形、球形和其他异形等;有的超长、超宽或极重等。因此,在装卸船舶作业中,特别是对其中主要大件货物,一定要研究制订出具体装卸工艺方案,同时,要注意以下几个问题:

(1)大型设备的吊装一般不用专用吊架,而是根据吊装位置的标记直接用钢丝绳捆绑吊装。但有些特殊要求或过长又怕弯曲和变形的大件货物,则需要专门吊架。而这种情况,一般自身就带有专用吊架。

(2)在吊装过程中,一般按吊装位置的标记进行捆绑钢丝绳,但有时因吊装方法和其他原因,也可改变其原吊装位置。当确定改变吊装位置时,必须考虑其结构,特别是吊装位置处。

(3)重达几百吨的大型设备在吊装过程中是绝对禁止发生转动或倾斜现象,必须保持稳定和平衡。因货物发生转动或倾斜现象有可能损坏货物,还会给装卸和放置场地造成困难。同时,因钢丝绳受力不均,可能导致事故放生。如果根据运输或安装等某些情况的需要,一定要转动时,必须预先转动好,然后再进行吊装。

(4)在吊装裸体大件货物时,一定保护好突出部分,如进出气阀、油嘴、管头或法兰等。要采取措施加以保护,使其吊装时不受损坏。

4. 圆形和球形大件货物

圆形和球形大件货物装卸船舶时,要注意以下几点:

(1)垫木或支座:用一般垫木时,必须同时用三角木挤紧,使之不发生滚动。支座可用凹型支座,因凹型支座安全方便。一般可根据货物几何尺寸大小进行制作。

(2)圆形大件吊装:圆形大件一般多为圆柱形,其吊装方法比较简单容易。当有供用装用的吊环时,可直接用吊环吊装,当没有吊环时,可根据吊装位置用钢丝绳直接捆绑吊装。

(3)球形大件吊装:吊装球形的大件货物比较复杂,要特别注意安全。其吊装方法基本上有两种。一种是球形件上有供吊装用的吊环或吊孔,可直接用来吊装;另一种是利用球形件上

的支座捆绑钢丝绳直接吊装。当上述两种条件不具备时,直接用钢丝绳捆绑吊装是危险的,一定要和有关部门共同研究其吊装方法,慎重行事。

四、大件货物装卸作业操作流程及注意事项

1. 作业前

(1)作业人员应按《通用装卸工艺规程》(Q/QGJ 03001—2003)中的4.1作业前要求执行。

(2)在装卸大件设备作业的区域内,其照明度应符合《港口装卸区域照明照度规定》(JT 2012—88)的要求。

(3)依据船舶条件、货物特性、舱容积载、现场条件等情况制定具体的装卸工艺方案,配备相应的作业机械,安排专业的大件设备作业班组,选派经验丰富的纹车手、指挥手。

(4)负责装卸大件设备的工艺员,应对参加作业的专业大件班和机械司机讲清楚所装卸的大件设备的技术要求、操作要点和安全作业注意事项。

(5)准备好装卸工具和加固材料,并对各类工具进行严格检查,不符合标准的不允许使用。

(6)应按配载图确认装卸顺序及放置位置,如发现配载不当,应及时与外理和船方联系,合理积载。

(7)装卸大件设备时,应先根据船舱条件、设备包装形式、配载图的要求选配适于舱内作业的叉车下舱。

2. 作业中

(1)作业人员应按《通用装卸工艺规程》(Q/QGJ 03001—2003)中的4.2作业中要求执行。

(2)依据大件设备的重量、重心位置、吊点和外形特点选用相适应的工属具。

(3)在起重机械条件允许的情况下,应加长吊索的长度,减轻对货物所产生的水平分力。

(4)用于起吊带吊耳的设备或连接吊索的卡环应满足起吊负荷,卡环在使用中应扭紧和顺直。

(5)当大件设备吊点高度不一致时,应使用卡环或钢丝绳扣连接,调整吊索的长度;起吊时应受力均衡。

(6)吊运较宽的大件设备,应使用满足负荷要求的撑棍,减少吊索对货物的水平分力。

图8-42　钢丝绳扣紧示意图

(7)在装卸车辆时,起吊点在轮胎或履带上时,上部应使用撑棍,防止损伤货物。

(8)卸船时应先拆除加固,但对稳性差和易移动的大件设备应注意卸一件,拆一件;捆吊时,必须按吊点捆匀,两吊索之间的夹角应小于60°。

(9)起吊前,应先将钢丝绳扣兜在吊点指示处(带吊耳的应把卡环扭紧),图8-42所示。

(10)捆吊裸状设备,应在钢丝绳与货物楞角接触处加衬垫,防止设备和工具损伤。

(11)起吊前应对吊索和衬垫进行详细检查,待全部就绪后,指挥手方可发出起吊口令。

（12）当设备起吊至0.2~0.5m高度时应先停勾,再一次详细检查各受力点的情况,确认设备受力均衡后,方可吊运。

（13）使用两台性能相同的起重机械装卸大件设备时,吊索应尽可能保持垂直,两台起重机械的升降、运行应保持同步,每台起重机所承受的载荷均值不允许超过各自额定起重负荷的80%,吊运时必须由一名指挥手指挥。

（14）装卸车辆时,应根据货物的型号及重量,选用合适的网系车辆吊具并配备撑棍。使用时,网系兜套应大于轮胎的2/3。

（15）在装卸大件设备作业时,风速大于15m/s(7级)时,应停止作业;在风速大于12m/s(6级)时,应停止使用浮吊;雨雪天应停止对标有防湿标记的大件设备的作业。

（16）大件设备起吊前,吊钩垂直线应对准大件重心,浮吊在起吊过程中应随时调整好吊钩垂直线对准大件重心。

（17）大件设备装卸船会造成船体偏杆,事先应通知船方及时调整压仓水。

（18）使用船机直取大件货物时,大件拖车应尽量靠近船舷落勾点,减轻船舶的倾斜。

（19）使用浮吊作业时,如不能跨船装卸,在靠泊时,船头或船尾应为浮吊作业留出40m长的泊位净档,船外档港池应有满足浮吊作业移动的位置。

（20）吊运时,初速应缓,运行应稳,严禁急起、急落、急停;吊运途经区域内无障碍物。

（21）吊运大件货物至车辆、舱内、货垛上方时,应在其底部离着落处约0.5~1m处暂停,待作业人员用牵拉绳使大件停稳后,确定位置,再慢慢落勾。

（22）使用浮吊装卸大件设备,起升至吊索受力时,指挥手应当及时指挥浮吊变幅或后移,使大件设备起离时保持在垂直线上,避免大件设备在起吊过程中发生悠勾和碰撞。

（23）滚装船大件设备作业中,拖车司机应时刻注意装卸桥随潮汐涨落出现的坡度变化,保证安全行驶;在向拖车上装设备时应做到装载合理,加固牢固,保证在滚上、滚下作业中不发生移位和碰撞。

（24）指挥手应根据所吊设备的起升、转向及风向等情况谨慎指挥,确保大件设备在进出舱口时,不悠、不晃、不碰。

（25）超长大件起吊或出入舱口时,四角必须拴好牵拉绳。人力拉牵拉绳时,应在起吊前把绳子绕在柱子或地铃上,随着起吊慢慢地放松绳索。严格控制好惯性,不允许将牵拉绳缠绕在手上,牵拉绳人员不允许站立在舱口边或船舷边。

（26）叉车铲运大件时,铲刀应铲大件的起吊标记处,如果铲刀够不到起吊标记,则要求移动铲刀与大件设备重心距离相等。铲刀长度必须超过大件设备宽度的2/3,不满2/3的或稳性不好的均需加穿铲刀裤,并降低铲刀负荷,铲刀应离地面0.15m左右。

（27）铲运重心偏离中心的设备,叉车必须随着重心偏离,调整铲货的位置,以防货物倾倒。对于超长、超重设备,采用两台性能相同的叉车同时作业,应尽量铲在起吊标志处,保持设备处于水平状态,以防滑动和倾覆。

（28）铲运高大设备会影响司机视线,需要倒车行驶时,必须由专人指挥铲车司机谨慎操作,慢速行驶,严禁急刹车。

（29）岸边作业使用拖车运输时,应指挥车辆停在合理的位置上;落钩应慢、稳;落钩至离作业面0.2~0.5m时应先停钩,扶正、扶稳后再落钩,位置应放正,保持平衡。

(30)使用叉车作业时,必须先垫好垫木,垫木高度应大于铲刀的厚度。

(31)卸车辆时,应用人力拉出吊具和网兜,车辆离开岸边后再起钩。

(32)设备落钩后,应用人力抽出钢丝绳扣;使用船机或门机抽扣时,应谨慎操作。

(33)大件设备码垛应整齐牢固、重不压轻、标志朝外、箭头向上、留出间距;怕湿的设备应在库内存放,堆场存放的应盖好篷布。拆垛时应自上而下,拆取上层大件货物时,应注意下面货物的稳定性。

(34)堆放超长设备时,地面应平整,如需铺设垫木,应根据设备长度铺垫。铺垫位置要求与设备重心位置等距均衡。

(35)上下超过2m以上高度的设备时,应使用梯子,上、下时应有专人扶好梯子。

(36)超限、超长、超重的大件设备装火车时,应按铁路的装车方案和加固方案进行,无方案不允许送车作业。

3.作业结束

作业人员应按《通用装卸工艺规程》(Q/QGJ 03001—2003)中的4.3作业结束要求执行。

第四节 大件货物装卸工艺案例分析

一、案例概况

中石化泉州重油深加工项目大型重件码头主要为泉州炼厂的生产设备上岸服务,待炼厂建设后,码头功能调整为通用码头。炼厂的生产设备分为两大类:一类是尺寸和质量与港口常规装卸货物相近的设备;另一类是超重、超大型设备。生产设备分别通过滚装和吊装方式上岸。滚装方式上岸采用车辆装载设备直接滚动运输,只需码头作业通道尺度能满足车辆的离去角要求即可,对码头装卸设备无要求;吊装方式上岸需采用装卸设备;常规设备采用普通门机进行卸船即可,大型设备需配置大型装卸机械。因此,建设本项目的大型重件码头,在满足重件货物装卸的同时,还需保证普通货物的装卸,充分发挥码头功能,使码头获得最大的经济效益。

二、主要设计思路

针对码头形式为离岸式码头,接卸对象既有常规设备又有重件设备的情况,码头平面布置、引桥形式、码头前沿卸船设备、水平运输设备、装卸工艺流程等设计与常规通用码头相比,既有共性也有其自身的特性。装卸工艺设计需要详细分析接卸对象的物理特性,既要满足重件的顺利接卸,又要保证重件的流畅疏港以及船舶的作业安全。同时,还需响应国家节能减排的号召,配置环保、高效、节能的装卸设备。

三、装卸工艺设计方案

本项目建设一个10000 t的重件码头,满足普通货物、重件货物的装卸和滚装作业需求。

1.装卸对象分析

通过对炼厂生产设备清单进行整理及详细分析,得出滚装方式和吊装方式接卸的典型设备和配车参数,见表8-6。

典型设备及运输车辆配置　　　　　　　　　　　　　表8-6

名　称		设　备　规　格	单质量(t)	配　车
滚装方式上岸设备	最长件	$\phi 5600 \times 64550$	820	4files×22axles
	最宽件	$\phi 6000 / \phi 12000 / \phi 6000 \times 52337$	390	4files×28axles
	最重件	$\phi 5600 \times 64550$	820	4files×22axles
吊装方式上岸设备	最长件	$\phi 6400 \times 58260 \times (24+3)$	345	2files×32axles
	最宽和最高件	$\phi 9400 \times 38872$	336	4files×20axles
	最重件	$\phi 6400 \times 58260 \times (24+3)$	345	4files×20axles

2.码头前沿装卸设备

(1)滚装方式。滚装上岸方式不需要配置专门的装卸设备,因此,码头装卸设备选型不考虑滚装上岸的设备参数。

(2)吊装方式。大件货物采用大型装卸机械。从表8-6可看出吊装方式上岸的最长、最宽、最高和最重设备参数。最长设备为58.26 m,最宽设备为9.4 m,最高设备为9.4 m,最重设备为345 t。

港口大件货物的吊装设备主要有浮式起重机、桅杆起重机等,各有自身的优缺点。浮式起重机的起重量大,作业机动灵活,不需在码头上安装固定设备;但存在租借工期没有保障和租金费用高等缺点,较适用于只有一次吊装作业要求的场合,而炼厂设备吊装工期较长。综合考虑后决定不采用浮式起重机,而采用桅杆起重机。

桅杆起重机具有起重量大、结构简单、安装运输方便、操作便捷、起吊速度快、对装卸货物的适应性强等特点。综合考虑本项目接卸货物的最大质量,桅杆起重机变幅时各幅度的最大起重量,适当考虑预留,最终采用起重量500t,工作幅度21m的桅杆起重机,见图8-43。

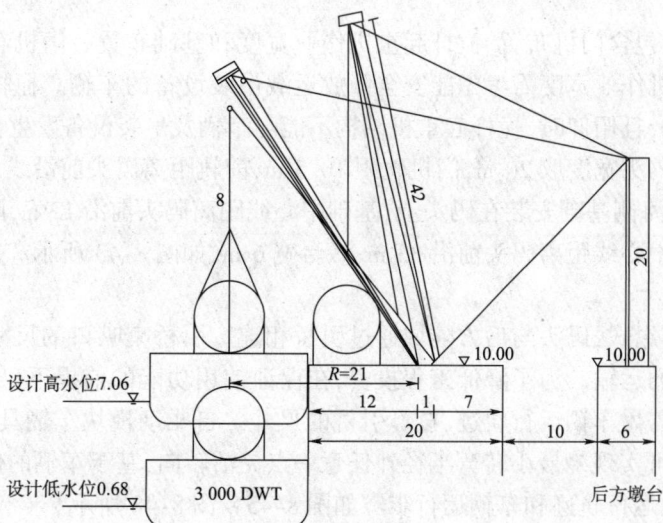

图8-43　桅杆起重机(尺寸单位:m)

3. 水平运输设备

重件设备长度范围 15.00 ~ 64.55 m,宽度范围 1.95 ~ 12.00 m,质量范围 100 ~ 820 t,普通汽车或平板车根本无法装载此类大型设备。因此,水平运输车辆除了需要车长、车宽及载重量均能满足本项目的运载设备外,还需要能自由组合、灵活移动。

经考虑,大件货物水平运输采用自驱动模块运输车,驱动装置能任意悬挂于车架两端。具有机动灵活、运输质量大、运输地面承载力要求相对较低,可以根据运输结构进行多种方式的组合拼接等特点。使用时,可以拼接成一个大的模块运送大设备,也可以分成若干个小模块同时运送若干个小设备,从而达到节能高效的目的。同时,车辆具有电子/液压控制多方位转向系统,可实现绕最小转弯半径外任意一点灵活转向。车身平板正常运输高度为 1500 mm,在液压系统控制下能进行 ±350 mm 的升降,平板最低距地面 1150 mm,见图 8-44。

图 8-44 自驱动模块运输车

目前多数采用的自驱动模块车为 4 轴线和 6 轴线车,以装载最长、最宽件(尺寸 $\phi6000$/ $\phi12000$/$\phi6000 \times 52337$)为例,配置 4 线 28 轴车。需要 4 列模块车,每列模块车由 7 辆 4 轴线车或 4 辆 6 轴线车加 1 辆 4 轴线车组成。

4. 大件货物装卸工艺流程

滚装方式工艺流程为:滚装船→舯、舭跳板→滚装平台→引桥→炼厂;吊装方式工艺流程为:船→桅杆起重机→自驱动模块车→引桥→炼厂。

5. 码头平面布置

炼厂建设初期本项目码头功能为重件码头,码头装卸设备为桅杆起重机。炼厂建成后,将拆除桅杆起重机,同时码头功能调整为通用码头,码头装卸设备为门机。因此,设计时须一并综合考虑。

码头平面布置包含门机布置、桅杆起重机作业宽度和基础布置。门机布置按常规通用码头设计,桅杆起重机作业宽度需考虑能安全停放运载吊装设备的车辆。桅杆起重机的幅度能满足装卸作业要求,且俯仰时,桅杆起重机结构不能与车辆及吊装设备发生任何干涉。

经综合考虑,码头宽度取 20 m,门机轨距 10.5 m,前轨距离码头前沿线 2.5 m。桅杆起重机基础间距 21 m,海侧基础安装在码头上,基础中心线距离码头前沿 12 m,陆侧基础安装在独立的墩台上,基础中心线距离码头前沿 33 m,墩台宽 6 m,如图 8-43 所示。

6. 引桥平面尺寸

码头形式为离岸式,码头与后方陆域通过引桥相连。引桥喇叭口的尺寸主要考虑满足最长、最宽吊装设备的运输。为了降低工程投资,在保证使用功能的前提下,尽量减少引桥喇叭口的尺寸。因此,需做车辆运行轨迹,核算引桥的尺寸。自驱动模块车辆具有电子/液压控制多方位转向系统,可实现绕最小转弯半径外任意一点灵活转向,基于车辆的优良特性,最长、最宽吊装件运输车辆运行轨迹和车辆运行步骤如图 8-45 ~ 图 8-48 所示。

引桥宽 11 m,两侧设有 1.1 m 高的护栏。滚装运输最宽件外形尺寸为 $\phi12000$ mm,运输车辆 4files×28axles,车轮外沿宽 6.3 m,小于桥面宽度 11 m;平板离地面高度 1.15 ~ 1.85 m,

高于引桥护栏 1.1 m 的高度。因此,在最宽件运输过程中,整车可以安全通过引桥,引桥 11 m 宽度能满足最宽件设备的运输。

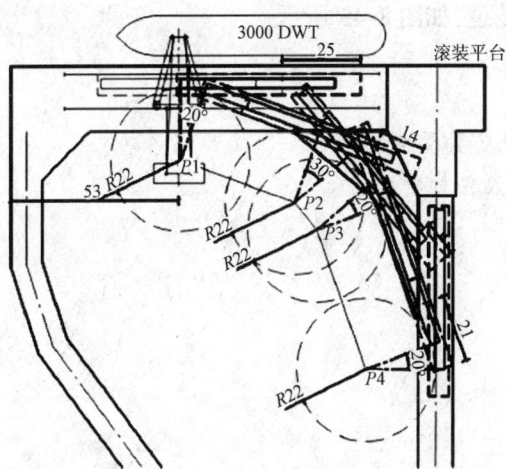

图 8-45　超长件车辆运行轨迹(尺寸单位:m)

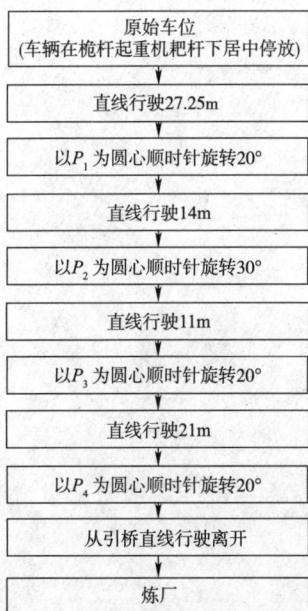

图 8-46　超宽件车辆运行轨迹(尺寸单位:m)

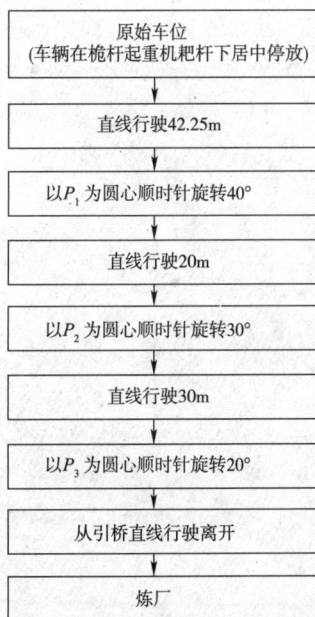

图 8-47　超长件车辆运行步骤

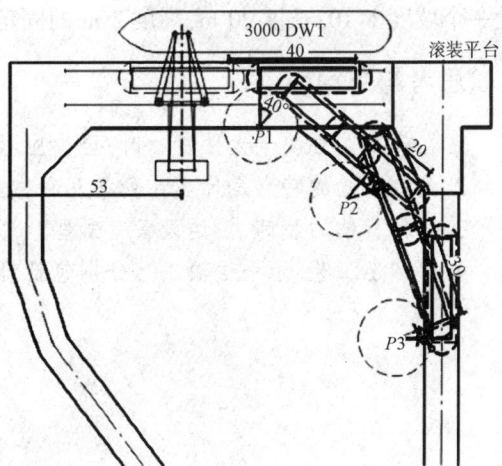

图 8-48　超宽件车辆运行步骤

7. 滚装平台

滚装船跳板形式为舳直跳或艉直跳,停靠时船体与码头垂直,采用丁字形靠泊形式。滚装平台的宽度设计需考虑船舶停靠作业及由波浪引起船体横移时,舳跳板或艉跳板均能搭接到码头面上,保证作业安全。同时,考虑系船柱的布置空间。由于设备为超长件,平面布置时还需考虑滚装车辆上下船从引桥通过时,尽量能做到直上直下。

滚装平台的作业通道尺度主要由码头设计高低水位、船舶空重载时舱门位置、船跳板长度、船跳板升降角度以及滚装车辆的离去角等因素决定。需保证在船舶空载、船跳板处于极限

下位,且水位为设计高水位时,滚装车辆能顺利装船;在船舶重载、船跳板处于极限上位,且水位为设计低水位时,滚装车辆能顺利卸船。综合考虑后,滚装平台宽度取 31 m,长度取 40 m,设一个坡度 1∶10,长度 20 m,高度 2 m 的固定斜坡道,如图 8-45 所示。

思考与练习

1. 在确定是否属于大件货物时,至少应考虑几方面要素?
2. 大件货物的特点是什么? 列举几种常见的大件货物。
3. 大件货物的装卸、搬运设备有哪些?
4. 装卸船工艺、水平运输工艺分别包括哪些?

第九章 散粮装卸工艺

案例导入——大连港散粮作业效率全球第三

大连港散粮码头公司隶属于大连港集团有限公司,作为粮食转运中心,是大连港集团重点发展建设的"六大中心"之一,位于辽东半岛南端。公司由大窑湾和甘井子两个作业区组成,大窑湾作业区作为国际性深水枢纽港,与经济技术开发区、保税区、出口加工区和国际物流园毗邻。甘井子作业区与吉林粮油运销总公司、中央储备粮大连直属库相邻,铁路、公路四通八达,集输运极为便利。现已成为东北三省和内蒙古地区粮食进出口的主要集散地。主要从事散粮转运业务,同时兼顾水泥、煤炭、钢材、杂货等转运业务,年设计通过能力1000万t。

目前,大连港散粮码头公司拥有生产泊位7个,其中8万吨级泊位1个、5万吨级泊位2个、2万吨级泊位2个,3000吨级泊位1个。现有仓容52.5万t散粮筒仓,现有高标准前后方堆场41万㎡,粮食堆存能力27万t。3条铁路集疏运专业线路,为散粮周转提供配套服务。同时,大连港散粮码头公司还拥有L18型散粮专用车500辆,通过续购、合资合作等可形成1800辆散粮车的运力,届时形成码头车辆能力匹配,综合功能完善的现代化散粮转运体系。

其中,大窑湾作业区拥有4个生产泊位,配套两台卸船机、一台带斗门机、由计算机控制的自动化散粮装船系统、自动化火车卸车系统等先进的装卸设备。作业区建有43.5万㎥散粮专用储存筒仓,为散粮周转提供配套服务。大窑湾作业区已经获得批准的33.5万㎥大豆、玉米期货交割筒仓,可以为广大粮食贸易商提供完善的期货仓储服务。

目前,大连港散粮码头公司装卸车船最高纪录是卸车可达到24小时350辆,装船最高可达到37小时5万t,卸船最高可达到65小时6万t。在美国《商业日报》杂志发布的"2012年全球码头综合船时效率"前20名榜单上,大连港集团散粮码头公司以每小时1600t的单船作业纪录,名列榜单第三位。

第一节 概 述

散粮主要包括小麦、大麦、玉米、谷类、高粱、豆类、油料等。粮食在世界货物运输量中占有相当的比重,粮食谷物的海运量几乎占全部干散货海运量的9%-10%左右。近些年来,我国也已由粮食出口国转向净进口国,2013年我国进口粮食谷物海运量达到7540万t,2002~2013年,我国粮食谷物海运进口量的年均增幅达到了15%左右。

一、粮食的主要运输形式

粮食运输主要有袋装运输和散装运输两种形式,也有用集装箱运输粮食的。上述粮食运输方式中,特别是对大批量的粮食运输来说,目前国内外仍广泛采用"四散"技术,即散装、散

卸、散储、散运。从20世纪70年代左右起,世界上大部分国家无一例外地全部采用了粮食"四散"流通技术。广泛采用散粮运输形式原因,除了由于世界散粮运量需求相当大以外,还因为大批量散粮运输具有的优越性所致。

比较袋装粮食运输方式,散粮运输方式具有如下优点:

1. 易于实现粮食装卸的专业化、机械化

由于各种颗粒状的粮食如麦子、玉米、大米、大豆等具有相似的运输特性,对运输工具、储存保管、装卸方法和设备有比较一致的要求,所以容易对各种散粮采用相同的专业化设备,实现散粮运输的专业化机械化系统。

2. 有利于提高装卸效率,加速粮食物流周转

粮食的散装化运输,可以减少灌包等环节,提高流通过程中各个作业环节的生产率。同时,由于采用专业化的机械完成装卸,所以与袋装粮食的装卸效率相比会明显提高。例如,港口装卸单件质量为80~100 kg袋粮时,平均每台时装卸效率仅60t左右,而散粮专业化码头装卸散粮时,平均每台时装卸效率不低于300t,甚至更高。

3. 有利于降低物流成本

与袋装粮食运输相比,散粮运输可以节约袋装粮食的包装费用、散粮的灌包和操作费用,有利于降低粮食物流费用、降低粮食成本和价格。

4. 减少工人数量,降低工人劳动强度

与袋装粮食相比,由于作业环节减少,需要作业的人员数量同样也会减少。此外,袋装粮食装卸作业时,袋粮的舱内做关、清舱及车内作业等作业环节需要由工人繁重的体力劳动完成。而散粮的清舱作业如同散货清舱作业一样,可借助于清舱机作业,从而大大降低了工人的劳动强度,特别是在采用先进的卸粮机卸船时,清舱量极少。

可以对袋装量和散装粮卸车时的各项指标进行对比,来反映散装粮运输的优势。以同样一列40节车厢,每车60t的袋装粮和散装(作业能力200t/h)的粮食专列,进行接收进仓作业作为对比情况(表9-1),从作业人员数量来看,袋装粮是散装粮的26倍;从作业需要的时间来看袋装粮是散装粮的4.6倍;从作业成本来看,袋装粮食散装粮的14倍。可见,粮食运输的散装化将是大势所趋。

袋装粮和散装粮卸车经济指标比较 表9-1

	袋 装 粮	散 装 粮
作业需要人员数(人)	236	9
作业时间(h)	56	12
作业运营费用(元)	31477.9	2242.28
每吨粮费用(元/t)	13.12	0.93

二、粮食的特性及对装卸保管的要求

与其他干散货不同,粮食是食物,散粮在运输和装卸过程中要严格保证其食用的质量,由于粮食具有一些自身的特性,因此对运输、装卸和存储有一定的要求。

1. 粮食的食用性

粮食是宝贵的物质,主要供人类使用,所以要求在运输装卸过程中始终保持粮食的清洁卫

生;装卸和保管粮食时,要求周围环境通风良好,严格要求粮食不受气味、潮湿、油污、杂质的污染,一定要与有气味的货物分开隔离。

此外,由于粮食是宝贵的物质,所以在粮食的运输和保管时需要精确计量,还要防止货损货差,因此,散粮装卸机械化系统中必须设置准确的计量设备。

2. 粮食的吸附性

粮食具有吸收水分和气味的吸附特性。粮食吸收水分后,当其含水率超过 14% ~ 15% 时,就要霉变,所以保管粮食时要注意低湿度的要求。

3. 粮食的热特性

粮食具有导热性和导温性,即粮堆具有传递热量的能力和吸收热量升高温度的特性。因此,如果粮堆中如果有热源,容易造成热量的集聚,使得粮食变质。因此,为防止存放在筒仓内的粮食受潮或温度过高导致霉变,保证粮食的质量,系统必须具有翻仓散热功能。

4. 粮食的散落性

粮食在自然形成粮堆时,向四面流动成为一个圆锥体的性质称为粮食的散落性。粮食的颗粒大小、成熟度的差异、杂质数量的多少等都和散落性密切相关。粮食散落性的好坏通常用静态自然坡度角(表 9-2)表示。静态自然堆积角与散落性成反比,即散落性好,静态自然坡度角小;散落性差,静态自然坡度角大。

此外,粮食散落性的另一量度是自流角。自流角是粮粒在不同材料斜面上,开始移动的角度,即粮粒下滑的极限角度。自流角是一个相对的值,它既与粮粒的物理特性有关,又与与其作用的工具所用的材料有关。粮食的自流角是粮堆的外摩擦角。同种粮食在不同的材料上测定的自流角不同,不同种粮食在相同的材料上自流角也(表 9-3)不相同。自流角表示的是某种粮食在某种材料上的滑动性能。自流角越大,滑动性能越差;自流角越小,滑动性能越好。

主要粮食的静态自然坡度角(单位:°) 表 9-2

粮种	静止角范围
小麦	23 ~ 38
玉米	30 ~ 40
大豆	24 ~ 32

三种麦类在不同材料上的自流角(单位:°) 表 9-3

粮种	抛光木板	铁板
小麦	24 ~ 27	24 ~ 28
大麦	26 ~ 27	25 ~ 30
燕麦	26 ~ 28	21 ~ 25

粮食的散落性在粮食储藏、装卸运输机械及储藏设施的设计中都是一个重要因素。储藏期间散落性的变化,可在一定程度上反映粮食的稳定性。安全储藏的粮食总是具有良好的散落性。

此外,粮食的流散性还与温度、水分有关,温度提高、水分增加,粮食的流散性就减小,严重的发热结块会形成 90°角的直壁状,完全丧失散落性。

散落性好的粮食,在运输过程中容易流散,对于装车、装船、入仓出库操作较方便,可节省劳力与时间。但是散落性较大的粮食对装粮容器的侧压力也大。装粮时对散落性大的粮食就要降低堆装高度,对散落性较小的粮食则可酌情增加高度。

粮堆对仓壁的侧压力可按下式简化计算:

$$P = \frac{1}{2}Vh^2\text{tg}^2\left(45° - \frac{\alpha}{2}\right)$$

式中:P——每米宽度的仓壁上受的侧压力(kg/m);

V——粮食的容重(kg/m^3)；

h——粮食的堆高(m)；

α——粮食的静态自然堆积角。

5.粮食具有扬尘性

粮食的扬尘性对机械化系统提出了特殊的要求，特别是采用筒仓保管储存粮食的系统中，粉尘往往会引起筒仓爆炸，所以要有防尘、防爆设施。

上述粮食的特性，需要在装卸机械化系统设计或使用时加以注意。

此外，散粮在运输和装卸过程中有许多辅助作业，如粮食的检验、熏蒸等也应在装卸工艺中作相应的考虑。

三、粮食装卸运输的发展趋势

1.粮食运输工具大型化发展

从目前散粮运输海运量增长趋势可以看出，散粮运输船型将朝着大型化方向发展，采用较大吨级船舶运输显然具有明显的经济性，运用10万t以上船舶载运散粮是一种趋势。

2.粮食码头向专业化、大型化方向发展

随着粮食贸易量和运输量的增加，粮食码头将向专业化、大型化方向发展。世界主要产粮国是美国、加拿大、阿根廷、巴西和澳大利亚，其主要粮食出口码头的靠泊吨位情况如表9-4所示。5个产粮国出口港最大靠泊船型载重吨为5万～18万t，考虑候潮以及二次装载因素，最大靠泊船型载重吨大多为8万～12万t。我国主要的粮食码头大连港、天津港、秦皇岛港、连云港港、上海港、宁波—舟山港、广州港、湛江港靠泊吨位集中在3万～10万t(表9-5)。

世界主要粮食出口码头的靠泊吨位情况　　　　　　　　表9-4

国　　家	港　　口	最大靠泊船型(万t)	国　　家	港　　口	最大靠泊船型(万t)
美国	新奥尔良	10	加拿大	温哥华	15
	南路易斯安	8		鲁珀特王子	12
	休斯墩	8		蒙特利尔	6
	西雅图	18		哈利法克斯	10
	卜拉克明斯	15		圣劳伦斯	5
	巴尔的摩	12		丘吉尔	6
阿根廷	圣马丁	7		魁北克	8
	罗萨里奥	5	澳大利亚	肯布拉	8
	布兰卡	8		吉朗	6
巴西	桑托斯	8		纽卡斯尔	7
	巴拉那瓜	6		格拉德斯通	8
	里奥格兰德	7		布里斯班	8
	里约热内卢	10		麦凯	5
	南圣弗朗西斯	8		林肯	12

数据来源：王贵斌. 后巴拿马运河时代中国粮食码头发展趋势的思考[J]. 安徽农业科学,2011,39(15):9354－9356.

中国粮食码头的靠泊吨位情况表　　　　表9-5

港　口	最大靠泊船型(万t)	泊位数	港　口	最大靠泊船型(万t)	泊位数
大连港	8	2	上海港	3.5	2
营口港	8	1	南通港	7	1
天津港	7	1	宁波-舟山港	8	1
秦皇岛港	3.5	1	广州港	10	1
青岛港	6	1	深圳港	7.5	1
烟台港	10	1	福州港	7	1
日照港	8	1	湛江港	8	1
连云港港	3.5	1	防城港	8	1

数据来源:王贵斌. 后巴拿马运河时代中国粮食码头发展趋势的思考[J]. 安徽农业科学,2011,39(15):9354–9356.

3. 粮食运输仓储实现信息化管理

随着散粮运输的发展,特别是第三方粮食物流业的快速发展,迫切需要利用现代信息技术来整合物流资源,提高粮食物流的管理效率和作业效率,即实现物流协同作业管理信息的集成,最终达到物流管理流程清晰、数据集中处理、业务操作规范的目的。国外发达国家的粮食物流信息化技术已经比较成熟,我国近几年才开始研究,并在大型粮食港口采用,例如大连北良港粮食物流信息平台已经建成国内最先进的粮食物流信息平台。这种信息化管理覆盖了粮食从到港装卸、仓储、计量到运输等码头作业的各个环节,提高了粮食在码头的流通效率和效益。

第二节　散粮装卸、搬运机械化

根据散粮在码头的作业过程和环节,散粮装卸、搬运机械主要包括装卸船机械、装卸车机械以及水平运输机械三个部分组成。

一、散粮装、卸船机械

1. 卸船机械

散粮卸船机械根据其工作时是否连续,可分为间歇型卸船机和连续型卸船机两大类。间歇型卸船机是指利用各类抓斗进行卸船作业,作业过程中,前一个作业周期和后一个作业周期是完全断开的,主要的间歇型卸船机包括船吊抓斗卸船机、门机抓斗卸船机、桥式抓斗卸船机等。连续型卸船机可以分为两大类分别是连续型气吸式卸船机和连续型机械式卸船机,连续型机械式卸船机根据卸船机取料输送设备的工作原理又可以分为夹带式、埋刮板式、螺旋式、波纹挡边带式、链斗式、悬链链斗式、斗轮式、绳斗式等。

下面将几种主要的散粮卸船机械的工作原理和特点分别进行论述。

1)抓斗卸船机

散粮抓斗卸船机(图9-1)的工作原理和组成结构基本与第五章介绍的干散货抓斗卸船机一致,都是通过安装在船舶吊杆或门架上的抓斗进行间歇式的卸船作业。但其与第五章介绍的重散货的抓斗卸船机相比,主要区别于由于散粮粒度较小、滑性更大、同时密度也较小,所以散粮卸船使用的抓斗双腭闭合的要求更高,每抓斗的抓取重量比煤炭、铁矿石等重散货要少。

与连续型的散粮卸船机相比,抓斗卸船机具有如下特点:

图9-1 天津港利用抓斗卸船机进行小麦卸船作业

(1)机械的结构简单,造价低,维修保养方便。

(2)对船型和货种的适应性强,配合各种吊货工夹具还可装卸其他货物,因此抓斗卸船机的通用性好,尤其适合使用于通用性码头的散粮船舶接卸作业。

(3)船舶装卸效率低、能耗大。由于抓斗卸船机作业并非连续式的,在抓斗进行卸船作业过程中存在抓斗的空驶作业时间,因此从船舶的卸船效率来看,抓斗卸船机要低于其他连续卸船机的效率。此外,抓斗卸船机的散粮接卸效率还与抓斗抓满率有关,并且随着船舱内货位的下降而效率也会随之降低。

(4)抓斗卸船机的清舱作业量大,清舱效率较低。

(5)相对于连续卸船机而言,由于抓斗闭合不够严密,因此在卸船作业过程中散粮散落现象较为严重。据统计。抓斗作业的散粮洒落量约占散粮接卸量的3‰。

(6)粉尘污染大。由于散粮是轻质散货,在装卸过程中,采用抓斗卸船机卸船过程中在舱内抓取、提升散落、漏斗上空投料等环节都会产生大量粉尘,有些落料点的粉尘浓度甚至会超过国家标准。

抓斗卸船机是一种最早在港口使用的传统的散粮卸船机型。随着粮食码头的专业化发展,这种机型在专业粮食码头的使用减少,然而,目前许多综合性的装卸码头仍然还在使用。散粮带斗门机一般效率在400 t/h 左右,表9-6 所示的是抓斗起重量可达到16t 的带斗门机的主要操作性性能参数,该带斗门机的卸船生产率可达到540t/h。目前国内港口已有使用桥式抓斗卸船机用于散粮卸船,桥式抓斗卸船机的负荷大于带斗门机,所以可以使用容积更大的抓斗,其卸船效率明显提高,可达1000 t/h。

16 吨带斗门机主要操作性能参数　　　　　　　　　　　　表9-6

卸船机生产率	540(t/h)	旋转速度	1.5 r/min
起重量	16t	行走机构速度	26m/min
抓斗起升高度	轨上22m 轨下15m	平均变幅速度	60m/min
最大工作幅度	33m	传动形式	齿条传动
最小工作幅度	9.5m	抓斗自重	6.8t
起升速度	70m/min		

资料来源:杨茅甄. 散货港口管理实务[M]. 上海:上海人民出版社,2010.

2)气吸式连续卸船机

(1)卸船原理。气吸式连续卸船机(气力卸船机)主要是利用气力输送原理,将配有软管的吸嘴贴近粮食表层,通过风机从封闭的管路内抽气,在管道内形成负压气流(即管路内的气体压力低于外界大气压力),运动着的空气流把速度传递给所要运送的物料,使空气和物料一起进入吸嘴,并使粮食处于悬浮状态而在垂直和水平输送管道中运动,最终通过分离器、卸料器及输送机把物料输送到码头的指定地方。气吸式连续卸船机除可用于散粮的卸船作业外,还可以用于化肥、水泥等轻质粉状散货物料的卸船作业。

(2)分类。气吸式连续卸船机多为真空吸送式。根据输料管道内真空度的不同可分为两类:通常把真空度高于8kPa的称为高真空气吸式卸船机,低于此真空度值的称为低真空气吸式卸船机。

此外,根据气吸式连续卸船机的结构形式可以分为岸式和浮式两种。岸式气吸式卸船机又可分为移动式和固定式,移动气吸式卸船机则可分为有轨道式和无轨式(轮胎式)。

(3)基本结构。气吸式连续卸船机主要由气吸系统和使吸嘴灵活吸取物料而装设的各种工作机构及机架等组成。其中,气力输送系统一般由吸嘴、垂直输送管、弯管、水平输送管、分离除尘器、卸料器、风管、风机等组成。吸嘴能伸至舱内每个角落,并且可以自行清舱。此外,气吸式连续卸船机因涉及气力输送,因而对风机的要求较高。图9-2所示为移动式吸粮机,其机身、门架支撑在轨道上,整机可沿轨道运行。

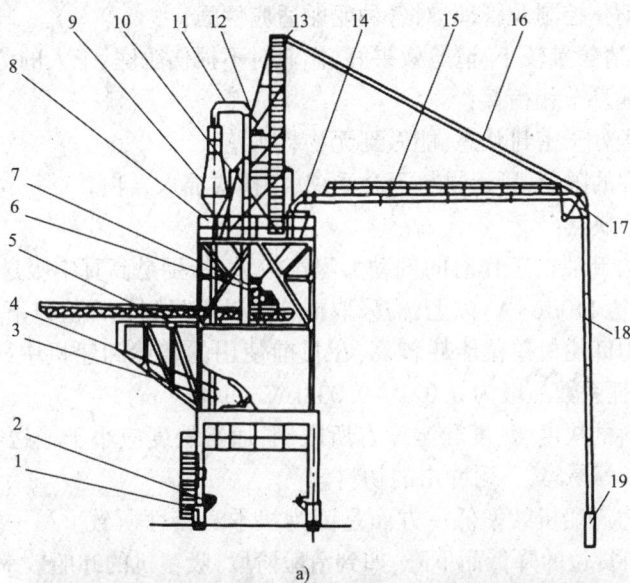

a)

b)

图9-2　轨道移动式气力卸船机
a)结构图;b)实物图

1-行走机构;2-行走驱动装置;3-电动机;4-鼓风机;5-伸缩式胶带机;6-卸料器驱动装置;7-卸料器;8-卸灰器;9-除尘器;10-分离器;11-风管;12-吸管俯仰驱动装置;13-滑轮;14-吸管转换器;15-水平输送管;16-钢丝绳;17-弯管;18-垂直输送管;19-吸嘴

(4)工作过程。工作时,船舱内的散粮由吸嘴吸进气力输送系统,依次经过垂直输送管、水平输送管、回转弯头等气力输送系统后,经过物料空气分离器卸至门架上的伸缩式胶带机,再通过与之衔接的后方输送机及顺岸输送机等输送机系统送入机械化圆筒粮仓。

气力卸船机的转动臂上的水平和垂直输送管通常可伸缩,吸嘴在船舱横截面内的取料范围主要由臂架变幅、垂直管伸缩和水平管伸缩来实现;沿船长方向上的取料范围主要由大车运行及臂架回转来实现。因此,吸嘴基本可伸到舱口的任一角落。

(5)特点。

①气力卸船机的优点:

A. 结构简单紧凑,造价低,操作方便,性能可靠,使用灵活,维修方便;

B. 易于实现自动化控制及管理,对各种船舶适应性强;

C. 能均衡卸料,清舱量较小,清舱效果好,作业时不损伤舱底,工人的劳动强度低;

D. 易与其他运输环节相衔接;

E. 整个输送过程处于密封状态,能做到无物料洒落;

F. 不受气候条件的限制,所运物料不会受潮、污损或混入异物。

②气力卸船机的缺点:

A. 噪声大。气力卸船机工作时的气动力噪声较大,特别是高真空吸送系统采用大型罗茨风机,其本底噪声高达110dB(A)以上,需采取措施使噪声降到允许值以下。

B. 能耗大。气力卸船机单位能耗较高,在目前使用的连续卸船机中,同等作业条件下其吨粮能耗最高,其能耗系数一般为 $0.021 \sim 0.038 \mathrm{kW} \cdot \mathrm{h}/(\mathrm{t} \cdot \mathrm{m})$。

C. 对被运送物料的块度、黏度和湿度有所限制,通常块度应小于输送管径的1/2。而且,不宜输送如烘干玉米等易碎、不耐冲击的物料。

D. 效率低。气力卸船机效率低一方面是因为机本身特性所致。另一方面是由于它的卸船效率随船舱内物料货位的降低而下降,如到清舱阶段,吸粮机的卸船效率更低。

为了解卸船效率的变化,根据生产现场操作程序可把吸粮机卸船过程分为以下三个阶段:

第一阶段,船舶满载粮食抵港,货位高,这时吸粮机的吸嘴只需在舱内垂直上下运动。但要注意吸嘴埋入货堆中的工作深度,根据我国实践经验,吸嘴埋入粮食堆中的理想工作深度为0.6m左右,这时吸粮机效率系数可达0.97。

第二阶段,物料减少,货位降低,此时要注意水平管道的上下摆动角度。如果水平管向上超过一定角度,吸粮机提升功率增加,如果水平管向下倾斜过大,就会引起管内粮食下滑,也会影响吸粮机效率的发挥。根据我国实践经验,在操作时,水平管路不超过15°为宜。

第三阶段,清舱阶段。由于此时舱内的物料大大减少,剩余物料的厚度达不到吸嘴埋入料堆中的理想深度,这时的效率利用系数约为0.2左右。

提高吸粮机生产效率的措施有:

①采用水平、垂直伸缩输送管以增加第一、第二阶段的卸货效率。

②采用专用的清舱吸嘴。清舱弯管吸嘴可绕垂直输料管作360°。转动,以增加吸料面,提高卸船效率。

(6)应用情况。气吸式连续卸船机是国内外散粮专用码头最早广泛使用的卸船机,在日本、法国、美国、东欧各国使用很普遍。我国也有不少地方使用该机械进行散粮的卸船,例如广州新沙、上海、天津、湛江、长沙等沿海及内河港口。目前,大型气吸式卸船机的生产率可达到1000t/h。然而,由于噪声大、能耗大、卸船效率低,大型散粮专业码头用该设备进行卸船作业有减少的趋势。目前,气吸式连续卸船机更多的作为清舱辅助设备在大型散粮专业化码头使用,如宁波的金光粮油码头和广州新沙码头。由于该设备重量轻,维护简单,因此被一些码头结构单薄的企业和综合性码头继续使用,并被用于船过船的水上作业。

3) 夹皮带连续卸船机

夹皮带卸船机又称双带式卸船机,它是利用压带式输送机将供料装置喂入的料物提升出舱的一种连续式卸船机械。

(1) 工作原理。夹皮带卸船机的工作原理是在两条垂直(或倾斜)的、同速向上运动的皮带的两个相对侧面均匀加压,使通过喂料器进入夹皮带机的物料在两条皮带中间被夹带而同步向上运动,实现物料的垂直(或倾斜)向上提升。在提升时,货物仅与皮带接触,而皮带是用密封装置与空气压力(离心风机提供)相结合的方式压紧的(图9-3b)。由于主(盖)皮带与气箱底板、侧密封之间形成气膜,因此皮带的运转阻力较小。在提升腿的顶部,夹运货物的两条皮带沿旋转臂改变方向,然后,通过一组溜管和横向皮带机,向码头岸边的水平运输皮带机卸料。

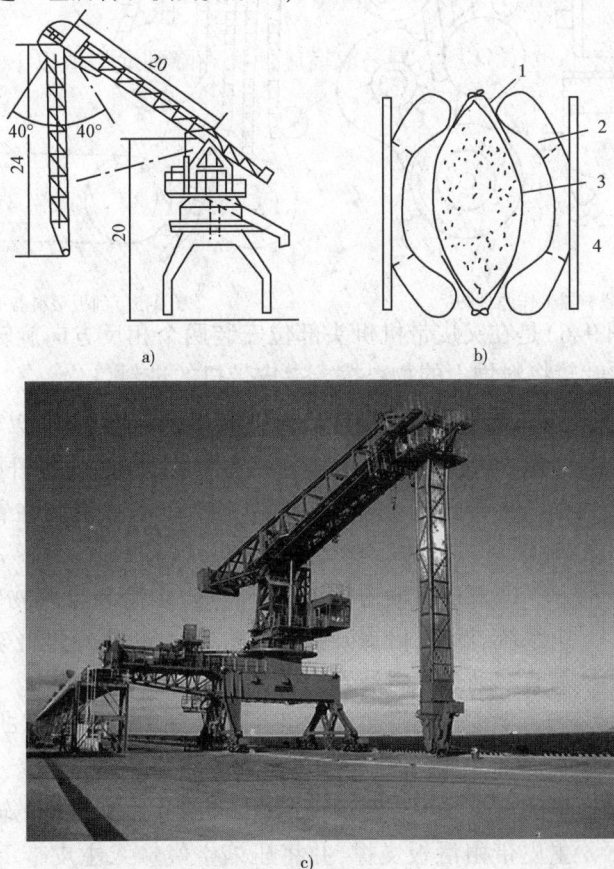

图 9-3　夹皮带卸船机(尺寸单位:m)
a)示意图;b)垂臂处气室、皮带及粮食运转的示意图;c)实物图
1-铰接铝片;2-气囊;3-输送带;4-挡板

（2）基本结构。夹皮带卸船机(图9-3a)的主要由喂料器、提升腿、双皮带输送机系统(主(盖)皮带、气箱、侧边(楔形、指形)密封件、离心风机)、臂架装置、卸料设施、吸尘装置、门架等组成。

①喂料器。喂料器装在固定于提升机腿钢结构底部的框架内。还配备有卡盘，以便在损坏时能够快速拆装，方便于维修。

夹皮带卸船机喂料器基本上有三种形式：螺旋喂料装置、刮板输送机喂料装置和双叶轮喂料装置。

螺旋喂料器(图9-4)是由左右螺旋和中间径向叶轮组成，物料经螺旋喂料器将物料汇集到中间叶轮，然后朝上和朝外送出，在中间径向叶轮上方装有一个抛料轮，把中间径向轮送来的物料拨进两条同速运动的夹皮带之间，开始物料的提升运动。喂料量的大小，取决于螺旋喂料器的转速和喂料器插入料堆的深度。为了避免喂料器插入料堆过深，在喂料器上装有感应膜片，当喂料器插入过深时，即发出警报信号，甚至停止工作。

刮板喂料器(图9-5)主要靠刮板输送机为夹皮带输送机供料。

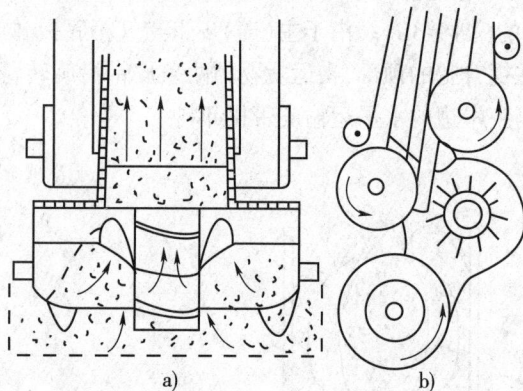

图9-4 螺旋喂料器工作原理图　　　　图9-5 刮板喂料器工作原理图

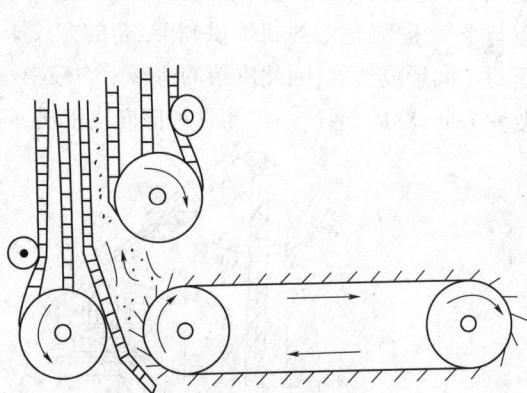

双叶轮喂料器(图9-6)是在夹皮带机机头部位安装两个相反方向旋转叶轮，当夹皮带输送机工作时，两个反向叶轮将料堆上的物料拨入夹皮带机的进料口。

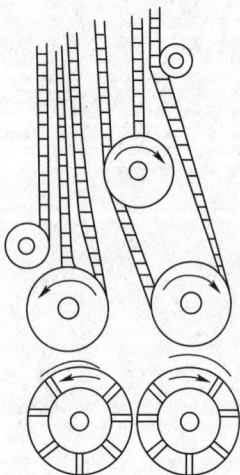

图9-6 双叶轮喂料器工作原理图

②提升腿。提升腿为轻型型钢网格结构，以保护提升腿内双皮带输送机装置，其外部还装有绊网，以防止提升腿与船舱侧壁的碰撞。提升腿的"内摆"和"外摆"动作由安装在臂架端部的液压缸产生。

③双皮带输送机系统。首先，由喂料器将物料送到双皮带输送机系统，然后，沿提升腿向上输送物料，再经过臂架，最后输送给卸料溜管。通过卸料溜管为码头岸边的皮带机供料。

主皮带和覆盖皮带由一个共同驱动装置驱动(这种设计便于检查皮带)。覆盖皮带的中央部分有弹性可以张紧，以适应所运载物料量的多少。皮带绕滚筒运行，大部分的滚筒装在轴承上。在臂架中，主皮带由滑板支撑，并将压缩空气输入主皮带下面，以减少摩擦阻力。主副皮带的回程也采用滑板方式。

④压缩空气。一系列空气箱串联在臂架之中，从而在提升腿处

为输送机的主皮带形成导槽。另一组空气箱为两条皮带的边角组成导槽。

安装在提升腿钢结构顶上的离心鼓风机把低压空气提供给主皮带和覆盖皮带空气箱,从而在这两条皮带的背面保持一定的压力。

⑤臂架装置。臂架由型钢和钢板制成,在双皮带机的上面形成一个防雨盖,并带有走道。水平伸臂可俯仰,俯仰范围为水平以下28°,水平以上36°。垂直吊臂由框架、箱形机罩、进料装置和夹带输送机等组成,垂直臂架可内外摆动,向外20°,向内20°。整个臂架装在行走机构上,行走机构可沿轨道行走。

⑥卸料设施。在双皮带机系统的卸料处,有一个溜管和防护罩构成的封闭卸料器,直接向门架上方的溜管卸料。两溜管的连接处用风琴式纤维织品对防雨、防尘罩进行密封,且不影响臂架的俯仰运动。溜管内装有一个物料减速装置,并配有分离大型杂物的筛子。物料经过卸料骨向码头岸边的皮带机卸料。

⑦吸尘。为排除在通向码头岸边皮带机的卸料管的入门和出口所产生的少量灰尘,在卸料管的外部设置了吸尘器(鼓风机装在靠近臂架配重箱处)。该布袋吸尘器的清理方式是将其吊入舱内,用反向气流进行冲洗,并将收集到的粉尘直接送回到物料中去。

⑧行走门座。行走门座有四个支撑腿,每条腿均装在一个多轮行走机构上。在每个行走机构上安装有一个轨道夹。在门座上,安装有楼梯、平台和栏杆,为操作人员和其他工作人员行走留有空间。

(3)特点。

①优点:

A.卸船效率高。夹皮带卸船机卸散粮或其他颗粒状散货时,单机效率可达300~2000 t/h。若能配置特殊的取料装置,如清舱吸嘴,则即使在清舱阶段也可以取得较高的卸船效率。

B.能耗小。其卸散粮时的能耗约为0.19~0.25(kW·h)/t,是所有散粮卸船机型中能耗最小的一种机型。

C.自重轻。夹皮带卸船机的主要组成部分是带式输送机,故其结构轻巧,对码头的负荷也较小,从而使码头投资相应减少。

D.货运质量好。除取料部位外,物料始终处于双带之间的密闭环境中,因而不会造成撒漏和扬尘,被运送物料破损小。

E.粉尘少。夹皮带卸船机卸料时,物料首先是经过埋在物料下面的喂料器,然后由两条边部密封的皮带夹运输送,因而其粉尘是极少的。

F.噪声小。夹皮带卸船机声音很小,实际上,其噪声仅来自主驱动发动机和液压泵。

G.运转平稳,操作与维护较方便。

②缺点:

A.夹皮带输送机有两套输送机基本组成,其结构复杂、磨损大;

B.由于结构特点,夹皮带卸船机不适宜接卸流动性、散落性差的散料,也不宜输送混有尖锐异物的物料,否则皮带容易损伤,夹皮带卸船机的喂料器故障率较高;

C.压带装置结构复杂,带边缘不易压紧,物料的泄漏现象较严重;

D.悬臂和垂直提升臂体积较大,看上去有头重脚轻的感觉,整机稳定性差。

(4)应用情况。夹皮带卸船机最早在以色列海法港使用,我国天津港、大连港的散粮码头

从英国各引进了2台装卸效率750t/h的夹皮带卸船机,用于散粮卸船作业,其技术参数见表9-7。国内应用的夹皮带卸船机大部分系20世纪80年代引进英国西蒙—卡维斯(Simon-Carves)公司的产品,可适应8万吨级散粮船。

750t/h双带(夹皮带)卸船机主要技术参数 表9-7

卸船能力	参数	卸船能力	参数
设计最大	750t/h	旋转速度	0.16r/min
设计额定	600t/h	轨距	10.5m
非工作状态横臂最大仰角	+55°	最大轮压	≤23 t
工作状态横臂最大仰角	+36°	行走速度	约12m/min,无级可控
工作状态横臂最大俯角	-28°	整机重量	约352t
横臂变幅速度(喂料头处)	0.25m/s(最大)	输送带宽度	1300mm
垂臂最大外摆角	40°	输送带速度	4.65m/s
垂臂最大内摆角	30°	承载带驱动电机功率	150kW
垂臂摆动速度(喂料头处)	0.25 m/s(最大)	微速驱动	5.5kW
旋转角度	左右各105°	覆盖带驱动电机功率	22kW

资料来源:杨茅甄.散货港口管理实务[M].上海:上海人民出版社,2010.

4)埋刮板卸船机

(1)工作原理。埋刮板式卸船机的工作原理是通过在封闭矩形钢槽中高速运转的刮板链条,利用物料与刮板的摩擦力和物料与物料之间的摩擦力,带动物料向上,实现物料的垂直提升,至出口处卸出。

埋刮板式卸船机主要由刮板链条和链轮组成,没有喂料装置,刮板取料头插入物料直接挖取。

(2)基本结构。埋刮板卸船机(图9-7)由垂直提升机、水平输送机和门机架等主要部件组成。牵引链条和刮板是埋刮板输送机的主要工作构件,埋刮板式卸船机没有喂料装置,刮板取料头插入物料直接挖取。牵引链条安装在垂直提升机和水平输送机内,由若干T字形铸钢件铰接而成,在每一横条上都对称焊刮板(图9-8)。

图9-7 大连港使用的布勒埋刮板卸船机

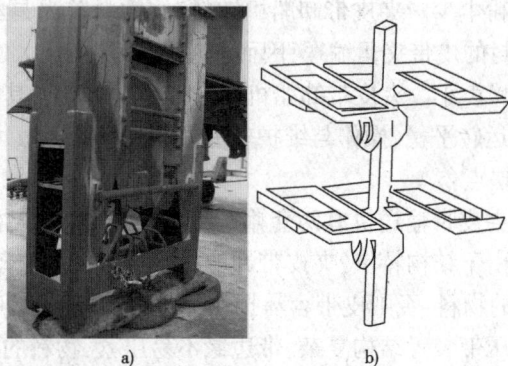

图9-8 对称焊装巨型圈状刮板

374

埋刮板卸船机的牵引链条,大体上可分为片式链和模锻链。埋刮板卸船机的片式牵引链多为套筒滚子链(图9-9a),对流动性较好的非磨琢性物料(如谷物等),可采用套筒滚子链作为埋刮板卸船机的牵引链条。叉式模锻链(图9-9c)是埋刮板输送机中广泛采用的一种牵引链条,它由叉式链杆及销轴组成。由于叉式模锻链结构简单、强度高、寿命长,因此它在埋刮板卸船机中的应用占绝对优势。

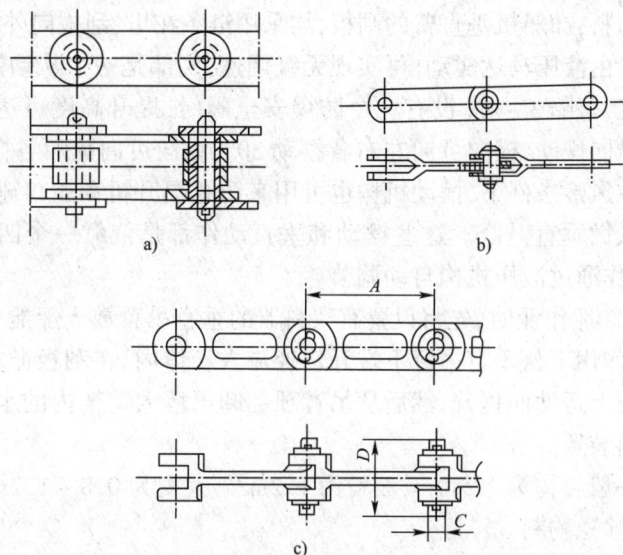

图9-9 链条形式

a)套筒滚子链;b)双板链;c)模锻链

根据埋刮板输送机的布置状况及被运物料特性,刮板采用不同的结构形式。常用的有图9-10所示几种。对于卸船机垂直臂均采用框形刮板,而卸船机水平臂以及机上埋刮板输送机,则采用T形或框形刮板。

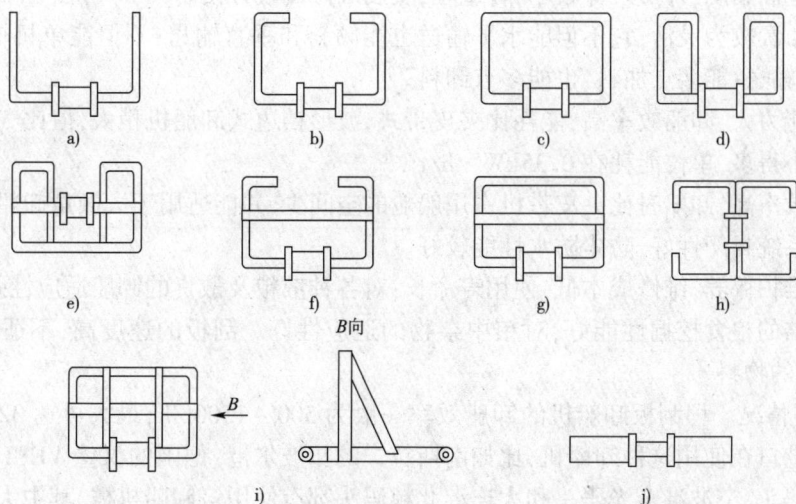

图9-10 卸船机框形刮板和T形刮板

a、b)U形;c)O形;d)O2形;e)加强O4形;f)加强U形;g)加强O形;h)H形;i)加强O2形;j)T形

刮板的形状直接影响到卸船机的工作性能,因此除按照上述原则加以考虑外,还必须考虑被运物料的特性,一般说来,对于易压实的或黏附性较大的物料,多采用结构较简单的 U 形或 O 形刮板,以减少黏附和带料。对于悬浮性、流动性大且不易压实的物料,为保证物料间产生足够的内摩擦力,可采用结构较复杂的刮板,如 O4 形、H 形等。对于堆积密度较大的物料,或机槽较宽时,为增加刮板的刚度,可采用加强型。

为便于取料及卸料,卸船机垂直臂的刮板,均采用链条在里、刮板向外的外向布置形式。

牵引链顶部链轮由液压马达驱动,可实现无级调速,底部是一个从动链轮,中间有若干张紧链轮。沿提升高度,每隔 3 ~ 4m 设有一个防爆安全阀门,提升高度可达 30 ~ 60m。工作时可沿船舱的横向和纵向摆动,横向可向左右各摆动 30°,纵向可向前后各摆动 7°,以满足在船舱各处取料。另外在风浪条件下,摆动机构也可用来防止提升机和舱口碰撞。提升机还可以根据舱内物料的高低做垂直升降。这些摆动和垂直动作都是依靠一个四连杆机构和万向接头,四连杆机构的动作通过液压机构自动调节。

(3)作业过程。卸船作业时,先将设置有喂料器的垂直吊臂放入船舱中,使喂料器埋入料堆,物料在喂料器的作用下从垂直吊臂下端开口处流入箱体内,在刮板循环链条的推动下,物料随着链条刮板的向上运动而提升,然后从吊臂顶部卸出落入壁架内的水平输送机再转载输送到码头的预定接料装置。

刮板运动速度一般谷物为 1.5m/s,面粉为 1.2m/s,大麦为 0.8 ~ 1.2m/s。埋刮板卸船机能水平、垂直或倾斜输送物料。

卸船清舱阶段可采用在提升机的底部配喂料清舱机,喂料清舱机是一种折线式刮板输送机,它可以随物料堆面高度作小于 90°的各种角度的俯仰,同时也可作 360°的回转。在喂料清舱机和提升机的根部设有监视操纵室和工作平台。最后的清舱工作还需要靠小型推土机和人力来进行辅助作业。

(4)特点。

①结构坚固紧凑,外形尺寸较小,自重轻,安装维修比较方便。

②工艺布置较为灵活,它不但能水平输送也能倾斜和垂直输送;不但能单机输送,还可组合布置,串接输送;能多点加料,也能多点卸料。

③输送能力大,卸船效率高,能耗比夹皮带式、波形挡边式卸船机稍大,但比气力式和链斗式卸船机要小得多,单位能耗在 0.35kW·h/t。

④卸船效率高,卸船时比夹皮带机占用船舱的空间少,并能适用于大倾角卸船要求。

⑤输送系统封闭性好,防尘防水性能较好。

⑥便于维护保养,维修成本低,使用寿命长;对各种散粮及散货的卸船适应性强。

⑦对板结的粮食挖掘性能好,对粮中杂物的适应性好。刮板的速度高,不适用于装卸易碎、不耐冲击的物料。

(5)应用情况。埋刮板卸船机的卸船效率一般为 500 ~ 1500t/h,最大可达 3200t/h 以上。国外有不少港口在使用这种卸船机,比如南斯拉夫的扣坡尔港、德国的汉堡 VEUHOF 港口等。上海港民生码头、宁波港金光码头和大连港北粮码头都有使用该卸船机械,其中大连港北粮码头配置了 2 台埋刮板式卸船机,可以接卸 5 万吨级巴拿马型散粮船。

5)螺旋式卸船机

（1）工作原理。螺旋卸船机是以螺旋取料并利用螺旋输送机垂直提升、水平输送物料的连续型散货卸船机械。先通过外螺旋的作用将物料向下推送，再由扇形取料螺旋叶片向内螺旋挤送，物料在封闭圆柱钢槽中随内螺旋叶片向上旋转实现提升。外螺旋采用与内螺旋相反的反螺旋，主要作用是松散物料和供料，避免谷物抛向外边，螺旋取料头插入物料直接挖取。

（2）基本结构。螺旋卸船机（图9-11）主要由门架和垂直臂、水平臂、旋转塔和取料装置等组成。门架可在轨道上移动，垂直臂由箱形臂架和垂直螺旋输送机组成，垂直臂架具有左右、前后摆动的功能，可扩大取料范围。垂直臂的下端是取料装置，垂直臂上端与水平臂铰接。水平臂由箱形臂架和水平螺旋输送机组成，水平臂架具有俯仰、回转的功能。垂直螺旋输送机由内螺旋、机壳外螺旋组成。

图9-11 螺旋卸船机及螺旋取料头
a)实物图；b)结构图

（3）作业过程。卸船时，先把反面螺旋喂料装置降入待卸物料中，物料在喂料装置中的正向螺旋的作用下向下推送，继而由取料螺旋向中心提升反向螺旋处挤送，反向螺旋则将物料输送到螺旋提升管中，接着内螺旋便把物料垂直提升上，然后通过水平输送机把物料输送到预定的接料处。螺旋卸船机借助水平臂架回转、变幅、垂直螺旋摆动等机构的协同动作，机头可伸至舱内各点取料。

（4）特点。

①优点：

A.卸船效率高。螺旋卸船机额定生产率可达2000t/h以上。借助于反向旋转式取料装置，使物料较紧密地在输送管道内匀速向前输送，取料装置又具有自动松料和掘进的功能，无

论物料的流动性如何，只要舱底上面还剩 30 ~ 50cm 的物料层厚度，螺旋卸船机都能连续地接近满负荷工作，故其平均生产率较高，可达到额定生产率的 70% 以上。

B. 对货物和船型的适应性强。螺旋卸船机可用于卸粉状、颗粒状及块状的物料，特别适合散粮的装卸。由于取料装置具有松料功能，它甚至还能卸被压实形成硬壳的物料。螺旋卸船机借助水平臂架回转、变幅、垂直螺旋摆动等机构的协同动作，保证了卸船时的动作灵活，可适应各种类型的海船和内河驳船。

C. 结构轻巧，完全密封，性能良好，可较好防止粉尘外泄及噪声污染。

D. 结构简单、自重轻。螺旋卸船机依靠螺旋输送物料，外形为封闭的圆筒，无牵引构件，无空返分支，故断面尺寸小。

E. 现场人员劳动强度低，比较适用于流动性较差的物料（如结块物料）卸船，与同样生产率的卸船相比，它的自重是最轻的。

②缺点：

A. 能耗较高。输送螺旋在工作时由于物料与螺旋面之间的摩擦，物料与料槽或输送管壁之间的摩擦，以及物料之间的相互摩擦与搅动，物料的单位长度运移阻力较大，使得螺旋卸船机的单位能耗比其他机械式连续卸船机高，与抓斗卸船机相当，但比气力卸船机低。随着船型的增大，由于输送系统的垂直提升高度与水平输送距离的增大，螺旋卸船机的单位能耗也将显著增大。一般对于 1 万 ~ 5 万吨级的船舶卸谷物或煤的单位电耗为 0.5 ~ 0.7 kW·h/t，卸水泥的电耗则可低些。

B. 工作构件的磨损严重。螺旋卸船机的主要易磨损部件是螺旋输送机的中间支承轴承和螺旋，这两者都埋在物料中，且与物料的相对滑动不可避免。螺旋卸船机的轴承和轴瓦要定期更换，更换工作比较麻烦。

C. 对物料的额外破损比较大。

（5）应用情况。螺旋卸船机常用产量为 500 ~ 2000t/h，表 9-8 所示为 ST 螺旋卸船机的主要技术规格。国外应用螺旋式卸船机进行散粮卸船作业的港口较多，例如比利时、沙特阿拉伯、美国及荷兰等。国内使用螺旋卸船机进行散粮卸船作业的港口较少，大多数用于接卸煤矿和化肥，例如广州新沙港、上海港和华能岳阳电厂等。

ST 螺旋式卸船机主要技术规格 　　　　　　　　　　　　　　　　表 9-8

型　号	ST490C	ST590C	型　号	ST490C	ST590C
台时效率(t/h)	700	1000	装机功率(kW)	525	825
垂直臂长(m)	20.25	23.75	整机自重(t)	255	325
水平臂长(m)	21.75	25.25	其中平衡重(t)	80	100
轨距(m)	12	12	最大轮压(t)	32	39

资料来源：杨茅甄. 散货港口管理实务[M]. 上海：上海人民出版社,2010.

6）波纹挡边带卸船机

（1）工作原理。波纹挡边带卸船机是以波纹挡边输送带进行提升和输送物料的，是一种无须中间转载的连续卸船机。卸船机工作时，物料靠其自身良好的流动性向取料头流动，通过取料头带动物料提升到波形挡边带的隔板斗里，实现物料卸船提升。

（2）基本结构。波纹挡边带卸船机由门架、垂直臂、水平臂、旋转塔、喂料器等构件组成

（图9-12）。水平和垂直两个臂架都由液压缸驱动,能够独立地进行俯仰和摆动。

挡边带式卸船机上一般都配有机上起重机(简称小吊机),用以吊运清舱机械或者辅助清舱,以及为卸船机自身的维护保养提供服务等;有的卸船机上还设有装船机。

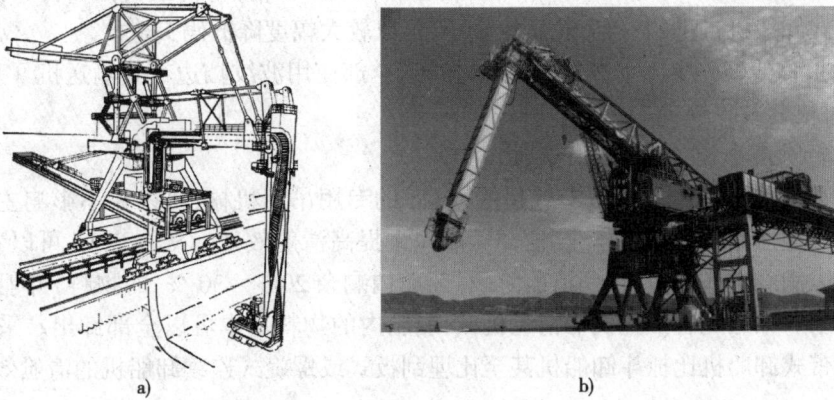

a)　　　　　　　　b)

图9-12　挡边带式卸船机

①取料装置。挡边带不能自行取料,所以必须设置取料装置。目前用于这类卸船机的取料装置主要有叶轮式、埋刮板式、旋转滚筒式和链斗式等几种取料装置。

叶轮是较常用的取料头,在卸船过程中,先把双螺旋叶轮喂料器埋入物料中,物料在喂料双螺旋的作用下,输送到中间的叶轮处,接着通过离心力的作用,叶轮把物料抛送到垂直臂内的波纹挡边带上再输送到码头预定设备。

②波状挡边输送带。波状挡边输送带主要是由主体带、波纹挡边和横隔板三部分组成一条类似斗式提升机的输送线(图9-13)。挡边带式卸船机上的挡边机根据有无覆盖带可以分为两大类,即双带和单带结构(图9-14)。大多数卸船机采用双带结构,主带为 T 型或 TC 型横隔板的挡边带,覆盖带为普通平带。与双带结构相比,单带挡边机的填充率要低一些,生产率随垂直臂架的前后摆动有所变化,输送带宽度尺寸较大,但是挡边机的驱动和拉紧装置比较简单。

图9-13　波状挡边输送带

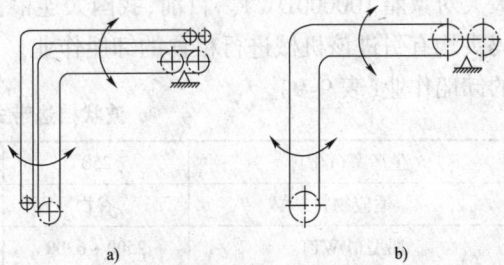

a)　　　　　　b)

图9-14　卸船机上的波状挡边带式输送机
a)带覆盖带;b)不带覆盖带

（3）特点。

①优点：

A. 整体结构紧凑，自重轻，整体稳定性好。挡边带式卸船机由于取消了两臂架之间的复杂的转接料装置，且整机结构轻巧，所以自重都很轻，一般在300t左右，大约只有链斗式卸船机和斗轮式卸船机自重的一半，轮压也较小，可以较大幅度降低码头造价。

B. 对粮食的破碎少。垂直提升和悬臂输送全部使用波纹挡边带式输送机，门架输送机是刮板式，对粮食破碎较少。

C. 运行噪声小，能耗低，操作方便。

D. 清舱量相对较小。机械配有起重量15t的专用吊运机械，可以在不影响主机构作业的同时吊运大型清舱设备进舱作业，这样可以大大提高清舱效率。从图9-15可以看出，卸船机基本能够以满载方式作业，直到清舱阶段（船舱内剩余20%~30%的物料）卸船机的效率才逐渐降下来。如果配合推耙机等清舱机械，船舱内的物料基本可以全部卸出。采用叶轮取料器的挡边带式卸船机比抓斗卸船机甚至比埋刮板式或螺旋式连续卸船机的清舱效果都要好。

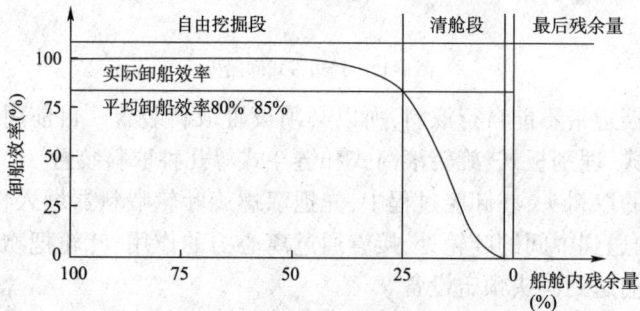

图9-15　挡边带式卸船机的卸船效率曲线

②缺点：

A. 不宜输送大块物料和潮湿、黏性大的物料，否则易卡死和输送带难以清扫。

B. 输送带更换难度大，在设备清舱时会由于清舱机械和取料头碰撞而使取料头叶片损坏。平时维修量主要是横隔板的脱落粘接，若考虑胶带更换费用，总体维修成本偏高。

（4）应用情况。波状挡边带式卸船机是20世纪80年代初发展起来并迅速得到推广应用的一种新型连续卸船机，可用于接卸谷物、煤炭、化肥、石灰等散货。目前用于散粮作业的卸船机最大生产率为1000t/h，最大带宽为1600mm，最大带速为3m/s，能耗在0.25kW·h/t以下，最大对象船100000DWT。目前，我国大连粮食码头、连云港粮食中转码头、防城港广西粮食局码头均有引进该机械进行粮食的卸船作业。日本知多、鹿岛等港口也有使用该机械进行粮食的卸船作业（表9-9）。

波状挡边带式卸船机应用情况

表9-9

生产率(t/h)	250	550	600	800
适应物料	谷物	谷物	谷物	谷物
船型(DWT)	2500~6300	29000	32000	73000
垂直臂架长度(m)	14	23	23	23
水平臂架长度(m)	17.5	23	23	23
摆动角度	+30°~-20°	+30°~-20°	+30°~-20°	+30°~-20°

俯仰角度	工作时	+45° ~ -30°	+30° ~ -10°	+30° ~ -33°	+30° ~ -33°
	非工作时		+40° ~ -10°	+40° ~ -33°	+40° ~ -33°
旋转角度		172°	±100°	±120°(90°)	±150°
用户		中国大连	中国连云港	日本知多等	日本鹿岛

数据来源:张德文. 国外波状挡边带式卸船机的技术分析[J]. 水运科学研究所学报,2000,(9):21-26.

除上述几种卸船机外,还有斗式卸船机,斗式卸船机又可分为链斗卸船机和悬链式卸船机。斗式卸船机的工作原理、基本结构、特点及应用情况在本书第五章中已经有详细介绍,此处不再赘述。斗式卸船机在煤炭、灰石、铁矿石、化肥等卸船作业使用比较广泛。由于专业化的散粮卸船机械种类多,斗式卸船机不如其他类型的专用卸粮机使用广泛。

7)卸船机的形式选择与特点比较

上述介绍的 7 种卸船机械都有应用于散粮的卸船作业,其中,抓斗式卸船机和斗式卸船机由于不仅可以应用于散粮,还可以用于铁矿石、煤炭等干散货的卸船作业,因此通用性较强,相对而言,在专业散粮码头应用较少。而气吸式、夹带式(双带式)、高速刮板式、螺旋式、波纹挡边带式这 5 种在散粮专业码头的应用较多,5 种卸船机的卸船原理结构见图 9-16。

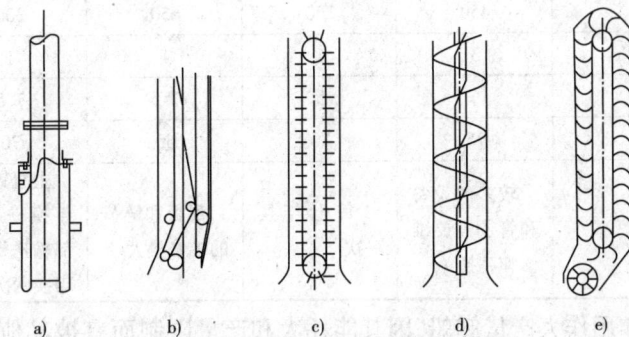

图9-16　5种主要专业散粮码头卸船机原理结构图
a)气力式;b)夹带式;c)埋刮板式;d)螺旋式;e)波纹挡边带式

气吸式卸船机卸船效率比较高,散粮在密封条件下输送,防尘效果比较好,习惯伸到船舶各个部分,有利于清舱,清舱量较少,散粮洒落量少且不受天气影响,管理维修方便,易于实现自动化,故劳动强度较低。但耗电量大、振动大、噪声大、效率低是这种机型的显著缺点。

压带式卸船机生产效率高;能耗低;胶带侧边密封,粉尘污染很少;噪声小、结构较简单,因而自重轻;清舱量小;操作容易,且维修也方便;物料与输送装置(胶带)无相对运动,所以粮食不易破损。但设备购置成本高;与气吸卸船机相比较,清舱量较大;有些配件如气垫式带式输送胶带的价格高。

高速埋刮板卸船机卸船效率高、能耗小;易于维护保养,维修成本低,且使用寿命长;噪声较小;便于防止粉尘扩散;防爆安全性强;对船舶适应性强,但设备自重稍大,一次投资较高;清舱量大,并需配备其他设备。

螺旋式卸船机结构较简单,运转的部件少,因而自重轻,且便于操作;耗电量与气吸式相比较少;噪声较小;无粮食撒漏;但螺旋系高速运转,臂架振动较大,螺旋易磨损,一般卸 50 万 t 即需要更换内螺杆;螺旋式由于有中间隔板,因而不如气吸式灵活。另外清舱量比气吸式约大

15% ~20%。

波纹挡边带式卸船机整体结构紧凑,自重轻,整体稳定性好,对粮食的破碎小,能耗也低,运行噪声小,清舱量相对较小,但是胶带更换费用非常昂贵。

综上所述,5 种不同类型的卸船机各有其优缺点,其性能比较见表9-10。

5 种连续卸船机性能比较 表 9-10

项 目		机 型				
		波纹挡边带式	气力式	夹带式	埋刮板式	螺旋式
台时产量(t)		600	600	600	600	600
装机容量	卸船机驱动	750	132	230	655	
	卸船机行走机构	100	80	100	100	
	总装机容量 (除其他辅助设备)	850	212	330	755	293
单位能耗(kW/h)		1.25	0.19 ~ 0.25	0.34	0.9 ~ 1.0	0.21
清舱量(mm)		基本卸净	300	1000	500	200
噪音(dB)		85 以上	65 ~ 85	70	65 ~ 70	
自重(t)		450	250	650	300	350
操作器(个)		3	1	1	1	1
清仓设备(t)		5	5	7.5	7.5	10
效率(%)		75	70	65	70	80 ~ 85
维修量		较多的设备和管子需要维修和替换	每七年换一次	刮板和链节的维修量大	垂直铸件每年换一次,内部输送螺旋每年换两次	结构复杂,皮带有发热可能

气力式卸船机如用作大产量卸船,因其能耗大和产量限制而有被其他连续散粮卸船机所代替的趋势,但在内河卸船及清舱等小产量作业时,还是比较理想的设备。目前,在用于大产量粮食卸船方面,我国港口使用较多的主要是夹带式和波纹挡板带卸船机,主要因为这两种设备具有能耗低、重量轻、维修费用少,清舱量较低等优点。当然,其余几种机械式连续卸船机也有各自特点,所以在选择卸船机时要根据卸粮码头的具体条件和项目建设投资情况等进行综合对比,通盘考虑后再做选择。我国散粮码头应用连续卸船机状况见表9-11。

近期国内典型散货码头卸船设备 表 9-11

用 户	制 造 商	机 型	物 料	生产率(t/h)	交 货 期
大连港	西蒙	夹皮带	粮食	750	1983
	SPMP	带斗门机		540	1997
营口港	日立	波状挡边带式		1000	2005
天津港	西蒙	夹皮带	粮食	750	1983
大连北良	布勒	埋刮板		1000	1999
	日立	波状挡边带式		250	
日照港	布勒	埋刮板		1000	

用　户	制　造　商	机　型	物　料	生产率(t/h)	交　货　期
湛江港	WTI、SPMP	气力		400	2005
秦皇岛	三菱	波状挡边带式		600	1992
青岛港	布勒	埋刮板		600	2005
连云港	上海港机厂	波状挡边带式	粮食	550	
防城港	SPMP、WTI	波状挡边带式	粮食	800	1999
广州粮食局	水运所	气力	粮食	100	1999
上海港	布勒	埋刮板	粮食	1000	1995
日照	布勒	埋刮板	粮食	1000	1995
广州新沙	西蒙	夹皮带	粮食	750	1997
广州新港	上海振华	桥式抓斗		1000	2009
广州新港	水运所	气力	粮食	400	1999

注：WTI 指交通部水运科学研究所；SPMP 指上海港口机械制造厂。

资料来源：杨茅甄. 散货港口管理实务［M］. 上海：上海人民出版社，2010.

2. 散粮装船机械

1）专用散粮装船机

散粮码头使用的装船机一般都是连续型作业，尤其是一些散粮码头专用装船机在散粮专业码头得到广泛使用。虽然在许多时候可采用已有的门机进行散料的装船作业，但散粮装船机用于散粮码头装船时效率更高，撒落更少，便于散粮装卸作业的"散来散走"。随着散装粮食海上运费价格比陆地的趋势越来越明显，使得大型散粮装船机在主要粮食港口使用越来越成为可能。

（1）基本结构。一般装船机由臂架带式输送机、过渡带式输送机、伸缩溜筒、尾车、走行装置（固定式装船机不包括该机构）、门架、塔架、俯仰装置、回转装置等组成。散粮装船机通常是连续装船作业，因此，码头必须有与之配套的设备（如筒仓、顺岸皮带机等）提供连续的物料流，使装船机可连续装船。

与第五章中介绍的干散货装船机的分类和工艺布置类似，散粮装船机也可以分为固定式和移动式，作业方式可以分为定船移机、定机移船以及船舶和装船机都不动三种形式。

（2）几种我国散粮码头应用的专业装船机。下面介绍我国的主要粮食专业码头应用的几种典型的散粮装船机。

①气垫带式散粮装船机（图9-17）。气垫带式散粮装船机主要是在输送系统采用了气垫带式输送机，从而降低皮带的运行阻力。

气垫带式装船机主要由门架 1 与转台塔架 9、臂架 7 构成整个装船系统的主框架。回转塔架支承在门架上，除尘装置 5、俯仰机构、回转机构以及带式输送机驱动装置设置在塔架上，回转塔架为箱形焊接（板梁）结构。臂架采用双主梁箱形（梁板）结构。前、后段气垫带式输送机卧置在臂架上，中间通过连接装置 3 互相衔接。后方粮食输送系统将粮食送至后段气垫机 2，再运至前段气垫机 6，通过溜管升降机构至船舱。

目前，我国大连港散粮码头有采用气垫带式装船机进行散粮的装船作业。该机采用了无

尘式伸缩溜管,可防粮食破碎,有效地防止粉尘外逸,能满足各种船型的装船要求,同时该机设有粉尘回收隔离装置,可以有效降低粉尘污染。表9-12是大连港应用气垫式散粮装船机的主要操作性能参数。

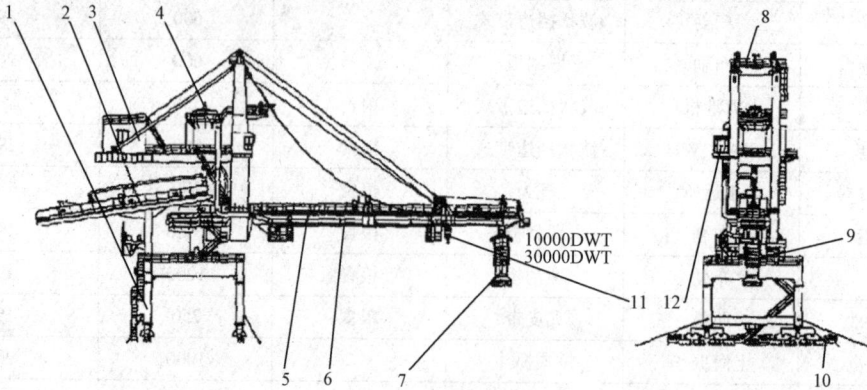

图9-17 垫带式散粮装船机结构图

1-门架;2-后段气垫带式输送机;3-机器房;4-除尘系统;5-前段气垫带式输送机;6-臂架;7-溜管升降机构;8-转台、塔架结构;9-旋转机构;10-走行机构;11-提升机构;12-司机室

大连港应用的气垫式散粮装船机主要操作性能参数　　　　　表9-12

额定装船效率	Z_1、$Z_2 = 1000t/h$
臂架高度(臂架处于水平其下底面至轨道距离)	$Z_1 = 15m$, $Z_2 = 13m$
最大工作幅度(每侧轨道中心至伸缩溜管中心距离)	$Z_1 = 25m$, $Z_2 = 22m$
尾部最大旋转半径	$Z_1 = 7.5m$, $Z_2 = 7.5m$
电缆卷筒位置	陆侧
供电电缆的收放长度	$Z_1 = 120$, $Z_2 = 120$
伸缩溜管长度	$Z_1 = 4000 \sim 20000mm$, $Z_2 = 4000 \sim 18000mm$
伸缩溜管升降速度	$V = 5m/min$
臂架俯仰机构俯仰范围	$-10° \sim 70°$
俯仰时间	$7.5min/循环$
作业范围	$-10° \sim 10°$
旋转速度	$V = 0.2r/min$
走行速度	$V = 19.257m/min$
最大工作风速	$20m/s$

②布勒散粮装船机。由布勒公司生产的散粮装船机(图9-18)同样也主要由三部分组成,分别是包括俯仰、踢摆、伸缩、大车走行的主动作系统,包括尾车胶带、喂料带式输送机、臂架带式输送机、抑尘器的物料输送系统,以及包括除尘器、空气压缩机、电气装置等在内的辅助系统。其中,物料输送系统是装船机用来完成装船作业的部分。

该装船机最大的特点即抑尘效果较好。其采用了全封闭式的物料输送系统,特别是它在装船机伸缩溜管下部采用了"抑尘头",使粮食能由伸缩溜管下部平缓溢出,用以抵消粮食由高处下落产生的动能。同时,该机的伸缩溜管也可根据船舱内物料的高度自动调节,伸缩溜管始终紧贴粮食表面,极大地消除了装船过程中产生的扬尘。该机物料输送系统设计紧凑,不存在死角,更换物种时的流程清扫方便。大连北良码头于2005年从该公司引进了连续装船能力为1000t/h的布勒装船机。

图9-18　布勒散粮装船机

　　③凯亚散粮装船机。凯亚散粮装船机(图9-19)是由法国凯亚公司生产,设计连续装船能力可以达到2000t/h。大连北良港于2000年购置了两台该类型装船机。凯亚散粮装船机与布勒散粮装船机的结构非常相似,同样是由主动做系统、物料输送系统和装船机的辅助系统三部分组成。溜筒内装有物料缓冲装置,可防止物料装船过程中可能发生的破碎,保证散粮装船作业质量,并且装有一套伸缩溜管自动控制装置,该装置可根据船舱内物料的高度,自动调节溜管的伸缩长度。该机型安装在突堤码头时,可以将作业点在突堤码头的不同泊位之间切换,而无须船只移位。大臂可伸缩范围长,装船作业半径变化范围广,可适应从400t左右船舶一直到65000t左右船舶装船作业的需要。

图9-19　凯亚散粮装船机

2)带式输送机—自流管装船系统

散粮装船除选用专用的装船机外,还常利用散粮流散性强的特点,采用带式输送机—自流

管系统。这个系统中,带式输送机是输料和供料机械,把从出筒仓的散粮运到装船点,自流管为装船装置。

(1)带式输送机布置。带式输送机是带式输送机—自流管装船系统中将散粮由粮仓或卸车后输送至码头前沿的装置。带式输送机上一般装有卸料小车,经由带式输送机运输来的散粮可以经过卸料小车将物料卸到自流管上。

根据散粮码头的布置形式,带式输送机有两种布置形式:

①沿码头线布置的高架带式输送机廊道。

②设置在远离岸线的突堤码头上。随着散粮船舶的大型化,在沿岸线的码头泊位的水深条件不足的情况下,带式输送机可以设在远离岸线水深条件好的突堤码头上,在突堤的两边都可以停靠大型的散粮船舶;同时由于带式输送机—自流管系统的自重轻,占地面积小,对突堤码头的建设并没有特殊的要求,所以经济性好。

(2)自流管的布置。

①自流管通常为固定设置,隔一定距离安装一个。

②自流管之间的距离可根据船舱口的位置而定,一般为 15~20m,倾斜角度不小于 33°~36°(图9-20)。

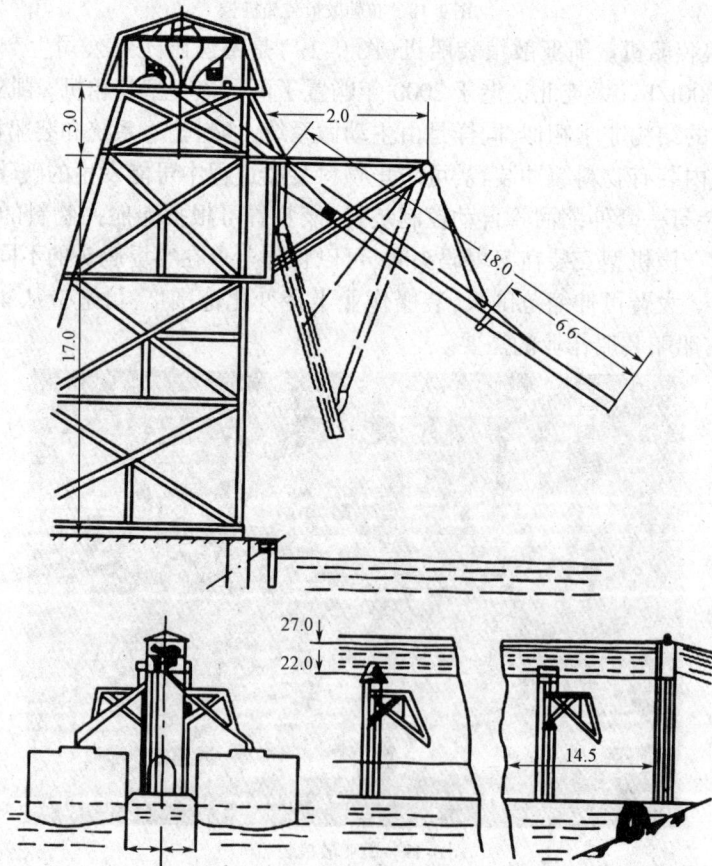

图9-20 带式输送机廊道和自流输送管(尺寸单位:m)

③自流管具有伸缩、俯仰、回转的功能,以改变散粮的落料点。不工作时,自流管可顺着码头收回,以免在靠船时与船舶发生碰撞。

二、散粮输送系统

散粮输送机是用于船舶至粮仓、粮仓之间的散粮的横向输送和纵向提升的装置。散粮输送机按使用要求可以分为水平及倾斜输送机和垂直提升机两类。散粮码头所使用的水平倾斜输送机同其他干散货所使用的输送机基本机制,主要包括带式输送机、气垫带式输送机和刮板输送机等,这部分内容已在第五章第二节中有详细介绍,因此,本章重点介绍对于散粮码头而言相对特殊的垂直提升机。

干散货的垂直提升段运输机械,可以采用波纹挡边带式提升机、刮板提升机、斗式提升机等。对于散粮码头而言,常用的垂直提升机械主要是斗式提升机,从船上卸下的散粮经过水平输送和计量后,都用斗式提升机将散粮垂直提升到散粮筒仓顶部的带式输送机上,因此,斗式提升机是散粮筒仓重要的垂直提升输送机械。

1.斗式提升机的基本结构和工作原理

垂直斗式提升机是在封闭的机壳内连续提升粉末、颗粒或小块状物料的输送设备。安装在胶带或链条上的料斗,通过驱动滚筒或传动链轮自提升机的下部掏取或喂入物料,提升到上部卸料处,依靠离心力或重力抛出,完成输送目的。

斗式提升机主要由牵引构件、传动滚筒、张紧装置、承载构件(料斗)、加料及卸料装置、机架和驱动装置等组成,如图 9-21 所示。整个装置封闭在金属外壳内,一般传动滚筒和驱动装置放在提升机的上端。

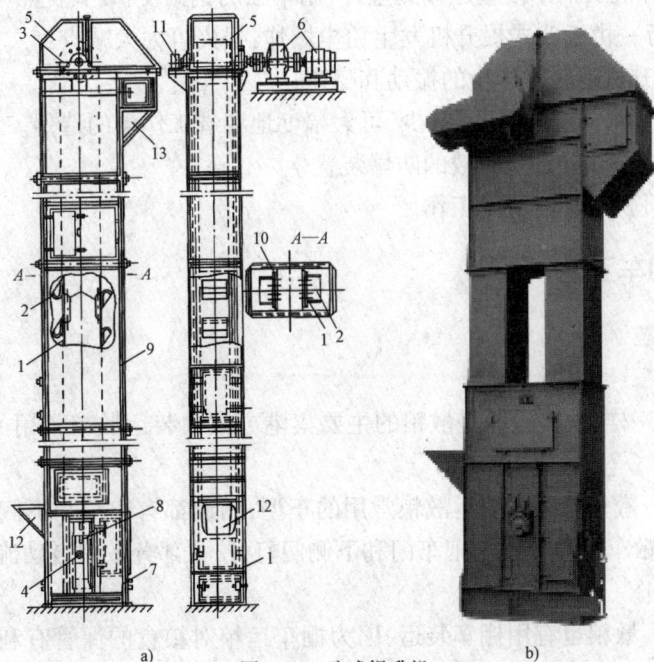

图 9-21　斗式提升机
a)结构图；b)实物图

1-牵引构建;2-料斗;3-驱动滚筒;4-张紧滚筒;5、7、9-罩壳;6-驱动装置;8-导轨;10-导向装置;11-停止器;12-供料口;13-卸料口

2.斗式提升机的分类

（1）按布置形式不同，斗式提升机可以分为立式和倾斜式两种。

（2）按卸料方式不同，斗式提升机可分为离心式、重力式和混合式三种（图9-22）。离心式斗式提升机主要利用离心力将物料甩出卸料口，适用于提升速度快、干燥、小颗粒的场合；重力式提升机是在重力作用下，物料沿前一料斗背部落下，适用于大块、比重大、易碎物料的输送；混合式提升机是重力和离心力的结合，适用于流动性差、潮湿物料。

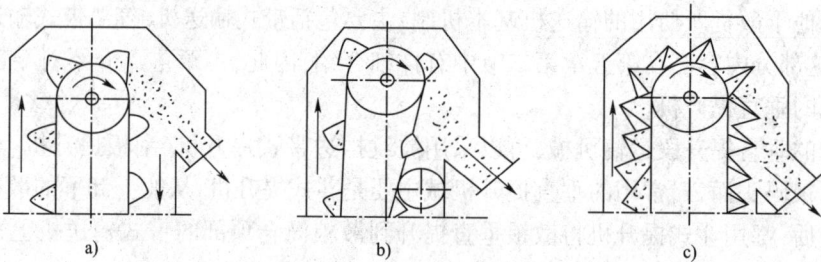

图9-22 离心式、离心重力式、重力式三种斗式提升机工作原理
a)离心式；b)离心重力式；c)重力式

（3）按装料方式不同，斗式提升机可分为挖取式和注入式。挖取式的斗式提升机，物料加到提升机底部，被运转着的料斗直接掏取而提升，其适合于小或磨蚀性小的粉状物料；注入式的斗式提升机，物料直接由装料口加到运行的料斗中，适用于料块较大及磨蚀性大的物料。

3.散粮工艺布置中斗式提升机

为了提高斗式提升机工作效率和安全性，在散粮装卸工艺布置时要考虑的问题是：

（1）将斗式提升机从工作楼里迁移到室外，用单独的钢架支撑，其优点是：

①安全性好，万一由于斗式提升机发生粉尘爆炸，损失可大大减少；

②避免斗式提升机运转时产生的振动和噪声；

③工作楼的高度可降低，面积可减少，可大幅度地节省工作楼的造价。

（2）斗式提升机必须要设置有效的防爆装置。

（3）要重视提升机底部的清底工作。

三、散粮装卸车工艺

1.散粮卸车工艺

1)卸车方式

同其他干散货一样，铁路运输是散粮的主要集港方式。装运散粮常用的车型包括敞车和棚车。

（1）敞车卸粮。敞车是我国装运散粮常用的车型，两侧都有车门和下侧门，每边卸货口长9m以上。卸车时，敞车在卸车线上把车门和下侧门打开，大部分散粮自动流出，车内余数所剩无几，再由人工清扫。

（2）棚车卸粮。散粮也有用棚车装运，因为棚车运粮对粮食的保管有利。但是卸粮时，棚车的两对车门较小，所以自流量较小，为了卸空棚车两端的剩余散粮，可以采用机械铲或人工清扫，劳动强度大而且效率低。

卸棚车的另一种方法是采用翻车机,这种翻车机卸车要完成三个动作:首先是将车厢向开启门的一边倾斜15°,可卸出车厢中间部分的散粮;再前后各倾斜40°,卸出车厢两头的物料。

2)粮仓系统

(1)粮仓系统工作程序。在敞车运散粮进港口再装船(驳)水运出港口的散粮出口系统中,粮仓系统由卸粮坑和工作楼组成,其中卸粮坑主要包括V型存仓和输送设备。粮仓系统的工作程序是:敞车在卸车线上将车门和下侧门打开后散粮可自动流出,从车上卸下的散粮进入V形存仓,然后再通过V形存仓下面的料门,经料门下的输送机系统将散粮输运到工作楼,经工作楼内的斗式提升机提升到筒仓,进入指定的筒仓内。

(2)卸粮坑。卸粮坑主要包括钢格栅、防尘挡板、V型存仓、料门、输送设备和除尘系统。

①钢格栅。钢格栅不仅有支撑作用还有过滤较大杂质的功能,常用的格栅洞的尺寸为25mm×25mm,可以有效防止大于该尺寸的杂物,格栅一般为钢板焊接构件,可根据卸车坑上是否上汽车等条件计算出的载荷选择钢格栅的种类。通常钢格栅分块铺设,便于检修维护。为了防锈,钢格栅采用热浸锌进行表面处理。

②防尘挡板。防尘挡板布置在格栅下面,活页式的挡板在没有粮流的情况下,依靠重力作用处于关闭状态,在有粮流的情况下打开,这样使存仓内形成封闭空间,通过除尘系统的吸风,有利于存仓内局部负压的形成,可以防止粉尘外溢。

③V形存仓。V形存仓用于接收的散粮在仓内暂存,不仅可以减少物料冲击,保证均匀给料,由于来料的不连续性,通过存仓,可保证输送设备的连续工作。

用V形存仓的目的是利用散粮自重下流,这种V形存仓也常用于散货。

V形坑道存仓的结构特点为:

A.存仓断面决定于堆存量,堆场长度,物料的容重和摩擦角。

B.存仓壁的倾角要能使物料从上滑下来,所以倾角不仅要大于物料的自然堆积角,而且仓壁的表面要光滑。

C.存仓断面上常加有隔壁,这样不仅可增加物料的存量,还可以分货种。

D.出料口分部在V形坑道存仓的底部,每隔3~6m布置一个,出料口一般为正方形。

④料门。料门位于V形存仓的出料口。料门的形式主要有:平板闸门(电动、气动、开度指示仪)、旋转给料器、双侧缝隙手动调整闸门。料门的功能要求包括:易于调节流量、均匀给料、防止后续输送设备过载。

⑤输送设备。V形存仓下料门下设带式输送机,其作用是将卸出的物料输送到卸料点,对散粮来说,输送至工作楼,对散货来说,输送至堆场。输送设备常用的有托辊带式输送机、气垫带式输送机、埋刮板输送机。

坑道带式输送机的结构特点是:地下带式送机廊道的宽度,除了带式输送机的宽度外,还要考虑一边留出1~1.5m的检修间隙。

此外,输送设备还配套流量计和除铁器。例如流量计配套胶带秤,用于料门大小的调节(流量的控制)和生产监控。配套除铁器,防止铁质杂物进入系统,保证安全。

(3)卸车线的布置。卸车线通常采用纵长的布置方式,即在一条卸车线上同时停放多台车辆进行卸车作业。

根据与铁路线的相对位置关系,卸粮坑有两种布置方式,分别是纵向布置和横向布置。

①纵向布置。纵向布置即卸粮坑沿铁路卸车线的长度方向布置(图9-23)。这种布置的特点是,一条线上可以同时停放多辆车进行卸车作业,可以减少调车次数,减少车辆在港停留时间。缺点是 V 形存仓和带式输送机等设备量要增加。

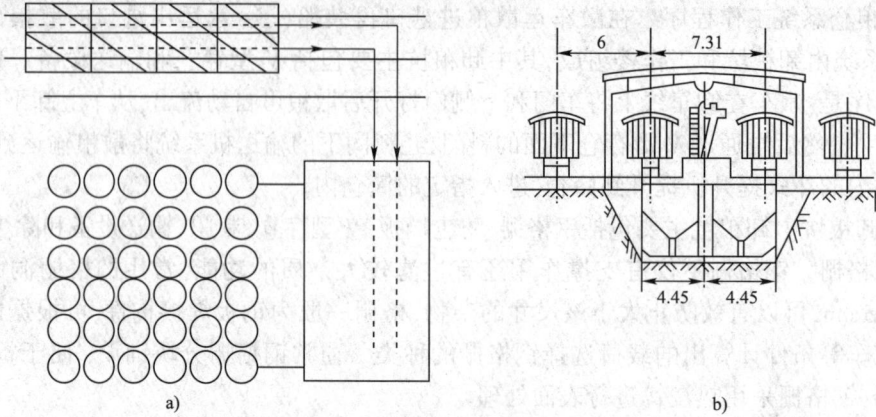

图9-23　卸粮坑纵向布置(尺寸单位:m)
a)卸车线俯视示意图;b)卸车线横剖面示意图及尺寸

②横向布置。横向布置即卸粮坑垂直于铁路线方向布置(图9-24)。这种布置的特点是调车次数少,同时卸车次数少,每条铁路线上布置一个车位,适用吞吐量不大的港口。

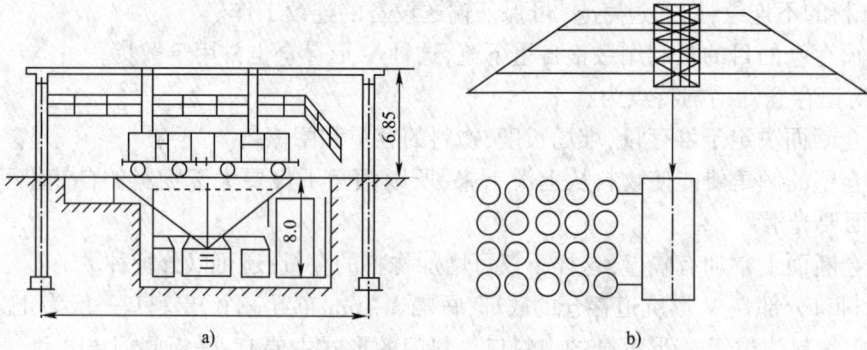

图9-24　卸粮坑横向布置(尺寸单位:m)
a)卸车线横剖面示意图及尺寸;b)卸车线俯视示意图

2.散粮装车工艺

1)高架存仓装车工艺

散粮装车,不论敞车还是棚车,最有效的方法是用高架的存仓(图9-25)。这类存仓装置根据具体条件可以形成不同的形式,但它的装车方法是相同的,就是利用粮谷的流动性,从高处通过管槽将物料送入车箱内。一般情况下,高架的散粮存仓的外壁有管槽,管槽上有控制阀门,管槽的上部与散粮存仓内部相通,管槽的下部可停放敞车或棚车。需要散粮装车时,打开管槽上的控制阀门,散粮在自重作用下,通过管槽及流入车箱。当车厢内散粮接近装满时,逐渐关小管槽控制阀门。在散粮装满时,关闭控制阀门。

采用这种装车形式,敞车只要几分钟就可以装满。当装棚车时,远离车门的车箱两端不易装满从而可以采用如下两种办法解决。一种办法是提高存仓的高度,提高散粮进入棚车内的速度,利用自流管末端的导向弯头,向车箱深处喷射;另一种办法是采用曲带式抛料机,从自流输送管来的物料由移动式抛料机接收,同时通过曲带式抛料机曲带的加速,向车箱内部抛射。

2)铲斗车装车工艺

除了用高架存仓方式装车以外,对于堆存在普通仓库内的散粮,也有用铲斗车装车的。但这种方法的缺点是:效率低,货损严重,装车之后,道路场地到处是散落的物料,清理工作大。此外自行式的斗式装车机,取料效果好,但装货点一般活动范围小,装车时,移动费时。所以这些设备都不适于大批量的装车作业。

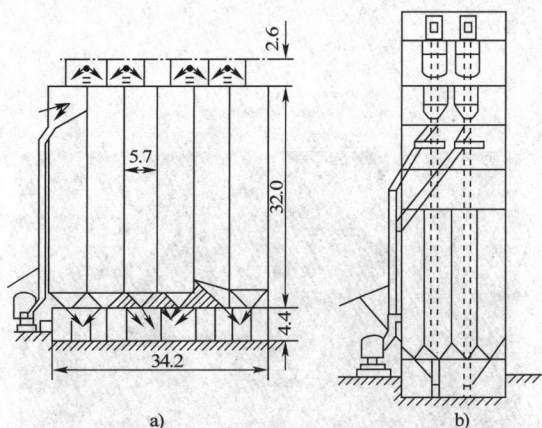

图9-25　散粮装车(尺寸单位:m)
a)存仓横剖面示意图及尺寸;b)存仓正面示意图

第三节　散粮筒仓机械化系统

一、散粮筒仓机械化系统的作用

1.粮食的短期存储功能
专业化散粮码头的筒仓群是为了方便多种散粮中转及存放而设计的,通过码头进出口的散粮都可入筒仓进行短期的存放或中转。

2.前方卸船作业与后方疏运作业间的缓冲功能
运至码头的散粮,一部分进入筒仓进行短期存放,一部分经过计量后仍以散装形式通过车辆或船舶转运出港,还有一部分经过灌包后以袋装形式转运。这时,散粮筒仓系统就起到了散粮装卸作业环节的衔接和缓冲作用。

3.散粮进、出仓数量计量及灌包计量功能
计量系统是筒仓机械化系统的一个组成部分,主要是对散粮进、出仓以及灌包粮食的定量计量。

4.分流疏运及倒仓作业的功能
散粮的装卸工艺流程非常复杂,要完成粮食的中转直取作业和间接换装作业就必须要求筒仓机械化系统具备分路疏运的功能。另外,为防止存放在筒仓内的粮食受潮或温度过高导致霉变,保证粮食的质量,系统必须具有翻仓散热功能。

二、散粮筒仓机械化系统的组成

筒仓机械化系统主要有仓筒群和工作楼(塔)两部分组成(图9-26)。在进口散粮需要进行装袋时,则另设灌包房,在运输种子的港口,有时还设置种子筛拣房。

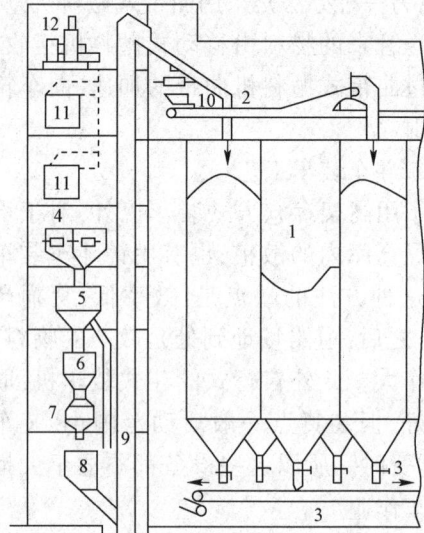

a)	b)

图 9-26 散粮筒仓

a)实物图;b)结构图

1-圆筒仓;2-仓顶带式输送机;3-仓底带式输送机;4-粮柜上带式输送机;5-秤上粮柜;6-容量秤;7-计量斗;8-漏斗;9-斗式提升机;10-仓顶带式输送机之间的横向带式输送机;11-除尘装置;12-鼓风机

1. 工作楼(塔)

工作楼又称机械楼,是指装设提升机构、计量秤、清洁装置、取样、筛分、控制等设备的建筑物,随着工艺布局的不同,工作楼内安装的设备也不同,工作楼可以是钢筋混凝土结构,也可以是钢结构。工作楼是筒仓的工作和指挥中心。粮食在此经过处理后由输送机送到各仓筒中。

工作楼由秤上漏斗、定量自动磅秤、秤下粮柜、斗式提升机等组成。

(1)秤上漏斗。即缓冲漏斗。因为带式输送机是连续供料,但磅秤是间歇动作的,所以需要有漏斗进行集聚物料为自动磅秤供料。为了使定量自动磅秤不间歇工作,常设两台秤轮流秤粮。

(2)自动定量磅秤。专用于散粮进仓的散粮计量。这种自动定量磅秤能自动连续地进行散粮的称重、累计和记忆,并可在任一时间选取计量过程中物料的累计重量或某一秤的重量,也可以通过打印机,输出所需要的数据。

(3)秤下粮柜。过了秤的粮食要先落下,再由斗式提升机提升到筒仓的仓顶带式输送机进入筒仓,为此对提升机要均匀供料,否则在落料时会将提升机卡住,所以要设秤下粮柜缓冲对斗式提升机的加料。

(4)斗式提升机。其作用是垂直提升散粮到一定高度,即到达仓顶带式输送机的高度。垂直提升机的优点是可以使整个工作楼、筒仓系统的结构紧凑,如果一次提升不够所需的高度,可采用两次提升。

2. 筒仓

散粮筒仓通常是一组高大(一般高 30~40m)的建筑物群体,外观为直立的圆筒形,用于储存和转运散粮。筒仓装满后,基础负荷很大,底面反力可达 30 t/m² 左右。由于筒仓具有密闭性能好、机械化和自动化程度高、容量大而占地少等优点,已在世界各国广为应用。

1)筒仓的组成

筒仓主要由三部分组成:

(1)筒仓主体。筒仓主体由圆筒的筒体和下部圆锥形的筒底组成,筒仓底部的锥度根据物料的性质而定,一般大于45°。筒仓主体筒身主要用于储粮。

(2)筒仓顶部布料设备。筒仓顶部有仓顶带式输送机,配备仓顶布料设备,可把散粮卸入圆筒仓。

(3)筒仓仓底输送设备。筒仓仓底设有带式输送机,可将散粮送入灌包系统或运到散(粮)出(港)带式输送机,或转运到翻仓带式输送机完成翻仓作业。

2)筒仓容量的确定

筒仓容量可用下式估算

$$E = \frac{Q \times \xi \times K \times t}{T \times \eta}$$

式中:E——筒仓容量(t);

ξ——人库系数(如 $\xi=1$);

K——不平衡系数(如 $K=1.5$);

t——平均堆存期(d)($t=6$);

T——年工作天(d)(如 $T=350$);

η——圆筒仓利用系数(如 $\eta=0.75~0.8$);

Q——年通过量(t),接卸量(如 $Q=350$ 万 t)。

散粮码头筒仓对散粮既有转运作用,又起储存作用。但是,如果储存期过长,则筒仓的经济效益就会相对降低。据国外使用的实践经验,要使筒仓盈利,年周转次数至少应不低于8次,基本应达到 8~10 次。

3)筒仓的排列形式

一定数量的筒仓组成筒仓群,其布置形式有行列式和错列式两种。

(1)行列式。筒仓成行排列,纵向为行,横向为列,由此组成了星仓和筒仓,4 个相邻筒仓之间的空间称为星仓,也可存储粮食(图9-27)。这是散粮筒仓最常见的一种布置形式。行列式圆筒仓排列形式中,筒仓个数为 $m \times n$ 个,星仓个数为 $(m-1)(n-1)$ 个。

圆筒仓的支承是筒仓的连接部分所设的柱子。筒仓下的皮带机采用偏心布置,目的是为了避开圆柱,仓底设有溜管,可将筒仓中间的粮食通过自重溜到带式输送机上,溜管的倾角通常为33°~36°。

(2)错列式。错劣势排列(图9-28)的筒仓散粮容量较大,圆柱槽建在筒仓的连接处,皮带机布置可以正对筒仓中心出口,可以不必设溜管,所以圆筒高度较低,但外接缝的强度要求高,技术要求高,所以在散粮码头不经常采用。

4)筒仓的分类

目前港口使用的筒仓群,其仓型按照仓体的结构形式来分,可以分为钢筋混凝土仓和钢板仓两种;按照出料形式分可以分为平底仓和锥底仓,按照筒仓的高度分可以分为立筒仓和浅圆仓。

图 9-27 行列式圆筒仓布置   图 9-28 错列式圆筒仓布置

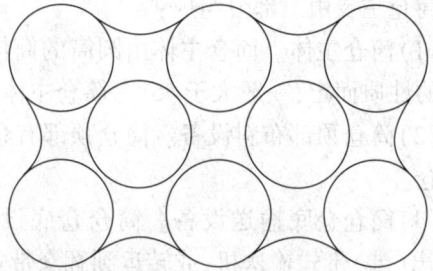

从目前港口使用的筒仓群的情况来看,主要形式有锥底混凝土立筒仓、平底混凝土浅圆仓、锥底钢板仓、平底钢板仓等几种形式。图 9-26 为混凝土立筒仓,图 9-29 为锥底钢板立筒仓。

图 9-29 锥底钢板立筒仓

(1)锥底混凝土立筒仓。锥底混凝土立筒仓的仓壁、仓顶板均为钢筋混凝土结构,锥斗为混凝土或钢板制成两种。仓底锥斗的坡角根据存储的物料不同,可以有变化,一般都大于40°,这样可以保证仓内存储的物料能够顺利自流出仓,不至于浮挂在仓壁上。

港口的锥底混凝土立筒仓,仓壁及锥斗的壁厚为 250 ~ 300 mm,直径为 12 ~ 18 m,装粮高度为 30 ~ 50 m。这种仓型一般为 9 个(呈 3 × 3 布置)、12 个(呈 3 × 4 布置)或 16 个(呈 4 × 4 布置)为一组,建成连体结构,这样 4 个圆仓中间的部分仍可以利用,即星仓。由于混凝土的自身密度较大(一般为 2.0 t/m³ 左右),且装粮高度较高,因此仓体(包括物料)对地面的压强较大,这就要求基础处理较为复杂,承载力要求较高,此形式的筒仓群的基础一般都选择持力桩基础加承台的结构形式,持力桩直接作用在中风化岩或弱风化岩上面,使得持力层稳固,承台高度一般要达到 2 m 以上,这样可以保证整个筒仓群不至于由于基础不牢而下沉。例如:大连港三期、四期散粮筒仓,营口港散粮筒仓均采用锥底混凝土仓。锦州港现代粮食物流项目也是采用了 3×3 和 3×4 两组立筒仓,基础采用 $\phi500$ mm ×$\phi300$ mm 的预应力管桩(作用在中风化岩上面)加 2 m 高的钢筋混凝土承台的结构,来支承立筒仓。

(2)平底混凝土浅圆仓。平底混凝土浅圆仓,它的仓壁和仓顶均为钢筋混凝土结构,仓壁厚度一般比立筒仓大一些,采用滑模或倒模施工,其底面直接在地表面上面,没有坡度,平底结构。这种仓直径一般较大,为 30 ~ 50 m,高度较小,一般为 15 ~ 30 m。由于它的底部没有坡角,出仓时不存在自流的空间,因此出仓的效率受到很大的影响。为了提高出仓的效率,大多配套装载机或清仓机配合出料,使得出仓效率得到一定的提高。

浅圆仓一般为独体结构,即每个仓和周围的仓没有连接,因此在浅圆仓中间的空间就浪费掉了,造成使用空间的损失。但由于浅圆仓单体仓容较大,因此目前大多用于国家粮食储备库等以粮食储存为第一目的的粮食行业。由于浅圆仓的高度低,因此它的基础处理相比之下要简单一些,造价也会省很多,一般采用强夯或摩擦桩加小承台即可,这样就可以节省很多的基础处理费用。例如在北良港二期工程的国家粮食储备库就是采用的浅圆仓。

(3)锥底钢板仓。港口用锥底钢板仓一般均为装配式钢板仓,其仓壁由波纹镀锌压型钢板和立筋组成,采用镀锌螺栓连接而成。其钢板厚度由上至下递增,根据计算,能满足粮食的膨胀压强要求即可。其顶板采用镀锌钢板制成,底板用厚钢板做成锥斗状,坡度同锥体混凝土仓,保证仓内存储的物料能够顺利自流出仓即可。一般锥底钢板仓直径在 8 ~ 15 m 之间选择,装粮高度为 15 ~ 30 m,单体布置,间距不小于 500 mm。仓体和地面依靠支腿连接,因此钢板仓的基础处理也要采用持力桩加承台的方式,根据装粮高度及仓体自重,在支腿处用多位桩体,直接作用在弱风化岩上,然后将所有桩位用承台连接即可。这样处理虽然桩施工需要增加费用,但承台减少费用,总的计算,基础处理费用比锥底混凝土仓略低。比如,大连大窑湾港区散粮二期工程、天津港散粮一期工程都是选用锥底钢板仓。

(4)平底钢板仓。平底钢板仓为装配式钢板仓,它采取大直径、小高度的单体仓,底部直接作用在地面上或作用在不超过 1m 高的钢筋混凝土墙上。平底钢板仓的直径一般在 30 ~ 40 m之间选择,高度为 15 ~ 25 m。由于其高度较低,且自重较轻,所以要求基础处理相对简单得多,采用强夯加毛石基础即可达到承载力的要求,特殊的地质条件下可以采用摩擦桩的基础结构。相比之下,平底钢板仓的基础处理模式最为简单,造价最低。由于此种仓型为平底,所以存放货物较多,可利用率高,但是它和平底混凝土仓类似,出仓时要依靠清仓机或装载机的配合,同时还要有作业人员的人工清扫,才可以将仓内货物全部清出,使得出仓效率降低。例如在日照港散粮项目就选用的平底钢板仓。

(5)仓型比较。

①投资成本比较。就基础处理造价来看,由于我国港口的筒仓群几乎都建在海边的回填土上面,因此一般均采取静压预应力管桩、沉管灌注桩或大直径旋挖桩(桩体直接作用在中风化岩或弱风化岩上面)配合厚度为 2 m 以上的钢筋混凝土承台结构。而平底仓对地面的压强较小,基础结构相对简单,造价与锥底仓相比要相对简单。此外,混凝土仓为钢筋混凝土结构,因此造价要远大于钢板仓结构。总体上来看,从工程造价方面来比较,从低到高的顺序为:平底钢板仓、平底混凝土浅圆仓、锥底钢板仓、锥底混凝土立筒仓。

②出入仓输送效率比较。平底钢板仓和平底混凝土浅圆仓由于它们的底部是平底结构，即使在仓底部设有地沟进行出料，由于散粮存在静态自然堆积角的原因，在仓的底部一定会余存一部分物料，因此要靠清仓机或装载机辅助作业，才可以将货物出净。但由于平底钢板仓的直径一般比平底混凝土浅圆仓直径稍小，因此平底钢板仓的出仓效率比平底混凝土浅圆仓要大一些。

锥底钢板仓和锥底混凝土立筒仓由于其底部是锥斗形结构，因此出仓的效率基本是相同的，且不需要其他辅助设备协助出仓，因此出仓效率比平底仓都要快。

因此上述 4 种仓型的出入仓效率从小到大的顺序为：平底混凝土浅圆仓、平底钢板仓、锥底钢板仓以及锥底混凝土立筒仓。

③适用环境方面比较。针对上述 4 种仓型，由于其结构形式的不同，因此适用环境也有所不同。

锥底混凝土立筒仓由于其仓壁为钢筋混凝土结构，在其内部侧壁上可以设置扶壁降碎溜槽，从而可以降低散粮在下降过程中所造成的破碎。这种结构在中转易破碎的物料时，如烘干玉米等，使用更为方便。再因为仓壁厚度较厚，仓内外的温度交换较少，因此在冬季可以大幅度减轻由于仓内外温差较大而引起的结露现象，可以保护存储散粮不被损坏。由于该种仓型是锥底结构，锥角大于物料的自流角，因此物料出仓的效率很高，不需要其他设备或人力辅助出仓，因此此种仓型适合应用在要求出仓效率较高，自动化程度较高的粮食中转流程中，此种仓型更适合应用在北方港口的散粮中转仓。

平底混凝土浅圆仓的仓壁厚度同样较厚，在冬季也可以减轻由于仓内外温差较大而引起的结露现象。由于其仓体高度较小且直径较大，因此不适合配置扶壁溜槽，但单仓存储货物较多。仓型是平底结构，出仓时需要其他设备（如清仓机或装载机等）及人力辅助出仓，因此此种仓型适合应用在要求出仓效率不高，以粮食存储为目的的场合中。此种仓型更适合应用在北方的国家粮食储备库、油脂厂或大型粮库中作为仓储之用。

锥底钢板仓可以使物料自流出仓，出仓效率高，但由于仓壁薄，因此不适宜设置扶壁降碎溜槽，因此只适合对不易破碎或者对破碎要求不高的物料的中转和仓储。又由于其仓壁薄，冬天仓内外温差较大，所以仓内外温度交换较多，容易在仓内壁结露，造成粮食的损坏，此种仓型更适合在南方的港口等需要高效率出入仓的场所应用。

平底钢板仓出仓时也需要其他设备及人力辅助出仓，且其直径和高度要比平底混凝土浅圆仓小，因此其单仓仓容比混凝土浅圆仓要小，仓壁很薄，冬天仓内外温度交换较多，容易在仓内壁结露，因此，此种仓型更适合在南方城市的仓储之用，或者在北方短期仓储之用。

④配套设备的类型及参数比较。港口筒仓的配套设备指装车（船）的设备、卸车（船）设备、入仓设备和出仓设备，以及附属的计量、通风除尘、起重、熏蒸等设备。

作为港口用混凝土锥底立筒仓，由于其高度大，直径小，因此其卸车设备一般为自流入地坑，然后由输送机进行输送。卸船设备一般采用连续卸船机。然后由气垫输送机进行长距离输送，将散粮送至筒仓仓顶。入仓设备一般是带卸料车的皮带输送机、带犁式卸料器的全封闭输送机和埋刮板输送机，这 3 种设备均可以一点入料，多点卸料。出仓时物料通过自流，将货物从仓内卸至输送机上进行输送。对于混凝土锥底立筒仓的配套设备，由于在港口一般都要求大输送量的设备，因此，一般情况其输送量都在 800 t/h 以上。

平底混凝土浅圆仓,由于其使用特点和场所的不同,因此其卸车设备、出仓设备和混凝土锥底立筒仓类似,但入仓设备有所不同,由于其直径较大,因此入仓设备常采用气垫输送机接力的方式入仓,即一个筒顶配备一台气垫输送机,采取接力的方式传递物料,使物料可以进入每一个筒仓,同时浅圆仓入仓设备一般都做成开敞式的,不需要封闭。

锥底钢板仓由于其整体结构为钢结构,因此不适合在仓顶、仓底封闭,均是单体结构,因此其卸车(船)设备、装车(船)设备、出仓设备和混凝土仓基本一致,只有入仓设备不同,其入仓设备一般采用都是斗式提升机进行物料的提升,仓顶采用埋刮板输送机进行物料的分仓。由于钢板仓整体为开敞式结构,因此它的输送量不宜过大,否则会使配套设备的基础及桥架整体重量增大。

平底钢板仓的装车设备、卸车设备、入仓设备和出仓设备和平底混凝土浅圆仓基本一致,采用气垫输送机接力的方式入仓,或用埋刮板输送机入仓。

5)筒仓位置的选择

在散粮码头设计布局时,经济合理地确定散粮筒仓的位置非常重要。在确定筒仓位置时,主要考虑以下方面:

(1)必须考虑港区的地形、地质及与周围建筑物的关系等条件。

(2)为了减少输送设备的投资和降低能耗,在可能的情况下筒仓应尽量靠近码头泊位,以减少物料水平运输的距离。一般散粮筒仓宜于设置在离码头前沿岸线50m以内。

(3)应同时兼顾出料方便,便于火车或卡车接运。

(4)便于码头布局,避免装卸作业时物料输送路线的交叉和往返,保证装卸工艺系统的布置合理和留有发展余地。

3. 工作楼和圆筒仓的布置形式

筒仓和工作楼的布置主要有三种形式。

(1)筒仓单侧布置。这种布置形式如图9-30a)所示。其特点是结构简单,适用于中小型散粮码头,是我国散粮专业化泊位最常见的筒仓布置形式。

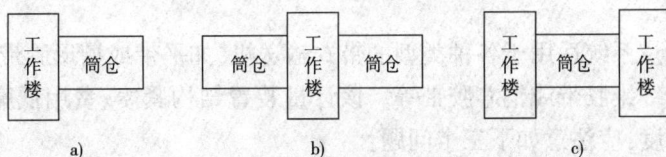

图9-30 工作塔和圆筒仓的布置形式

a)筒仓单侧布置;b)筒仓双侧布置;c)筒仓中间布置

(2)筒仓双侧布置。这种布置形式如图图9-30b)所示。其特点是结构简单,适用于筒仓容量大的情况。

(3)筒仓中间布置。这种布置形式如图图9-30c)所示。其特点是具有两套提升机构和两套计量设备,系统布置较为复杂,适用于前方作业范围大,物料运输路程需要缩短的情况。

三、散粮的计量

散粮在接收、发放时都必须进行计量,尤其是在对外贸易中,粮食的计量更显重要。散粮的计量是统计、结算的依据,因此对计量设备的精度要求高,粮食的计量也是现代化粮食码头

不可缺少的环节。

最常用的计量设备有自动定量秤设备、灌包计量设备、电子皮带秤设备等。

1. 自动料斗秤

自动料斗秤的进料过程通常分为快加料和慢加料两个加料过程及一个卸料过程。在快加料的过程中，秤上斗要自动给计量斗快速投入需计重量80%～90%的物料，余下的物料以慢速度加料，直到预定的进料量。计量完毕后，计量斗自动打开料斗的闸门，快速卸至秤下斗。定量秤的计量能力为5～10t。散粮进库的自动计量秤通常设置在工作楼内，在散粮进圆筒仓前对散粮进行计量(图9-26)。

2. 灌包计量设备

灌包计量设备的作用包括取包、计量灌包、缝包，为散粮袋出作业服务。灌包设备的计量也是自动斗式定量秤，但定量的标准是以每袋粮食的标准重量为准。灌包计量设备有单独设置在粮库内的，也有的设置在工作楼内，与仓底带式输送机相衔接。

3. 电子皮带秤

电子皮带秤用于散粮出仓装驳船的计量，是附于带式输送机上，感应带式输送机上物料流量的计量设备。

电子皮带秤由悬挂装置、荷载传感器、速度传感器、累加器和累计器组成。电子皮带秤的胶带下面有一个压力传感器，经过胶带上的物料，通过称重秤架下的称重(压力)传感器进行检测重量，以确定胶带上的物料重量；装在尾部滚筒或旋转设备上的数字式测速传感器，连续测量给料速度。该速度传感器的脉冲输出正比于胶带速度，速度信号与重量信号一起送入控制器，产生并显示瞬时流量/累计量，胶带上的物料一般不是均匀的，胶带上的速度也是波动的，秤重传感器所测出的瞬时载重量与胶带传送瞬时速度的乘积可表示瞬时输送量。当称重传感器输出信号后，由放大器放大经整流后与测速传感器输出的信号经乘法器相乘，其结果经过放大后输入瞬时指示器予以显示，同时由几份变成计数脉冲送到计数器得出总输送量。

电子皮带秤计量系统适用于各种类型的带式输送机，如平带或槽形胶带，安装在输送机的水平或倾斜段上及纤维胶带或钢芯胶带等。该计量装置结构紧凑、费用低廉。为了提高电子皮带秤的计量精确度，应注意如下三个问题：

(1)电子皮带秤与整套设备的稳定性。应注意将电子皮带秤受载时的输入变量与皮带运行速度相结合考虑，提高电子皮带秤的精确度。

(2)注意皮带受料和皮带运行的环境。因为物料装到皮带上的效率会被所谓"皮带效应"降低，而这种"皮带效应"与皮带刚性的变化有关，并且直接与皮带秤托辊和相邻的固定托辊之间的跑偏程度有关，因此应采取措施，防止皮带效应的产生。

(3)计量系统的校正。应经常校正计量系统，使之达到与实际运行条件相一致的精确度。

除上述计量设备外，散粮码头还有汽车衡、轨道衡等散粮的计量设施，散粮码头粮食集港、疏港有相当部分使用汽车运输方式，因此汽车衡器也是散粮码头常用的计量设备。轨道衡是用于散粮码头铁路运输货物计量结算的。

第四节 散粮灌包系统

粮食以散装的方式进入港口,也以散装方式离开港口的称为"散进散出";以散装方式进入港口,灌包后,以袋装方式运离港口的称为"散进袋出"。"散进散出"的方式虽然可以减少中间作业环节,节约成本。但是,从整个物流过程来看,由于粮食的一些特性,例如食用性、吸附性等,若粮食继续以散装的形式通过卡车或火车运输进入流通领域这会产生一些问题和困难。所以就需要对散粮进行灌包作业。在码头进行灌包作业中,可以利用带式输送机等系统将散粮输送至灌包机,然后利用自流的方式完成灌装作业。目前,我国北粮南调主要通过沿海运输完成,因此大多数散粮通过沿海运输到港后,经过灌包后转为袋装再通过其他方式疏运出港。

一、散粮灌包的方式及作业流程

1.人力灌包

较早时,由于码头机械化程度不高,无灌包专用设备,在码头对散粮进行灌包作业通常采用人力灌包的方式。通常情况下,散粮经过卸船机卸粮进筒仓后,经过筒仓设备使粮食出仓装车皮,再将车皮牵引至后场地实施散粮人工装袋。这种作业方式劳动强度大、效率低、作业面散乱、撒漏多,计量不准。随着码头机械化的发展,目前码头较少采用这种灌包方式。

2.带式输送机对应车皮供料给灌包机灌包作业

经筒仓设备出仓装车皮,车皮牵至后场地,将带式输送机与车皮相连,由人工用铁锹铲料供给带式输送机,由带式输送机供给灌包机作业。这种方法虽灌包实现了机械化,计量也准,但由于供料困难及供料环节的影响,包机每班的作业效率与人工灌包效率相当,浪费人力物力仍很严重,大型的散粮进出口码头或中转码头基本都不采用该方式。

3.船边灌包作业

船边灌包作业是20世纪90年代普遍采用的散粮码头灌包作业方式。其作业步骤是,门座起重机抓料卸入料斗,通过料斗带式输送机供料,然后带式输送机再向灌包机供料。虽然这种作业方式较前述两种灌包方式相比,作业效率较高,然而因卸船和灌包作业差不多同时完成,所以船停泊时间较长;此外,抓斗卸船作业时易撒料,容易造成浪费和环境污染,灌包机也无法连续作业。

4.筒仓灌包作业

目前,大型的散粮码头许多都采用在筒仓进行灌包作业的方式。散粮经过筒仓底部锥斗部位安装的放料溜筒放料给带式输送机,由皮带机给灌包机供料。一般情况下,可以在溜筒中安装一个闸板阀,用于控制筒仓放料和关闭。

二、散粮灌包机械系统

散粮灌包机械系统主要由灌包机、漏斗和输送皮带机所组成。

1.漏斗和带式输送机

散粮作业可以在卸船作业的同时完成,也可在筒仓完成。但是无论是哪种方式,都需要漏斗和带式输送机的配合。漏斗的作用是将物料通过斗门自流到带式输送机,带式输送机的作

用是将通过漏斗自流的物料输送到灌包机。

2. 灌包机

散粮卸船码头使用的灌包机有自动和半自动两类。自动的灌包机可以连续自动完成取袋、张袋口、灌装物料、计量、缝合等动作，并将灌好的袋装粮食通过带式输送机运走。半自动的灌包机在一些作业上，需要人力的协助。如能完成张口、灌包、计量、缝合，但这几个作业不能自动连接，人要在动作的连接方提供协助。

除自动和半自动灌包机外，在人力灌包时，常使用磅秤、手提缝包机等工具，人力灌包效率较低，需要较多的劳动力。

第五节　散粮装卸工艺流程及布置

一、散粮码头装卸工艺流程分类

根据粮食的流向以及进出港口的形式不同，散粮码头装卸工艺流程总体可作以下分类：

1. 按散粮的流向分类

（1）散粮进口装卸工艺流程。散粮进口装卸工艺流程，即货物（粮食）经船舶运输进入港区，卸入码头筒仓或仓库，然后装车（包括火车和卡车），运出港区，即所谓的"水进陆出"系统。

（2）散粮出口装卸工艺流程。散粮出口装卸工艺流程即货物（粮食）经陆路（火车、卡车）运输进入港区，卸入筒仓或仓库，然后装船运出港区，即所谓的"陆进水出"系统。

（3）粮食水水中转装卸工艺流程。以上两种工艺流程还有一种交叉的作业系统，就是经船舶水路运入港区的货物，经卸货后，再装船运出港区，即所谓"水进水出"系统。

2. 按散粮的包装形式分类

按货物的包装形式，散粮码头装卸工艺又可分为：

（1）"散进散出"装卸工艺流程。散进散出，即运入和运出港区的货物均为散装形态。这是效率最高的处理方式，也是目前我国散粮水路运输中，最多采用的处理形式。

（2）"散进袋出"装卸工艺流程。散进袋出，即以散装方式运入港区的粮食，经灌袋包装后，以袋装形式运出港区。这一工艺流程主要存在于我国粮食输入地区的港口码头，这类码头卸下的粮食主要用于本地消费，散装运入，经灌袋包装后进入消费市场。

（3）"袋进水出"装卸工艺流程。袋进水出即以袋装方式运入港区的粮食，经拆袋后，以散装方式运出港区。这类工艺系统出现得较少。

上述袋装粮食的存储和装卸均与件杂货装卸相同，属于件杂货装卸工艺研究的范围，本章不做重点论述。

专业散粮码头大多配置有高效率的卸船设备，大容量的中转筒仓以及深水码头等设施，通过合理的装卸工艺布置，使之形成一个有机的整体，以达到提高装卸效率，缩短船舶在港时间，降低成本的目的。因此，本节将分别介绍粮食"散进散出"形式下的进口、出口及中转的装卸工艺流程及布置。

二、散粮装卸工艺流程

1. 散粮进口装卸工艺流程

1）工艺系统功能

散粮装卸进口装卸工艺系统具有对水运进港的散粮接收和发放的功能。

（1）接收系统功能。散粮接收系统功能是完成散粮卸船进仓的装卸作业，具体包括散粮卸船、输送、计量和散粮入仓等作业，系统工作流程如图9-31所示。

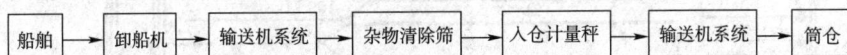

船舶 → 卸船机 → 输送机系统 → 杂物清除筛 → 入仓计量秤 → 输送机系统 → 筒仓

图9-31 散粮进口接收系统工作流程

具体操作有：

①码头前沿卸船机以连续或间歇的方式从船舱卸货，通过卸船机的尾车皮带机进入码头水平运输带式输送机系统。

②在水平运输的过程中完成散粮的除杂、计量和抽样工作。

③通过水平运输带式输送机系统进入码头散粮筒仓储存。

（2）发放系统功能。散粮发放系统功能是完成散粮出仓至出港的装卸作业，具体包括散粮出仓、输送、计量、装车或装驳船的作业，系统工作流程如图9-32所示。

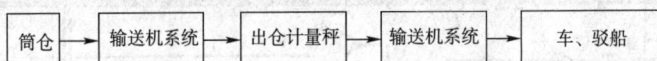

筒仓 → 输送机系统 → 出仓计量秤 → 输送机系统 → 车、驳船

图9-32 散粮进口发放系统工作流程

具体操作有：

①散粮经筒仓布料设备等出筒仓，进入码头水平运输带式输送机系统。

②在水平运输过程中完成散粮的计量。

③通过水平运输带式输送机系统进入装船机尾车带式输送机系统装船，或进入装车塔装火车。

2）工艺流程

散粮进口装卸工艺流程可以包含两类，一类是散粮到港后以陆运的方式运离码头，另外一类即继续通过水路驳船转运至其他码头。此外，在运离码头的流程中也可分为两类，一类是入仓后再经陆运或水运的方式运离，另外一类是直取装车或装船运离（图9-33）。图9-34是散粮进口装卸工艺的流程。

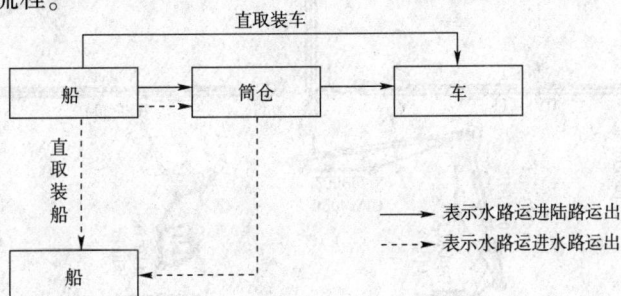

图9-33 散粮进口主要工艺流程

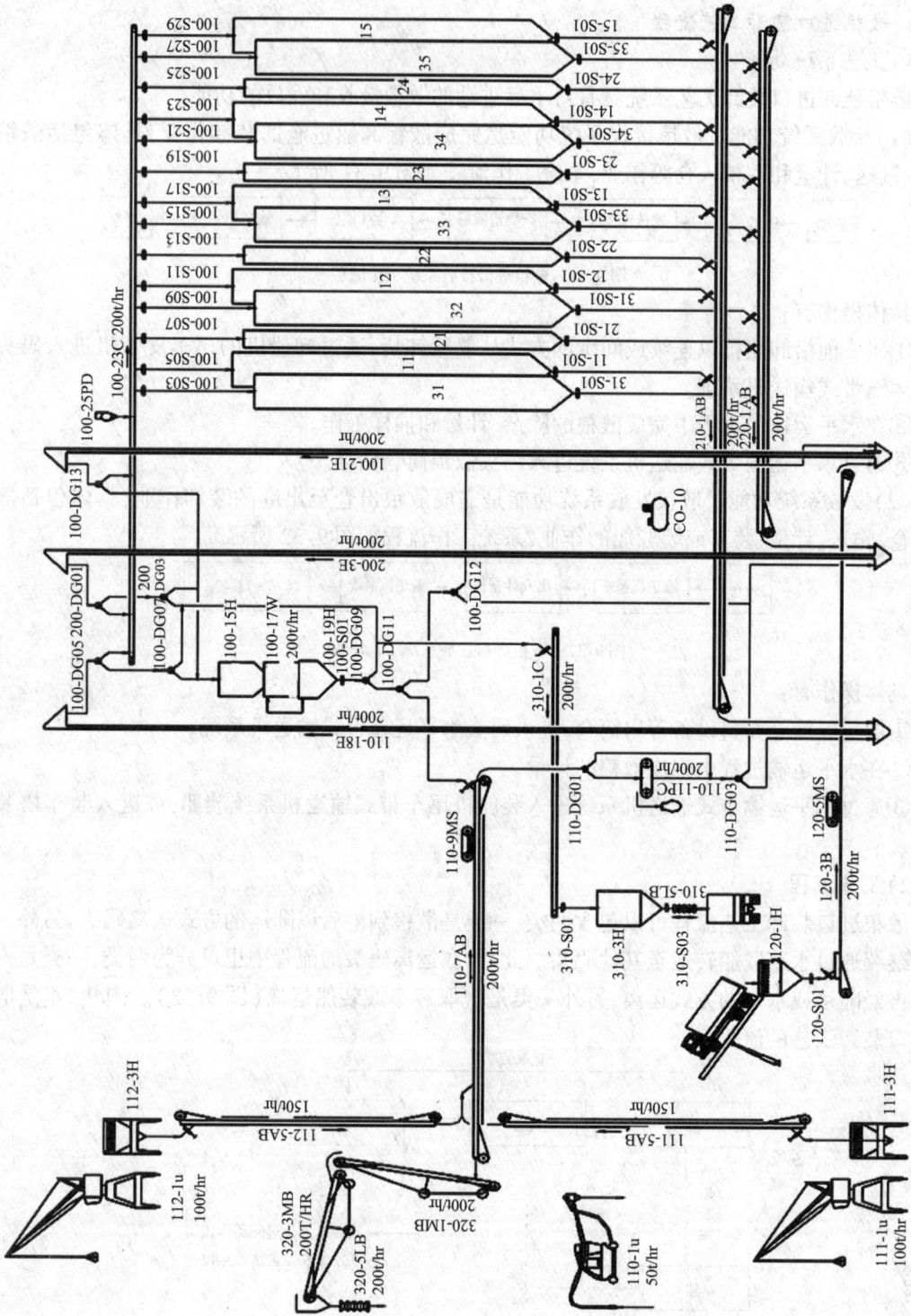

图9-34 散粮进口装卸工艺流程图

（1）船→筒仓→车/船。卸船后经筒仓短暂仓储并完成相应工艺后最终装车运出港的作业流程包括船到筒仓和筒仓到车或驳船两个主要环节。散粮通过卸船机卸船后，经过输送机系统，经过中转站，输送至筒仓系统中的工作楼进行称量等工艺后卸入筒仓，经过筒仓的短暂仓储后，通过斗式提升机，经过筒仓的仓顶带式输送机完成装车或装船作业（图9-35）。此外，在筒仓短暂仓储的过程中还会涉及倒仓作业。

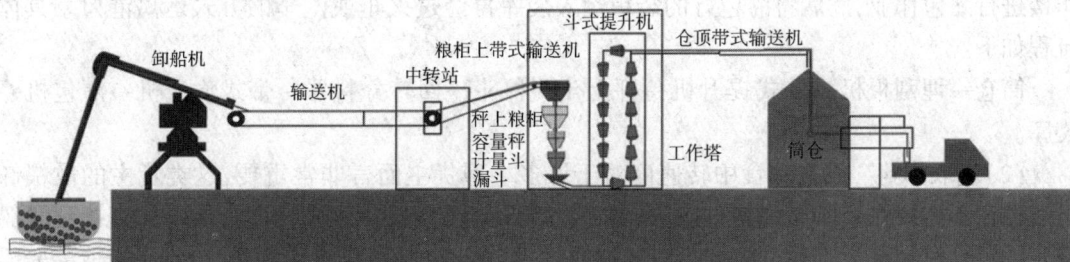

图9-35 船→筒仓→车的工艺流程

具体可以分成以下具体流程：

①船→筒仓。船舶→卸船机→埋刮板机或带式输送机→杂物清除器→秤上斗→秤斗→秤下斗→埋刮板机→斗式提升机→埋刮板机→筒仓。

②筒仓→车。筒仓→埋刮板机→斗式提升机→秤上斗→称斗→回转分料器→料斗→车。

③筒仓→驳船。筒仓→埋刮板机→斗式提升机→秤上斗→秤斗→回转分料器→埋刮板机或带式输送机→驳船。

④倒仓。粮食与一般货物的一个重要区别是，粮食作为植物种子，是能进行一定生命活动的生物体，其中一项重要的生命活动就是呼吸。粮食的呼吸在粮食的存储中有很重要的影响，因为成千上万吨的粮食堆放在一起，呼吸会放出大量的热，而粮食在一定的温度和湿度条件下就会发芽或者霉变。因此，在散粮码头的运作中，经常需要把堆存超过一定时间的粮食从一个仓库通过工艺设备倒到另一个仓库中，通过粮食在设备上传输的过程，将蓄积的热量散发掉，从而延长粮食保存的时间，这个过程称为倒仓。图9-36为大窑湾散粮码头倒仓工艺路线。

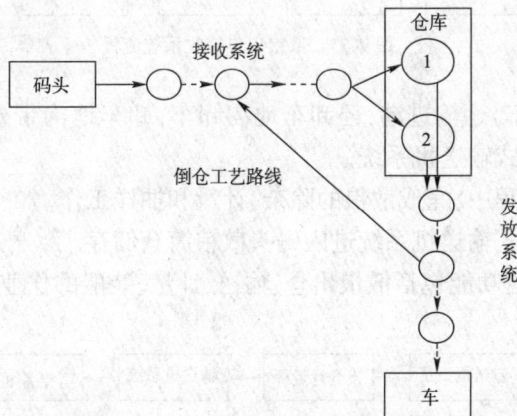

图9-36 倒仓工艺流程

倒仓工艺的具体流程如下：

筒仓→筒仓下带式输送机→埋刮板机→斗式提升机→再循环管道→斗式提升机→筒仓顶

403

部埋刮板机→回入筒仓。

在码头工艺的设计过程中,倒仓是必须考虑的问题。设计的码头工艺的运输能力,不单要考虑实际来船的卸货量,还得计入倒仓所占的工作时间和设备能力,才能保证码头能力的充裕。

⑤筒仓→灌包→袋库。在"散进袋出"的工艺流程中,散粮在卸船进入筒仓后,可以在工作楼进行灌包作业,然后将灌包好的袋粮运入袋库再经过火车或汽车的方式运离港口。具体流程如下:

筒仓→埋刮板机→斗式提升机→秤上斗→秤斗→回转分料器→带式输送机→灌包机→袋库。

(2)直取作业。码头粮食中转速度对于许多小型货主而言非常重要,这类货主的散粮卸下后往往不需要在仓库储藏就直接从陆路或水路运输到内陆市场或转运,从码头直接到驳船或车的运输过程称为直取。根据运离港口的方式,直取作业可以分为两类,分别是直取装驳船作业和直取装车作业。

①直取装驳船作业。直取装驳船的作业流程如下:

船舶→卸船机→计量秤→驳船。

②直取装车作业。直取装车作业的流程如下:

船舶→卸船机→计量秤(或者灌包)→火车/汽车。

2.散粮出口装卸工艺流程

散粮出口装卸工艺是指散粮由火车运进港口,经计量、储存,然后装船出港的装卸工艺系统。散粮出口装卸工艺系统具有对火车运达港口的散粮的接收和发送两大功能,由散粮卸车工艺、散粮存储工艺和散(袋)粮装船工艺组成。

1)工艺系统功能

(1)接收功能。接收功能是完成散粮卸车进仓的装卸作业,具体包括散粮卸车、输送、计量和散粮入仓等作业,系统工作流程如图9-37所示。

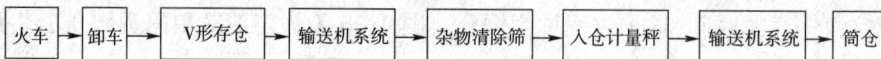

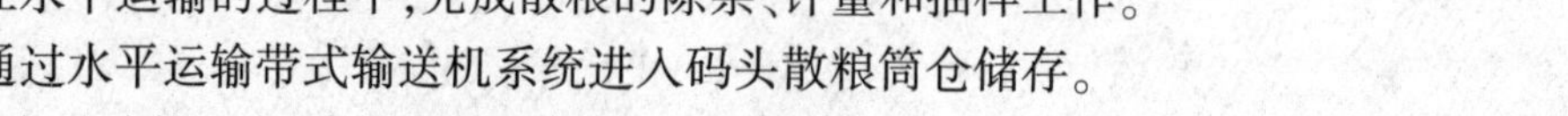

火车 → 卸车 → V形存仓 → 输送机系统 → 杂物清除筛 → 入仓计量秤 → 输送机系统 → 筒仓

图9-37 散粮出口接收系统流程

具体操作有:

①散粮经火车(汽车)运输进港,经卸车地沟卸车,卸车地沟带式输送机系统将卸下的散粮水平运输进入码头带式输送机系统。

②在水平运输的过程中,完成散粮的除杂、计量和抽样工作。

③通过水平运输带式输送机系统进入码头散粮筒仓储存。

(2)发送功能。发送功能包括散粮出仓、输送、计量、装船的作业,系统工作流程如图9-38所示。

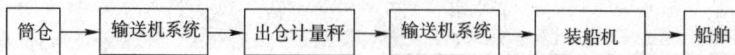

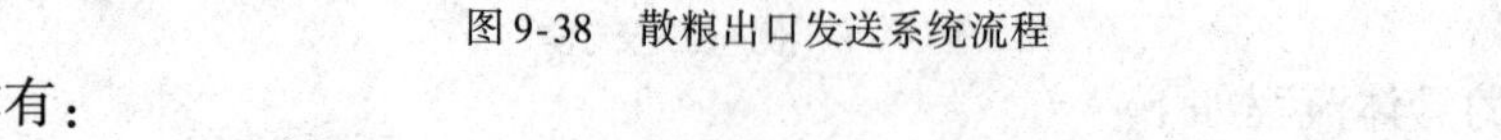

筒仓 → 输送机系统 → 出仓计量秤 → 输送机系统 → 装船机 → 船舶

图9-38 散粮出口发送系统流程

具体操作有:

①散粮经筒仓布料设备等出筒仓,进入码头水平运输带式输送机系统。

②在水平运输过程中完成散粮的计量。

③通过水平运输带式输送机系统进入装车塔装火车。

2)工艺流程

散粮出口装卸工艺流程也可以分为需要仓储和无须仓储直接卸车装船两种情况,如图9-39所示。

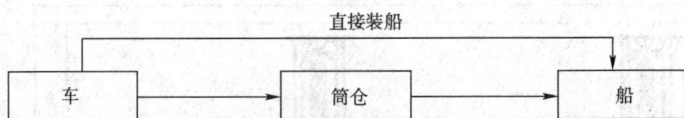

图9-39　散粮出口主要工艺流程

(1)车→筒仓→船。火车或汽车运入码头出口的散粮,经过筒仓的短暂仓储后,利用散粮的自流作用,经过仓底阀门留至仓底带式输送机然后输送至装船机进行装船作业(图9-40)。具体流程如下:

①车→筒仓。火车→卸车→V形存仓→存仓下部带式输送机→输送机组→杂物清除器→秤上斗→秤斗→秤下斗→埋刮板机→斗式提升机→埋刮板机→筒仓。

②筒仓→船。筒仓→埋刮板机→斗式提升机→秤上斗→秤斗→回转分料器→埋刮板机或带式输送机→装船机→船。

③倒仓。散粮出口装卸工艺中筒仓的倒仓工艺与进口时相同。

筒仓→存仓下部带式输送机→埋刮板机→斗式提升机→再循环管道→斗式提升机→存仓顶部埋刮板机→回入筒仓。

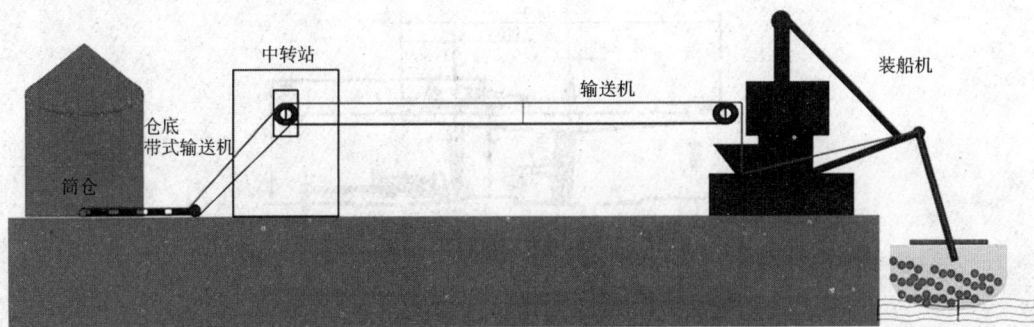

图9-40　车→筒仓→船装卸工艺流程

④筒仓→灌包→袋库。筒仓→刮板机→斗式提升机→秤上斗→秤斗→回转分料器→带式输送机→灌包机→袋库。

(2)车→船(驳)。在某些情况下,会存在车将散粮运至港口后的直接装船作业,其中主要是通过火车的方式运来的散粮可以采取该方式,因为汽车的散粮运输批次多、批量小,在直接装船作业过程中,船舶需要在港停留时间较长。具体的作业流程如下:

火车→卸车→V形存仓→装船皮带机组(计量)→船(驳)。

三、散粮装船水上过驳工艺

水上过驳,就是在水上锚地把货物从船直接转装到驳船上,或从大船直接转装到小船上,

或相反。这样进口货物可以不经过码头和仓库,仅用浮式起重机或船舶起货机,直接完成换装。另外一种情况,如我国沿海港口,由于码头或前或航道水深不足,大型海轮不能满载直接进港靠码头装卸,为此在港口外,选择风浪小和水深足够的地方设置水上减载设施。该水上减载设施如图 9-41 所示,由装卸桥 1、带式输送机 2 和 4、储粮舱 3、装船机 5 组成。

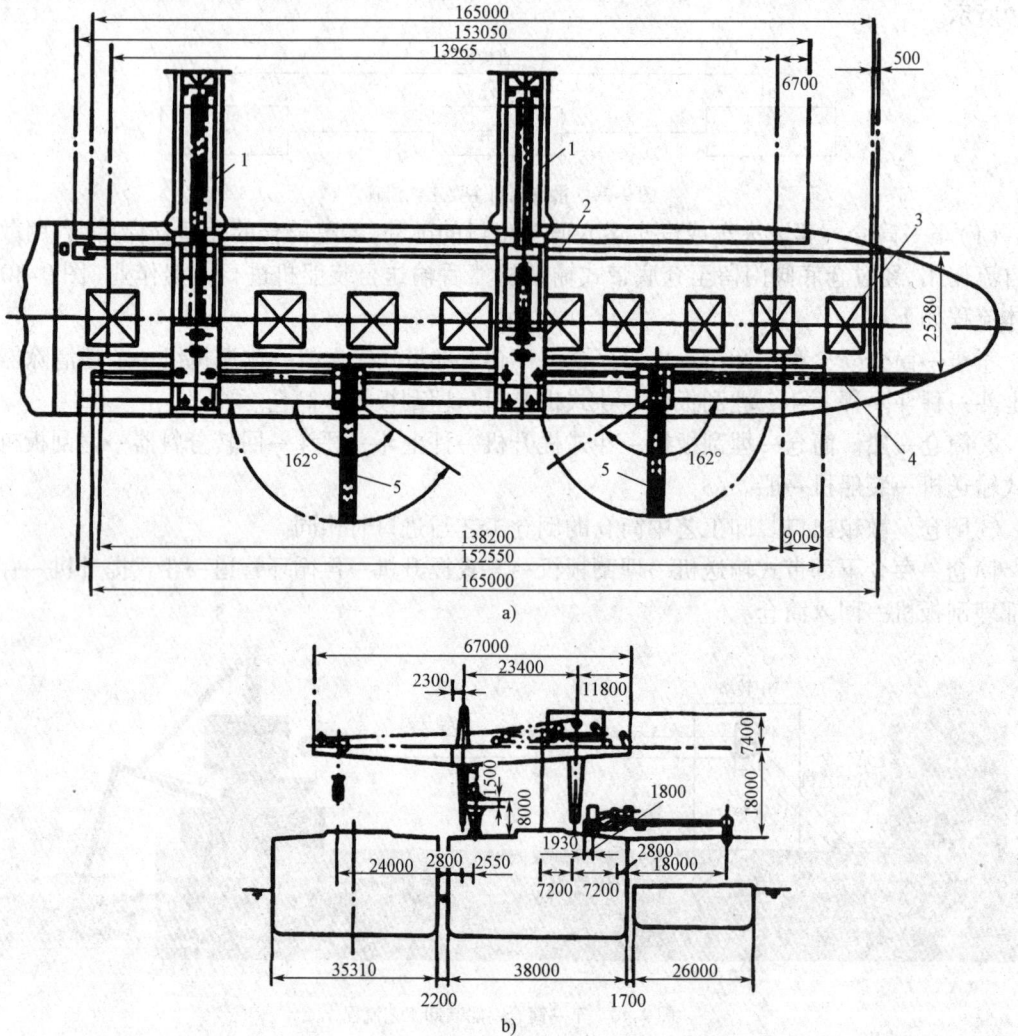

图 9-41　水上减载设施组成(尺寸单位:mm)

a)水上减载设施俯视图及尺寸;b)水上减载设施横剖面视图及尺寸

1-装卸桥;2-带式输送机;3-储粮仓;4-带式输送机;5-装船机

水上减载设施的主要功能是:

(1)大船减载的散粮船舶通过装卸桥卸载,经带式输送装船机装到驳船上,直到船舶吃水能满足进港靠码头为止。

(2)本身有存储能力,可以减缓调节船舶卸接上的矛盾,即可以在不同时间分别靠驳船进行作业。

此外,也可以用连续式卸船机进行水上过驳。水上过驳设施,如果具有海船系泊装卸和存储能力,则需要较大型设备。如果采用海船或系浮筒,则设备较为简单,如图9-42所示。过驳时,只要海船停泊后,浮式装卸机械和驳船靠上即可装卸。

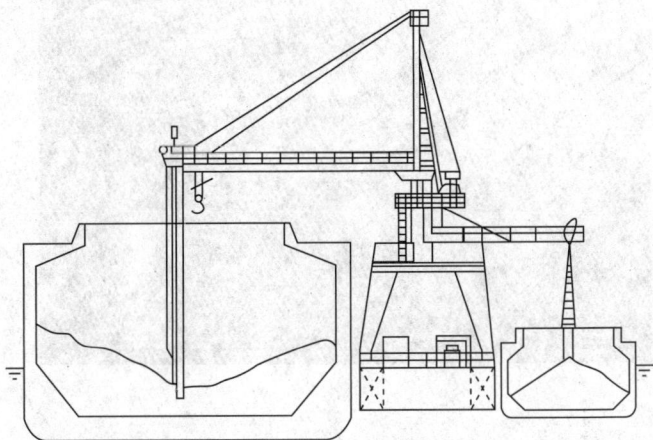

图9-42　连续式卸船水上过驳作业机

四、散粮码头装卸工艺布置

1. 散粮码头装卸工艺布置特点

散粮码头装卸工艺布置具有以下特点:

(1)散粮专业码头主要由码头作业区、工作楼、筒仓、装车站和卸车站组成。

(2)一般情况下,专业的大型散粮码头把接收码头和发放码头分开,但也有粮库只设一个大码头,其全部接收、发放作业全在其上进行。

(3)码头的宽度不是固定的。有些码头前沿放置卸船机械和架空顺岸输送机。有的设有单行公路,有的设有铁路,有的还设有堆货场,因此所需宽度不同。一般卸船机宽度为6~10m,单行汽车道3~4m,火车5~6m,行人道1~1.5m,堆货场根据货物多少自定。

(4)一般内河小码头设有罩棚,可以进行雨天工作,沿海码头一般没有罩棚,雨天不能工作。

2. 散粮进口装卸工艺布置

散粮进口码头主要由卸船作业码头区,工作楼,筒仓和装车站组成。码头前沿布置卸船机,形成卸船作业区。后方布置筒仓、工作楼和装车发送系统,之间采用水平及垂直提升并存的倾斜带式机输送系统连接,形成一座高效的散粮中转设施。目前,我国专业化的散粮接卸码头主要有:天津、大连、秦皇岛、连云港、上海、厦门、广州、湛江和防城等港口。

从目前我国散粮专业码头的布置形式来看,主要有两种,即顺岸式和栈桥式。

(1)顺岸式码头装卸工艺布置。

①码头布置。顺岸式布置,卸船机多以"少机"方案设置,一般情况下每泊位设置两台机械连续式移动卸船机或多台间歇式卸船机,布置在平行于码头方向的卸船机轨道上。码头带式输送机以顺岸形式布置在卸船机的胯下或布置在卸船机门架之外陆侧一边。我国散粮进口码头的码头带式输送机大多布置在卸船机门架之外陆侧腿一边,以高架栈桥式带式输送机形式布置。其优点是卸船机给带式输送机供料落差小,减少粮食破碎及能量损失(图9-43)。

a)

b)

图 9-43　顺岸式进口卸船工艺布置

顺岸带式输送机与卸船机的连接形式有两种。其一是在码头皮带机上设置给料口,供料口间距一般为 5~6m,卸船机和供料口的对位连接采用人工快速接头方式。这种形式结构简单,但卸船机移机时必须停止卸船作业,卸船机需准确对位。天津港就采用这种连接方式。其二是采用覆盖带式输送机形式,如连云港散粮码头,覆盖带一端固定,一端张紧,供料采用移动式卸料小车打开覆盖带喂料。这种连接方式结构简单、使用灵活,移机时连续卸船作业,不停机。

进口散粮码头装火车作业在专门设置的装车站站进行,装车站跨 1~2 条铁路装车线,内设电子斗秤以完成装火车单车计量。铁路装车站一般靠近筒仓和工作楼布置。图 9-44 为大连北良粮食码头的装卸工艺布置,其铁路线布置在两个筒仓群之间。

对于码头顺岸布置的方式来看,码头前沿后方可设置汽车通道,可以进行卸船后直接装车运离码头。图 9-45 为青岛港散粮码头的工艺布置俯视图,其码头前沿与筒仓之间设有汽车通道,铁路线布置与码头和筒仓群布置方向一致,横向布置,铁路装车站离两个筒仓群都十分的近。筒仓群之间可通过高架带式输送机相连,从而完成倒仓作业(图 9-46)。

散粮码头工作楼一般设置计量、取样、控制室等设施。通常工作楼与筒仓一并布置,为防止粉尘爆炸以策安全,斗式提机一般设在工作楼之外,露天布置。

图 9-44 大连北良码头铁路线布置

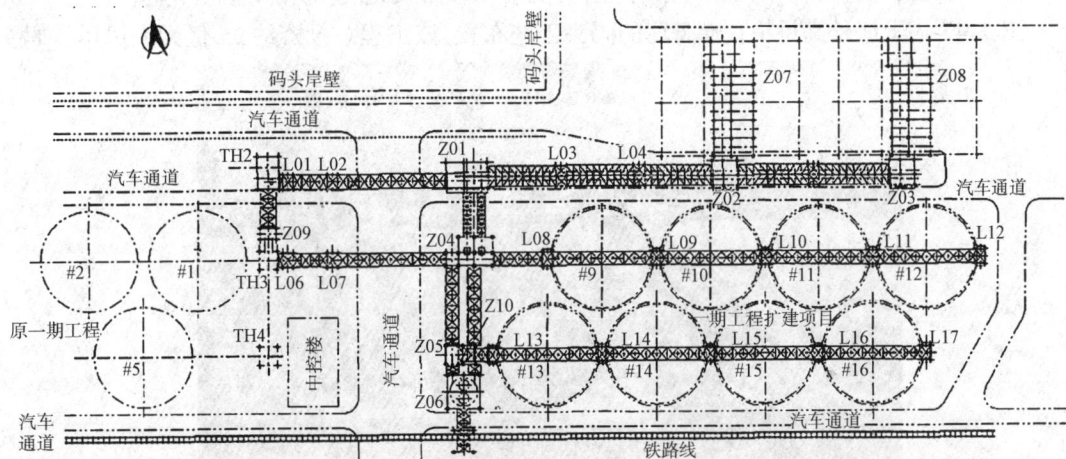

图 9-45 青岛港散粮码头工艺布置俯视图

图 9-46 大连北良码头连接筒仓群之间的皮带机

②布置特点。顺岸式码头装卸工艺布置具有以下特点:占用岸线较长;由于陆域面积较大,后方可设置汽车通道,可进行船到车的直取作业;筒仓离码头前沿岸线较近,与栈桥式相比,对高架输送机的成本投入相对较少。

(2)栈桥式码头装卸工艺布置。

①码头布置。栈桥式码头装卸工艺布置中,码头前沿通过栈桥与岸相连。上海外高桥散粮储备库码头主要采用的是 F 形栈桥码头装卸工艺布置。

栈桥式散粮码头装卸工艺的岸上布置要求与顺岸式基本一样。铁路装车站设置同样需靠近筒仓和装车楼,同样需要留下汽车行走通道。筒仓群之间通过带式输送机相连进行倒仓作业,等等。

对于栈桥上的码头装卸作业布置而言,一般情况下,栈桥和码头装卸作业岸线之间通过转接塔进行衔接,散粮经过卸船机卸载到码头带式输送机后,通过转接塔再转运至栈桥带式输送机,输送至岸上的筒仓。

栈桥式上的码头可实现两侧卸船作业,甚至可以较方便地完成水水过驳作业。

图 9-47 为上海外高桥粮食储备库的码头工艺布置,该工程总投资约 25 亿元人民币。码头

a)

b)

图 9-47 上海外高桥粮食储备库的码头工艺布置
a)栈桥上码头作业区;b)岸上粮食仓储、加工作业区

采用反 F 形布置,设 5 万吨级泊位 1 个、5 千吨级多用途泊位 1 个、5 千吨级多用途驳船泊位 2 个,同时具备油品接卸功能。码头年通过能力为 653 万 t。码头后方陆域建设以粮食储备为核心,多功能的粮食储备、中转、加工库区。包括 32 万 t 立筒库及面粉加工厂、油脂加工厂等临港工业及其配套设施。

②布置特点。栈桥式码头装卸工艺布置对岸线、陆域面积的占用相对较少,但是无法直接完成船到车的直取作业;筒仓离码头前沿装卸作业区域较远,对带式输送机的使用和投入相对较多;此外,栈桥式码头装卸工艺布置可方便地完成水上的过驳作业。

3.散粮出口装卸工艺布置

我国粮食出口主要是来自东北的玉米和大豆。历年来经港口外运量大约在每年 900 万 ~ 1500 万 t。散粮出口港主要分布在环渤海区域的大连、营口、秦皇岛等港口。

我国的散粮进出口码头有两种形式,其一是散粮出口及进口泊位分别设置的多泊位散粮码头系统(图 9-48),其特点是泊位规模大、效率高,例如,大连北良粮食码头工程。其二是散粮进、出口设在一个泊位上,称为专业化散粮进出口兼用码头,其特点是投资省,使用灵活,应变性强,此种类型的码头国内有连云港散粮码头工程。散粮出口装卸工艺布置中筒仓、铁路线、码头前沿装船基本与进口装卸工艺布置相近,在此不再赘述。

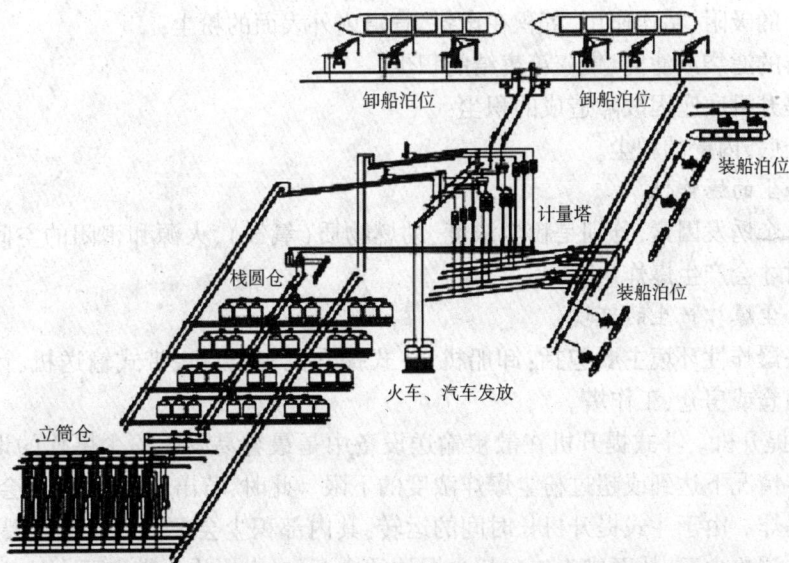

图 9-48　散粮出口及进口泊位分别设置的多泊位散粮码头系统

第六节　散粮码头的除尘防爆

散粮在装卸、储运过程中,会产生大量的粮食粉尘。散发的粉尘不但污染周围环境、影响工作人员的身体健康,且在一定条件下会发生粉尘爆炸,严重危及人的生命安全,损坏储运设备和建筑设施。因此,筒仓的除尘防爆要高度重视,并采取相应的措施。

一、筒仓爆炸的原因

1. 散粮运输过程中产生的粉尘

散粮在运输过程中会产生一定的粉尘。粉尘有两类,一类是原粮中的夹杂性粉尘,另一类是运输过程中的再生性粉尘。散粮粉尘中有有机性粉尘,也有无机性粉尘。粉尘有悬浮和积尘两种存在状况。

散粮的可燃性粉尘云的形成有两种方式:

(1)尘化作用形成的粉尘。原粮通常含有一定量的粉尘,在运输、称重、清理、装卸过程中,由于粮流的运动、空气的诱导作用及气流与粉尘的剪切压缩作用,粮流中的部分粉尘被尘化而悬浮于空气中形成粉尘云。

(2)积尘转化形成的粉尘。积尘主要来源于以下几个方面:

①悬浮状粉尘云在重力作用下慢慢地降落在地面、墙面、设备、管道的内外表面;

②粉尘从密封不良的设备缝隙处泄漏,降落于地面、设备上;

③设备、管道内因设计不合理或管理不善而造成风量不足,沉积于设备、管道内的粉尘;

④设备、管道内表面粗糙、结构不合理造成通风死角等处滞留形成的积尘;

⑤带式输送机等输送设备洒落的粉尘物料进出口;

⑥因粉尘的吸附、粘连作用,沉积在设备、管道内外表面的粉尘;

⑦除尘器的滤袋或滤筒、集灰箱集结的积尘;

⑧斗式提升机底座因故障造成的积尘;

⑨中转仓底、内壁的积尘。

2. 散粮粉尘的爆炸性

爆炸有4个诱发因素,分别是粉尘浓度、助燃物质(氧气)、火源和密闭的空间,只有4个要素都满足时才会产生爆炸。

3. 散粮粉尘爆炸产生的环境

散粮码头爆炸性环境主要包括:卸船机、斗式提升机、刮板机、带式输送机、计量称、初清筛、除尘器、筒仓或房仓、工作塔。

(1)斗式提升机。斗式提升机在散粮输送设备中是最容易发生粉尘爆炸的设备之一,其粉尘浓度很多情况下达到或超过粉尘爆炸浓度的下限。此时,若出现点火源,就会发生局部第一次的粉尘爆炸。由于斗式提升机长时间的运转,其内部积尘会在第一次粉尘爆炸波的冲击下抛起成为悬浮粉尘云,从而成为二次粉尘爆炸的尘源,二次爆炸会带来更大的危害。

(2)埋刮板输送机。当散粮粉尘浓度较高时,即使在正常操作的条件下,在埋刮板输送机里也是极易形成爆炸性粉尘混合物或积尘,其点火源可以来自热表面,或夹杂物进入运动、换向位置等。埋刮板输送机一般反向传播爆炸,可能造成设备撕裂、火灾或者喷出粉尘造成二次爆炸。

(3)带式输送机。带式输送机原则上不会出现粉尘爆炸事故,但由于维修、使用不当却极易形成点火源。如带式输送机上的传动部件、张紧轮及轴承等,在运转过程中容易摩擦产生热量,造成火灾事故,而成为其他部位发生粉尘爆炸的导火索。

(4)散粮溜管。对于散粮溜管,即使是正常作业时,爆炸性粉尘混合物也能出现。如果溜管内壁没有具有抗静电、阻燃的耐磨衬板,则在散粮摩擦或异物刮擦下,产生火花放电形成点火源。溜管可以传播粉尘爆炸,而引起撕裂、形成火灾或者喷出的粉尘导致二次爆炸。

(5)计量秤。在秤区有可能出现爆炸性粉尘混合物,但在正常操作时,一般不会出现点火源,没有特殊情况不会引发粉尘爆炸。

(6)初清筛。初清筛在前区域工艺设备粮流的冲击下,容易形成爆炸性粉尘云,由于粉尘的黏性及静电等作用会形成内壁积尘,在扰动气流的作用下,更易形成爆炸性粉气混合物,遇到来自于粮流中金属杂质与筛面等金属物的碰撞产生的火花及维修操作中的点火源造成粉尘爆炸。

(7)除尘器。爆炸性粉尘混合物在除尘器里浓度很高,点火源可能来自明火、金属碰撞的火花、静电或者电阻的放电,粉体自燃或者随粉尘气流进入的火星等;火灾爆炸由此可能产生并通过管道传播,除尘器可能会爆炸,压力和火焰的传播随即会危机邻近的房间或与之连接的设备,爆炸时除尘器的内部除尘设施会引起火灾,属粉爆高发性设备。

(8)筒仓及房仓。筒仓及房仓在进粮过程中可能会出现全局性的爆炸粉尘云。另外,在进粮过程中也可能出现点火源。万一爆炸在筒仓内发生,筒仓可能被炸裂,同时也可能导致车间里发生二次粉爆或着火。

(9)工作塔。工作塔为多层建筑,按国标《粉尘防爆安全规程》要求,工作塔是框架敞开结构时,不会发生粉尘爆炸;是封闭建筑物结构时,具有粉尘爆炸的可能,应在作业时保持通风和积尘及时清理。如果封闭建(构)筑物与筒仓或主车间相连时,发生二次爆炸的可能性很高。

可见,粮食码头的防爆要从除尘开始。其中,筒仓是粉尘爆炸危险性较大的场所。

二、散粮筒仓除尘系统

1. 散粮码头的集尘点

有效地捕集筒仓储运设备在工作过程中散发的粮食粉尘,是码头防爆的一项十分重要的措施。散粮筒仓中的粮食粉尘主要产生于粮食流动的落差点,如带式输送机转接点和卸料口、磅秤(包括秤上斗和秤下斗)、提升机机头和喂料口、装船与装车的卸料口及过筛等处。此外,还有带式输送机、抓斗等处。

2. 除尘系统的组成形式

除尘系统的组成形式主要有三种:集中式、半集中式和分散独立式。

集中式除尘系统指所有产尘点集中组成一组风网,这种形式的除尘系统适用于对小型筒仓的除尘。集中除尘器主要结构形式是分室脉冲喷吹袋式收尘器,主要部件有风机、除尘箱体、滤袋、关风器、反吹装置及风网等。该种除尘器具有效率高、故障率低、除尘点多、防爆、防燃等特点。

分散独立式除尘系统要求每个产尘点单独配备除尘设备,适用于筒仓储运设备分散的情况。由于各设备分散配备除尘系统,彼此没有内部联系,有利于防火、防爆,但设备的一次性投资较大、手机的粉尘不易集中处理,会给运行维护和管理带来麻烦。

半集中式除尘系统针对各个工艺流程,分别为每条作业线分区段的配备集尘设备,组成各阻风网,其除尘系统由斗士提升机喂料口及机头、筛选器、磅秤等组成,并可实现除尘设备与各

工艺设备配合运行,便于控制及节约用电。这种半集中式集尘系统的组成形式在国外的筒仓储运设备中应用较为普遍。

三、筒仓除尘防爆的综合防治措施

1. 工艺流程设计中考虑尽量消除粉尘影响

除了粮食粉尘本身的特性外,粮食输送工艺设计的不完善、生产操作管理的失误等也可能成为粮食粉尘爆炸的主要导火索。因此,为了消除造成粉尘爆炸的必要条件,应在粮食输送工艺设计时采取以下预防措施:

(1)工艺流程应简单合理。要充分考虑在作业中尽可能减少粮食破碎,减少再生性粉尘,特别是粉尘中有机含量较高的粮食(如阿根廷大豆、加拿大小麦等)。

(2)尽量避免粮食输送过程中落差大而造成大量扬尘。当落差较大时,应通过合理缓冲,或对落料管的优化设计来减少扬尘,并适当设置吸风罩。

(3)设备选用布置应合理。采用防尘防爆设计,增强设备的安全性能,特别是对于重点设备和设施。

2. 重点设施、设备的防尘措施

(1)斗式提升机。斗提机在散粮输送系统中具有最大的爆炸危险性。经验表明,斗提机在启动过程中由于振动易在机内形成较大的粉尘浓度,此时若遇点火源,极易发生爆炸,斗提机有可能被撕裂,喷出粉尘可能引起二次爆炸。斗提机内的点火源除了可能来自在斗提机上的直接焊接操作,或其头部驱动装置引发点火外,也可能来自杂物夹在运动的胶带和机壳之间产生的摩擦热表面造成的闷热(固体件和运动件的相对速度大于1m/s时)。因此在设计制造时应采取以下措施:

①斗提机底部进料处及顶部卸料端设置吸风系统。

②在适当的位置设置泄爆装置,泄爆对斗提机是必不可少的被动防爆措施。

③安装速度检测器以检测胶带打滑、传动被阻等情况,防止引起摩擦发热。

④采用非金属畚斗,以避免在机壳内产生碰撞火花。

⑤选用较低速的提升机,速度最好不超过2m/s,以降低扬尘和减小碰撞、跑偏的可能。

(2)筒仓。筒仓是粉尘爆炸危险性较大的场所。无论是水泥仓还是钢板仓,其仓顶都应开等于顶部一半面积的"泄压板",泄爆装置的开启压力要满足粉尘爆炸发生时能迅速开启的要求。

(3)刮板式输送机和带式输送机。刮板式输送机和带式输送机也是容易造成粉尘爆炸的粮食输送设备。为了隔断爆炸的传播,输送机头部、尾部应设置足够的泄爆口。刮板式输送机应安装过载保护器,当过载保护器动作时,机器应停止工作,输送机直到最后一个出口间的所有工艺连接应保证当下级出现闷燃时,上级传动应立即停止。

输送机从一条到另一条的卸粮口应安装杂物分离装置,如设置合适的格栅。进料口和卸料口应设计合理的防尘风网。输送机宜选用较低速度,刮板机的输送速度一般应不超过0.8m/s。

3. 筒仓系统的防爆泄爆措施

(1)筒仓建筑物应为独立建筑物,不得与其他无关的建筑物毗邻。

(2)筒仓建筑物的内墙表面应光滑,尽量减少粉尘积聚。

(3)筒仓的墙壁应具有一定的抗爆能力,在爆炸压力被泄放至室外之前不致倒塌。

(4)筒仓的每个仓设置独立的空气置换装置(包括自然通风和机械通风)。

(5)每个筒仓的仓顶必须有合适的泄爆口。

(6)工作楼和廊道等产生粉尘的场所应尽量建成敞开式。

第七节 散粮码头控制系统

一、散粮码头自动化控制系统的组成

散粮码头自动化控制系统主要包括两大部分,一部分是中央控制室的集中控制装置,另一部分是安装在现场的信息源装置。集中控制装置除了包括粮食装、卸、存贮、运输过程中起、停各台机械设备的控制装置外,还有工艺过程的监视装置和计量检测装置。信息源装置,除包括安装在现场的各类传感器外,还包括信息传送装置,将信息输送到中央控制室,以便集中控制装置准确地进行控制。

二、散粮码头的集中控制装置

国内外散粮码头的集中控制装置可以分为继电器式控制装置和计算机化的散粮码头两类。

1. 继电器式控制装置

继电器式控制装置在中央控制室内设大型模拟屏和操作台,较好的方式是模拟屏和操作台合一。屏幕中用各种颜色的指示灯、模型、开关、按钮和报警电笛等,可以直观的显示出码头上各台设备装置的状态(运转、停止、故障和位置)。这种方式对中央控制室内的工作人员技术要求并不十分高,仅为根据工作指令和模拟屏上的显示,直接操作开关及按钮。此外,粮食计量采用数字显示和记录仪记录瞬时值和累计值。筒仓内粮食温度、料位监视,设有独立的温度、料位巡检模拟屏,屏上有指示灯、数字显示、按钮等。

2. 计算机化的散粮码头

计算机化的散粮码头中央控制室主要设有控制用可编程序控制器,和带键盘的彩色的图像显示屏,这两种装置代替了过去的模拟屏和操作台,占地面积减小,控制功能更强。布置在物料输送途径中的各部分设备被显示在屏幕上,每台设备用一个符号的颜色变换,描述出各台设备的状况。

三、信息源装置

操作现场的诸如皮带机速度,物料计量,筒仓内温度、湿度、料位等信息的物理量或机械量,是通过传感器转换为电信息的。传感器又称敏感元件,它发生的信息再通过传送装置送到中央控制室内的集控装置。这套信息的发生和传送装置被称为信息源装置。目前散粮码头普

遍采用的筒仓料位测定办法一般使用压力式传感器,阻旋式传感器已基本不再使用。

第八节 散粮装卸工艺案例分析

一、大连北良有限公司进出口粮食码头装卸工艺案例

1.建设规模

大连北良有限公司进出口粮食码头规模见表9-13。

大连北良粮食码头规模   表9-13

序号	泊 位	设计吞吐量(万t)	泊位数(个)	设计船型DWT(t)	筒仓容量(万t)
1	进口小麦泊位	300	1	80 000	—
2	出口玉米泊位	610	2	30 000	—
	合计	910	3	—	40

2.码头工艺布置

大连北良有限公司粮食码头工程总平面陆域布置由装卸船码头区、计量塔和筒仓、装卸车作业区三部分组成。三者形成三角形布置,之间由高架的斜带式输送机连接成一座大型散粮中转设施(图9-49)。铁路到发场和装卸场采用横列布置。玉米出口码头采用两侧靠船的突堤式码头。小麦码头顺岸布置。其北侧的玉米码头,南侧的铁路大堤及防波堤构成环抱式港池。水域宽阔、操作方便。

图9-49 大连北良有限公司码头工艺布置

为充分利用地形减少开山量,港区陆域分为5个不同高程区域,形成4个台阶。码头区高程5.5m,铁路车场路肩高程11.6m,筒仓区高程13.4m,生产、生活辅建区分别布置在高程为,35m和50m高台上。最大高低相差44.5m,不同设施之间的散粮输送作业由高架栈桥式斜带式输送机相连,形成了现代化散粮码头系统工程。

3.装卸工艺

该工程工艺设计有装卸车(火车),存储,计量、取样检验,装、卸船四大功能。有6个主要

系统:玉米卸车接收系统、玉米装船系统、进口小麦卸船系统、小麦装车发放系统、玉米及小麦筒仓存储系统和散粮进出口计量取样检验系统。共形成七大骨干工艺流程:玉米卸车进筒仓流程、玉米卸车直接装船流程、玉米出仓装船流程、小麦卸船进筒仓流程、小麦卸船直接装车流程、小麦出仓装车流程及倒仓流程。装船、卸船、装车、卸车四种作业可以同时进行。港内散粮输送设备采用全带式输送机方案,系统能力为:玉米部分每线2000t/h,小麦部分为每线1000t/h。整个散粮中转设施系统流畅,能力匹配、协调。

(1)玉米卸车接收系统。玉米卸车采用卸车坑物料自流卸车,共设两条铁路卸车线,每线6个车位,共计12个车位。坑内2条带式输送机接收输送线,输送能力为:2×2000t/h。

(2)玉米装船系统。装船系统由2条2000t/h带式输送机和2台2000t/h移动式装船机组成,装船码头两侧靠船。装船机为旋转式,可向两侧靠泊的散粮船分别装粮。二泊位的装船、靠离泊交替进行,配合作业,以达提高泊位能力之目的。

(3)小麦卸船系统。小麦卸船为一个顺岸泊位,码头上设置2条1000t/h的带式输送机和2台1000t/h机械连续式卸船机(HL-SKT)。

(4)小麦装车系统。装火车作业在装车塔进行。装车塔横跨2条装车线,每线2个车位,共计4个装车车位,装车能力为2×1000t/h。

(5)筒仓存储系统。筒仓总容量40t,由128个钢筋混凝土圆筒立筒仓和工作仓组成。单仓仓容3000t,连体群仓呈双翼式布置,4排60°斜交排列。主仓圆筒内径12m,壁厚220mm,筒壁落地,装粮高度36m,筒下层高8m,全钢锥斗。仓顶房为钢筋混凝土柱支承钢屋架及轻钢围护结构,上下廊为全钢结构。设计年周转30次。仓顶布置有2000t/h的进仓带式输送机,每侧4条线,共计8条线,每线设置卸料小车1台。上筒仓栈桥式高架斜带式输送机与进仓带式输送机的连接采用2000t/h的埋刮板输送机。仓底每侧4条2000t/h出仓带式输送机,共计8条线。

(6)计量、检验系统。该工程为拉开工作楼与筒仓群的距离,消除粉尘爆炸因素,实现全带式输送机输送系统方式,取消工作楼,设置计量塔。计量塔长35m,宽17m,共7层,钢结构。内设计量、取样系统及计量、检验用房等。其中:小麦卸船计量、取样检验设备2套,玉米出仓装船及卸车进仓计量、取样检验(在线分析)设备4套。共计6套计量取样检验设备。

(7)港区铁路及专用散粮车。到发场和装卸场成横列式布置。到发场布置在南侧,设计为2股道,有效长度为850m。装卸场在北侧为两个独立的玉米卸车场和小麦装车场。玉米卸车线两股道,走行线两股道,小麦装车线两股道。装车线有效长度可满足装卸半列车的需要。散粮铁路运输车辆采用专用的L18粮食漏斗车,装粮60t。

4. 控制及计算机管理

自动化控制系统为一个分布式计算机网络系统。该网络系统由PLC(可编程序控制器)、CGP(彩色图形工作站)及计算机管理系统等组成。控制系统由CGP操作,PLC控制54条带式输送机,10台电子斗秤,10台皮带秤,8台带式输送机卸料小车,49套除尘器及各类阀门及三通等设备组成的全部工艺流程,完成散粮进出口中转作业。计算机管理系统可完成散粮码头的生产管理和事务管理。

5. 除尘、消防及熏蒸

根据工艺流程情况设置49套半集中式布置的机械通风除尘设施。每套除尘设施由吸尘

罩、阀门、除尘管道、除尘器及风管等组成。过滤后的废气通过设在高于建筑物 1.5m 处的排风口排出,排气浓度小于 $120mg/m^3$。过滤下来的粉尘再返回到原粮流中去。筒仓、计量塔及辅助建筑物采用临时高压水消防,码头区采用低压水消防。中控制、计算机房、控制设备室采用 FM–200TM 气体灭火系统。熏蒸仓容约为 80000t,采用气体强制机械循环式熏蒸。

二、广州港南沙港区粮食码头工艺系统案例

广州港南沙港区粮食码头建设 10 万吨级和 7 万吨级粮食卸船泊位各 1 个,建设 2000 吨级粮食装船泊位 5 个。主要接卸国外及国内北方粮食,货种包括大豆、玉米、小麦、大麦等。

根据货运量预测、到港船型分析、码头功能分工和功能定位,近期粮食卸船 700 万 t/a,装船 550 万 t/a,汽车发放 150 万 t/a;远期卸船 980 万 t/a,装船 730 万 t/a,汽车发放 150 万 t/a,火车 100 万 t/a。项目规划总仓容 110 万 t 左右,本期建设仓容 45 万 t。码头工艺布置见图 9-50。

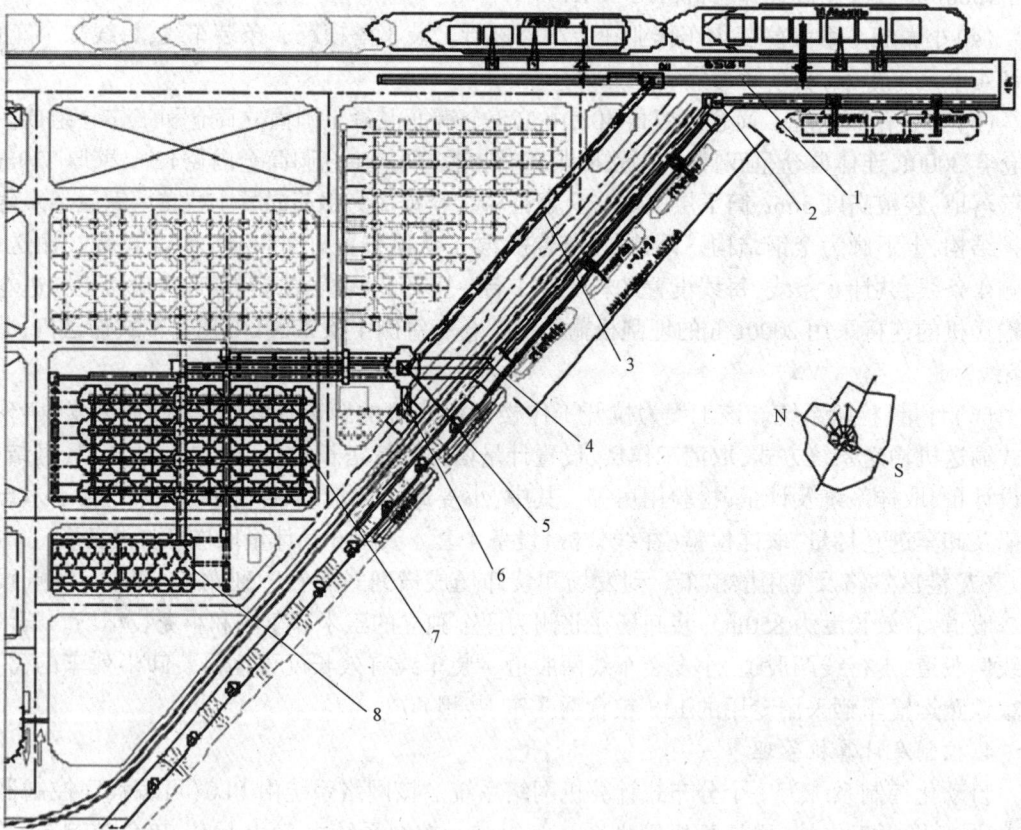

图 9-50　码头工艺布置图

1-顺岸带式输送机;2-装船缓冲舱;3-斜皮带机;4-装船缓冲舱;5-计量塔;6-汽车发放站;7-浅圆仓;8-立筒仓

1. 工艺流程

(1)粮食卸船进仓工艺。卸船作业采用高效的连续卸船机和普通门机(带抓斗)联合作业方案,每个泊位卸船效率 2000t/h。卸船设备可沿码头轨道顺岸移动。

作业时,通过卸船机回转、俯仰、变幅等动作,达到较大的作业覆盖面,使卸船作业能连续高效地运行,并在清舱机的配合下,完成整个卸船作业。

在两个泊位中间布置顺岸带式输送机转接平台,每个卸船泊位后轨外各布置两条2000t/h的顺岸高架栈桥密封式单托辊带式输送机,顺岸带式输送机的总能力与卸船设备的总卸船能力相匹配,可以满足两个泊位的卸船机集中移到1个泊位上作业的要求。

卸船设备将散货船粮食卸至码头顺岸带式输送机上,通过斜交的斜带式输送机爬升进入计量塔内。计量塔布置在整个库区中心,起着所有进出粮的取样、计量和清理的作用,同时连接大小码头、筒仓和汽车发放站,分配进出粮线路。

粮食在计量塔经过取样、磁选、初清、计量后进入倾斜带式输送机输送至仓上的横向多点卸料带式输送机,通过仓顶多点卸料带式输送机分配入仓。

(2)出仓装船工艺。仓内粮食由仓下带式输送机送出,经带式输送机爬升进入计量塔,经计量、取样后输送到装船码头顺岸带式输送机上,通过装船机装船发放。

装船作业分别采用4台装船机在5个泊位(其中1个泊位按待泊泊位考虑)进行装船作业,每个装船机的装船能力为1000t/h。突堤段的两个装船泊位按远期兼顾3.5万吨级散货船型设计,采用两台装船机作业;其余泊位按将来发展为1万吨级泊位考虑。

(3)出仓装汽车工艺。仓内粮食由仓下带式输送机送出,经带式输送机将粮食输送到汽车发放仓仓顶进仓,发放仓内粮食直接由装车溜管装汽车发放。

在靠近计量塔位置共设置4个车位的汽车发放站,每个车位上设缓冲仓,保障筒仓内粮食汽车发放和船车直取作业的连续性和可靠性。在每个车位下设有两根装车溜管同时发放,可大大提高汽车发放效率。

同时,仓内粮食还可以通过筒仓侧壁实现发放装车,在筒仓出仓转换房里也设置了两个汽车发放车位。

(4)倒仓工艺。仓内粮食由仓下带式输送机送出,经带式输送机转接、爬升至计量塔计量后,转入进仓带式输送机上,将粮食输送到仓上的横向多点卸料带式输送机上,通过仓顶多点卸料带式输送机分配入仓。

(5)卸船直取装船工艺。卸船设备将散货船粮食卸至码头顺岸带式输送机上,通过斜带式输送机爬升进入计量塔,经取样、磁选、清理、计量后,经转接,粮食被输送到装船泊位的顺岸带式输送机上,经装船机装船。

(6)卸船直取装汽车工艺。通过卸船设备将粮食卸至顺岸带式输送机上,通过带式输送机输送、转接,粮食被输送到汽车发放仓,装汽车发放;散货船来粮还可以通过卸船设备溜管实现直接装汽车发放。

(7)出仓装火车工艺。仓内粮食由仓下带式输送机送出,经带式输送机将粮食输送到汽车发放仓仓顶,转运至火车发放仓,发放仓内粮食计量后直接由装车溜管装火车发放。

(8)堵料回流系统。计量塔内设有堵料回流系统。

2.码头设备配置

(1)装卸船设备。

①卸船设备。本工程卸船工艺设备采用了2台连续卸船机和4台普通门机(带抓斗)混合机型方案。连续卸船机轨距额定能力1200t/h,轨距为10.5m,外伸距39m。连续卸船机具

有卸船效率高、能耗低、粉尘外扬少、清舱量低、噪声小、结构简单、自重轻、粮食破损少、操作简单、易实现自动控制等优点。

普通门机额定起重量25t，轨距10.5m。设备适应性强，特别是对于结拱的粮食，可以采用抓斗破拱，还能较好地完成清舱作业，完成杂货的卸船作业，使码头具有更强的通用性、适应性。

②装船设备。采用4台1000t/h移动式装船机。

（2）输送设备。

①码头前沿顺岸带式输送机。采用4条高架栈桥全密封单托辊带式输送机，输送能力2000t/h。

②进仓斜带式输送机。考虑气候因素造成的胶带跑偏、设备腐蚀等问题，采用托辊带式输送机，其栈桥按上撑式结构封闭栈桥设计。共布置2条输送能力2000t/h，带宽1.8m，带速3.15m/s的带式输送机。

③仓顶设备。采用单托辊全密封多点卸料带式输送机，输送能力2000t/h。该机型环保密封，可直接放在室外使用，不用另作设备罩棚。

④仓下设备。采用输送能力1000t/h封闭式单托辊带式输送机。由于封闭式带式输送机进料口高度降低，从而降低筒仓高度，节约投资，同时便于粉尘控制。

⑤出仓输送设备。装船码头采用托辊带式输送机（加盖带），其余出仓带式输送机采用深槽气垫带式输送机。带式输送机输送能力为1000t/h，带宽1.4m，带速3.15m/s。

⑥取样设备、计量设备。计量塔设有固定取样器，计量采用斗秤（进仓采用1200t/h×2散粮秤）。

⑦闸阀门。闸阀门全部采用气动驱动，设中心气站。仓下闸门0%～100%可调，由中控室直接控制，可操作性强。

（3）筒仓仓型及配置。立筒仓共采用了45个主仓和8个梅花星仓分两组错列布置，筒仓外径12m，装粮高度30m，主仓单仓仓容2360t，梅花星仓单仓仓容3000t，星仓单仓容达到主仓容的1.3倍左右。主仓和星仓均具有较大的仓容。单仓出口设计成5出口4锥斗的出仓方式（图9-51），浅圆仓装粮高度26.6m，仓下层7m，在仓体高度不会大幅度增加的情况下，实现了粮食完全自流出仓，并相应在仓下布置2条输送线，提高了作业灵活性，充分保障了出仓的可靠性。

3. 工艺系统特点

（1）卸船作业布置灵活，每个泊位卸船设备能力为2000t/h，在每个卸船泊位后各设2条2000t/h的带式输送机，带式输送机转接平台布置在2个泊位中间，转接平台只有1层，相邻1个泊位的卸船机能移动到1个泊位上集中作业。双船靠泊作业时每个泊位能力2000t/h，单船靠泊作业时卸船设备集中作业，泊位卸船能力可达到4000t/h，同时进仓带式输送机能力也按2条2000t/h的生产线设置，充分发挥了系统作业能力，大大提高了卸船效率，减小船舶滞港时间，增强了港口竞争力。

（2）工艺流程高效、可靠，卸船装仓、装船作业、船车直取、船船直取、装车、倒仓流程中任何两项作业可同时进行。此外，工艺流程还具有以下特点：

①可实现双条线路进仓，4条线路发放、汽车侧壁散发同时进行。

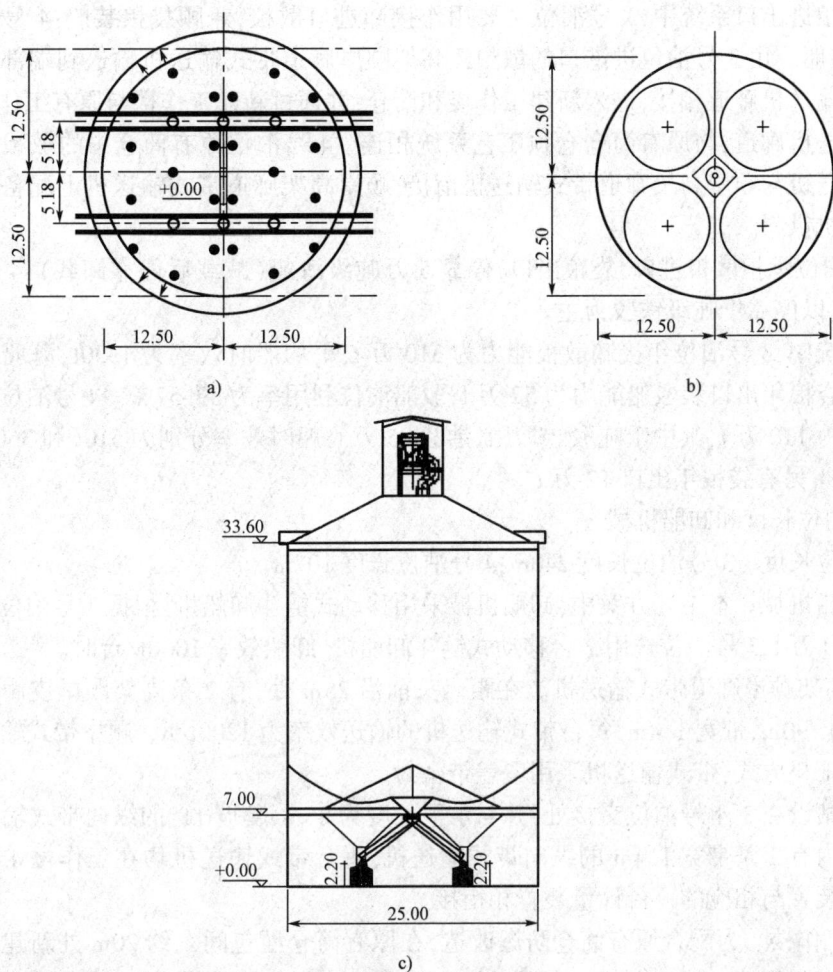

图9-51 4锥斗5出口出粮浅圆仓(单位:m)

a)筒下层(0.00m)剖面图;b)仓底(7.00m)剖面图;c)立面剖视图

②每条进仓运输线可以进入任何一个仓,2条生产线在2处转接点进行交叉互换。

③每个仓保障有2条出仓线路与之相配套。

④每个仓内粮食可在任何一个泊位装船发放,4条出仓装船线可实现交叉互换。

⑤在装船系统配备备载缓冲仓,解决生产线的连续性与装船移仓的间歇性之间的矛盾,使流程衔接更加顺畅。

⑥设置系统保障或误操作存粮、回流筒仓系统。

(3)装车方式灵活,集中发放高效可靠,侧壁直接发放节约运行成本,卸船机直接发放灵活、节能。

三、某海港散粮进口装卸工艺案例

1.散粮码头概括

某海港3、4号泊位散粮进出口系统是在该港原3号散粮专用泊位基础上改造而成的。改

造后的散粮进出口系统中,3 号泊位主要用作接卸进口散粮,兼顾袋粮装船;4 号泊位用作散粮、袋粮装船。由 3 号泊位进港口的散粮经高架顺岸廊道带式输送机输送到端部转运站后与纵向带式输送机廊道相接,进入新建工作楼和筒仓;并通过新建工作楼与原有工作楼之间的架空带式输送机廊道,与原有筒仓仓顶工艺系统相连。4 号泊位原有筒仓中的散粮出仓后经纵向带式输送机与顺岸高架廊道带式输送机衔接,顺岸高架廊道带式输送机上配备一台卸料小车对装船机供料。

3 号泊位承担散粮进口,袋粮出口,停靠 5 万吨级海船(减载后停靠卸载);4 号泊位承担散粮出口,以停靠千吨级铁驳为主。

新系统中,3 号泊位年接卸散粮能力为 310 万 t,平均船时效率为 1330t,海船泊位利用率 44.74%;袋粮年出口装驳船能力为 52 万 t,驳船泊位利用率为 39.57%。4 号泊位年出口散粮装驳能力为 110 万 t,其中千吨驳 25 万 t,港驳 85 万 t,船时效率分别为 510t 和 360t,泊位利用率 65.75%,另有袋粮年出口 12 万 t。

(1)泊位长度和卸船机械

①泊位长度。3 号泊位长度 240m;4 号泊位长度 107m。

②卸船机械。本工艺方案中,卸船机械采用移动式链斗卸船机:根据 3 号泊位年接卸散粮能力为 310 万 t,3 号泊位选用 2 台移动式链斗卸船机,卸船效率 1000t/台时。

(2)高架顺岸廊道带式输送机。在距码头前沿 25m 处,有 2 条高架顺岸皮廊道带式输送机,带长约 190m,带宽 1.4m,每台带式输送机的输送效率为 1200t/h。顺岸带式输送机采用连续不断的工料方式,带式输送机采用覆盖带密封。

转运站设在 3、4 号泊位交接处,并与水平长度为 85m、爬坡 11°的纵向带式输送机廊道相连。廊道内有 2 条带宽 1.4m 的纵向带式输送机,每台带式输送机均在工作楼 4 楼分别通过一台过筛装置与相应的一台计量装置相衔接。

(3)工作楼。为配合原有筒仓防爆改造,在原有筒仓灌包间东约 20m 处新建有共 8 层的工作楼。在工作楼 2 楼上安装 2 台通过能力各为 1200t/台时的散粮计量秤,计量秤秤上斗设在 3 楼,斗的容量为 90m³。在秤上斗上部和纵向带式输送机的下料口之间各设杂物、铁磁清除装置。

工作楼内设有 2 台与计量秤能力相一致的斗式提升机,提升高度约 56.3m。

在工作楼的 7 层通过 50.33m 长的架空带式输送机廊道与原有筒仓仓顶工艺系统连接,廊道内设带式输送机,带宽 1.4m,通过能力各为 1200t/台时。新工作楼通过埋刮板输送机与新筒仓相连,埋刮板输送机的输送效率为 1200t/台时。在 7 楼还设有 2 组取样工艺系统。

在工作楼的 5 层及顶层安装除尘设备及其辅助设备。

根据工艺需要工作楼内配备有 10t 的电动葫芦及载货电梯。

(4)筒仓。筒仓由原有筒仓和新筒仓组成。新筒仓共有 24 个主仓和 12 个星仓,主仓直径 14m,壁厚 0.24m,直筒部分高 27m,堆体部分高 7m,新建筒仓容量 80000 m³,加上原有筒仓容积为 51000m³,系统总容量 119000m³。

①新筒仓。仓顶埋刮板输送机采用板式气动阀门,分叉溜管采用气动转阀控制多点供料和物料转向,筒仓出料设有 3 条通过能力为 600t/h 的正反转带式输送机,带宽 1.2m。筒仓底出料采用电动阀,便于控制流量。

②原有筒仓。原有筒仓仓顶带式输送机全部采用由输送效率为 1200t/台时的埋刮板输送机取代。埋刮板输送机布置在仓顶房内,原有筒仓面板将根据埋刮板输送机溜管布置情况开设新进料口,原有筒仓物流控制方式与新筒仓相同;仓底出料系统不变。

根据工艺设备安装和维修的要求,在新筒仓和原有筒仓顶部设有 2 台悬臂式起重机(起重量各为 5t 的电动葫芦)。

(5)装船工艺系统。在 4 号泊位端部建散粮装船计量系统。计量楼内设 2 台能力各为 300t/台时的计量秤计量楼通过带式输送机分别与原有筒仓出仓和码头装船工艺系统相衔接。

顺岸高架廊道带式输送机上配备一台卸料小车对装船机供料,装船机通过能力每小时 600t,其外伸臂可旋转、伸缩,该机属非国家标准。

(6)灌包间。在 3、4 号泊位新建灌包间各一座。3 泊位包间(132×36)m²,内设 8 组 24 台 100kg 灌包装置。每组灌包秤公用一个秤上斗,容积约为 75m³。秤上斗供料采用 2 台通过能力为每小时 600t 的埋刮板机。新筒仓仓底带式输送机与埋刮板机间用带式输送机相连。

4 号泊位新建灌包间(108×36)m²,内设 2 组 6 台 100kg 灌包装置,秤上斗通过带式输送机与原有仓筒出料系统相连。灌包间多余面积可堆存袋粮。

经过改建后,3、4 号泊位共建布置有 36 台计量称,其中,原有仓筒包间设 9 台,4 号泊位设 6 台,3 号泊位设 24 台。两班灌包能力可达 6000t,能满足 10 条灌包线路同时装船的需要,对装船作业的不平衡性有较大的适应能力。

2. 装卸工艺

(1)装卸工艺流程。如图 9-52 所示,工艺流程包括:

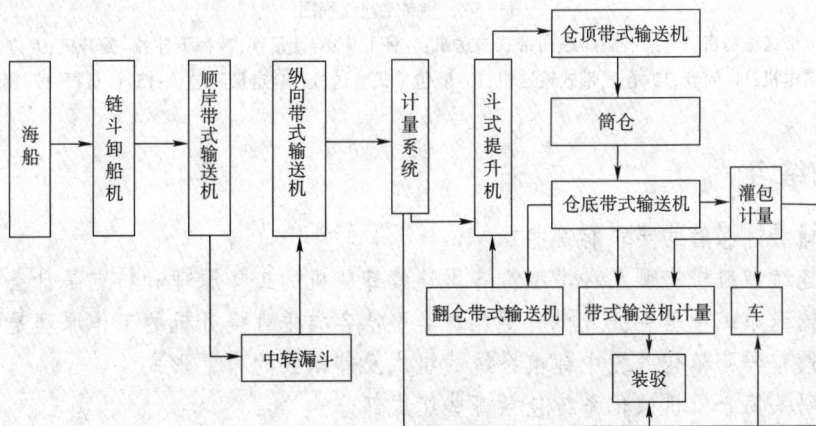

图 9-52 工艺流程图

①海船—筒仓(散)。海船→链斗卸船机→顺带带式输送机→中转漏斗→纵向带式输送机→计量系统→斗式提升机→仓顶带式输送机→筒仓。

②海船→驳船、车。顺岸带式输送机→中转漏斗→纵向带式输送机→计量系统→装船带式输送机/装车带式输送机→装驳/车(散)。

海船→链斗卸船机→顺岸带式输送机→中转漏斗→纵向带式输送机→计量系统→灌包计量→装船带式输送机/装车带式输送机→装驳/车(散)。

③筒仓→驳船车。筒仓→仓底带式输送机→装船带式输送机→驳船(散)。

④翻仓作业。筒仓→仓底带式输送机斗→翻仓带式输送机→斗式提升机→仓顶带式输送机→筒仓。

(2)装卸工艺流程。装卸工艺流程图,如图9-53所示。

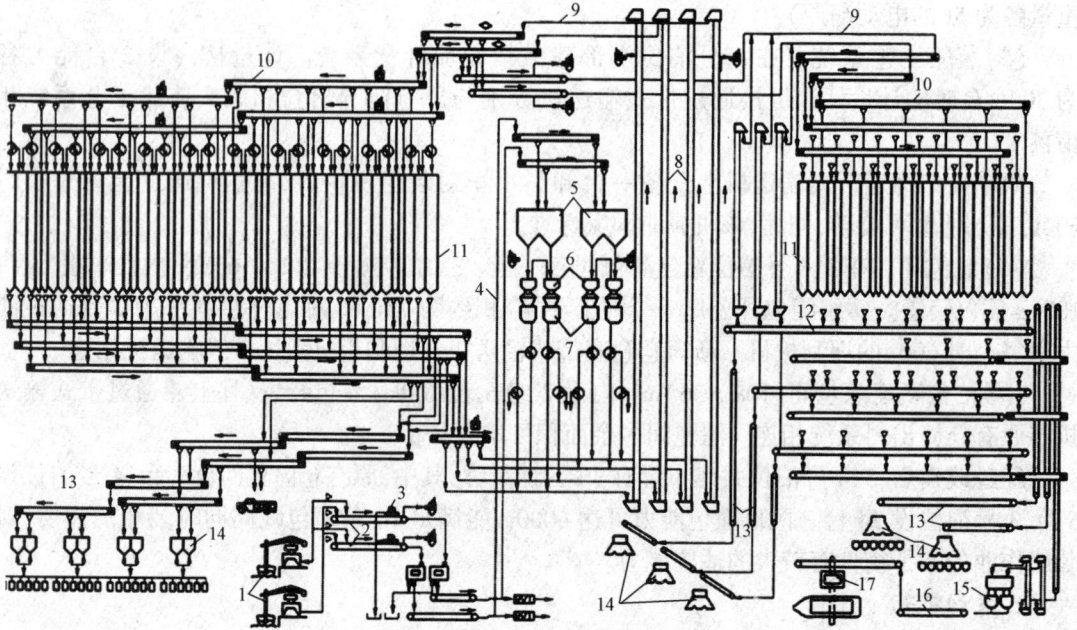

图9-53 装卸工艺流程图

1-卸船机;2-固定带式输送机;3-除铁器;4-纵向带式输送机;5-秤上斗;6-计量秤;7-秤下斗;8-提升机;9-进仓带式输送机;10-仓顶埋刮板输送机;11-筒仓;12-仓底带式输送机;13-灌包带式输送机;14-定量灌包机;15-计量秤;16-装船带式输送机;17-装船机

思考与练习

1. 散粮对装卸保管的要求有哪些?

2. 散粮连续卸船机有哪几种类型?各类连续卸船机的工作原理和特点是什么?

3. 散粮输送系统中垂直提升机有哪几种类型?各类垂直提升机的工作原理是什么?

4. 简述散粮码头粮仓系统中卸粮系统的组成及卸车线的布置形式。

5. 散粮码头筒仓机机械化系统包括哪些组成部分?

6. 如何确定散粮码头筒仓的容量?

7. 散粮码头筒仓系统中工作楼和筒仓的布置形式有哪几种?

8. 简述散粮码头进口和出口的装卸工艺流程。

9. 简述散粮进口和出口码头的工艺布置形式及特点。

10. 散粮筒仓除尘防爆的综合防治措施有哪些?

第十章 港口装卸工艺设计与技术经济论证

案例导入——珠江电厂扩建煤码头装卸工艺方案设计

为满足企业的生产发展需要,珠江电厂煤码头拟扩建1个7万级卸煤泊位,改造建设1个1000吨级和1个2000吨级装煤泊位。要求卸煤泊位计划的年任务量为650万t,装煤泊位计划的年任务量为400万t。

根据珠江港货种、运量、流向,该工程装卸工艺的设计内容主要包括卸船工艺、装船工艺、水平输送工艺。装船工艺设备选用移动式装船机,水平运输采用带式输送机工艺。卸船工艺是对链斗式连续卸船机和桥式抓斗卸船机两种方案进行比较后确定。

1. 链斗式连续卸船机方案

为减少船舶在港时间,加快船舶周转,卸煤泊位卸船设备选用1500t/h链斗式连续卸船机。煤炭经传动链驱动的钢制链斗由船舱内连续卸运到机上的带式输送机,再转送到码头上的固定式带式输送机,最后通过引桥上的固定式带式输送机送到陆域堆场。每条固定式带式输送机的最大生产效率为3600t/h,具备2台1500t/h链斗式连续卸船机同时向其供煤的输送能力。装煤泊位的装船设备选用1500t/h移动式装船机。煤炭从陆域堆场通过固定式带式输送机输送到码头前沿的移动式装船机,再由移动式装船机完成装船作业。为减少工程对环境的影响,拟建的煤堆场采用全封闭的圆形堆场形式,并选用圆形堆取料机完成堆取作业。

卸船装卸工艺流程为:煤炭船→链斗式连续卸船机→带式输送机→转运站→堆场装卸煤工艺系统;装船装卸工艺流程为:堆场装卸煤工艺系统→转运站→带式输送机转运站→移动式装船机→煤炭船。

2. 桥式抓斗卸船机方案

卸煤泊位的卸船设备选用1500t/h桥式抓斗卸船机。煤炭经抓斗卸至机上接料斗,再经机上带式输送机送到码头上的固定式带式输送机,最后通过引桥上的固定式带式输送机送到陆域堆场。每条固定式带式输送机的最大生产效率3600t/h,具备2台1500t/h桥式抓斗卸船机同时向其供煤的输送能力。

该方案的装船作业工艺和堆场作业工艺与链斗式连续卸船机方案相同,卸船装卸工艺流程为:煤炭船→桥式抓斗卸船机→带式输送机→转运站→堆场装卸煤工艺系统。

3. 装卸工艺方案比选

对于上述两个装卸工艺方案的比选,主要是链斗式连续卸船机和桥式抓斗卸船机优缺点的比较。链斗式连续卸船机对环境的污染较小,有效效率较高,单位能耗较低,易实现全自动化控制。但该机对船型、货种、物料粒度、杂质和波浪的适应较差,机构复杂,维修难度较大,造价和营运成本较高。该机一般从欧洲进口,配件难解决,使用经验较少;桥式抓斗卸船机对船

型、货种、物料粒度、杂质和波浪的适应性好,工作可靠,机构简单,操作灵活,维修容易,造价较低,目前在国内外大型专业化矿石和煤炭码头中广泛使用。但该机整机重量较大,有效效率较低,单位能耗较高,防尘效果不如链斗式连续卸船机。

链斗式连续卸船机方案的卸船工艺设备购置及安装费比桥式抓斗卸船机方案高,但能耗较低,效率较高,污染较小。考虑到本工程所处地区的风况条件,并结合日益增高的环保要求以及保持可持续发展的长远要求,工艺设计推荐选用链斗式连续卸船机作为煤码头的卸船设备。

第一节 概　　述

一、港口装卸工艺设计的发展概况

从我国港口码头形式及其装卸工艺的演变发展可以看出港口码头对应的装卸工艺大致经过了以下三个阶段:

(1)自然岸坡→靠人抬肩扛;

(2)斜坡式码头→缆车或带式输送机;

(3)直立式码头→采用移动式悬臂吊、桥吊、门座式起重机等装卸机械等。

目前,根据港口码头形式,从其前沿装卸机械的角度来讲,采用的装卸工艺通常有以下几种类型:

(1)件杂货装卸采用桥式起重机、台式起重机、缆车起重机、固定式起重机、龙门式起重机、门座式起重机以及浮式起重机等机械。

(2)集装箱装卸使用多用途门机、龙门起重机、固定式起重机等。

(3)散货装船的装卸工艺包括定船移机方式和定机移船方式,其中,二者均分为连续式和间歇式。

(4)散货卸车多采用螺旋卸车机、链斗卸车机、翻车机移机推铲卸车机等。

(5)散货装船可采用链斗式卸船机、螺旋式卸船机。

经过数十年来的发展,尤其是近些年来国家对于水运的重视程度日益加深,我国也建成了一批专业化港口。

二、港口装卸工艺设计的任务和重要性

港口装卸工艺设计是港口工程设计的重要组成部分。它的基本任务是在港址选择、港口装卸任务确定的前提下,通过港口装卸机械化系统方案的设计,技术经济论证和方案比选,确定港口码头为完成既定的装卸任务,所采用的装卸工艺和合理的装卸工作组织。

装卸工艺是实现港口物流功能的手段,港口物流过程复杂,货物要经过多次周转,每经过一个流通终端,每次转换都必须进行一次装卸搬运作业。港口要实现上述过程,满足客户需求,就必须研究装卸工艺,制定并实施科学合理的装卸工艺方案。因此在港口工程建设中要重视装卸工艺的设计,认真做好方案的比选工作,使所选定的方案确实是技术先进,使用方便,经济合理的优秀方案。

三、港口装卸工艺设计的内容和步骤

港口装卸工艺设计基本上分为装卸机械化系统方案拟定和技术经济论证两大部分。具体内容如图 10-1 所示。

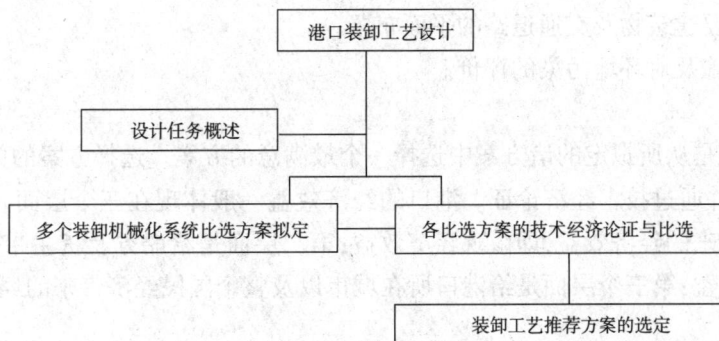

图 10-1 港口装卸工艺设计示意图

1. 设计任务概述

在港口装卸工艺设计任务概述中,主要说明本设计的必要性、重要性和可能性。根据国民经济发展的要求,从分析评价原装卸系统,预测在计划期内港口吞吐量任务和货种、货流和货运量,以及船型、机械发展趋势,说明本设计的重要性,然后从自然条件、地质情况、原料来源、技术状况等方面说明建设项目的可能性。

具体可包括以下内容:

(1)建设项目的依据;

(2)港口装卸工艺发展的沿革及特点、船型、机械等发展的趋势;

(3)运输形势分析和吞吐量发展水平;

(4)能力与任务的适应情况及存在问题及原因;

(5)货种的构成、流量、流向的分析;

(6)自然条件,地质情况,原料来源及技术情况的分析;

(7)提出建设的方向。

2. 拟定多个装卸工艺方案

决策需要比较,需要拟定各种可能的方案进行比较。在拟订方案是要注意详尽性与可比性两个方面。所谓详尽性,是指所拟定的全部方案应把所有的可能方案都包括进去。否则,如果拟定的全部方案中漏掉了某些可能的方案,那么最后选择的方案就有可能不是最优的。至少不能断定它是最优的。因为在这种情况下不能排除最好的方案被漏掉的可能性。

所谓方案的可比性是指所拟定供比较的方案都能满足设计任务及应用上的要求,而每个方案都各有优缺点,很难一眼看出孰优孰劣。必须通过对各方案的主要技术经济指标进行比较才能做出最后的取舍。

拟订方案时,每个方案都应包括以下内容:

(1)设计任务的分析;

(2)码头结构和设计代表船型的选择;

427

（3）泊位数的确定及装卸工艺流程的确定和分析；

（4）主要装卸设备和辅助机械设备（包括主要装卸工属具的配备）的选型和需要量的确定；

（5）与工艺相适应的配套要求，包括库场建设规模，铁路线路及工人（驾驶员）数等；

（6）港内主要建筑物及交通道路的平面布置；

（7）环保设施及对环境污染的评价。

3. 方案比选

选择方案就是从所拟定的诸方案中选择一个最满意的方案。选择方案的关键是确定方案评价标准问题，并通过技术经济论证。港口的经济效益一般体现在三个层面。第一层面是建港给港口自身带来的经济效益，即微观经济效益；第二层面是给船方及货主带来的经济效益，即中观的经济效益；第三个层面是给港口所在城市以及整个国民经济带来的经济效益，即宏观经济效益。

一般来说，不同的装卸工艺方案对宏观经济效益的影响的差异并不明显，所以在选择装卸工艺时应该把中观经济效益和微观经济效益结合在一起进行论证。这就使港口装卸工艺设计成了一个多目标决策的课题。在这些目标中间有可以定量的因素，也有不可定量的因素。在可以定量的目标中，既有经济目标，又有效率目标。

在确定评价标准时，应尽量把目标减少到最低限度，如尽量用一个目标来反映多种费用目标。对于那些可以定量的非费用目标，如果能在费用目标中反映，则不必另外列出。而那些可定量的非费用目标，有的可以列为约束条件，有的则可以作为辅助指标计分。

在标准问题解决之后，就可根据标准的要求计算各项经济指标，同时对那些无法定量的指标作定性的分析，最后通过对这些标准的比较，选出最满意的方案。在计算各方案的经济指标时，为了减少计算工作量，对各方案的共同部分可不必计算（如航道、水域费用等）。

4. 确定推荐方案

根据上述论证，选取装卸工艺推荐方案，并包括如下附图：

（1）港口平面图；

（2）装卸工艺平面布置及断面图；

（3）各种装卸机械及码头结构的剖面图。

四、港口装卸工艺设计的内容和步骤

港口工艺设计的原始资料是工艺设计的前提和基础条件之一，通常是在设计前通过调查研究和对设计任务详细分析后获取。为了使设计方案具有先进性和可行性，在正式设计前要对有关国内外现有的装卸工艺进行对比分析，特别要了解在工艺施工过程中出现的问题和解决的措施，要总结工艺营运的生产效率和经济效果，作为具体设计时的参考。对设计任务的分析主要包括如下内容：

1. 港口地形平面图

新建港区区域的平面图，应有标高，旧港扩建时，除原有的平面图外，还应有扩建部分的平面图。

2. 货运量资料

货运量资料应包括:货物种类、货物特性、货物包装、流量、流向、季节性、货流的不平衡情况和货流的长期稳定性。

(1)散货:散货的品种、流量、流向和数量;块度、自然堆积角、容重和含水率。

(2)件杂货:品种、数量、流向、包装规格和尺寸,特别是对长大件,重件货物的数量、流向、单件重量和尺寸;

(3)季节性货物的品种、数量、流向及运输季节;

(4)危险品货物的主要品种数量、性质及对安全的要求;

(5)散装液体货物的品种数量、流向、黏度、相对密度、燃点、爆炸极限及比热等。

3. 自然情况

地质条件,决定码头形式水文条件包括最高水位、最低水位、潮位、码头标高等,对装卸效率有影响,并对机械的参数有影响。

气象条件,包括风向、雨、雪、雾、冰冻期,与码头的平面布置有关,也与港口的通过能力有关。

4. 运输工具

(1)船型资料。在装卸工艺设计中调查收集和选定设计代表船型的目的是为了确定泊位线的长度。调查搜集船型资料应注意既要充分考虑设计代表船型及其发展趋势,又要顾及当前的实际情况;在有外贸任务的港口,设计船型的选择既要考虑国内船型,也要考虑国外船型的要求,不仅要考虑进口船型还要注意出口船型。

①船型尺寸。包括船长、船宽、船舶型深、船舶空、满载时上层建筑的高度,要查明船舶最高固定点距离水面的高度。

②船舶的载货吨数及各种船型比重。

③船舶的装卸条件。包括船舱尺寸、船舱数、舱口尺寸、各舱口之间的距离、各船舱载货吨位、甲板层数等。

④船吊的负荷。

⑤每船队驳船数及驳船的编队形式。

⑥其他与装卸工艺有关或特殊的要求。

(2)车型资料。包括车辆的载重吨、昼夜送车次数、车辆尺寸,及铁路部门对车辆在港装卸时间的要求、每列列车的车厢数。

5. 计算方法和统计资料

包括现行的成本计算方法和过去有关成本(各类费用)的统计资料。

6. 装卸及辅助机械设备的资料

包括装卸机械的造价、机械性能、设计生产能力、适用范围、耗电、耗油量、操作使用效果及修理维修的间隔期、修理费、使用年限。

7. 人员情况

包括工人、驾驶员的人数及出勤率

8. 港口生产情况

包括港口现有生产能力、历年生产完成情况、生产的不平衡性等。

上述各类资料的收集和分析，为确定装卸工艺设计方案中的设计参数提供依据。

第二节　装卸工艺方案的拟订

一、拟订方案的一般规定和原则

1. 一般规定

中华人民共和国交通运输部颁布的《海港总平面设计规范》（JTS 165—2013）对装卸工艺设计做出了如下规定：

（1）装卸工艺设计应进行多方案的技术经济比较，满足加快车船周转、各环节生产能力相匹配和降低营运成本的要求。应积极采用先进科学技术和现代管理方法，保证作业安全、减少环境影响、降低能耗和改善劳动条件。

（2）装卸机械设备应根据装卸工艺的要求选型，并综合考虑技术先进、经济合理、安全可靠、能耗低、污染少、维修简便等因素。现有设备满足不了装卸工艺合理的配置要求时，可根据实际需要研制、开发。设备可视运量增长分期配置。

（3）装卸件杂货宜发展成组和集装化，装卸设备能力应相适应。

（4）当货类单一、流向稳定、运量具有一定规模时，可按专业化码头设计。

（5）必须在港口进行的计量、配料、保温、解冻、熏蒸、取制样和缝拆包等作业时，应在设计时一并考虑。

（6）危险品码头的装卸工艺设计，应符合《建筑设计防火规范》（GB 50016）、《危险货物集装箱港口作业安全规程》（JT 397）等现行国家标准的有关规定。

（7）采用大型移动式装卸机械时，应设置检修和防风抗台装置。

2. 拟订方案的原则

（1）合理化原则。要符合客观经济规律和国家的有关政策，这是使项目可能实施的根本保证。

①在机械选型方面，应选用性能稳定、效率高、能耗低、安全性好、维修方便和污染小的机械。

②在各生产环节生产效率的确定方面，要求装卸工艺的各装卸、运输、堆场与仓库的作业环节的衔接是可能的、可靠的和合理的；相互衔接的各环节的生产率是相适应的。

③在工艺的施工方面，要考虑施工的可能性，特别要因地制宜，如要考虑码头前沿的挖泥的去向和填方原材料的来源。

④工艺操作方便和提高作业效率方面，工艺方案要采取有效措施减少装卸作业中断的时间，因为装卸作业中断时间是直接影响装卸效率的因素。

⑤在方案实施过程中，必须要考虑施工的方便，机械的操作、管理、维修的方便。

（2）可靠性原则。港口装卸工艺系统的可靠性是指系统在规定条件下和规定的时间内完成规定功能的能力。港口装卸工艺系统由一系列装卸设备组成，如矿石码头装卸系统包括：桥式抓斗卸船机、带式输送机、堆料机、取料机、堆取料机、装船机、转接塔等。这些装卸设备是整个装卸系统的组成单元。港口装卸系统最重要、最基本的两种状态就是正常工作状态和故障停机状态,而系统的正常工作状态和故障停机状态不断相互转移,循环往复,如何保证生产作业的有序进行,维持系统正常工作状态在工作时间运行时至关重要。

（3）系统性的原则。在进行港口装卸工艺的设计时,系统是工艺设计立意的精髓所在,也是工艺现代化的发展方向。港口装卸工艺是水运工艺的重要组成部分,是整个运输系统的一个不可分割的环节,重大的装卸工艺的技术改造,必须和货物,运输,工具等的改革结合起来进行。正是从"系统"这个现代化观念出发,在评估运输价值时,不宜孤立地看待一个流程设计的质量,而是应着眼于整个运输系统去进行深入的分析。

（4）方案的多样性原则。重大的决策应从全方位、多途径和多角度来制订各种方案。方案至少要有两个以上,以便进行对比,才能使决策趋于最优。

（5）防止污染和环境保护的原则。随着人类社会经济的高度发展和人民生活质量的不断提高,港口码头的建设项目对自然环境的影响程度已经成为该项目可行与否的一个重要条件。因此,在装卸工艺设计中,必须要有该项目对环境的污染及其防治环境污染的措施的论证。

（6）应考虑可持续发展。考虑可持续发展,即设计项目中对港口建设规模要留有发展的余地,即泊位线、仓库、堆场的面积和布局要有发展余地,而且也要考虑运输工具和装卸机械的发展前景。船型的发展也应留有余地。

二、拟定比选方案的要求

装卸工艺的比选方案应由不同的大方案和小方案组成。

所谓"大方案"即是指主要装卸机械的工艺方案,"小方案"即为同一大方案中采用不同生产率或台数不同的机械的方案,或同一大方案中平面布置不同的小方案。例如,集装箱装卸机械化系统的两个比选大方案可选择集装箱装卸桥—牵引车—轮胎式龙门起重机（方案一）和集装箱装卸桥—跨运车—轮胎式龙门起重机（方案二）。每个大方案又可由其中的小方案组成,如大方案一、二中可设二个小方案,分别设置不同机械数量配比,如表10-1所示。

装卸工艺比选方案

表10-1

大方案 小方案	集装箱装卸桥—牵引车—轮胎式龙门起重机	集装箱装卸桥—跨运车—轮胎式龙门起重机
1	1:3:5	1:3:5
2	1:4:6	1:4:6

方案比选的过程通常是:先比较同类大方案中的小方案,选出其中最好的小方案作为大方案的代表,再进行大方案的比选,在此基础上确定最佳的推荐方案。

在某种情况下,方案的比选也可以通过机械选型的比选后,定出大方案,而再在不同平面布置的方案之间比选后确定推荐方案。如散货堆场的横向布置或纵向布置的比选等等,但严格说来,这样的比选也属于小方案的比选。

总之,在确定比选方案时,一定要需注意参加比选的方案必须是值得比选的,也就是在诸方案中,应先排除那些有明显缺陷的方案,然后把不相上下的各方案经过经济论证后选择最满意的方案。

三、设计任务分析和工艺流程确定

1. 设计任务分析的主要指标

（1）货物吞吐量。货物吞吐量是指经水运进、出港区范围并经装卸的货物数量。包括邮件及办理托运手续的行包裹，以及补给船舶的燃、物料和淡水。在港口装卸工艺设计中，货物吞吐量是衡量港口生产任务大小的主要数量指标，也是港口发展规划、码头与装卸工艺扩建和改建的主要依据。

货物吞吐量由出口吞吐量和进口吞吐量两部分组成。出口吞吐量是指从本港装船运出港口的货物数量，包括在本港扎排运出的竹、木排。进口吞吐量是指由水运运进港口卸下的货物数量，包括流放或由船舶拖带进港、在本港拆排的竹木排。

货物吞吐量的计算方法是：

①自本港装船运出港口的货物，计算为出口吞吐量；

②自水运运进港口卸下的货物，计算为进口吞吐量；

③自水运运进港口，经装卸又从水运运出港口的转口货物，分别按进口和出口各计算一次吞吐量。

货物吞吐量必须以该船需在本港装卸的货物全部卸完、货物装妥并办完交接手续后一次进行统计。

下面一些情况不能计算为货物吞吐量：

①由同一船舶运载进港，未经装卸又运载进港的货物（包括原驳换拖）；

②由同一船舶卸下，随又装上同一船舶运出港口的货物；

③由本港装船未运出复又卸回本港的货物；

④本港港区范围内的轮渡、短途运输货物以及为运输船舶装卸服务的驳运量和各码头之间的驳运量；

⑤港口进行疏浚运至港外抛弃的泥沙及其他废弃物；

⑥在同一市区内港与港之间的货物运输；

⑦路过的竹、木排，在港进行原港加固、小排并大排或大排改小排等加工整理的；

⑧渔船或其他船舶直接自江、海、船舶中捕捞运进港口的水产品以及挖掘的河泥。

在吞吐量中对转口吞吐量和船过船转口吞吐量另行统计。转口吞吐量是指水运运进港口，经装卸后又从水运运出港口的货物数量。包括船—岸—船间接换装转口和船—船之间直接换装转口两个部分。其中船过船转口吞吐量是指船到船直接换装转出的货物数量，它是转口吞吐量的组成部分，在统计时要另行列出。这部分吞吐量通常算为水运中转吞吐量。

（2）装卸自然吨。装卸自然吨是指进、出港区并经装卸的货物数量。一吨货物从进港至出港（包括进港后不再出港、在港区内消耗的物资，如：建港物资等），不论经过几次操作，均只计算一个装卸自然吨。

装卸自然吨与吞吐量之间的最大的区别，就在于水运中转货物，在港口进行换装作业时，每一装卸自然吨计算为 $2t$ 吞吐量，因而它是不随装卸工艺的变化而改变数值的。因此，装卸自然吨通常用来作为计算港口装卸成本的计量单位。

（3）操作量。操作量是指通过一个完整的操作过程，所装卸、搬运的货物数量，计算单位为操作吨。在一个既定的操作过程中,一吨货物不论经过几组工或几部机械操作,也不论搬运距离的远近,是否有辅助作业,均只计算一次操作量。

装卸操作过程一般划分为:

①船—船;

②船—车、驳;

③船—库、场;

④车、驳—库、场;

⑤库、场—库、场。

同一库场内倒垛、转堆属库场整理性质,与翻舱,散货的拆、倒、灌、绞包,对晒货物等同属于装卸辅助作业,一律不得计算为操作量。

操作量是反映装卸工作量大小的数量指标。编制计划时,操作量是根据吞吐量与各种货物操作方案,通过操作系数确定的。在统计时则是根据报告期实绩累计求得的。

(4)装卸作业直取比重。装卸作业直取比重是指直接作业的装卸货物数量占全部装卸货物数量的比重,它是反映港口组织工作水平的质量指标之一。装卸作业直取比重的提高,能节约劳动力,加速车、船的周期。其计算公式如下:

装卸作业直取比重 = {船(驳)至驳(船)装卸货物数量 + 船(车)至车(船)装卸货物数量}/
全部装卸货物数量

(5)操作系数。这里的操作系数是指货物操作量与装卸自然吨的比值,它是考核港口装卸工作组织是否合理的主要质量指标之一,用以测定每吨货物在本港各作业区内的平均操作数。

由于每吨货物通过港口至少要经过一次装卸,因此操作系数不会小于1。如果港口全部装卸工作均以直接作业的形式进行(如船—船或船—车),则操作系数 =1。但实际上,由于水路运输工具不能完全衔接一致,因此,必须有一部分货物要入库场暂时保管,然后在运出港口,在这种情况下操作系数大于1。操作系数的计算公式如下:

操作系数 = 操作量/装卸自然吨

在一般情况下,操作系数低的港口,直取比重就高,需要的库场会相对减少,同时也反映货物在港口进行换装作业耗费的劳动量少,换装的成本也较低,通常这应该是港口追求的目标。但是这也必须根据实际情况决定,不能盲目地追求这项指标的降低。例如在车船衔接不好的情况下,为了确保船期或提高装卸车船的效率,港口必须要有适当的堆存能力。

2.港口装卸工艺设计任务分析

港口装卸工艺设计任务分析包括设计港口吞吐量分析和工艺流程选定两部分。

(1)设计港口吞吐量分析。设计港口吞吐量分析的目的是确定入库(场)量和实际通过码头的作业量,为确定港口建设规模提供计算的依据。用实际通过码头的作业量作为计算泊位数的依据是因为吞吐量计算规定中不包括船(库)—港驳的作业量,而这个作业需要占用泊位,如不考虑此作业量,所计算所需的泊位数就不能完成任务。此外,在吞吐量计算规定中,船—驳(外档)的水上作业时,1t 作业量要计两个吞吐量,而实际上此项操作是一次作业就完成。所以需要进行设计任务分析,精确的确定码头作业量。同样道理,通过分析的货物入库或进场的数量才可作为计算库场面积的依据。

例10-1 某设计年吞吐量600万TEU的集装箱码头,其中进、出口中转集装箱分别为200和400万TEU。出口的集装箱直取比重为30%,港驳运输40TEU,长江驳运输80万TEU。其余的集装箱入场,分别是由货车和驳船运进码头,其中货车运输量为180万TEU、驳船运输量100万TEU。进口中转集装箱完全通过驳船运输,其中港口落驳和长江落驳各自为100万TEU。试分析设计吞吐量(图10-2)。

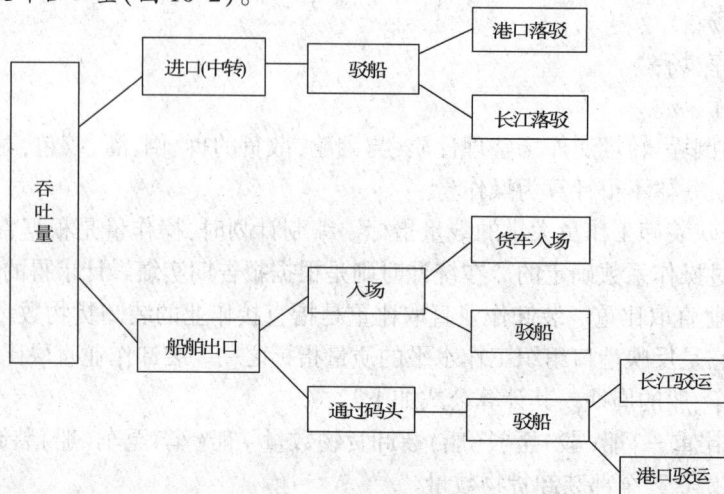

图10-2 泊位设计吞吐量

分析所得的码头作业量如下:

进口(驳船泊位):船—驳200万t;

出口(海船泊位):场—船280万t;

(驳船泊位):驳—船120万t;

驳—场100万t;

总计:700万t。

由此可见,设计吞吐量和码头作业量是不同的,码头作业量是实际装卸作业占用泊位所完成的量,所以应作为计算各环节建设规模的依据。

(2)工艺流程选定。在装卸工艺设计过程中,装卸工艺流程是根据设计任务中货物种类、货物流向等要求而设计的。工艺流程的合理与否会直接影响装卸机械的配置、港内库场设置、货物在港装卸搬运的操作的效率、货物在港的流转效率、装卸工艺的平面布置。如上例中,根据设计任务的要求,可确定工艺流程和操作过程(图10-3、表10-2)如下:

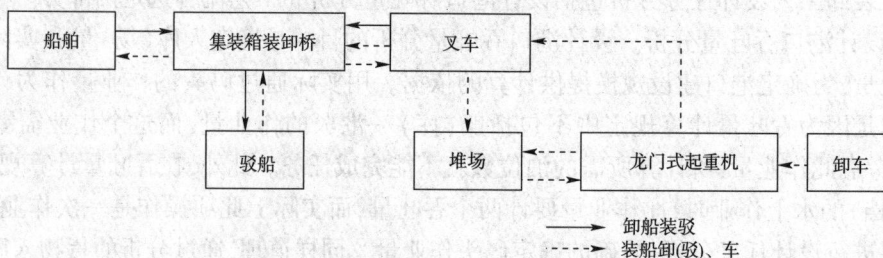

图10-3 设计工艺流程

操作过程	流程
船—驳船	集装箱装卸桥～驳船
车—场	车→龙门式起重机
场—船	堆场→龙门式起重机→叉车→集装箱装卸桥→船
驳—场	驳船→集装箱装卸船→叉车→龙门式起重机→堆场

根据工艺流程确定的操作过程和操作量如下:

操作过程操作量(单位:万t)

船—驳　　200

车—场　　180

场—船　　280

驳—场　　100

总计　　760

操作系数 = 操作量/装卸自然吨 = 760/600 = 1.27

第三节 船舶装卸时间的计算

一、作业线生产率的概念

散货卸船起重机的生产率散货卸船起重机的生产率可分理论平均生产率、理论最大生产率、实际作业生产率及卸货平均生产率等几种。

(1)理论平均生产率:指在抓斗满载的情况下,以规定的速度和加速度,由平均水位和满载船舶中心线交点,按一定的几何曲线计算所得的生产率。在装卸工艺的设计中,卸货第一阶段的卸船起重机生产率即指理论平均生产率。

(2)理论最大生产率:指在抓斗满载的情况下,以规定的速度和加速度,由最高水位和满载船舶的货物表面最有利于卸货的位置,按一定的几何曲线计算所得的生产率。在装卸工艺的设计中,与散货卸船起重机衔接的搬运机械设备(如带式输送机、皮带秤等)的生产率均应与理论最大生产率相适应。在具体计算时,为简化步骤,常按理论平均生产率增加15% ~ 20%的比例计算。

(3)实际作业生产率:指不包括舱底作业等辅助作业的散货卸船起重机实际达到的生产率。

件杂货装卸船起重机的生产率也可分为理论平均生产率、理论最大生产率等几种,但与散货装卸船不同的是它没有明显的清舱作业和满舱作业之分,所以在实际应用时,因为件杂货货种的复杂性,往往是以各货种理论平均生产率为基础,求得综合平均生产率作为计算其他项目的基础。

在多台机械联合多线作业时,要考虑机械的相互干扰,一般情况下,当两台起重机在同一舱作业时,机械效率平均每台下降20%。当一台起重机和一船吊在同一舱作业时,其中一台船吊的生产效率下降25%。

二、船舶装卸时间的计算

船舶装卸时间是指港口完成船舶货物装卸的生产作业时间，它是由船舶纯装卸时间和生产性辅助作业时间组成。其中，生产性辅助作业时间是指装卸作业过程中装卸机械的移机，舱内作业机械的吊出、吊入船舱等作业时间，即在生产过程中为装卸作业直接服务的辅助作业时间。下面以散货卸船作业为例，计算船舶装卸时间。

散货卸船作业可分为两个阶段，第一阶段为物料满载卸货，此时，卸船可以理论平均生产率卸货；第二阶段是清舱阶段，此时，船舱内大部分物料已被卸下，剩下的物料（清舱量）卸船效率取决于清舱机的生产率。两个阶段的装卸时间计算分别如下。

第一阶段：抓斗满载

$$t_{纯装卸1} = \frac{第一阶段卸货量}{理论平均生产率}$$

第二阶段：清舱阶段

$$t_{纯装卸2} = \frac{清舱量}{清舱机生产率}$$

根据实际经验，干散货的清舱量与选用的卸船机有关，如带斗门机清舱量为15%，装卸桥清舱量为20%，链斗卸船机清舱量为8%。

下面以卸煤炭船为例，说明计算方法。

例10-2 设一条船型为六舱制的船，总载重量为50473t，有3台装卸桥，装卸桥卸煤生产率1000t/台时，起重机每移机一次时间为1h，吊入吊出清舱机为1.5h，清舱机的生产效率为150/台时，求该船的卸船时间。

1. 计算纯装卸船时间

根据装卸桥和清舱机生产效率计算船舶纯装卸时间如表10-3所示。

煤炭船各舱卸船时间计算表　　　　　　　　　　　　　　　　　　表10-3

船舱顺序		1	2	3	4	5	6	合计
船舱舱容（m³）		8838	8081	7828	7639	9280	8807	50473
载重量利用率		0.88	0.88	0.88	0.88	0.88	0.88	0.88
煤炭容重（t/m³）		0.9	0.9	0.9	0.9	0.9	0.9	0.9
载煤重量（t）		7000	6400	6200	6050	7350	6975	39975
第一阶段	卸船生产率（t/h）	1000						
	卸船量（t）	0.8						
	卸煤量比例	5600	5120	4860	4840	5880	5580	18310
	卸船时间（h）	5.60	5.12	4.96	4.84	5.88	5.58	
第二阶段	卸船生产率（t/h）	150						
	卸船量（t）	0.2						
	卸煤量比例	1400	1280	1340	1210	1470	1395	8095
	卸船时间（h）	9.33	8.53	8.93	8.07	9.80	9.30	
纯装卸时间（h）		14.93	13.65	13.89	12.91	15.68	14.88	

2.船舶装卸作业时间

船舶装卸作业时间与装卸作业组织情况有关。

例10-3　3台装卸桥卸船作业的组织的程序安排如下。

第一台装卸桥:卸1舱后,移机卸2舱,移机时间为1h;

第二台装卸桥:卸3舱后,移机卸4舱,移机时间为1h;

第三台装卸桥:卸5舱后,移机卸6舱,移机时间为1h。

则煤炭船总装卸作业时间如表10-4所示。

煤炭船总装卸作业时间计算表　　　　　　　　表10-4

机械号	舱号		装　卸　时　间(h)					
装卸桥1	1	29.58	5.60	*1.5	9.33			
	2					1	5.12	*1.5	8.53
装卸桥2	3	27.80	4.96	*1.5	8.93			
	4					1	4.84	*1.5	8.07
装卸桥3	5	31.56	5.88	*1.5	9.80			
	6					1	5.58	*1.5	9.30
总装卸时间(h)		31.56	其中		纯装卸27.56,吊入(出)清舱机3、移机1			

注:*表示吊入(出)清舱机时间。

由上述计算方法可见,船舶总装卸时间就是各台机械装卸作业中最长的装卸作业时间。因此,船舶在港停时不仅与船舶纯装卸作业时间关系密切,而且与装卸作业的组织有关,特别是对船舶重点舱的装卸作业组织有关,因为船舶装卸的重点舱会随着装卸作业进展而改变,所以港口生产调度部门在装卸作业组织过程中要特别关注船舶重点舱的装卸作业,要通过合理地调配和组织机械装卸作业,并注意重点舱转移,使船舶总装卸时间缩短。

3.舱时量

船舶舱时量是指平均每个舱口在一小时内完成的装卸货物的吨数,也称船舶装卸效率。可按下式计算

$$舱时量 = \frac{船舶实际装卸量}{舱口实际工作小时} (t/h)$$

4.泊位日平均装卸效率

$$泊位日均装卸效率\left(\frac{t}{d}\right) = \frac{船舶载重量}{船舶占用泊位时间} \times 泊位昼夜实际装卸小时$$

泊位昼夜实际装卸小时并非24h,它与船型、机械的装卸效率等因素有关,可用下式求得:

$$泊位昼夜实际装卸小时 = 泊位日最高小时 \times \frac{船舶装卸时间}{船舶占用泊位时间}$$

三、船舶在港作业组织

合理组织船舶在港作业的实质就是合理安排参加装卸作业机械的工作时间,确定船舶合理的装卸时间。

下面介绍的船舶装卸时间及机械的工作进程方法,原则上适用装卸工艺设计中,船舶装卸作业安排和装卸时间的确定。

1. 使用一种机械装卸作业时

船舶装卸时间:

$$T = \frac{\sum Q_i}{n\overline{P}}$$

各舱装卸时:

$$t_i = \frac{Q_i}{P_i}$$

式中:$\sum Q_i$——各舱载货量之和;

$\overline{P}$——每台机械装卸各种货物的综合装卸效率;

n——每项装卸作业的机械台数。

$$\overline{P} = \frac{\sum Q_i}{\sum \dfrac{Q_i}{P_i}} = \frac{1}{\sum \dfrac{a_i}{P_i}}$$

式中:Q_i——各舱载货量;

P_i——各舱装卸效率(各种货物装卸的综合效率);

a_i——各舱载货量占全船载货量之比重。

例10-4 某港用 5 台门机装卸一艘 5 个舱的船舶,货物在各舱的分布如表10-5所示。

各舱货物分布 表10-5

舱　别	货种	载货量占全船载货量比重(%)	装卸效率(t/台时)
一	玉米	24.7	150
二	煤炭	34.6	175
三	棉布	6.6	80
四	卷钢	11.5	100
五	印度矿	22.6	125
∑		30375	

求:不考虑移机时间,船舶装卸时间和在各舱的作业时间。

解:(1)各台门机的综合装卸效率:

$$\overline{P} = \frac{\sum Q_i}{\sum \dfrac{Q_i}{P_i}} = \frac{30375}{\dfrac{7500}{150} + \dfrac{10500}{175} + \dfrac{2000}{80} + \dfrac{3500}{100} + \dfrac{6865}{125}} = 135\ \text{t/h}$$

(2)船舶装卸停泊时间:

$$T = \frac{\sum Q_i}{n\overline{P}} = \frac{30375}{5 \times 135} = 45\text{h}$$

此数据表示 5 台门机参加装卸作业时,船舶所需的装卸作业停泊时间(全船各舱和各台机械的装卸作业组织安排见表10-6)。

(3)各舱所需的装卸时间(由于舱内装货不平衡,所需的装卸时间也是不同的)。

$$t_1 = \frac{Q_1}{P_1} = \frac{7500}{150} = 50\text{h}$$

$$t_2 = \frac{Q_2}{P_2} = \frac{10500}{175} = 60\text{h}$$

$$t_3 = \frac{Q_3}{P_3} = \frac{2000}{80} = 25\text{h}$$

$$t_4 = \frac{Q_4}{P_4} = \frac{3500}{100} = 35\text{h}$$

$$t_5 = \frac{Q_5}{P_5} = \frac{6875}{125} = 55\text{h}$$

船舶装卸作业时间　　　　　　　　　　　　　　　　　表 10-6

舱　　号	船舱载重吨(t)	所需装卸时间(h)	机　械　号				
			1	2	3	4	5
1	7500	50	45	5			
2	10500	60		40	20		
3	2000	25			25		
4	3500	35				35	
5	6875	55				10	45
全船总计	30375	45	45	45	45	45	45

(4)根据船舶的装卸停泊时间和各舱所需的装卸时间的要求,安排机械作业的时间。

所以本例中,不计移机等装卸辅助作业时间,船舶总的装卸停泊时间为 45h,每一台门机作业时间也是 45h,这种情况表明,通过装卸工作组织,机械能力得到了充分的利用,船舶在港停时也因此而缩短。

在船舶装卸工作组织时要注意的是,同时开机数不能超过已知机械台数;移机安排注意轨道的限制。在上例中,各舱只装了一个货种。若各舱只装卸不同货种时,要先求出各舱的综合效率,再求出全船的综合效率,如有移机时间,需要在作业进程中加上。

2.船吊和岸机联合多线作业时,岸机在各舱进行装卸时间及船舶装卸停时的确定:

(1)计算仅用船吊时,各舱的装卸时间:

$$t_i = \frac{Q_i}{P_i}$$

式中:Q_i——各舱载货量(t);

P_i——各船吊装卸效率(t/h)。

(2)增加使用起重机后的全船最少装卸时间 $T_{\min}$:

$$T_{\min} = \frac{\sum Q_i}{\sum P}$$

式中:$\sum Q_i$——全船载货量(t);

$\sum P$——全部装卸机械(包括船吊和岸机)的装卸效率(t/h)。

(3)除去不需要岸机的船舱,即除去 $t_i < T_{\min}$ 的船舱:

当 $t_i < T_{\min}$ 时,说明该舱作业不使用起重机也不会影响船舶总装卸停时。

(4)计算公式为:

$$T'_{\min} = \frac{\sum Q_i - \sum Q'_i}{\sum P'}$$

式中： $\sum Q'_i$ ——不需要用岸机的各舱载货量之和(t)；

$\sum P' = \sum P - \Delta P'$ ——需要使用岸机的各舱的装卸效率之和；

$\Delta P'$ ——不需要用岸机的各舱装卸效率之和。

(5)重复步骤(2)和步骤(3)，再次除去不需要用岸机的船舱，此过程为重点舱转移的过程。

(6)确定船舶的装卸停时：

按上述步骤调整到所需使用岸机的船舱 $t_i > T_{\min}$ 时，此时 $T^{(n)}_{\min}$ 为船舶的装卸停时。

(7)求各舱使用起重机的时间(在充分利用船吊能力的前提下)：

$$t_{ij} = \frac{Q_i - P_i T^{(n)}_{\min}}{\Delta P}$$

式中： Q_i ——船舱载货量(t)；

P_i ——船吊的装卸效率(t/h)；

$T^{(n)}_{\min}$ ——船舶的装卸停时(h)；

ΔP ——岸机的装卸效率(t/h)。

上述计算步骤可归纳出计算框图(图 10-4)，船吊和岸机联合多线作业时，岸机在各舱装卸时间 t_{ij} 的计算步骤可参照此图。

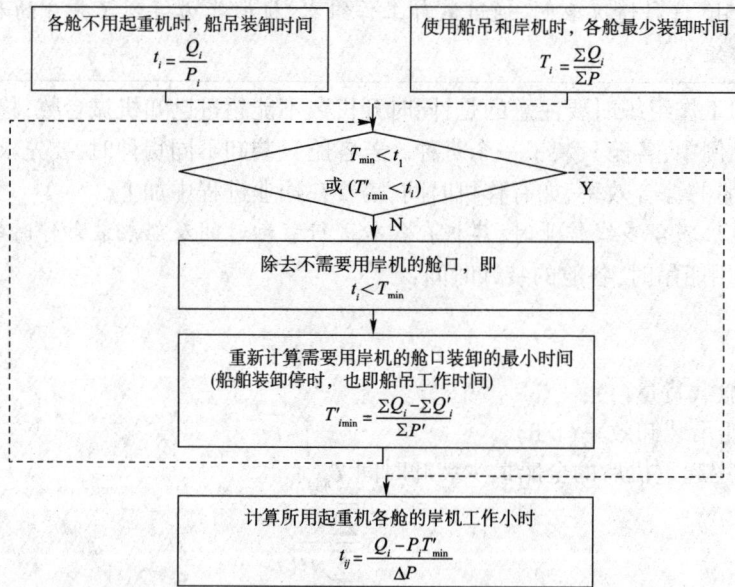

图10-4 岸机与船吊联合作业船舶装卸时间计算框图

注中： Q_i ——各舱载重量(t)；

P_i ——船吊装卸效率(t/h)；

$\sum Q'_i$ ——不用岸机各舱的载重量之和；

t_{ij} ——使用岸机的各舱岸机的工作时间(h)；

ΔP ——起重机工作效率(t/h)；

$\sum P$ ——全部装卸机械(船吊和岸机)生产率之和(t/h)。

例10-5 某港用5台生产率为100t/h的船吊及1台生产率为120t/h的起重机装卸一艘5个舱的船舶,假设起重机和船吊在同一舱口工作时,互不干扰。船舱及载货量如表10-7所示。

船舱与载货及量   表10-7

舱别	1	2	3	4	5	∑
载货量(t)	5000	10000	4000	3500	7500	30000
仅用船吊装卸时间(h) $t_i = q_i / p_i$	50	100	40	35	75	100

求船吊及岸机作业时间安排和船舶装卸停时。

解:(1)使用船吊、岸机联合作业时,船舶最少装卸停时

$$T_{\min} = \frac{\sum Q_i}{\sum P} = \frac{30000}{100 \times 5 + 120} = 48.39\mathrm{h}$$

(2)除去不用起重机的舱口

$t_3 = 40, t_4 = 35$ 均小于 $T_{\min}$,所以第三、四舱不用起重机。

(3)调整船舶最少装卸时间

$$T_{\min} = \frac{\sum Q_i - \sum Q'_i}{\sum P'} = \frac{30000 - 4000 - 3500}{100 \times 3 + 120} = 53.57\mathrm{h}$$

(4)比较用起重机的各舱的与 t_i 和 $T'_{\min}$ 的大小

比较结果 $t_1 = 50 < T_{\min}$,除去第一舱,不用起重机装卸。

(5)除去 t_1,重新调整船舶最大装卸时间

$$T_{\min} = \frac{\sum Q_i - \sum Q'_i}{\sum P'} = \frac{30000 - 4000 - 3500 - 5000}{100 \times 2 + 120} = 54.68\mathrm{h}$$

(6)比较用起重机的各舱的 t_i 与 $T'_{\min}$ 的大小

比较结果 t_i 均大于 $T'_{\min}$,所以 $T'_{\min} = 54.68$,为使用船吊和岸机联合作业时,船舶的最少装卸时间。

(7)各舱需要起重机的作业时间

$$t_{i2} = \frac{Q_2 - P_i T'_{\min}}{\Delta P} = \frac{10000 - 100 \times 54.68}{120} = 82.88\mathrm{h}$$

$$t_{i5} = \frac{Q_5 - P_i T'_{\min}}{\Delta P} = \frac{7500 - 100 \times 54.68}{120} = 16.93\mathrm{h}$$

所以一台起重机的工作小时为 $82.88 + 16.93 = 99.81\mathrm{h}$。

第四节 港口装卸工艺规模设计

一、泊位年通过能力和泊位数的确定

港口泊位数是港口建设规模的重要标志之一,新建港口泊位数的计算方法有两种,一种是根据泊位装卸年码头设计能力和泊位年综合通过能力计算的所需泊位数;另一种是利用排队论模型计算泊位数。前一种方法的特点是,除了计算所需泊位数外,还可以分析泊位各种生产特征,如港口生产的不平衡性、设计代表船型在港作业的各项指标等。后一种计算方法的特点是,反映了船舶随机到港的规律,以港、船、货方的综合利益为目标函数,求得在与合理泊位利用率相配合情况下的合理泊位数。现分别介绍如下。

1. 根据泊位装卸年码头设计能力和泊位年综合通过能力计算泊位数 N

$$N = \frac{Q}{P_\text{综}}$$

式中:Q——通过泊位装卸年码头设计能力(t);

$P_\text{综}$——泊位年综合通过能力(t)。

(1)泊位综合通过能力。根据货物种类、船型、操作过程以及各类货物在装卸作业量中的所占的比重,综合计算所得的泊位通过能力,成为泊位综合通过能力。

计算公式为:

$$P_\text{综} = \frac{1}{\sum \dfrac{\alpha_i}{p_i}}$$

式中:α_i——按货种、船型、操作过程所占码头作业量的比重;

p_i——按货种、船型、操作过程计算所得的泊位通过能力。

例10-6 某港口泊位装卸煤炭、铁矿石、钢材的年通过能力分别为 600 万 t、400 万 t、200 万 t,现完成装卸煤炭 250 万 t,铁矿石 150 万 t,钢材 100 万 t,求该港口泊位的年综合通过能力为多少?

$$P_1 = 600 \quad \alpha_1 = \frac{250}{250 + 150 + 100} = 0.5$$

$$P_2 = 400 \quad \alpha_2 = \frac{150}{250 + 150 + 100} = 0.3$$

$$P_3 = 200 \quad \alpha_3 = \frac{100}{250 + 150 + 100} = 0.2$$

$$P_\text{综合} = \frac{1}{\dfrac{\alpha_1}{P_1} + \dfrac{\alpha_2}{P_2} + \dfrac{\alpha_3}{P_3}} = \frac{1}{\dfrac{0.5}{600} + \dfrac{0.3}{400} + \dfrac{0.2}{200}} = 387 \ 万 \ t$$

泊位的年综合通过能力为 387 万 t。

(2)泊位通过能力。泊位通过能力是指泊位在承担某一货种、单一船型和单一操作过程的条件下泊位在一定时期内(年),利用劳动力和设备所能装卸船舶货物的最大数量。

①通过码头泊位通过能力。计算公式为：

$$P = \frac{R \cdot T}{K_{\text{不}}}$$

式中：T——泊位年工作天（365 减去码头及大型机械维修、疏浚而不能工作的天数）；

R——泊位日平均（实际）装/卸船效率（t/d）；

$K_{\text{不}}$——月不平衡系数。

$$R = \frac{G}{t_{\text{占}}}$$

式中：G——船舶载重量（t）；

$t_{\text{占}}$——船舶为完成装卸所占用泊位的天数（d）。

港口生产平衡系数受港口规模、货源组织、车船运行、自然条件及生产管理等因素的影响，其数值应根据港口不少于连续三年的吞吐任务完成情况统计资料，按下式计算分析确定。当缺乏资料时，可采用表 10-8 和表 10-9 中的数值。

$$K_B = \frac{q_{\max}}{\overline{q}}$$

式中：$q_{\max}$——月最大货运量（t）；

$\overline{q}$——月平均货运量（t）。

散杂货码头泊位生产不平衡系数　　　　　　　　　　表 10-8

年吞吐量（万 t）	<40	40～80	80～120	>120
矿建材料	1.70～1.55	1.55～1.45	1.45～1.35	1.35～1.30
钢铁及机械设备	1.65～1.55	1.55～1.50	1.50～1.40	1.40～1.30
木料	1.70～1.65	1.65～1.55	1.55～1.45	1.45～1.30
粮袋	1.70～1.60	1.60～1.50	1.50～1.40	1.40～1.30
水泥	1.70～1.60	1.60～1.50	1.50～1.40	1.40～1.30
年吞吐量（万 t）	<40	40～80	80～120	>120
化肥及农药	1.70～1.60	1.60～1.50	1.50～1.40	1.40～1.30
件杂货	1.60～1.50	1.50～1.40	1.40～1.30	1.30～1.20
综合货种	1.65～1.45	1.45～1.35	1.35～1.30	1.30～1.20

资料来源：中华人民共和国行业标准. 海港总平面设计规范（JTS 165—2013）. 北京：人民交通出版社，2013.

干散货泊位生产不平衡系数表　　　　　　　　　　表 10-9

年吞吐量（万 t）	<100	100～200	200～300	>300
煤炭	1.50～1.45	1.45～1.35	1.35～1.30	1.30～1.20
金属矿石	1.50～1.45	1.45～1.35	1.35～1.30	1.30～1.25
非金属矿石	1.60～1.55	1.55～1.45	1.45～1.35	1.35～1.30
散粮	1.60～1.55	1.55～1.45	1.45～1.35	1.35～1.30
盐	1.70～1.60	1.60～1.50	1.50～1.40	1.40～1.30

资料来源：中华人民共和国行业标准. 海港总平面设计规范（JTS 165—2013）. 北京：人民交通出版社，2013.

根据上述公式，举例说明计算方法如下。

例 10-7 求完成煤炭年卸船量为 3500 万 t 泊位数,卸船泊位数计算见表 10-10。

煤炭卸船泊位数计算表　　　　　　　　表 10-10

序 号	项 目	计 算 公 式	数 量
(1)	船舶净载重量(t)D		70000
(2)	载重量利用系数		0.88
(3)	实际载重量(t)G	(3) = (1) × (2)	61600
(4)	船舶装卸时间(h)t_1		20.53
(5)	船舶离靠泊时间(h)t_2		2
(6)	其他辅助作业时间 t_3		1.5
(7)	船舶在港占用泊位时间 $t_占$	(7) = (4) + (5) + (6)	24.05
(8)	泊位日最高工作小时 t	(8) = 24 − $t_{休息}$	20.5
(9)	泊位作业实际装卸时间 $t_作$	(9) = (4)/(7) × (8)	17.50
(10)	泊位平均装卸船效率(t/d)	(10) = (3)/(7) × (9)	44823
(11)	泊位月不平衡系数 $K_不$		1.25
(12)	泊位年工作天 T		350
(13)	泊位年通过能力(t)	(13) = (10) × (12)/(11)	12550440
(14)	设计年卸船量 Q(t)		35000000
(15)	计算所需泊位数 n''	(15) = (14)/(13)	2.79
(16)	方案设计泊位数 N		3

需要注意的是,在例 10-7 中,由于泊位装卸服务的是单一货种,单一船型,所以泊位综合通过能力即泊位通过能力。

②液体码头泊位年通过能力可按下式计算:

$$P_t = \frac{T_y A_p t_d}{t_z + t_f + t_p + t_h} G$$

$$t_z = \frac{G}{P}$$

式中:P_t——泊位年通过能力(t);

T_y——泊位年营运天数(d);

A_p——泊位有效利用率(%),取 50 % ~ 70 %,泊位数少宜取低值,泊位数多宜取高值;

t_d——昼夜小时数,取 24h;

G——设计船型的实际装卸量(t);

t_z——装卸一艘设计船型所需要的时间(h),可根据同类泊位的营运资料分析和油船装卸设备容量综合考虑。如无资料可采用表 10-11 中的数值;化工品船应按实际情况对表中数值进行修正,液化天然气船净卸船时间可取 14 ~ 24h;

t_f——船舶装卸辅助作业、技术作业时间以及船舶靠离泊时间之和(h)。当无统计资料时,部分单项作业时间可采用表 10-12 和表 10-13 中的数据。非外贸船舶联检时间为 0;原油等需预加热的驳船另加 6 ~ 12h 加热时间;

t_p——油船排压舱水时间(h),可根据同类油船泊位的营运资料分析;

t_h——液化天然气船舶候潮、候流及不在夜间进出航道和靠离泊需增加的时间(h),可根据船舶从进港到出港全过程的各个操作环节,绘制流程图来确定;对石油化工品船 t_h 取 0;

P——设计船时效率(t/h),按品种、船型、设备能力和营运管理等因素综合分析确定。

泊位净装卸船时间　　　　　　　　　　　　　　　　　　表 10-11

油船泊位吨级 DWT(t)	500	1000	2000	3000	5000	10000	20000	30000
净装船时间(h)	3~5	5~7	7~9	8~10	9~11	10~12	12~14	12~15
净卸船时间(h)	4~6	6~8	8~10	9~11	11~13	12~15	12~15	15~18
油船泊位吨级 DWT(t)	50000	80000	100000	120000	150000	200000	250000	300000
净装船时间(h)	12~16	14~17	15~18	16~18	16~20	20	20	20
净卸船时间(h)	17~18	22~25	24~27	24~27	26~30	30~35	30~35	30~35

资料来源:中华人民共和国行业标准.海港总平面设计规范(JTS 165—2013).北京:人民交通出版社,2013.

部分单项作业时间（500~5000 吨级）　　　　　　　　表 10-12

项目	靠泊时间	开工准备	联检	商检	结束	离泊时间
时间(h)	0.25~1.00	0.50	1.00~2.00	1.00~2.00	0.25~1.00	0.25~0.50

资料来源:中华人民共和国行业标准.海港总平面设计规范(JTS 165—2013).北京:人民交通出版社,2013.

部分单项作业时间（1 万~30 万吨级）　　　　　　　表 10-13

项目	靠泊时间	开工准备	联检	商检	结束	离泊时间
时间(h)	0.25~2.00	0.50~1.00	1.00~2.50	1.00~2.50	0.25~1.00	0.5~1.00

资料来源:中华人民共和国行业标准.海港总平面设计规范(JTS 165—2013).北京:人民交通出版社,2013.

③集装箱码头泊位年通过能力:

$$P_t = \frac{T_y A_\rho}{\dfrac{Q}{P \cdot t_g} + \dfrac{t_f}{t_d}} Q \tag{10-1}$$

$$P = n_c \cdot p_1 \cdot K_1 \cdot K_2 (1 - K_3) K_4 \tag{10-2}$$

式中:P_t——集装箱码头泊位年通过能(TEU);

T_y——泊位年营运天数(d),根据本港营运统计资料确定,也可按年日历天数扣除由于本港区风、雨、雾、波浪等自然条件原因而不能靠船作业的天数确定;

A_ρ——泊位有效利用率(%),取 50%~70%,泊位数少宜取低值,泊位数多宜取高值;

Q——集装箱单船装卸箱量(TEU),按本港历年统计资料确定时,无资料时用表 10-14中的数值;

t_f——船舶的装卸辅助作业及船舶离靠泊时间之和(h),建议取 3~5 h;

P——设计船时效率(TEU/h);

t_g——昼夜装卸作业时间(h),取 22~24 h,泊位小,航线少时,可适当减少,但不应小于 22 h;

t_d——昼夜小时数;

n_c——岸边集装箱装卸桥设计配备台数,采用表 10-15 中的数值;

p_1——岸边集装箱装卸台时效率,(自然箱/h);

K_1——集装箱标准箱折算系数,按本港历年统计资料去顶,无资料时,取 1.1 ~ 1.9;

K_2——岸边集装箱装卸桥同时作业率(%);采用表 10-16 中的数值

K_3——装卸船作业倒箱率(%),采用表 10-16 中的数值;

K_4——可吊双箱和双小车集装箱装卸桥的新型高效集装箱装卸桥船时效率提高系数,取 1.05 ~ 1.25。

到港集装箱单船装卸箱量 表 10-14

船舶载箱量(TEU)	200 ~ 1000	901 ~ 1800	1901 ~ 3500	3501 ~ 5650	5651 ~ 9500	≥9501
单船装卸量 Q(TEU)	200 ~ 900	300 ~ 1200	600 ~ 1500	800 ~ 2500	2000 ~ 3000	3000 ~ 4000

资料来源:中华人民共和国行业标准.海港总平面设计规范(JTS 165—2013).北京:人民交通出版社,2013.

集装箱码头装卸桥配备数量 表 10-15

集装箱船舶吨级 DWT(t)	集装箱装卸桥配备数量	集装箱船舶吨级 DWT(t)	集装箱装卸桥配备数量
5000 ~ 20000(4501 ~ 27500)	1 ~ 2	50001 ~ 70000(45001 ~ 85000)	3 ~ 4
20001 ~ 30000(27501 ~ 45000)	2 ~ 3	70001 ~ 10000(85001 ~ 115000)	4 ~ 5
30001 ~ 50000(45001 ~ 65000)	3 ~ 4	>100000(≥115001)	5

注:集装箱装卸桥也可按码头长度每 80 ~ 100m 配置 1 台。

资料来源:中华人民共和国行业标准.海港总平面设计规范(JTS 165—2013).北京:人民交通出版社,2013.

集装箱装卸桥台时效率、同时作业率、倒箱率 表 10-16

项　　目	船舶载箱量(TEU)		
	200 ~ 1900	1901 ~ 5650	≥9501
台时效率 p_1(自然箱/h)	20 ~ 25	25 ~ 35	≥35
同时作业率 K_2(%)	95 ~ 85	90 ~ 75	90 ~ 70
倒箱率 K_3(%)	0 ~ 5	0 ~ 7	0 ~ 8

注:1. k_2 取值随船舶吨级增大而减小;

　　2. 倒箱率包括舱盖板吊下和装上作业量。

资料来源:中华人民共和国行业标准.海港总平面设计规范(JTS 165—2013).北京:人民交通出版社,2013.

若记 $t_z = Q/p$,表示装卸一艘设计船型所需要的时间;取 $t_g = 24$ h,则公式(10-1)变换为:

$$P_t = \frac{T_y A_\rho}{\dfrac{t_z + t_f}{24}} \cdot Q \qquad (10\text{-}3)$$

令 $t = t_z + t_f$,表示完成一艘设计船型装卸作业需要的时间,则 $S = 24/t$ 就是 1 d 可以装卸设计船型的艘数。因此:

$$P_t = S \cdot Q \cdot T_y \cdot A_\rho \qquad (10\text{-}4)$$

至此,公式(10-1)的含义很明确,即:前三项值求积表示营运期每天连续装卸作业可以装卸集装箱总量。考虑到装卸任务的间断,如船舶的随机到港等因素,则乘上一个系数——泊位有效利用率,采用表 10-15 中的数值。

集装箱码头泊位年通过能力也可以按下式作简单估算

$$P_t = nP_L$$

式中：P_L——每台岸边集装箱装卸桥年装卸能力(TEU)。

当确定泊位利用率因条件限制有困难时,泊位年通过能力可按下式计算：

$$P_t = \frac{T_y}{\frac{t_z}{t_d} - \sum t} + \frac{t_f}{t_d} \cdot \frac{G}{K_B}$$

式中：K_B——港口生产不平衡系数。

上述传统计算泊位数方法,其优点是简单明了,但不足之处在于：

(1)没有考虑泊位数的经济合理性;

(2)不平衡系数 K 不能精确反映船舶到港的不平衡,也不能动态地反映船舶到港的随机过程。

所以用现代数学方法研究泊位数引起了管理人员的重视。

目前常用的方法有排队论,也有用电子计算机模拟的方法建立优化模型,动态模拟确定泊位数各因素的动态变化关系。

2.用排队论计算泊位数

排队论计算泊位数的模型很多,在此主要介绍日本刊物土木学会论文报告集所介绍的一个计算模型。

(1)几点说明。

①关于"船舶随机到港口规律是服从泊松分布的"简介。在运筹学中曾经证明过具有独立增量性、平稳性和普通性的随机到港的过程就是服从泊松分布定理的,而船舶随机到港的过程就具有独立增量性、平稳性和普通性。

从表10-17可以看出,每天船舶随机到港和艘数与前一天到港船数无关。

船舶到港数量和到港间隔天数　　　　　　　　　　表 10-17

日到港船舶艘数(艘)	2	3	2	1	3	2	1
到港船间隔天数(d)	1	2	3	4	5	6	7

所谓平衡性,是指在相同的时间间隔长度内,事件发生的概率相同,并与时间间隔长度的起点和终点的时刻无关。

例 10-8　考察一天,以每天作为一个间隔时间,船舶随机到港的概率相同并不与间隔时间的起始点1、2、3有关。

所谓普通性,是指在一瞬间,两个互斥事件的概率和为"0"。也即在任何一瞬间,船舶要么到港要么离港,而不可能一艘船同时发生到、离港的情况。

根据船舶随机到港具有上述的特点,确认船舶随机到港规律是服从泊松分布的。这样,才能利用排队论模型。

②排队论简介。排队论主要是解决服务台和服务对象的最优配合的问题。这类问题在现实生活中以及企业中常常遇到。如食堂买饭菜所开窗口数和买饭人的排队问题,若窗口开的太多,造成浪费;若开得太少,就使排队的人等得太久,所以合理窗口数的决定也是一个优选问

题。同样,在港口生产中,船舶和泊位数也存在着最优配合的问题,不同的是,这时的服务台就是泊位,服务对象是船舶。

日刊土木学会论文报告集所介绍的计算泊位数的这个排队论模型的具体算法是在满足生产任务的条件下,选用不同的泊位数,并计算不同的泊位数时,港口平均装卸船舶数及平均在港船舶数,最后通过比较不同泊位数时的船舶和泊位的费用选取最佳泊位数。

③费用计算。本方法中泊位、船舶费用的计算采用美国密执安大学教授 Harry Benferd 著作《船舶设计经济学基础》(Fundamentals of Ship Design Economics)中有关平均年度费用(Average Annual Cost)的计算方法按复利计算。有关复利的概念在"可行性研究"这一节已经介绍,不再赘述。

(2)排队论模型的算法思想。

①泊位服务强度 a:即泊位年所需要完成任务和一个泊位年通过能力之比值。

$$a = \frac{Q}{R \cdot T}$$

式中:Q——年装(卸)量(对双向流向泊位);

R——一个泊位昼夜装卸效率;

T——年工作天。

②设计的最少泊位数。

$$s_{\min} > \frac{Q}{R \cdot T}$$

按照此式求得的设计最少泊位数仅是能完成年装卸任务的最少泊位数,它仅提供了最佳泊位数选择范围的下限,因为按此式计算的结果不能表明此时船舶和泊位的总费用最省,所以并非最佳泊位数。

③以"$s_{\min}$"为下限,选择一组 s 值,并计算在各不同的 s 值时,平均等泊的船舶数($\bar{n}_{W_s}$);$\bar{n}_{W_s} - \bar{n}_{W_{s+1}}$ 及平均在港船舶数 $\bar{n}_s$。

$$\bar{n}_{W_s} = \frac{a^{s+1}}{(s-1)!(s-a)^2} \cdot P_{O_s}$$

式中:a——泊位服务强度;

s——泊位数;

P_{O_s}——泊位空闲概率;

$\bar{n}_{W_s}$——泊位数为 s 时,平均在港等泊船舶数。

由于:

$$P_{O_s} = \left[\frac{a^s}{(s-1)!(s-a)} + \sum_{n=0}^{s-1} \frac{a^n}{n!} \right]^{-1}$$

$$\bar{n}_s = \bar{n}_{W_s} + \bar{n}_{b_s}; \bar{n}_{b_s} = \frac{Q}{R \cdot T} = a$$

式中:$\bar{n}_s$——平均在港船舶数。

所以

$$\bar{n}_{W_s} = \frac{a^{s+1}}{(s-1)!(s-a)^2} \left[\frac{a^s}{(s-1)!(s-a)} + \sum_{n=0}^{s-1} \frac{a^n}{n!} \right]^{-1}$$

④最佳泊位数的确定。判别最佳泊位数的公式是：

若 s 为最佳泊位数,应有如下关系式

$$\bar{n}_{W_{s-1}} - \bar{n}_{W_{s-1}} > \frac{C_b}{C_s} > \bar{n}_{W_s} - \bar{n}_{W_{s+1}}$$

式中：$\bar{n}_{W_{s-1}}$、$\bar{n}_{W_s}$、$\bar{n}_{W_{s+1}}$——泊位数为 $s-1$、s、$s+1$ 个时的平均等泊船舶数;

C_b——泊位每昼夜营运费用(简称泊天费用);

C_s——船舶每昼夜营运费用(简称船天费用)。

证明：设 C_s^T、C_{s-1}^T、C_{s+1}^T 分别是泊位数为 s、$s-1$、$s+1$ 个时,船和港(泊)在 T 期内的营运费用：

已知 s 为最佳泊位数,所以 C_s^T 应最小,即

$$\begin{cases} C_s^T < C_{s-1}^T \\ C_s^T < C_{s+1}^T \end{cases} \tag{10-5}$$

在 T 期内：

$$船、港(泊)总费用 = 船舶费用 + 泊位(港)费用$$

所以：

$$\begin{cases} C_s^T = C_b Ts + C_s T\bar{n}_s \\ C_{s-1}^T = C_b T(s-1) + C_{s-1} T\bar{n}_{s-1} \\ C_{s+1}^T = C_b T(s+1) + C_{s+1} T\bar{n}_{s+1} \end{cases} \tag{10-6}$$

式中：　C_b——泊位天费用;

C_s——船舶天费用;

$\bar{n}_s$、$\bar{n}_{s-1}$、$\bar{n}_{s+1}$——在 T 期内,泊位为 s、$s-1$、$s+1$ 时平均到港船舶数。

将式(10-6)式代入(10-7)式得

$$\begin{cases} C_b Ts + C_s T\bar{n}_s < C_b T(s+1) + C_{s+1} T\bar{n}_{s+1} \\ C_b Ts + C_s T\bar{n}_s < C_b T(s-1) + C_{s-1} T\bar{n}_{s-1} \end{cases}$$

整理得：

$$\begin{cases} \bar{n}_{s-1} - \bar{n}_s > \dfrac{C_b}{C_s} \\ \bar{n}_s - \bar{n}_{s+1} < \dfrac{C_b}{C_s} \end{cases}$$

即

$$\bar{n}_{s-1} - \bar{n}_s > \frac{C_b}{C_s} > \bar{n}_s - \bar{n}_{s+1} \tag{10-7}$$

又因为：

$$平均在港船舶数 = 平均装卸船舶数 + 平均等泊船舶数$$

即

$$\begin{cases} \bar{n}_s = \bar{n}_{b,s} + \bar{n}_{w,s} \\ \bar{n}_{s-1} = \bar{n}_{b,s-1} + \bar{n}_{w,s-1} \\ \bar{n}_{s+1} = \bar{n}_{b,s+1} + \bar{n}_{w,s+1} \end{cases} \tag{10-8}$$

因为在年生产任务已定的条件下,不管泊位数多少,装卸船舶数是一个定值,所以

$$\overline{n}_{b,s} = \overline{n}_{b,s-1} = \overline{n}_{b,s+1} = \frac{Q}{R \cdot T}$$

因此将式(10-8)式代入式(10-7),整理得:

$$\overline{n}_{w,s-1} - \overline{n}_{w,s} > \frac{C_b}{C_s} > \overline{n}_{w,s} - \overline{n}_{w,s+1}$$

⑤泊天费用 C_b 和船天费用 C_s 的计算:

$$\frac{C_b}{C_s} = \frac{AAC}{T}$$

式中: AAC——泊位(船舶)平均年度费用;

T——年营运期。

$$AAC = Y + ACCR$$

式中: Y——泊位(船舶)年营运费;

$ACCR$——年度资金回收额。

计算中:平均年度费用(AAC)的意思是将所有费用转换成一个等效的、均匀的年度费用,计算考虑了货币的时间价值。

年度资金回收额(Annual Cost of Capacity Recovery,ACCR)的意思是:以年利率 i 在 n 期内偿还投资 P 的每年回收额。

$$ACCR = (CR)P$$

式中: CR——资金回收因素;

P——投资额。

$$CR = \frac{i(1+i)^n}{(1+i)^n - 1}$$

年营运费(Year Operation On Cost):包括工资、修理费、动力费、燃料费等。

利用平均年度费用的方法计算船天费用和泊天费用时,需要注意如下两点:

A. 这种计算方法中,营运费中不包括折旧费,这与过去采用苏联的营运费计算方法不同。

B. 使用期(也即偿还期) n 的计算问题:港口的各项建设项目的使用期是不同的,如码头使用年限约为 40 年,门机使用期约为 20 年,小型流动机械使用期也各不相同,解决的方法是将使用期限短的机械采用设备更新的方法折合成最长的码头使用年限来计算。

例 10-9 求落驳量 2569600t,昼夜装卸效率 $R = 3186t/d$,年工作天 $T = 345d$ 时,驳船的装船泊位数,已知年利率 $i = 4\%$ 。

已掌握的原始资料:

(1)驳船队平均由 6 艘驳船组成;

(2)每艘驳船投资及费用资料(单位:万元):

投资额   7.3

年费用   1.6694

 其中:工资   0.8325

   修理费   0.6

   劳动保护   0.0352

工属具	0.1055
物料消耗	0.0133
其他	0.0829

使用年限(年)

(3)码头(泊位)投资及年营运费资料(单位:万元):

投资总额	148.2
其中:泊位投资	45.2(包括辅助泊位)
装船机	40.0
带式输送机	50.0
贮煤仓	7.0
年营运费	10.14
其中:工资	1.8060
修理费	2.19
动力消耗	2.32
其他	3.83
使用年限(年)	40

解: $(1) a = \dfrac{Q}{RT} = \dfrac{2569600}{3185 \times 345} = 2.34$;

$(2) s_{\min} > \dfrac{Q}{RT}$, 取 $s_{\min} = 3$;

(3) 求 $\overline{n}_{W,s}$、$\overline{n}_{W,s} - \overline{n}_{W,s+1}$、$\overline{n}_s$, 得表10-18。

计 算 结 果

表 10-18

s	$\overline{n}_{W,s}$	$\overline{n}_{W,s} - \overline{n}_{W,s+1}$	$\overline{n}_s$	s	$\overline{n}_{W,s}$	$\overline{n}_{W,s} - \overline{n}_{W,s+1}$	$\overline{n}_s$
3	2.17	1.79	4.51	5	0.058	0.035	2.39
4	0.38	0.322	2.72	6	0.023	—	2.36

表中:

$$\overline{n}_{W,s} = \frac{a^{s+1}}{(s-1)!\,(s-a)^2} \left[\frac{a^n}{(s-1)!\,(s-a)} + \sum_{n=0}^{s-1} \frac{a^n}{n!} \right]^{-1}$$

$$\overline{n}_s = \overline{n}_{W,s} + \overline{n}_{b,s} = \overline{n}_{W,s} + a$$

(4)计算船天费用 C_s 和泊天费用 C_b:

$$CR = \frac{i(1+i)^n}{(1+i)^n - 1} i = 0.04, n = 40$$

$$= \frac{0.04(1+0.04)^{40}}{(1+0.04)^{40-1}} = 0.05$$

①船天费用 C_s 的计算:

因驳船是以船队形式营运,所以

$$P = 7.3 \times 6 = 43.8 \text{ 万元}$$

$$Y = 1.6694 \times 6 = 10.02 \text{ 万元}$$

$$AAC = Y + (CR)P = 10.14 + 0.05 \times 43.8 = 12.21 \text{ 万元}$$

$$C_s = \frac{AAC}{T} = \frac{12.21}{3.45} = 345 \text{ 元/船天}$$

②泊天费用 C_b 的计算:

$$CR = 0.05$$

所以

$$AAC = Y + (CR)P = 10.14 + 0.05 \times 148.2 = 17.55 \text{ 万元}$$

$$C_b = \frac{AAC}{T} = \frac{17.55}{345} = 508 \text{ 元/泊位天}$$

确定最佳泊位数(表10-19)。

最佳泊位数 表10-19

项　目	计　算	项　目	计　算
$\dfrac{C_b}{C_s}$	1.47	比较	$1.79 > 1.47 > 0.322$
$\bar{n}_{W,3} - \bar{n}_{W,4}$	1.79	最佳泊位数	4
$\bar{n}_{W,4} - \bar{n}_{W,5}$	0.322		

利用排队论方法确定建设泊位数时虽然能全面考虑港、航、货方的综合经济利益,但有三个不足之处:

①仍然需要确定到港的代表船型,并以此作为计算的基础条件,但实际上到港船型不是固定的;

②排队论要求船舶随机到港要有一定的规律性,如服从某种函数分布,而实际情况是,除班轮外船舶到港是随机的,很难服从某种函数分布的规律;

③排队论模型的计算较繁杂,使用不便。

为此,可采用系统仿真的方法,在港、航、货方综合效益最优为目标函数的条件下,进行从船舶到港、指泊(或待泊、再指泊)、装卸作业直至离港全过程的计算机系统仿真,求得在不同装卸效率、不同泊位数、不同港口通过能力的组合状态下的最佳泊位数和泊位利用率。在具体使用时,可将系统仿真的结果归纳与表,便于查用。最佳泊位利用率同时也科学地取代了传统泊位数计算公式中的不平衡系数,使泊位数的计算方法既科学又简单。表10-20 所列几种货类泊位利用率可供选用。

货类分泊位的泊位利用率取值范围 表10-20

流向 / 泊位利用率 及泊位数 货种	煤　炭			件　杂　货			散　粮		
	1	2~3	≥4	1	2~3	≥4	1	2~3	≥4
进口	0.56 … 0.60	0.57 … 0.70	0.60 … 0.75	0.57 … 0.65	0.60 … 0.70	0.64 … 0.75	0.47 … 0.50	0.64 … 0.70	0.65 … 0.70
出口	0.58 … 0.63	0.60 … 0.65	0.65 … 0.75	—	—	—	—	—	—

注:1.装卸效率高和同类泊位数多时,泊位利用率取较高值;

2.泊位年营运大受自然条件影响较大时,泊位利用率取较低值。

资料来源:中华人民共和国行业标准.海港总平面设计规范(JTS 165—2013).北京:人民交通出版社,2013.

二、库场通过能力与面积的确定

库场通过能力是指在一定时期内，库场可能堆存货物的最大数量。它是港口通过能力的一个主要组成部分。库场通过能力的计算：

$$P_{库} = \frac{E \cdot m}{K_{库}}$$

式中：E——次堆存量，指库场一次能堆存货物的数量。

$$E = A \cdot q \cdot f_{利}$$

式中：A——库场总面积(m^2)；

q——堆存定额，即单位面积技术使用定额。是核定的每平方米库场有效面积堆存货物的吨数；

$f_{利}$——库场面积利用率，为堆存有效面积与库场面积之比；

m——周转次数，即库场容量周转次数或称库场周转次数。它是一个反映库场设备使用情况的重要指标。其值等于一定时期内库场工作天数除以货物平均堆存期

$K_{库}$——库场工作不平衡系数。它反映库场工作及出、入库货物堆存保管的不平衡情况。该数值与货物到发，船、车运行组织，生产管理水平，货物堆存期的长短以及水文气象等因素有关。可根据历史统计资料分析确定，或按下式计算确定：

$$K_{库} = \frac{q_{最大}}{q_{平均}}$$

其中：$q_{最大}$——月最大堆存量(t)；

$q_{平均}$——月平均堆存量(t)。

例 10-10 某港口库存总面积为 $500000m^2$，堆存定额是 $0.8t/m^2$，库存面积利用率为 70%，库存周转次数为 6 次，月最大堆存量为 40 万 t，月平均堆存量为 25 万 t。试计算该港口的库存通过能力。

解：
$$E = Aqf_{利} = 5000 \times 0.8 \times 70\% = 28 \ 万 \ t$$

$$K_{库} = \frac{q_{最大}}{q_{平均}} = \frac{40}{25} = 1.6$$

$$P_{库} = \frac{E_m}{K_{库}} = \frac{28 \times 6}{1.6} = 105 \ 万 \ t$$

库场所需的容量也可按以下方法确定：

$$E = \frac{Q_h K_{BK} K_r}{T_{YK} a_K} t_{dc}$$

$$K_{BK} = \frac{H_{max}}{\overline{H}}$$

式中：E——仓库或堆场所需容量(t)；

Q_h——年货运量(t)；

K_{BK}——仓库或堆场的不平衡系数；

H_{max}——月最大货物堆存量$(t \cdot d)$；

$\bar{H}$——月平均货物堆存量(t·d);

K_r——货物最大入仓库或堆场百分比(%);

T_{YK}——仓库或堆场年营运天(d),取350~365d;

t_{dc}——货物在仓库或堆场的平均堆存(d);

a_K——堆场容积利用系数,对件杂货取1.0;对散货取0.7~0.9。

库场是港口进行生产作业的重要环节,它可作货物在港口集散与换装过程中作短期堆存之用。库场面积的需要量受到许多因素的影响,按照下列方法所计算的库场总面积,实际上是为了确定完成一定任务时所需要的最少库场总面积。

1. 散杂货、散货的仓库或堆场所需容量计算

散杂货、散货的仓库或堆场所需的容量可分别按下列方法确定:

$$E = \frac{Q_h K_{BK} K_r}{T_{YK} \alpha_K} t_{dc}$$

$$K_{BK} = \frac{H_{max}}{\bar{H}}$$

式中:E——仓库或堆场所需容量(t);

Q_h——年货运量(t);

K_{BK}——仓库或堆场不平衡系数;

H_{max}——月最大货物堆存量(t·d);

$\bar{H}$——月平均货物堆存量(t·d);

K_r——货物最大入仓库或堆场百分比(%);

t_{dc}——货物在仓库或堆场的平均堆存(d);

α_K——堆场容积利用系数,对件杂货取1.0;对散货取0.7~0.9。

T_{YK}——仓库或堆场年营运天(d),取350~365d;

对于大型散货码头、堆场容量可按与码头容量的比值确定,对外贸码头不应大于10%,对内贸码头不应大7%。当超过上述数值时,应进行经济论证。

2. 原油码头油库、油罐容量计算

原油码头所需油库、油罐容量可按下式计算

$$E_0 = \frac{Q_h K_{BK}}{T_{YK} \gamma \eta_Y} t_{dc}$$

式中:E_0——油库、油罐容量(m³);

t_{dc}——油品平均贮存期(d),中转用储罐宜取6~10d,仓储用储罐宜取30~60d,或根据储存要求确定;

γ——所储油品的密度(t/m³);

η_Y——油罐容积利用系数,取0.85~0.95。

3. 集装箱码头堆场

(1)所需容量及地面箱位数可按下列公式计算:

$$E_y = \frac{Q_h t_{dc} K_{BK}}{T_{YK}}$$

$$N_s = \frac{E_y}{N_1 A_s}$$

式中: E_Y——集装箱堆场容量(TEU);

Q_h——集装箱码头年运量(TEU),为各泊位年中转箱量之和;

t_{dc}——到港集装箱平均堆存期(d),按本港统计资料确定,若无资料可采用表10-21 的数值;

K_{BK}——集装箱堆场不平衡系数,按本港统计资料确定,若无资料时,可取1.11.3;

T_{YK}——集装箱堆场年工作天数(d),取350~365d;

N_s——集装箱码头堆场所需地面箱位数(TEU);

N_1——堆场设备堆箱层数,采用表10-22 中的数值;

A_s——堆场容量利用率(%),采用表10-22 中的数值。

集装箱堆场平均堆存期　　　　　　　　表10-21

集装箱类型	进口箱	出口箱	中转箱	空箱	冷藏箱	危险品箱
堆存期 t_{dc} (d)	7~10	3~5	7	10	2~4	1~3
运量比例（%）	约50	约50	0~30	10~13	1~5	1~6

资料来源:中华人民共和国行业标准. 海港总平面设计规范(JTS 165—2013). 北京:人民交通出版社,2013.

集装箱堆场堆箱层数及容量利用率　　　　　　表10-22

堆场作业设备	轨道式集装箱龙门起重机	轮胎式集装箱龙门起重机	跨运车	正面吊	空箱堆箱机
堆箱层数 N_1	53~58	3~5	2~3	3~4	5~8
容量利用率 A_s（%）	60~70	55~70	70~80	60~70	70~80

资料来源:中华人民共和国行业标准. 海港总平面设计规范. (JTS 165—2013). 北京:人民交通出版社,2013.

（2）集装箱码头拆装箱库所需容量可按下列公式计算

$$E_W = \frac{Q_h K_c q_t K_{BW}}{T_{YK}} t_{dc}$$

式中: E_W——拆装箱库所需容量(t);

Q_h——集装箱码头年运量(TEU);

K_c——拆装箱比例(%),不宜大于15%;

q_t——标准箱平均货物重量(t/TEU),按本港统计资料确定,若无资料可取5~10t/TEU;

K_{BW}——拆装箱库货物不平衡系数,按本港统计资料确定,若无资料可取1.1~1.3;

t_{dc}——货物平均堆存期(d),按本港统计资料确定,若无资料可取3~5d;

T_{YK}——拆装箱库年工作天数(d),取350~365d。

（3）集装箱码头大门所需车道数可按下列公式计算

$$N = \frac{Q_h (1 - K_b) K_{BV}}{T_{YK} T_d p_d q_c}$$

式中: N——集装箱码头大门所需车道数;

Q_h——集装箱码头年运量(TEU);

K_b——在集装箱码头大门以内陆域范围铁路中转、拆装箱及水转水的集装箱量之和占码头年运量的百分比(%);

K_{BV}——集装箱车辆到港不平衡系数,按本港统计资料确定,若无资料可取 1.5~3.0;

T_{YK}——堆场年工作天数(d),取 350~365d;

T_d——大门日工作时间(h),取 12~24h;

p_d——单车道小时通过车辆数(辆/h),取 20~40 辆/h;

q_c——车辆平均载箱量(TEU/辆),按本港统计资料确定,若无资料可取 1.2~1.6TEU/辆。

4. 件杂货仓库或堆场总面积计算方法

件杂货仓库或堆场总面积可按下列公式计算:

$$A = \frac{E}{qK_K}$$

式中:A——仓库或堆场总面积(m^2);

q——单位或有效面积的货物堆存量(t/m^2);

K_K——仓库或堆场总面积利用率,为有效面积占总面积的百分比(%)。

单位有效面积的货物堆存量应根据库场条件、货物特性、堆垛要求及形式、所选用的机械和工艺要求确定。对大宗散货,应考虑货物实际堆高的因素。杂货单位有效面积的货物堆存量可采用表 10-23 中的数值。

杂货单位有效面积的货物堆存量   表 10-23

货物名称	包装形式	单位有效面积的货物堆存量 $q(t/m^2)$	
		库	场
糖	袋	1.5~2.0	—
盐	袋	1.8~2.5	—
化肥	袋	1.8~2.5	—
水泥	袋	1.5~2.0	—
大米	袋	1.5~2.0	—
面粉	袋	1.3~1.8	—
棉花	袋	1.5~2.0	—
纯碱	袋	1.5~2.0	—
纸	—	1.5~2.0	—
小五金	—	1.2~1.5	—
橡胶	块	0.5~0.8	—
日用百杂货	—	0.3~0.5	—
杂货	箱	0.7~1.0	—
综合货种	—	0.7~1.0	1.5~2.0
生铁		—	2.5~4.0
铝、铜、锌类		—	2.0~2.5
马口铁、粗铜、钢板		—	4.0~6.0
钢制品		—	3.4~5.0

注:1. 当开展成组装卸作业时,单位有效面积的货物堆存量应按设计条件确定,但不能低于表中所列数值。

2. 大宗货物,如化肥、糖、盐、大米等宜在堆场堆垛,q 值可取上限。

资料来源:中华人民共和国行业标准.海港总平面设计规范(JTS 165—2013).北京:人民交通出版社,2013.

库场面积利用率应根据库场所选用的机械、货物特性、仓库结构和通道布置等因素确定。当缺乏资料时,可采用表 10-24 中的数值。

库场面积利用率　　　　　　　　　　　　　　　　　表 10-24

库 场 类 型	K_K（%）	
	大批量货物	小批量货物
单层库	65 ~ 75	60 ~ 65
多层库	55 ~ 65	50 ~ 60
堆场	70 ~ 80	

资料来源:中华人民共和国行业标准.海港总平面设计规范(JTS 165—2013).北京:人民交通出版社,2013.

货物在仓库或堆场平均堆存期应根据不少于连续 3 年的统计资料分析后确定,同时还应考虑两批货物出入库场间隔期,可取 1 ~ 2d。当缺乏资料时,可采用表 10-25 中的数值。

货物平均堆存期　　　　　　　　　　　　　　　　　表 10-25

货 种	平均堆存期	说 明
钢铁、机械设备	7 ~ 12	包括钢板、钢材、生铁等
大宗件杂货	7 ~ 10	包括袋粮、化肥、水泥、盐等
一般杂货	10 ~ 15	—
散粮	7 ~ 15	—

注:散粮在筒仓的堆存期应考虑熏蒸后散发气体所需的时间,可取 3d。
资料来源:中华人民共和国行业标准.海港总平面设计规范(JTS 165—2013).北京:人民交通出版社,2013.

三、铁路装卸线长度的确定

在一般情况下,当库(场)面积和平面布置确定时,铁路装卸线的长度也随之而确定,可用下式验算铁路装卸线的长度是否满足铁路装卸任务的要求。铁路装卸线的最小有效长度可根据下式计算:

$$L = \frac{Q_车 \times K_{铁不} \times l_车}{G_车 \times K_{铁利} \times \dfrac{T_{铁 \times 24}}{t_停}} = \frac{Q_铁 \times K_{铁不} \times l_车}{G_车 \times C \times K_{铁利} \times T_铁}$$

式中: L ——铁路装卸线的最小有效长度;

　　$Q_铁$ ——铁路年装卸量(t);

　　$l_车$ ——每车平均长度(m),一般可取 14m;

　　$G_车$ ——每车平均载货量(t);

　　$T_铁$ ——年工作天;

　　C ——日到港车次;

　　$K_{铁利}$ ——铁路装卸线利用系数,考虑到对路口,库间间隔等不能利用装卸作业的因素,一般可取 0.7 ~ 0.8;

　　$K_{铁不}$ ——铁路车辆到港月不平衡数。

四、主要装卸设备数量的确定

装卸机械数量应分机械类型分别按各类机械的作业量计算:

$$n = \frac{Q_{机}}{T \times 24 \times P \times K_{利}}$$

式中:n——所需机械台数;

$Q_{机}$——机械的年作业量(t);

T——年日历天;

P——机械的台时效率,方案的实际为台时效率;

$K_{利}$——机械的利用率,如无实际资料,一班制可取 $0.15 \sim 0.2$,二班制可取 $0.3 \sim 0.35$,三班制可取 $0.4 \sim 0.5$。

注意:(1)上式是按各类机械分别计算,不同机械不能混合计算;

(2)机械的年起运量是该种机械在整个装卸工艺系统中所完成的各操作过程的起运量的总和。

如计算上例的装卸机械化系统带斗门机→固定带式输送机→斗轮堆取料机系统中的机械台数。在计算重要分机械类型按操作过程,先列如表 10-26 所示的表计算各类机械所要完成的起运量,然后才能按上式列出如表 10-27 所示的表计算所需各类机械台数。

1. 操作过程和机械起运量

各类机械的年起运量计算表

表 10-26

操作过程	年操作量(t)	机械起运吨		
		装卸桥	固定带式输送机	斗轮堆取料机
船—场	1 700 000	1 700 000	1 700 000	1 700 000
船—驳	1 700 000	1 700 000		
场—车	180 000			
场—驳	1 520 000		1 520 000	1 520 000
Σ		3 400 000		3 220 000

2. 所需机械台数计算

所需机械台数计算如表 10-27 所示。

机械台数计算表

表 10-27

计算项目	计算方法	装卸桥	斗轮堆取料机
(1)起运量(t)		3400000	3220000
(2)年日历天(d)		365	365
(3)日工作小时(h/d)	24	24	24
(4)台时效率(t/h)		330	1033
(5)机械利用率		42	40
(6)计算台时	$(6) = \dfrac{(1)}{24 \times (2) \times (4) \times (5)}$	2.80	0.89
(7)取用台数		3	3

3. 配机台数说明

(1)机械台数的计算,可先按上述方法从设计任务出发,求得计算台数;再考虑工艺流程及平面布置的需要而定,求得取用台数。也可先按工艺要求配机后,再用上述方法核对,只要取用台数大于计算台数,机械的通过能力就能满足任务的需要。

(2)上例只是单一货种,若为多货种,且同一机械要完成多货种装卸时,还要按各货种、各流程求得该机种的年起运量。

五、装卸工人与驾驶人员人数的确定

装卸工人和驾驶员人数要根据生产任务的需要配备,通用码头和专用码头的装卸工人数可分别采用如下公式计算。

1. 装卸工人数(通用码头)

$$工人数 = \frac{Q_{操}}{T_{营} \cdot (1 - K_{轮}) \cdot K_{出} \cdot t_{班} \cdot K_{工利} \cdot \overline{P} \cdot K_{班制}}$$

式中:$Q_{操}$——年操作量;

$T_{营}$——年工作天;

$K_{轮}$——轮休率(1/7);

$K_{出}$——工人出勤率;

$t_{班}$——班制工时,每工班工作时间 7.33h;

$K_{工利}$——工时利用率;

$\overline{P}$——平均工时效率,为各操作过程的平均纯工人工时效率;

$K_{班制}$——班制。

2. 专业化码头的装卸工人数

$$n = (1.2 \sim 1.33) \cdot n_{班次} \cdot n_{作线} \cdot n_{工}$$

式中:$n_{班次}$——每昼夜作业班次数;

$n_{作线}$——泊位作业线;

$n_{工}$——每作业线配工人数。

3. 驾驶员数

根据机械类型、数量和工作班制规定驾驶员数,并考虑出勤率增加 10%。

(1)起重机械、装卸机械驾驶员数,可按专人专机配,配备驾驶人员数可参阅表10-28;

(2)输送机械的驾驶员数,可按小组包机制配备,见表10-29。

装卸起重机械带式输送机械专人专机配备驾驶员定额人数 表 10-28

机 械 名 称	每班执勤驾驶员人数 (人/台)	三班制 (人/台)	二班制 (人/台)	一班制 (人/台)
门座起重机	2	7	4.7	2.3
轨道起重机	2	7	4.7	2.3
推动机	2	7	4.7	2.3
牵引车	1	3.5	2.3	1
大型装煤机	2	7	4.7	2.3
斗式装卸车	1	3.5	2.3	1
起重船	2	7	4.7	2.3

输送机小组包机制配备驾驶员定额人数　　　　表 10-29

机械名称	包括单位	每班执勤驾驶员人数 （人/台）	三班制 （人/台）	二班制 （人/台）	一班制 （人/台）
移动带式输送机 10m 以上	3 台	1	1	0.7	0.3
移动带式输送机 10m 以下	6 台	1	0.5	0.3	0.3
固定带式输送机	100m/台	1	3	2	1

根据机械配备情况,配备的驾驶员数见表 10-30。

配备驾驶员数　　　　表 10-30

机械名称	每班执勤驾驶员 （电工）数 人/台	三班制定额 人/台	驾驶员数	
			机械台数	人数
桥式卸船机	2	7	3	23
斗轮堆取料机	1	5	3	16
推扒机	2	一班制 2.3	6	13
装船机	2	7	5	35
水平固定皮带机	2	6	3	18
垂直固定皮带机	3	10	3	30
装船皮带机	1	5	3	17
斗式装车机	1	一班制 2.3	2	5
小计				157
机动增加 10%				15
总计				172

六、港口建设规模的优化

港口建设规模的优化就是以货运成本最低为目标确定各种港口设施规模,使港口建设与整个交通运输系统相互协调配套,提高港口的运行效率、优化运输系统、降低货运成本。

1. 影响港口规模的主要因素

港口的建设规模取决于港口完成货物周转任务的过程中所发生费用的多少,而影响货物转运费用的因素繁多,若为了追求全面而考虑所有的费用项目,将对问题的求解增加不必要的困难,或者无法求解。因此在研究港口建设规模时,必须结合港口的生产实际,分析研究各种费用项目对货物转运总费用的影响程度,从而可建立合理、简单的模型而使问题简化,达到既可方便解决问题又能满足实际要求的目的。

(1)港口建设投资。确定港口建设规模时首先要考虑投资,它是影响港口规模的主要因素之一。港口建设的投资由港口各种设施的造价构成,必须根据造价的高低,按货物转运要求合理地配置和优化各种设施的规模。

港口设施包括码头、港池、航道、锚地、防波堤、仓库、堆场、道路、装卸运输机械以及生产、生活辅助设施等。

众所周知,港口的码头规模大(即泊位数较多),船舶到港就能得到及时的服务,排队等待的概率就降低,锚地的规模就不需要很大。在这种情况下必然增加了码头设施的投资,但可以降低设置锚泊位的费用和船舶的停泊费用,反之亦然。

因此在确定码头规模和锚地规模时要进行通盘考虑,不仅要使其协调配套,而且要达到以最少投资获取最大效益的目的。为了达到这一目的就必须根据具体情况进行分析研究。一般而论,码头造价高就适当减小码头的规模而增大锚地的规模,反之设置锚泊位的费用和船舶的停泊费用较高时,就适当增大码头的规模而减小锚地的规模。

在码头泊位数相同的条件下,提高码头的货物装卸效率可以达到与增大码头规模相同的效果,是否采取这种措施也同样取决于投资情况,应该以码头的造价、锚泊位造价、船舶的停泊费用以及装卸运输机械的价格为依据,进行合理地配置和优化。

对于受波浪影响的港口,修建防波堤进行掩护,不仅可以防止波浪侵袭港区,使建筑物免遭破坏及保证港口安全生产,还可以增加码头的作业时间,提高泊位利用率,同样可以达到与增建码头泊位或提高装卸效率类似的效果。在以增加码头的作业时间为目的建造防波堤时,往往是以投资比较或经济效益为杠杆进行决策。可以在货物周转速度相同的条件下,通过对建造防波堤和增建泊位或提高装卸效率的投资比较进行决策,也可以通过分析建设防波堤产生的经济效益(加快了车、船和货物的周转,降低了锚地投资和船舶的停泊费用)进行决策。

进出港航道和生产、生活辅助设施规模一般按港口的使用要求(如港口吞吐量、来港船型等)确定,其变化幅度有限,投资也相对固定,通常不作为港口规模优化的变量。

综上所述,在港口建设投资费用项目中可不列入对港口规模不产生直接影响或影响不大的费用项目,而只考虑码头、港池、仓库、堆场、防波堤、锚地的建设费和装卸机械设备的投资。所以港口建设费 C_j 可由下式计算:

$$C_j = c_{bw} \cdot S + c_d \cdot L + \sum_k C_k \cdot n_k + C_m \cdot n_m$$

式中:c_{bw} ——每个码头泊位的综合建设费;

$\quad\quad S$ ——港口的码头泊位数量;

$\quad\quad c_d$ ——单位长度防波堤的造价;

$\quad\quad L$ ——防波堤长度;

$\quad\quad C_k$ ——第 k 种装卸机械设备的价格;

$\quad\quad n_k$ ——第 k 种装卸机械设备的数量;

$\quad\quad C_m$ ——每个锚泊位的建设费;

$\quad\quad n_m$ ——港口的锚泊位数量。

(2)船舶费用。船舶在运营过程中需要花费一定的费用,航行过程中所需费用称为航行费用,在港口停泊等待或靠泊作业所需费用称为停泊费用。航行费用对港口规模不产生影响,在港口规模的研究中只需考虑船舶的停泊费用。一般地,当船舶停泊费用昂贵时,应适当扩大港口规模以缩短船舶的在港时间。

船舶的停泊费用一般包括船舶的资本回收费、保养修理费、保险费、停泊燃润料费、船员工资福利费、企业管理费以及其他费用等。

船舶资本回收费用是按使用年限摊派的船舶购置费,由船舶造价、现金利率因子及费用计

算时段等求得,船舶艘天资本回收费用 F_{zc} 可按下式计算:

$$F_{zc} = \frac{i(1+i)^n}{(1+i)^n - 1} \cdot \frac{P}{365 \cdot k}$$

式中: P ——船舶购置费(造价);

     i ——折现率;

     n ——船舶投资回收年限;

     k ——船舶营运率,一般取 85%。

    船舶的保养修理费和保险费按船舶造价的一定比例计算,船员工资福利费根据船员人数按船员工资福利标准计算,停泊燃润料费先根据船舶主副机的耗油率、燃润料价格等计算出航行燃润料费用,再乘以船舶的停泊燃润料消耗与航行燃润料消耗的比值而得到,企业管理费和其他费用按船舶航行燃润料费用的一定比例计算,累加上述各种费用可得到船舶在港停泊艘天费用。

    (3)港口生产营运费用。货物在港口装卸、运输及存储所产生的费用称为港口生产营运费,主要是货物的装卸成本,包括人工费、水电费、机械使用费及润燃料费等。港口营运费发生在港口装卸搬运货物过程中,当码头泊位闲置时只产生其中的人工费用,在港口完成一定吞吐量的情况下,营运费是相对固定的费用项目,在港口规模的研究中可不予考虑或只考虑其中的人工费。

    (4)货物在运输中的时间价值。货物在周转过程中不仅要考虑运输货物所需要的费用,而且要考虑货物的时间价值。货物在港口与腹地之间的运输费用及其时间价值取决于所采用的运输方式,属于交通运输网中的物流问题,与港口建设规模没有直接的关系,在研究港口规模时可不予考虑,而只考虑货物在港口滞留所产生的时间价值。

    设第 k 种货物的价格为 $C_{g,k}$ (元/t)、数量为 Q_k (t)、在港时间为 T_k (天),则每年各种货物在港口周转过程中产生的总时间价值 C_y (元)为:

$$C_y = \frac{i}{N} \cdot \sum_k c_{g,k} \cdot Q_k \cdot T_k \tag{10-9}$$

式中: i ——现金年利率;

     N ——一年的天数。

    货物的在港周转时间包括船舶的等待时间,装卸船时间和在港临时存放时间,而货物在港存放时间的长短主要由港口货物的集疏运条件所决定,在考虑港口规模时可以不计,所以式(10-9)可改写为:

$$C_y = \frac{i}{N} \cdot \sum_k c_{g,k} \cdot G_k \cdot \left(\sum_{n_k=1}^{s} n_k \cdot t_{n_k} + \sum_{n'_k}^{\infty} n'_k \cdot t'_{n_k} \right)$$

式中: n_k 、 n'_k ——第 k 种船舶靠泊作业的数量和排队等待的数量;

     t_{n_k} ——一年中港口有 n_k 艘船舶靠泊作业的天数;

     t'_{n_k} ——一年中港口有 n'_k 艘船舶排队等待的时间;

     G_k ——船舶在港口的装卸量;

    其他符号的意义同前。

    若引入平均的概念,则港口平均每天装卸第 k 种船舶的数量 $\bar{n}_{b,k}$ 和第 k 种船舶平均每天

的等待船数 $\overline{n}_{w,k}$ 分别为：

$$\overline{n}_{b,k} = \frac{1}{N}\sum_{n_k}^{s} n_k \cdot t_{nk} \quad 和 \quad \overline{n}_{w,k} = \frac{1}{N}\sum_{n'_k}^{S} n'_k \cdot t'_{nk}$$

注意到 $\overline{n}_{b,k} + \overline{n}_{w,k} = \overline{n}_{s,k}$（平均每天在港的第 k 种船舶数量）得到每年由于船舶等待和装卸作业产生的货物积压费为：

$$C_y = i \cdot \sum_k c_{g,k} \cdot G_k \cdot \overline{n}_{s,k}$$

（5）货物转运速度引起的费用。交通运输系统由水运、陆运、空运和管运等运输子系统组成，各个运输子系统相互作用、相互制约，必须相互配套、协调一致地发展才能构成整个系统的运力，任何一个子系统的落后都将影响到整个系统的正常运行。如果港口规模小、装卸效率低，车船到港后就不能得到及时地服务，大量的车、船和货物在港口积压，有时会产生"瓶颈"现象，使得其他子系统的运输能力不能充分发挥而造成浪费。对这种由于货物在港口转运速度引起的费用进行定量分析是十分困难的，港口规模的小幅变化对运输系统的运行也不会产生很大的影响，因此在研究港口建设规模时不考虑货物在港口的转运速度引起的费用。

2. 港口规模优化模型

（1）目标函数。港口规模优化应该以港口在完成其货物转运任务的全过程中所发生的费用最小为目标。根据以上分析，略去对港口建设规模不产生直接影响或者影响不大的费用项目，以平均每天发生的总费用 $c_{t,s}$ 最小作为港口规模优化的目标函数，即

$$c_{t,s} = \sum_k c_{b,k}S_k + c_{d,L} + \sum_k c_{m,k}n^s_{m,k} + \sum_k \left(c_{s,k} + \frac{i}{N}c_{g,k}G_k\right)\overline{n}_{s,k} = \min \quad (10\text{-}10)$$

式中：$c_{b,k}$——每个 k 类泊位平均每天分摊的综合投资（包括码头、港池和装卸机械设备）；

　　　$c_{d,L}$——平均每天分摊的防波堤投资；

　　　$c_{m,k}$——每个 k 类锚泊位平均每天分摊的投资；

　　　$n^s_{m,k}$——港口有 s 个码头泊位时第 k 类锚泊位个数；

　　　$c_{s,k}$——第 k 种船舶的在港停泊艘天费用；

　　　$\overline{n}_{s,k}$——港口有 s 个码头泊位时第 k 类船舶在港数量。

其他符号的意义同前，但注意 $c_{g,k}$ 为第 k 种货物在计算年度价格，同样 i 为计算年度的折现率。

在港口吞吐量一定的情况下，港口规模优化就归结为按式（10-10）所示的目标函数求港口各类码头泊位数 S_k 的最优解。式中的平均在港船数 $\overline{n}_{s,k}$ 和锚泊位数 $n^s_{m,k}$ 都是随 S_k 不同而变化的变量，$n^s_{m,k}$ 与平均等待船舶数 $n^s_{w,k}$ 密切相关，假设它们呈线性相关关系，则有：

$$n^s_{m,k} = fk \cdot \overline{n}^s_{w,k} \quad (10\text{-}11)$$

港口各类船舶的平均在港数量为平均装卸数量 $\overline{n}^s_{b,k}$ 和平均等待数量之和，即

$$\overline{n}_{s,k} = \overline{n}^s_{b,k} + \overline{n}^s_{w,k}, k = 1,2,\cdots,B \quad (10\text{-}12)$$

所以目标函数可写成：

$$c_{t,s} = \sum_k c_{b,k}S_k + c_{d,L} + \sum_k \left(c_{s,k} + \frac{i}{N}c_{g,k}G_k\right)\overline{n}^s_{b,k} + \sum_k \left(c_{g,k} + c_{m,k}f_k + \frac{i}{N}c_{g,k}G_k\right)\overline{n}^s_{w,k} = \min$$

在完成一定吞吐量任务的前提下，码头泊位的装卸能力确定后，泊位的日平均装卸船数 $\overline{n}^s_{b,k}$ 也是定值，不因港口泊位数的多少而改变，所以目标函数中只有平均等待船数 $\overline{n}^s_{w,k}$ 一个参变量，其他参数均可根据港口的实际情况确定。

（2）约束条件。这里的约束条件是指对目标函数中各类码头泊位数取值范围的限制，主要包括自然条件方面的限制和营运要求方面的限制。

大多数港口在选择港址时都充分考虑岸线充裕、水域宽广等自然条件，以保证合理地布置各种码头泊位和各种港口设施，并留有一定的发展余地，但也有的港口（河港居多）自然岸线和水域有限，不能建造很多的码头泊位，在这种情况下就有约束条件：港口各类码头泊位数的总和 S 不大于最多可建造的码头泊位数 S_m。

任何港口的泊位利用率 ρ 总是小于 1 的，否则就不能正常运行。在 ρ 接近或等于 1 的情况下，必然导致大量的船舶积压在港口不能得到及时的服务和离港，对运输系统产生极为不利的影响。当 $\rho>1$ 时在港口排队等待的船舶将无限增长，一天比一天多，在实际中是不会出现这种状态的，因为当船舶排队很长时有些船舶必然流入它港，引起货流转移，导致港口不能完成要求的吞吐任务。所以在研究港口规模时必须考虑 $\rho<1$ 的约束条件。港口泊位利用率是船流密度 a 与泊位数 S 的比值，而 a 在数值上与港口平均每天的装卸船数 $\overline{n}_b$ 相等，所以有约束条件：

$$\rho = \frac{\overline{n}_b}{S} < 1$$

即 $S > \overline{n}_b = S_{\min}$。此约束条件对港口各种类型的泊位都适用，另外，港口泊位数必须取大于零的整数也是问题求解的约束条件，但它已被条件所包含不需要单独列出。

综上所述，港口规模优化问题的约束条件为：

$$\left. \begin{array}{l} S = \sum_{k=1}^{B} S_k \leqslant S_m \\ S_k > S_{k,\min}, k = 1,2,\cdots,B \end{array} \right\}$$

式中：B——港口码头泊位的种类数；

$S_{k,\min}$——港口第 k 类泊位的最小值；

S_m——港口最多可以建造的码头泊位数。

（3）优化模型的求解。从目标函数可以看出，港口规模优化是多变量的非线性规划问题。对非线性规划问题的寻优方法大致可归纳为两大类：解析法和搜索法。

解析法是先利用求导数寻求目标函数极值的方法，把一个非线性规划问题用数学方程式描述出来；然后按照函数极值的必要条件用数学分析方法求出解析解；再根据充分条件或者问题的实际物理意义间接地确定最优解。因此解析法也称为间接寻优法，适用于求解目标函数具有简单而明确的数学形式的非线性规划问题，对于目标函数比较复杂或无明确数学表达式的情况，该方法就无能为力了，通常采用搜索法寻求最优解。

搜索法是一种数值方法，也称为直接寻优法，利用函数在某一局部区域的性质或一些已知点的数值来确定下一步计算的点，一步步地搜索、逼近，最后达到最优点。直接寻优法又分为消去法和爬山法两类，消去法利用不断消去部分搜索区间，逐步缩小最优点存在范围的方法来寻求最优点。此法对处理单变量函数的寻优问题十分有效。爬山法根据已经求得的目标函数值,判断前进的方向,逐步改善目标函数而达到最优。该法具有工作量大等缺点,主要用于解决复杂的多变量目标函数的寻优问题。

非线性规划的寻优方法虽然很多,但似乎没有一种计算方法甚至一类计算方法对非线性规划问题是普遍有效的,而是各种方法适合于不同的情况且各有优缺点。

港口规模优化模型中的参变量 $\bar{n}_{w,k}^{s}$ 与码头泊位数 S_k 之间的函数关系是很复杂的,当采用简单的 $M/M/S/\infty$ 排队模型时,根据排队理论有:

$$\bar{n}_{w,k}^{s} = \frac{a^{S_{k+1}}}{(S_k - 1)(S_k - a)^2} \cdot \left[\sum_{n=0}^{S_{k-1}} \frac{a^n}{n!} + \frac{a^s}{(S_k - 1)!(S_k - a)} \right]^{-1}$$

将如此复杂的、高度非线性的函数关系代入目标函数中,利用解析法求解几乎是不可能的。因此本文采用爬山法可求出目标函数的最优解。

综合以上的分析,将利用爬山法寻求港口最优规模的一般步骤归纳如下:

①根据实际资料分析确定有关计算参数;

②确定港口系统模型,如船舶到达模式、港口服务模式、船舶排队规则等;

③取不同的泊位数求相应的平均等待船舶数,直至满足条件,即得到港口的最优泊位数。

第五节　装卸工艺方案的技术经济论证

装卸机械化方案的技术经济论证主要是对所拟定的方案进行各种技术经济指标的计算,装卸工艺设计应从定性和定量展开,论证方案的工艺流程、技术装备、维修难易、装卸质量、作业安全、能源和环境影响等方面论证其优缺点,中和选取经济上合适、技术上先进的方案。

具体的技术经济指标如下:

(1)投资额;

(2)码头年设计年通过能力;

(3)泊位数;

(4)泊位(有效)利用率;

(5)堆场面积(或地面箱位数);

(6)仓库面积;

(7)所需装卸工人及驾驶员数;

(8)装卸工人及驾驶员的劳动生产率;

(9)装卸设计代表船型的时间;

(10)装卸机械设备总装机容量;

(11)装卸生产能源单耗;

(12)单位装卸设计成本计算。

上述指标中,(2)~(7)及(9)在船舶装卸时间计算和确定设计规模中求得,其他几项指标的计算如下。

一、投资额

港口装卸机械化方案的投资额主要由港口装港内工程投资和海外工程两部分。港口工程投资从工程建设项目角度又可分为工程投资费用，其他费用，预留费用和建设期贷款利息等两部分。具体计算见本章装卸工艺经济论证。

1. 工程投资费用

（1）全港性建设投资。

①土建投资：码头建设投资，包括旧码头拆除、新码头建设费，库场土地整理、道路建设、征地费、生活设施费用，仓库、场地建设费用等。

②电气设备投资：变电所、控制中心、通信设备、照明设施和供电设施等。

③机修设备投资：修理车间及各种机修设备的投资。

④防污染设备投资。

（2）装卸机械设备投资。包括各种装卸机械、流动机械、输送机械、清舱机械、库场机械、装车机械及各种工属具、夹具、计量设备及成组吊具。

2. 其他费用

包括前期工作及设计费、生产准备费、联合试运转费等。

3. 预留费用

包括不可预见的费用，如价格上涨、通货膨胀等因素引起的费用。

4. 建设期贷款费用

二、装卸工人及驾驶员的劳动生产率

$$装卸工人及驾驶员劳动生产率 = \frac{设计年操作吨}{装卸工人及驾驶员数}$$

三、装卸机械设备总装机容量

装卸机械设备总装机容量是指装卸机械工艺设计中机械装机容量之和，包括码头前沿机械、堆场作业机械、卸车机械等，单位是 kW。

四、装卸生产能源单耗

指统计期内完成每万吨本港吞吐量所消耗的装卸生产能源量。

$$e_z = \frac{E_z}{T_b}$$

式中：e_z——装卸生产能源单耗，(t)标准煤/(万 t)吞吐量；

　　　E_z——装卸生产能源消耗量，(t)标准煤；

　　　T_b——完成的本港吞吐量，(万 t)吞吐量。

五、单位装卸设计成本

在装卸工艺论证中，设计装卸成本与实际装卸营运成本是不同的。设计装卸成本是根据设计方案估算的装卸成本,计算的目的是为了方案比较。由于在设计装卸工艺时,计算成本的资料不完全,不精确,所以成本的估算比较粗糙,例如,在计算设计装卸成本时,管理费按营运费的份额分摊的,但在实际计算营运装卸成本时,就要根据所完成的统计资料分门别类地详细计算。

设计单位装卸成本可按下式计算:

$$S_X = \frac{C_{ZX}}{Q_n} = \frac{(1+e)}{Q_n} C_{zj}$$

式中:C_{ZX}——装卸总费用(元);

    Q_n——货物吞吐量(t 或 TEU);

    e——其他装卸生产直接费与主要装卸直接费的比值,通过调查确定;

    C_{zj}——主要装卸直接费(元)。

$$C_{zj} = C_1 + C_2 + C_3$$

式中:C_1——机械设备年基本折旧费及年修理费的总和(元);

    C_2——职工工资、福利费的总和(元);

    C_3——电力(包括动力和照明)、燃料及润油料费的总和(元)。

港口企业装卸业务成本核算对象是本港的货物装卸业务。经过港口运输的货物种类繁多,各货种间的装卸成本差别很大,按照传统的核算方法是除个别专业化码头进行分货类核算外,其余的杂货码头一般都按综合货种核算。随着生产发展,管理工作的要求,港口装卸业务的成本核算对象应该是货种装卸成本。

港口企业货种的划分,目前有以下几种口径:

(1)按商务部门装卸费率表上的货种划分;

(2)按计划部门统计口径的货种划分;

(3)按劳动工资部门装卸定额的货种划分。

上述三种货种的划分,从会计核算的角度看,按劳动工资部门的装卸工时定额的货种划分较为合理。因为各种货物装卸的操作过程有难易之别,作业距离有远近之分,即使是同一货种采用不同的装卸工艺,劳动消耗也不尽相同,而港口货物的装卸是通过不同的装卸工艺来实现的,装卸工艺是港口的基本生产方法,也是港口生产活动的基础。因此,按分货种、分操作过程、分装卸工艺进行装卸成本核算能够提供各操作过程和装卸工艺成本,便于选择最佳装卸工艺,可以起到控制成本、降低成本的作用。目前劳动工资部门按定额工时划分的货种恰恰是按分操作过程和装卸工艺来划分的,既能满足分货种成本核算的需要,又能利用现有的统计资料,简化核算方法。港口企业装卸成本传统计算单位为货物的吞吐量,但是用吞吐量计算装卸成本有一定的弊病。有时完成一吨吞吐量因经过两个操作过程,而重复计算,显然不合理。如果以货物的操作吨作为计量单位,则能比较真实地反映出装卸业务的单位消耗,因此,以操作吨作为货物的计算单位。装卸成本分货种核算的账户设置,必须做到既满足分货种装卸成本核算的需要,又要符合交通部港口企业成本核算的有关规定。其账户设置的基本原则是:

(1)凡是专业化码头并配备专用机械、专业作业队和专用工具的,都应按货种设置多栏式明细分类账。

（2）非专业化码头应在装卸支出明细账下再按成本责任部门（如门吊队、平台队、拖车队、工具收发站等）设置明细账，按交通部海港企业成本管理办法中规定的成本项目设置专栏。并且还要按货种操作过程和装卸工艺设置成本计算单（代三级账）。月末应将明细分类账户中所归集的全部费用按货种、操作过程和装卸工艺分配计入成本计算单。

专业化码头发生的装卸直接数用，按专业码头作业的货种归集；非专业化码头发生的装卸直接费用，先按成本责任部门进行归集，月末按下述方法进行分配。

1. 装卸队费用的归集和分配

装卸队归集的费用，主要是工资、附加费以及外付装卸费。目前装卸队工资支出大都采取底薪加计件方法计算。装卸队全部费用中主要是工资费用，而工资费用中计件工资又占很大比重，装卸队费用在各货种、各操作过程、各装卸工艺中分配是否合理，关键在于计件工资的分配。港口企业装卸队的计件工资，一般都是以定额工时为依据计算支付的，因此装卸队全部费用应按定额工时在各货种、各操作过程和装卸工艺之间进行分配。如果有的港口因货种之间作业难度不同而采取不同的定额工时单价时，还应将定额工时按标准单价换算成换算定额工时。

装卸队各成本项目在各货种、各操作过程、各操作工艺之间可按以下公式进行分配：

$$某成本项目分配率 = \frac{某成本项目全月支出数}{核算定额工时之和}$$

$$核算定额工时之和 = \sum（某货种某操作过程某装卸工艺定额工时数 \times 该货种定额工时核算系数）$$

$$某货种定额工时核算系数 = 某货种作业级别单价/标准货种作业级别单价$$

某货种某操作过程某装卸工艺应分配的某成本项目金额
= 某货种某操作过程某装卸工艺换算定额工时数 × 某成本项目分配率

2. 各机型机械队费用的归集和分配

机械队发生的全部费用都与机械的运行有直接或间接的关系，因此机械队费用在各货种之间进行分配离不开机械台时。目前机械台时主要有定额台时，实际作业台时和内部结算台时。在正常情况下，机械费用在各货种之间分配应以机械的作业台时较为合理，因为机械实际作业台时与机械的各种消耗是成正比的，但目前各港机械作业台时的原始统计数字不够准确，和实际情况出入较大。如果使用虚假程度很大的机械作业台时，势必造成各货种成本不真实。而现行的机械作业台时定额是经过测算制定的并与机械司机的计件工资直接挂勾，就目前来看，定额台时数较作业台时统计数可靠合理。本文以机械的定额台时将汇集在各机型各成本项目中的费用在各货种、各操作过程、各装卸工艺之间进行分配。其公式如下：

$$某机型某成本项目分配率 = \frac{某机型某成本全月支出数}{某机型全部定额台时数}$$

某货种、某操作过程、某装卸工艺分配某机型、某成本项目数额 = 某货种、某操作过程、某装卸工艺使用某机型定额台时数 × 某机型、某成本项目分配率。

第六节　装卸工艺方案经济效益分析

装卸工艺方案的经济效益分析装卸工艺方案比选和选择推荐方案的重要依据之一，也是

衡量装卸工艺方案经济效益的组成部分,分析的指标有:

(1)投资额估算;

(2)由方案的装卸作业收入估算和装卸成本预算组成的工艺方案的财务分析;

(3)方案营运的财务现金流量、内部收益率、方案营运的净现值、投资回收年限估算等经济效益分析;

(4)与装卸工艺方案营运后对船方、货方经济效益影响等国民经济收益国民经济效益分析。

一、投资额估算

按照前文所述,港口装卸工艺项目的投资可分为港内工程投资和海外工程投资两部分。港口工程投资从工程建设项目角度又可分为工程投资费用、其他费用、预留费用和建设期贷款利息等四个部分(表10-31);从工程投资性质角度分,港口工程投资又分为基础设施投资和经营设施投资两部分。

港口装卸工艺改造项目的投资费用　　　　　　　　　表 10-31

工程或费用项目名称	投资估算(万元)						备注
	方案一			方案二			
	合计	基础设施	经营设施	合计	基础设施	经营设施	
一、港内工程	438752.8	1259.13	42613.67	44445.44	1259.13	43186.31	
(一)工程费用	34806.46	836.13	33970.33	35260.10	836.13	34423.97	
1.水工建筑	3.17	3.17		3.17	3.17		
2.装卸机械设备及安装	25649.88		25649.88	25649.88		25649.88	
3.堆场道路	3903.93		3903.93	4134.57		4134.57	
4.土建工程	937 68	144.96	792.72	1160.68	144.96	1015.72	
5.供电照明	2408.00	620.00	1788.00	2408.00	620.00	1788.00	
6.给排水、消防	849.00		849.00	849.00		849.00	
7.自动控制	300.80		300.80	300.80		300.80	
8.通信工程	480.00		480.00	480.00		480.00	
9.采暖通风	156.00		156.00	156.00		156.00	
10.环保绿化	68.00	68.00		68.00	68.00		
11.机修设备	50.00		5.00	50.00		50.00	
(二)其他设备	1331.34	200.00	1131.34	1348.34	200	1148.34	
1.生产准备费	643.00	100.00	543.00	682.00	100.00	552.00	
2.联合式运转费	79.34		79.34	79.34		79.34	
3.前期工作及设计费	609.00	100.00	509.00	617.00	100.00	517.00	
(三)预留费用	6077.00	175.00	5902.00	6157.00	175.00	5982.00	
1.基本与备费	2530.00	73.00	2457.00	2563.00	73.00	2490.00	
2.价格上涨	3547.00	102.00	3445.00	1594.00	102.00	3492.00	

工程或费用项目名称	投资估算(万元)						备注
	方案一			方案二			
	合计	基础设施	经营设施	合计	基础设施	经营设施	
(四)建设期贷款汇总	1658.00	48.00	1610.00	1680.00	48.00	1632.00	
二、港外工程	3124.00		3124.00	3124.30		3124.00	
总计	466996.8	1259.13	45737.67	47569.44	1259.13	46310.31	

二、港口装卸工艺方案的财务分析

港口装卸工艺方案财务分析包括:港口作业收入估算和装卸成本两部分。

1.港口作业收入估算

港口作业收人主要由装卸作业收入、杂项作业收入、货物港务费收入和货物堆存费收入等,上述各项费收可用报表表示,以集装箱装卸工艺为例,费率和收入表如表 10-32、表 10-33 所示。

港口作业费率(单位:元)   表 10-32

序号	费率	作业量	单位	装卸作业包干费	卡车作业费率	货物港务费率	港口建设费率	杂项作业费率	
								倒垃圾(元/次)	污水处理费(元/t)
1	外贸进口普通重箱	169500	TEU	425.5	0.0	40.00	64.00	100	2.2
2	内贸进口普通重箱	30000	TEU	365.30	0.0	1.00	0.00	50	1.1
3	外贸进口普通空箱	86000	TEU	294.1	0.0	0.00	64.00	100	2.2
4	外贸进口冷藏重箱	6000	TEU	467.9	0.0	80.00	64.00	100	2.2
5	外贸进口冷藏空箱	4000	TEU	324.1	0.0	0.00	0.00	100	2.2
6	外贸进口一级危险品重箱	4500	TEU	467.9	0.0	80.00	64.00	100	2.2
7	外贸出口普通重箱	228500	TEU	425.5	0.0	40.00	64.00	100	2.2
8	内贸出口普通重箱	30000	TEU	365.30	0.0	1.00	32.00	50	1.1
9	外贸出口普通空箱	30000	TEU	294.1	0.0	0.00	0.00	100	2.2
10	外贸出口冷藏重箱	10000	TEU	401.70	0.0	40.00	64.00	100	2.2
11	外贸出口一级危险品重箱	1500	TEU	467.9	0.0	40.00	64.00	100	2.2
12	港口拆装箱	10000	TEU					100	2.2

资料来源:《中华人民共和国港口收费规则》、《港口建设费征收使用管理办法》。

　　　　　　　　　　　　　　　　表 10-33

序号	费率项目	作业量	单位	装卸作业包干费率	卡车作业费率	货物港务费率	港口建设费率	杂项作业费率
1	外贸进口普通重箱	169500	TEU	7212	0	678	1085	170
2	内贸进口普通重箱	30000	TEU	1096	0	3	0	30
3	外贸进口普通空箱	86000	TEU	2529	0	0	550	86
4	外贸进口冷藏重箱	6000	TEU	2807	0	48	38	6
5	外贸进口冷藏空箱	4000	TEU	1296	0	0	0	4
6	外贸进口一级危险品重箱	4500	TEU	211	0	36	29	5
7	外贸出口普通重箱	228500	TEU	9723	0	914	1462	239
8	内贸出口普通重箱	30000	TEU	10960	0	3	96	30
9	外贸出口普通空箱	30000	TEU	882	0	0	0	30
10	外贸出口冷藏重箱	10000	TEU	402	0	40	64	10
11	外贸出口一级危险品重箱	1500	TEU	71	0	60	96	2
12	港口拆装箱	10000	TEU	0.00	0	0	0	100
	合　计	610000		7212	0	1728	3334	700

2. 港口装卸成本估算

港口装卸成本估算项目及其计算如上节所示,并列表估算。

三、经济效益分析

港口装卸工艺方案的经济效益分析主要包括:估算方案营运的财务现金流量、内部收益率、方案营运的净现值、投资回收年限分析。

1. 现金流量估算

装卸工艺投资方案的现金流出,主要指固定资产的投资和流动资金的资金流转情况。其中包括项目建设期,达产期和生产期的现金流动。

在估算现金流量时,现金流量为净收益与折旧之和,其中净收益按下式计算:

$$净收益 = 税前收益 - 税金 = 税前收益(税前收益 \times 税率)$$

$$税前收益 = 营运收入 - 成本$$

例 10-11　现金流量的估算可列表进行,下面是现金估算表(表10-34)的部分算例。

(1)项目测算说明。

①项目计算期 5.5 年,其中:建设期 0.5 年,经营期 5 年;

②项目基准收益率取 10%;

③税金:增值税 4%,营业税 5%,附加税按增值税,营业税的 10% 的税率交纳,所得税 25% 的税率交纳。

(2)营业收入预测。

现金流量估算表（单位:万元）   表 10-34

年 份	2011	2012	2013	2014	2015
商场销售收入	6000	7500	7870	8270	8680
毛利率	35%	37%	40%	40%	40%
经营费用	1200	1125	1180	1240	1302
应纳税金	450	694	787	827	868
净现金流量	450	956	1180	1240	1302
可租赁面积(m^2)	2700	2700	2700	2700	2700
出租率	80%	90%	95%	95%	95%
月租金收入(元/m^2)	35	35	35	35	35
年租金收入	84	94	99	99	99
年运营成本	25.7	28	29	29	29
应纳税金	25.7	28	30	30	30
净现金流量	33.1	37	39	39	39
资本投入	-2800				
净现金流量合计	-2800	483	993	1219	1279
累计净现金流量合计	-2800	-2316	-1323	-103	1175

①项目总投资 2800 万元,其中流动资金 1500 万元。

②计 2012 年全年销售收入 6000 万元,租赁收入 84 万元(蚌埠市目前中高档写字楼的出租单价基本在 40 元/m^2,租赁收入按 38~40 元/m^2 测算,下同);2013 年全年销售收入 7500 万元,租赁收入 94.5 万;2014 年全年销售收入 7870 万元/年,租赁收入 99.75 万元/年;2015 年全年销售收入 8270 万元/年,租赁收入 99.75 万元/年;2016 年全年销售收入 8680 万元/年,租赁收入 99.75 万元/年

(3)经营费用(营业费用、管理费、职工工资福利费)预计第一年为销售收入的 20%,其他年份销售收入为 15%;年运营成本(管理费、维护费)预计为租金收入的 30%,即合计为143.34 万元。

2. 净现值

净现值是指投资方案未来的现金流入量的现值同它的原投资之间的差额。由于原投资额可能是分若干年投资,因为具体设计时,将方案计算期中各年度现金流入量和现金流出量按一定折现率折算为现金的金额,即各年度现金净流量的现值总额,即为净现值。其计算公式如下

$$NPV = \sum_{t=0}^{n} (C_i - C_o)_t (1 + i)^{-t}$$

式中: NPV ——净现值;

C_i ——现金流入量;

C_o ——现金流出量;

i ——折现率;

n ——方案计算年期,年数;

t ——方案计算期中第 $1,2,3,\cdots,n$ 年;

$(1 + i)^{-t}$ ——现值系数。

如果上式的计算结果得到的净现值为正值,说明该方案的投资收益率大于所用的折现率,方案可取;反之如得到的净现值为负值,说明该方案的投资收益率小于所用的折现率,方案不可取。在比选方案的投资额相同的情况下,以净现值最大的方案的为最优方案。

3. 净现值指数

净现值指数(NPVI)等于净现值(NPV)除以初始投资 P。以净现值指数比选方案时,当净现值指数为正值时,方案可取,并以净现值指数最大的方案为首选方案。计算公式如下:

$$NPVI = \frac{NPV}{P}$$

4. 内部收益率

内部收益率指标适用于使用期不同的各种方案的评价,可用下列公式计算:

$$\sum_{t=0}^{n} (C_I - C_0)(1 + i)^{-t} = 0$$

具体算法可用试算逼近法求得内部收益率 i 值。也可用下列插入法公式计算:

$$i = i_1 + \frac{PV(i_2 + i_1)}{PV + NV}$$

式中:i ——内部收益率;

　　i_1 ——最后一次试算,净现值为正的收益率;

　　i_2 ——净现值第一次为负的收益率;

　　PV ——用 i_1 计算的净现值(+);

　　NV ——用 i_2 计算的净现值(–)。

在计算 PV 和 NV 均取绝对值。由于内部收益率的变化呈曲线,而插入法公式体现的是直线,为避免误差过大,i_1 和 i_2 相差不宜超过 5%。

5. 投资回收期

投资回收期的优点是简单明了。其计算公式如下:

$$N = \frac{-\lg\left(1 - \frac{p \times i}{A}\right)}{\lg(1 + i)}$$

式中:p ——投资;

　　A ——等额年收益(净收益 + 折旧);

　　i ——折现率。

投资回收期越短,投资风险越小。投资回收期与内部收益率有密切的关系,内部收益率越高,投资回收期就越短。

四、国民经济评估

港口装卸工艺项目投资的国民经济效益评估是从国民经济和全社会角度出发来计算港口装卸工艺项目的投资经济效益。通过国民经济评估可审视港口装卸工艺项目投资对社会的贡献力;对贷款建港项目,港口装卸工艺项目的国民经济效益评估对项目投资决策来说更显重要。

国民经济评估是在对港口装卸工艺方案技术和经济论证的基础上进一步计算：

1. 船舶费用

船舶费用的计算有两种方法：

第一种方法按下式计算船舶年在港费用：

$$S_{船} = \frac{Q}{G} \times T_{船停} \times \partial_{船}$$

式中：Q——年货运量(t)；

G——一艘船的货运量(t)；

$T_{船停}$——一艘船舶在港停泊时间(d)；

$\partial_{船}$——一艘船舶在港的船天费用(元/d)。

第二种方法按下式计算船舶在港和航行的年度费用：

$$S'_{船} = \frac{Q}{G}(T_{船航} \times \partial_{船航} \times \partial'_{船})$$

式中：$T_{船航}$——一个航次中的船舶航行时间(d)；

$\partial_{船}$——一艘船舶的航行船天费用(元/d)。

2. 货物在途费用

货物在途费用是指货物在运输过程中由于流动资金而产生的费用，与船舶费用的计算方法一样，有两种计算方法：

第一种方法按下式计算货物在港流动资金积压产生的年费用：

$$S_{费} = \frac{Q \times C_{货} \times T_{货停} \times i}{365}$$

式中：Q——年货运量(t)；

$C_{货}$——一吨货物的平均价格(元)；

$T_{货停}$——一吨货物在港停留时间(d)；

i——利率。

第二种方法按下式计算货物在港和航行途中因流动资金积压而产生的费用：

$$S'_{货} = \frac{Q \times C_{货} \times (T_{货停} + T_{货航}) \times i}{365}$$

式中：$T_{货航}$——一吨货物在航停留时间(d)。

对于需要长期储备的货物的流动资金积压引起的费用可以不作计算。

五、装卸工艺项目评估的不确定性分析

1. 盈亏平衡分析

盈亏平衡点是项目盈利与亏损的分界点。通过分析产品产量、成本与盈利能力的关系，找出盈利与亏损在产量、产品价格、生产能力利用率等方面界限，从而确定在经营条件下发生变化时的承受能力。一般来说，影响盈亏产量的因素有固定成本、产品价格和单位产品变动成本。通常称产品价格与单位产品变动成本之差为单位产品边际贡献。固定成本越高，盈亏平衡产量越高；相对于预期的产品销售量，单位产品边际贡献越高，盈亏平衡产量就越低，项目发

生亏损的可能性就越小。另外,从企业经营角度来讲,由于外部经营环境可能发生变化引起销售量和利润波动而发生业务风险是常见的风险因素。而固定成本在总成本构成中所占的比例越大,企业所面临的业务风险就越大,即,固定资产有放大企业业务风险的作用。因此,正确判断项目风险情况和合理选择项目的成本结构有重要意义。

2. 通货膨胀和价格波动的影响

如果要考虑投资项目建设和生产期货币通货膨胀和价格波动对项目经济效益的影响,在经济论证时,除折现率外,可再考虑加上通货膨胀率。

3. 不确定性的风险

由于港口生产受到各种复杂因素的影响,港口吞吐量的预测也受到各种不确定性因素的影响,因此港口投资应考虑投资的风险性。在港口装卸工艺方案经济论证时,可根据预测一组不同的吞吐量数值及其实现的概率,来计算不同吞吐量水平的净现值的期望,以净现值期望值为正的方案可取。

4. 敏感性分析

在港口装卸工艺方案的分析评价中,有些预期的参数可能发生变动,为了决策的可靠性,对投资方案的国民经济收益作必要的敏感性分析,敏感度分析可按投资分别增加 10%、20%、30% 或收益减少 10%、20% 和 30% 时,各比选工艺方案营运的内部收益率和净现值的变化情况进行比较和选择。

5. 概率分析

敏感度分析的一个基本假设就是各个不确定因素发生变动的概率相同。实际上,任何方案的各不确定因素在未来发生某一幅度变动的概率一般不会相同。有时往往被认为不太敏感的因素将来发生不利的变动概率却很大,实际上带来的风险比那些敏感度大的因素还大。这种问题敏感度分析无法解决,必须借助于概率分析。

概率分析就是通过研究各个不确定因素发生不同幅度变动的概率分布及其对方案经济效果的影响,以对评价结果做出某种概率描述,从而判断项目的风险情况。前提是必须占有足够多的信息资料并对这些信息资料进行深入的分析研究,否则无法进行。对项目各种风险因素进行概率分析是多年来进行可行性研究和项目评估的弱点,可以说基本上没有进行。投资风险分析工作做的不深也是多年来造成投资决策失误的一个重要原因。

六、推荐方案的比较与选择

应用定量分析来反映客观经济过程的本质联系,是进行经济研究和提高经营管理水平的重要方法,至于采用什么方法进行定量分析,则取决于研究对象的复杂程度和特征。港口装卸工艺定量分析具有以下两个主要特征:

(1)港口装卸工艺方案评价具有多目标特征(如安全、质量、效率、成本、工艺先进性、环保等),只有通过综合衡量才能进行评价。

(2)港口装卸工艺方案的评价指标,有的可用确定性数值明确表示(如效率、成本等),有的则具有模糊性质(如工艺的先进性、环保等),对于模糊的经济现象不能采用通常描述确定性经济现象的数值特征去反映。

在企业经济活动分析和经营管理中,广泛采用多种最优化数学方法,传统意义上的最优问

题,往往是在某些约束条件下选取最优解,但是对于复杂的经济系统来讲,无论是寻求这种最优解的过程,还是这种最优解的效用,都不能较好地解决上述多目标的模糊经济问题。模糊数学作为近20年来发展起来的崭新学科,在更好地研究和处理经济活动中的模糊现象,把经济活动的定量分析提高到一个更高的水平方面,有着广泛的应用前景。同样,在解决港口装卸工艺方案选择的问题上,模糊数学综合评判的方法能取得令人满意的效果。

模糊综合评判的数学模型:

设有两个有限论域

$$X = \{x_1, x_2, \cdots, x_m\}$$
$$Y = \{y_1, y_2, \cdots, y_m\}$$

式中:X——综合评判的多种因素所组成的集合;

Y——评语所组成的集合。

$$A \cdot R = B$$

称为综合评判的数学模型。这里 R 是 X·Y 上的一个数学关系,或者说是一个 m·n 模糊矩阵,A 是论域 X 上的模糊子集,即各评判因素的权重,B 是评判结果,它是论域 Y 上的一个子集,即模糊向量。

模糊综合评判有以下三个步骤:

(1)对于因素集合 X 中的诸因素,用各种可行的方法分别做出对评语集合 Y 中诸评语的单因素评判,进而得到一个实际上表示 X 和 Y 之间模糊关系的模糊矩阵。

(2)对于因素集合 X 中的诸因素,确定它们在被评判事物中的重要程度,即定义为确定诸因素的权重。且各因素的权重之和为1。

(3)作模糊变换。

综合评判过程如图 10-5 所示:

图中 R 为"模糊变换器"。

按照上述步骤和要求,为解决港口装卸工艺方案在多种评判标准情况下的优选问题,可按以下5个步骤进行:

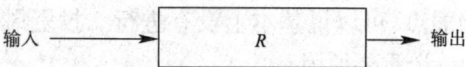

图 10-5

(1)确定港口装卸工艺方案的评价指标,一般可采用专家咨询方法。

(2)在装卸工艺方案评价指标确定之后,须确定各指标的相对权重,仍可采用专家咨询方法。

(3)确定装卸工艺方案的各个单项指标值,例如对各个工艺方案的成本、效率等的计算。

(4)对各单项指标进行模糊隶属变换,使其具有较符合实际的评价功能,从而确定出模糊关系矩阵 R。

(5)作模糊变换。

$$B = A \cdot R$$

即得到令人满意的评判结果,使决策者取得可行的决策方案。

由于模糊数学提出了一套定量的表示自然语言的理论与方法,使人工语言转化为计算机可以理解和处理的机器语言,进而提高和扩大了计算机应用的灵活性和智能。模糊综合评判模型也可以很好地在计算机上实现，成为既有科学理论指导，又能在实践中准确、迅速地确定优选方案的决策工具。

港口装卸工艺方案选择问题是一个多目标决策的问题，设计政治目标、经济目标、社会效果、环境污染、生态平衡、保护和合理利用自然资源以及国防目标等。这些目标之间的关系错综复杂，有的是互补关系，所以装卸工艺方案比较应对各比选方案分别进行上述的技术经济分析、经济效益的分析和国民经济效益评估，在此的基础上，考虑装卸工艺项目建设的一些非数量目标，如施工难易程度、工程对环境的影响、项目对未来发展的适应性、船舶靠泊的安全性等，采用综合评价方法，对比选方案进行全面的评估和论证后，确定推荐方案。

思考与练习

1. 解释下列各词的含义：舱时量、装卸生产能源单耗。

2. 船舶装卸时间、泊位年通过能力和泊位数如何计算？

3. 影响港口建设规模的因素有哪些？

4. 港口装卸工艺方案设计有哪些步骤？如何确定工艺流程？

5. 选择装卸工艺方案最关键问题是什么？如何做好方案比选？

6. 站在国民经济角度评估港口装卸工艺。除了书中提及的两种方法，还有哪些计算方法？

7. 从港口装卸工艺设计的发展历程来看，你觉得未来港口装卸工艺设计将更注重哪些方面？

第十一章 计算机在港口装卸工艺设计中的应用

案例导入——装卸工艺计算机辅助设计

港口装卸工艺是一门研究货物在港装卸和搬运方法的科学，港口装卸工艺设计是港口工程设计的一个重要组成部分，对工程项目起着总揽全局的作用。由于装卸工艺设计具有科学性、又包含匠心独具的艺术构思，因而使工艺设计灵活多变，这给计算机在该领域的应用增添了难度。

然而，传统的由人工进行的装卸工艺设计劳动量大，设计过程、图形表示方法以及某些算法缺乏统一而严格的规范标准，特别是设计和方案修改周期较长，都会影响设计单位在项目投标中的竞争优势。因此，应用计算机帮助设计人员进行装卸工艺设计已经成为当前普遍采用的方式。

计算机辅助设计（Computer Aided Design，CAD），就是利用计算机硬件和软件，帮助设计人员进行设计、判断、计算和绘图，以实现综合设计的一门科学。CAD系统包括计算机主机、专用外围设备和应用软件，它是一种人机交互系统，即设计者与计算机交互作用，有效地完成预定的设计任务。

一个有效的装卸工艺设计系统一般包括如下内容：

1. 资料收集与分析

港口装卸工艺设计涉及面广，一般而论，它包括对以下资料的分析和使用：

(1)水文、地形、地质、气象等自然资料；

(2)各种类型的运输工具资料；

(3)各种装卸设备资料；

(4)各种码头结构的参数资料；

(5)各种货物特性资料；

(6)码头总平面布置资料；

(7)各种装卸方式的设计规范；

(8)各种码头工艺图纸绘制规范。

这些需要通过长期的积累，建立相应的数据库和资料库，供设计时调用和查询。

2. 辅助装卸工艺设计

应用上述资料，由计算机辅助设计系统帮助设计人员完成如下设计：

(1)拟定工艺方案；

(2)装卸工艺建设规模的确定；

(3)工艺布置设计；

478

（4）投资经济效益分析；

（5）工艺图纸绘制。

由此可见，港口装卸工艺 CAD 是一个较大的应用软件系统，因此，开发这类系统应参照软件开发技术方法进行。在系统开发之初应先明确所要达到的设计目标。作为设计基础，首先系统应能实现向外界获取上列资料并对这些资料进行分析、整理的功能，然后辅助设计人员进行工艺方案的拟定。在此基础上辅助设计系统进入港口规模设计阶段，并采用所确定的参数进行投资经济效益计算。与此同时系统也应向港口工艺布置部分提供参数，并根据工艺布置设计要求能够绘制出工艺布置图，并建立反映设计内容的相关技术文档。

第一节　装卸工艺计算机辅助设计

一、计算机辅助设计概述

1. 计算机辅助设计及其发展

计算机辅助设计主要研究用计算机及其外围设备和图形输入输出设备帮助人们进行工程项目规划、设计以及产品设计的技术，它是随着计算机及其外围设备、图形设备和软件的发展而发展的。

在 1958 年，美国 Calcomp 公司研制出了滚筒式绘图仪；Gerber 公司研制出平板绘图仪。由此诞生了为计算机所配置的图形输出设备。在 20 世纪 50 年代 CAD 技术尚处于准备阶段。

1962 年，美国麻省理工学院林肯实验室的 I. E. Sutherland 发表了"Sketchpad：一个人机通讯的图形系统"的博士论文，首次提出了计算机图形学、交互技术、分层存储符号的数据结构等新思想，从而为 CAD 技术的发展和应用打下了理论基础。20 世纪 60 年代中期出现了许多商品化的 CAD 设备。60 年代末，美国安装的 CAD 工作站已达 200 多台，可供几百人使用。

1970 年美国 Applicon 公司第一个推出完整的 CAD 系统。在此时期，图形输入输出设备日益完善，而价格越来越低廉。并出现了面向中小企业的 CAD/CAM 商品化系统。20 世纪 70 年代末，美国 CAD 工作站安装数量超过 12000 台，使用人数超过 2.5 万人。

进入 20 世纪 80 年代，CAD 技术有更大的发展。图形系统和 CAD/CAM 工作站的销售量与日俱增。至 1988 年，英国已实际安装 CAD 系统达 63000 套。CAD/CAM 技术从大中企业向小企业扩展；从发达国家向发展中国家扩展，从用于产品设计发展到用于工程设计、规划设计以及管理工程之中。

20 世纪 80 年代后期以后，CAD 技术在标准化、集成化和智能化方面得到进一步的发展。在标准化方面，形成了一系列计算机图形标准，这些标准的制定和采用为 CAD 技术的推广和移植、为资源信息共享起到了重要作用。在集成化方面，出现由 CAD(计算机辅助设计)/CAM(计算机辅助制造)/CAE(计算机辅助工程)构成的 CIMS(计算机集成制造系统)。

进入 21 世纪，人工智能和专家系统技术在 CAD 领域的应用大大提高了自动化设计的程度，出现了 AICAD 新学科。

CAD 技术可广泛应用于国民经济的各个方面,归纳起来主要有以下几个方面:

(1)工程和产品设计。这是最先引用 CAD 技术的应用领域。CAD 的应用大大降低了设计时间和成本。例如,在土建领域采用 CAD 技术,可节省方案统计时间约 90%、投标时间 30%、重复绘图作业费 90%。

(2)仿真模拟和动画片制作。应用高性能的 CAD 工作站可以真实地模拟船舶进出港口等现象。

(3)管理工程的图形制作。在业务管理中可以采用 CAD 技术绘制各种形式统计报表和图形,如直方图、扇形图、库存图等。在生产工艺流程中, CAD 技术可以帮助合理安排生产。

(4)绘制测量图。用 CAD 技术绘制地理、地形图、矿藏勘探图、气象图、人口分布密度图以及有关的等值线、等位面图等。

(5)机器人。用 CAD 技术可以模拟各种形式的机器人、机械手及其运动环境。

现在,CAD 技术不仅在工程界普遍得到广泛应用,而且在管理中也正在受到越来越广泛的重视。

2. CAD 技术与人工处理的比较

CAD 技术是借助于计算机及其外围设备、图形设备来帮助管理人员和技术人员进行工程设计与规划以及产品设计。为了正确应用 CAD 技术,我们将人与计算机在设计规划中的特点作一比较(见表 11-1)。

人工与计算机在 CAD 中的各自特点　　　　表 11-1

	人　工	计　算　机
综合分析能力	能凭经验、想象力和判断进行直觉分析,能进一步学习,一下子抓住重点,但有时智力不可靠,数值分析能力不强	只能系统地分析,学习能力不强,不能抓住重点,智力可靠,数值分析能力强
信息输入	大量,并行	顺序
信息输出	慢,顺序	顺序,迅速
信息组织	非形式化、直觉	形式化,详尽语法
信息存贮	容量小、易忘记	容量大,不忘
出错及处理能力	易错,特别是重复性工作。靠直觉能发现错误,能改错	不易错,出错后只能系统地查找,不能自行改错

根据表 11-1 反映的特点,使用 CAD 技术具有以下的优点:

(1)减少绘图工作量。

(2)减少各工序间的周转时间。

(3)减少直接设计与规划费用。

(4)提高设计精度和规划的准确性。

(5)便于企业内部的管理和对外联系。

(6)易于修改设计,设计方案调整速度快。

(7)易于建立标准图库及标准设计库。

(8)易于广泛应用标准图和标准设计。

3. CAD 的硬件与软件

(1)CAD 系统分类。CAD 系统的基本组成如图 11-1 所示,从系统结构上看,CAD 系统大致可分为两类,即集中式系统和工作站网络系统。集中式系统的模块如图 11-2 所示,这种系统要求配备功能较强的计算机,故一次性投资较大,使用不灵活。自从 CAD 工作站问世以后,大多数用户采用工作站网络系统来代替这类集中式 CAD 系统。

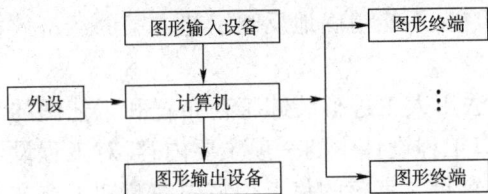

图 11-1　CAD 系统的基本组成　　　　图 11-2　集中式 CAD 系统

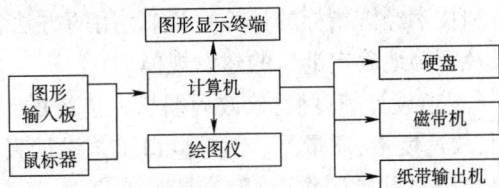

(2)CAD 软件环境。CAD 支撑软件主要有:

①图形设备驱动程序:一般采用的是 CGI(Computer Graphics Interface)程序包。

②窗口管理系统:美国麻省理工学院推出的 X 窗口管理软件有可能成为国际标准。

③图形文件管理规范:CGM(Computer Graphic Metafile)

④面向应用的图形程序包:如 GKS2D 图形程序包,GKS3D 图形程序包以及 PHICS 程序包等。

⑤二、三维图形交互处理系统:以各种图形程序包为基础构造起来的面向用户的交互式图形设计系统,是 CAD 的重要支撑软件之一,例如常用的 Auto CAD 制图软件包、GRADE/G 制图软件等。

⑥三维几何造型系统:该系统可用来产生各种形体的模型,便于作分析加工处理,如 3D 软件包系统。

⑦模型分析系统:用来对设计的形体作热、力、场以及各种管理数学模型等分析,并可交互修改,以产生优化结果。如有限元计算分析软件、系统规划与优化软件等。

⑧真实图形生成系统:使设计出的图形更具有真实感。

⑨数据库及其管理系统:对 CAD 的数据进行管理。

⑩网络通信系统:使数据资源尽可能得到共事。

⑪不同 CAD 系统之间的接口:采用接口软件以实现不同 CAD 系统之间的数据转换。

⑫汉字处理系统:在中国,输出的图纸和图表需要有中文说明,例如可以采用矢量汉字处理的功能。

⑬知识库及其管理系统:设计自动化程度越高,越需要大量的专家知识、规则和经验的指导,由此导致智能化 CAD 系统的出现。

二、港口装卸工艺 CAD

1.港口装卸工艺设计的传统手段及其问题

港口装卸工艺是港口工程设计的一个重要组成部分,对工程项目起着总揽全局的作用。港口装卸工艺设计是一门精巧的技术。它既是科学,又是艺术,既有定量计算和分析,且包含匠心独具的艺术构思。但是,现行的港口装卸工艺设计就方法而论长期以来一直沿用传统的方法,这种方法存在着如下问题:

(1)依靠个别设计人员经验拟定工艺方案影响设计质量。装卸工艺方案的构思凝结着工

艺专家的智慧结晶，工艺专家的知识、经验和技巧直接影响到工艺方案的质量，传统方法依靠个别设计人员经验拟定工艺方案，这就不可避免地影响到设计质量。

（2）定量计算粗糙，不能精确反映客观实际。工艺设计内的定量计算部分（如港口建设规模和技术经济指标的计算）目前使用的方法比较粗糙，不能精确地反映工艺方案的经济效益以及正确地确定港口的建设规模。

（3）设计速度慢，修改周期长。传统的设计方法用人工进行装卸工艺布置和工艺图的绘制，故速度慢，质量差。但是港口工艺设计只是港口工程设计中的一项主要内容，对工程设计起着至关重要的作用，无论是对外洽谈，还是上级审批。审核的焦点均集中在装卸工艺方案上。因此，在方案审核以及中外洽谈过程中当用户要求或环境发生变化而需要修改方案时，设计手段的落后，修改方案的周期长等问题更显突出，往往由此而影响到项目的审批、中外技术合作以及项目的中标。

2. 港口装卸工艺 CAD 系统的开发方法

港口装卸工艺是一门研究货物在港口装卸和搬运方法的科学，是港口生产管理的重要组成部分。港口装卸工艺设计是港口工程设计的一个重要组成部分，对工程项目起着总揽全局的作用。由于装卸工艺设计具有科学性，又包含匠心独具的艺术构思，因而使工艺设计灵活多变，这给计算机在该领域的应用增添了难度。然而，传统的由人工进行的装卸工艺设计劳动量大，设计过程、图形表示方法以及某些算法缺乏统一而严格的规范，特别是设计方案修改周期较长，都大大影响着设计单位在项目投标中的竞争优势。因此，应用计算机帮助设计人员进行装卸工艺设计已势在必行。港口装卸工艺 CAD 系统的研究与开发正是顺应了这一需要。

（1）应用软件工程技术开发装卸工艺设计系统的一般方法。港口装卸工艺设计涉及面广，就一般情况而论，它包括对以下资料的分析和使用：

①水文、地形、地质、气象等自然资料；
②各种类型的运输工具资料；
③各种装卸设备资料；
④各种码头结构的参数资料；
⑤各种货物特性资料；
⑥码头总平面布置资料；
⑦各种装卸方式的设计规范；
⑧各种码头工艺图绘制规范。

应用上述资料，完成以下设计：
①拟定工艺方案；
②装卸工艺建设规模的确定；
③工艺布置设计；
④投资经济效益分析；
⑤工艺图纸绘制。

港口装卸工艺 CAD 是一个较大的应用软件系统，所以系统开发应参照软件工程技术方法进行。

在系统开发之初应首先明确所要达到的设计目标。作为原始资料的处理,CAD系统首先应向外界获取上列1～6项资料,并对这些资料进行分析、整理;然后着手进行工艺方案的拟定工作,在此基础上,系统进入港口规模设计,并将所确定的参数提供给投资经济效益部分计算。与此同时,也向港口工艺布置部分提供参数,并根据工艺布置设计绘制出工艺布置图,提供反映设计内容的技术文档。其中,工艺布置及工艺图绘制是工艺系统的关键之一。

由于系统在计算机上运行,设计问题的处理应充分考虑计算机的特点,以及传统设计方法的习惯。因此,在确定港口装卸工艺和建设规模时应以传统经验算法为主,并辅以计算机仿真技术的处理方法进行比较、论证(仿真方法在后面有专门介绍)。在港口装卸工艺布置中应充分考虑局部与整体的关系,既利用计算机处理有规律事件的方便,又不使它束缚人的创造性能力。

(2)港口装卸工艺CAD系统数据流分析。通过对港口装卸工艺设计整个过程和内容进行分析,并考虑到设计过程中的数据流动的方向以及各部分设计工作的关系,可以得出如图11-3所示的系统数据流图。

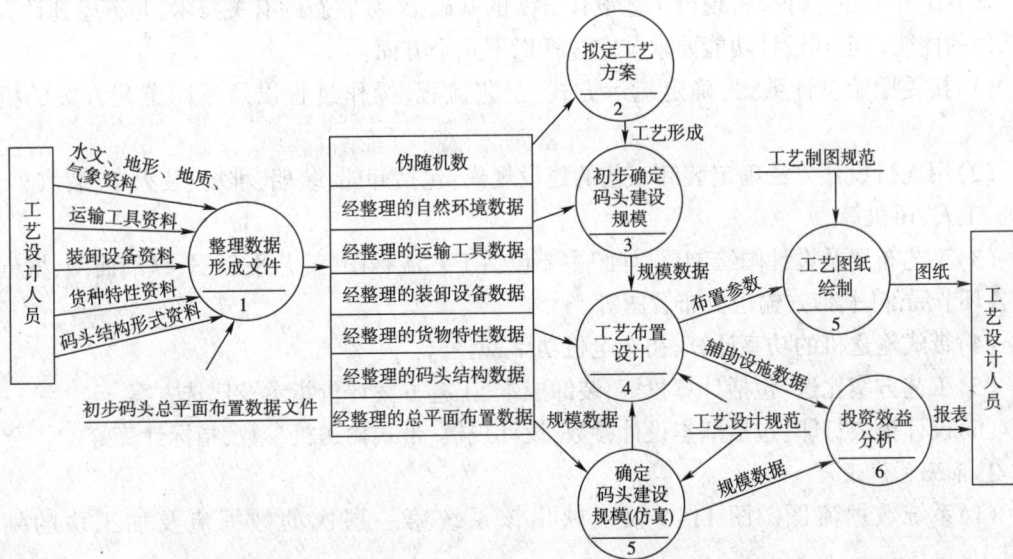

图11-3 港口装卸工艺CAD系统数据流图

(3)港口装卸工艺CAD系统的设计。在完成系统分析后,即可应用结构化设计方法对系统进行详细设计,并按照软件工程的要求设计模块结构图。根据装卸工艺CAD系统中各种不同的功能设计要求,划分出不同的模块,并确定模块之间的层次关系。在理顺各模块之间关系之后绘制出系统模块结构图。图11-4所示的是一个装卸工艺CAD系统的模块结构图。

三、煤炭进口码头装卸工艺CAD系统的开发

1. 系统开发方法
这里以一个具体工艺系统的开发来进一步阐述港口装卸工艺CAD系统开发的方法。

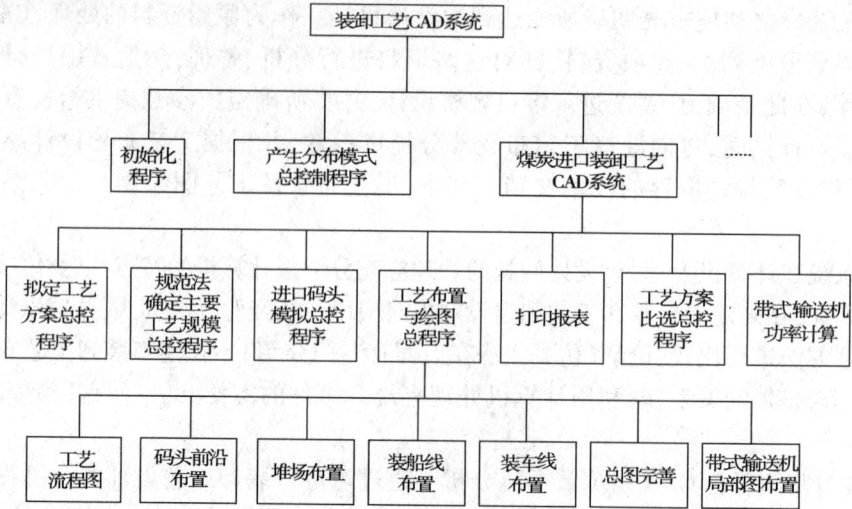

图 11-4　港口装卸工艺 CAD 系统模块结构图

该系统开发在充分分析现行工艺设计方法的基础上,吸收新的有关技术,并考虑到计算机硬软件的性能确定其设计功能要求。它包括以下几个方面:

(1)接受原始设计数据,确定疏运方式、工艺流程、操作过程以及不同工艺方案的机型选择。

(2)用现行设计方法确定装卸工艺的建设规模:包括卸船、装船、堆场、装火车、装汽车、皮带机、工人、司机等。

(3)工艺布置及设计图绘制:设计图主要包括工艺流程图、工艺平面图、纵剖面图、横剖面图、各环节局部图、带式输送机布置图等。

(4)带式输送机的功率计算,初选电机功率、型号。

(5)工艺方案比选:包括计算投资、装卸成本、工艺方案评价指示及比选方案。

(6)设计报表打印:包括基本设计参数,设计规模、带式输送机参数、指标计算等。

2.系统总体设计

(1)系统数据流图。图 11-5 仅反映出该系统第一层次的数据流及加工块的划分情况。

(2)系统模块的层次划分、目录结构以及操作流程。根据系统的功能划分以及程序设模块化要求,在对系统的设计和操作进行分析后,确定如图 11-4 所示的系统模块结构图。

3.系统的操作流程

图 11-6 所给出的是煤炭进口码头 CAD 系统操作流程图,它反映出整个系统的操作方法、步骤以及包含的主要功能。

4.工艺布置图生成方法——图形拼接法

根据前述的计算机图形生成方法,可以实现装卸工艺的布置图。在工艺图中的基本元素为设备、船舶、码头结构、建筑、车辆等的平面图和剖面图。为了美观,这些图应尽可能详细绘制,并且严格按照 1:1 尺寸输入。因此,它不一定选择在图元素的线条上。

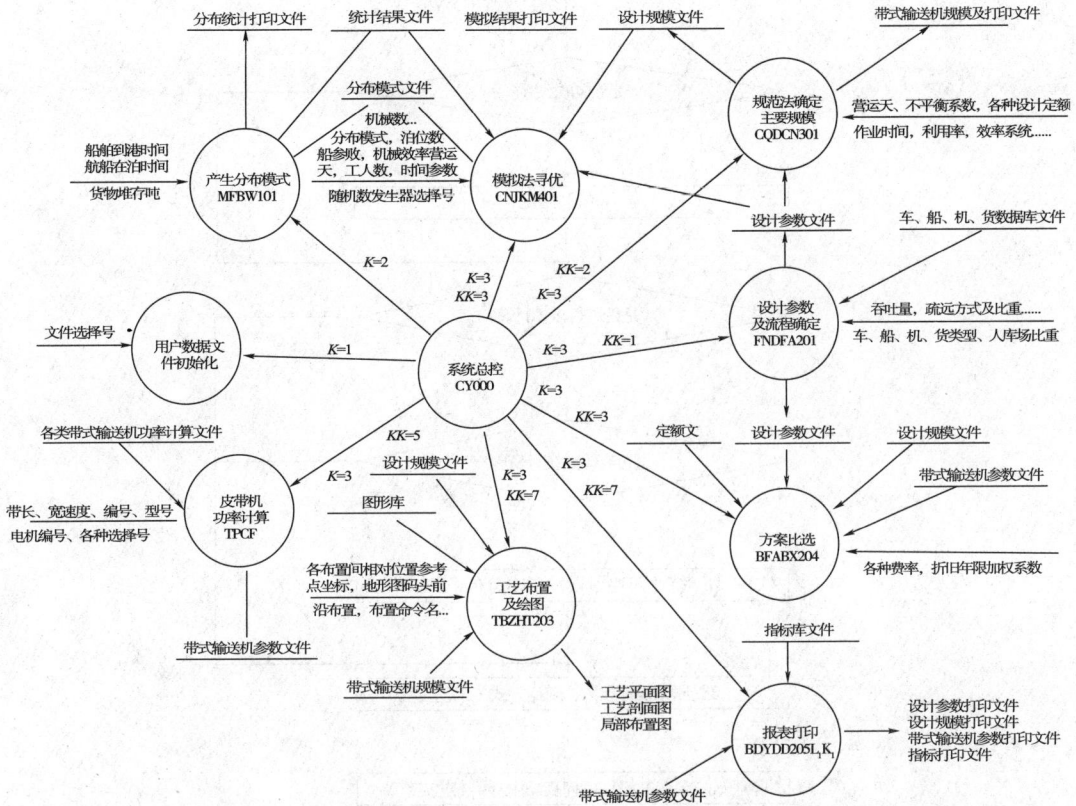

图 11-5　煤炭进口码头装卸工艺 CAD 系统数据流图

如图 11-7 所示,一艘船型平面图元素需插入工艺布置图。在这之前,工艺图上又有岸线和前一泊位的另一艘船舶,如何方便地将船型元素图插入布置图内呢?关键是基点的确定。经过分析,船型元素图的基点放在船型的船头线与内侧船舷线相交点最为合适,这点便于确定插入点的位置。插入点位置要求与前一泊位的船舶保持合理间距,并与码头岸线保持合理间距。

工艺布置所需调用的基本元素的集合便构成图形库。图形库中图元素应分门别类按一定格式存放,以便于调用和查阅。而图元素的代码也须按一定规则编制,使其与设施(或船型、车型等)数据库中的对应参数能联合使用、工艺布置方式千差万别,完全依赖计算机进行全过程绘制很难实现;况且,本系统设计要求能适应各种可能的工艺布置形式。为了解决工艺布置方式的无限性与计算机处理的局限性之间的矛盾,可采用称为"图形拼接法"的方法。经过对各类工艺布置形式的分析、比较,可将工艺布置划分成几个环节,使每个环节具有一定的相对独立性,也存在彼此间的联系。对于一个环节而言,布置形式呈一定规律,易于计算机处理;而环节之间约联系则是纵横交叉的带式输送机的布置,其布置的灵活性很大。因此,可采用局部的环节布置由计算机根据一些参数自动生成,而后按布置位置将各环节拼接成一个整图,再由用户借助绘图软件绘制出连接带式输送机,并作必要的图面完善工作。

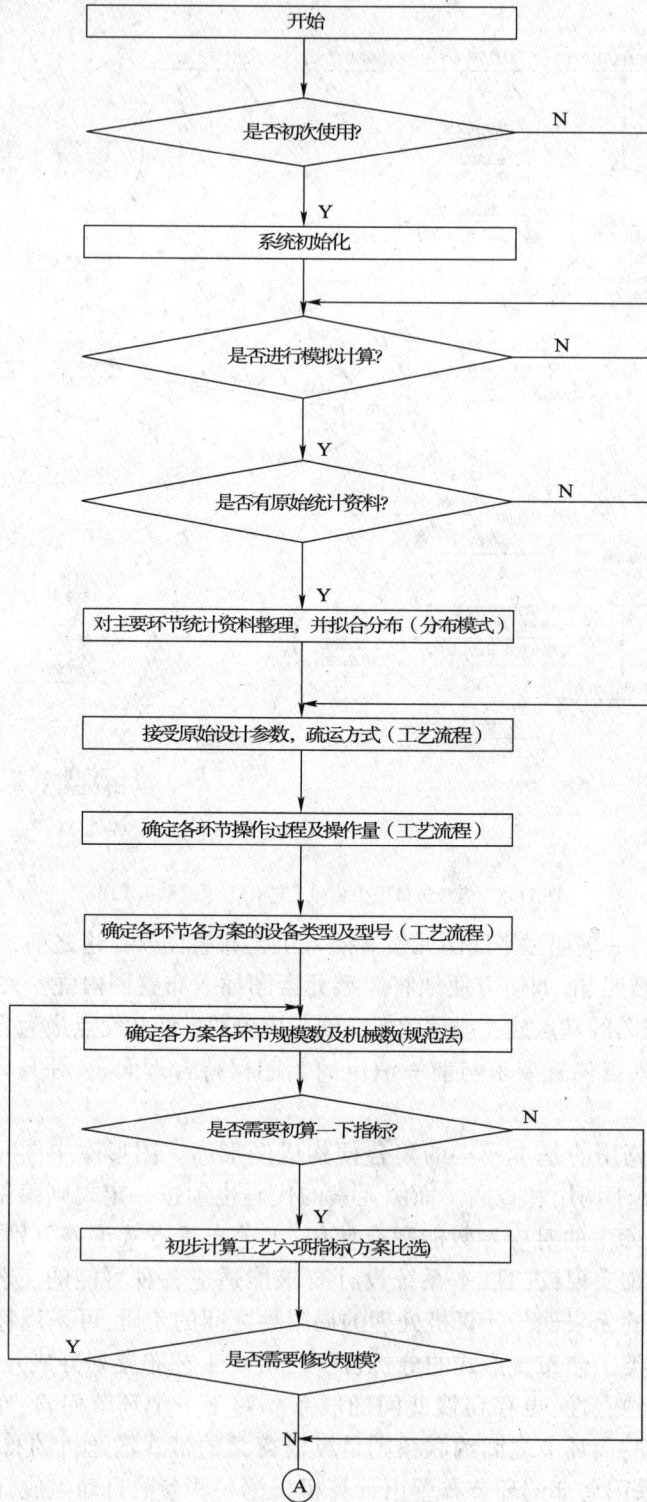

```
                    ┌──────────────────┐
                    │       开始        │
                    └────────┬─────────┘
                             │
                    ◇─────────────────◇         N
                    是否初次使用?      ─────────────┐
                    ◇─────────────────◇            │
                             │Y                    │
                    ┌──────────────────┐           │
                    │     系统初始化     │           │
                    └────────┬─────────┘           │
                             │◄───────────────────┘
                    ◇─────────────────◇         N
                    是否进行模拟计算?   ─────────────┐
                    ◇─────────────────◇            │
                             │Y                    │
                    ◇─────────────────◇         N  │
                    是否有原始统计资料? ──────────┐  │
                    ◇─────────────────◇         │  │
                             │Y                 │  │
         ┌────────────────────────────────────┐│  │
         │对主要环节统计资料整理, 并拟合分布(分布模式)││  │
         └────────────────┬───────────────────┘│  │
                          │◄────────────────────┘  │
         ┌────────────────────────────────────┐    │
         │接受原始设计参数, 疏运方式(工艺流程)     │    │
         └────────────────┬───────────────────┘    │
         ┌────────────────────────────────────┐    │
         │确定各环节操作过程及操作量(工艺流程)      │    │
         └────────────────┬───────────────────┘    │
         ┌────────────────────────────────────┐    │
         │确定各环节各方案的设备类型及型号(工艺流程) │    │
         └────────────────┬───────────────────┘    │
                          │◄────────────────────────┘
         ┌────────────────────────────────────┐
         │确定各方案各环节规模数及机械数(规范法)   │
         └────────────────┬───────────────────┘
                 ◇─────────────────◇        N
                 是否需要初算一下指标? ───────────┐
                 ◇─────────────────◇           │
                          │Y                    │
         ┌────────────────────────────────────┐ │
         │初步计算工艺六项指标(方案比选)          │ │
         └────────────────┬───────────────────┘ │
                  Y◇─────────────────◇           │
                 是否需要修改规模?                  │
                   ◇─────────────────◇            │
                          │N◄───────────────────┘
                        ( A )
```

a)

图　11-6

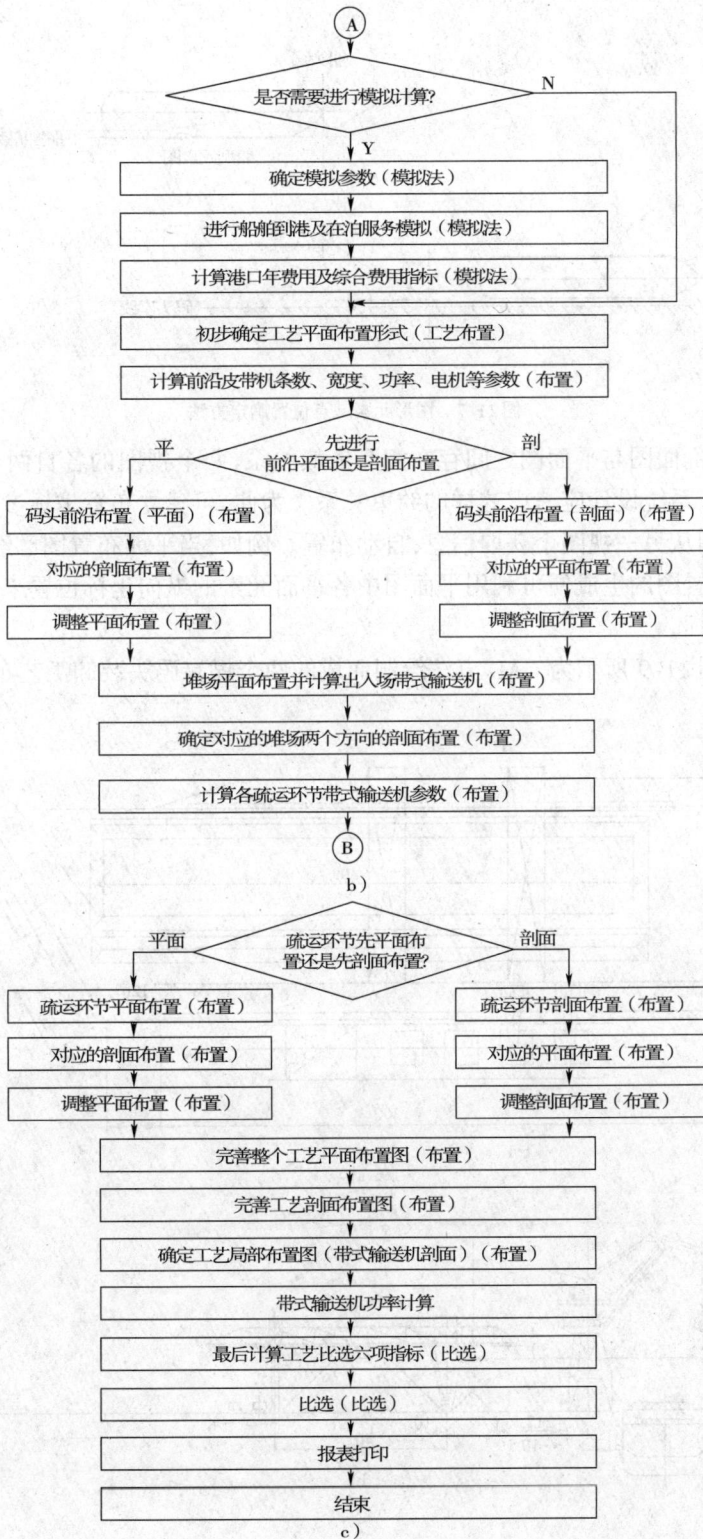

图 11-6　系统操作流程图

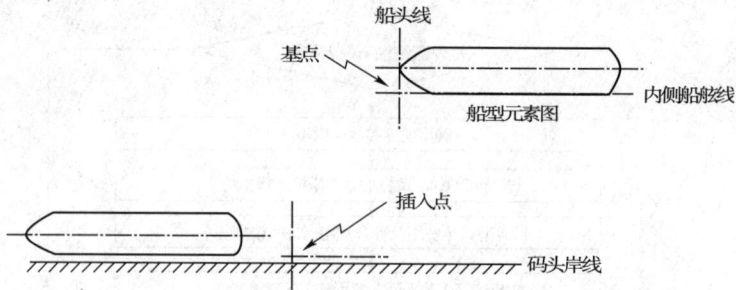

图 11-7　图形元素基点位置确定方法

工艺布置的剖面图与平面图之间存在相互依赖关系，两个视图的各自两个坐标中有一个是一致的。因此，系统设计应考虑这样的约束关系。为此，可建立布置坐标参数文件传递布置信息，使某一视图从另一视图个获取信息，自动布置。例如，当平面布置图已经完成，则与之相对应的纵剖面布置图的生成便可利用平面图中各平面元素的纵向坐标位置来确定相应的剖面图元素的插入坐标。

图 11-8 与图 11-9 所示为 CAD 方法绘制而成的两个煤炭码头装卸工艺布置图。

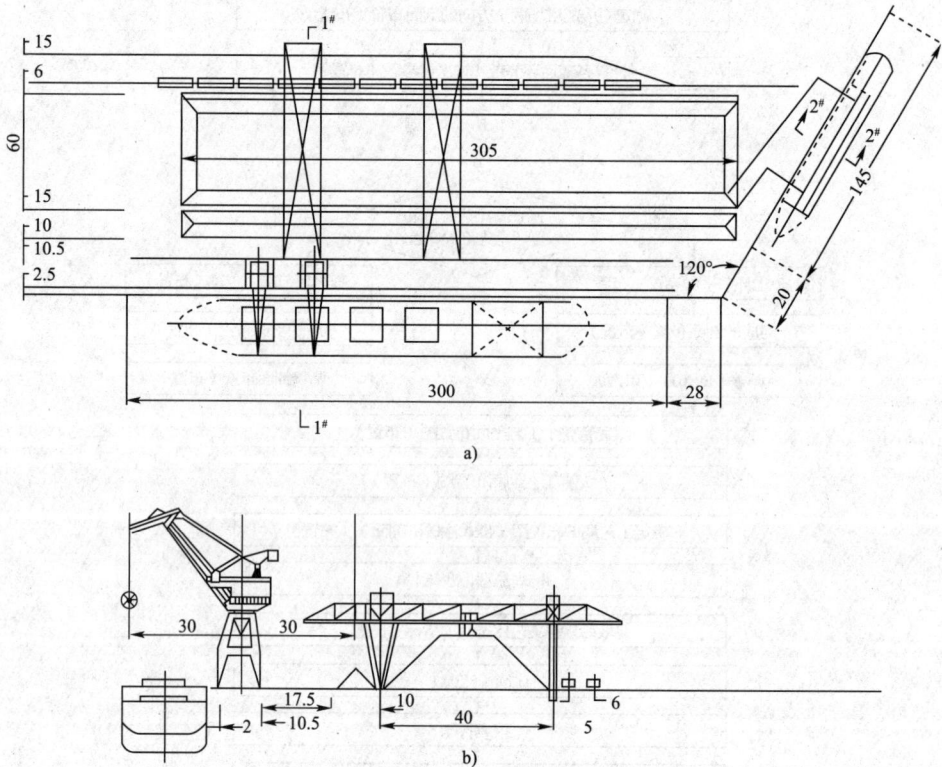

图 11-8　由 CAD 系统绘制的工艺布置图(一)(尺寸单位:m)

a)

b)

IV-IV

II-II

c)

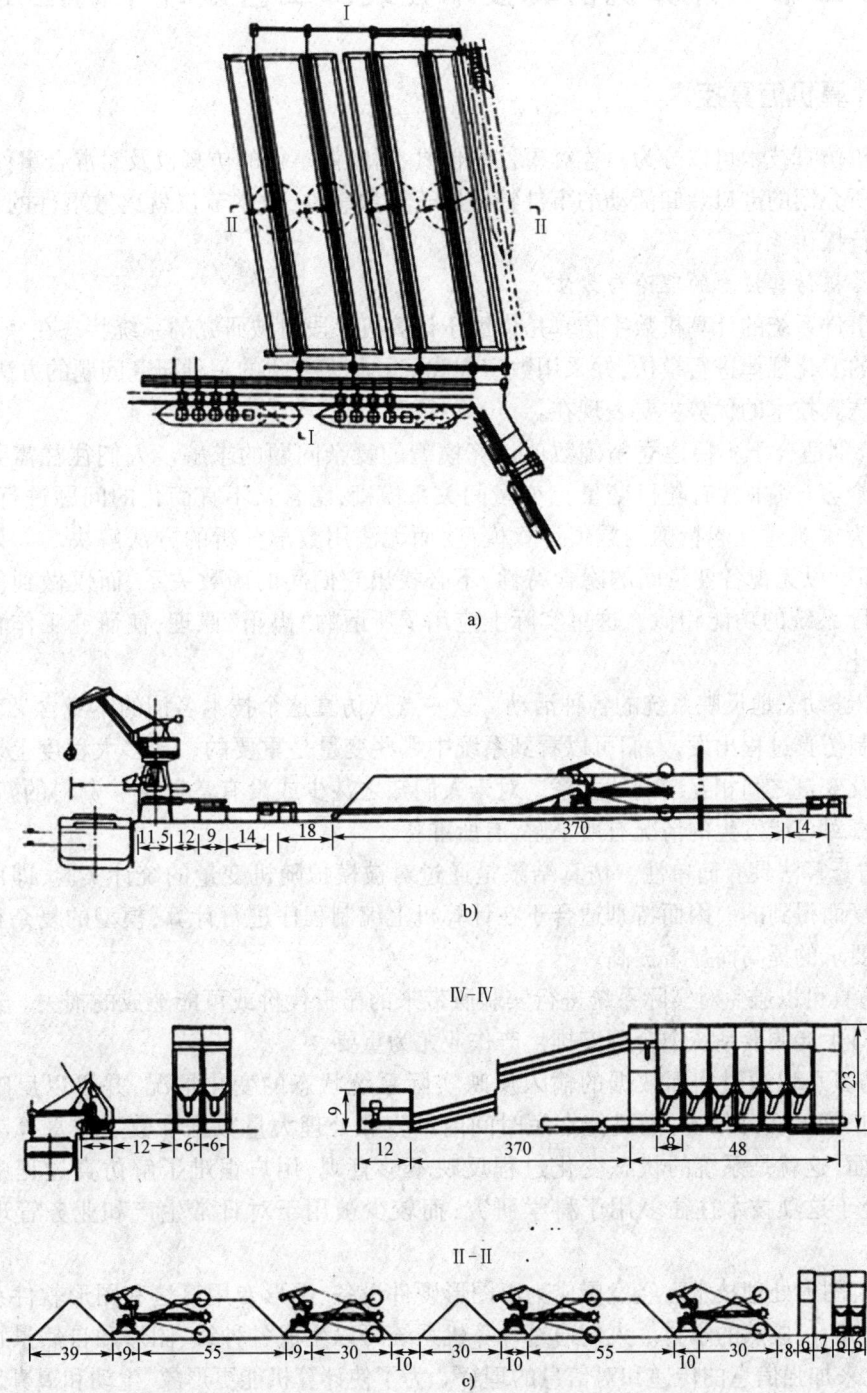

图 11-9 由 CAD 系统绘制的工艺布置图(二)(尺寸单位:m)

第二节　计算机仿真技术在装卸工艺设计中的应用

一、计算机仿真技术

计算机仿真技术可以分为对连续事件的仿真、对离散事件的仿真以及对混合事件的仿真。由于本书所介绍的港口装卸活动的事件特征属于离散事件,故本节仅就离散事件的计算机仿真技术进行探讨。

1.计算机仿真技术的理论与方法

离散事件系统的计算机数字仿真是借助于计算机手段对被研究的系统状态在一系列离散时间点上的变化规律进行模仿,并采用数字方式记录状态变化的一种研究问题的方法。

数字仿真技术的优势主要表现在:

(1)特别适合于不便建立精确数值计算模型的复杂问题的求解。人们往往需要对一些包含变量众多(其中含有随机变量),变量间关系模糊,隐含又不宜简化的问题进行求解,这类问题因为很难建立起精确的数值计算模型,而无法用数学分析的方法解决。如果采用仿真技术,即可以无视各变量间的隐含特性,不必找出它们间的函数关系,而仅做到使建立的模型与实际系统的功能相似。这里实际上应用了所谓的"黑箱"原理,使研究工作相对而言得到了简化。

(2)能够动态地反映系统的各种活动。这一点从仿真这个技术名词的本身含义就可以得出。从控制仿真过程出发,人们可以看到系统中哪些变量是重要的。在多大程度上影响系统的状态以及变量之间相互影响的关系。对于人们知之甚少或没有掌握足够资料的新情况,可以通过仿真对可能发生的情况有所了解,有所准备。

(3)仿真算法具有简单性。仿真结果是通过对被模拟随机变量的统计实验,即用一种算法大量重复而得到的。因而特别适合于在计算机上编制程序进行计算,模型的复杂程度并不随着精度要求的提高而显著提高。

(4)仿真可以避免对实际系统进行实验所带来的昂贵代价或可能造成的损失。这一点对于研究港口生产调度系统中合理安排生产作业尤为重要。

(5)仿真可以通过实际数据的输入反映实际系统状态的变化情况,并可以反映一定时期及其延长期的实际情况,而且能在短时间内产生和处理大量数据。数字仿真算法也有其不足的一面,这就是系统的状态变化过程反映不够直观,用户很难了解仿真过程中的变化情况,以至于这项技术往往多用于科学研究,而较少被用于对日常生产和业务管理问题的研究中。

计算机图形处理技术已经发展成为以图形硬件设备、图形专用算法和图形软件系统等为研究内容的一门成熟的学科。人们通过计算机系统可以生成各种线、图形和自然景物的逼真图像,以此来加强信息的传递和对信息的理解。为了使计算机能更形象、生动和逼真地模拟所反映的系统,人们希望计算机不仅能显示一些静态的图形,而且能描述事物随时间变化的动态过程,于是产生了图形动画技术。所谓动画,是指屏幕画面(或部分画面)能够按照一定规律移动、旋转等,使画面具有更强的真实感。形象地说,动画是动画对象重复进行图形变换的结果,即用程序对动画对象反复进行如下操作:先显示出该对象的图形,再进行变换,然后擦去原来的图形,最后显示出变换后得到的图形。这种快速变化的操作过程与动画影片的制作过程一样。

计算机动态图形仿真,就是构造出一个离散事件系统的"动画模型"来形象地模仿实际系统内所发生的运动过程。

2.计算机图形及动画处理技术

计算机图形的绘制与变换是计算机图形处理的重要组成部分。所形成的图形可以是二维的(平面)和三维的(立体),本书所涉及的图形仿真采用平面图形仿真,因此,以下将主要分析二维图形的变换方法。

(1)计算机图形及动画的屏幕实现方式。在图形模式下,屏幕由像素组成。每个像素对应屏幕上的一个点。像素个数(分辨率)依赖于系统的视频适配器类型和视频适配器所处的模式。

在图形模式下,屏幕左上角位置为$(0,0)$,X坐标从左到右递增,Y坐标从上到下递增。

(2)计算机图形及动画的平移变换。把已显示的图形从屏幕的一个位置移动到另一位置重新显示,其实质是将该图(点集)的原屏幕坐标改为新位置坐标,一般要保持原图形不变形。通常在二维空间中,点$P(x,y)$可指定为一个一行两列矩阵$[X,Y]$的元素,若要平移变换成点$P'(x',y')$,$(x'=x+T_x,y'=y+T_y)$,可以表达成点P与一个1×2变换矩阵T的相加(图11-10),即

$$T=[T_x,T_y]$$

$$P'=P+T$$

$$[X',Y']=[X,Y]+[T_x,T_y]=[X+T_x,Y+T_y]$$

(3)计算机图形及动画的旋转变换。设点$P(x,y)$绕坐标原点O顺时针方向旋转θ角后,到达$P'(x',y')$位置(见图11-11),φ是OP与X轴的夹角,则有:

$$x=r\cos\varphi$$

$$y=r\sin\varphi$$

$$x'=r\cos(\theta+\varphi)=r\cos\varphi\cos\theta-r\sin\varphi\sin\theta=x\cos\theta-y\sin\theta$$

$$y'=r\sin(\theta+\varphi)=r\cos\varphi\sin\theta+r\sin\varphi\cos\theta=x\sin\theta+y\cos\theta$$

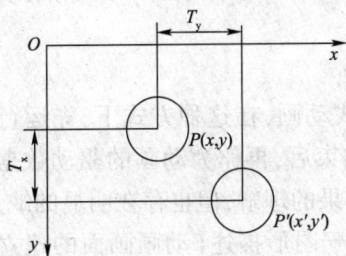

图11-10　图形平移　　　　　　　　　　图11-11　图形旋转

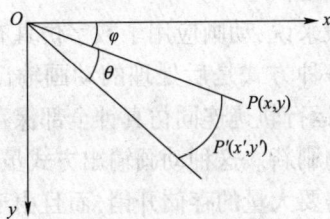

从而可以得到点绕原点顺时针方向旋转 θ 角后,它的新旧坐标的对应关系:

$$x' = x\cos\theta - y\sin\theta$$

$$y' = x\sin\theta + y\cos\theta$$

上式可以用矩阵表示为点:

$$P' = P \cdot R$$

式中: $R = \dfrac{\cos\theta\sin\theta}{-\sin\theta\cos\theta}$。

计算机动画就是计算机图形在屏幕上通过不断的平移、旋转等变换移动以及同时对原位置上图形的清屏处理来实现的。而计算机动态图形仿真正是由这种技术构造的系统模型对真实的或设想的系统进行分析、实验的应用。

3. 动态图形与数字仿真的合成

由于人类赖以生存的环境本身就表现为一幅幅的图像,而人与客观世界之间的信息交换的 70% 依靠视觉,因此用图形表达思想最为自然和直接,人类接受图形的速度最快、最准确。在仿真中应用图形技术,能够包括许多用语言难以表达的信息,便于信息交流,并且可以降低用户对仿真系统运行过程理解能力的要求,所以图形技术在仿真中的应用将日趋广泛。

数字仿真虽然可以通过实际数据的输入输出反映实际系统在一定时期内的活动情况,解决一些难以用数值分析和精确模型表述的系统活动,但因为其反映实际系统活动时不够直观、形象,因此,借助于数字仿真来研究管理问题时很难了解实际系统操作过程的变化情况。尤其应用于港口管理,面对当今越来越复杂的港口生产环境,大量抽象化的模拟数据不利于使用者对仿真环境的理解,从而不利于仿真技术在生产管理中的应用。如果将数字仿真与动画技术相结合,利用动态图形来描述复杂的港口生产活动的变化过程,不但直观、形象,便于理解,更能加强仿真数据的说服力。

计算机动态图形仿真技术的优点主要表现在:

(1)能提高仿真精度和统计数字的有效性,通过对仿真动画的一致观察,使决策者对系统的动态特性的了解更加清楚,然后再去分析统计结果就更有把握。

(2)改善人—人界面及人—机界面,仿真动画给仿真建模者和使用者提供了直观的模型及其运行状况,加强了仿真的可信度。

(3)验证建模的准确性和可靠性,减少模型开发时间,这是因为模型的错误可通过动画过程与数字仿真过程对比直观地显示出来,及时地加以纠正,而不必去钻研一大堆数据结果,提高了仿真建模效率。

一般来说,动画应用于数字仿真有两种方式:

第一种方式是后处理的动画输出,或称"幻灯片"式动画,在这种方式下,先运行仿真程序,实体运行轨迹连同仿真钟全部保存下来,仿真运行结束后,再作为动画的驱动数据实现模型画面的刷新。这种动画输出方式虽然强化了对仿真结果的理解,但也存在明显的缺点,因为它不但需要大量的存储开销,而且由于动画画面不是基于图形描述(动画画面的建立独立于模型的建立),难免出现动画画面与模型的不一致性。另外,用户也不能在仿真运行过程中实时地进行监控,不能够及时地根据动画所显示的仿真结果修改仿真模型,即不具备动画与仿真的交互能力。

第二种方式是与仿真同步的实时动画,在这种方式下,仿真与动画同步进行,仿真运行状态的变化可以及时通过动画显示出来,同时二者又是交互的,用户可以停止正在运行的仿真程序,对模型进行修改,然后运行仿真程序,在运行过程中,用户就可以直接看到修改之处所引起的变化。这种方式不仅对观测改变系统某些参数所产生的结果有用,而且对建模和仿真调试阶段也具有十分重要的作用。

二、港口装卸工艺方案优化仿真模型的构建

1. 仿真系统的总体设计

(1)仿真系统整体框架。

仿真系统的整体框架以及仿真过程逻辑图如图 11-12、图 11-13 所示。

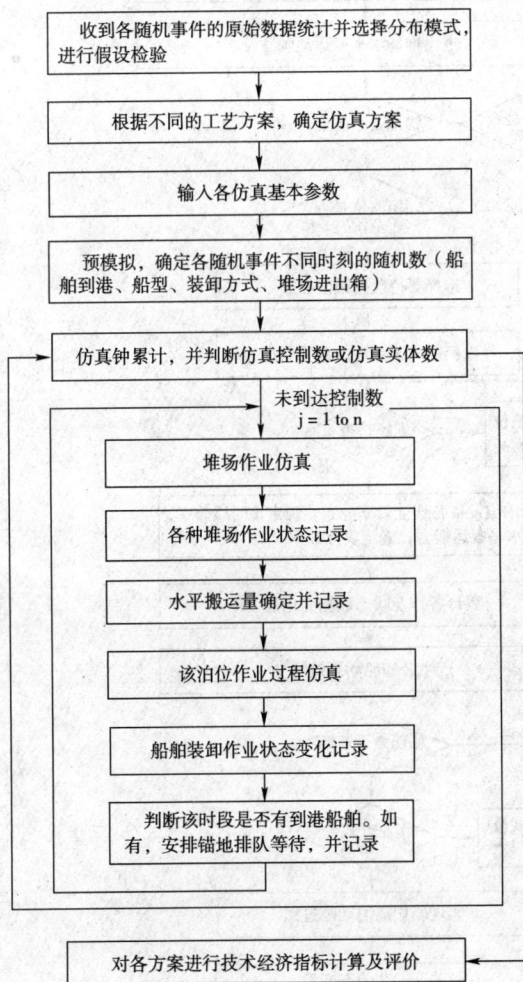

图 11-12　仿真系统整体框架

444　　　　　j = 1 to n (泊位)　　666

```
┌─────────────────────────────────────┐
│ 确定该时段进出码头集装箱数量gd1        │
└─────────────────────────────────────┘
                  ↓
┌─────────────────────────────────────┐
│ 该时段堆场设备装卸箱数量gd=gd1+水平搬运量gd2 │
└─────────────────────────────────────┘
                  ↓
┌─────────────────────────────────────┐
│ 根据该时段堆场设备效率，确定装卸完成量  │
└─────────────────────────────────────┘
                  ↓
┌─────────────────────────────────────┐
│ 以颜色表示堆场集装箱堆存变化动化效果    │
└─────────────────────────────────────┘
```

锚地是否有船 —N→

是否有集装箱堆场作业积压量? —Y→ 记录该状态

改变锚地船舶队列

锚地船舶排队图形变化

记录队列状态数据

进行下一个步长的仿真过程

根据该时段水平搬运量确定搬运能力

根据堆场是否有积压及装卸船量确定实际搬运量(gd2)

进出堆场水平搬运动画

N← j泊位是否有船 ←N 锚地是否有船
444

第j泊位是否空闲?

选择等待队列最前船舶

该船舶离开锚地、靠泊动画

累计泊位占用时间 ←Y 堆场是否有积压
444

根据泊位设备各作业效率分布，确定该时段效率，并根据水平搬运能力，确定实际效率

累计各作业状态数据变化量

产生装卸船动画效果

444 N← 船舶是否装卸完毕

方式改为"装" ←Y 作业方式=装+卸?
444

实现船舶离泊动画过程

444 ← 改变一些状态变量

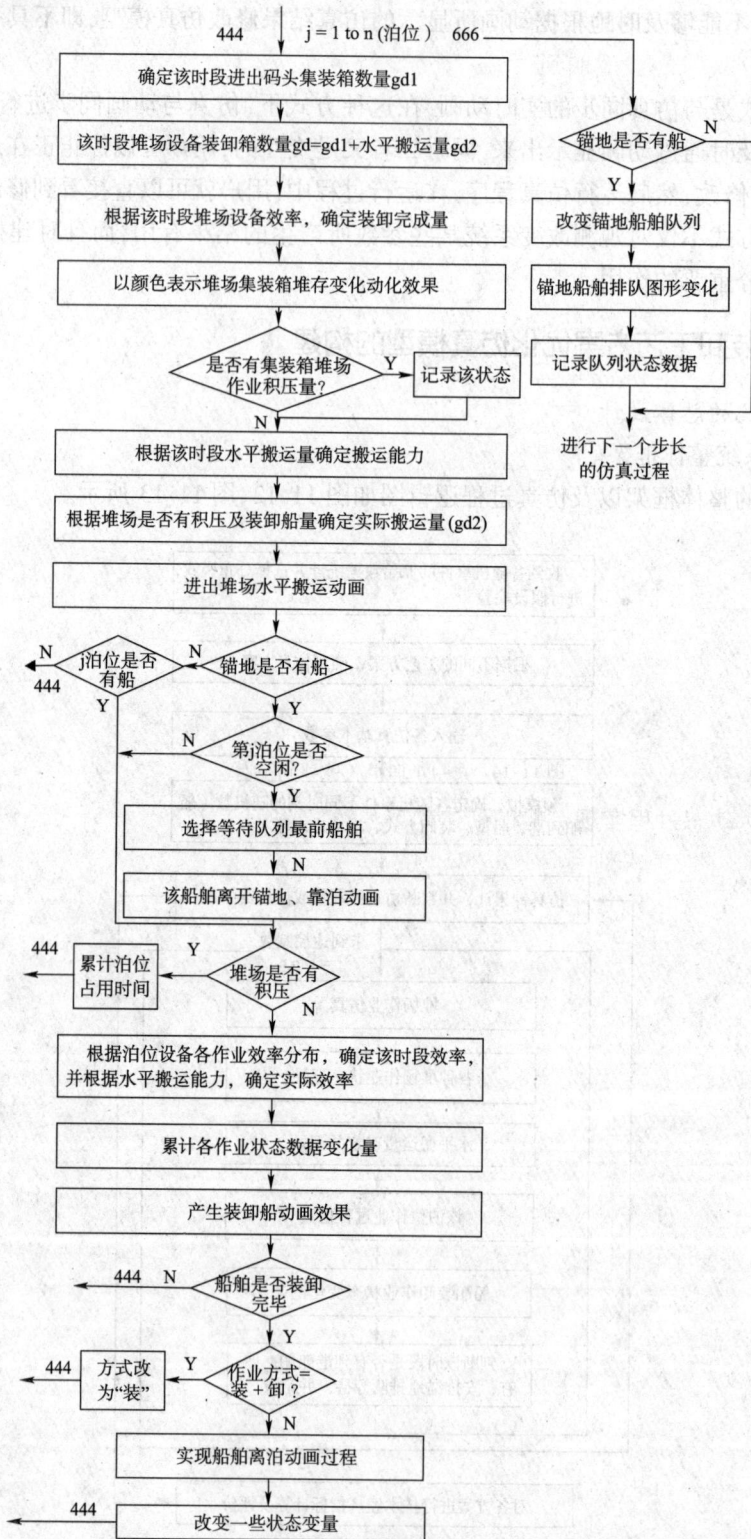

图 11-13　仿真过程逻辑图(仅反映一个步长的过程变化)

（2）仿真系统动态图形的实现方法。港口装卸工艺动态图形仿真的动画实现环节主要由港口平面布置底图的建立、船舶到达动态过程实现、船舶靠泊动态过程实现、船舶作业动态过程实现以及船舶离开港口动态过程实现组成。

①港口平面布置底图的建立。港口平面布置底图主要有码头图元素、不同船型的图元素、装卸设备图元素以及作业线图元素构成。港口平面布置底图形成方法见图11-14。

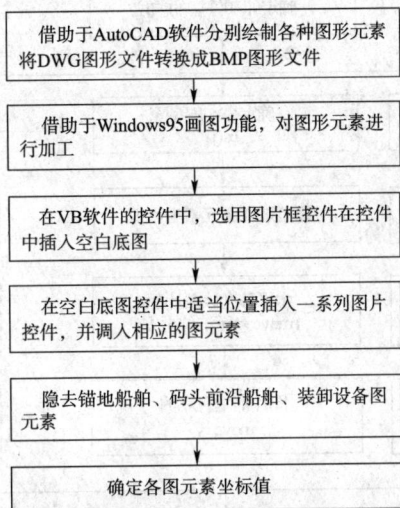

图11-14　港口平面布置底图的形成过程

②船舶到达动态过程实现。船舶到达动态过程实现的关键技术是在确定到港船型后，调用对应的船型图，并能在锚地等待队列的最后位置显示该船型图，实现过程见图11-15。

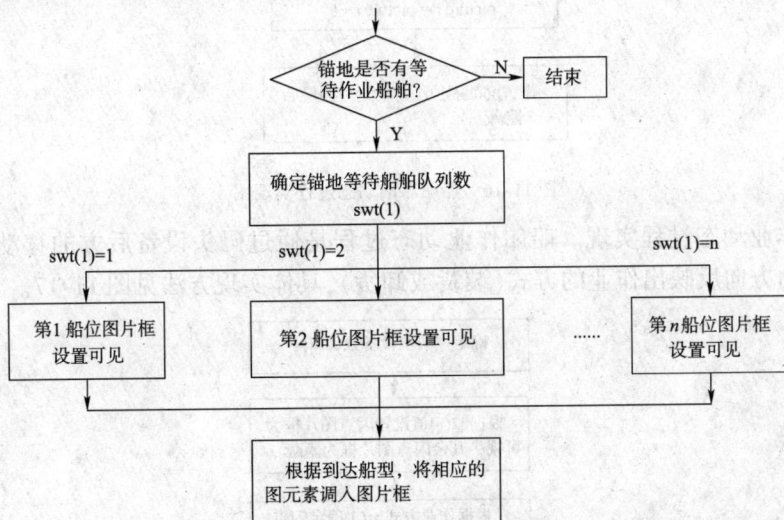

图11-15　船舶到达动态过程的实现

③船舶靠泊动态过程实现。船舶靠泊动态过程实现技术的关键是确定调用的船型、确定停泊的泊位、计算船舶移动轨迹、图片框的可视与隐蔽的切换和 move 语句的调用。实现方法见图11-16。

495

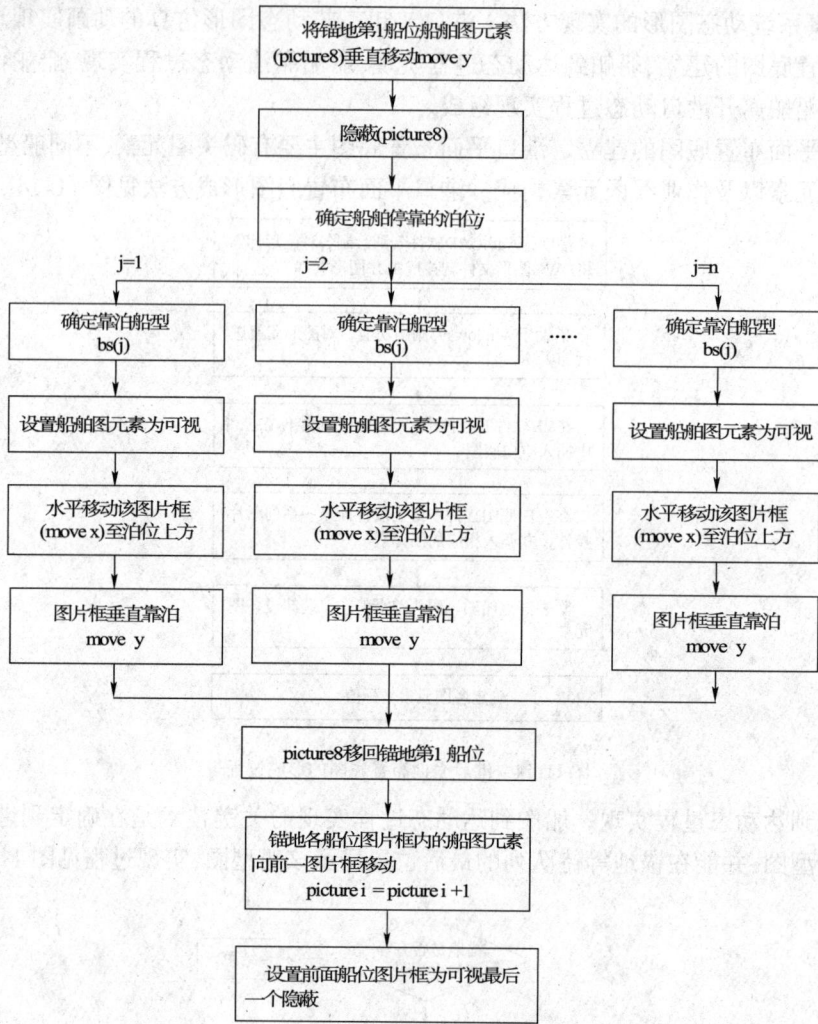

图 11-16　船舶靠泊动态过程实现图

④船舶作业动态过程实现。船舶作业动态过程是通过码头设备后方的移动闪点来实现的。闪点移动方向反映出作业的方式(装货或卸货),具体实现方法见图 11-17。

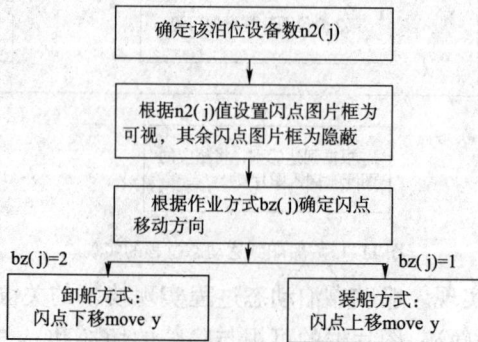

图 11-17　船舶作业动态过程实现图

⑤船舶离开港口动态过程实现。船舶离开港口动态过程相对容易实现,在确定了应该移动哪一艘船后,先后通过垂直和水平的移动来完成,见图11-18。

2.仿真随机事件分布模式的确定

(1)仿真随机事件分布模式环节内容。港口装卸工艺方案优化仿真系统的随机事件分布模式主要包括以下一些环节:

①船舶到港船型分布模式;

②船舶到港时间间隔分布模式;

③到港作业方式分布模式;

④船舶载货量分布模式;

⑤装卸桥效率分布模式;

⑥轮胎龙门吊效率分布模式;

⑦轨道龙门吊效率分布模式;

⑧进道口集运效率分布;

⑨出道口疏运效率分布模式;

⑩水平搬运距离分布模式。

（确定离泊船型 bs(j)）
↓
（确定船舶作业泊位 j）
↓
（船舶图片框垂直移动 move y）
↓
（船舶图片框水平移动 move x）

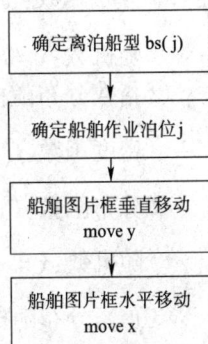

图11-18 船舶离开港口动态过程实现图

(2)均匀分布伪随机数的产生。仿真技术的实质,就在于利用各种不同分布的随机变量的抽样序列来模拟给定问题的概率统计分布,并获得问题的渐进统计估计解。在实际应用中,一般常采用由计算机程序运行产生的随机数序列。严格而言,由此产生的随机数不是真正意义上的随机数,故称伪随机数。在计算机上用数字产生统计上理想的各种不同分布的随机数,是仿真技术能够成功应用的关键。无论何种分布随机数的生成,都源于 $U(0,1)$ 均匀分布的随机数,这是因为所有其他分布的随机变量都可以由转换独立的同类 $U(0,1)$ 均匀分布的随机变量而得到,而产生 $U(0,1)$ 均匀分布随机数的方法有中间平方法、中间乘积法、线性同余法、Fibonacci 法等几种,其中线性同余法是目前最为广泛应用的随机数生成的方法,该方法由 Lehmer 于 1951 年提出。

线性同余法的基本关系式为

$$r_{i+1} = (Ar_i + C) \bmod M \qquad i = 0,1,2,\cdots$$

式中:r_{i+1}——第 $i+1$ 次获得的随机数,当 $i=0$ 时,r_0 为人工赋予的初值(种子);

A——乘子,$0 < A < M$;

M——模数,一般可取 $M = 2^b$,b 为计算机字长,A 与 M 互为素数;

$\bmod M$——以 M 为模取余数;

C——增量,非负整数,当 $C \neq 0$ 称为混合同余法;$C = 0$ 称为乘同余法。

(3)任意分布的随机数确定。对于给定的随机分布的随机数可以采用反变换法[21]由均匀分布的伪随机数产生。设密度函数 为 $f(x)$ 的随机数序列,其分布函数为 $F(x)(x \in [0,1])$。如已知均匀分布的伪随机数 $r,0 \leq r \leq 1$,且 $F(r) = r$,若 F 可逆,则有:

$$x_i = F^{-1}(r_i)$$

①任意区间上的均匀分布随机数。

密度函数:$f(x) = \begin{cases} \dfrac{1}{b-a} & a \leq r \leq b \\ 0 & \text{其他} \end{cases}$

分布函数：$F(x) = \dfrac{x-a}{b-a} = r$

随机数：$x = F^{-1}(r) = a + (b-a)r \qquad 0 \leqslant r \leqslant 1$

②指数分布随机数。

密度函数：$f(x) = \begin{cases} \lambda e^{-\lambda x} & x > 0 \\ 0 & x \leqslant 0 \end{cases}$

分布函数：$F(x) = 1 - e^{-\lambda x} = r$

随机数：$x = -\dfrac{1}{\lambda} \ln r \qquad 0 \leqslant r \leqslant 1$

③正态分布随机数。

密度函数：$f(x) = \dfrac{1}{\sigma \sqrt{2\pi}} \; e^{-\frac{1}{2}\left(\frac{x-\mu}{\sigma}\right)^2} \qquad -\infty < x < \infty$

随机数：$x = \sigma \left(\sum\limits_{i=1}^{12} r_i - 6 \right) + \mu \qquad 0 \leqslant r_i \leqslant 1$

④二项分布随机数。

密度函数：$f(x) = \begin{bmatrix} n \\ x \end{bmatrix} p^x q^{n-x} \quad x = 0, 1, \cdots, n; q + p = 1$

随机数：$\begin{cases} x_i = x_{i-1} + 1 & r_i \leqslant p \\ x_i = x_{i-1} & r_i > p \end{cases}$

⑤泊松分布随机数。

密度函数：$f(x) = \dfrac{e^{-\lambda} \lambda^x}{x!} \qquad x = 0, 1, 2, \cdots.$

随机数可由 $\prod\limits_{i=1}^{x} r_i \geqslant e^{-\lambda} > \prod\limits_{i=1}^{x+1} r_i$ 获得。

⑥经验分布随机数。若在建立模型时不能找到一个合适的理论分布，可以采用经验分布。设 x 为离散随机变量，有 $p[x = b_i] = P_i$，b_i 与 p_i 都已由经验给出，则可先在 $[0,1]$ 区间产生一均匀分布随机数 r，若 $p_1 + p_2 + \cdots + p_{i-1} < r \leqslant p_i + \cdots + p_2 + p_{i-1} + P_i$，则令 $x = b_i$。

（4）随机分布参数估计与假设检验。经对分布识别并做出假设后，应对其分布参数进行估计。表 11-2 给出了几种常见分布的参数估计量。

分布参数估计值 表 11-2

分　布	参　　数	估　计　量	备　注
泊松	λ	$\lambda = \overline{X}$	其中：$\overline{X} = \sum\limits_{i=1}^{n} \dfrac{X_i}{n}$
指数	λ	$\lambda = 1/X$	
$(0,b)$ 均匀	B	$b = \dfrac{n+1}{n}(X \text{ 最大值})$	$S^2 = \dfrac{\sum\limits_{i=1}^{n} X_i^2 - n\overline{X}^2}{(n-1)}$
正态	μ, σ^2	$U = \overline{X}$ $\sigma^2 = S^2$（无偏）	

通过拟合优度检验来确定随机变量值与拟合分布模式是否一致。本书采用 χ^2 检验方法进行拟合优度检验，χ^2 检验的统计值为：

$$\chi^2 = \sum_{i=1}^{n} \dfrac{(N_i - np_i)^2}{np_i}$$

当 $\chi^2 < \chi^2_{K-1,1-\alpha}$ 时,假设可以接受。

3.仿真基本参数选择

由于仿真系统中,到港作业方式分布模式、各种装卸设备效率分布模式、进道口集运效率分布、出道口疏运效率分布模式的参数可以根据港区实际统计数据或根据港区现场测时所确定。因此,这些分布模式不随仿真方案的变动而变动。

三、仿真结果评价指标的计算

1.码头主要设备投资

$$Q_1 = n_1 \cdot q_1 + n_2 \cdot q_2 + n_3 \cdot q_3 + n_4 \cdot q_4$$

式中: n_1——装卸桥数量;

        n_2——牵引车挂车数量;

        n_3——堆场轮胎龙门吊数量;

        n_4——堆场轨道龙门吊数量;

 q_1、q_2、q_3、q_4——各设备单机造价(万元)。

占码头投资百分比:

$$d = Q_1 / Q \times 100\%$$

式中:Q——码头总投资(万元)。

2.码头通过能力(仿真)(万TEU)

$$PA = 仿真期累计完成的作业量(箱量) \times (1 + 40' 比重)$$

3.仿真期单位运量的主要设备投资(元/TEU)

$$PINV = Q_1 / PA$$

4.主要设备装机总容量(kW)

$$kw = kw_1 \cdot n_1 + kw_2 \cdot n_2 + kw_3 \cdot n_3$$

式中:$kw_1 \cdot n_1$、$kw_2 \cdot n_2$、$kw_3 \cdot n_3$——装卸桥、牵引车、轨道龙门吊的各自单机装机容量(kW)。

5.仿真期单位运量主要设备能耗(kWh/TEU)

$$Pkwh = kw_1 \times y_1 \times \sum t_{1i} + kw_2 \times y_2 \times \sum t_{2i} + kw_3 \times y_3 \times \sum t_{3i} / PA$$

式中:y_1、y_2、y_3——装卸桥、牵引车、轨道龙门吊单机容量小时利用率;

$\sum t_{1i}$、$\sum t_{2i}$、$\sum t_{3i}$——装卸桥、牵引车、轨道龙门吊单机使用小时数之和。

6.装卸工人及司机人数

$$MUN = MAN_1 + MAN_2$$

$$MAN_1 = (M_1 \cdot n_1 + M_2 \cdot n_2 + M_3 \cdot n_3 + M_4 \cdot n_4) \cdot (1 + f_1) \cdot (1 + f_2)$$

式中:M_1、M_2、M_3、M_4——装卸桥、牵引车、轮胎龙门吊、轨道龙门吊、单机司机数;

    f_1——缺勤率;

    f_2——轮休率。

$$MAN_2 = MM \cdot nn \cdot (1 + f_1) \cdot (1 + f_2)$$

式中:MM——一条作业线工人配置人数;

    nn——作业线总数。

7. 劳动生产率(TEU/人)

$$f = (PA_1 + PA_2 + PA_{3'} + PA_3)/MAN$$

或

$$f = (PA_1 + PA_2 + PA_{4'} + PA_4)/MAN$$

式中：PA_1 = 装卸桥完成作业量 × (1 + 40′比重)；

PA_2 = 牵引车完成作业量 × (1 + 40′比重)；

$PA_{3'}$ = 堆场1轮胎龙门吊完成作业量 × (1 + 40′比重)；

PA_3 = 堆场2轮胎龙门吊完成作业量 × (1 + 40′比重)；

$PA_{4'}$ = 堆场1轨道龙门吊完成作业量 × (1 + 40′比重)；

PA_4 = 堆场2轨道龙门吊完成作业量 × (1 + 40′比重)。

由于：

$$PA_1 = PA_2 = PA_3 = PA_4 = P$$

因此：

$$f = (3P + PA_{3'})/MAN, \text{或} f = (3P + PA_{4'})/MAN$$

8. 装卸时间(h)

(1) 平均装卸一艘设计船型的时间(h)。

第一种船型：

$$tchp_1 = tch_1/ch_1$$

式中：tch_1——第一种船型作业时间；

ch_1——第一种船型到港作业艘数。

......

第五种船型：

$$tchp_5 = tch_5/ch_5$$

式中：tch_5——第五种船型作业时间；

ch_5——第五种船型到港作业艘数。

(2) 各船型最长装卸时间(h)。

第一种船型：$tchZ_1$——取之于仿真过程中,判断最长作业时间的船舶；

第二种船型：$tchZ_2$——取之于仿真过程中,判断最长作业时间的船舶；

第三种船型：$tchZ_3$——取之于仿真过程中,判断最长作业时间的船舶；

第四种船型：$tchZ_4$——取之于仿真过程中,判断最长作业时间的船舶；

第五种船型：$tchZ_5$——取之于仿真过程中,判断最长作业时间的船舶。

(3) 各船型最短装卸时间(h)。

第一种船型：$tchs_1$——取之于仿真过程中,判断最短作业时间的船舶；

第二种船型：$tchs_2$——取之于仿真过程中,判断最短作业时间的船舶；

第三种船型：$tchs_3$——取之于仿真过程中,判断最短作业时间的船舶；

第四种船型：$tchs_4$——取之于仿真过程中,判断最短作业时间的船舶；

第五种船型：$tchs_5$——取之于仿真过程中,判断最短作业时间的船舶。

9. 直接装卸成本(万元)

$$MC = C_1 + C_2 + C_3 + C_4 + C_5$$

式中：C_1——人工工资及附加费及福利费；

　　C_2——燃料、动力及照明费；

　　C_3——折旧基金（万元）（主要设备）。

$$C_3 = n_1 \cdot g_1 \cdot v_1 + n_2 \cdot g_2 \cdot v_2 + n_3 \cdot g_3 \cdot v_3 + n_4 \cdot g_4 \cdot v_4$$

式中：v_1、v_2、v_3、v_4——装卸桥、牵引车、轮胎龙门吊、轨道龙门吊的折旧率。

$$C_4 = n_1 \cdot g_1 \cdot x_1 + n_2 \cdot g_2 \cdot x_2 + n_3 \cdot g_3 \cdot x_3 + n_4 \cdot g_4 \cdot x_4$$

式中：x_1、x_2、x_3、x_4——装卸桥、牵引车、轮胎龙门吊、轨道龙门吊的修理费率；

　　C_5——管理费及其他支出；

$$C_5 = (C_1 + C_2 + C_3 + C_4) \cdot fg$$

　　f_g——管理费费率。

10. 综合成本（万元）

（1）港口营运综合成本（万元）。

$$ZC = MC + SC + HC$$

式中：MC——码头装卸成本；

　　SC——船舶在港费用；

$$SC = SC_1 + SC_2 + SC_3 + SC_4 + SC_5$$

第一种船型在港费用：$SC_1 = (tch_1 + tchd_1) \cdot sd_1 / 24$

第二种船型在港费用：$SC_2 = (tch_2 + tchd_2) \cdot sd_2 / 24$

第三种船型在港费用：$SC_3 = (tch_3 + tchd_3) \cdot sd_3 / 24$

第四种船型在港费用：$SC_4 = (tch_4 + tchd_4) \cdot sd_4 / 24$

第五种船型在港费用：$SC_5 = (tch_5 + tchd_5) \cdot sd_5 / 24$

式中：$tchd_1 \cdots tchd_5$——第一……第五种船型船舶在港等待时间（h）；

　　$sd_1 \cdots sd_5$——第一……第五种船型船舶在港天费用（万元）。

第 i 船型在港每天费用可以通过对航运公司的船舶营运成本计算获得，也可以采用回归估计公式算得。假设不同船型在港每天费用回归估算公式如表 11-3 所示（这里只是作为算例，真实的回归估算数值需要采用计算时的船舶在港每天实际发生费用进行回归估算得出）。

船舶在港每天费用回归估算公式　　　　　表 11-3

船 舶 类 型	回归估算公式	显著性检验系数 F	相关系数 R
杂货船(外国)	$Y = 561.13165 X^{0.54411}$	2879.15	0.99861
（中国）	$Y = 259.08597 X^{0.60515}$	16300.84	0.99975
散货船(外国)	$Y = 523.91508 X^{0.50659}$	6383.55	0.99922
（中国）	$Y = 257.21390 X^{0.55791}$	199570.68	0.99997
浅吃水船(外国)	$Y = 670.71164 X^{0.48509}$	8718.85	0.99977
（中国）	$Y = 268.53967 X^{0.55674}$	6965.10	0.99971
自卸船(外国)	$Y = 1364.36514 X^{0.43751}$	1575.08	0.99747
（中国）	$Y = 497.00311 X^{0.51812}$	47239.79	0.99992
油船(外国)	$Y = 1065.19497 X^{0.48062}$	256.14	0.97339
（中国）	$Y = 760.81811 X^{0.49937}$	352159.18	0.99998

船 舶 类 型	回归估算公式	显著性检验系数 F	相关系数 R
集装箱船(外国)	$Y = 1057.70238\ X^{0.69989}$	21243.91	0.99963
(中国)	$Y = 654.00091\ X^{0.75220}$	426921.45	0.99998
液化石油气船(外国)	$Y = 3710.99043\ X^{0.40665}$	13257.87	0.99955
(中国)	$Y = 2611.69065\ X^{0.43267}$	304585.73	0.99998
液化天然气船(外国)	$Y = 292.78489\ X^{0.60477}$	50015.13	0.99996
(中国)	$Y = 256.49017\ X^{0.70333}$	748356.66	0.99999

$$HC = P_j \cdot xh \cdot ii / (24 \times 365)$$

式中:HC——货物在港滞留经济损失;

$\quad P_j$——每 TEU 平均货物价值(万元);

$\quad xh$——仿真期货物滞留总箱时数(TEU 小时);

$\quad ii$——社会折线率(%)。

(2)港口营运单位综合成本(元/TEU)。

$$ZCU = ZC / PA$$

11. 仿真期内分船型的到港作业船舶数

第一、二、三、四、五种船型船舶数累计。

12. 仿真期内堆场通过能力(万 TEU)

$$PC = (PC_1 + PC_2) \cdot (1 + 40'比重)$$

式中:PC_1——出场装船量(箱量);

$\quad PC_2$——出场疏运量(箱量)。

13. 仿真期内堆场最大堆存量(万 TEU)

$$Q_{d_{max}} = 仿真期内一个步长的最大堆场集装箱拥有量 \times (1 + 40'比重)$$

14. 等待作业时间(h)

(1)仿真期内船舶总的等待作业时间(h)。

$$tch = ch_1 + ch_2 + ch_3 + ch_4 + ch_5$$

(2)仿真期内船舶最长等待作业时间(h)。

$$tch_{max} = 仿真期内所记入的锚地船舶等待靠泊作业的最长时间$$

该时间可分船型记入(h)。

15. 分泊位的泊位利用率

$$b_1 = bt_1 / T$$

式中:b_1——1 号泊位利用率;

bt_1——1 号泊位船舶停靠时间。

$$b_2 = bt_2 / T$$

式中:b_2——2 号泊位利用率;

bt_2——2 号泊位船舶停靠时间。

$$b_3 = bt_3 / T$$

式中:b_3——3 号泊位利用率;

bt_3——3 号泊位船舶停靠时间。

$$b_4 = bt_4/T$$

式中：b_4——4 号泊位利用率；

　　　bt_4——4 号泊位船舶停靠时间。

平均泊位利用率：

$$b = (bt_1/T + bt_2/T + bt_3/T + bt_4/T)/(4 \cdot T)$$

16. 堆场利用率

$$k = (PC_1 + PC_2 + Q_d) \cdot (1 + 40'比重)/(T \cdot Q)$$

式中：Q_d——每隔 24 小时统计的堆场集装箱拥有量之和；

　　　Q——堆场额定容量(TEU)。

17. 设备利用率(%)

装卸桥：

$$zx = 装卸桥台时累计/(T \cdot n_1)$$

牵引车：

$$qy = 牵引车台时累计/(T \cdot n_2)$$

堆场 1 轮胎龙门吊：

$$lt' = 轮胎龙门吊台时累计/(T \cdot n_{3'})$$

堆场 2 轮胎龙门吊：

$$lt = 轮胎龙门吊台时累计/(T \cdot n_3)$$

堆场 1 轨道龙门吊：

$$gd' = 轨道龙门吊台时累计/(T \cdot n_{4'})$$

堆场 2 轨道龙门吊：

$$gd = 轨道龙门吊台时累计/(T \cdot n_4)$$

四、某集装箱码头装卸工艺方案仿真优化案例

1. 说明

本装卸工艺方案的论证主要从工艺的技术可行性出发，以堆场轮胎吊和轨道吊为主体方案，以码头前沿、水平搬运以及堆场的配机台数为主要变量，结合船舶到港密度、船型等调整，并依据某港务公司实际现场测试数据，进行仿真计算与分析。主要获得技术可行性的有关结论，如船舶在港时间、吞吐量、泊位利用率、各类设备利用率等指标。

2. 仿真计算参数

(1)载货量分布。载货量分布是通过到港船型及其分布、到港船型装卸率分布获得。这两种分布均采用经验分布。考虑到船舶大型化的发展趋势，并且对船舶到港装卸量进行合理假设，本次仿真方案拟定时，选取的数据见表 11-4、表 11-5。

到港船型及其分布 表 11-4

船型	总载箱量(TEU)	比例(%)	船型	总载箱量(TEU)	比例(%)
1	1000	10	4	2500	30
2	1500	20	5	4000	20
3	2000	20			

　　　　　　　　表 11-5

装卸率(%)	比率(%)	装卸率(%)	比率(%)
50	60	30	10
40	20	20	10

(2)船舶到港间隔分布。船舶到港间隔分布采用经验分布。

根据对某港务公司 1999 年实际船舶到港时间间隔分布统计所得的分布规律,并且考虑到拟完成 175 万 TEU 的吞吐量的需求,经过反复试算,得到的经验分布见表 11-6。

船舶到港时间间隔分布　　　　　　　　表 11-6

间隔(h)	比例(%)	间隔(h)	比例(%)
12	80	24	2
16	14	28	1
20	3		

该分布规律的均值为 13.2h。

(3)装卸桥效率分布。装卸桥效率分布采用经验分布。

根据对某港务公司实地数据测试,并经过统计得装卸桥每一作业循环时间分布如图11-19所示;经换算,得到的装卸桥每小时完成装卸作业箱量的经验分布如表 11-7 所示。

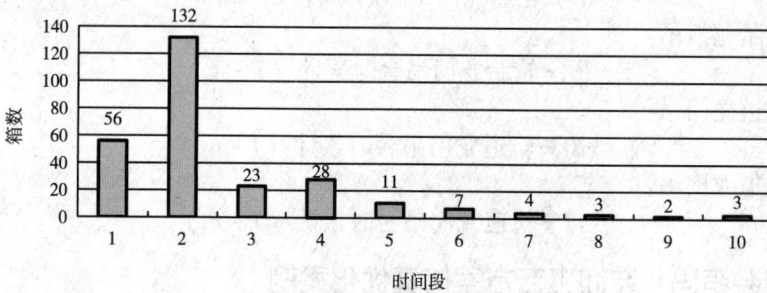

图 11-19　装卸桥作业时间分布图

图中:时间段 1:60～90s;　　　时间段 6:210～240s;

　　　时间段 2:90～120s;　　　时间段 7:240～270s;

　　　时间段 3:120～150s;　　时间段 8:270～300s;

　　　时间段 4:150～180s;　　时间段 9:300～330s;

　　　时间段 5:180～210s;　　时间段 10:大于 330s。

装卸桥效率分布　　　　　　　　表 11-7

装卸桥效率(箱/h)	比例(%)	装卸桥效率(箱/h)	比例(%)
48	20	22	6
34	47	18	2
27	25		

装卸桥效率均值为 34 箱/h。

(4)轮胎吊效率分布。轮胎吊效率分布采用经验分布。

根据对某港务公司实地数据测试,并经过统计得轮胎吊每一作业循环时间分布如图11-20所示;经换算,得到的轮胎吊每小时完成装卸作业箱量的经验分布如表 11-8 所示。

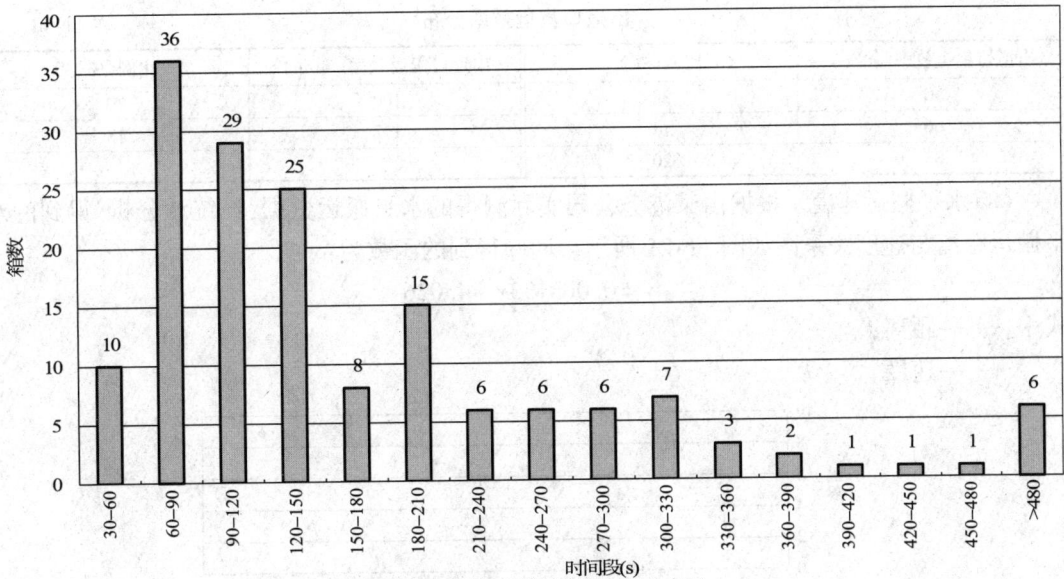

图 11-20　堆场轮胎吊装卸时间分布图

轮胎吊效率分布　　　　　　　　　　　　　　　　　　　　　表 11-8

轮胎吊效率(箱/h)	比例(%)	轮胎吊效率(箱/h)	比例(%)
48	27	20	18
34	22	14	14
27	19		

轮胎吊的效率均值为 31 箱/h。

(5)轨道吊效率分布。轨道吊效率分布采用经验分布。

根据轨道吊效率/轮胎吊效率为 1.5,按照轮胎吊效率分布,经换算,得到轮胎吊每小时完成装卸作业箱量的经验分布如表 11-9 所示。

轨道吊效率分布　　　　　　　　　　　　　　　　　　　　表 11-9

轨道吊效率(箱/h)	比例(%)	轨道吊效率(箱/h)	比例(%)
60	27	25	18
43	22	18	14
34	19		

轨道吊的效率均值为 39 箱/h。

(6)进道口集运效率分布。进道口集运效率分布采用经验分布。

根据某港务公司提供的进出道口数据,并以本方案论证要求达到的规模,确定道口进出量为 170 万 TEU,经过统计、换算,得到的进道口集运效率的经验分布如表 11-10 所示。

进道口集运效率分布　　　　　　　　　　　　　　　　　表 11-10

进道口集运效率(箱/h)	比例(%)	进道口集运效率(箱/h)	比例(%)
20	24	46	21
29	18	58	11
37	26		

(7)出道口集运效率分布。出道口集运效率分布采用经验分布。

根据某港务公司提供的进出道口数据,并以本方案论证要求达到的规模,确定道口进出量为 170 万 TEU,经过统计、换算,得到的出道口集运效率的经验分布如表 11-11 所示。

505

出道口集运效率分布　　　　　　　　　　　　　　　　表 11-11

出道口集运效率(箱/h)	比例(%)	出道口集运效率(箱/h)	比例(%)
50	28	100	20
66	14	112	18
83	20		

　　(8)水平搬运速度。根据由某港务公司实际测得的水平搬运数据,经统计分析,得到的水平搬运距离与速度关系图如图 11-21 所示。回归得到的函数为:

$$y = 0.003133x + 4.026$$

式中:x——距离;

　　　y——速度。

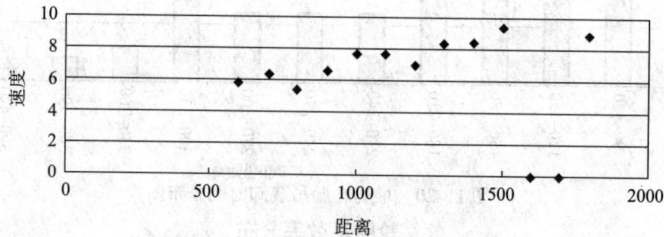

图 11-21　水平搬运距离与速度关系图

　　(9)水平搬运距离分布。水平搬运距离采用经验分布。

　　根据对某港务公司实地数据测试,并经过统计得水平搬运距离分布如图 11-22 所示。经换算,得到的水平搬运距离经验分布如表 11-12 所示。

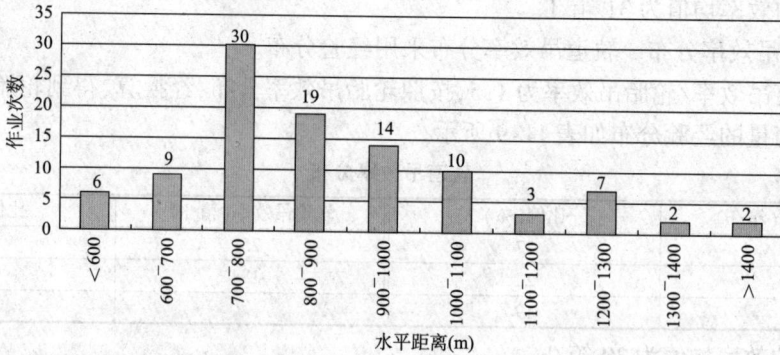

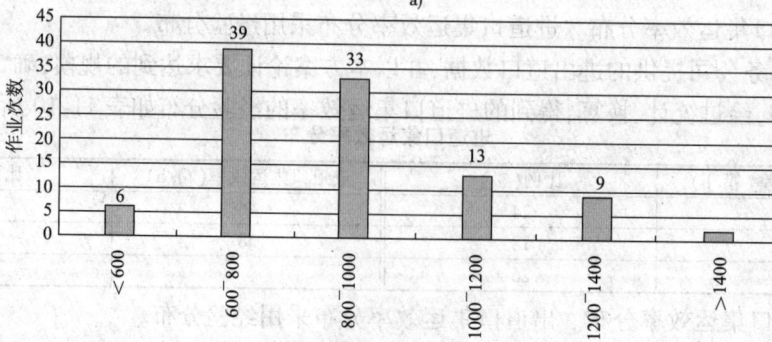

a)

b)

图 11-22　搬运距离分布图

距离(m)	比例(%)	距离(m)	比例(%)
800	15	1200	23
1000	29	1500	14
1100	19		

(10)装、卸与装卸的比例。根据某港务公司提供的数据,计算得:

装:11.6%;

卸:9.8%;

装 + 卸:78.6%。

(11)机械完好率。装卸桥、牵引车、轮胎吊、轨道吊的完好率分别为 95%。

(12)到港箱型。对目前实际港口装卸集装箱的箱型分配比例进行统计,得到 20′和 40′箱型的分配比率为:

20′箱占 31%;

40′箱占 69%。

(13)装卸桥调配方式。仿真时,选用的是自动调配模式。自动调配的原则是:小船在满足 2 条作业线的情况下,船型越大,越先满足其需要开出的最大作业线。

(14)仿真时间。仿真时间为 1 年(营运时间为 350d,即 8400h);仿真步长:4h。

(15)船舶靠泊、作业前准备时间。船舶靠泊、作业前准备时间为 15min;船舶离泊、作业结束时间:15min。

3.仿真方案的拟定及仿真运算结果

(1)仿真方案基本参数的确定。船舶到港船型分布模式、船舶载货量分布模式、船舶到港时间间隔分布模式如下:

①到港船型分布及载货量分布。载货量分布是通过到港船型及其分布、到港船型装卸率分布获得。分布采用经验分布,数据由用户仿真时输入。为了计算 175 万 TEU 吞吐量的配机数量,所输入的数据如表 11-13、表 11-14 所示。

到港船型及其分布　　　　　　　　　　表 11-13

船型	总载箱量(TEU)	比例(%)	船型	总载箱量(TEU)	比例(%)
1	1000	10	4	2500	30
2	1500	20	5	4000	20
3	2000	20			

到港船型装卸率分布　　　　　　　　　　表 11-14

装卸率(%)	比率(%)	装卸率(%)	比率(%)
50	65	30	10
40	20	20	5

②船舶到港间隔分布。船舶到港间隔分布采用经验分布。

为了完成 175 万 TEU 的吞吐量，根据某港务公司 1999 年实际船舶到港时间间隔分布统计得到分布规律，经过处理，得到的经验分布如表 11-15 所示。

船舶到港时间间隔　　　　　　　　　　　表 11-15

间隔(h)	比例(%)	间隔(h)	比例(%)
12	80	24	2
16	14	28	1
20	3		

该分布规律的均值为 13.2h。

③各种船型需要开出的最大作业线。各种船型需要开出的最大作业线见表 11-16。

表 11-16

船型	总载箱量(TEU)	不同船型最大作业线数（自动调配）	船型	总载箱量(TEU)	不同船型最大作业线数（自动调配）
1	1000	2	4	2500	5
2	1500	3	5	4000	6
3	2000	4			

④轮胎吊、轨道吊在前后方堆场的分配比例。轮胎吊、轨道吊在前方堆场（为装卸船服务）与后方堆场（为集疏运服务）的分配比例为 4:3。

⑤水平搬运机械在码头前沿及堆场的等待时间。水平搬运机械在码头前沿的等待时间为 0（采用下面的等待分布方式）。

水平搬运机械在堆场的等待时间为 120s。

水平搬运机械在码头前沿的等待时间分布（在单通道——轧档输入）如表 11-7 所示。

码头前沿的等待时间分布　　　　　　　　　　　表 11-17

时间(s)	比例(%)	时间(s)	比例(%)
75	19	165	6
105	44	200	8
135	23		

⑥进出道口效率分布。进道口集运效率分布如表 11-18 所示。

进道口集运效率分布　　　　　　　　　　　表 11-18

进道口集运效率(箱/h)	比例(%)	进道口集运效率(箱/h)	比例(%)
20	24	46	21
29	18	58	11
37	26		

出道口疏运效率分布如表 11-19 所示。

出道口疏运效率分布　　　　　　　　　　　表 11-19

出道口疏运效率(箱/h)	比例(%)	出道口疏运效率(箱/h)	比例(%)
50	28	100	20
66	14	112	18
83	20		

（2）具体工艺配机方案拟定。具体方案可分为轮胎龙门吊方案和轨道龙门吊方案。

①轮胎龙门吊方案拟订如表 11-20 所示。

轮胎龙门吊方案　　　　　　　　　　　　　　表 11-20

方案序号	装卸桥（台）	水平搬运设备（台）	轮胎龙门吊（台）	方案序号	装卸桥（台）	水平搬运设备（台）	轮胎龙门吊（台）
2.1	18	6	58	2.7	16	5	58
2.2	18	6	56	2.8	16	5	56
2.3	18	5	58	2.9	14	6	58
2.4	18	5	56	2.10	14	6	56
2.5	16	6	58	2.11	14	5	58
2.6	16	6	56	2.12	14	5	56

②轨道龙门吊方案拟订如表 11-21 所示。

轨道龙门吊方案　　　　　　　　　　　　　　表 11-21

方案序号	装卸桥（台）	水平搬运设备（台）	轨道龙门吊（台）	方案序号	装卸桥（台）	水平搬运设备（台）	轨道龙门吊（台）
2.1	18	6	46	2.7	16	5	46
2.2	18	6	44	2.8	16	5	44
2.3	18	5	46	2.9	14	6	46
2.4	18	5	44	2.10	14	6	44
2.5	16	6	46	2.11	14	5	46
2.6	16	6	44	2.12	14	5	44

（3）仿真结果。经仿真系统对各具体方案进行运算，得到以下各方案仿真结果数据。

①轮胎龙门吊方案（双通道，轮胎龙门吊前后堆场配机台数之比约为 4∶3）如表 11-22 所示。

轮胎龙门吊方案　　　　　　　　　　　　　　表 11-22

方案序号	装卸桥（台）	水平搬运设备（台）	轮胎龙门吊（台）	吞吐量（万 TEU）	泊位平均利用率（%）	设备利用率（%） 装卸桥	牵引车	轮胎龙门吊 前	后
2.1	18	6	58	177	43	30	31	38	46
2.2	18	6	56	184	43	30	31	40	46
2.3	18	5	58	183	52	31	37	38	44
2.4	18	5	56	181	52	31	37	40	46
2.5	16	6	58	180	43	33	33	38	44
2.6	16	6	56	180	43	33	33	40	46
2.7	16	5	58	180	51	34	40	38	46
2.8	16	5	56	182	52	34	40	40	46
2.9	14	6	58	177	44	35	36	38	44

方案序号	装卸桥（台）	水平搬运设备（台）	轮胎龙门吊（台）	吞吐量（万 TEU）	泊位平均利用率（%）	设备利用率（%）			
						装卸桥	牵引车	轮胎龙门吊	
								前	后
2.10	14	6	56	189	44	35	36	40	44
2.11	14	5	58	181	51	37	48	38	44
2.12	14	5	56	182	52	37	48	40	46

注：该方案的泊位利用率没有考虑驳船作业利用泊位的时间，只考虑大船作业利用泊位的情况。因此实际泊位利用率要比该表所列的利用率稍高，高的幅度是集疏运中驳船运输的比例，并按此比例增加泊位利用率。

②轨道龙门吊方案（双通道，轨道龙门吊前后堆场配机台数之比约为 4∶3）如表 11-23 所示。

轨道龙门吊方案　　　　　　　　　　　　表 11-23

方案序号	装卸桥（台）	水平搬运设备（台）	轮胎龙门吊（台）	吞吐量（万 TEU）	泊位平均利用率（%）	设备利用率（%）			
						装卸桥	牵引车	轮胎龙门吊	
								前	后
2.1	18	6	46	188	43	30	30	36	42
2.2	18	5	44	176	43	30	30	38	42
2.3	18	5	46	175	46	30	35	36	44
2.4	18	5	44	179	46	30	35	38	44
2.5	16	6	46	175	44	34	34	40	42
2.6	16	6	44	175	45	34	34	40	44
2.7	16	5	46	185	50	31	38	40	44
2.8	16	5	44	183	50	31	38	40	44
2.9	14	6	46	180	44	35	36	38	44
2.10	14	6	44	184	44	35	36	40	46
2.11	14	5	46	178	52	37	48	38	44
2.12	14	5	44	177	52	37	48	40	46

注：该方案的泊位利用率没有考虑驳船作业利用泊位的时间，只考虑大船作业利用泊位的情况。因此实际泊位利用率要比该表所列的利用率稍高，高的幅度是集疏运中驳船运输的比例，并按此比例增加泊位利用率。

（4）仿真结果分析与结论。在仿真方案中，装卸桥效率分布、轮胎龙门吊效率分布、轨道龙门吊效率分布、进道口集运效率分布、出道口疏运效率分布、水平搬运距离分布是根据某港务公司所提供的统计资料或通过对某港务公司实地测试获得；船舶到港船型分布、船舶载货量分布、船舶到港时间间隔分布是在某港务公司统计资料所得的分布规律基础上，根据拟完成175 万 TEU 吞吐量的需求，经过反复试算获得。

为了完成年吞吐量175TEU 的任务指标，拟定轮胎龙门吊 12 种和轨道龙门吊方案 12 种，进行仿真计算，从仿真结果可以看出：

①码头前沿配置 16 ~ 18 台装卸桥，一台装卸桥配 5 ~ 6 台牵引车，堆场配置轮胎龙门吊 56 ~ 58 台或轨道龙门吊 44 ~ 46 台的方案，在完成年吞吐量 175 万 TEU、每艘船舶装卸量不大

的情况下,仿真计算结果的技术指标相近,在技术上应该都是可行的。

②相比较而言,码头前沿配置 14 台装卸桥,一台装卸桥配 5~6 台牵引车,堆场配置轮胎龙门吊 56~58 台或轨道龙门吊 44~46 台的方案,装卸桥的利用率和牵引车的利用率略高于其他方案。

由此得出结论:

①采用轮胎吊方案时,可采用 16 台装卸桥,配置 5~6 台牵引车以及 56 台轮胎吊,或者用 14 台装卸桥,配置 6 台牵引车,56 台轮胎吊的方案。

②采用轨道吊方案时,可采用 16 台装卸桥,配置 5~6 台牵引车以及 44 台轨道吊,或者用 14 台装卸桥,配置 6 台牵引车,44 台轨道吊的方案。

思考与练习

1. 什么是计算机辅助设计?

2. 港口装卸工艺计算机辅助设计应包括哪些设计内容?

3. 请理解"港口装卸工艺 CAD 系统数据流图"所反映的数据输入输出的关系。

4. 从图 11-7 图形元素基点位置确定方法,理解计算机绘制工艺平面图的基本方法。

5. 计算机仿真技术的特点是什么?

6. 如何处理计算机仿真与计算机图形动画的协调?

7. 如果学生已经学习过计算机仿真技术课程,请分析和理解"港口装卸工艺方案优化仿真模型的构建"所表达的设计构思。

8. 如何评价港口的综合成本?

参考文献

[1] 上海港志编纂办公室,上海港志[M].上海市地方志网站,2001.

[2] 宗培华,真虹.港口装卸工艺学[M].北京:人民交通出版社,2002.

[3] 中华人民共和国国务院法制办.中华人民共和国环境保护法.北京:中国法制出版社,1989.

[4] 真虹.港口管理[M].北京:人民交通出版社,2009.

[5] 真虹.张婕妹.物流企业仓储管理与实务.[M]2版.北京:中国物资出版社,2007.

[6] 宋德驰.港口装卸工艺[M].北京:人民交通出版社,1987.

[7] 杨茅甄.港口企业装卸实务[M].北京:中国物资出版社,2009.

[8] 杨茅甄.件杂货港口管理实务[M].上海:上海人民出版社,2009.

[9] 葛中雄.现代港口物流工艺优化与工属具使用[M].北京:中国劳动社会保障出版社,2010.

[10] 刘善平.港口装卸工艺[M].北京:人民交通出版社,2010.

[11] 罗毅,王清娟.物流装卸搬运设备与技术[M].北京:北京理工出版社,2007.

[12] 刘翠莲.港口装卸工艺[M].大连:大连海事大学出版社,2013.

[13] 罗勋杰,樊铁成.集装箱码头操作管理[M].大连海事大学出版社,2010.

[14] 李幼萌,集装箱装卸桥发展趋势分析[J].中国港口,(8),2005.

[15] 李艳松,集装箱船舶大型化对港口的影响[J].物流工程与管理,2011,33(3).

[16] 中华人民共和行业标准.海港集装箱码头设计规范(JTS 165-4-2011)[M].北京:人民交通出版社,2011.

[17] 司跃,夏双全.长江中上游港口集装箱装卸桥的选型[J].港口经济,2013(4).

[18] 刘银红,杨立强,邵春福.集装箱国际标准箱的发展趋势研究[J].运输标准化,2010(14).

[19] 杨宏伟.集装箱起重机吊装重型车辆用吊具研究[D].大连:大连交通大学,2009.6.

[20] 于汝民.现代集装箱码头经营管理[M].北京:人民交通出版社,2007.

[21] 真虹,金嘉晨,赵楠.现代港口发展若干问题研究[M].北京:人民交通出版社,2013.

[22] 中交水运规划设计院.现代集装箱港区规划设计与研究.北京:人民交通出版社,2006.

[23] 杨茅甄.散货港口管理实务[M].上海:上海人民出版社,2010.

[24] 杨玚.显著提高效率的双弧线型装船机[J].港工技术,2010,06(47):22-24.

[25] 周全.桥式抓斗卸船机全自动系统[J].港口装卸,2013,5.

[26] 刘仲松.煤炭出口码头底开门卸车工艺的探讨[J].港工技术,2010,47(2):13-15.

[27] 史世武,赵芳.散货码头计算机流程控制系统技术[J].计算机辅助工程,1998(02):77-78.

[28] 王戎,徐智慧.浅析舟山六横煤炭中转码头装卸工艺方案[J].浙江国际海运职业技术学院学报,2010,6(1):9-12.

[29] 钟晓晖,朱伟达,卢青法. 北仑港矿石码头装卸工艺优化研究[J]. 物流工程与管理, 2010,32(09):135-136.

[30] 韩恩昌. 从港口装卸工艺谈机械选型、配置和开发[J]. 中国港口,1999,10:45-50.

[31] 沈卓,王培林,吴丹. 大型化矿石链斗连续式卸船机现状及特点[J]. 起重运输机械, 2009,07:87-89.

[32] 王立海. 微米级干雾抑尘在翻车机系统的应用[J]. 起重运输机械,2010(2).

[33] 陈再兴,周筱川. 大型散货码头链斗式连续卸船机的应用[J]. 起重运输机械,2011(增刊):8-10.

[34] 张凡华. 翻车机设备选型分析[J]. 华电技术,2008,06:57-60.

[35] 宋建军,陈洁,孙景永,等. 港口散货机械设备的发展趋势及关键技术[J]. 起重运输机械,2011(增刊):1-5.

[36] 林星铭. 港口散货卸船机选型分析[D]. 上海:上海交通大学,2007.

[37] 刘少雨,祝秀林,杨静,等. 港口抑尘技术研究的进展[J]. 港口装卸,2013,02:44-47.

[38] 王亚武. 静态计量在散货连续输送中的应用[J]. 港口装卸,2012,02:30-31.

[39] 刘永生,李波. 链斗式连续卸船机发展概况及特点[J]. 重工与起重技术,2011,04:4-6.

[40] 杜涛祖. 两种卸船机的特点及布置方案对比[J]. 港口装卸,2011,03:11-13.

[41] 沈卓,沈燕娣,王悦民. 移动式装船机的工艺布置与构造特点[J]. 起重运输机械,2008,03:81-83.

[42] 王常钰,张慧影. 门式斗轮堆取料机与悬臂式斗轮堆取料机浅析[J]. 哈尔滨轴承,2010,02:62-63.

[43] 潘海涛. 液体散货码头装卸工艺综述[J]. 水运工程,2006(10).

[44] 陈海霞. 浅谈油库的安全和防火防爆措施[J]. 新疆化工,2009(3).

[45] 岑成汉,岑成贤,赵奇志. 钦州30万吨级石油码头装卸工艺设计探讨[J]. 水路运输. 2013(6).

[46] 对日技术座谈小组,卓诚裕执笔. 浮沉式输油软管和浮沉式围油栅[J].

[47] 林尚飞,陈国平,严士常,等. 开敞式油品码头平面布置优化研究. 第十六届中国海洋(岸)工程学术讨论会论文集[C].2013(8).

[48] 成崇华,程培军. 宁波港大榭岛30万t级油码头平面布置[J]. 港工技术,2009(12).

[49] 徐高生. 三菱惰性气体装置. 造船技术[J]. 1985.

[50] 郝忠毅. 长兴岛30万吨油码头平面布置与码头结构方案优化比选[D]. 大连:大连理工大学.

[51] 刘怀博,刘德维. 液化气罐车紧急切断装置原理与设计[J]. 2002(1).

[52] 潘海涛. 装载臂紧急脱离装置(ERS)在油气码头上的应用[J]. 水运工程.2004(10).

[53] 中华人民共和国行业标准. 装卸油品码头防火设计规范(JTJ 237—1999)[S]. 北京:人民交通出版社,1999.

[54] 中华人民共和国行业标准. 海港总平面设计规范(JTJ 211—1999)[S]. 北京:人民交通出版社,1999.

[55] 王春梅,谷和平. 含油废水处理方法[J]. 化工纵横.2000(10).

[56] 林志忠. 原木装载及安全防范[J]. 世界海运,2002(10).

[57] 董明望,辜勇,郏琳. 件杂货码头装卸作业线后方机械配置模型的研究[J]. 武汉理工大学学报(交通科学与工程版),2003(5).

[58] 罗厚成,王书成. 基于模糊评价的件杂货装卸搬运设备配置研究[J]. 物流技术,2008(4).

[59] 金建红. 港口牵引车的选型与应用[J]. 港口装卸,2003(6).

[60] 秦同瞬. 港口装卸工艺实务[M]. 北京:高等教育出版社. 2001.

[61] 苏春玲. 浅析装卸搬运合理化[J]. 物流管理,2012(10).

[62] 毕华林,李土瀛. 港口起重运输机械设计手册[M]. 北京:人民交通出版社,2001.

[63] 刘汉东,刘庆辉. 广州港南沙港区粮食码头工艺系统设计介绍[J]. 水运工程,2009(7):78-83.

[64] 施建伟. 大型散粮专用连续卸船机[J]. 起重运输机械,2005(3):9-12.

[65] 莫之平. 港口粮食装卸系统粉尘防爆主要设计因素[J]. 港口装卸,2006(3):28-29.

[66] 刘清山,齐小宁. 港口散粮装卸设备粉尘防爆研究[J]. 港口装卸,2004(4):34-36.

[67] 王贵斌. 后巴拿马运河时代中国粮食码头发展趋势的思考[J]. 安徽农业科学,2011,39(15):9354-9356.

[68] 谢琛,饶京川,陈丽昕. 连续式散粮装船机型式与特点分析[J]. 水运科学研究,2006(12):46-48.

[69] 魏恒州. 我国散粮码头装卸工艺研究[J]. 港工技术,2001(12):8-10.

[70] 谭华业,徐建伟,姜永顺. 常用粮食卸船机综述[J]. 粮油食品科技,2004(5):19-21.

[71] 魏军. 粮食物流模式研究[D]. 大连:大连海事大学,2012.

[72] 富森. 我国进口散粮运输网络优化研究[D]. 大连:大连海事大学,2011.

[73] 中华人民共和国安全生产行业标准. 散粮码头爆炸性粉尘环境施工及装卸设备维修安全规范[S]. 北京:煤炭工业出版社,2013.

[74] 王志刚. 优化港口装卸工艺设计 降低生产能源消耗[J]. 资源节约与环保,2011(6).

[75] 刘卫东. 港口装卸工艺方案的模糊综合评价与应用[J]. 水运工程,2005(11).

[76] 韩恩昌. 从港口装卸工艺谈机械选型、配置和开发[J]. 中国港口,1999(10).

[77] 王钦明. 浅谈港口装卸工艺节能[J]. 船舶节能,2000(3).

[78] 李祥芳,杨尊伟. 盐田港一期港口装卸工艺设计[J]. 水运工程,1997(6).

[79] 纪宏. 浅谈港口装卸工艺中的节能措施[J]. 港口科技动态,2005(11).

[80] 潘甲福. 港口装卸工艺标准化探讨[J]. 交通标准化,2003(9).

[81] 李浩涛. 我国港口大宗干散货装卸工艺和设备的技术发展[J]. 中国港口. 1999(6).

[82] 严云福. 能提高装卸效率的集装箱港口装卸工艺[J]. 起重运输机械,2001(6).

[83] 苏斐. 不断改进港口装卸工艺实现安全、优质、高效、低成本生产[J]. 港口科技动态. 2001(1).

[84] 马辉. 通用杂货码头液体散货装卸工艺设计要点[J]. 中国港湾建设,2012(1).

[85] 李志建,郑见粹. 基于固定式门式起重机的重大件码头装卸工艺[J]. 水运工程,2012(2).

[86] 刘义发,郭创豪.最佳泊位利用率的计算方法 [J].珠江水运,2006(9).

[87] 刘学著.泊位年通过能力及泊位利用率计算公式的探讨[J].湖南交通科技,1997(3).

[88] 杨兴晏,魏恒州.沿海港口集装箱码头合理的泊位利用率分析[J].港工技术,2004(3).

[89] 陈策源.浅谈集装箱码头工艺设备的新发展[J].中国港湾建设,2001(3).

[90] 蔡峥.集装箱码头的通过能力、堆场通过能力、出入口车道数计算公式探讨 [J].水运工程,1998(11).

[91] 刘斌.洋山港集装箱码头装卸工艺设计[D].上海海运学院,2002.

[92] 施思明.外高桥一期集装箱码头工艺改造方案的研究[D].上海海运学院,2002.

[93] 史兆富.宁波镇海港区新建通用泊位的装卸工艺优化研究[D].上海海事大学,2006.

[94] 真虹.港口生产调度过程优化[M].上海:上海科技文献出版社,1999.

[95] 交通部.大件货物运输管理规则,1996.

[96] 莫丽丽.大型重件码头装卸工艺设计[J].水运工程,2011(9).

[97] 李志建.基于固定式门式起重机的重大件码头装卸工艺[J].水运工程,2012(2).

[98] 单诚等.重大件码头装卸工艺研究[J].中国水运,2008(10).

[99] 缪吉伦.山区河流重大件码头装卸工艺设计[J].水运工程,2009(3).

[100] 张绪进.向家坝水电站重大件码头方案研究[J].水运工程,2009(4).

[101] 杨瑞等.内河重大装备江海联运装卸工艺及关键设备的研究[J].港口装卸,2010(6).

[102] 雷雨顺.重大件货物的装卸工艺及其发展[J].中国水运,2010(3).

[103] 曹斌.800t 码头固定起重机开启港口重大件装卸新模式[J].港口装卸,2013(1).

[104] 苏晨.大件运输船舶发展现状与动态[J].船舶工程,2012(3).

[105] 卫家骏.重大件运输专用船舶及其货运技术[J].世界海运,2002(8).